商学院
文　库

货币银行学

（第四版）

范从来　姜　宁　王宇伟　编著

南京大学出版社

图书在版编目(CIP)数据

货币银行学 / 范从来，姜宁，王宇伟编著. — 4 版
— 南京 ：南京大学出版社，2013.4(2019.7 重印)
(商学院文库)
ISBN 978 - 7 - 305 - 10865 - 5

Ⅰ. ①货… Ⅱ. ①范… ②姜… ③ 王… Ⅲ. ①货币银行学—高等学校—教材 Ⅳ. ①F820

中国版本图书馆 CIP 数据核字(2012)第 290491 号

出版发行 南京大学出版社
社　　址 南京市汉口路 22 号　　邮　编 210093
出 版 人 金鑫荣

丛 书 名 商学院文库
书　　名 货币银行学(第四版)
编 著 者 范从来　姜　宁　王宇伟
责任编辑 府剑萍　沈雯佳　　编辑热线 025—83592315

照　　排 南京南琳图文制作有限公司
印　　刷 常州市武进第三印刷有限公司
开　　本 787×1092　1/16　印张 24.25　字数 600 千
版　　次 2013 年 4 月第 4 版　　2019 年 7 月第 5 次印刷
ISBN 978 - 7 - 305 - 10865 - 5
定　　价 49.80 元

网址：http://www.njupco.com
官方微博：http://weibo.com/njupco
官方微信号：njupress
销售咨询热线：(025) 83594756

前　言

货币银行学往往是和金融学相提并论的，但更多的学者认为两者之间是有差别的。那么，货币银行学究竟是研究什么的，它和金融学之间是什么关系呢？

金融及金融学是一个非常活跃的研究领域，我国的金融学一直是在宏观这个层面上从金融角度研究经济运行的，而且也没有觉得有什么不妥。这种状况在20世纪90年代发生了很大的变化。一方面，一批海外学成归来的金融学者，纷纷开设、介绍并大声疾呼建立以资本市场为主体的金融学，将国外对金融学的界定以及金融学科的发展态势引入中国金融学界。另一方面，大量海外金融学的原版或翻译版教科书进入中国，国外金融学研究的内容与国内金融学之间的差异日益引起人们的关注。当然，这种关注的现实背景是随着中国经济市场化的推进，中国经济货币化、金融化的水平不断提高，仅仅从宏观角度研究金融已经不能完全满足现实经济运行对金融学的需求。很多人从学术研究国际化以及中国经济现实需求这样两个角度，对长期以来一般所说的金融学进行反思。一位署名capm的作者，2002年9月17日在网络上发表了一篇冲击力极强的文章——《中国金融学批判》。文中提到，中国“大陆不少搞金融的，一谈到金融就是货币银行、国际金融。其实国外的金融学主要是研究金融市场、公司财务。货币经济学(monetary economics)在国外主要算是宏观经济学，国际金融则更多的是属于国际经济学(international economics)，两者一般不属于金融学的研究范围”。一时间，长期以来作为金融学主要内容的货币银行、国际金融是否还是金融研究的范畴竟成了问题。大量的金融研究工作者开始从理性角度思考上述问题[①]。金融学如何界定，金融学科应该如何推进，成为中国金融学研究领域近年来的重要课题。我们认为，从学术研究国际化的角度来看，金融学范畴的内涵和外延应该有所拓展。

---

① 曾康林、徐永健主编：《金融学科建设与人才培养》，西南财经大学出版社，1998年版；黄达：“金融学学科建设若干问题”，《中央财经大学学报》，2000年第9期；黄达：“由讨论金融与金融学引出的‘方法论’思考”，《经济评论》，2001年第3期；黄达：“从银行不被看好谈起”，《经济导刊》，2001年第2期。《财贸经济》2001年第11期则发表了“21世纪中国金融学教学改革与发展战略”一文，介绍了国家教育部新世纪教改工程项目“21世纪中国金融学专业教育教学改革与发展战略研究”研讨会的主要观点。1997年，国务院学位委员会修订研究生学科专业目录，将原目录中的货币银行学专业和国际金融专业合并为金融学(含：保险学)专业。

一、以宏观金融为主的传统金融学

金融在字面上由“金”和“融”组成，“金”可理解为“金银”（货币资金）；“融”即融通，货币资金的融通成为金融一词最简洁的表述。据黄达教授考证[①]，在中国历史上最早列入“金融”条目的工具书是1908年开始编纂、1915年初版的《辞源》和1905年即已酝酿编纂、1937年开始刊行的《辞海》。《辞源》（1937年普及本第11版）金融条的释文是：“今谓金钱之融通状态曰金融”；《辞海》1936年版金融条的释文是(monetary circulation)谓资金融通之形态也。就《辞源》、《辞海》这两本辞书的释文来看，都仅指货币资金的融通。《辞海》20世纪60年代的试用本和1979年首次公开发行版的释文修订为：“货币资金的融通。一般指与货币流通与银行信用有关的一切活动，主要通过银行的各种业务来实现。如货币的发行、流通和回笼，存款的吸收和提取，贷款的发放和收回，国内外汇兑的往来，以及资本主义制度下贴现市场和证券市场的活动等，均属于金融的范畴。”

在这里，金融的概念从货币资金的融通拓展到货币资金的流通，即货币资金在商品流通领域中不断地在不同的所有者之间转手的运动；货币资金的融通则表现为，现实经济运行中，某些单位为消费和投资所花费的金额小于本期收入，产生储蓄资金，成为盈余单位，另一些单位的开支金额大于本期收入，成为赤字单位；如果盈余单位的盈余无法被抵消，就会使购买产品的开支量减少，降低部门间的货币循环水平，进而可能引起实物循环的收缩，赤字单位的投资活动也就无法实现。在这种情况下，必须通过信用关系将盈余单位的盈余引向赤字单位，由后者用于消费或投资，将储蓄资金转变为投资资金。这种在盈余单位和赤字单位之间产生的货币循环，即货币资金的融通。

正因为如此，《辞海》中将金融解释为与货币流通与银行信用有关的一切活动。相应地，我国的金融学往往被界定为研究货币与金融体系的运行机制以及货币运行与经济运行之间关系的一门经济科学。我国的金融学一直是站在宏观角度研究货币资金的流通和货币资金的融通的，侧重于研究如何供给并调节货币供应量，以满足经济运行对货币运行的需要，并实现一定的宏观经济目标；侧重于研究如何构筑金融体系，以及相应的金融制度，以促进储蓄资金向投资资金的转化，实现社会资源的优化配置。在这样的研究内容基础上，金融学也就常常被称为货币银行学。

二、金融活动的表现形态、主体行为和运行机制

研究表明，西方学术界对“金融”一词的解释也是有争议的。从已有的文献来看，西方对“金融”一词的解释主要有三种。

---

① 黄达：“金融、金融学及其学科建设”，《当代经济科学》，2001年第4期。

第一种是将金融解释为支付，是一切货币收支关系的总称。比如，“Oxford、Webster's 这类字典和一些百科全书对 finance 的解释是：monetary affairs，management of money，pecuniary resources ...；前面加 public，是指财政，加 company、加 corporation，加 business，是指公司财务，等等”[①]。显然，在这种定义中，凡是与货币资金有关的活动都可用“金融”这个词来表示。这种对金融的界定相当宽泛，不仅包括了我们所说的银行与非银行金融中介机构所发生的货币资金的收支活动，而且还包括了以政府为主体的货币收支活动——财政；以国家为主体的货币收支活动——国际金融；以企业（公司）为主体的货币收支活动——企业（公司）财务以及以个人（家庭）为主体的货币收支活动——个人金融（财务）。

第二种是将金融解释为“研究人们在不确定的环境中如何进行资源的跨时期配置的学科”[②]。这里的资源主要指家庭、企业等主体拥有的财产或财富；而跨时期的分配则是指在不同的时间上对财产或财富在其成本与效益方面的权衡。

第三种是将金融解释为资本市场的运行，资本资产的供给与定价。在《新帕尔格雷夫经济学大辞典》中，“金融（finance）”一词即被定义为“资本市场的运行，资本资产的供给与定价”[③]。

西方学术界对金融的解释表面上有三种，但我们认为，这三种解释是统一的，而且与我国对金融学的解释、理解也是相融的。

西方学术界对金融的第一种解释是将金融看成是一切货币收支关系的总称，这显然是从金融活动的表现形态上来界定金融。各种各样的金融活动，无论是政府发生的，还是银行等金融中介机构进行的，在形态上都表现为货币资金的收入和支出。我国从货币资金流通和货币资金融通角度界定金融，与这种解释显然是一致的。而如果将金融定义为研究人们在不确定的环境中如何进行资源的跨时期配置的学科（西方学术界的第二种解释），那么，这种对金融的解释则是从金融活动的主体行为的角度来界定金融。各种各样的金融活动总是表现为各主体的金融行为，也正是从主体行为的角度，才有个人金融、公司金融、政府金融以及国际金融，显然，这第二种解释与第一种解释也是统一的。至于第三种解释，把金融解释为资本市场的运行，资本资产的供给与定价。我们认为这是从金融活动的运行机制的角度来界定金融。各种各样的金融活动从表现形式上来看，有货币的借贷、兑换、买卖，款项的支付，票据的流通，证券的买卖，衍生工具的交换，实物的租

---

① 黄达：“金融、金融学及其学科建设”，《当代经济科学》，2001 年第 4 期。

② ［美］兹维·博迪（Zvi Bodie）、罗伯特·C·莫顿（Robert. C. Merton）：《金融学》，中国人民大学出版社，2000 年版第 4 页。

③ 《新帕尔格雷夫经济学大辞典》（第 2 卷），经济科学出版社，1992 年版第 345 页。

赁,事物的保险,贵金属的交换等[①],尽管不同的形式有各自的特点,但它们都是以货币或货币索取权形式存在的资产的交易行为,这种交易行为的运行机制表现为资产的供给、需求以及资产的定价,这些活动形成了我们所说的市场。所以,对金融的第三种解释是从金融活动运行机制的角度界定金融。

三种界定分别从金融活动的表现形态、主体行为和运行机制三个角度对金融作出解释,其内涵是统一的。把金融解释为一切货币收支关系总称的第一种界定,是一种宽泛的对金融的一般界定,第二种和第三种界定可看成是对第一种界定的拓展,分别拓展到金融活动的主体行为和运行机制两个层面,这两个层面的问题主要表现为公司财务和资本市场。也正是在这种认识的基础上,我们可以将金融学的外延界定为宏观金融、微观金融和公司财务三个方面[②]。正如王江教授所提出,"金融学的研究主要有三块,第一,宏观方面的金融框架体系问题,是否有最优的模式,以及各个体系之间怎样比较。第二是微观方面的,主要讨论两个问题,一是定价问题,二是风险管理问题。第三是公司财务方面的问题"[③]。

三、宏观金融、微观金融与公司金融

我们认为,从学术研究国际化的角度来看,金融学范畴的外延应该有所拓展,微观金融和公司金融应该是金融研究的重要内容。

从宏观角度研究货币以及金融体系在经济运行中的功能和效应,并研究货币运行与经济运行之间关系的,是宏观金融;微观金融则以资本市场为主要研究对象。西方微观金融理论可追溯到19世纪末20世纪初[④]。早在1896年,欧文·费雪(Irving Fisher)就确认并解释了微观金融理论的核心——基本的估值关系:一项资产的价值等于其产生的未来现金流的现值之和。西方微观金融理论以20世纪50年代初为分界线,大体可分为前后两个时期。50年代以前的微观金融理论可称之为古典微观金融理论。它以定性的思维推理和语言描述为主,基本上采用的是经济学的供求均衡分析方法,所处理的主要是在确定性条件下的金融决策问题。50年代初期以后的微观金融理论可称之为现代微观金融理论[⑤],现代微观金

① 曾康霖、虞群娥:"论金融理论的创新",《金融理论与实践》,2001年第6期。

② 另一种流行的看法是,公司金融理论和资本市场理论构成微观金融理论的核心(郑长德:"当代西方微观金融理论的发展",《西南民族学院学报·哲学社会科学版》,2001年第7期),也就是说,微观金融包括我们这里所说的公司财务和微观金融。正如宋逢明教授所说,"在国外优秀商学院发展的金融学,主要包括公司财务和资本市场两个部分,后者在课程设置上常常称为投资学"(参见宋逢明为"财金前沿"丛书所写的序,[美]阿斯瓦斯·达摩达兰著:《应用公司理财》,机械工业出版社2000年版),以资本市场为研究对象的这部分内容,无论称为什么,似应独立比较妥当,我们把以资本市场为主要研究对象的称为微观金融,而把公司财务独立为金融学的一个部分。

③ 龚六堂:"经济学和金融学的研究方法和研究前沿",《经济研究》,2001年第8期。

④ 郑长德:"当代西方微观金融理论的发展",《西南民族学院学报·哲学社会科学版》,2001年第7期。

⑤ 诺贝尔经济学奖获得者默顿·米勒则提出现代金融学的开端是1952年马科维茨在《金融学杂志》上发表论文"资产组合选择"。默顿·米勒:"现代金融学的历史",《经济导刊》,2000年第2期。

融理论借助现代信息技术，充分运用数学和模型分析方法和定量分析方法，特别是发展了“无套利”的分析方法，所处理的主要是不确定性条件下的金融决策问题，80年代兴起的金融工程学为其提供了必要的技术手段。现代微观金融理论又可分成两个发展阶段，前期(20世纪50年代—70年代)的模型以对称信息和竞争性市场为基础，可称之为完全合约的金融理论；后期(20世纪80年代—现在)的模型建立在非对称信息和不完全合约基础上，它与博弈论、信息经济学相融合，可称之为不完全合约的金融理论。

至于公司财务，在英文中有三种说法“corporate finance”，“business finance”和“managerial finance”。相应地，对公司财务往往也有多种说法，如公司理财、公司金融、财务管理等。这里的财务、理财以及财务管理之间的关系比较清楚，“财务是企业的资金运动，是企业财务研究的对象，成为理财的客体”；“企业财务管理，简称理财，是对企业资金运动的计划、控制、核算、分析、考核，依法合理筹集各项资金，有效利用各项资产，努力提高经济效益”①。关键的问题是，在近年来对金融学内涵的讨论过程中，不少学者提出了公司金融这一概念②。那么，公司金融与公司财务之间的关系应该怎样确定呢？一种观点认为两种应该合并，即“将中国现有的财务学与金融学合二为一。将目前金融学中有关货币理论和金融的宏观管理与政策等宏观性问题分离出来，并入经济学；剩余部分与财务学合并，并加入金融市场学和(证券)投资学的内容。关于学科的名称，考虑到传统的翻译方式，最好是称作财务金融学，对应的英文为Finance”③。另一种观点则认为应该并存，这种观点认为④，公司财务与公司金融既有联系又有区别，它们的联系表现在它们的研究内容都是围绕着公司的资金运动展开。但公司金融有别于公司财务，公司财务是指企业在生产经营过程中的资金流动及其体现的经济关系，财务管理主要是按财务计划有效地组织资金流动，是一种被动的、静态的管理。公司财务的主要内容包括：资金的筹集，即融资决策；资金的运用，即投资决策；资金增值的分配，即股利决策。公司金融是企业在生产经营过程中主动进行的动态的资金筹集与运用行为。公司金融的研究重点主要是筹资和投资，股利政策则是作为一种筹资来源进行研究的。

我们认为，公司金融与公司财务之间确实难以区分，强调两者之间的区别主要是表明研究角度的变化。讲公司金融而不讲公司财务，是因为长期以来人们往

① 杨雄胜著：《财务基本理论研究》，中国财政经济出版社，2000年版第21页、第37页。

② 方晓霞：“从我国实际出发加速建设企业金融学”，《中国工业经济》，1997年第3期；郭世辉：“关于创设‘企业金融学’的几个问题”，《当代经济科学》，1995年第1期；岳军等编著：《公司金融》，经济科学出版社2003年版；陈琦伟主编：《公司金融》，中国金融出版社1998年。

③ 李树辉：“财务学与相关学科的关系”，《经济学家》，2000年第2期。

④ 方晓霞：“从我国实际出发加速建设企业金融学”，《中国工业经济》，1997年第3期。

往把财务理解成在公司内部把资金管好用好，1929年世界性经济危机的爆发也确实使企业把财务管理的重心转向了内部控制。但从企业的资金筹集来看，它显然是在一个国家或国际性的金融体系中进行，是借助金融中介机构和金融市场来实现的。公司的融资活动和整个社会的金融运行是紧密相连的，“从金融的眼光看公司财务，就不会关起门来，只作公司内部的财务分析和财务预算，而会把公司财务与整个社会的金融运行相连，把个别企业的公司财务看成整个社会金融的一个细胞、一个作用点、一个基本要素”[①]。从这个角度来讲，似乎用“公司金融”比较确切。但公司的资金运动不仅仅需要解决融资问题，还要解决资金运动的计划、控制、核算、分析、考核等问题，因此，我们认为，公司财务是大范畴，在金融学理论体系中，只是从整个金融运行的角度研究公司的融资活动，它应该是公司财务的一个部分。从公司财务角度研究公司的融资活动是从整个企业资金运动的角度研究企业的融资；公司金融则是从金融体系运行的角度研究企业的融资，其目标都是为了使公司价值最大化。这里不是谁取代谁的问题，而是应该从各自角度研究公司的融资活动。因此，我们认为，在金融学理论体系中讲“公司金融”应该比较准确，但公司金融不等于公司财务，它只是从金融体系运行的角度来分析研究公司财务中的部分内容——融资问题。

上述分析表明，金融学应该包括宏观金融、微观金融和公司金融三个部分，宏观金融是从宏观角度研究货币以及金融体系在经济运行中的功能和效应，并研究货币运行与经济运行之间的关系；微观金融则以资本市场为主要研究对象；公司金融则是从金融体系运行的角度研究公司的融资行为。宏观金融注重的是金融活动的表现形态，公司金融关注的是金融活动的主体行为，而微观金融则重点讨论金融活动的运行机制。宏观金融、微观金融、公司金融构成一个较为完整的金融学体系。

我们在本书所要讨论的货币银行学是从宏观角度研究货币以及金融体系在经济运行中的功能和效应，并研究货币运行与经济运行之间的关系，是在宏观金融的层面上研究金融。为此，我们把这一学科界定为，研究货币与金融体系的运行机制以及货币运行与经济运行之间关系的一门经济学科。

---

① 刘曼红等编著：《公司理财》，中国人民大学出版社，2000年版第3页。

目　录

第四章 金融工具

第五章 金融市场

第六章 商业银行

第七章 中央银行

第八章　货币需求与货币供给

第九章　货币与经济运行

第十章　货币政策

第十一章　国际收支与外汇

第一章 货币

毫无疑问，货币银行学最基本的问题就是货币。货币既是普通的，又是神秘的。说它普通，是因为人们在生活中几乎处处、天天接触货币。家庭与个人从不同来源获得货币收入，如工资、奖金、津贴、退休金等，他们的衣食住行等生活所需，需要用货币去购买，从而形成以个人为中心的货币收支；企业的生产经营活动也无不同时伴随着货币的收支，如产品的销售、服务的提供形成企业的货币收入，工资年薪奖金的支付、股票红利的发放、机器设备以及原材料的购买等需要用货币去支付，形成以企业为中心的货币收支；即使是非经营性的机关、团体，其运转、其职能的发挥也离不开货币，当然它们的货币收支主要与财政收入和支出有关。现实经济运行中，某些单位为消费和投资所花费的金额小于其本期收入，产生储蓄资金，成为盈余单位；另一些单位的开支金额大于其本期收入，成为赤字单位。在这种情况下，赤字单位需要货币，或向银行借款，或通过金融市场发行债券、发行股票，盈余单位则可以将多余资金存入银行，或购买债券、购买股票，进行投资，形成以金融体系为中心的货币收支。各种各样的货币收支紧密结合，构成一个庞大的货币收支体系，影响着现实的经济生活。所以说，货币是普通的。

说货币是神秘的，是因为与货币有关的问题似乎又总是极具争论性。自从直接的物物交换转变为以货币为媒介的商品流通之后，统一的商品经济分解成两个既相互关联又相互独立的子系统，即商品系统和货币系统。货币脱身于商品系统但又积极地影响着商品运行。货币的数量直接影响着商品的市场价格并进而影响着商品的生产和交换，影响着投资和消费。不仅如此，货币运行还直接影响着商品经济运行的秩序。如果货币发行过多，就会发生商品价格上涨，生产、投资、消费等行为异常的现象，使经济运行处于动荡状态；如果货币数量过少，又会发生商品价格下跌、资金奇缺、生产循环中断、投资行为紧缩、消费受抑制等现象，也不利于经济的稳定运行。显然，货币运行对经济运行和经济发展有着重要的影响，货币运行与经济运行之间的关系是经济分析中不可忽视的研究对象。另一方面，货币的产生标志着货币的独立，而货币的独立大大促进了商品经济关系的复杂化和货币关系的复杂化。在这种复杂化中，货币有着自己的独特功能和运行机理。这样，货币的产生、发展及其运行机理就成为货币银行学的一大内容。

本章将集中讨论货币究竟是什么、货币具有哪些职能、货币的形式又是怎样随着时间的推移而发展等有关货币的一些基本的问题。

第一节　货币的定义

“货币”一词在我们的日常生活中经常被使用，它的涵义似乎是很明确的。“货币就是钱，谁不知道钱是什么！”但是，在经济学里，货币具有其特定的专业内涵。为了避免混淆，我们必须澄清货币的经济学定义与人们日常生活中的习惯用法之间的区别。

一、货币定义的方法

货币这个词的日常用法有多种，其中之一是把货币等同于现金，像“你带钱了吗？”这句话里的钱显然指的就是现金。把货币仅仅定义为现金，对于经济分析而言是过于狭窄了。因为可开列支票的存款在流通领域中与现金一样，都可用以支付所购买的商品与劳务。如果我们仅仅把货币定义为现金，那么我们就难以把货币与人们所进行的全部购买活动联系起来。事实上，正是因为货币与购买相关联，才使货币问题引起人们极大的兴趣。因此，在现代经济学中必须把可开列支票的存款与现金一起包括在货币的定义之中。

货币的另一种日常用法是把货币等同于财富。比如说“他很有钱”，即意味着他不仅有一大笔现金和存款，还有债券、股票、珠宝、字画、房子、汽车等。把货币定义为财富，从而把货币与股票、债券、不动产等相混同，那么在经济分析中就无法界定货币的基本特性。事实上，货币作为一般等价物，是社会财富的一般性代表，但货币并不等同于社会财富本身，它只是社会财富的一部分。可见，把货币定义为财富显然又太宽泛了。

货币的第三种日常用法是把货币等同于收入，像“他找到的工作很好，能赚很多钱”这句话里的钱就是指收入。收入是一定期限内的流量，而货币是某一时点上的存量，若把货币定义为收入，那么货币量将无法计量。比如，有人告诉你张三的收入为 30 000 元，那么，你只有在得知他是每年还是每月收入这 30 000 元之后，才能确定他的收入是高还是低；而如果有人告诉你他口袋里有 1 000 元的话，那么对这笔钱的量是完全确定的。

至此，我们可以看出，虽然货币一词经常被人使用，但其涵义却是难以界定的。

有些学者曾试图从法律方面为货币下定义。他们主张，法律判定货币是什么，货币就是什么。我国古代也有类似的观点，比如，《管子》认为，金、玉、珠等产地遥远，得之不易，故而先王确定它们为货币。货币是什么与法律规定之间确实存在着一定的关系。如果一个国家的法律禁止某种物品用于支付，那么该物品就可能难以在支付中被普遍接受；而另一种物品则可能因为法律规定其为货币而被普遍接受；法律还可以进一步规定某种物品具有清偿债务的合法权力（法币），债权人若拒绝接受它，则不能要求用其他的任何物品来支付现有的债务。但是，货币的法律定义不能满足经济分析的目的。因为，法律上没有规定为货币的物品也可能在支付中被普遍接受，像可以签发支票的存款已无人怀疑其是货币。另一方面，必须是客观经济运行提供了某种货币物品流通的基础，否则法律并不能把货币创造出来，即使是国家法定，也不能阻止人们拒绝接受该货币。在一般情况下，人们可以通过拒绝出售商品和劳务给那些用法币进行支付的交易方的办法来阻止法币的流通。因此，对于什么是货币和什么不是货币，法律规定只是一个重要的决定因素，但绝不是唯一的决定因素。

经济学对货币定义的出发点不在于货币的法律性质，经济学的货币定义理论主要围绕着

"什么是货币"这个问题展开。经济学中货币定义理论的研究方法有两个：一是理论分析法；二是经验研究法。

理论分析法的分析思路是，先运用经济理论确定能使货币与其他事物区别开来的基本特征，然后依据这个基本特征给货币下定义；实证研究法则认为，根据理论方法来确定哪些资产应包括在货币量之内有着含混不清之处，货币量应根据比较实证的方法来定义，提出了货币的经验定义①。货币的经验定义认为，在决定何者应被称为货币时，要看哪一个货币指标能够最好地预测那些被认为应由货币来说明的变量的动态。例如，我们可以看一看哪一个货币计量指标能最好地预测通货膨胀率或经济周期，然后由官方宣布它就是适当的货币指标。美国经济学家弗里德曼(Milton Friedman)就认为："我们探讨货币的定义，并不应以原则为根据，而是以对组织我们的有关各种经济关系的知识是否有用为依据。'货币'即我们通过规定的程序将其选来并指定为货币的这样一些东西，它并非像美洲大陆那样的有待我们去发现的现在的某一东西，它是一个有待于我们去发明的还不确定的科学的构成物，就像物理学中的'长度'或'温度'或'力'一样。"②

表面上看，货币的理论定义和经验定义是对立的，而且给人的印象是货币的经验定义更现实，更具有应用价值，其主流地位似乎已经得到了承认。其实不然，货币的经验定义是以货币的理论定义为基础的。弗里德曼指出，货币定义原则应该是"对组织我们的有关各种经济关系的知识是否有用为依据"，这里的是否有用显然是由货币的理论定义确定的。货币的经验定义是货币理论定义的体现，是货币理论定义的具体化，是一种货币计量的方法，它的理论依据仍然是货币的理论定义。所以说，货币的理论定义是根本性的，是货币定义理论的主体性内容。

货币的理论定义是先确定能使货币与其他事物区别开来的基本特征，然后依据这个基本特征给货币下定义。那么，货币的什么基本特征使得货币与其他事物相区别呢？对这个问题的回答有两个角度，一是从货币的本质上加以认识；二是从货币的职能上入手。"货币的定义是对货币本质的理论表述"③，货币的定义反映了人们对货币本质的认识。货币本质定义的争论可谓源远流长，异常激烈。20世纪之前，在重商主义和以威廉·配第、亚当·斯密等为代表的古典学派的"货币金属论"与以巴本为代表的"货币名目论"之间就展开了激烈的争论。进入20世纪之后，两种货币本质论的争论交替发展。从以克拉蒲为代表的现代货币名目论的盛行到第一次世界大战以后货币金属论的兴起，再到以凯恩斯的"管理通货论"形式的现代货币名目论的再度兴起，对货币本质的争论一直没有停止过。之后，"管理通货论"形式的现代货币名目论基本上支配了西方货币本质理论的论坛④。

我们认为，货币的本质定义是货币的根本性问题，对货币本质的讨论对认识货币的职能、形态及其演变等都是非常重要的。但是，货币定义的目的主要是从控制货币的角度对货币做出界定，货币定义的出发点是为什么要控制货币，货币在经济运行中所发挥的作用应该是控制货币调节经济运行的出发点。正如黄达教授所说，"当今，市场经济也好，计划经济也好，都要通过对货币状况的剖析来观察经济进程以决定自己的经济政策和措施，而且也都要通过对货

① [美]米什金：《货币金融学》(第四版)，中国人民大学出版社，1998年版第53页。

② 弗里德曼、施瓦茨：《美国的货币统计》，1970年英文版第137页。

③ 王广谦主编：《20世纪西方货币金融理论研究：进展与述评》，经济科学出版社，2003年版第13页。

④ 王广谦主编：《20世纪西方货币金融理论研究：进展与述评》，经济科学出版社，2003年版第12页。

币的控制实现对整个经济进程的干预和调节。这就有货币统计的问题”①。因此,我们认为,货币的定义主要应该从货币职能的角度加以确定。哈里斯也认为,货币定义“争论背后的主要问题是,货币的哪一种职能最重要”②。因此,我们在进一步讨论货币的定义之前,先分析一下货币的职能。

二、货币的一般职能

货币是存在于商品经济中的经济现象,随着商品经济的产生而产生,又随着商品经济的发展而发展。货币在商品经济运行中发挥着重要的职能。一般而言,货币具有四大职能,即交换媒介、价值尺度、支付手段和价值贮藏手段。其中,交换媒介和价值尺度这两个职能是货币的基本职能;支付手段和价值贮藏手段则是由基本职能派生出来的,是货币的派生职能。

(一) 交换媒介

货币的交换媒介职能是指以货币作为商品和劳务的交换媒介。当购买商品 A 时,人们是用货币进行支付,而不是用商品 B 进行支付;销售商品 C 时,人们接受的是货币而不是商品 D。货币充当着交换的媒介。货币的使用使得商品的购买和销售可以彼此独立地进行,从而极大地提高了经济体系的效率。这种作用我们可以通过物物交换的局限性分析得到认识。

众所周知,人们要生存就要消费,就要生产。在专业化分工协作体系中,每个人的生产活动都是相对单一化的,但其消费需求却是多样化的。为了克服这种单一化生产与多样化需求之间的矛盾,生产者就必须将自己的产品与他人的产品相交换。在货币没有产生之前,这种交换只能通过物物交换的形态进行。在物物交换的过程中,交换能否成功取决于一系列的条件。第一,生产者所提供的产品是否为对方所需要。在对方不需要的情况下,交换行为不可能发生。第二,对方所提供的产品是否为生产者所需要。在生产者不需要的情况下,交换行为同样不能发生。第一、第二两个条件称为需求的双重偶合。第三,双方在交换比率上能否达成一致。若双方无法在交换比率上达成一致意见,交换仍难以成功。

这种物物交换的进行存在着两大障碍。其一,需求的双重偶合制约着物物交换的成功率。A 需要 B 的产品,期望与 B 进行交换;但 B 却不想要 A 的产品,希望与 C 交换;而 C 又想和 D 交换,如此等等。在交换过程中,为满足需求双重偶合这一条件,交换的每一方都要耗费相当多的人力、物力和时间,交易费用相当高。随着社会生产力水平的提高,专业化分工协作体系进一步复杂化,人们逐渐较少依靠自给自足而更多地依赖别人所生产的商品和劳务,物物交换中相互搜寻所浪费的人力、物力和时间,将使社会资源蒙受巨大的损失。物物交换的另一个障碍是许多产品具有不可分割性。在物物交换过程中,交换能否实现还取决于双方所提供的产品在数量上是否与对方的需求量相一致。如果不一致,则取决于产品在数量上是否可以分割。如果一头牛要用 100 千克谷子才能换取,那么,用 50 千克谷子与牛相交换,因牛不可分割划小,交换就无法实现。

直接物物交换的上述低效率,使得间接的物物交易得以产生。人们并不直接用自己的物品去交换他们希望获得的物品,而是去交换他们确信会被拥有自己希望获得的物品的人所需要的物品,再用该物品去换取自己真正需要的物品。一种物品用于间接物物交换的次数越多,

---

① 黄达主编:《货币银行学》,中国人民大学出版社,2000 年第 2 版第 34 页。

② [美]劳伦斯·哈里斯著:《货币理论》,中国金融出版社,1989 年版第 8 页。

人们接受它的愿望也就越强烈，最终它可能主要用于实现交换，成为充当交换媒介的货币。

由此可见，专业化分工协作体系的存在是经济运行中由货币充当交换媒介的主要原因，而货币交换媒介职能的发挥又反过来通过交换效率的提高有效地推进了社会专业化分工协作的水平；并通过交换过程中等待和搜寻现象的减少，降低了交换中所耗费的时间和资源，提高了社会的生产能力和人们的生活水平。

尽管以货币为媒介的商品交换的效率远远高于直接的物物交换，在现代经济运行中我们仍可以发现存在着一定的物物交换。这是因为，第一，货币要作为交换媒介发挥职能作用，其购买力必须相对稳定。如果货币体系陷入严重的通货膨胀，货币的购买力在很短的时间内会趋于下降，在这样的情况下，物物交换就有可能在一定程度上再现。第二，在存在价格管制的情况下，需求可能大大超过基于这种被管制价格基础上的供给，相应地，销售者可能不愿按这种被管制的价格出售他们的商品，而是直接用商品去交换其他商品。在由于某种原因导致需求远远小于基于被管制价格基础上的供给时，也会导致一定的物物交换。这就是说，当价格偏离市场均衡价格时，则有可能导致物物交换的产生。第三，在正常情况下，不法厂商为了逃税，也可能使物物交换在一定限度内出现。

(二) 价值尺度

货币的价值尺度职能是指以货币作为衡量一切商品和劳务价值的尺度。在物物交换中，每一种商品的价值都偶然而简单地表现在与其相交换的商品上。1 只绵羊等于 2 把斧子，1 匹布等于 500 千克谷子，如此等等。如果商品的总数是 N，那么物物交换中商品之间交换比率的数目(R_b)，可由下列公式给出：

$$R_b=\frac{N(N-1)}{2}$$

在只有少数几种商品的远古社会中，物物交换体系具有可控性。比如，只有 10 种商品的情况下，我们只需记住 45 个交换比率，即可保证整个交换体系的顺利运行。但如果商品的总数非常大，物物交换中的 R_b 将变成天文数字。在这种情况下，各种商品的价值表现是杂乱无序的，由此所发生的市场信号也无统一标准，生产者和消费者将不可能根据市场信号进行生产和交换的选择。货币产生之后，各种商品的价值可以用货币这一统一尺度加以表现，商品的价值表现种类由 R_b 减至($N-1$)种，这将大大减少信息成本并因而大幅度降低交易费用，促进交易量、产量和人均收入水平的上升。

货币之所以能发挥价值尺度职能，是由两个因素决定的：其一，各种商品和劳务本身都包含有价值，它们之间客观上存在着价值的比较关系；其二，货币本身只是充当一般等价物的特殊商品，它也有自己的价值。这正如尺子之所以能衡量布和绳子的长度，是因为布和绳子具有长度，尺子本身也具有长度一样。商品价值的货币表现是价格。由于各种商品的价值量不同，表现为货币的数量也不同，要发挥货币的价值尺度职能，必须比较货币的不同数量。因此，为了能够衡量和计量各种商品和劳务的价值量，也为了交换的方便，有必要确定货币本身的计量单位，即在技术上把某一标准固定下来作为货币单位，并把这一单位再划分为若干等分。这种货币本身的计量单位及其等分，通常称为价格标准。最初的价格标准同衡量货币物品的重量单位是一致的。比如，我国秦朝时曾铸造过“半两”铜钱，货币面值的半两同货币的含铜量是一致的。英国的货币单位英镑，原来是重 1 磅银的货币称称。但在后来的发展过程中，价格标准和重量标准逐渐分离开来，以某种观念单位计量货币。同时，这也说明价值尺度与价格标准是根本不同的。这一区别为货币的后续演变提供了客观的可能性。

（三）支付手段

货币的支付手段职能是指货币可以作为延期付款的手段。货币的支付手段职能最初是由商品的赊购赊销引起的。当货币用于偿还赊购的货款时，货币已不是作为购买的手段。因为商品的让渡同货款的支付在时间上已经分开。这种没有商品同时与之相向运动，而是作为价值的独立存在而偿还债务的货币，执行着支付手段的职能。货币作为支付手段，最初是在商品流通领域中起作用。随着商品经济的进一步发展，它扩展到了商品流通领域之外。在财政收入和支出、银行吸收存款和发放贷款、工资、地租等领域，货币都发挥着支付手段的职能。

货币作为支付手段充分发挥作用，必须满足下列条件：第一，货币的购买力不降低。在货币贬值从而购买力降低的情况下，商品的卖者出于对自己利益的关心，常常不愿赊销商品，这样，货币支付手段的作用程度就会受到限制。第二，买者应支付一定数量的利息。在无利或低利的情况下，卖者往往不愿赊销商品，贷者不愿发放贷款，货币支付手段就难以充分发挥作用。第三，确保到期偿还债务。在感到买者缺乏偿还债务的能力或到期难以收回款项时，卖方一般也不愿赊销商品，货币也就难以发挥支付手段的职能。只有在上述条件都满足时，货币才能作为支付手段起作用。

（四）价值贮藏手段

货币的价值贮藏手段职能是指货币作为购买力暂时滞留场所的职能。在物物交换中，任何一种商品的购买同时也意味着另一种商品的销售，买和卖是同时进行的。货币的产生使得这些购买和销售可以在时间上分开彼此独立地进行。这种时间上、空间上的分离，为货币行使价值贮藏手段职能提供了基础。在现代经济社会，人们通过出售他们的劳动服务获取收入，但这种收入是在一个比较长的、不连续的时间间隔内获得的，它不可能恰好与更为连续的支出流量在时间上一致。因此，有必要在一段时间内贮藏购买力。货币之所以能作为贮藏手段，是因为其作为社会财富的一般代表，可以在任何时候、任何地点购买到价值相等的商品和劳务。

当然，货币的贮藏手段职能要能正常地发挥作用，必须满足一定的条件：第一，货币的价值或购买力稳定。贮藏货币并不只是为了满足心理需要，更重要的还在于满足生产和生活的需要。在货币贬值的情况下，同数量货币所能购买到的商品或劳务将减少。人们为了减少损失，就会放弃货币，而以其他资产作为贮藏手段。这样，货币的价值贮藏功能就将大大削弱甚至丧失。第二，流动性高。货币充当价值贮藏手段的一个很重要原因就在于货币具有极高的流动性，能充分满足人们的流动性偏好。如果因某种原因使货币的流动性下降，它将失去充当价值贮藏手段的基本条件。第三，安全可靠。贮藏货币的基本目的在于满足未来的需要。当货币的贮藏可能使人们的财富因安全因素而蒙受损失或减少时，人们往往会选择安全性较高的方式来贮藏价值，这也将影响货币价值贮藏手段职能的发挥。

需要指出的是，货币并不是唯一的价值贮藏手段。在现代经济体系中，存在着许多可以用来作为价值贮藏手段的资产。比如，不同类型的定期存款和储蓄存款、债券、股票、房地产、珠宝、古玩等。作为价值贮藏手段，许多资产比货币更有优势，它们可能使价值增值，或者有赋税优势，或者能提供比货币更高的收益率。进一步而言，货币作为价值贮藏手段，其购买力会相对于商品和劳务的价格波动，且有些类型的货币，例如现金，甚至没有直接的收益（即以货币支付并且通常以利息表示的收益）。因此在某种程度上，货币并不是最理想的价值贮藏手段。但货币作为价值贮藏手段具有两大优点，一是具有完全的流动性，可十分方便地用于商品和劳务的支付，而其他资产要用于支付则需要一定的交易成本；二是就货币本身来看，它的价值是固定的。这一点非常重要，因为债务一般是按货币单位确定的，因而在债务的清偿方面，货币有着固定的价值。如果人们需要有某种可用于偿还债务的资产，就会产生持有货币的动机。当然，货币并不是具有这种便利特性的唯一资产，在债务应支付时到期的债券也有这种特性，但买卖债券包含了交易成本。

三、货币的职能定义

在论述了货币职能后，我们给出货币的职能定义。货币的职能定义是从货币的职能入手，归纳货币的基本特征，界定货币的具体构成。一般认为，货币具有交易媒介、价值标准、价值贮藏、延期支付标准四大职能。这四大职能中，“作为价值标准和延期支付标准的货币是抽象货币，作为交易媒介和价值贮藏的货币是具体货币”①。正如马克思所说，“货币在执行价值尺度的职能时，只是想象的或观念的货币”②。而作为流通手段的货币，必须是现实的货币，即要求人们一手交钱、一手交货，这与货币价值尺度职能是不同的。显然，从归纳货币的基本特征从而给货币下定义的角度来看，货币的抽象职能无法满足要求，必须是货币的具体职能。因为只有具体的货币职能才会有具体的表现形态，也才能在某一时点加以计量。货币的职能定义主要是从交易媒介和价值贮藏手段这两大职能的角度来给货币定义的，从而形成了两种主要的货币职能定义：交易媒介论和价值贮藏论。

20 世纪 60 年代以前，交易媒介论为绝大多数经济学家所接受③。在交易媒介论者看来，交易媒介是货币最基本的功能，这一职能是货币克服物物交换困难的产物。在物物交换过程中，交易双方必须同时满足需求的双重耦合和时间的双重耦合，交易成功的概率极低，交易成本较高。而货币的功能就在于将以物易物的交换行为分为卖和买两个阶段，即“W－G”和“G－W”，卖和买在时间上和空间上分开了，从而解决了物物交换过程中两个“双重耦合”的矛盾，克服了交易双方在需求上、空间上和时间上不一致的矛盾，大大提高了商品交换成功的可能性，并通过交换效率的提高，促进了社会分工的深化和商品经济的发展。在交易媒介论看来，“货币的价值来源于货币的使用——货币之所以有价值是因为它能方便交易。正如克洛尔(1967)所讲，在货币经济中，货币可以购买商品，商品可以购买货币，但是商品却不能购买商品：而正是‘商品不能购买商品’，我们才需要一种媒介以便利交易的进行，这种媒介也因此具有了价值”④。

英国经济学家佩塞克(B. P. Pesek)和萨文(T. R. Saving)也是交易媒介论的重要人物。在他们看来，“货币必须是这样一些支付手段，这些支付手段是其持有者的财富，却不是其他人的债务，所以货币是社会净财富的组成部分”⑤。如何辨别某一对象是货币(净财富)还是仅为负债？他们认为应以有无利息为标准。发行货币是不需支付利息的；需要支付利息的是负债，而非货币。据此标准，商品货币(如黄金)和不兑现的纸币即为货币。至于银行存款，则需区分为活期存款和定期存款。在西方国家，由于银行一般不对活期存款支付利息，故活期存款一般

---

① 周慕冰编著：《西方货币政策理论与中国货币政策实践》，中国金融出版社，1993 年版第 2 页。

② 马克思：《资本论》第一卷，人民出版社，1975 年版第 114 页。

③ 盛松成：“关于货币定义的几点意见”，《金融研究》，1996 年第 6 期。

④ [美]瓦什著：《货币理论与政策》，陈雨露主译，中国人民大学出版社，2001 年版第 69 页。

⑤ 盛松成、施兵超、陈建安著：《现代货币经济学》(第二版)，中国金融出版社，2001 年版第 21 页。

应算作货币；而定期存款因付利息，故只是银行的负债，而非社会净财富，就像债券为债券发行者的负债一样。佩塞克和萨文认为，货币须同时是交换媒介和净财富，而是不是净财富则取决于是否支付利息。于是，货币主要应包括商品货币、不兑现纸币和银行活期存款①。

英国经济学家纽伦(W. T. Newlyn)和波特(R. P. Bootle)在他们合著的《货币理论》一书中指出，"货币的最基本的功能就是作为支付手段而为人们所普遍接受"，"任何起着一般的交换媒介作用的东西都是货币"②。因此，货币应包括通货和起着交换媒介作用的银行存款。在此基础上，他们还提出了两条标准以区别支付手段与其他资产：第一，支付手段在实行支付中，不能对经济产生进一步的影响，尤其是"不能对借贷市场有任何影响"，他们把这一条件称为"中性"条件；第二，在支付中，作为支付手段的资产不能改变其总量。按照上述标准，通货是支付手段，而债券则不是。"通货由于通常被作为交易媒介而在实物形态上转手以完成一项支付，这并不会在经济中引起什么反响"。"而债券通常不能作为交换媒介，所以其持有者只能通过债券市场将其出卖，以此筹得资金来完成一项支付"。"如果借助于某项资产来完成一项支付而产生的影响同实物形态上通货转移所产生的影响相同，那么我们就可以视该项资产为支付手段"。

总之，交易媒介论认为，只有那些作为商品交换媒介的东西才是货币。据此，货币在概念上通常被定义为任何一种在债务清偿、商品和劳务支付中被人们普遍接受的物品。

20世纪60年代后，一些经济学家，如美国货币学派主要代表人米尔顿·弗里德曼，开始重视货币作为一般购买力的储存物这一职能，价值贮藏论由此产生。价值贮藏论认为，货币最基本的功能不是商品交换的媒介，而是价值贮藏手段，是一般购买力的暂栖所。弗里德曼和施瓦兹在他们合著的代表作《美国货币史》及其姊妹篇《美国的货币统计》以及其他一系列著作和论文中，对货币的定义作了详细的论述。弗里德曼认为，货币是"能使购买行为从售卖行为中分离出来的购买力的暂栖所"③。弗里德曼还指出："根据近来人们对货币特性的强调，货币更基本的特性不是交换的媒介，货币是使人们的购买行为与售卖行为相分离的这样一种东西，从这一观点出发，货币的作用就是充当购买力的暂栖所。由于人们视货币为一种资产或财富的一部分，才促成了这一看法"④。弗里德曼认为，定义货币的适当标准应该是：货币总量与名义国民收入之间的相关关系以及货币总量的单个构成项目与名义国民收入之间的相关关系。而最适当的货币定义的确定，必须同时满足两个条件：第一，货币总量与名义国民收入之间有最高的相关关系；第二，货币总量与名义国民收入之间的相关关系，必须大于货币总量任何构成项目与名义国民收入之间的相关关系⑤。从这两个要求出发，弗里德曼考察了从南北战争到20世纪60年代中期近百年的美国货币史，实证分析了与人均收入有关的各种财富变量，结论是货币应该包括公众所持有的通货和商业银行的全部存款，包括活期存款、定期存款和储蓄存

① 盛松成、施兵超、陈建安著：《现代货币经济学》(第二版)，中国金融出版社，2001年版第21—22页。

② 盛松成、施兵超、陈建安著：《现代货币经济学》(第二版)，中国金融出版社，2001年版第25页。

③ 弗里德曼、施瓦茨：《1867—1960年美国货币史》，1963年英文版第650页。转引自盛松成、施兵超、陈建安著：《现代货币经济学》(第二版)，中国金融出版社，2001年版第31页。

④ 弗里德曼：《最适货币量及其他论文集》，芝加哥，1969，第74页。转引自盛松成、施兵超、陈建安著：《现代货币经济学》(第二版)，中国金融出版社，2001年版第31页。

⑤ 周慕冰编著：《西方货币政策理论与中国货币政策实践》，中国金融出版社，1993年版第12页。

款，因为这一范围的货币同经济的关系最密切、最稳定[①]。

1957 年 5 月，在英国财政部领导下，成立了以拉德克利夫(Radcliffe)为首的"货币体系运行研究委员会"，专门调查英国货币和信用体系的运行情况，并对此提出建议。经过两年的广泛调查和深入研究，该委员会于 1959 年提交了一份报告，即著名的《拉德克利夫报告》。这份报告内容广泛，涉及货币理论和政策的许多方面，并对西方货币理论的发展和货币政策的制定产生了持久的影响。报告自始至终认为经济中的"流动性"或"总的流动性状况"最重要。报告中的货币定义实际上就是指流动性。"总的流动性状况同人们的支出决定有关"，而支出又"同人们认为他们能掌握的货币量联系在一起"，这一货币量取决于人们资产的数量和组成、他们的借款能力、他们预期的未来收入以及"金融机构和其他企业向人们提供资金的方法和数量"[②]。若用流动性来定义货币的话，则流动性的货币定义就是范围极其广泛的货币定义。它不仅包括传统意义上的货币，还包括银行和非银行的金融机构所创造的所有短期流动性资产。流动性资产作为一种价值贮藏的手段进入了货币定义的范围，因此，我们可以说流动性货币定义的基础仍然是价值贮藏论；或者说，流动性货币定义是现阶段价值贮藏论货币定义的最宽泛表述。

第二节　货币的演变及其计量

如果采用交易媒介论的货币定义，我们可以将货币定义为任何一种在债务清偿、商品和劳务支付中被人们普遍接受的物品。这种定义"是根据人们的行为来定义的"[③]。一种资产之所以能成为货币，是因为人们相信在进行支付时，它能被广泛接受。但是，货币是商品经济的产物。在商品经济发展中，随着进入交换的商品和劳务的种类增多，数量增加，商品交换地域的扩展，交换关系的复杂化，货币的形态也经历着由最初的商品货币向代用货币、信用货币演变的过程。同时，随着人类社会的发展，货币的形态仍在不断地演进。这就使得许多不同的资产都发挥过货币的交易职能，从而在一定程度上具有"货币性"。由于这一原因，上述从行为角度所下的定义并不能确切告诉我们，在经济社会中何种资产应被视为货币，货币量究竟由哪些构成。这就是我们要讨论的货币计量问题。在具体讨论货币计量之前，我们先介绍一下货币的演变过程。

一、货币的演变

(一) 商品货币

商品货币是货币演变的最初形态。从形态上来讲，商品货币是指用商品充当货币，作为一般等价物而存在。像最初的牛、羊、贝壳等普通商品，以及后来的金、银、铜等金属商品都曾充当过商品货币的具体形态。而从实质上来讲，商品货币是足值货币。足值货币是这样一种货币，它作为一种商品用于非货币用途的价值，与其作为货币的价值相等。最早的货币是由这种

---

① 盛松成、施兵超、陈建安著：《现代货币经济学》(第二版)，中国金融出版社，2001 年版第 30 页。

② 盛松成、施兵超、陈建安著：《现代货币经济学》(第二版)，中国金融出版社，2001 年版第 34 页。

③ [美]米什金著：《货币金融学》(第四版)，中国人民大学出版社，1998 年版第 53 页。

足值货币构成的。这是因为，这种货币不作为货币使用的可能性，能有效地保护货币持有人免受货币购买力大幅度下跌所产生的损失。用茶叶充当货币，当其作为货币的价值大幅度下跌时，人们可以把它作为普通商品(茶叶)使用。这种保护机制大大增强了商品货币的普遍适用性。另一方面，如果作为货币的商品的交换价值急剧上升，大大超过其商品本身的价值，那么这种商品就会更多地被用作货币，而这将会刺激这种商品的生产，从而使该商品的价值与它的交换价值趋于相等。

一般来说，作为货币的商品应具有这样四个特性：其一，价值比较高，这样可用较少的媒介完成较大量的交易；其二，易于分割，即分割之后不会减少它的价值，以便于同价值高低不等的商品进行交换；其三，易于保存，即在保存过程中不会损失价值，支付费用很少等；其四，便于携带，以利于在广大地区之间的交易。最初出现的普通商品货币在不同程度上具有上述特征。如贝，作为计量单位不需分割，也便于携带，作为外来商品，价值也高；牲畜则不那么理想，特别是一头牲畜经分割之后，部分的价值总和就会远远小于整体的价值，但其价值高又便于转移则是优点。只要商品交换没有发展到一定阶段，某些方面的矛盾并非是不能容忍的。但随着商品交换的进一步发展，上述矛盾越来越尖锐，普通商品货币越来越表现出一些不易克服的缺陷，如体积大、价值小，不易携带；质地不均，不易分割；价值易变，不便保存；单位不一，不易计量；数量有限，不能满足交换的需要等。这使得金属商品在货币演进过程中逐渐淘汰普通商品而成为货币商品。金属商品货币之所以能形成，是因为金属商品具有以下几种特性：其一，金属商品的稀缺性，使得其体积小、价值大、便于携带；其二，金属商品的质地均匀，既可多次分割，也可按不同比例任意分割，分割后还可冶炼还原；其三，金属商品不易腐蚀，便于保存，具有耐用性；其四，金属商品的生产量相对于这些金属商品的现存量而言是比较小的，这种供给上的相对稳定性，使得其价值也具有一定的稳定性。这些特性使得金属商品成为理想的货币商品，世界各国的货币相继演变成金属商品货币。

充当货币的金属商品主要是金、银、铜，铁作为货币商品的情况较少。这是因为，当冶炼技术发展后，其价值较低，用于交易过于笨重，而且易锈蚀，不便保存。在古希腊，公元前 6 世纪有使用铁钱的记载；我国宋代四川专用铁钱，有些地方铁钱、铜钱并用，后来也间断有用铁钱的，但流通范围有限①。至于金、银、铜作为货币的先后顺序并非简单地、严格地从贱金属向贵金属演变。我国最早的货币金属是铜和金两种，进入周代以后，铜占主体，直至 20 世纪 30 年代还有铜元流通。黄金在商代的遗址中就有所发现，但主要作为饰物；到战国时期，在古籍中已有很多用黄金论价之类的记载；到了西汉，黄金在准确的记载中不断出现，但东汉以后，黄金数量急剧减少，并很快失去了其作为货币的地位。白银在西汉的著述中已经出现，但直到宋代才逐渐成为货币商品；此后在与铜并行流通中，银一直占主体；直到 20 世纪 30 年代，白银才终止流通。西亚、中东、地中海沿岸，铜作为货币商品的时间大约在公元前 800 至 1 000 年左右。但在一些古文明较发达的国家，主要货币商品是银；黄金的出现也许更早，但与白银比，未占主要地位。公元 13 世纪以来，西欧的黄金货币逐渐增多，到了 18、19 世纪，货币商品已由黄金占主体地位②。

金属商品货币经历了从金属货币向铸币的演变过程。金属商品货币最初是以金属商品的自然形态(条状或块状，但主要是块状)直接充当的，史称金属块货币。在这个阶段，货币与充

①② 黄达主编：《货币银行学》(第二版)，中国人民大学出版社，2000 年版第 17 页。

当货币的金属没有什么区别，金属可自由地充当或退出货币使用，货币也没有什么发行费用。但是，使用金属每次交易都需要称量重量，鉴定成色，有时还要按交易额的大小把金属块进行分割，这很不方便。随着商品生产和商品交换的发展，有些富裕的、有名望的商人在金属块货币上打上印记，标明重量和成色。这相当于以该商人的信誉担保某货币的重量和成色，如果交易双方认为该商人的担保是可信的，那么在交易中就无需重新鉴定重量和成色，这就大大方便了货币的流通。这种货币一般称为私人铸币。私人铸币受私人信用的局限，其流通具有很强的区域性。当商品交换进一步发展，突破区域性交换范围后，对于金属块货币的重量、成色就要求有更权威的证明，以促使货币流通适应商品经济的要求。最具权威的当然是国家。这样，为了适应交换的需要，也为了维护买卖秩序，由国家出面，按一定的成色和重量把金属块货币铸成一定形状的行为发生了，其结果是金属块货币演变成铸币。铸币即由国家的印记证明其重量和成色的金属商品货币。国家印记包括形状、花纹、文字等。最初各国的铸币有各种各样的形状。我国古代的铜铸币就有三种形状：一是"布"，即铲形农具的缩影；二是"刀"，即刀的缩影；三是铜贝，通称为"蚁鼻钱"。但后来各国的铸币都逐步过渡到圆形。这是因为圆形最便于携带且不易磨损。

铸币是货币演变过程中的一次重大创新，它显著地扩大了金属商品货币的流通。但有必要说明一个特殊情况，即在金属铸币已经广泛流通的前提下，我国从魏晋到唐朝的几百年间布帛仍作为货币商品，与铜铸币同时流通。布帛就其自然属性来讲，作为货币商品并不理想。比如，质量不易统一，为了获利厂商会越织越薄；不易分割，剪得越短，价值损失越大；长期贮存易于糟朽，不便于保值等。但它是人们生活广泛需要的物品，而且是我国很有特色的商品，可行销域外，因而布帛作为货币商品与铸币同时并存了相当长的一段时间。

(二) 代用货币

代用货币是指代替金属商品货币流通并可随时兑换为金属商品货币的货币。由于金属商品货币是足值货币，代用货币也称为足值代用货币。

代用货币之所以能产生，是因为这种货币与金属商品货币相比具有一定的优点。首先，免去了铸造费用。代用货币是用纸张作为材料制成的货币，它当然也会发生一定的费用，但相对于铸造金属货币所需费用而言是微不足道的。其次，避免了日常的磨损，以及铸币在流通中可能遭受的有意熔擦、磨削等损失。金属商品货币在日常流通过程总会发生一定的磨损，这种磨损构成社会资源的净损失。代用货币产生后，金属商品货币不进入流通，而是由其代表物——纸制的代用货币进入流通，这就有效地避免了稀缺资源的日常磨损。更为重要的是，金属商品货币中的铸币产生之后，一些人利用铸币面值常常与其实际价值并不相符的特点，将重量、成色十足的铸币进行剪削、切割和熔擦后再推入流通，为自己牟取暴利。这种行为造成货币流通体系混乱，而代用货币则避免了这种现象的发生。最后，与金属商品货币相比，代用货币更易于携带、运送。

正因为如此，英国在 16 世纪就产生了代用货币。最初这些代用货币是由伦敦的金匠业发行的，作为保管凭证或借据，承认其相当于一定数量的金币或银币的债权，持有人提出要求即可以收回相应数量的金币或银币。代用货币的随时可兑换性使得其迅速成为一种与铸币一样被广泛接受的支付手段。美国在 1900—1933 年的代用货币则采取了黄金券的形式。这种代用货币代表对金币的法定债权，其持有者有权要求美国财政部将其兑现为金币。当然代用货币与足值货币相比也有缺点，如果代用货币没有显著的特性，就容易被伪造，且易于被烧毁。

(三) 信用货币

信用货币是代用货币进一步发展的产物，也是目前世界上几乎所有国家采用的货币形态。信用货币，即只作为信用关系的产物，不再作为金属商品货币的代表物的货币。这种货币的购买力远远大于货币币材的价值，且不能自由兑换金属商品货币。

信用货币之所以能产生，主要有以下几个原因：第一，信用货币是金属货币制崩溃的直接后果。由于世界性的经济危机和金融危机，加之第一次世界大战后，贵金属的分配极不平衡，各主要国家于20世纪30年代先后脱离金属货币制，所发行的代用货币不再能兑换金属商品货币，信用货币便应运而生。第二，货币的性质为信用货币的产生提供了可能性。货币在执行交换媒介职能时，只起着价值符号的作用，商品的卖者用商品换回货币的目的在于，用货币去购买自己所需要的商品。在这个过程中，货币只是转瞬即逝的媒介物，只要能购买到等价的商品，货币为何物，它实际价值是多少，商品的交易者一般是不会深究的。这就使得信用货币本身没有多少价值，但只要其能在商品或劳务的支付中被人们普遍接受，信用货币就能流通。第三，为资源的有限性所决定。金属商品货币和代用货币均受金属商品数量的制约，不能充分满足日益增长的交易需要，而信用货币的发行数量则不受资源约束，这就使得一个国家的货币量可以根据经济运行的实际需要而投放。正因为如此，信用货币逐渐取代金属商品货币和代用货币，成为主要的货币形态。

一般而言，信用货币主要有辅币、纸币、银行券和支票存款四种形式。

在铸币流通阶段，在交易额小于铸币面值的状况下，铸币常常不能履行货币的职能。为克服这一局限性，出现了用耐磨损的贱金属铸造的不足值货币，以满足小额或零星交易的需要。这种货币即为辅币。辅币作为不足值货币，在铸币退出流通后，仍保留下来，成为信用货币的一种形式。辅币多为贱金属(铜、镍等)，由国家根据小额零星交易的需要垄断铸造，也有国家用纸张印刷辅币。前者通常称为硬辅币或硬币；后者为纸辅币，我国则称为角票。

纸币如果仅仅看成是纸制的货币，那么代用货币一般就是纸币。但从信用货币角度所讲的纸币，是指由国家发行并依靠国家权力强制发挥货币职能的纸制货币。一般所讲的纸币就是在这种意义上的纸币。由于纸币本身没有价值，也不能兑现，如果它得不到社会的公认，就只不过是一文不值的废纸，根本不能起到货币的作用。纸币之所以能够成为货币并被社会普遍接受，国家的强制力量以及人们对政府能够合理控制货币供应量以使货币购买力在一定时期内保持稳定的信任起着关键作用。在美国，这种性质的货币即为有名的“绿背”钞票。

最初的银行券是作为代用货币而出现的。它是银行发行的一种债务凭证，即银行保证持有人可以随时向发行银行兑换相应金属商品货币的一种凭证。由于银行券的可兑换性和发行银行有较高的信誉，银行券在流通中被人们普遍接受，发挥着货币的职能。最初，一般银行都可发行银行券。19世纪以后，逐渐改由中央银行集中发行。20世纪30年代世界经济危机以后，各国的银行券先后停止其可兑换性，转而依靠国家的强制力量支持其流通，银行券纸币化，成为信用货币的主要形式。19世纪末银行券开始出现在中国经济之中。当时，西方各国的银行券已由中央银行垄断发行，而在我国仍是由商业银行、地方银行、外商银行分散发行。1942年才将银行券的发行权集中于中央银行。我国现在使用的人民币即为中国人民银行发行的不可兑换的银行券。

辅币(硬币和纸辅币)、纸币和银行券在日常生活中通常被称为现金，它们构成信用货币的重要形式。但在信用制度比较发达的国家,支票存款已成为信用货币的主要形式。支票存款是存款人能以支票即期提取、支付的存款。这种存款通过支票可随时在交易双方之间进行转移,因而在商品和劳务的支付,以及债务的清偿上被普遍接受,发挥着货币的职能。不仅如此,支票存款在现代社会中已成为主要的货币形式。这是因为,使用支票不但可以减少因使用现金而遭受丢失和失窃损失的风险,而且由于传递方便,省去找换零钱等,可以减少交易成本;同时,支票经收款人背书后还可在一定范围内直接充当支付工具。在现代社会,随着各国银行金融创新的不断深化,支票的形式呈现出多样性。所以,在交易双方互不相识或缺乏信任的场合,支票常常难以为交易对方所接受,国家也往往不赋予支票存款以法币的地位。这种局限性往往通过保证支付等方法得到有效克服,从而进一步提高了支票存款在现代信用货币构成中的地位。

现在的信用货币是以纸币为主导的一种货币形态,现金与支票构成了整个社会的支付系统。这样一种支付系统在电子技术迅速发展、金融创新不断深化的今天,面临着这样一个问题,即现行的支付系统在行使其职能时,费用能否进一步减少,效率能否进一步提高。许多经济学家认为,支付系统在经过无现金社会的变革后,将通过电子货币过渡为无支票的支付系统。

电子货币是指在零售支付机制中,通过销售终端、各类电子设备以及在公开网络(如Internet)上执行支付的"储值"产品和预付支付机制(BCBS,1998)。所谓"储值"产品,是指保存在物理介质(硬件或卡介质)中可用来支付的价值,这种物理介质可以是智能卡、多功能信用卡、"电子钱包"等,所储价值使用后,可以通过电子设备进行追加。而"预付支付机制"则是指,存在于特定软件或网络中的一组可以传输并可用于支付的电子数据,通常被称为"数字现金",也有人将其称为"代币"(token)。它由一组组二进制数据(位流)和数字签名组成,可以直接在网络上使用[①]。虽然电子货币还仅仅是一种设想,但可以肯定货币的演变将进一步进行,未来的货币将是一种更为高效、费用更为低廉的货币形态。

上述讨论表明,若干世纪以来,从黄金、纸币到电子货币,有许多不同的资产都发挥过货币的经验媒介职能,从而在一定程度上具有"货币性"。那么,在经济社会中究竟何种资产应被视为货币,货币量究竟由哪些构成,就成为经济学家争论不休的问题。

比如,在现代经济社会,支票存款与现金一样共同发挥着货币的职能。这就是说,现金发行不等于货币,这是一个客观事实。但在中国,多少年来,决策部门和理论界的许多人却一直将现金发行量视同货币量。这是因为新中国成立后,我们接受了这样一种观念,即生产资料不是商品,只有生活消费品才被看成是商品。实现消费品流通的是现金;实现生产资料分配的是转账结算。货币的基本功能就是与商品对流,现金与商品对流,自然是货币,而转账结算中的"货币"不与商品对流,自然不能算作真正的货币。在现代经济生活中,不只是在市场经济中,就是在过去高度集中的计划经济中,除去现金之外,也还有大量的支票存款货币。而且过多的银行存款事实上也在不断造成生产资料计划外的分配,并压迫价格变相上涨。改革开放以来,支票存款已逐渐在流通中发挥出重要作用。因此,考察货币只考察现金而不考察存款,就不可能得出全面的、正确的结论。

但是支票存款成为货币后引出一系列的争论。最突出的是,定期存款、储蓄存款与支票存

① 谢平、尹龙:"网络经济下的金融理论与金融治理",《经济研究》,2001年第4期。

款之间可以自由转换。这种高度替换性是否也赋予定期存款、储蓄存款以货币的性质？同理，有些信用工具，如国库券、大额定期存单、企业短期债券等，在金融市场上也能转变为现金或支票存款，所用时间与费用极少，这些与现金和支票存款有高度替换性的信用工具是否也应列入货币的范围？

一种观点认为，货币就是能使人们随时直接用于购买商品与支付劳务的手段。定期存款、储蓄存款与某些信用工具尽管与现金和支票存款有高度的替换性，但也只有经过替换才能实现购买和支付。与商品和劳务相对应的现实购买手段是现金和支票存款，因此，货币的范围只应包括现金与支票存款。另一种观点认为，定期存款、储蓄存款与某些可随时转换为现金和支票存款的信用工具，是一种潜在的、不易预测的购买力。如果仅仅着眼于现金与支票存款，就不能准确掌握商品供给与货币购买力需求间的关系，因而难以制定正确的货币政策。此外，统计数据表明，在某些信用关系高度发达的国家中，将定期存款计入货币范围与不计入货币范围相比较，前者比后者对国民收入的相关度更高，这说明前者能理想地反映商品与货币的总供求关系。因此，他们认为货币的范围应该扩大。这种观点在第二次世界大战后逐渐被人们接受。货币的范围不断扩大，但应按照一定的依据划分为不同的货币层次。

各国对货币层次的划分有多种做法，但大多以流动性的大小为依据。具体地说，是以某种资产转换为现金或支票存款的能力作为标准。转换成本越低、时间越短，流动能力越强，货币层次也就越高；反之，货币层次越低。此外，便于宏观监测和调控也往往构成划分货币层次的重要要求。至于具体的各层次货币供给量的构成，在不同的国家则往往有很大的区别。

二、货币供应量的计量基准

计量货币，即衡量一定时点上一个国家在企业、个人及各金融机构中的货币总存量，人们通常将这个总存量称为货币供应量。它可以是名义货币供应量，也可以是实际货币供应量。名义货币供应量，是指一定时点上不考虑物价因素影响的货币存量；实际货币供应量是指剔除了物价影响之后的一定时点上的货币存量。若将名义货币供应量记为 M_s，则实际货币供应量为 M_s/P。

货币经济学家虽然并未就货币定义的界定取得一致的意见，并且交易媒介论与价值贮藏论之间的争论仍在继续，但在货币当局的货币统计实践中，大多倾向于以价值贮藏论作为货币供应量的界定基准。

中国人民银行于 1994 年 10 月正式向社会公布中国的货币供应量统计。当时公布的货币供应量分为三个层次：M0，流通中货币；狭义货币 M1，由 M0 和能开支票进行支付的单位活期存款组成，不包括居民的活期储蓄；广义货币 M2，由狭义货币 M1 和准货币（储蓄存款和企业存款中具有定期性质的存款）组成。2001 年 6 月，中国人民银行对货币供应量统计进行了第一次修订，将证券公司客户保证金计入 M2。2002 年初，中国人民银行对货币供应量统计进行了第二次修订，将在中国的外资银行、合资银行、外国银行分行、外资财务公司以及外资企业集团财务公司有关的人民币存款业务，分别计入到不同层次的货币供应量。

2003 年 12 月 17 日，中国人民银行在其官方网页上发布了《关于修订中国货币供应量统计方案的研究报告》（以下简称《研究报告》），向社会公开征求意见。该研究报告认为，尽管中国货币供应量统计已经修订了两次，但它仍未准确反映金融市场的变化。首先，出现了一些新的金融资产且交易量增长迅速，其中与货币供应量统计相关的有短期金融债券、商业票据、债券回购等；其次，原来统计货币供应量时，未纳入货币供应量统计的一些金融资产，比如银行卡项下的活期储蓄存款、结算中的款项和预算外财政存款等，近几年的流动性发生了很大的变动；再次，金融机构也发生了变化；最后，货币在境内外的流动也加大了。这些变化对现行的货币供应量统计和货币政策产生了一定影响。根据上述变化，中国人民银行对各层次货币供应量的统计提出了四种修订方案。在具体修订方案之外更引人关注的是，方案中对货币供应量界定的一个重大变化，即从交易媒介论转向了价值贮藏论。该方案提出，修订货币供应量统计应坚持六大原则，其中的第五项原则是价值储藏手段原则。该原则认为，所有的金融资产都有价值，因此都可以不同程度地作为价值储藏手段。但是，当经济运行中价格和利率发生变化时，各种金融资产的实际价值是得到保持还是随之发生波动的程度有很大的差别。金融资产发挥价值储藏功能的程度不仅取决于保留面值，还取决于取得的利息、红利或其他收益。决定金融资产是否计入货币供应量时，必须充分考虑其价值储藏功能。再看1994年《中国人民银行货币供应量统计和公布暂行法》对货币供应量的规定：货币供应量即货币存量，是指一国在某一时点流通手段和支付手段的总和，一般表现为金融机构的存款、流通中的现金等负债，亦即除金融机构和财政之外，企业、居民、机关团体等经济主体的金融资产[①]。显然，暂行法中对货币供应量的界定是根据货币的流通手段和支付手段的职能进行的。而修订方案中提出的第五原则明确表示货币供应量的界定要坚持价值储藏手段原则。决定金融资产是否计入货币供应量时，必须充分考虑其价值储藏功能。这是中国人民银行对货币供应量界定的一次重大转变，对货币供应量的界定从主要依据交易媒介职能转向了价值贮藏职能，货币量的价值贮藏职能首次成为货币供应量界定的重要依据。这种转变体现了人们对货币供应量计量问题认识的拓展，也可以说是国际学术界对货币供应量计量问题的争论在中国的体现。

在考虑各方面因素后，到目前为止，虽然中国人民银行仍未就《研究报告》中涉及的问题对中国的货币供应量统计方案进行修订[②]，但有迹象表明，人民银行并未停止在这一方面的努力。2011年9月，中国人民银行的新闻发言人曾明确表示，在目前我国金融创新不断增多，公众资产结构日益多元化的情况下，特别是今年以来商业银行表外理财等产品迅速发展，加快了存款分流，这些替代性的金融资产没有计入货币供应量，使得目前$M2$的统计比实际状况有所低估。为了更加充分地反映金融市场的最新发展，中国人民银行正在研究覆盖范围更广的货币统计口径$M^{+}2$。可以认为，未来"$M^{+}2$"指标的推出将会是对《研究报告》中价值储藏定价原则的一种具体实践，也是结合目前国内金融市场的发展现状，对《研究报告》中具体修订方案的进一步深化。

国际货币基金组织也于2000年根据价值贮藏论对货币供应量的统计框架进行了调整，从而对世界各国的货币供应量统计发生了革命性的影响。也可以说，这是价值贮藏论居于主流地位的一个重要的标志。

国际货币基金组织为了提高成员国货币金融统计对风险的敏感性，增强不同国家之间主要金融指标的可比性，曾于1996年制定并颁布了《货币与金融统计手册》(以下简称《统计手册》)，随后分别于1997年、2000年进行了修改。《统计手册》为货币供应量统计提供了概念框

① 盛松成、施兵超、陈健安著：《现代货币经济学》(第二版)，中国金融出版社，2001年版第44页。

② 2011年10月份起，中国人民银行宣布将"住房公积金中心存款"和"非存款类金融机构在存款类金融机构的存款"两项加入M2的统计范畴，这是结合最近几年我国金融机构存款结构变化，对M2统计口径所做的微调。

架体系和基本方法，是当今指导各国货币供应量统计的重要文件。在1997年版的《统计手册》中，对货币供应量统计的一般性原则、货币定义和货币供应量统计口径给出了具体表述。1997年版的《统计手册》规定，各国在编制货币供应量时，主要考虑的应当是本国经济、金融特点，以实证分析为主要依据。货币是金融中介机构的负债，包括流通中现钞、可转让存款和近似的公众金融资产。哪种金融工具和金融机构被包括在广义货币统计中，应当通过实证性研究确定，在不同方案中选择与宏观经济变量——通货膨胀和名义经济产出最具密切关系的作为确定广义货币供应量统计的标准。货币供应量统计口径为：

M0：现金，本币流通中货币；

M1：狭义货币，M0＋可转让本币存款和在国内可直接支付的外币存款；

M2：狭义货币和准货币，M1＋一定期限内的（3个月到1年）单位定期存款和储蓄存款＋外汇存款＋CD；

M3：广义货币，M2＋外汇定期存款＋商业票据＋互助金存款＋旅行支票。

在2000年版的《统计手册》中，国际货币基金组织取消了对货币和货币分层的定义，转而采用更为原则和笼统的方法规范货币供应量统计。该《统计手册》认为，从持有者角度看，货币是具有特定属性的金融资产，具有四个基本功能：交换工具、价值储藏、记账单位和延期支付标准（即能够将金融合同中的目前价值与未来价值联系起来，如银行承兑汇票）。甄别一种金融资产是否属于货币范畴，并不要求全部满足上述四个功能，而是重点考察是否具有流动性（或充当交换工具的能力）。价值储藏功能与流动性密切相关，从理论上讲，没有价值储藏功能的资产就不可能具有足够的流动性。《统计手册》根据流动性和价值储藏功能两个主要标准，判定某种金融资产是否属于货币。可以属于货币的金融资产主要包括：法币、可转让存款、储蓄存款、旅行支票、外币存款、储蓄贷款协会和建筑协会或信用社等机构发行的存款凭证、回购协议、短期证券、可转让大额定期存单、商业票据、中期证券。而贷款、股票和其他权益、金融衍生工具、保险技术保证金、应收账户，通常不包括在货币范围内。2000年版《统计手册》中没有明确划分货币层次的标准。国际货币基金组织还建议在编制广义货币的同时，应编制广义流动性总量。广义流动性的范围要超过广义货币。除广义货币外，广义流动性总量还包括其他被认为具有一定流动性，但还不足以纳入国家定义的广义货币范围之内的负债。

国际货币基金组织《统计手册》对货币定义和货币供应量统计框架的调整显示，在世界范围内货币供应量的界定方面，价值贮藏论居于主流地位，价值贮藏论已成为货币供应量计量的主要理论依据。那么，为什么在货币供应量计量领域有这样一种变化呢？我们认为，一般均衡理论中的瓦尔拉斯-希克斯-帕廷金传统可以对此作出解释①。

瓦尔拉斯-希克斯-帕廷金传统力求解释经济运行中为什么要有货币。这是一个看似简单但实际上非常复杂的问题。按照希克斯的解释，在瓦尔拉斯均衡模型中是不需要货币的。希克斯用一个简化了的商品交换模型——集市日交易模型来说明这一问题。该集市日交易市场在早晨开放，交易者带着各自准备交易的物品来到集市，在整个集市日中他们只是讨价还价，并不买进或者卖出他们要交易的物品。他们讨价还价所议定的价格以契约的形式记录下来，这些契约是有条件的契约，只有价格使得整个市场都出清时，这些契约才在集市日结束时兑

① 瓦尔拉斯-希克斯-帕廷金传统的详细论述参见[美]米尔顿·弗里德曼等主编：《货币经济学手册》第1卷，经济科学出版社2002年版，第一篇 瓦尔拉斯经济中的货币。

现。也就是说，只有议定的价格是均衡价格。按照该价格，所有的交易者能卖出他们想要出售的全部物品，并购买到他们想要购买的全部物品时，契约才兑现。由于在集市日结束、均衡价格确定之前，交易中并没有进行物品的具体交易，交易是在集市日结束时才进行的，因此，在瓦尔拉斯均衡模型中交易是同步的，所有交易是在同一时间同步完成的；所有的信息在集市日的讨价还价中充分传递，均衡能够实现，因而交易者不需要货币作为交易媒介，也不需要任何价值贮藏的手段，货币不起作用。

帕廷金通过时间因素和交易的非同步性的引入，扩展了瓦尔拉斯均衡模型，从而在瓦尔拉斯的一般均衡理论中加入了货币。帕廷金作了这样一个假设，"虽然有条件的契约是在集市日期间作出，并在集市日结束、均衡价格确定时固定下来的，但物品的买卖并不是立即进行交换的。所有买卖的物品是在下一次集市日之前的一周中的任何时间内交付并得到的"①。这样一来，尽管交易者确切地知道他所买进和卖出的商品价值相等，但他并不知道买进和卖出是否在同一时间进行。如果两者不同时进行，交易者就必须以货币的形式保存他们的一部分财产，这样他才能应付交易时间的不同步可能给他带来的问题，即避免在出售物品之前购买商品所可能出现的支付困难。这样，帕廷金通过引入一个交易的不同步性的假设，将货币引入了瓦尔拉斯均衡模型。

从帕廷金的模型中我们可以得出这样一个结论，交易的不同步要求交易者必须拥有货币，拥有货币是为了用货币充当交易的媒介，即"避免在出售物品之前购买商品所可能出现的支付困难"。在交易的不同步中之所以拥有货币，是因为它能够作为价值储藏的手段。"在交易的非同步性以及不确定性存在的情况下，货币的价值储藏功能能够将非同步进行的交易联结起来，从而充当起交易媒介的职能；而交易者之所以将货币储藏起来，又是因为他们知道货币可以作为交易的媒介，为了交易的顺利进行，有必要将一部分财富以货币的形式保存起来"②。因此，在货币经济中，人们需要货币是为了交易，交易媒介是货币的重要功能，但经济主体之所以持有货币，是因为货币具有价值贮藏功能，也正因为货币具有价值贮藏功能，货币在不同步的交易中才能发挥交易媒介的作用。货币是一种价值贮藏。

在帕廷金的模型中，我们似乎已经找到了货币定义理论从交易媒介论转向价值贮藏论的依据。但同样是在瓦尔拉斯均衡模型的框架下，希克斯提出了另一个结论，"货币没有价值贮藏的职能也能满足它作为交换媒介的职能"③。希克斯在他提出的集市日交易模型的基础上分析了货币的作用，集市日中的物物交换效率低、成本高，效用相应减少，货币得以产生。在此基础上，希克斯进一步将银行制度引入他的模型。交易者甲到集市出售物品A，希望得到乙所拥有的物品B。由于种种原因，他没有和乙进行物物交换，而是将A卖给了想要该物品的丙，他没有从丙那里购买任何东西，只是在银行账户的贷方增加了一笔。然后，甲就用这笔贷方余额向乙购买物品B，交易完成。由于集市日模型假设集市日结束时市场出清，因此集市日结束时所有交易者的银行账户上都没有余额。希克斯认为，这里的银行账户只是作为交换媒介起作用，而不是作为价值贮藏的手段发挥作用，"之所以不把它们作为价值贮藏是因为在一天结

① ［美］劳伦斯·哈里斯著：《货币理论》，中国金融出版社，1989年版第14页。

② 宁咏著："内生货币供给：理论假说与经验事实"，经济科学出版社，2002年版第60页。

③ ［美］劳伦斯·哈里斯著：《货币理论》，中国金融出版社，1989年版第8页。

束时所有的银行账户都减少为零,而且也没有什么可以带到下一个集市日"[①]。因此,希克斯提出,货币没有价值贮藏职能也能满足它作为交换媒介的职能。但实际上,银行账户仍然是作为一种价值贮藏手段而存在的。因为虽然在集市日结束时没有银行账户余额,但在该集市日交易期间,银行账户是作为价值贮藏而起作用的,交易者之所以用银行账户贷方余额的形式来持有他的财产,是因为银行余额在一定时期内是一种价值贮藏。即弗里德曼所说的,货币是购买力的暂栖所。

至此,我们可以说,货币是一种价值贮藏,货币如果不是价值贮藏也就不能发挥交易媒介的职能。"绝不存在不能作为价值贮藏的货币形式"[②]。交易媒介是货币的功能,是运动着的,是动态的,是一个流量概念;而充当价值储藏的货币是静态的,是一个存量概念。货币供应量是作为存量来衡量的,而不是作为流量来衡量的,货币供应量的界定当然应该以价值贮藏作为依据。

三、价值贮藏论的现实意义

以价值贮藏为依据界定一个国家的货币供应量,是把货币作为一种金融资产,货币的职能主要体现在对其持有主体支出意愿的影响上,货币通过经济主体的资产选择行为对经济运行发生作用。经济主体的资产选择行为不仅仅影响着一般的物价总水平,而且通过储蓄行为、投资行为对产出和就业发生影响。这就说明,从价值贮藏角度界定货币不仅仅看到了货币在流通过程中的作用,也看到了货币对生产过程的影响;不仅仅表达了中央银行对货币供应量的作用,也揭示了经济主体行为对货币供应量的影响。可以说,价值贮藏论的货币是一种流通性货币与生产性货币以及外生性货币与内生性货币的统一。这种货币更具有现实意义。

把货币作为一种金融资产,需要我们根据资产的流动性确定货币供应量的范围。这就产生了两个问题。第一个问题是金融资产的种类及其流动性是变动的,金融创新以及经济转型国家的市场化改革等因素,都可能引起金融资产流动性的改变。从这一角度看,货币供应量的设定必须是动态的,应该根据一个国家金融市场的变动情况适时地加以调整。我国处于从计划经济向社会主义市场经济转变的转轨时期,经济的货币化程度、金融资产的发育程度可以说处于急剧变动中,货币供应量指标的确定如果采取一种简单化和静态化的处理方法,其统计结果有可能存在一定的偏差。但到目前为止,自 1994 年公布货币供应量指标以来,中国人民银行仅在 2001 年和 2002 年对该指标的统计口径进行过微调。

把货币作为一种金融资产产生的另一个问题是各种金融资产的"货币性"或者说"流动性"是一个程度问题,而不是有和无的问题。在现实经济运行中,所有的金融资产都有某种程度的"货币性",这意味着任何资产都有某一部分在发挥着货币的功能。也就是说,某种金融资产不是简单地可以判断为是不是货币,而是在多大程度上是货币。但是,目前各国对货币供应量的统计都是采用"是不是"的方法对各层次的金融资产用简单加总的方法进行的,这种统计方法显然与货币的金融资产特性是不相适应的。20 世纪 80 年代以来,学术界提出的加权货币总量的概念对货币供应量的度量是非常有价值的。

加权货币总量概念认为,传统通过简单相加得到货币总量的定义方法假定,"具有不同流

---

①② [美]劳伦斯·哈里斯著:《货币理论》,中国金融出版社,1989 年版第 11 页。

动性的金融资产可以在机会成本为零的情况下自由替代”[①]。然而，在实际经济运行中，金融资产持有者往往把货币作为一种耐用消费品，从货币提供的服务中实现其总效用的最大化。金融资产持有者为了达到这一目的，需要在不同属性的金融资产之间做出动态选择。由于货币资产的特殊性，各类金融资产之间并不能完全相互替代，因为“如果各类货币资产完全可以相互替代，则理性的消费者就会选择持有其机会成本最低的那种货币资产。现实经济生活中，大多数经济主体持有的是一个具有不同机会成本的各种货币资产的组合”[②]。加权货币总量的概念认为，既然各种不同流动性及风险性质的金融资产之间具有不完全替代性，那么货币供应量的计算就应该根据流动性的程度为各类货币资产确定不同的权重后加权相加，即应计算加权的货币总量。测算加权货币总量的主要困难是权重的确定。德尔威特(Diewert，1976)、巴内特(Barnett，1980)分别提出了解决这一问题的基本思路，并提出了迪维西亚货币总量的概念；安德森等(Anderson et al.，1997)又进一步完善了该货币总量加权的测算方法[③]。上述学者普遍认为，由于加权加总的方法与金融资产持有者的决策行为相一致，而且包含了金融创新与制度变化对货币范围的影响，因此这种货币量指标能够在制度变化过程中更为准确地反映货币的基本属性，并能对社会总需求、价格总水平作出更为及时的预测。大量的经验研究也证明了这一观点。巴内特等(Barnett et al.，1984)利用美国的季度数据，从货币需求、流通速度等多个方面进行的检验认为，在更高的货币总量层次上，加权加总货币总量(即迪维西亚货币总量)总体上的表现优于简单加总货币总量；比隆格亚等(Belongia et al.，1991)发现英国的加权货币总量与名义 GDP 的增长关系更紧密，而且具有更稳定的货币需求函数；达哈兰等(Dahalan et al.，2005)对马来西亚的研究发现，在 M2 层次的加权货币需求函数更稳定；王宇伟(2009)对我国加权货币总量的研究也得到了类似的结论。

目前，美国圣路易斯联邦储备银行一直测算并向公众公布的货币服务指数(monetary services index，MSI)就是按照加权加总的思想构建的；英格兰银行也连续编制和发布了类似指数。其他测算该类指标的还有加拿大、澳大利亚、德国、日本(1994)、丹麦(1996)等。我国目前实行的是以货币量为中间目标的货币政策框架，因此，人民银行也可考虑展开对它的研究，以期提高货币政策的有效性。

专栏 1-1　中国的加权货币总量测算

按照安德森等(2007)提出的测算方法，我们对 1993 年第一季度到 2011 年第四季度的中国加权货币总量进行了测算。

$$\log M_t - \log M_{t-1} = \sum_{i=1}^{n} s_{it}^*(\log m_{it}^* - \log m_{it-1}^*),\ s_{it}^* = \frac{1}{2}(s_{it} + s_{it-1}) \qquad (1-1)$$

其中，$s_{it} = \dfrac{m_{it}(R_t - r_{it})}{1+R_t} \Big/ \sum_{i=1}^{n} \dfrac{m_{it}(R_t - r_{it})}{1+R_t}$

上式是 Divisia 货币指数增长率的表达式，其中，M_t 表示加权货币总量，m_i 表示第 i 种货币资产，r_i 表示第 i 种货币资产的收益率，p^* 表示价格水平，R_t 表示基准收益率。

① 俞乔：“货币服务指数与货币政策”，《金融研究》，1998 年第 10 期。

② 魏永芬，王志强：“货币总量度量方法的发展及其对我国的启示”，《金融研究》，2003 年第 6 期。

③ 具体推导计算过程可参看王宇伟：“货币的加总方法与我国货币需求的稳定性分析”，《金融研究》，2009 年第 3 期。

合理选择基准利率是计算迪维西亚货币指数中很关键的一步。从理论定义来看，基准利率应该是经济主体所能获得的最大无风险收益率。因此，能够提供这种基准利率的基准资产必须不存在任何违约风险，同时也无须提供任何的交易服务，持有这种资产的唯一目的就是为了储藏价值。在国内已有的相关研究中，学者们大多使用某一期限的定期存款利率作为基准利率，我们认为这并不准确，国债一直是我国居民和企业可以选择的一种无风险资产，在寻找基准收益率时不能将其忽略。Anderson et. al(1997b)指出，通常来说，人们会在各类货币资产的自身收益率r_i以及某种优质债券的收益率r_b之间选择最大的那个作为基准利率。因此，我们选择5年期国债收益率和5年定期储蓄存款利率中更高的那个来表示基准利率，即：

基准利率$R=\max$(5年期国债到期收益率，5年期定期存款利率)

具体来说，1996年三季度之前的5年期国债收益率数据来自《中国金融年鉴》提供的该时段5年期国债发行利率，1996年三季度之后的5年期国债收益率数据来自"北方之星"数据库和万得(WIND)数据库①。最后，我们将该国债收益率数据与5年期定期存款利率进行比较并确定了基准利率。

各项货币资产收益率是另一个需要确定的变量。我们将货币资产按其流动性分成了"流通中货币、活期存款、活期储蓄存款、定期储蓄存款、定期存款加其他存款"五个部分，并分别确定了其收益率。其中，流通中货币收益率为零；活期存款收益率为活期存款利率；居民活期储蓄存款收益率同样选择了活期存款利率，但对征收个人利息税期间的收益率水平，按照实际征收的利息税税率进行了调整；定期存款来自企业，期限通常较短，其他存款则组成复杂，我们将这两者统一按照1年期定期存款利率来计算收益率；居民定期储蓄存款通常期限更长，因此，我们选择3年期定期存款利率来作为居民定期储蓄存款的收益率，同时对征收利息税期间的收益率进行了相应调整。上述所有的数据均来自各期的《中国人民银行统计季报》。

最后，根据式(1-1)，我们分别计算出了M1层次和M2层次的迪维西亚货币总量季度环比增长率(上季度=100)②，并由此推算出定基的增长率(1993Q4=100)和季度同比的增长率(上年同期=100)。同时，在对简单加总货币总量进行X12季节调整后，我们还计算了简单加总总量的季度同比增长率GSM1和GSM2，并将其与GDM1和GDM2进行了简单的统计比较，结果如表1-1所示：

① 我国的国债交易存在交易所市场和银行间市场，两市场的交易主体不完全相同，交易的债券也不能互相流通，这种市场分割的局面使得两个市场中即使同一期限的债券，价格也不相同，因此计算出的到期收益率也各不相同。我们在选择时，依据最大化的原则在两个利率中选择较大的那个。

② 本书在计算迪维西亚货币指数时，对各类货币资产的季度数据进行了X12季节调整，但并未剔除其价格因素。因此，由此得到的迪维西亚货币总量增长率是经过季节调整的名义增长率。事实上，我们也可以根据未季节调整过的数据计算出迪维西亚总量指数，然后再进行季节调整。Anderson et. al(1997b)在介绍圣路易斯联储行测算迪维西亚总量指数的办法时指出，上述的两种季节调整方法哪种更为合理是迪维西亚货币量测算中一个很难解决的问题，因此他们最终建议研究者可以考虑同时采用两种办法进行研究。而在本书中，我们仅使用了在大部分研究中采用的办法，即先进行季节调整，再计算迪维西亚货币指数。

表 1-1 样本区间内各种货币总量增长率的统计描述

货币量	最大值(Maximum)	最小值(Minimum)	均值(Mean)	标准差(Std. Dev.)
GSM1	33.25%	8.67%	17.72%	5.56%
GDM1	32.87%	8.54%	17.46%	5.48%
GSM2	36.80%	12.33%	19.74%	6.05%
GDM2	35.21%	11.68%	19.18%	5.27%

由表 1-1 可以看出,在整个样本期间内,两个层次的加权加总货币总量标准差值均小于简单加总货币总量的标准差,这与很多国外学者的研究结论是一致的,意味着加权加总货币总量增长率的波动更小一些。将 GSM1 和 GDM1 以及 GSM2 和 GDM2 的变化轨迹分别绘于图中可看出,M1 层次上的加权加总货币总量与简单加总货币总量的增长率几乎没有差别,而 M2 层次上两种货币量的增长率差异相对更大,这一现象是由加权加总货币量的特点决定的。在加权过程中,权重与货币资产的流动性有关,在较低的货币量层次中,资产的流动性差异很小,因此简单加总总量和加权加总总量会十分相近;在越高层次的货币总量测算中,各类资产间的流动性差异会越来越大,在这种情况下,加权加总货币与简单加总货币之间的差异自然也会变得更大。很多国外学者的研究也得到了类似的结论。

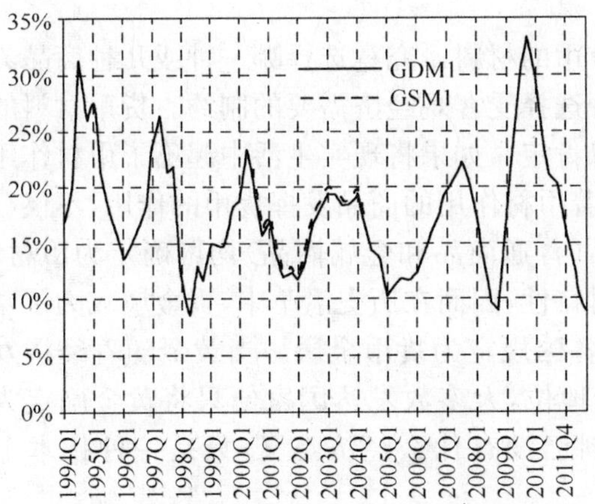

图 1-1 两种货币总量的增长率比较(M1)

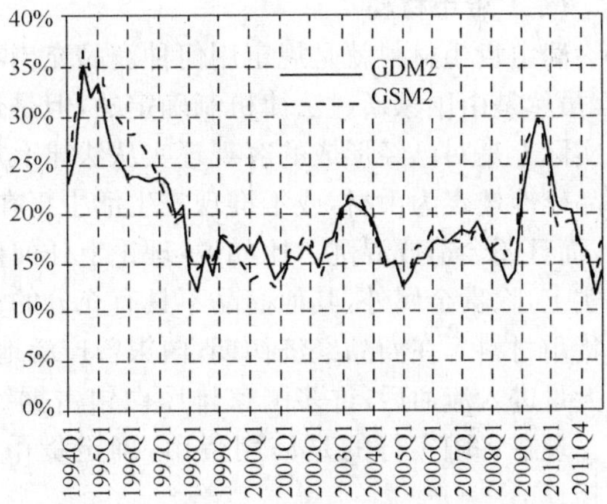

图 1-2 两种货币总量的增长率比较(M2)

第三节 货币制度

货币在随商品生产和交换关系的发展而演变的过程中,不同的货币形式总是和一定的经济制度相联系的,这就形成了不同的货币制度。研究货币制度的演变发展过程,既有助于进一步认识货币演变的一般规律,也有助于理解现代货币体系的运行机制,并能帮助我们理解信用制度和银行制度的产生和发展过程。

一、货币制度及其构成

货币制度是国家以法律确定的货币体系和货币流通的组织形式。货币制度产生之前,货币的发行权分散，各种货币的适用区域狭小，充当货币的材料种类繁多，铸币的成色、重量下降，货币流通十分混乱。这种分散、混乱的货币体系不利于正确计算成本、价格和利润，不利于广泛而稳定的信用关系的建立，也不利于商品流通的扩展以及大市场的形成，成为商品经济顺利发展的一大阻碍。据此，为创造有秩序的、稳定的货币流通体系，以适应商品经济发展的需要，各个国家先后颁布法令和条例，对货币流通作出种种规定，形成了统一的、稳定的货币制度。由此可见，货币制度是人们在充分认识商品货币关系的基础上，由国家制定并主要通过国家法律强制保障实施的。它体现了国家在不同程度上，从不同角度对货币所进行的控制。

一个国家的货币制度主要由以下要素构成：

（一）货币种类

确定流通中货币的种类是一国货币制度的重要内容。流通中的货币，即所谓的通货，一般包括本位币与辅币。本位币是一国的基本通货，是法定的计价、结算货币。本位币也称为主币。在金属商品货币流通阶段，本位币是用法定货币金属按照国家规定的规格经国家造币厂铸成的铸币，这种本位币是一种足值货币。铸币的代用货币自然也是本位币。而在信用货币阶段，本位币则表现为不可兑换的银行券与纸币。辅币则是本位币以下的小额通货，主要用于辅助本位币完成小额零星交易以及找零使用。辅币是一种不足值货币，在金属商品货币阶段和信用货币阶段均存在。

（二）货币材料

确定货币材料就是规定用何种商品充当本位币的材料。究竟选择哪一种或几种商品为币材，虽然是由国家通过法律机制确定的，但是这种选择受客观经济需要的制约。货币材料的确定实际上是对已经形成的客观现实从法律上加以肯定。如果将现实生活中起不了币材作用的商品硬性规定为币材，或不准现实生活中正在起着币材作用的商品发挥货币的作用，不仅行不通，而且还会造成混乱。比如说，理论上任何商品（普通商品和金属商品）均可确定为币材，但事实上，除贵金属外，其他商品不具有充分的币材特性，因而在历史沿革中，贵金属成为了基本的货币材料。在商品经济初期，白银曾广泛地被各国规定为货币金属。当黄金随着经济发展而大量进入流通后，许多国家排斥白银占据统治地位，大多数发达国家便只将黄金确定为币材。现在各国实行的是信用货币，确定货币材料已没有什么经济意义，只是一种技术上的选择。

（三）货币单位

货币材料一经确定，就必须相应地规定货币单位，这包括规定货币单位的名称与确定货币单位所包含的货币金属量两个方面。货币单位的名称最初与货币商品的自然单位和重量单位是一致的。后来，由于以下原因，货币单位的名称日益与自然单位和重量单位相脱离。第一，外国货币流入的影响。比如，20 世纪 30 年代中期以前中国流通的银币是以“元”为单位名称。这是外国银币流入后，中国给它起的单位名称，以别于当时已通用多年的货币单位名称银两。第二，货币材料改变的影响。像英国的货币单位英镑，原来是重 1 磅的银的货币名称。英国的币材由银改为金之后，由于当时的金银比价为 1 : 15，所以 1 磅白银就改为代表 1/15 磅的黄金。第三，历代帝王滥铸不足值铸币，也是两者相背离的一大原因。货币单位名称与自然单位和重量单位相脱离后，有的保持原名，但内容发生了变化；有的则完全摆脱旧名，重立新名。如我国唐代铸的“开元通宝”，“通宝”是钱的名称，单位则叫“文”。一般而言，一国货币单位的名称往往就是该国货币的名称。若几个国家同用一个单位名称，则在前面加上国家名。如法郎，是很多国家采用的货币单位名称，前面加上国名，就成了各国的货币名称，如法国法郎、瑞士法郎等。里拉是意大利货币单位的名称，也是货币的名称，由于无其他国家采用同名单位，所以不冠国名。中国有些特殊。货币名称是人民币，货币单位的名称是元，两者不一致。

确定货币单位所包含的货币金属量，关系到货币单位的“值”。美元按 1934 年的法令，所含货币金属黄金的量为 0.888 671 克；英镑按 1870 年的铸币条例，其含金量为 7.97 克。当黄金在世界范围内非货币化之后，流通中只有不可兑换的信用货币，确定货币单位的值则转变为如何维持本国货币与外国货币的比价。这可能要求波动幅度不超过一定范围，也可能要求自己的币值偏低或偏高。

(四) 货币发行与流通

货币的发行与流通在金属商品货币制度下，表现为金属商品货币的铸造管理。金属商品货币中的本位币通过自由铸造制度进入流通。所谓自由铸造，是指公民有权将经法令确定的货币金属送到国家造币厂铸成本位币，其数额不受限制。造币厂代公民铸造，不收或只收取很低的费用。同时，公民也有权把本位币熔化成金属条块，但对私自铸造则严格禁止。而且由于铸造技术十分精密，私自铸造合乎法定标准的本位币极不合算；私自铸造伪劣币既犯重罪，又很容易被辨认出来。自由铸造既是金属本位币进入流通的程序，又发挥着调节货币流通量的作用。其调节过程在于，当流通中货币量超过货币必要量时，出现本位币的市场价值低于其所包含的金属价值的趋势，这时，公民可以根据自由铸造制度的规定，将本位币熔化成金属条块贮藏起来，这相当于使部分货币退出流通；当流通中的货币量少于货币必要量时，出现本位币的市场价值高于其所包含金属的价值的趋势，公民则可将贵金属通过造币厂铸成本位币投入流通，从而增加货币量。这种调节机制使本位币的市场价值与所含金属的价值保持一致，使货币流通量与货币必要量自动地趋于一致。

辅币多由贱金属铸造，为不足值货币。辅币之所以用贱金属铸造是因为辅币流通频繁，磨损迅速，如果用贵金属铸造，损耗太大，而这种损耗属于流通费用，对社会资源来说是一种虚耗。因此，铸造辅币应该尽量使用贱金属，以节省流通费用。辅币之所以铸成不足值货币，是因为辅币只是本位币的一个可分部分，如果辅币按其包含金属的价值流通，随着生产力的提高，主币和辅币两种不同金属的价值发生变化，主币和辅币的固定兑换比例就不能保证，辅币就失去了其作为辅助货币的作用；同时，如果辅币铸成足值货币，当辅币币材价格上升时，大量辅币就会被私自熔化，这将造成辅币不足。因此，辅币按面额流通，不能依靠其所含金属的价值，而只能依靠法律规定的与主币的固定兑换比率。辅币的铸造权由国家垄断，即不实行自由铸造制度，而实行国家垄断铸造制度。这是因为，辅币为不足值货币，铸造辅币可得一部分收入，这种收入称为铸造利差。由国家垄断铸造，可使这部分收入归国家所有，成为重要的财政收入来源。同时，如果允许自由铸造，必然会使辅币充斥市场、排挤市场，造成币值不稳，实行国家垄断铸造可控制辅币的流通量，使其不超过实际需要量。

在信用货币流通阶段，贵金属铸币退出流通，自由铸造制度也就不存在了，辅币的铸造流通制度仍被保留下来。纸币和不可兑换的银行券由政府或中央银行印制，通过银行贷款程序进入流通。一般是中央银行贷款给商业或其他金融机构，银行再贷款给企业和个人。企业和个人从银行得到一笔贷款后，首先是在其账户上增加同样数额的存款。由于有了存款，即可以开出现金支票提取现金，这样铸币、纸币和不可兑换的银行券就通过贷款投入流通；由于有了存款，就可以开出转账支票，由银行将一个存款账户上的存款转移到另一个存款账户上去，这样就出现了支票存款通货的流通。可见,无论是现金通货还是存款通货,都是通过银行贷款程序投入流通的,这与金属通过自由铸造投入流通有着根本区别。

(五) 货币支付能力

用法律规定货币的支付能力是现代货币制度的重要内容,其形式是所谓的无限法偿与有限法偿。无限法偿即法律规定某种货币具有无限制支付能力,每次支付的数量无论多大,也不论是属于何种性质的支付,即不论是购买商品或劳务,还是结清债务、缴纳税款等,支付的对方均不能拒绝接受,否则被视为违法。取得这种资格的货币,在金属商品货币流通时是充当本位币的铸币,后来则是纸币和不可兑换的银行券。支票存款虽然是信用货币的主要组成部分,但一般不享有无限法偿的资格。有限法偿即法律规定某种货币在每次支付中超过一定的金额,收款人有权拒收,即其支付能力不受法律保护;但在一定的金额内,其支付能力则受法律保护。有限法偿主要是对辅币规定的,这是为了防止辅币充斥市场。比如,美国 10 分以上的银辅币每次的支付限额为 10 元,铜镍铸分币每次的支付限额为 25 分;旧中国曾规定,一次支付镍辅币以法币 20 元为限,铜辅币以 5 元为限。但为了使过多的辅币能自动流回国家手中,有限法偿规定用辅币向国家纳税、向政府或银行兑换主币则不受此规定限制。

(六) 金准备

金准备又称黄金储备,是指国家所拥有的金块和金币的总额。世界上大多数国家黄金储备都由中央银行或政府掌握,黄金储备是货币制度的重要构成要素。在金属商品货币流通时,国家利用金准备扩大或收缩金属商品货币的流通,以保证国内货币流通的稳定,同时作为国际支付的准备金和支付存款及兑换银行券的准备金。信用货币进入流通后,金准备不再作为国内金属货币的准备金,以及支付存款和兑付银行券的准备金,只作为国际支付的准备金。

二、货币本位制

由于货币材料的确定在货币制度中居于核心地位,某种或某几种商品一旦被规定为币材,即称该货币制度为该种或该几种商品的本位制。通过货币本位制的演变分析,即可认识货币制度的演变发展过程。从历史发展过程来看,各国先后曾采用过以下几种货币本位制:银本位制、金银复本位制、金本位制和信用本位制。

(一) 银本位制

银本位制是较早的一种货币制度,其内容包括以白银作为本位币币材;银币是本位币、足值货币,可自由铸造,具有无限法偿能力;银行券可自由兑换银币或等量白银;白银和银币可以自由输出输入。在中世纪的相当长时期里,由于那时商品经济不够发达,商品交易主要是小额交易,白银价值较黄金低,适合这种交易的需要,因而,当时许多国家都实行银本位制。在随后的经济发展过程中,银本位制逐渐暴露出两大问题:其一,当社会经济发展到一定阶段后,大宗交易不断增加,而白银价值较小,在大宗交易中使用银币,给计量、运送等带来很多不便;其二,随着勘探、冶炼等技术的发展,白银供应量大幅增加,而需求却有所减少,这导致白银的价值发生了很大变动,金贵银贱,影响着币值的稳定。因此,在 19 世纪 70 年代白银价格大幅度下降以后,各国相继放弃银本位制,转而实行金银复本位制或金本位制。我国于 1935 年 11 月才废止银本位制。

(二) 金银复本位制

金银复本位制是指金币和银币同时作为一国本位币的货币制度。在这种货币本位制中,黄金和白银都可以自由铸造成金币和银币，都具有无限法偿能力，并都可以自由输出输入。16世纪到18世纪，金银复本位制是一种较为典型的货币制度。在这种货币本位制下，由于黄金与白银并用，使货币材料充足，不至于出现通货不足的现象；金币和银币在交易中可以相互补充，大宗交易使用金币，而小额交易则可以使用银币，大大便利了商品流通。因此，这种货币本位制对商品经济的发展起到了一定的促进作用。但是，这种货币本位制在运行中又表现出重大的缺陷，这种缺陷可通过对金银复本位制具体运行过程的分析得到认识。金银复本位制从具体运行过程来看可划分为三种类型：平行本位制、双本位制和跛行本位制。

平行本位制是银币和金币均按其所含金属的实际价值流通和相互兑换的一种复本位制。这就是说，金币、银币的价值由市场上生金银的价值决定；金币、银币之间的兑换比率国家不加以规定，而是由市场上生金银的比价自由确定。在平行本位制下，市场商品出现了两种价值，由于市场上金银比价频繁变动，金币银币的兑换比率也不断变动，用金币、银币表示的商品价格自然也随市场金银比价的波动而波动，这在一定程度上会引起价格混乱，金币、银币难以很好地发挥价值尺度职能。为克服这一局限性，复本位制改由国家依据市场金银比价为金币、银币规定固定的兑换比率。这样，银币、金币按法定比率流通，这就是所谓的双本位制。双本位制在一定程度上解决了平行本位制所造成的价格混乱问题，但又产生了新的矛盾。在双本位制下，当金银法定比价同市场比价不一致时，金属价值高于法定价值的良币就会被熔化或输出国外而退出流通；金属价值低于法定价值的劣币则会充斥市场，发生“劣币驱逐良币”现象。这种现象最初由16世纪英国的铸造局长格雷欣发现，故又称格雷欣法则。比如，金银币的法定比价为1∶15，而由于种种原因银价跌落使市场比价为1∶16。金币的法定价值低于黄金的市场价值，即所谓的良币；银币则相反，即所谓的劣币。在这种情况下，任何一个持有金币(1个金币)的人均可将金币熔化为金块，按黄金的市场价值换取白银，再通过铸币厂将其铸成银币(16个)，再按法定比价用15个银币换回1个金币，从而获取了1个银币的利益。然后再将金币熔化，如此反复，金币逐渐退出流通，市场流通的主要是银币。这种劣币驱逐良币的现象使得银贱则银币充斥市场，金贱则金币充斥市场，这必然造成货币流通的混乱。复本位制末期，英、美等国家为继续维持银币的本位币地位以及金银币之间的法定比价，停止银币的自由铸造，以消除劣币驱逐良币所造成的货币流通混乱。这时，金币和银币都规定为本位币并有法定兑换比率，但金币可以自由铸造而银币则不能自由铸造，这就是所谓的跛行本位制。在跛行本位制下，由于银币限制铸造，银币的币值实际上不再取决于其本身的白银市场价值，而取决于银币与金币的法定比率，银币实际上已演变为金币的符号，起着辅币的作用。从严格意义上来说，跛行本位制已经不是金银复本位制，而是由复本位制向金本位制过渡的一种货币制度。

(三) 金本位制

金本位制是一种以黄金为本位币材料的货币制度。18世纪末至19世纪初，英国经济迅速发展后首先过渡到金本位制。欧洲其他国家和美国到19世纪中叶也开始实行金本位制。金本位制在其发展过程中采取了金币本位制、金块本位制和金汇兑本位制三种具体形式。金币本位是典型的金本位，而金块本位和金汇兑本位则是残缺不全的金本位。

金币本位制有以下特点：第一，以黄金为币材，黄金是货币体系的基础，金币为本位币。第二，金币自由铸造，参加流通，具有无限法偿能力。第三，代用货币可以自由兑换金币，金准备全部是黄金。第四，黄金可以自由输出输入。金币本位制由于金币可以自由铸造，金币的面值与其所含黄金的价值就可保持一致，金币数量就能自发地满足流通中的需要。由于金币可以自由兑换，各种代用货币就能稳定地代表一定数量的黄金进行流通，从而保证币值的稳定。由于黄金可在各国之间自由转移，这就保证了本国货币与外国货币兑换比价的相对稳定。所以，金币本位制是一种比较稳定、健全的货币制度。

但是金币本位制也不是十分完善。首先，流通中的货币量要求能随经济运行的需要而变动，而金币本位币受黄金数量的严格约束，缺乏弹性，无法满足经济发展的货币需要。其次，由于各国经济发展的不平衡，引起世界黄金存量分配极不平衡。1913 年年末，英、美、法、德、俄 5 国拥有世界黄金存量的 2/3，绝大部分黄金为少数强国所占有，这就削弱了其他国家金币本位制的基础。最后，第一次世界大战爆发后，不少国家为了应付战争的需要，政府支出急剧增长，大量发行银行券，银行券兑换黄金越来越困难。欧洲各参战国首先停止了银行券的可兑换性，以便于将黄金集中于国库用来向国外购买军火，并且依靠发行不兑换的银行券弥补军费开支的不足。以后，其他国家也宣布禁止黄金输出和银行券的兑现。这样，金币本位制崩溃了。

在第一次世界大战期间，各参战国由于货币发行量过度增长，造成了严重的通货膨胀。1918 年战争结束后，由于恢复经济和支付战争赔款等原因，形成巨额财政赤字，各国未能恢复金币本位制。1924—1928 年，西方各国经济进入相对稳定时期，各国的货币流通也先后恢复了相对稳定。但由于各国经济发展不平衡，各国黄金存量分配不平衡，各国未能恢复战前那种典型的金本位——金币本位制，它们或是建立金块本位制，或者建立金汇兑本位制。

金块本位制亦称生金本位制。在这种制度下，其货币单位规定有含金量，但不铸造、不流通金币，而流通银行券；黄金集中存储于政府；居民可按规定的含金量在一定的限制条件下兑换金块。如英国在 1925 年规定银行券数额在 1 700 英镑以上方能兑换金块；法国在 1928 年规定至少必须有 215 000 法郎才能兑换。这种有限制兑换有效地节省了国内的黄金，使货币量能在一定程度上摆脱黄金数量的约束，满足经济发展对货币量的需要。1924—1928 年，实行金块本位制的国家有英国、法国、荷兰、比利时等。

金汇兑本位制又称虚金本位制，其主要内容是：货币单位仍规定有含金量，但国内不流通金币，以发行的银行券作为本位币进入流通。规定本国货币同另一金本位国家的货币的兑换比率，并在该国存放黄金或外汇作为平准基金，以便随时用来稳定法定的兑换比率。银行券不能在国内兑换金块，居民可按法定比率用本国银行券兑换实行金本位国家的货币，再向该国兑换黄金。这是一种间接使货币与黄金相联系的本位制度，既节省了一国国内的黄金，也节省了国际间的黄金，从而大大缓解了黄金量对货币量的制约。第一次世界大战前，菲律宾、印度等国曾实行过金汇兑本位制。战后，德国于 1924 年首先实行，奥地利、意大利、丹麦、挪威等 30 个国家随后也实行了金汇兑本位制。

金块本位制和金汇兑本位制都是削弱了的、残缺不全的金本位制。这是因为，第一，这两种货币本位制都没有金币流通，金币本位制中金币自由铸造所形成的自发调节货币流通量并保持币值相对稳定的机制已不复存在。第二，银行券虽仍规定有含金量，但其兑换能力大为下降。在金块本位制下银行券兑换黄金有一定限制；在金汇兑本位制下银行券的兑换要通过外汇才能进行，银行券兑换黄金的能力大为下降，这就从根本上动摇了银行券稳定的基础。第三，实行金汇兑本位制的国家一般把本国货币依附于美元，并把黄金或外汇存储于美国，一旦美国经济动荡不安，依附国的货币也将发生波动。这就使得金汇兑本位制具有很大的不稳定性。这种脆弱的金本位制经 1929—1933 年世界性经济危机的冲击，很快就瓦解了。各国在

20 世纪 30 年代纷纷放弃金本位制转而实行信用本位制。

（四）信用本位制

信用本位制是一种以信用为基础的货币制度。在这种制度下，流通的是信用货币；货币不与任何金属保持等价关系，在国内不能兑换金属，输出国外也不能兑换；货币发行不受黄金数量限制，其流通基础是人们对政府维持币值相对稳定的信心。这就使得政府一方面可以根据经济发展的实际需要调节货币供应量，不受贵金属对货币发行的约束；另一方面由于信用货币不受金准备的约束，不存在黄金对货币流通量的自动调节机制，极易导致通货膨胀。政府必须严格控制货币的发行量，否则将导致货币信用基础的动摇。

专栏 1-2　我国的人民币制度

我国的人民币制度建立前，有两种货币制度：一是国民党政府的货币制度；二是革命根据地的货币制度。

国民党政府建立前的 20 世纪 20 年代，我国实行的是银两本位制，大宗交易和支付用银两计价。银两不仅有实银、虚银之分，而且各地在重量成色以及秤砝、单位上都有很大差异，这给流通带来了极大的不便。由于外国银元大量涌入我国，清朝政府开始自行铸造银元，但并未废除银两制度。

1933 年 4 月，国民党政府进行“废两改元”的货币改革，规定所有收付、交易一律改用银元，以银币为本位币，银币的单位是“元”，每银元含纯银 23.493 448 公分，1 元等于 100 分，1 分等于 10 厘，从而在我国实行了统一的银币本位制。但由于中国白银产量很少，不得不依靠外国白银维持银币本位制，这使得英、法等国可通过操纵国际市场金银比价的变化，控制中国的货币制度。1934 年，美国宣布白银国有，提高银价，中国白银大量外流，银根紧缺，国内银价暴涨，物价暴跌，国内货币流通极度紊乱。

1935 年，国民党政府废止银币本位制，实行法币制度，以中央银行（最初还有中国银行、交通银行和农民银行）发行的钞票为法币，具有无限法偿能力，1 元法币与 14.5 便士或 0.292 7 美元等值，把白银运到英国和美国换成英镑和美元作为准备金。

法币改革不久抗日战争爆发，接着又是 3 年的解放战争。由于国民党政府实行通货膨胀政策，到 1948 年法币已贬值到无法流通的程度。有人曾这样描述 100 元法币的购买力：1937 年值两头黄牛，1939 年值 1 头猪，1943 年值 1 只鸡，1945 年值 2 个鸡蛋，1947 年只值 1 个煤球了①。

1948 年 8 月 19 日，国民党政府不得不宣布币制改革，发行“金圆券”，废止法币。其主要内容为：金圆券每元法定合纯金 0.222 17 公分，由中央银行发行，面额分为 1 元、5 元、10 元、50 元、100 元五种。发行总额以 20 亿为限。发行采取十足准备制，以 40%的黄金、白银及外汇做准备，其余以有价证券及政府指定的国有事业资产补充。金圆券 1 元折合法币 300 万元。私人不得持有黄金、外汇。冻结物价、工资于 1948 年 8 月 19 日的水平。

国民党政府发行金圆券的真正用意，无非是变换手法进一步加紧对人民的掠夺。首先，所谓法定含金量和十足准备制，并不兑现，故而毫无意义。而将黄金、外汇收归国有，

① 曹凤岐著：《货币金融学》，北京大学出版社，1989 年版第 17 页。

并借禁止个人持有黄金、外汇之机，对人民再次进行洗劫。其次，按1∶300万比率收兑法币，无异于变相发行大钞。另外，当时法币发行额折合金圆券仅2亿元，所谓"金圆券发行以20亿元为限"，实质等于金圆券发行至少可比法币增加10倍，这等于继续加倍实施通货膨胀政策。结果金圆券和法币一样迅速贬值。1949年5月21日，上海大米每石要金圆券4.4亿元，若以每石米320万粒计，买一粒米就要金圆券130余元[①]。金圆券已几乎无任何币值可言，人民纷纷拒绝使用。1949年7月4日，国民党政府又在广州发行所谓可无限制兑换的"银元券"，规定1银元含纯银23.493448公分，仅指定9个城市为兑换点，这等于是限制兑换。并规定1银元兑换5亿元金圆券。银元券只不过是国民党政府的一种垂死挣扎，很快在大陆彻底崩溃。

与国民党政府货币制度同时存在的是共产党领导的革命根据地货币制度。

早在第一次国内革命战争时期，中国共产党领导下的农民协会就建立了一些银行机构，并发行过货币。第二次国内革命战争时期，各苏维埃区也发行过各种货币，以支持战争，发展生产。例如，1928年，海丰劳动银行发行过银票；1931年，中华苏维埃共和国国家银行发行了钞票、银元和铜币。这种钞票注明凭票即付相应的银元。抗日战争时期，各抗日根据地发行了自己的货币，其中很多货币也成为解放战争时期各解放区流通的货币。

解放区的货币大多是以银行券形式发行的，除个别地区曾实行过短暂的兑换外，都是不可兑换的银行券。由于那时的根据地和解放区处在被包围、被分割状态，因而各根据地和解放区的货币具有分散性和不统一性。

1948年12月1日，中国人民银行成立，并在当天发行人民币，作为全国的统一货币。人民币发行后，一方面，随着国土的解放，特别是大中城市的解放，迅速收兑法币、金圆券以及银元券；另一方面，在分散的解放区迅速连成一片的情况下，通过逐步收兑，统一了解放区的货币。由于连续10多年的恶性通货膨胀，金银特别是银元又重新进行流通。在一些地区外币也有相当的市场，广东则成了港币的天下。为此，一方面，国家禁止外币流通与自由买卖，规定合理牌价，限期收兑，国家银行还举办外币存款，存款到期一般按牌价折算成人民币支付，经批准的可支付外汇。同时，加强了外汇的统一管理。规定外汇收支、国际清算由人民银行统一办理，从而制止了各种外币在市场上的流通。另一方面，国家对黄金、白银采取了"严禁计价流通，准许私人持有，适当收兑"的方针，以打击金银投机活动，并实行低价冻结等措施，使金银持有者暂不出售金银，而将其保存在手中。金银的收售兑换，统一由人民银行经营，使部分金银集中于国家手中，增加了储备，将黄金、白银排挤出流通领域。这样，为人民币流通创造了条件。至1951年，除中国台湾、中国香港、中国澳门和西藏外，人民币成了全国统一的、独立自主的、稳定的货币。

1955年，我国在稳定货币的基础上，进行了改变人民币票面额的货币改革。其原因是，第一，当时的人民币是在恶性通货膨胀的背景下发行的，其货币单位是"元"，而市场上并没有价值1元的商品，一般都以万元计，这给实际的货币流通和价值计算带来诸多不便。因此，必须对这种票面额大、单位价值太低的人民币进行改革。第二，人民币的纸张质量不一，票券种类复杂，易损坏和伪造，不易识别。第三，票面文字说明只有汉文一种，对于少数民族地区的流通不方便。为此，1955年2月20日，中国人民银行宣布进行改

① 编写组编：《中国近代金融史》，中国金融出版社，1985年版第300页。

革，自1955年3月1日起发行新的人民币，并以1∶10 000的比率无限制、无差别地收兑旧人民币，同时建立起辅币制度。

这样，经过几年的改革，基本形成了一种比较完善的人民币制度。其基本内容包括以下几个方面：

1. 人民币是中国内地的唯一法定货币

人民币是中国内地唯一流通的法定货币，具有无限法偿的能力，在中国内地境内的一切债权债务关系，必须用人民币来计价结算，任何单位和个人都不得拒绝接受。人民币的单位是"元"，元是本位币(即主币)。辅币的名称为"角"和"分"。人民币的票券、铸币种类由国务院决定。人民币以"￥"为符号。

2. 人民币制度是一种不兑现的信用货币制度

人民币不与黄金挂钩，不规定单位人民币的含金量，不能与黄金进行相互兑换；同时，人民币是一种独立的货币，不依附于任何一种外国货币，从发行到流通完全由我国自主地掌握和管理。

3. 人民币的发行实行高度集中统一管理

人民币的发行权集中于中央政府，由中央政府授权中国人民银行统一掌管。中国人民银行是国家唯一的货币发行银行，并集中管理货币发行基金，在全国范围内实行统一的货币管理。中国人民银行根据社会经济发展的需要，在由国务院批准的额度内，组织年度的货币发行和货币回笼。中国人民银行集中统一管理国家的金银、外汇储备，负有保持人民币对内价值和对外价值稳定的重任。

4. 人民币的发行保证

人民币是信用货币，是根据商品生产的发展和流通的扩大对货币的需要而发行的，这种发行有商品物资作基础，可以稳定币值，这是人民币发行的首要保证；其次，人民币的发行还有大量的信用保证，包括政府债券、商业票据、银行票据等；最后，黄金、外汇储备也是人民币发行的一种保证。我国的黄金和外汇储备，主要用于平衡国际收支。进口需要大量外汇，这就需要用人民币购买，出口收入外汇必须向外汇指定银行出售，银行在购买外汇的同时也就发行了人民币，因此对人民币的发行也起着保证作用。

5. 人民币实行有管理的货币制度

作为我国社会主义市场经济体制组成部分的货币体制，必须是在国家宏观调节和管理下的体制，包括货币发行、货币流通、外汇价格等都不是自发的而是有管理的。有管理的货币制度形式是在总结历史经验和逐步认识客观经济规律的基础上，运用市场这只无形的手和计划这只有形的手来灵活有效地引导、组织货币运行。

6. 人民币的可兑换性

货币的可兑换性也是货币制度的内容之一。所谓可兑换性，是指一国货币可以兑换成其他国家货币的可能性。我国实行人民币的可兑换采取的是一个渐进过程。1980年4月17日，我国恢复了在国际货币基金组织的席位，依据《国际货币基金协定》第14条款的过渡性安排，保留了一些汇兑限制。后来随着改革开放的深化，外汇管理体制相继进行了一系列改革。1994年以来更加快了这一改革步伐，如实行汇率并轨、银行结售汇、取消外汇计划审批等，实现了人民币经常项目下有条件的可兑换；从1996年7月1日起，对外商投资企业实行银行结汇和售汇，取消对其经营项目用汇的限制，同时根据实际情况提高了居民个人用汇供汇标准，扩大了供求范围，这样在1996年年底以前实现了人民币经常项目的可兑换；在此基础上，我国正积极创造条件，逐步放松对资本项目的外汇限制，开放资本市场，从而最终实现人民币的完全自由可兑换。

本章小结

(1) 定义货币，可以从理论的角度，也可以从实证的角度。货币的经验定义是以货币的理论定义为基础的，货币的理论定义是根本性的，是货币定义理论的主体性内容。

(2) 货币的主要职能包括交换媒介、价值尺度、支付手段和价值贮藏手段。

(3) 从货币的职能角度定义货币，形成了交易媒介论和价值贮藏论。交易媒介论认为，只有那些作为商品交换媒介的东西才是货币，货币是任何一种在债务清偿、商品和劳务支付中被人们普遍接受的物品；价值贮藏论认为，货币的最基本的功能是价值贮藏手段，是一般购买力的暂栖所，“拉德克利夫报告”中的流动性货币定义可以被看成是现阶段价值贮藏论货币定义的最宽泛的表述。

(4) 货币形式经历了从商品货币、代用货币到信用货币的发展过程，其具体形态包括黄金、纸币直至电子货币等。随着经济的发展，越来越多的资产表现出“货币性”，按照其流动性不同，可以将货币划分成不同的层次。

(5) 对货币量的计量，逐渐由以交易媒介论为界定基准转化为以价值储藏论为界定基准，瓦尔拉斯-希克斯-帕廷金传统可以为这种转变提供理论解释。以价值储藏论为基准的货币定义更具有现实意义。

(6) 货币的价值储藏论定义将货币看成了金融资产的一种，根据资产的流动性确定货币供应量的范围在货币的定义中。金融市场的发展和金融创新的出现使金融资产的流动性大大增强，因此也要求货币供应量的设定应随之动态调整。

(7) 加权货币总量的统计方法充分考虑了不同金融资产持有的机会成本差别，主张根据流动性的程度给各项货币资产确定不同的权重，然后求出货币各个组成部分的加权总量，即加权货币总量。这一指标与金融资产持有者的决策行为相一致，包含了金融创新与制度变化对货币范围的影响。从某些方面看，加权货币总量相对于简单加总货币总量具有一定的优势。

(8) 一国的货币体制包括了货币种类、货币材料、货币单位、货币发行与流通、货币支付能力以及金准备等几个方面的要素。货币材料的确定在货币制度中居于核心地位。根据币材的不同，货币本位制经历了银本位制、金银复本位制、金本位制到信用本位制的发展过程。

复习思考题

1. 为什么不能仅仅从货币法律性质的角度定义货币？
2. 货币在商品经济运行中发挥着哪些职能？
3. 货币是怎样从商品货币演变为信用货币的？
4. 如何理解以价值储藏职能为基准的货币定义？
5. 瓦尔拉斯-希克斯-帕廷金传统如何解释货币定义从交易媒介论向价值储藏论的转化？
6. 货币供应量的统计口径是否是一成不变的？为什么？

7. 什么是加权货币总量的统计方法？比较将各类货币资产简单相加的办法，加权货币总量法有什么优点？

8. 货币制度主要由哪些要素构成？

9. 我国的人民币制度有哪些内涵？

第二章 金融体系

金融是现代市场经济的核心，一国经济的正常运行离不开一个健康而有活力的金融体系。金融体系一般由金融工具、金融市场和金融机构三大要素组成。金融体系的基本功能在于把资金从储蓄者转移到拥有投资机会的人们手中，促进储蓄向投资的转化。金融工具的存在为储蓄向投资的转化提供了具有法律效应的凭证，加速了储蓄者、投资者之间的融资过程，使金融活动的数量大大增加，金融活动的效率也有所提高。金融市场则为双方通过金融工具的买卖进行融资活动提供场所或机制。金融机构的存在，一方面创造了流动性极强的金融工具；另一方面则在融资者之间推动资金的流转，从而极大地提高了储蓄转化为投资的效率。金融体系的存在构成了储蓄转化为投资的必要条件。在某种程度上可以说，一个经济社会能否最有效地运用其资源，实现其经济增长和经济发展，取决于其金融体系的效率。本章将介绍金融体系的基本构成，阐明金融体系在经济运行中为什么会具有如此重要的影响。

第一节 经济运行中的金融体系

金融体系的形成与经济运行中存在着大量的收入大于支出的资金盈余者以及支出超过收入的资金短缺者有关。在经济生活中，为什么会存在资金盈余者和资金短缺者呢？我们将通过两部门经济运行模型对这一问题加以说明。

假定在一国的经济运行中，对外贸易不占重要地位，政府也不起作用，那么整个经济的主体可划分为企业和家庭两大部门。在两部门经济中，企业部门要进行生产，需要购买各种生产要素，生产出各种产品再供应给家庭；家庭作为生产要素的提供者则以其收入购买自己需要的消费品和服务。企业与家庭之间形成一种循环，具体情况如图 2－1 所示。

在两部门经济运行中，同时进行着两种循环：一种是实物循环，图中①和②表现为家庭的生产要素流向企业，企业的产品流向家庭；另一种是货币循环，图中③和④表现为企业向生产要素支付的报酬流向家庭，家庭购买产品的消费支出又流向企业。这种伴随着实物循环而同时产生的货币循环，常常称之为货币的产业性流通。

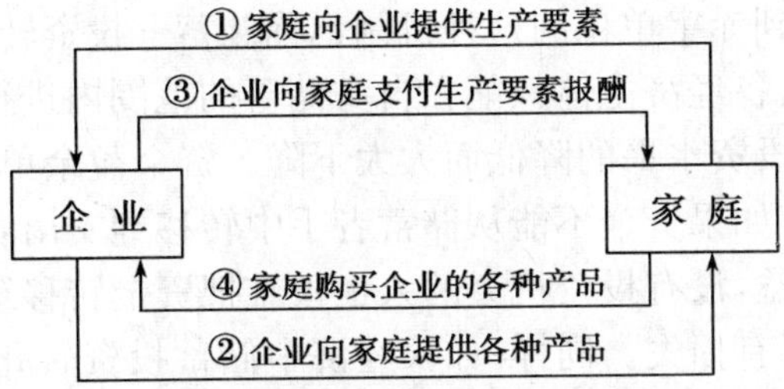

图 2－1　两部门经济运行图 A

在这种运行分析中，隐含这样一个假定：家庭将得到的收入全都用于消费，企业又把从家庭那里得到的全部消费支出全部用于生产，即在两部门的货币循环过程中既没有漏出量，也没有新增加的注入量。两部门之间货币循环按原规模不断循环，既不扩大，也不缩小，永无止境。当然，这只是一种假定，实际上在两部门经济运行中更有可能出现这样一种情况：企业将各种生产要素的报酬支付给家庭后，家庭只是将其中的一部分用于购买企业的商品或服务，而将另一部分用于储蓄。当期总收入超过当期消费的家庭有正储蓄，当期总收入小于当期消费的家庭有负储蓄。大学生往往都是负储蓄。尽管不少家庭是负储蓄，是赤字单位，但从整体来看，家庭往往是盈余单位，是正储蓄。这种储蓄是家庭在一个时期内的收入中不用于本期消费的部分，因而就储蓄本身而言，它降低了产品的需求总额，进而缩小了货币的循环。

对企业而言，企业不仅需要依靠家庭的消费支出维持简单再生产，而且还需要通过兴建新厂房、扩建已有厂房、购买新设备、增加存货等方式进行投资。企业投资所需要的资金虽然可以通过内部融资（产品销售收入减去支出、税收、红利再加上折旧）加以解决，但是从整体上看，企业的投资支出往往超过其内部融资量，成为资金短缺单位。这种情况如图 2－2 所示。

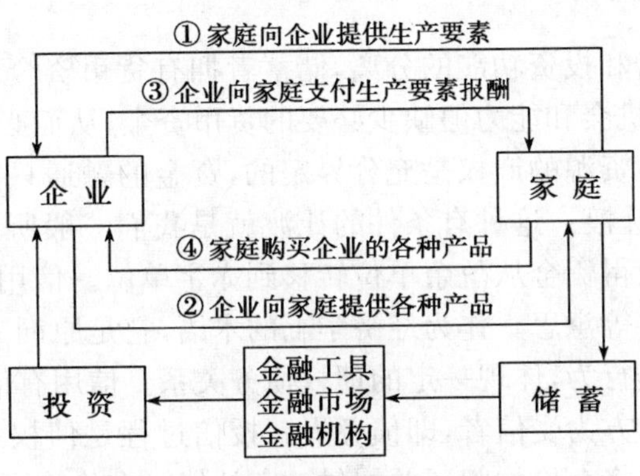

图 2－2　两部门经济运行图 B

图 2－2 显示，在现实经济运行中，各经济单位为购买用于消费或投资的实物资产所花费的金额不可能完全和它本期的收入相等。有些单位为消费和投资所花费的金额小于本期收入，成为盈余单位。而另一些单位为消费和投资所花费的金额大于本期收入，成为赤字单位。如果这些盈余无法用什么办法来抵消，就会使购买产品的开支量减少，降低部门间的货币循环水平，进而可能引起实物循环的收缩。在这种情况下，必须通过某种机制将盈余单位的盈余引向赤字单位，由后者用于消费或投资，把储蓄资金转变为投资资金，使两部门经济中的货币循

环不致于萎缩，从而保证经济运行的正常进行。

资金从盈余单位转移到赤字单位的这种机制也称储蓄—投资转化机制。如果经济中不存在储蓄转化为投资的机制，各经济主体只能在自身储蓄的范围内进行投资，那么一个社会资本形成的规模就会因储蓄和投资水平的降低而大大下降。资金盈余单位往往并不一定是拥有有利投资机会的人或企业家，如果资金不能从储蓄者手中转移到支出者手中，储蓄者不能通过储蓄行为获取利息等投资收益，没有投资机会的人也很难把资金转移给有投资机会的人，双方都只能维持现状，而且双方都有损失。同样，如果经济中储蓄投资转化的效率低，或者机制本身存在缺陷，就可能使一部分储蓄被转移到效益较低的投资项目上去，甚至会使得一部分投资无法形成，这也必然会导致整个社会的福利下降。储蓄—投资转化机制是现实经济得以顺利运行的重要机制。

经济运行对储蓄—投资转化机制的需要为金融体系的存在创造了条件和机会。金融体系的作用就是把盈余单位和赤字单位联系起来，使盈余单位能很便利地向赤字单位融通资金。也正因为如此，金融体系成为现代经济的重要组成部分。这样一个金融体系一般由金融工具、金融市场和金融机构三大要素组成。金融体系的存在构成储蓄转化投资的必要条件。在某种程度上可以说，一个经济社会能否最有效地运用其资源，实现其经济增长和经济发展，取决于它的金融体系的效率。接下来我们将分别讨论金融工具、金融市场、金融机构是怎样组成一个完整的金融体系的。

第二节 金融体系的构成：金融工具

一、信用与金融工具

由于经济运行中储蓄和投资功能的分离，储蓄者拥有货币资金但缺少实际投资的能力或机会，而投资者拥有投资机会和能力但缺少必要的货币资金，从而必然产生资金融通的必要性和现实基础。但由于储蓄资源的产权是充分界定的，资金的融通只能按照价值规律要求作为商品来交易，即有条件的让渡。这种有条件的让渡就是我们一般所说的信用关系。正是这样一种信用关系的存在才使得资金从盈余单位转移到赤字单位。信用一词源于拉丁文 credere，意为信任、相信、恪守诺言等意思。作为经济学上的术语，它是原词义的转化与延伸，是一种以还本和付息为条件的借贷行为，体现一定的债权债务关系。信用有借方和贷方两个关系人：贷方为授信者，即债权人；借方为受信者，即债务人。授信过程是债权人提供一定的有价物给债务人，到约定时间，债务人将有价物归还并加付一定补偿。有价物可以是商品、劳务、货币或某种金融索偿权（如股票或债券）。

作为支撑金融活动的信用关系，它的本质表现在以下两个方面：

（一）信用是以还本付息为条件的借贷行为

人们之间无条件的物质融通不是这里所讲的信用。早在原始公社内部就存在借贷行为，但是人们之间相互借贷是不计利息的，贷者并没有从借者那里获得什么利益或报酬。因此，这是一种纯粹的借贷关系而不是信用。在商品货币经济条件下，人们从等价交换原则出发，考虑自身利益，发生了有条件的信贷行为，即必须还本和付息，这种借贷行为才是信用。

（二）信用是价值运动的特殊形式

在单纯的商品流通中，价值运动是通过一系列买卖过程实现的。首先，这是所有权的转移。卖者放弃了商品所有权，取得了货币的所有权；而买者则相反。其次，这是等价交换。卖者虽然放弃了商品，但是并没有放弃商品的价值，只是改变了价值的形式，即从原来的商品形态变为货币形态，而买者放弃了货币，但取得了与货币等价的商品，双方都获得了等价。然而，信用方式所引起的价值运动则采取特殊形式，价值运动是通过一系列借贷、偿还、支付活动实现的。这里的货币或商品不是被卖出，而是被贷出，所有权并没有发生转移，只是使用权发生了变化。这就是说，借者只有暂时使用商品或货币的权利，所有权仍属于贷者，一定时期后必须偿还。在发生借贷行为时，没有进行对等的交换，而是价值单方面转移。贷者在贷出货币或商品时没有取得任何等价，而借者在一定时期后不仅偿还本金，还要支付利息，贷者不仅获得与贷时等价的货币或商品，还得到附加，即贷出的货币与商品增值了。

正是这样一种信用关系的存在才使得资金通过借贷等方式从盈余单位转移到赤字单位。最初的信用采用口头约定的方式，借、贷双方以口头协议方式议定债务人到期偿付的承诺。然而这种信用完全根据当事人双方的记忆与诚实，口说无凭，缺乏法律保证易引起纠纷。信用也仅限于相互熟悉的人之间进行，因而极大地限制了信用的发展。后来发展成账簿信用的方式，借、贷双方互相在对方账簿上开立户头，记载彼此之间的信用交易。这种交易缺乏债权债务的正式凭证，易发生坏账或损失；双方账簿上的信用条件如有不同的记载，则易引起争议。最后，书面信用成为主要形式。书面信用指借、贷双方以书面文件证明其债权债务的信用方式。这种书面文件不仅是债务金额和条件的法律证明，而且还可以在市场上流通，克服了口头协议和账簿信用的弱点，使信用活动更加规范化，使经济体系中的信用关系得以深化和扩大，从而推动了经济的有效发展。这种记载债权人权利债务人义务的凭证，即所谓的信用工具，也称为金融工具①。

金融工具的存在为储蓄向投资的转化提供了具有法律效应的凭证，加速了储蓄者、投资者之间的融资过程，使金融活动的数量大大增加，金融活动的效率也有所提高。

二、金融工具的种类及其特征

金融工具种类纷繁，可以把金融工具分为两种基本类型：债权凭证和所有权凭证。债权凭证表明投入的资金取得了债权，有权按时取回本金，如债券、国库券、短期融资券等；所有权凭证表明投入资金并非取得债权而是所有权，不可索回本金，只可转让，仅有股票一种。按发行者的性质划分，金融工具可分为直接金融工具和间接金融工具。直接金融工具是指最后贷款人与最后借款人之间直接进行融资活动所使用的工具，主要有商业票据、债券和股票；间接金融工具是指金融中介机构在最后贷款人与最后借款人之间充当媒介进行间接融资活动所使用的工具，主要包括各类存款、银行票据、金融债券、人寿保险单、银行保险单等。金融工具按金融市场交易偿还期划分，可分为长期金融工具和短期金融工具。短期金融工具又称货币市场上的金融工具，它主要包括本票、汇票、支票、大额定期存单、短期政府公债等；长期金融工具又

---

① 金融工具是证明债权关系或所有权关系的合法凭证。从严格意义上讲，金融工具和信用工具并不完全一致。因为金融工具中所有权凭证股票，并不具备信用的还本付息的特征，因而股票不属于信用工具的范畴。虽然这样，我们大多数人还是都把金融工具理解为信用工具。

称资本市场上的金融工具，包括中长期政府公债、公司债、股票等。我们将在第四章详细讨论各种金融工具的运作过程。

多样化的金融工具构成了一个庞大的金融工具系统，不同的金融工具在期限性、流动性、风险性和收益性等特征上有着不同的表现，从而满足了融资双方多样化的需求。

（一）期限性

期限是指债务人全部偿清债务之前所经历的时间。以金融工具发行日开始计算的偿还期限为名义期限，这是发行时就已规定的，但对投资者而言，更具有现实意义的是实际期限，即从持有金融工具之日起到该金融工具的到期日止所经历的时间。例如，某种 2000 年发行要到 2008 年才到期的长期债券，其名义期限为 8 年，但如果某人 2005 年购买这种债券，那么对他来说实际限期是 3 年而非 8 年。在发行时，多数金融工具都有明确的期限，从一天到若干年不等，但也存在着例外。有些金融工具的期限可能无限长，例如英国的统一公债或永久性公债，这类债券又被称为永续债券，借款人同意往后无限期地支付利息，但始终不偿还本金；股票的期限也有类似特征，除非上市公司退市或者注销，否则其期限将是无限长。还有些金融工具则没有特定的期限，如银行活期存款，任何时候只要持有人想把它兑现，银行作为债务人必须见票即付。各种金融工具有着不同的期限，有的较长，有的较短。不同的期限对债权人和债务人具有不同的意义。对债务人来说，不同的期限决定着借来的资金可供他使用多长的时间。对债权人来说，有的希望较长期限，这样可以定期获得较多收益；有的希望期限较短，这样他可以在资金闲置时购买金融工具，在需要资金时又即时取得资金。具有不同期限的多种金融工具组合在一起，就能满足众多资金盈余者和资金短缺者的不同需求。

（二）流动性

金融工具的流动性是指它迅速变为货币而不遭受损失的能力，这里的货币是完全流动的，它能立即用于支付债务或消费。如果一种资产在转换为货币时需要花费越多时间，或变现时越可能因价格波动遭受损失，或在变现过程中要消费越多的交易成本，那么这种金融工具的流动性就越低。金融工具的流动性部分地取决于市场对它所提供的便利。一般来说，金融工具的流动性与债务人的信用成正比，债务人的信用好，流动性就大。如国家发行的债券、信誉卓著的公司所签发的商业票据、银行发行的可转让大额定期存单等，流动性就较强；反之，流动性较小。金融工具的流动性与期限成反比，期限越短，流动性越大，因为期限越短，市场利率的任何变化都只能轻微地影响其价值；期限越长，流动性就越小。大多数金融工具的持有者，特别是金融机构，都把流动性作为一项资产所必需的特性，为此愿意放弃一些收入。因为流动性大的金融工具，其收益率往往较低。但不同的投资者对流动性的需要程度以及为获得流动性愿意放弃多大的收益，则有着很大的不同。有些人预料自己近期内的消费要大大超过收入，因而愿意放弃相当大的收益以求得高流动性的金融工具。另一些人预料在最近的将来收入会超过支出，因而只愿意牺牲少量收益以获得低流动性。不同的投资者对金融工具的流动性有着不同的需要。对于持有者来说，流动性强的金融工具相当于货币。在一些国家，这类金融工具往往分别被列入不同层次的货币供给量统计口径之内，并成为中央银行监控的目标。

（三）风险性

风险性是指购买金融工具的本金是否有遭受损失的风险。金融工具的风险有三类。第一类是违约风险，即债务人不履行合约，不按时还本付息的风险。这种风险视债务人的信誉而定，政府债券的这种风险比一个前途未卜的工商企业所发行的债券要低得多。但即使对一特定的债务人而言，其发行的证券也可能表现出不同的风险，因为不同的证券对同一债务人索偿权有先后之分，比如债券的索偿权先于优先股股票，优先股股票索偿权又先于普通股股票。第二类是市场风险，即由于利率上升而使证券的市场价格降低的风险。证券的市场价格是其未来收入的资本化，和证券所带来的收入成正比，和市场利率成反比。当利率下跌时，证券的市场价格就上升；当利率上升时，则下跌。证券距离到期日越远，则其价格受利率变动的影响就越大。由此可知，在其他情况相等的条件下，投资者宁愿要短期的而不愿要长期的证券，因为前者风险较低。只有当较长期的证券提供较高的收益时，投资者才愿意购买。第三类是购买力风险，即由于通货膨胀致使货币购买力下降的风险。通货膨胀的程度一般都以消费品零售价格指数来衡量。在证券投资中，无论何种证券都要受到通货膨胀的影响。因为投资中收回的本金或挣得的收益都以货币来实现，货币的实际购买力当然受到通货膨胀的影响。但是，不同的金融工具其影响大小是不同的。固定收入的证券如债券，其利率预先规定不变，它就不能因物价上涨而增高。不固定收入的证券如普通股股票，其股息的支付是不固定的，各期会有所不同，可能随物价上涨而增加，这将抵补一部分损失，但其增加的程度很难赶上物价上涨率。

一般来说，风险与流动性成反比，具有高流动性的证券同时也是低风险的。因为它们不但可以迅速地转换为货币，而且可以按一个稳定的价格转换。风险与期限通常成正比，期限越长，风险越大；反之，越小。

（四）收益性

收益和风险是投资的中心问题，其他各种问题都围绕这个两中心问题展开。投资者一般都是风险的厌恶者，但风险往往又不可避免。要使投资者愿意承担一份风险，必须给予一定的收益作为补偿。

收益大小用收益率来表示。收益率指净收益对本金的比率。收益率可从不同的角度来解释。其一为名义收益率，即金融工具票面规定的利息与本金的比率，也称票面收益率。例如，某一债券面值为 100 元，注明年利息为 8 元，或注明年利率 8%，均表明其每年名义收益率为 8%。到期收益率是指使得证券未来收益流的现值等于当前市场价格的那个利率（在第三章将详细解释该收益率的计算过程），与名义收益率相比，该收益率更为准确地反映了持有某种证券到期能够提供给投资者的收益水平。即期收益率是票面规定的收益与市场价格比率。例如上述债券某日的市场价格为 95 元，则该债券即期收益率为 8.42%（8/95＝8.42%）。即期收益率往往作为到期收益率的近似值被使用。不同的金融工具有着不同的收益率，多种金融工具的存在有利于投资者对不同收益率的合理选择。

第三节　金融体系的构成：金融市场

金融工具的产生为储蓄向投资的转化提供了具有法律效应的凭证，同时也使得资金的融通表现为金融工具的发行和购买，金融市场则为双方通过金融工具的买卖进行融资活动提供场所或机制。正因为如此，金融市场成为金融体系中重要的组成部分。金融市场创造出并不断地创新出各种金融工具供人们选择，最大限度地动员和推动着资金的转移。而且，金融市场将一切融资活动、一切金融机构联结起来，使其成为一个有机的整体。

一、金融市场的定义

金融市场是商品经济发展的产物。在商品经济社会,大量存在着资金不足单位和资金有余单位。缺少资金者希望能够筹措到所需资金,资金有余者也希望为自己暂时不用的资金找到出路,以获取更多的收益,这就产生了融通资金的客观需求。在商品经济发展的初期,这种融通资金的需要比较少,有限的资金融通是通过资金不足单位和资金有余单位直接协商,以口头协议的方式借贷资金予以实现的。这种简单的直接融资类似于商品和劳务的物物交换,由于双方缺乏了解,供需条件也不一致,资金的融通难以实现。即使实现了,也往往要耗费大量的交易成本,是一种效率极低的融资形式。而且这种融资以口头协议方式议定融资人到期偿付的承诺,极易发生争执。在这种情况下,随着商品经济的发展,金融工具在多种信用形式的基础上产生了,为融通资金提供了具有法律效应的书面凭证,使金融活动的数量大大增加,金融活动的效率也有所提高。

但是,金融工具的融资功能是以金融工具的转让流通和买卖为条件的。这是因为,在现代经济运行过程中,资金有余单位和资金不足单位是不断变化的。昨天的资金有余单位今天就可能会遇到某种特殊情况而急需资金,从而变成资金不足单位,这时就必须将持有的金融工具转让或销售出去,换回现款以便支付。因此,金融工具的转让和买卖就成为金融工具存在和运用的前提条件,金融工具作为一种金融商品在市场上进行交易的行为就自然产生了。相应地,从事金融工具交易活动的金融市场也就逐步形成了。

金融市场有广义和狭义之分。“广义的金融市场包括两类,一类叫做协议货款市场(negotiated-loan markets),一类叫做公开金融市场(open financial markets)”[①],即狭义的金融市场。协议贷款市场主要包括存款市场、贷款市场、信托市场。其主要特点是:交易价格(即利率)和交易条件由双方协商决定,且决定不适用于下次交易以及与他人的交易;交易的工具不具备标准化的转让条件,无法转让流通。公开金融市场即狭义的金融市场,包括货币市场、债券市场、股票市场、期货市场、期权市场等。其交易价格和交易条件是通过为数众多的交易者的公开竞争来决定的,且决定适用于任何个人和机构;交易工具的期限、交易单位一般都有一个被大家所接受的标准,即具备标准化的转让条件,可以自由买卖。我们所讨论的金融市场即这里所说的狭义金融市场。这种金融市场是指通过金融工具的交易实现资金融通的场所或机制。

在金融市场上,资金需求者发行和销售金融工具;资金供应者则用资金交换或购买金融工具。资金需求者通过卖出金融工具取得资金有余单位的资金,为此他承担了一定的金融债务或者出让了一部分的所有权。资金供应者通过买进金融工具把资金转给资金不足单位,为此他获得了相应的金融资产并借此获得收益。金融市场通过金融工具的这种交换行为使资金供应者与资金需求者的资金得以融通。

二、金融市场的分类

在金融市场上交易的金融工具种类繁多。根据金融工具交易的性质、对象、时间、期限等的不同,金融市场可分为不同的类型。各种类型的金融市场构成金融市场体系。

---

① 张志平著:《金融市场实务与理论研究》,中国金融出版社,1991年版第8页。

按金融交易的层次划分,金融市场可分为发行市场和流通市场。发行市场又称为初级市场、一级市场或新证券市场,指金融工具最初发行的市场。流通市场又称为次级市场、二级市场或旧证券市场,是指转让买卖已发行金融工具的市场。

按金融交易的对象划分,金融市场可分为银行同业拆借市场、票据市场、国库券市场、大额定期存单市场、外汇市场、股票市场、债券市场、期货市场、期权市场等。总之,有一种金融工具的交易,便有一个金融市场的存在。

按金融交易成交时约定的付款时间划分,金融市场可分为即期市场和远期市场。即期市场即金融工具买卖成交后,按成交价格立即进行交割和清算的市场。远期市场即金融工具按一定价格成交,交易双方在未来某一约定时间进行交割和清算的市场。

按金融交易的空间划分,金融市场有交易场所和交易地域两种情况。就交易场所来说,金融市场可分为有形和无形市场。有形市场指有固定交易场所的市场,如证券交易所;无形市场指没有固定的交易场所,交易双方通过电话、电报、电传等现代通讯手段联系,讨价还价,达成交易的市场。就地域而言,金融市场可分为国内金融市场和国际金融市场。

按金融交易对象的期限划分,金融市场分为货币市场和资本市场。货币市场又称短期金融市场,是指期限在1年以内的短期金融工具交易的市场。该市场筹集的资金主要用于短期资金的周转,期限短、风险小、流动性强,与货币相差无几,往往作为货币的代用品,故而此类市场称为货币市场。资本市场是指期限在1年以上的长期金融工具交易的市场,所以又称为长期金融市场。该市场筹集的资金主要用于固定资产投资,期限长、风险大,被当作固定资产投资的资本来运用,故而此类市场称为资本市场。由于资本市场上交易的对象主要是股票和债券这样的有价证券,所以资本市场又称为证券市场或股票债券市场。资本市场主要有股票市场和债券市场。

金融市场与一般商品市场基本一样,是一种买卖关系的总和。但是,金融市场买卖的对象是金融工具,一种特殊的商品,它代表着一定的货币资金。这就使得金融市场不同于一般商品市场,具有以下两个特征:第一,金融市场是以金融工具为交易对象的市场。一般商品市场交易的对象是各种各样的商品,其使用价值各不相同。金融市场则不然,它交易的对象是金融工具,金融工具虽然有各种形式,如国库券、股票、承兑汇票等,但是没有质的区别,其使用价值具有单一性,即给资金需求者带来资金,给资金供应者带来利息和股息。第二,金融市场往往是无形市场,商品市场一般都有固定的场所。金融市场不一定需要有具体的场所和设施,它常体现为同一金融工具在同一时间受同一价格支配的无形市场区域,在这一特定的区域里,金融市场的参与者并无特定的限制,交易双方有的近在咫尺,有的远在数千里之外,他们通过电话、电报、电传等现代通讯手段,讨价还价,进行交易活动。

三、金融市场的作用

金融市场产生后在国民经济中发挥着重要的作用。

(一) 融资效应

资金需求者可以在金融市场上根据自己的实际需要和信用状况,发行最适合自己的金融工具,在利率、期限等较为合理的情况下取得所需资金。资金供应者则可以通过金融市场购买各种金融工具,灵活运用所拥有资金,取得较高的安全保证和较高的收益。金融市场通过调剂资金供求,充当储蓄与投资桥梁,促进整个国民经济的迅速增长。

金融市场融资效应更深层次的意义在于提供了资本积累和股份分割的渠道。在现代经济中,经营一家企业所需的最低投资往往超过了个人乃至一个家族的能力。因此,对企业而言,金融市场的资本积累作用至关重要。首先,从财务风险控制的角度出发,企业不可能无限度负债,以股票市场为代表的股权融资方式避免了这一问题;其次,企业通过市场融资可以与投资者直接进行交易,这从某种层面来看可以降低交易成本,这一点对于一些资信优良的大企业而言表现得更为明显。对投资者来说,金融市场的存在提供了直接投资大型企业的机会,例如,一家企业拿出价值100万的股权进行公开出售,而你却只有100元,这显然无法满足投资的基本要求。但若该公司将这100万的股权通过股份分割的方式分成100万份,你就可以通过持有其中的100股参与投资。分割股份不仅降低了企业通过资本市场进行资本积累的难度,也能够实现更广泛的风险分散。

(二)流动性创造

金融市场的流动性创造功能来源于经济活动主体面临的流动性风险。流动性风险产生于将资产转化为货币时的不确定性。一个简单的例子是,消费者(投资者)延迟消费将资金进行投资,但是在投资项目到期之前他可能因为意外的冲击而需要将这笔资金用于消费,这时他就面临着流动性风险。为了预防流动性风险,他有可能不愿进行长期投资。金融市场的流动性创造功能就在于为投资者迅速变现提供了便利,从而提高了储蓄向投资转化的效率,进而促进一国的经济增长。[①]

Diamond和Dybvig(1983)[②]以及Greenwood和Smith(1997)[③]分析了金融市场流动性创造与长期资本形成的关系。在他们的模型中,投资者有两种投资项目可供选择:一种是流动性差但收益高的长期项目;另一种是流动性高但收益低的短期项目。如果投资者投资于流动性差的长期项目,他就可能会在项目到期之前发现自己受到流动性冲击,因而不得不将投资项目提前变现。如果他因此从项目中撤回资金,由于项目未到期,他将面临巨大的损失,而且项目可能因他撤回资金而不得不终止。出于这种考虑,投资者不愿投资于长期项目。这样,资金就大量流向收益低的短期项目,而收益高的长期项目难以融到资金,造成资源配置的低效率,阻碍经济增长。金融市场可以解决这一问题。一方面,项目所有人(企业)可以通过公开发行长期的资本市场工具为项目融资,而投资者可以通过购买这些金融工具进行投资。由于不会出现所有的投资者同时受到流动性冲击的状况,因而一旦某个投资者受到流动性冲击,他可以方便地在金融市场将其持有的金融工具出售以满足提前消费的需要。另一方面,金融市场的流动性创造功能还使企业能够长期持有发行长期资本工具所融入的资金,实现持续经营。因此,金融市场流动性创造有利于长期资本形成和资源配置,有利于长期经济增长。

与上述问题类似的是,投资者还可以借助金融市场的流动性规避可能存在的投资风险。当投资者发现被投资公司的经营或者业绩方面出现潜在问题时,可以通过卖出金融工具的方式避免未来可能出现的损失,降低自身的风险。与之形成鲜明对比的是金融机构为企业提供

---

① 彭文平:"金融市场与经济增长",《经济学动态》,2003年第4期。

② W. Diamond & P. H. Dybvig, "Bank runs, deposit insurance, and liquidity", *Journal of Political Economy*, 1983, 91(3): 401-419. 转引自彭文平:"金融市场与经济增长",《经济学动态》,2003年第4期。

③ J. Greenwood & B. Smith, 1997, "Financial markets in development and the development of financial markets", *Journal of Economic Dynamics and Control*, 1997(21): 145-181. 转引自彭文平:"金融市场与经济增长",《经济学动态》,2003年第4期。

的长期信贷,该类金融资产流动性极低,因此,当企业经营不善时,银行不仅无法收回贷款,甚至还可能被迫追加贷款,以帮助公司走出困境。

但金融市场的流动性创造功能也可能对储蓄和经济增长产生不利影响。首先,流动性创造功能使资金配置到收益较高的项目上,从而增加了投资回报。但投资回报的增加对储蓄的影响要取决于替代效应和收入效应的相对大小:一方面,更高的投资回报激励人们进行储蓄和投资;另一方面,投资回报增加使人们未来收入增加,有能力在未来实现更多的消费,这反过来又会导致现期储蓄的降低。前者是替代效应,后者是收入效应。当收入效应大于替代效应时,金融市场流动性的增加就可能不利于储蓄积累。其次,金融市场流动性增加,降低了不确定性,这也会减少预防性储蓄(Levine,1997)①。

(三)风险管理

金融市场可以为投资者提供以下两个方面的风险管理功能:一是风险定价;二是风险分散。金融资产的价格与其风险紧密相关,因此,对金融资产定价的过程实质上就是一个风险定价的过程;而风险分散则是金融市场通过金融交易转移风险的过程,"正如资金通过金融市场转移一样,风险也在转移"②。例如,企业通过分割股份的方式在金融市场出售股票的同时,原有股东也将部分风险分散并转移给了新股东。应该说,金融市场对经济增长的促进作用正是通过这种风险分散功能得以实现的③。

首先,风险分散功能可以促进资本积累和资本的有效配置。在资本积累和配置过程中,由于投资项目的收益不确定,而且收益高的项目风险一般也高,这样投资者为规避风险就会将资本过多地配置到风险低但收益也低的项目中去,这将影响到资本配置的效率。另一方面,在不存在金融市场的条件下,投资者如果想通过多元化投资来分散风险,只能投资于不同的行业或项目,这样他不得不进入本身不具有比较优势的行业和不熟悉的项目,其在每个项目上的投资规模也就会随着多元化而降低,难以实现规模经济。而在存在金融市场的情况下,投资者通过在金融市场上投资多种证券就可实现投资多元化。金融市场再将汇集的资金投入特定的项目中去,从而实现规模经济和分散风险,使资金向收益高的项目转移,提高资本配置效率和投资收益(Greewood and Jovanovic, 1990)④。Obstfeld(1994)⑤认为,金融市场国际一体化使得每一个国家的投资者可以在世界范围内分散风险,从而使资本在世界范围内得到有效配置。

其次,风险分散功能也影响技术进步。Saint Paul(1992)⑥分析了投资收益风险对技术选择的影响。一般来说,更加专业化的技术生产率较高,收益的波动性也较大。当金融市场不存在时,为规避风险,投资者将选择风险小但缺乏专业化的技术。金融市场的发展使投资者可以通过多元化投资来分散风险,与此同时选择更适合生产和更专业化的技术,从而促进技术进

---

① Levine, "Financial development and economic growth: views and agenda", *Journal of Economic Literature*, 1997 (June):688 - 726.

② 兹维·博迪、罗伯特·莫顿:《金融学》,人民大学出版社,2004 年版第 25 页。

③ 彭文平:"金融市场与经济增长",《经济学动态》,2003 年第 4 期。

④ Greenwood & B. Jovanovic, "Financial development, growth and distribution of income", *Journal of Political Economy*, 1990, 98(5): 1076 - 1107.

⑤ M. Obstfeld, "Risk-taking, global diversification, and growth", *American Economic Review*, 1994, 84(5): 1310 - 1329.

⑥ Saint-Paul, "Technological choice, financial markets and economic development", *European Economic Review*, 1992, 36(4): 763 - 781.

步。King 和 Levine(1993)[1]则认为金融市场的风险分散功能有助于技术创新。创新是经济增长的关键因素，但是创新往往伴随着风险。金融市场通过发行和交易具有创新意义项目的有价证券，分散了创新项目的风险，促进了对创新活动的投资，从而有利于技术进步和经济增长。

(四) 信息公开

金融市场特别是股票市场的一个重要功能就是信息的及时快速传播。因为股票市场上的交易价格是快速变动而且公开的，若股票市场是有效率的，股票价格将包含大量的宏观经济信息、行业信息和公司信息。加上股票市场往往实行严格的信息披露制度，这使得股票市场成为信息最完全、传播最快的市场。

有趣的是，Grossman 和 Stiglitz(1980)[2]曾提出著名的"格罗斯曼—斯蒂格利茨悖论"。他们指出，证券市场发布和传播的信息具有公共产品的性质，容易造成搭便车问题。这是因为在有效市场中，股票交易价格实际上已经包含了公司经营的所有信息，而股票交易价格是及时变动和公开的。这样，如果某些投资者花费成本从非公开渠道获得私人信息，并利用这些信息买卖股票，这时，这些信息就会反映在股票价格变动上。因此，其他投资者通过股票价格的变动就能方便地获得企业经营信息，造成搭便车问题。但是，如果每个投资者都想搭便车，那就没有人去搜寻信息了，此时搜索信息就能给投资者带来超额收益，人们又会因此而形成搜索私人信息的动力。

(五) 企业治理功能

所有权和经营权分离是现代企业的一大特征。所有者一般将企业委托给经营者经营，由于两者目标不完全一致，经营者的行为可能并不符合所有者的利益。所以，如何使经营者按照所有者的利益行事，就成为企业治理中的重要问题。为此，必须设计监督与激励机制。监督是指外部监控或约束。委托人必须对代理人施以适当的监控，防止代理人做出不利于委托人的行动，如欺诈行为。激励则是指激发代理人内在的潜能，使代理人在最大化自己利益的同时，最大化委托人的利益。为了使经营者能按照所有者的利益行事，委托人常常是监督与激励并重。

从金融角度来看，金融市场有助于所有者加强对企业的控制。这表现在内部治理和外部治理两个方面。内部治理是指公司所有者通过内部的激励机制或者监督机制实现公司治理。首先，所有者可以通过将经营者获得的报酬与企业内在价值联系在一起的方法，实现内部激励。一个有效的股票市场能够反映企业的内在价值，若股票市值上升，合理的制度安排将使经营者和所有者均可获益。例如，经营者期股期权制度就是一种典型的内部激励方式。其具体做法是，公司管理人员的薪酬收入中，只有少部分的现金，大部分收入是股票或股票认购证、股票期权等与股票挂钩的权证。因此，如果公司经营管理完善，业绩提高，公司股价上升，管理人员的股票收入也会增加；否则，管理层收入就有限。这样，经营者就具有了使公司股票市值最大，也就是股东财富最大化的激励，经营者与所有者的利益就结为一体。当然，这种激励机制是以市场的有效性为前提的。如果公司业绩不能在股价中反映出来，即使管理层收入与股票挂钩，也不能激发他们改善经营管理的积极性；相反，还可能引诱他们的短期投机行为，甚至直

---

① R. King & R. Levine, "Finance, entrepreneurship, and growth: theory and evidence", *Journal of Monetary Economics*, 1993, 32: 513 - 542.

② S. J. Grossman & J. Stiglitz, "On the Impossibility of Informationlly Efficient Market", *American Economic Review*, 1980, 70(3).

接参与本公司股价的炒作。其次,所有者可以借助金融市场设置各类内部监督机制,完善公司治理。例如,股东可以参加股东大会,通过"用手投票"的方式选举董事会成员,或就公司其他有关经营管理的重大事项进行投票表决,对管理层构成直接约束。又如,股东可以通过"用脚投票"的方式在市场上出售股票,表达对公司管理层经营管理行为的不满意。如果出现大量股票抛售,公司股价急剧下跌,既会影响公司在市场上的再融资,也会给管理层带来被兼并收购的压力,这也形成了对公司的外部治理。外部治理又称市场纪律,是指金融市场上的优胜劣汰。市场股价的下跌反映了市场对当前管理层的不信任,外部的潜在收购者如果认为可以通过改组管理层提高公司业绩,提升公司价值,他们就会大量买入该公司股票以达到控股目的,然后以控股股东身份改组公司管理层。在外部接管的潜在威胁下,管理层不得不努力工作,以提高公司业绩,防止股价下跌。因此,证券市场上的潜在收购者可以产生一种"鲶鱼效应",他们就像生物链中的鲶鱼一样,在弱肉强食的同时,也迫使"弱肉"强壮起来。Stein(1988)[①]认为,发达的股票市场使接管更为方便,接管的威胁将促使经营者实现企业股票价格的最大化。如果经营者的行为不是使企业股票价格最大化,那么,股价低迷就方便了股东联合起来通过收购企业股票而接管企业,并最终解聘不合格的经营者。

金融市场对资金融通及一国的经济增长具有重要的作用。但是,金融市场和其他事物一样,除存在积极意义外,也有一些消极影响。例如,金融市场通常在经济繁荣时上涨,经济衰退时下跌,这种顺周期的特征可能会加大经济波动的幅度。具体来说,在经济繁荣时期,金融市场价格上涨,金融资产持有者获利形成的财富效应将使消费得到扩张,同时,资产价格膨胀使企业抵押价值上升,生产者对未来充满信心,将有意增加融资并扩大投资,此时狂热的金融市场正好可以满足这种扩张的要求。上述所有的因素交织在一起,将导致经济过热的现象更为严重,甚至引发恶性的通货膨胀。到了经济衰退时期则正好相反,金融市场暴跌使个人因为财富缩水而减少消费,企业则因为对未来充满悲观情绪而减少投资,这可能加重经济衰退的程度。更为严重的是,金融市场价格下跌还将使企业价值大幅缩水,这甚至有可能引起整个金融市场信用链条的崩塌。一旦出现这样的情况,宏观经济就可能因为流动性的大幅度紧缩以及大量企业和银行的破产而陷入深度衰退。可见,金融市场的存在增加了宏观经济中的不稳定因素,而且,金融市场中的投机行为还有可能进一步加剧这种不稳定性。这里的投机行为是指金融市场中的交易主体利用金融工具价格的短期波动,频繁对其进行买卖以牟取暴利的行为。与主要为获得长期回报而购买金融工具的投资者比较,投机者的追涨杀跌行为和频繁的交易显然更容易引起金融市场的大起大落,从而放大金融市场波动对宏观经济的影响。当然,投机行为并非一无是处,从理论上讲它甚至有提高金融工具流动性的功能。若金融市场只有投资行为,那么交易量将极少且不连续,金融工具的流动性也将变得很低,以价格变动作为牟利手段的投机者对金融工具的频繁买卖将使金融工具的流动性大大增强。

第四节　金融体系的构成:金融机构

金融机构是金融体系的又一组成部分。金融机构的存在,一方面创造了便利金融交易的

---

① J. C. Stein, "Takeover threats and managerial myopia", *Journal of Political Economy*, 1988, 96: 61-80.

金融工具;另一方面则在金融交易活动的参与者之间推进资金的流转,从而极大地提高了金融体系的营运效率。

一、金融机构的一般界定

一般而言,凡是专门从事各种金融活动的组织,均称为金融机构。我们知道,金融活动的具体途径主要有两条:一是资金不足单位直接发行金融工具,可以通过与资金有余单位直接协商,并由其购入资金不足单位发行的金融工具,实现资金融通;也可以在公开市场上,通过经纪人或交易商卖给资金有余单位,实现两者之间的资金融通。这种融资途径称为直接融资。二是通过金融机构发行间接金融工具的形式吸收资金有余单位的资金,再由金融机构向资金不足单位融通资金。即储蓄主体的储蓄资金通过金融机构债权债务关系的转换间接流向各投资主体。这种融资途径称为间接融资。直接融资与间接融资的具体过程见图 2-3。

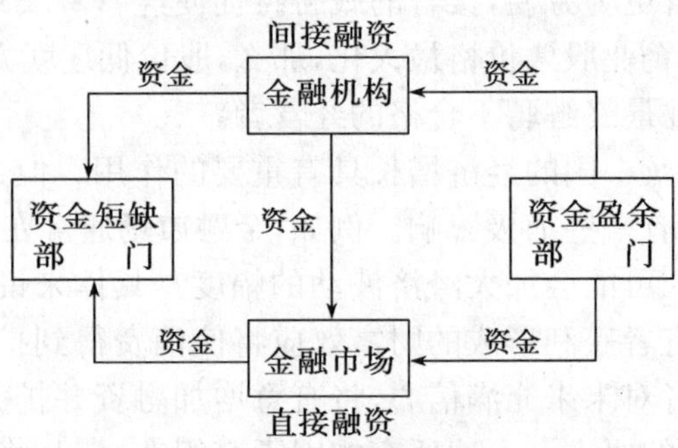

图 2-3 直接融资与间接融资

现代金融体系中的金融机构种类繁多,从广义上讲,在储蓄者(资金盈余部门)和借款人(资金短缺部门)之间插入的任何第三方都是金融机构,其中包括商业银行、保险公司、证券公司、证券交易所、投资基金、评级机构等。这些金融机构虽然都参与并推动了资金融通的过程,但不同机构发挥作用的机制存在差异。例如,存款类金融机构(包括商业银行、储蓄银行、信用社等吸收存款并发放贷款的机构)既是储户的债务人,又是借款人的债权人,它们与借、贷双方分别发生金融交易并建立信用关系;证券公司、证券交易所、评级机构等金融机构则只为资金供需双方通过发行证券建立信用关系提供服务便利,并不直接作为金融交易的一方。据此,金融机构也可被分为间接金融机构和直接金融机构。间接金融机构是作为资金余缺双方进行金融交易的媒介体,如商业银行、保险公司、投资基金等;直接金融机构则是为筹资者和投资者双方牵线搭桥的中间人,如证券公司、证券交易所等。

在联合国统计署制定的国际产业分类法(ISIC)中,则索性把金融中介活动统统归于一个产业大类,在该类中又细分出三个小类:第一小类是不包含保险和养老基金的金融中介活动,分货币中介和其他金融中介。前者指中央银行活动和以其他存款货币银行为代表的货币中介的活动,后者包括金融租赁活动和其他提供信用的活动,主要指农业信贷、进出口信贷、消费信贷等专业信贷活动。第二小类是保险和养老基金。第三小类是辅助金融中介活动,主要包括金融市场组织如证券交易所的活动,投资银行、证券经纪人等开展的证券交易活动,以及与金融中介有关的其他辅助活动。很显然,我们所讲的直接金融机构类似于这里的第三类,即辅助金融中介活动。而间接金融机构则主要是指第一类和第二类。

综上可见,我们基本上可以把金融机构分为两类:间接金融机构和直接金融机构。间接金融机构通过各种负债业务获得资金,然后再通过各种资产业务使用这些资金;直接金融机构则主要是作为资金供给者和资金需求者的中间人而存在,它不和两者之间的任何一方发生直接的金融交易。间接金融机构又称金融中介机构,它是整个金融机构体系中最重要的组成部分,人们有时甚至直接将金融中介机构等同于金融机构。

二、金融机构体系的构成

鉴于间接金融机构在金融机构体系中的重要性,我们下面的介绍将主要围绕其展开。间接金融机构可进一步分为银行类金融机构和非银行类金融机构。银行类金融机构在整个体系中居于支配地位,主要从事存款、贷款、汇兑业务的经营,包括中央银行、商业银行和一些专门从事某方面业务的专业银行;非银行类金融机构包括了银行以外的其他各类金融机构,其构成较为复杂,保险公司、财务公司、投资基金等均被包括在内。

我们将按照上述的分类方法,简单介绍各类金融机构的特征、职责分工和相互关系,以具体了解金融机构体系的运行机制。需要补充的一点是,证券公司作为金融体系中一种重要的直接金融机构,我们将其归入非银行类金融机构的类别。

(一)中央银行

中央银行是专门从事货币发行、办理对银行的业务、监督和管理金融业、执行国家经济政策的特殊金融机构。中央银行习惯上也称为货币当局。多数国家只有一家中央银行,但也有多个国家共有一个中央银行的,如欧洲中央银行就是欧元区共有的中央银行。美国则有 12 个联邦储备银行,都起到中央银行的作用。现代银行出现后的相当长的时期内,并没有中央银行。中央银行最早萌芽于 17 世纪末叶设立的瑞典国家银行(1668 年),而中央银行制度的形成则在 19 世纪初期。

与其他金融机构相比,中央银行具有以下三个方面的特征。

首先,中央银行的经营不以盈利为目的。这是因为中央银行拥有货币发行权,若中央银行以盈利为目的,那么任何一家银行在利润追逐中都无法与中央银行展开竞争,这实际上导致了不公平竞争。此外,中央银行负有调节金融的特殊使命,完成这一使命大多要以雄厚的资金力量为后盾。如果中央银行以盈利为目的,则可能会因其过分扩张其盈利性资产业务而削弱其资金实力,从而难以有效地实现对金融的调节。而且,中央银行追逐利润还会与货币政策的实施冲突。比如,当经济运行要求紧缩银根时,中央银行必须缩减自己的资产业务,减少对市场的货币供应,而这又将引起其利润的减少,使中央银行对货币政策的实行产施阻力,从而影响货币政策效用的正常发挥。

其次,中央银行的业务经营对象主要是政府和金融机构,而不直接对工商企业和个人提供服务。在对政府业务方面,主要表现为充当政府经济顾问,为政府经济决策提供咨询,代理国库,向政府发放贷款等。在对金融机构业务方面,主要有再贷款、再贴现,提供票据清算等。总之,中央银行不直接对工商企业和居民个人办理信贷、清算和存款业务,不参与一般银行业务的竞争,处于一种超然地位。

最后,中央银行具有特殊的金融管理方式。中央银行是一个国家的金融管理机构,但它不同于一般的国家行政管理机构。除履行特定的金融行政管理职责时会采取行政式的管理方式外,其大部分的管理职责都是寓于具体金融业务的经营过程之中,即以其拥有的经济力量,如货币供给量、利率、贷款等等，实施对金融业的控制和调节。

（二）商业银行

商业银行在金融机构体系中居主体地位，是最早出现的金融机构。在传统的金融体系内，商业银行在以下两个方面明显区别于其他金融机构。

第一，商业银行能够吸收和经营活期存款，根据活期存款签发的支票能够方便地作为流通手段和支付手段。在信用制度发达的国家，绝大部分交易和债权债务关系都是利用支票转移存款以结清的。各个经济主体纷纷在银行开立活期存款户头，使大量资金聚集于银行，这意味着商业银行有可能获得大量廉价的资金来源，增强了商业银行的信用能力。而且，由于活期存款能够很方便地用作交换媒介，商业银行的活期存款也因此构成货币供应量的很大部分，这提高了商业银行在国民经济体系中的地位。正因为如此，国际货币基金组织将商业银行通称为存款货币银行。

第二，商业银行的业务内容具有广泛性，是金融业内的百货公司。信用业务是所有金融机构经营业务的主体内容，但与其他金融机构不同，商业银行的一个重要特点是经营的信用业务范围极其广泛。传统的互助储蓄银行，其资金来源只能是储蓄存款和定期存款，资金运用只能是抵押贷款和证券投资；金融公司的资金来源则只能靠自身发行股票或债券，资金运用只能购买各种有价证券。商业银行则不然，它的资金不仅可以来自各类存款，也可以来自自身发行的股票、债券等；它的资金运用不仅可以发放各类贷款，还可以发放信托贷款，办理租赁业务，购买有价证券（美国、中国等国禁止银行购买股票）等。商业银行除了办理信用业务以外，还办理许多中间业务和其他非信用业务，如代客保管金银及各种贵重物品、代客买卖有价证券、代理融通、代理财务、提供业务咨询等。总之，凡是商业银行有条件办理的业务，只要有利可图，就可以办理。商业银行经营业务的广泛性，客观上给工商企业的经营者乃至居民个人的经济活动和日常生活提供了其他金融机构无法替代的极大便利，使得商业银行在整个社会经济生活中居于特殊的地位。而且，商业银行广泛的信用业务，使得它与工商企业间有着直接而密切的信用联系，它的放款业务影响并在一定程度上制约着工商企业的经营活动范围、方向和盈利水平，这种业务活动与社会再生产活动密切联系的特点，使商业银行在政府各项经济政策的执行过程中起着很大的作用。因此，商业银行经营业务的广泛性使其能够拥有其他金融机构所不及的强大影响力，也因此构成商业银行的一个重要的特征。

不过，随着金融市场的发展和金融创新的不断涌现，商业银行的上述特征已逐渐被淡化。以美国为例，20 世纪 30 年代，为恢复金融秩序，美国联邦储备委员会公布了按字母顺序排列的一系列金融条例，其中的第 Q 条，即美国金融史上著名的“Q 条例”规定，商业银行对于活期存款不得公开支付利息，并对储蓄存款和定期存款的利率设定最高限度。由于当时利率水平偏低，且商业银行基本上是唯一被允许吸收和经营活期存款的金融机构，这一规则的设立并未引起金融机构的产品创新行为。随着市场竞争的不断加剧和利率水平的不断提高，到 20 世纪 70 年代时，美国马萨诸塞州的一家互助储蓄银行（consumer savings bank）率先推出一种可转让支付命令账户（NOW），这种账户中的存款虽然并非支票存款，却能够进行支付和转让，使其拥有了支票存款的所有功能，还能让持有这种账户的储户获得支票存款所不能获得的利息。诸如此类的创新不仅使很多商业银行以外的存款类金融机构获得迅速发展，也加快了管制的放松过程。这一切最终使得其他存款类金融机构与商业银行在很多方面的界限日益模糊。

（三）专业银行

专业银行是经营指定范围的业务和提供专门性金融服务的机构。专业银行是社会分工在金融业的表现。在生产力不断提高、社会分工的不断深入的背景下，银行为了适应社会分工的需要，为不同的专业化对象提供专业性服务，自身分工也越来越细。从某种意义上说，中央银行也可被看作一种专业银行，但我们这里讨论的主要是具有盈利功能的专业银行。它们通常是按服务对象和存贷款性质进行分工，是具有某一方面专门业务的银行，协助专门的服务对象搞好生产和经营，满足经济发展的要求。

1. 开发银行

开发银行是为了满足经济建设长期发展的需要而设立，其经营方向一般集中于一国经济发展中具有开发性作用的项目上。这类投资普遍规模大、时间长、见效慢，风险也大，一般商业银行是无力承担也不愿承担的。因此，开发银行通常是由政府创办，并不以盈利为目的的金融机构。

开发银行可被分为国际性、区域性和本国性三种。国际性开发银行以国际复兴及开发银行（简称世界银行）为代表，它的主要业务是提供长期贷款，协助会员国特别是发展中会员国进行基本建设。区域性开发银行其宗旨和业务与世界银行基本相同，只是服务对象仅限于某一区域的会员国，如亚洲开发银行。本国性开发银行主要对国内企业和建设项目提供长期资金，如我国的国家开发银行。

2. 储蓄银行

这是吸收居民小额储蓄存款并为储蓄者提供必要银行服务的金融机构。储蓄银行在美国称为互助储蓄银行，在英国称为信托储蓄银行。储蓄银行的功能主要是把居民分散、零星的货币收入聚集起来，用于支持工商企业的生产和流通。在业务方面，储蓄银行的放款多限于不动产抵押贷款，投资对象主要是政府公债，多余资金则转存商业银行。

3. 不动产抵押银行

这是专门经营以不动产为抵押的长期贷款银行。不动产抵押银行的主要业务是发行不动产抵押贷款以吸收长期资金，办理以土地、房屋等不动产为抵押品的长期抵押放款。这些银行在各个国家的名称不一，但却不同程度地具有公营性质，是政府干预经济的重要机构。

4. 进出口银行

进出口银行是通过金融渠道支持本国对外贸易的专业银行，一般是政府的金融机构，如美国的进出口银行，日本的输出入银行等。也有的是半官方性质的，如法国的对外贸易银行，就是由法兰西银行与一些商业银行共同出资组建的。创建进出口银行的目的是政府为促进商品输出而承担私人出口商和金融机构所不愿意或无力承担的风险，并通过优惠出口信贷增强本国的出口竞争能力。同时，进出口银行往往也是执行本国政府对外援助的一个金融机构。所以，这类银行在经营原则、贷款利率等方面都具有浓厚的政策性。

5. 农业银行

农业银行是向农业提供信贷的专业银行。农业受自然因素影响大，对资金的需求具有强烈的季节性，而且期限长；农村地域广阔，农户分散，资金需求数额小；利息负担能力低；抵押品大多无法集中，管理困难，贷款风险大。这就决定了经营农业信贷具有风险大、期限长、收益低等特点。商业银行和其他金融机构一般都不愿承办这方面的业务。为此，西方许多国家专设了以支持农业发展为主要职责的农业银行。如美国的联邦土地银行、合作银行；法国的土地信贷银行、农业信贷银行;德国的农业抵押银行;日本的农林渔业金融公库等。

农业银行的资金来源有的完全由政府拨款,有的则靠发行各种债券或股票,也有的靠吸收客户的存款和储蓄。农业银行贷款方向一般包括农业生产方面的一切资金需要,从土地购买,建造建筑物,到农业机器设备、化肥、种子、农药的购买等,无所不包。有的国家对农业银行的某些贷款给予利息补贴、税收优惠等。近年来,不少农业银行的业务范围逐渐超出农业信贷业务的界限。有些国家已准许农业银行办理商业银行业务。

6. 信用合作社

信用合作社是指由社员集资联合组成,以互助为主要宗旨的合作金融组织。它取得资金的传统方式是向社员提供信用合作社的股份。近年来,信用合作社的资金来源日益多样化,也开始向社员和非社员提供各类不同偿还期和不同收益的金融工具。一些信用合作社还提供一种被称为股金汇票的金融产品。这种汇票与活期存款功能相似,但是按该账户平均余额支付利息。信用合作社的资金运用主要是为社员提供各类非营业性的贷款,如购买汽车和其他耐用消费品、住宅抵押贷款等。在不同国家,信用合作社的组织形式和运作规模差异很大,有规模很小、仅有几名社员组成的小型信用合作社,也有资产规模达数十亿美金的大型信用合作机构。

(四)非银行性金融机构

商业银行、中央银行及其他专业银行以外的金融机构,统称为非银行性金融机构。从本质上来看,非银行性金融机构仍是以信用方式聚集资金并投放出去,以达到盈利的目的,从这一点来看,与银行类金融机构并无本质区别。非银行性金融机构的种类很多,在这里我们仅重点介绍四类较为典型的非银行性金融机构。

1. 投资基金

在不同国家,根据资本组织与交易方式的区别,对投资基金有不同的提法。在英国被称为“单位信托基金”,在美国被称为“共同基金”,或“互惠基金”、“投资公司”,在日本、韩国以及我国台湾和香港等地区被称为“证券投资信托基金”。虽然称谓不同,但内涵及运作并无太大区别。其基本内涵在于将众多投资者的资金聚集起来,交由专门的投资机构经营管理,投资于各种不同的投资领域,投资收益按投资比例分配给原投资者,投资经营管理机构从中获取相应的报酬,实现投资资金与投资能力的有效组合。

投资者资金汇集成基金后,由该基金委托投资专家——基金管理人投资运作。其中,投资者、基金管理人、基金托管人通过基金契约方式建立信托协议,确立投资者出资(并享有收益、承担风险)、基金管理人受托负责理财、基金托管人负责保管资金三者之间的信托关系;基金管理人与基金托管人(主要是银行)通过托管协议确立双方的权责。基金管理人经过专业理财,将投资收益分予投资者。基金投资人享受证券投资基金的收益,也承担亏损的风险,同时,基于这种委托行为,投资者进入基金要担负一定的费用,包括经理费、保管费、操作费、销售管理费等。通常来说,投资基金对投资者资金的运用能实现稳定收益,构成投资基金运行机制的核心。投资基金之所以能具有这一核心机制,主要是因为以下四个方面的原因:第一,投资组合。个人投资者往往因投资资金所限而难以实现有效的投资组合。投资基金集分散、小额的投资者资金成相当规模的资金,可分散投资并进行不同投资的有效组合,以实现更为稳定的投资收益。第二,专家理财。基金投资都是由专业的经理人操作,他们往往拥有独立的投资分析部门,可以利用广泛的信息渠道、精良的设备和充裕的资金从事有关投资市场的调查与分析,选择最佳时机和最佳的投资形式以求得最大的投资回报，其成功的可能性较单个投资者更大。第三，规模经济。一方面，证券市场中的大额交易往往能获得优惠折扣，节省交易费用；另一方面，通过基金共同投资，专家理财的管理费用将由基金所有的投资者分担，这也将大大减少单位投资的专家理财成本，实现投资的规模效益。第四，选择投资。基金投资的方式及范围十分广泛，这意味着广大投资者的投资途径也被大大扩大，可以通过不同的投资基金将资金分散投资于不同领域。这种投资上的多样性和间接性为广大投资者创造了更好的投资条件。

按照不同的分类方法，我们可以对投资基金进行不同的分类。

按设定后能否追加投资份额或赎回投资份额，投资基金可分为封闭型基金和开放型基金。两者区别主要体现在：第一，期限不同，封闭式基金期限固定，一般为10—15年，而开放式基金则没有固定期限，投资者可以随时向基金发起人或银行等中介机构提出交易要求；第二，发行规模不同，封闭式基金发行规模固定，而开放式基金则没有发行规模限制，通过认购、申购和赎回，其基金规模随时都在发生变化；第三，交易方式不同，封闭式基金只能在证券交易所以转让的形式进行交易，开放式基金的交易是通过银行或代销网点以申购、赎回的形式进行；第四，交易价格决定因素不同，封闭式基金的交易价格受市场供求关系等因素影响较大，不完全取决于基金资产净值，开放式基金的价格则是严格由基金单位净值所决定。

按基金投资对象的不同，基金可分为证券投资基金、货币市场基金、不动产投资基金、创业基金等。证券投资基金是投资基金的主体，有的国家明确规定投资基金只能投资于各种有价证券。这种基金主要投资于普通股、优先股和债券，赚取利息、股息、红利或资本增值。货币市场基金则将基金的资产主要运用于货币市场上的短期金融工具，如国库券、存款证、商业票据等。不动产投资基金把资金主要投资于不动产，以获取较高的投资收益。创业基金以股本方式投资于一些有发展潜力的厂家赚取利润，投资较为直接，投资对象通常是一些规模未及上市资格的中小型公司。

投资基金按基金的资金来源，还可以分为国内基金和海外基金。国内基金的资金来源是国内投资者，其资产也主要运用于国内各投资领域。海外基金是集中境外投资者的资金，以国内发行的有价证券为投资对象的基金。这种基金从投资区域来看又可称为国家基金，它以特定国家发行的有价证券为投资对象，如日本基金、美国基金、泰国基金；若将资金分布于某一地区各个国家的证券市场和品种组合上，则称为地区性基金，如亚太基金、欧洲基金等；若将资金分布于全世界各主要证券市场的投资工具上，则称为国际基金。

2. 保险公司

保险公司是经营保险业的经济组织。它依靠投保人所交纳的保险费聚集起大量的保险基金。保险公司的盈利主要来自两个方面：一是承保盈利，即保险公司支付的赔款额小于保险费收入的差额部分。二是投资收益，保险公司聚集起来的保险费在未作赔款使用前，是比银行存款还稳定、运用起来也更可靠的巨额资金，保险公司会将这些资金用于长期投资以赚取收益。通常来说，通过承保盈利赚钱的情况在大多数国家的保险行业是很少见的，也就是说，投资收益是保险公司盈利的主要渠道。

保险公司按经营内容分，可分为人寿保险公司、财产保险公司和再保险公司。

（1）人寿保险公司。人寿保险公司的经营内容通常包括人寿保险、健康保险、意外伤害保险三大类。人寿保险是以被保险人的寿命作为保险标的，以被保险人的生存或死亡为给付保险金条件的一种保险。其主要业务种类有：定期寿险、终身寿险、两全寿险、年金保险、投资连结保险、分红寿险和万能寿险等。健康保险是以被保险人的身体为保险标的,使被保险人在疾病或意外事故所致伤害时发生的费用或损失获得补偿的一种人身保险业务。其主要业务种类有:医疗保险、疾病保险和收入补偿保险等。意外伤害保险是指以被保险人的身体为保险标的,以意外伤害而致被保险人身故或残疾为给付保险金条件的一种人身保险。其主要业务种类有:普通意外伤害保险、特定意外伤害保险等。

(2) 财产保险公司。财产保险是以财产及其有关利益为保险标的的保险,包括非故意的、非预期的、非计划的经济价值的灭失和人身的伤害。通常分为财产损失保险、责任保险、信用保险等。财产损失保险是以各类有形财产为保险标的的保险。其主要包括的业务种类有:企业财产保险、家庭财产保险、运输工具保险、货物运输保险、工程保险、特殊风险保险和农业保险(农业生产者以支付保险费为代价把农业生产经营过程中由于灾害事故所造成的财产损失转嫁给保险人的一种制度安排)等。责任保险是以被保险人依法应负的民事损害赔偿责任或经过特别约定的合同责任作为保险标的的保险。其主要业务种类有:公众责任保险、产品责任保险、雇主责任保险和职业责任保险等。信用保险是以各种信用行为为保险标的的保险。其主要业务种类有:一般商业信用保险、出口信用保险、合同保证保险、产品保证保险和忠诚保证保险等。

(3) 再保险公司。再保险(也称"分保")是保险人将其所承保的风险和责任的一部分或全部转移给其他保险人的一种保险。分出业务的是再保险分出人,接受分保业务的是再保险接受人。这种风险转嫁方式是保险人对原始风险的纵向转嫁,即第二次风险转嫁。

3. 财务公司

财务公司又称金融公司,这类公司依靠银行信贷、发行债券、卖出公开市场票据等手段筹集资金。多数财务公司专营耐用品的租购或分期付款销货业务,规模较大的财务公司也兼营外汇、联合贷款、包销证券、不动产抵押、财务及投资咨询服务等。

在不同的国家,财务公司的具体命名不同,业务内容也有差异。在有些国家财务公司是商业银行的附属机构,主要吸收存款;在有些国家财务公司则是隶属于大型企业集团的非银行金融机构。

在英国,大部分财务公司(即专栏 2-1 中提到的金融行)都被一些大银行和其他金融机构所控制。他们的主要业务是吸收存款、发放按揭贷款、提供租赁服务等。中国香港的财务公司也类似,它们都可以接受存款,并以发放各类贷款为其主要资产业务内容。

在美国,财务公司往往依附于大的企业集团,是以促进商品销售为目的的非银行金融机构。因此,美国的财务公司通常是一些大型耐用消费品制造商为推销其产品而设立的受控子公司。这类财务公司主要为零售商提供各类融资服务,涉及的产品内容十分广泛,包括各种工业设备、汽车、家电、住房等各类商品。

在我国,财务公司也通常依附于大的企业集团,但和美国不同,其宗旨和任务重点是为本企业集团内部各企业筹资和融通资金而服务,以促进企业自身的技术改造和技术进步,并提高企业内部资金使用的效率。

4. 证券公司

如前所述,证券公司是一种直接金融机构,它主要从事证券发行、承销、交易、企业重组、兼并与收购、投资分析、风险投资、项目融资等证券市场相关业务,是证券市场上最主要的金融机构。证券公司在不同国家有不同的称谓:美国将其称为投资银行,英国将其称为商人银行,只有在东亚国家，例如日本和中国，才使用证券公司这一称谓。

证券公司的业务比较广泛，基本可以涵盖资本市场上的业务内容，主要可分为以下几个方面。

(1) 投资银行业务。投资银行业务是证券公司最核心的业务，正因为此，美国甚至直接以"投资银行"来命名这一类的金融机构。投资银行业务中具体又包括证券承销和发行、私募发行、兼并收购、项目融资和资产证券化等业务。

证券承销是投资银行业务中最本源和最基本的业务活动，是证券公司代理证券发行人发行证券的行为。证券公司可承销的证券覆盖面极广，可包括该国中央和地方政府发行的债券、企业发行的股票和债券、外国政府和公司在该国和乃至世界发行的证券、国际金融机构发行的证券等。

与证券承销和发行通常在公开市场进行不同，私募发行是指发行者不通过公开面向社会公众的方式发售证券，而只将证券定向发售给少数特定的机构投资者。私募发行不受公开发行的规章限制，其发行的证券是个性化的，可根据投融资双方的要求来设计。因此，私募发行往往能够在节约发行时间和发行成本的前提下，让投资者获得更可观的收益率。同时，私募证券灵活和个性化的形式，也更加考验了证券公司的专业性和创造性。当然，私募发行的证券也有流动性差、发行面窄、难以公开上市等缺点。

兼并与收购也是投资银行业务中十分重要的一个组成部分。证券公司可以通过多种方式参与企业的并购活动，如：帮助企业寻找兼并与收购的对象、向猎手公司和猎物公司提供有关买卖价格或非价格条款的咨询、帮助猎手公司制订并购计划或帮助猎物公司针对恶意收购制定反收购计划、帮助安排资金融通和过桥贷款等。此外，并购中往往还包括"垃圾债券"的发行、公司改组和资产结构重组等活动。

项目融资是指证券公司帮助某个特定经济主体，依托某一个具体的投资项目设计证券并发行融资。证券公司在项目融资中起着非常关键的作用，它将与项目有关的单位和个人紧密联系在一起，完成项目评估、融资方案设计、法律文件起草、信用评级、证券价格确定和承销等工作。

资产证券化是以特定资产组合或特定现金流为支持，发行可交易证券的一种融资形式。资产证券化的对象通常是一些流动性较差但具备稳定现金流的金融资产，通过证券化将其转化为可在金融市场自由流通的证券，使其具备流动性。与传统证券差异最大的是，传统证券的发行通常基于某一具体的企业，而资产证券化产品的发行是以某个特定的资产池为基础。

(2) 证券交易业务。在证券交易中，证券公司可扮演的角色有三类：经纪商、自营商和做市商。

通常来说，投资者在二级市场买卖证券需要通过在交易所拥有交易席位的证券经纪商，而证券公司就是承担这一任务的经纪商。在二级市场，证券公司可以按照客户提出的价格代理其进行报价和竞价成交，协助买方和卖方完成交易和进行交割。

作为经纪商，证券公司协助买卖双方完成交易而自己不参与交易；作为自营商时，证券公司将自行买卖证券获利。证券公司作为市场中的专业机构，会接受客户的委托，管理大量的资产，为了保证这些资产的保值与增值，证券公司将自行进行交易。

除了经纪商和自营商外，证券公司在二级市场中还可以作为做市商存在。作为做市商时，证券公司将不断地向公众投资者报出某些特定证券的买卖价格(即双向报价)，并在该价位上接受公众投资者的买卖要求，以其自有资金和证券与投资者进行证券交易。做市商进行上述交易的主要目的并非获得投资收益，而是为了通过不断买卖为某些特定的证券创造一个流动性较强的二级市场，并维持市场价格的稳定。

(3) 直接投资业务。直接投资是指证券公司帮助那些未上市的新兴公司在创业期、拓展期或发展期进行的资金融通活动。这种融资形式通常风险大、收益高，一般采用股权融资的方式来完成。通常来说，这类投资在交易实施的过程中即附带考虑了将来的退出机制，其盈利也主要来源于出售股权所获得的溢价。目前，市场上十分流行的私募股权投资(private equity，PE)就是这类直接投资的典型代表。

广义的私募股权投资涵盖企业首次公开发行前各阶段的权益性投资，即包括对处于初创期、发展期、扩展期、成熟期等各个时期企业所进行的投资；狭义的私募股权投资并不包括针对初创期高风险企业进行的投资，这类投资通常被称为风险投资或创业投资(Venture Capital，VC)，它们与PE在投资阶段、投资规模、投资理念和投资特点上都存在一定的差异，因而人们也习惯性地在概念上将两者进行区分。不过，从实际运作来看，两者并无明确的界限：一个私募股权投资的管理公司可以设立不同类型的基金，有些专注于种子期和初创期的公司，有些专注于发展期乃至成熟期的公司。也就是说，PE与VC越来越只是概念上的一种区分，在实际业务中两者的界限则愈发模糊。

通常来说，证券公司涉足私募股权投资有不同的层次：第一，采用私募的方式为这些公司筹集资本；第二，对于某些潜力巨大的公司有时也进行直接投资，成为其股东；第三，更多的情况是设立“风险基金”或“创业基金”向这些公司提供资金来源。

(4) 资产管理业务。资产管理是指证券公司作为资产管理人，根据资产管理合同约定的方式、条件、要求及限制，对客户资产进行经营运作，为客户提供证券及其他金融产品的投资管理服务的行为。证券公司的资产管理包括投资基金管理、代客理财等。其中，在投资基金管理中，证券公司既可作为投资基金的发起人发起和建立基金；也可作为投资基金管理者管理基金；还可作为投资基金的承销人，帮助基金发行人向投资者发售基金份额。

(5) 金融创新业务。金融创新业务主要指证券公司通过创设或使用衍生工具，实现套期保值、增加回报、改进证券投资管理等目的，从而拓展其业务空间和资本收益。当然，正如我们在第四章所介绍的，衍生金融工具在帮助投资者实现套期保值的同时也可能带来高风险。因此，过度涉及衍生金融工具交易也可能给证券公司带来很大的风险。

(6) 证券投资咨询和财务顾问业务。证券投资咨询业务主要指证券公司为二级市场的投资者提供投资意见和管理服务。财务顾问业务则是指证券公司为公司策划或咨询一系列与证券市场有关的业务，包括为公司进行股份制改造、首次公开发行、再融资以及发生兼并收购、出售资产等重大交易活动时提供的专业性财务意见。

专栏2-1　英国的金融机构体系

在西方发达的市场经济国家中，英国的金融体系具有最为悠久的历史。早在14至15世纪，票据贴现人、贷款经纪人和存款持有人等所开展的金融活动就为英国的经济发展作出了重要的贡献。在随后的发展过程中，形成了许多金融规则，有的一直延续到今天，有的逐渐演变到19世纪末才真正确定，也有的则在20世纪中叶以后才初露头角。英国金融体系在形成和发展过程中创造和积累了丰富的经验，不仅在其他西方国家被广为借鉴，也为许多发展中国家所效仿。我们以英国为例，介绍发达国家金融机构体系的具体构成。

（一）英国金融体系的形成

虽然早在14至15世纪英国就存在了金融活动，但英国现代银行的前身可追溯到由伦敦金匠演变成的私人银行。早在17世纪初期，为避免金币或银器遭受抢劫，许多英国公民请求伦敦的金匠代为保管，金匠签发保管凭证并收取一定的保管费。在随后的发展中，金匠签发的作为保管金银凭证的票据经保管人“背书”后逐渐被用来作为商品交换的支付工具，保管凭证演变成“银行券”。金匠在业务经营中发现，为应付保管人的提存，无须保留100%的准备，可将其中的一部分贷放出去，赚取利息。这样，全额准备金制度演变成部分准备金制度。金匠为获得更多的代保管金银，不断降低保管费的收取，后来则不仅不收保管费反而给保管人一定的收益。这样，保管业务演变为存款业务，金匠则演变为“金匠银行家”。

到了17世纪末，英国出现了专门发行金银收据，为开展贷款业务而争取存款的合伙企业——私人银行。私人银行构成了现代英国银行的前身，像现在的巴克莱银行和劳埃德银行就是分别成立于1694年和1765年的两家私人银行。1694年，英国为当时的英法战争筹集军费资金，正式把当时最大的私人银行英格兰银行确定为国家银行。1697年，政府通过了一项议案，禁止人们设立与英格兰银行组织形式相同的银行机构（即合股形式），并规定伦敦城内其他私人银行必须使用英格兰银行的钞票，不得私自发行钞票。从1718年起，英格兰银行开始行使管理政府债券的发行和回购的权利。这就使得这一时期的英格兰银行虽然和其他银行并没有本质上的差别，仍然是一家以盈利为经营目的的私营商业银行，但它享有钞票发行权，是经营政府账户的一家股份银行，不仅可以接受政府存款，而且可以从股东那里获得充足的资本来源，因而比其他私人银行的发展更为迅速。

18世纪初，在伦敦以外的各个地方还出现了许多类似于私人银行的“乡村银行”。这种银行没有分支机构，规模很小，主要从事票据的贴现业务。1708年，英国政府曾规定，英格兰银行是英格兰地区唯一的“合股银行”，禁止6人以上的合伙组织成立合股银行。到19世纪20年代初，拿破仑战争结束后出现的经济大萧条导致许多私人银行倒闭。这一事实表明私人银行承受风险的能力太脆弱，于是1826年英国政府颁布了新的《银行法》，准许人们在伦敦65公里以外的地区设立合股银行。1833年的《银行宪章法》则准许合股银行设在伦敦65公里以内。这导致合股银行纷纷建立起来，到1841年，整个英格兰地区的合股银行就达115家。与私人银行一样，合股银行以吸收存款和发行银行券为主要业务，也构成英国银行的始祖。像现在的米德兰银行和国民西敏寺银行就是分别成立于1836年和1834年的合股银行。

进入18世纪以后，随着英国工业化的发展，其他银行机构和非银行金融机构相继产生。18世纪初期，英国工业、贸易和海运业的发展直接促使保险公司和贴现行的建立。到18世纪中叶，以房屋和土地作为抵押品为每个家庭提供长期贷款的住房协会也出现了。随着1817年《储蓄银行法》的颁布，英国许多城镇又陆续建立了信托储蓄银行。到了19世纪，英国国际贸易的迅速发展使专门从事进出口汇票承兑业务的承兑行迅速崛起。随着英国海外势力的急剧扩张，英国还建立了主要为殖民地的英国公民和贸易商提供银行服务的海外银行。

总之，各种私人银行和非银行金融机构的建立以及英格兰银行的初创，标志着英国金融体系的基本格局初步形成。

（二）英国金融机构体系的演变

1. 中央银行的最终形成

早期形成的英格兰银行虽然经常贷款给政府，具有“政府的银行”的性质，但它仍经营私人银行和合股银行的各种业务，其一般银行的身份并没有改变。进入19世纪以后，英格兰银行逐步放弃一般银行业务，最终成为典型的中央银行。

19世纪初期，许多私人银行将自己的准备金存入英格兰银行，以保证存款的安全性。1825年，英国爆发了全国性的经济危机，但英格兰银行始终采取措施满足私人银行的提现需求，避免了许多私人银行的倒闭。从这时起，英格兰银行就开始充当起“最后贷款人”角色。1830年和1837年，英国先后发生了两次金融大恐慌。由于这两次金融恐慌导致英格兰银行的信用危机，因而在英国金融制度史上出现了通货学派（currency school）与银行学派（banking school）的论战。通货学派认为，防止钞票过度发行的唯一办法就是坚持钞票发行必须以足够的黄金做保证。而银行学派则认为，钞票发行应按经济发展的需要而变动。1839年，英国下院调查认为，频繁发生的金融业危机迫切要求对金融业进行管制，特别是要严格控制银行的钞票发行，于是通过了受通货学派观点影响的《1844年银行法》（又称《皮尔法（Peel Act）》）。该银行法赋予了英格兰银行在发行钞票方面的特权。到1854年，合股银行之间的往来已不用现金清算，而用在英格兰银行存款的支票清算，英格兰银行成为伦敦各银行票据清算的总结账者。在1847年、1857年、1866年的金融恐慌中，政府又准许英格兰银行暂以其他资产做担保超额发行钞票，以全力支持资金周转困难的银行，避免银行挤兑风潮导致金融业的崩溃。至此，英格兰银行逐渐作为银行的最后贷款人，垄断了钞票发行，放弃了对一般工商企业的银行业务，并开始发挥中央银行职能。

到了20世纪20年代和30年代，严重的货币信用危机对社会经济生活产生了巨大的影响，英国政府不得不全面干预金融领域。1945年，英国工党竞选获胜后，财政大臣提出了一项关于英格兰银行国有化的法案，该法案于1946年2月14日被国会通过，并于1946年3月1日生效。这使英格兰银行的发展进入了新的“国有化”阶段，也使其最终演变成一个较为典型的中央银行。

2. 银行体系的合并潮

19世纪后期，随着生产的集中，英国银行进入合并时期，大量私人银行不是倒闭就是被蓬勃发展的合股银行吞并。到1866年，合股银行发展到154家，拥有分支机构850个，而私人银行减少到246家，拥有分支机构376个①。到1900年，合股银行通过不断的合并只剩下83家，拥有4 212个分支机构，私人银行则减少到81家。到1913年，全英大部分银行业务由伦敦银行家清算所的16家会员垄断，这些银行能直接参与清算系统，被称为伦敦清算银行。当时，合股银行共有41家，拥有分支机构6 426个，而私人银行已所剩无几。

1896年，由于巴克莱银行先后合并了“曼彻斯特联合银行”等40家银行，巴克莱银行演变成股份有限公司。劳埃德银行由私人银行改为联合股份银行后，先后吞并了近60家银行。米德兰银行从1833年开始也进行了大规模兼并活动。国民地方银行在1918年就

① 冯肇伯、贾渠平编著：《西方金融制度》，西南财经大学出版社，1991年版第160页。

吞并了近60家银行。西敏寺银行通过合并几家大银行也于1909年跻身于大商业银行之列。到1920年,英国伦敦地区的银行总数只剩下11家,即所谓的“五大”、“六小”。五大银行为巴克莱银行、劳埃德银行、米德兰银行、国民地方银行、西敏寺银行。六小银行为库茨银行、狄斯楚克银行、格林·米尔斯银行、马丁斯银行、国民银行、威廉迪肯斯银行。20世纪20年代以后的40多年中,由于大银行向政府保证,未经中央银行和财政部的同意不得相互合并,因而英国银行的合并受到限制。60年代后半期,在政府当局的默许下,英国再次掀起银行合并浪潮。1968年巴克莱银行兼并马丁斯银行,西敏寺银行与国民地方银行合并成国民西敏寺银行。1970年,格林·米尔斯公司、国民银行的英格兰部分和威廉迪肯斯银行合并成威廉与格林银行有限公司。这样,英格兰和威尔士地区的银行减少到6家,即除“四大行”外还有威廉与格林银行和库茨银行公司。

苏格兰的银行合并浪潮1950年才开始,在此之前一直维持在8家银行。当年,米德兰银行合并了克莱德斯戴尔银行和苏格兰北方银行,后来定名为克莱德斯戴尔银行;1952年,苏格兰银行吞并了联合银行;1958年,商业银行和苏格兰国民银行合并,组成国民商业银行。1969年,苏格兰皇家银行和国民商业银行合并,定名为苏格兰皇家银行,并在之后合并了英格兰的威廉与格林银行。同年,苏格兰银行合并了不列颠利宁银行。于是,苏格兰的银行业务集中于3家银行——苏格兰皇家银行、苏格兰银行和克莱德斯戴尔银行。这3家银行都是苏格兰清算委员会会员,故称苏格兰清算银行。北爱尔兰地区经过合并则只剩下了两家较大的银行:北方银行股份有限公司和厄尔斯特银行股份有限公司。上述苏格兰和北爱尔兰的银行虽然都独立经营,但与伦敦的四大银行都有密切联系(表2-1)。

表2-1　四大行集团对英国传统清算银行系统的垄断

四大集团	伦敦清算银行	苏格兰清算银行	北爱尔兰银行
巴克莱	巴克莱银行	苏格兰银行(控股35%)	
国民西敏寺	国民西敏寺银行 库茨银行		厄尔斯特银行
米德兰	米德兰银行	克莱德斯戴尔银行	北方银行
劳埃德	劳埃德银行 威廉与格林银行(属苏格兰皇家银行)	苏格兰皇家银行(控股16%)	

(三)英国金融体系的构成

英国金融机构的种类十分繁多。在过去很长一段时间里,英国的金融机构根据其职能的不同,划分为银行类金融机构和非银行类金融机构。

表2-2　英国的金融机构分类

<table>
<tr><td rowspan="3">银行类金融机构</td><td>零售性银行</td><td>传统清算银行、英格兰银行银行部、国民划拨银行、信托储蓄银行、其他零售性银行等</td><td rowspan="2">一级银行</td></tr>
<tr><td rowspan="2">非零售性银行</td><td>贴现行</td></tr>
<tr><td>商人银行、海外银行、国际财团银行等</td><td>二级银行</td></tr>
<tr><td>其他金融机构</td><td colspan="3">住房协会、金融行、国民储蓄银行、保险公司、养老基金、投资信托、单位信托等</td></tr>
</table>

1. 零售性银行

英国的零售性银行过去被称为一级银行，现在指那些在英国国内设有广泛的分支机构，或直接参加英国清算系统的银行。标准渣打银行和纽约花旗银行虽然参加了英国的清算系统，但并不包括在内。前者属其他英国银行，后者属美国银行。零售性银行早期以接受零售性(小额)存款为主，主要从事票据传递业务，构成了整个社会经济运行的支付系统。英国的零售性银行包括传统的清算银行(伦敦清算银行、苏格兰清算银行、北爱尔兰银行)、英格兰银行银行部、国民划拨银行、信托储蓄银行等。

(1) 清算银行。清算银行就是英国的商业银行。在很长一段时间内，清算银行被用作银行的同义词。这里的清算主要指交换不同的票据以清算资金，创造整个社会的支付机制。各清算银行作为债权清算的中介和闲散资金的储存所，主要负责吸引存款和发放短期贷款，同时办理票据交换业务。

(2) 英格兰银行银行部。1844 年的银行法将英格兰银行的业务机构划分为两个部分:发行部和银行部。自此，英格兰银行银行部便作为一个银行机构行使货币发行以外的一切职能，参与英国的支付系统，所以一般把英格兰银行银行部归入零售性银行。英格兰银行银行部为政府同其他经济部门之间的货币收支提供服务。政府每日有数亿英镑的货币收支，需要有银行为之效劳。英格兰银行银行部便充当政府的银行，接受政府的存款。英格兰银行银行部的另一部分重要存款为银行存款，绝大多数由伦敦清算银行持有，其目的一是用来作为银行行际债权债务关系的清算工具；二是用来向英格兰银行换取公众所需的钞票——硬币；三是作为政府同非政府部门进行金融交易的手段(这种交易数额很大，政府在其他银行没有这样大额的存款，只能由各银行通过其在英格兰银行银行部的银行存款处理)。此外，英格兰银行银行部还有很少一部分个人业务。

(3) 国民划拨系统。为了补充和完善英国的货币支付系统，提供廉价而有效的邮政汇款服务，1959 年拉德克利夫委员会建议设立国民划拨系统，即国民转账清算系统。这一建议为英国政府采纳，于 1968 年正式设立国民划拨系统(1978 年更名为国民划拨银行)。该系统隶属于邮政局，并在同年 10 月通过 21 000 多个邮电所开展业务。如此庞大的营业机构数量比当时主要银行的分行总数要多得多，成为了国民划拨银行最大的优势所在。从运行过程来看，国民划拨银行实质上是通过一个中央机构进行货币传递业务。它有四个重要特征。其一，它通过邮政系统形成营业网络，这既便利于广大客户(尤其是那些难以利用银行的低收入者)进行业务交易，又使划拨银行可以在开设银行很不经济的边远地区开展业务。其二，由于邮政局是单一的公司，这使得国民划拨银行采用单一的中央结算制度，从而极大地提高了国民划拨银行的转账清算效率。现在英国企业之所以乐于委托划拨银行代为收款，在很大程度上就是因为通过划拨银行收款比通过其他银行要快得多。其三，由于划拨银行的货币传递业务既简单又廉价，因而被机关广泛用来代收服务费。全英约有半数地方政府机关利用划拨银行代收电视使用费、煤气费、电费、电话费等。企业客户也广泛使用划拨银行代为收款。其四，国民划拨银行的营业时间较长。它遍布全国各地的为数众多的分支机构的营业时间比其他银行要长得多，这使得国民划拨银行对个人客户十分具有吸引力。在初期，国民划拨银行只接受存款，通过一个账户向另一个账户的资金划拨为存款者提供结算服务。1976 年，政府通过的邮政(银行业务)法调整了国民划拨银行的资产负债结构，准许国民划拨银行开展一般的银行业务，特别是放款业务。这样，国民划拨银行自1976年以后扩大了业务范围，包括吸收各类存款；提供支票保证卡、往来清算、旅行支票及外国通货业务；发放个人贷款及临时贷款、透支等。此外，国民划拨银行还提供邮政支票服务。1979年划拨银行被接纳为伦敦银行清算所会员。国民划拨银行和其他银行一样，在英格兰银行保持存款余额，并把一部分资金按活期贷款形式贷给贴现行，其余资产则大部分投资于地方机关证券及英国政府证券等。

(4) 信托储蓄。英国信托储蓄的历史可以追溯到1810年。当时苏格兰建立储蓄机构是为了给一般劳动者提供非盈利的储蓄便利。因为在当时，合股银行和私人银行都只针对富有客户而不对小储蓄者提供服务。那时它们要求必须最低存10英镑才能开户，而这等于当时工人的全年收入，因此低收入者没有机会利用银行提供的服务。设立储蓄银行可把低收入者的储蓄集中起来，转存到合股银行赚取利息然后按各储蓄者存款额的多少进行分配。现有形式的信托储蓄银行则是依据1817年《储蓄银行法》成立的。该法规定，信托储蓄银行归国民债务专员监管，所吸收的存款要存入"英格兰银行储蓄银行基金"并投资于政府证券。最初的信托储蓄银行发展较快，到1819年，信托储蓄银行就已发展到465家。1964年以后，信托储蓄银行开展了范围更为广泛的银行业务，除原先的储蓄业务外开始吸收活期存款。1971年成立的"审议国民储蓄委员会"(后称为佩奇委员会)所提供的报告(史称佩奇报告)则使信托储蓄银行的业务范围更为扩展。该报告建议允许信托储蓄银行摆脱政府控制，全面开展银行业务，发展成为私人部门银行业的一个主要力量，并建议信托储蓄银行应进一步合并且成立中央信托储蓄银行以协调和监督各地方信托储蓄银行的活动，使其成为更有生命力的体系。1974年政府采纳了佩奇报告的建议，允许信托储蓄银行按照有关规定(即1976年正式通过的信托储蓄银行法)向公众提供全套银行业务。作为信托储蓄银行的监督、协调组织，中央信托储蓄银行有限公司于1973年宣告成立，并于1975年成为伦敦银行清算所的会员。这样，各信托储蓄银行的票据可由该公司代为清算，清算问题得到了解决，整个体系的运行效率也就得到了进一步提高。1975年原有的73家地方信托储蓄银行合并成20家较大的地区性银行，后来又合并成18家。1979年，英格兰银行把信托储蓄银行的储蓄银行基金存款拨还给信托储蓄银行，使其能够自己行使资金控制权，迅速发展全面银行业务。到1983年，各地区性信托储蓄银行进一步合并成4家，即英格兰及威尔士信托储蓄银行(后改名为信托储蓄银行)、苏格兰信托储蓄银行、北爱尔兰储蓄银行和海峡群岛信托储蓄银行。这些银行连同其他附属机构组成了一个庞大的信托储蓄银行集团。信托储蓄银行的业务包括各类存款业务、支票业务、外国通货业务、举办联合信托储蓄计划、提供购买国民储蓄存单和有奖储蓄债券等便利、提供从国民储蓄券注册处买卖政府债券的便利等。其资产有一半是政府部门的债务，放款只占其资产的10%。其资金的日常投资则由商人银行经营。由此可见，信托储蓄银行虽然倾向于把重点放在储蓄职能上，但其作用和主要零售性银行类似，从而成为英国零售性银行的重要组成部分。

2. 非零售性银行

英国的非零售性银行主要有两类：一类是过去曾被称为"二级银行"、"批发性银行"的英国商人银行、其他英国银行和海外银行，另一类则是在统计上单列的贴现行。1971年实施竞争与信用控制之前，一级银行与二级银行的界限十分明显，前者参加支付系统，通过广泛的分支银行网络同成千上万个家庭及中小企业打交道；后者则充当中介，只有少数营业处，只同大公司或政府机构做大笔业务。前者主要接受即期存款提供短期贷款；后者则主要经营定期存款和定期贷款。1971年以后，一级银行开始进入二级银行的业务领域，如吸收大笔存款、举办定期贷款等，但二级银行的"批发性"特性仍然存在。这主要表现在四个方面：其一，这类银行主要开展中介业务，不参与或极少参与支付系统，吸收的即期存款比重很小；其二，这类银行所从事的是和零售性银行业务不同的批发性业务，其吸收存款的最低额为5万至10万英镑，而且所有存款都有利息；其三，这类银行的存贷款绝大多数都是定期的，它们也大量经营存款证，存款证的期限则是弹性的；其四，这类银行的业务基本上都是国际业务，其存放款的绝大部分为外国通货，大多数存款归外国居民所有。自20世纪50年代末英国放松外汇控制和增加通货可兑换性以来，这类银行增长很快，其增长率远超过零售性银行。

(1) 商人银行。英国商人银行由两部分组成，一部分是承兑行委员会所属的16家会员银行，因为它们主要从事承兑业务，人们常把这16家商人银行称为承兑行；另一部分是不属于承兑行委员会的其他商人银行，这些商人银行规模较小，承兑只是其次要的业务活动。传统上的承兑行与非承兑行保持着一定距离，并享有某些特权地位，如被英格兰银行作为"认可银行"①，并可以在英格兰银行按最低利率再贴现。1987年，英格兰银行停止了承兑行同承兑行委员会的联系，使存在了73年的承兑行委员会宣告结束。这样，承兑行就成为英国商人银行与证券协会的会员。由于承兑行是商人银行的主要组成部分，商人银行常被称为承兑行。

(2) 贴现行。贴现行在英国银行系统中居特殊地位。其根源可以追溯到18世纪末及19世纪初。那时，在英国支票还不通用，贸易债务通常用汇票进行结算。汇票持有者常通过当地银行贴现汇票融通资金。当时英国典型的银行是乡村私人银行，它们以为客户贴现汇票作为主要业务，但它们常因资金不足不能为全部的汇票提供贴现，只能将汇票送到伦敦交给票据经纪商，由其转给有多余资金的大银行进行贴现。这时的票据经纪商只是充当大银行贴现乡村私人银行持有票据的中介人，赚取佣金。到19世纪20年代，由于这种业务量很大，获利也丰，票据经纪商便直接从某些大银行借入短期资金自行经营票据贴现业务，成为贴现行。19世纪30年代，英格兰银行许诺作为贴现行的最后贷款人，这使得贴现行的地位迅速提高。但在20世纪上半期，由于汇票的使用额急剧下降，大银行认为贴现行所付利率太低，不愿对其贷款，贴现行一度处于危急状态。直到第二次世界大战后，由于国库券和各种短期政府债券日益增加，贴现行转而经营国库券、地方政府票据、存款证等证券，业务范围向多样化发展，才逐渐重新兴旺起来。

英国的贴现行原先有九家，这九家贴现行都属伦敦贴现市场协会会员，它们与另外两家贴现经纪商及几家从事货币交易的银行构成所谓的贴现市场。后来其中一家贴现行（亚历山大贴现行）被商用公司收购（1984年）；其中四家贴现行被外国金融集团收购，成为其附属机构；其余四家是独立的，但其股份亦为外国人所有。这样，从1987年起，现存的八家贴现行都不属英国人所有。根据1979年银行法，贴现行被英格兰银行认作为"认可银行"，提供"高度专业化的银行服务"。1981年8月以后，贴现行被列为英国的货币部

① 1979年英国的银行法将银行划分为"认可银行"(Recognized Banks)和"特许收受存款机构"(Licensed Deposit Taking Institution)两类。两者类别主要在所提供服务的范围和在金融界的声誉地位，业务内容并无本质差异。

门。现在，贴现行在英国金融统计中单列。

贴现行的负债绝大部分是以短期借款方式从英国的各类银行借来的。这些银行包括清算银行、英格兰银行和海外银行，其中以清算银行为主（占50%以上）。贴现行的英镑资产除在英格兰银行的存款外，还有票据、贷款（包括存款证）、投资（包括债券）、存款证等。票据是贴现行业务的基础并构成贴现行资产的最大比例（约占英镑资产总额的半数）。票据中的商业票据（汇票）最为重要，经常占票据总额的90%以上。除汇票外，较主要的票据是国库券。英国国库券最早出现于1877年，是英国政府融通短期资金的工具。国库券由英格兰银行代表政府发行。自1971年起，贴现行充当每周国库券招标的承包者，按辛迪加出价补齐全部招标数额。1972年改变了这一做法，仍由它们买下没有被招标认购的全部国库券，但改为按竞争出价承包。除国库券外，贴现行经营的票据还有由地方机关和其他部门发行的票据。贴现行贷出的资金主要提供给英国货币部门，其次是住房协会、地方机关以及其他机构，很少贷给海外。近年来存款证日益普及，贴现行买进存款证的比重也不断增加。最初英镑存款证被列入其他英镑资产中，现在则改作贷款处理。贴现行的资产还有投资，过去主要是对政府债券投资，现在也经营其他投资，包括对住房协会投资等。最后，除英镑资产外，贴现行也保持一部分外币资产，如美元存款证和外币票据等，其比重只占总资产的2%—3%。

贴现行之所以在英国银行系统中占有特殊地位，主要是因为它在英格兰银行与清算银行之间处于中介地位，又是英格兰银行对银行系统进行管制的重要环节。首先，贴现行在国库券市场上占有特殊地位，它保证英格兰银行每周的国库券招标能顺利完成，并协助英格兰银行通过增减国库券招标数量使货币流出或流进银行，实施着对货币供应量的调节。通过承包国库券招标，贴现行还促成了英格兰银行对利率水平的影响。例如，英格兰银行要收紧银根时，可加大国库券招标数量以使市场出现资金短缺。其结果不论是国库券卖给银行还是卖给非银行公众，都会造成清算银行在英格兰银行存款减少，从而不得不从贴现市场抽回其活期贷款。贴现行如果因此弥补不了其资金短缺，便不得不按贴现率（后改为最低贷款利率）向其最后贷款人英格兰银行借款。这样，英格兰银行就可以利用贴现率影响短期市场利率进而影响利率水平，贯彻货币政策意图。其次，传统上清算银行之间不进行借贷，其暂时性资金余缺主要通过贴现行调剂。清算银行把多余资金按活期贷款或短期通知贷款放给贴现行，在需要资金时，则随时从贴现行收回。这样，贴现行就被清算银行用来平衡其资金的流动性和盈利性，同时，贴现行的动向也向英格兰银行提供着资金运动的信息。最后，贴现行通过贴现已承兑的商业票据为公司提供着可用的资金来源。

正是由于贴现行有如此重要的作用，英格兰银行除许诺充当其最终贷款人外，还要对其进行监督，但它不同于银行，不受银行监督处监督，而由批发市场监督处监督。

3. 英国的其他金融机构

英国的其他金融机构泛指银行以外的金融机构。它们的基本特征是其负债不属于“可一般接受用以处理债务”的货币，其客户主要是储蓄者与投资者，他们存入资金是为了投资或储蓄而不是为了结算，正因为如此，其他金融机构过去曾称为非银行金融机构。近年来，由于非银行金融机构力求打进银行系统的服务领域，其中有些机构的业务范围已和银行趋同，也有的机构已转变为银行，银行系统也纷纷扩大在储蓄投资领域的活动，这使得银行与非银行金融机构的业务范围有趋同之势，它们之间的界限也变得越来越模糊。英国的其他金融机构多种多样，一般可分为接受存款和不接受存款两大类。接受存款的其他金融机构有住户协会、金融行和国民储蓄银行；不接受存款的机构包括保险公司、养老金基金、投资信托和单位信托。此外，还有国民储蓄部、地方机关等吸引储蓄的渠道。

(1) 住房协会。住房协会起源于18世纪的“抽签售房会”，即少数人在一起集资建造住房，用抽签方式把建成的住房轮流卖给中签者，直到轮完为止。这种抽签售房会完全是互助性质的，而且是有期限的。直到19世纪40年代，才出现永久性住房协会，即在第一批入会者都有了住房以后，协会仍存在下去。1874年住房协会法颁布，规定住房协会执行存款和贷出购买住房贷款的职能，并受友谊社监督。友谊社首席注册官的职能是保证住房协会遵守住房协会法并监控其营运。

住房协会不受英格兰银行约束。除受友谊注册官监督外，住房协会还组织成住房协会联合会。绝大多数住房协会，特别是较大的住房协会，均为住房协会联合会会员。联合会为保证住房协会稳定运行，要求会员协会必须保持两种最低准备金比率，一是流动性比率，即会员必须保持占其总资产7.5%的流动资产（包括现金、银行短期存款、国库券以及5年内到期的政府和地方债券），以应付突然增加的“净提款”；二是最低储备比率，即会员协会必须保持一部分资产作为储备，以应付抵押和投资业务中可能产生的亏损。住房协会联合会限制会员接受数额特别巨大的存款，并对会员应对投资者付多高的利率、应对抵押贷款收多高的利率提出建议。这些建议对会员没有约束力，但大多数住房协会均自觉接受这些建议，这就使得住房协会在利率上形成了一种卡特尔，其目的在于尽量保持利率相对稳定以求得住房协会传统业务的不断扩大。

最初住房协会的最主要负债是会员作为股东向住房协会交纳的股金，后来又有了存款账户。长期以来，这是个人向住房协会投资的两种基本形式，统称为股金与存款。股金可以按规定提取或增加，股金与存款都有利息，而且股金的利率高于存款，尤其是固定期限的股金利率更高。20世纪70年代后，住房协会利用其利率优惠和方便的营业时间（星期六也营业），趁金融体系放松管制之机，大力争取私人部门存款。它们在股金和存款账户类型上积极创新并极其迅速地发展有提取便利的账户和高利率账户，常见的有“收入储蓄账户”、“经常储蓄账户”和“固定期限股金账户”。收入储蓄账户是一种合同式的储蓄计划，一般定期5年，到期免税收回利息，利率略高于股金和存款账户。经常储蓄账户也是按月储蓄，但和收入储蓄账户不同的是其每月储蓄金额可以变化（从1英镑到200英镑），期限也不固定，且允许有限度的提取，利率高于普通股金和存款账户，低于收入储蓄账户。固定期限的股金账户类似银行的定期存款，利率较高，但不同的是最低期股金额可以低于1 000英镑，利率浮动。其他有提取便利的账户还有支票账户。

住房协会的资产主要是用作购买新旧住房的抵押贷款，这类贷款的偿还期可长达15—25年，由借款人按月偿还。其偿还和付息有两种不同的形式，一种形式是借款人按月偿付利息，本金则分期偿付。一般是最初几年只偿付利息，剩余期限偿付本息，但利息按本金递减计算。另一种形式是抵押贷款和借款人的定期人寿保险相结合，借款人在贷款期间按月支付利息，同时缴纳人寿保险费，人寿保险到期时，借款人就用其到期的保险收入偿还抵押贷款本金。

由于房地产市场的不断发展以及住房协会在利率上的优势，这类金融机构在英国的发展十分迅速。19 世纪末,住房协会还多数是地方性组织,规模很小,发展也很慢。到 20 世纪,这种小型的住房协会发展到 2 286 个,每个协会平均拥有会员 256 人,资产 2.6 万英镑。后来出现了合并趋势,到 1960 年,协会数减少到 726 个,拥有近 1 000 个分会,总资产达 32 亿英镑。到 1988 年,住房协会数减为 131 个,但分会数将近 7 000 个,会员将近 4 400 万户,存款人超过 4 300 万户,拥有的总资产将近 1 900 亿英镑,其英镑总资产和英镑存款总数均远远超过清算银行。

(2) 金融行。金融行又称为租购公司或消费信贷公司,主要从事租购和分期付款业务。在英国,租购公司最早出现于 19 世纪下半叶。20 世纪初主要开展汽车信贷业务。两次大战之间,它们的业务范围扩大到为购买其他耐用消费品提供贷款。到六七十年代,许多主要银行都对金融行业务感兴趣,纷纷投资或吞并金融行并将金融业务扩大到对工商企业提供租购、租赁和代理业务。这样,多数金融行虽然仍保持其独立的经营地位,但都被一些大银行和其他金融机构所控制,只有少数金融行是完全独立的。1976 年,英国拥有金融行 496 家。较大的 43 家金融行是 1945 年成立的金融行联合会的会员,这些会员行控制了绝大部分租购和分期付款业务。金融行的资金来源主要是银行借款、票据贴现和存款。银行借款是指来自银行及其他金融机构的借款,这些金融机构通常以金融行持有的分期付款协议作为担保对金融行放款。票据贴现是指金融行开出的汇票经过承兑行承兑之后,便可以在货币市场进行贴现,从而获得一定的资金。吸收存款是金融行的重要资金来源,约占负债总额的 30%。存款主要来自工商企业、政府部门、保险公司以及个人。存款期限大多是 3—6 个月的定期存款,规定有较高的存款最低额,并要求提款须在 2—3 个月前通知。存款利率参照伦敦货币市场的有关利率,特别是伦敦银行同业拆借利率。

金融行的资金大多数按租购条件贷出,包括对个人的消费信贷和对其中工商企业的设备贷款等,其中,对个人的消费信贷通常占总贷款的一半以上。近年来,金融行大力发展多样化的业务。首先是开展租赁业务,即由金融行买进某项资产,作为出租人出租给承租人并由此获得租金。其次是代理业务,即金融行作为代理人接管某一公司的账面债务,并向该公司提供相应的流动性资金,借此收取利息以及一定的风险补偿。再次是扩展普通贷款以及其他典型的银行服务,比如活期存款、定期存款、支票等。当然,能够全面开展上述所有业务的金融行只是少数,大多数还是主要从事租购或分期付款业务,也有的将租赁、代理、银行等方面的业务分别交由子公司经营。

金融行作为信用提供者,所受控制较多。20 世纪 70 年代之前,其首期付款最低限、偿还期最高限等都受到严格限定,70 年代后有所放松。1971 年实行的"竞争与信用控制"条例要求,凡合格负债达到 500 万英镑以上(含 500 万英镑)的金融行,必须遵守 10% 的准备金资产比率的规定,以及特别存款和补充特别存款的规定。1981 年 8 月新条例要求除必须遵守特别存款规定外,凡合格负债达到 1 000 万英镑以上(含 1 000 万英镑)的金融行应在英格兰银行保持相当于其合格负债的 0.5% 的无息存款余额。1982 年 7 月,原先专门针对租购的最低存款额与最长偿还期的规定被废除。

(3) 国民储蓄银行。国民储蓄银行是在邮政储蓄银行基础上发展起来的。邮政储蓄银行设立于 1961 年,归属邮政局,其目的在于利用公众的邮局网点,吸引小额储蓄者参加储蓄。1969 年,邮政储蓄银行改名为国民储蓄银行,脱离邮政局的管辖改由政府的国民储蓄部控制，但仍继续利用全国21 000个邮政分支局作为营业场所。

在负债方面，国民储蓄银行提供两种类型的“储蓄账户”，即普通账户和投资账户。凡年满7岁的人均可开立普通账户，俱乐部和各种社团也可开户，存款额从1英镑到最高限额1万英镑。100英镑以下的提款可以在任何附设储蓄银行业务的邮政分支局支取。存款利率原为2.5%，后改为两级利率制，凡维持最低存款余额(500英镑)存满1个月的可享受较高利率。同时，利息收入在70英镑以内的可免缴所得税。投资账户创办于1996年，开户办法和普通账户相同，但存款额为最低5英镑，最高5万英镑。提款要在一个月前通知。投资账户的存款均可用类似支票的划拨凭单支取。现在国民储蓄银行共有普通账户2 000万户，投资账户100多万户。在资产方面，国民储蓄银行的全部资金都交由国债委员会保管并投资于两类基金：普通账户基金和投资账户基金。这两种基金的绝大部分被投资于各种政府债券和政府担保债券。因此，国民储蓄银行实际上成为政府的借款代理人，把公众的储蓄资金输送给政府使用。国民储蓄银行遵守专门立法，不受银行法约束。

(4) 保险公司。在英国，有850家以上的行号从事保险业务，其中取得英国保险联合会会员资格的约300家。早在1982年，保险公司的总投资就超过了650亿。到1988年，保险公司的总投资达到了2 236亿，保险公司在英国金融机构中具有重要地位。

英国保险公司的业务活动可以分为两大类：长期业务和普通业务。人寿保险属长期业务，其保险费组成“人寿保险基金”(或称“长期基金”)。普通业务主要涉及意外风险，诸如火灾、盗窃、财产损失或事故等，所收保险费归“普通基金”(或称“非长期基金”)。法律规定人寿保险基金和普通基金必须严格区分。这是因为，人寿保险业务产生长期契约，一定时期以后才需要支付保金，这意味着人寿保险具有长期性质(一般长到30—40年)，所吸收的资金可以长期积累，保险公司可以利用这项资金进行长期投资。而普通业务属短期性质，其资金的投资只能和应付意外事故作准备相配合。此外，许多保险公司还有经营养老基金计划的业务，该项业务产生“管理养老金基金”。在英国，政府给予保险公司很大的筹资自由和发展机会，并且享受税收上的优惠。保险公司开办的人寿保险构成英国个人储蓄的重要组成部分，1 500多万人至少每人拥有一份保险单。人寿保险单有三种主要类型：人寿定期保险单、终生保险单和有期限保险单。人寿定期保险单指在将来某约定时间或在保险单持有人死亡付给保金的保险。这实际上是一种为投保人退休后的生活费作准备的储蓄形式，同时也是一种一旦投保人提早死亡保障其扶养亲属生活的储蓄形式，保险单的期限可由投保人根据自身需要安排。人寿定期保险单的保险费享有免税优惠，还可以和购买住房贷款结合使用，以到期保金抵偿购房贷款本金。终生保险单指在保险单持有人死后将保金付给受死者抚养的人的保险。这种保险单的保险费通常由投保人终生交纳，到死为止；也有少数可以约定只缴纳多少年的保险费，期满后不再缴纳保险费，保险单仍然有效。有期限保险单和终生保险单有相似之处，即在投保人死亡时才付给保金。不同之处在于，这种保险单是有一定期限的，保险公司只是在投保人死于投保期之前时才付给保金，投保人也只是在投保期内按时缴纳保险费。它的保金也可以不采取投保人死亡时一次支付的形式，而是约定分若干年按期支付。

保险公司的长期基金主要投资于政府证券、英国公司证券和海外证券，其中英国政府证券多是5—15年期的，也有的期限达15年以上甚至是无期限的。公司证券多为公司普通股。海外证券以公司普通股为主,海外政府证券较少。这三者都是长期投资,合占总投资的70%左右。近年来投资于房地产和住房抵押贷款部分增长很快,约占总投资的20%,这二者的投资期限更长。此外,保险公司的长期基金还投资于单位信托。保险公司非长期基金的投资侧重于期限较短的项目,如持有5年期以下的政府证券,很少投资房地产或住房抵押货款等方面的产品。

(5) 养老金基金。1945年以后,英国许多公司通过养老基金改善雇员的工作生活条件。通货膨胀的产生则使得英国的养老基金迅速发展。1982年养老金基金的总负债达500多亿英镑,年增长速度达14%。到1989年年初英国实施中的养老金计划约有8 000项,涉及1 150万人,已有225万人领取养老金,国民养老金计划已成为日益普及的储蓄方法。

养老金基金有两种,一种是由雇主、国家或工会出资,由雇员捐献给养老金基金。这是事先集资建立起来的,占养老金基金的大多数。另一种则并不是事先集资建立起来,而是用现行收入支付。集资项目有两大类,一是自我经营项目,二是保险项目。前者指将资金直接投资于各类金融市场,其管理一般由各类金融机构如清算银行、商人银行和单位信托与投资信托的管理公司进行。后者指将资金交由保险公司代为投资。养老金基金的负债分为欠现时领养老金的人的债务和欠未来领养老金的人的债务。养老金基金的负债对雇主来说完全无流动性,因而不能作为证券向银行及其他金融机构贴现,也不能充当借款的担保品。

养老金基金的资产构成和保险公司的长期资金近似,其最主要的资产是英国政府证券,英国公司证券和海外证券,其中政府证券以5年期以上的为主。上述三者投资所占比重超过总投资的80%,对房地产的投资占总投资的不到10%,贷款与抵押则很少。养老金基金的短期资产包括现金及银行存款、存款证、在其他金融机构存款、国库券和其他,还有海外资产。1988年短期资产约占总投资的5.6%。

(6) 投资信托公司。投资信托公司是按公司法注册的股份有限公司,该公司用股东提供的资金以及发行公司债等借入的资金,以公司的名义买进并持有金融资产,特别是其他公司证券,进行证券投资。其目的在于使投资者(公司股东)可以借助投资信托公司进行证券投资的专门管理经验,并通过投资信托公司进行多样化投资,以分散风险,降低损失。现在英国共有240家投资信托公司,其中取得成立于1932年的投资信托公司联合会会员资格的大约有200家。这200家投资信托公司的资产占投资信托公司总资产的98%左右。投资信托公司发展很快,1963年其总资产还不到30亿英镑,到1988年其资产总额已达176.87亿英镑。

投资信托公司的资金主要来自小额储蓄投资者,但也有一部分来自机构投资者,比如养老金基金。现在投资信托公司的股份中约1/3归机构投资者持有。投资信托公司的投资项目有英国政府证券(包括短、中、长期)、上市公司证券、未上市公司证券、单位信托公司投资、地方政府证券、公共部门证券和其他金融资产,还包括房地产及其他实物资产。英国公司证券是最主要的投资项目,特别是普通股股票,1988年约占总投资的42%。1979年英国取消外汇控制后,投资信托公司的投资项目又增加了海外政府和公司的证券,其中对海外公司证券的投资增长很快,1988年其投资比重也已达42%。投资信托公司的经营由董事会负责,但其投资业务大都委托专业性投资管理公司或清算银行的投资管理部负责，由它们按投资信托公司董事会制定的方针管理投资，并主要决定投资方向和投资项目、管理证券的日常买卖和支付持股者的股息。由于投资信托公司委托专家管理，并注重投资的合理性，因而该公司的利润率通常高于其他大多数金融机构。

(7) 单位信托基金。单位信托基金类似于投资信托公司，但单位信托基金不是出售股份而是出售信托“单位(Unit)”。单位信托由若干储蓄者购买若干信托单位，由经理人将筹集起来的资金投资于多种多样的公司证券，单位购买者则依其持有的单位数，按比例分享资产组合收益。“单位”划分得很小，通常每单位只为 50 便士，为的是便于投资者购买。单位信托基金组成后，单位的实际价值按单位信托基金持有公司证券的市价总值除以单位总数计算。经营收入也按单位总数均分。单位总数不是固定的，其发行视需要而扩大或缩小，投资者可以随时买进卖出单位(通过经纪人或按报纸刊登的征购广告购买)，单位信托的经理人也准备随时按反映其所持有资产的现行价值的市场价格买卖单位。故此，单位信托又被称为“不封顶型信托”。

单位信托基金既有负责管理的经理人，又有负责监管的受托人。一般而言，单位信托基金由一位经理(或管理公司)按信托契约管理。经理人收集红利，买卖单位并设法维持买卖单位的市场。经理人可以在规定的规章范围内改变对作为信托基础的各种不同类型资产的持有，但是，他所拥有的选择权远比投资信托董事会所拥有的选择权小。单位信托基金的经理人通常是其他金融机构(诸如商人银行)的子公司。单位信托基金的受托人独立于经理人(管理公司)，它是单位信托基金资产的法定代理人，代表投资者持有资产。单位信托基金的受托人有权监督经理人的工作并可以加以更换。单位信托基金的受托人通常是一家银行或保险公司。

单位信托基金投资项目主要有英国政府证券、公司证券以及海外公司证券。其投资的绝大部分是投向公司证券，尤其是普通股。其中对英国公司证券的投资占总投资的 62.3%(1988 年)。无论是国内还是海外，单位信托基金对公司证券的投资中有 95%左右都是普通股。

早在 1931 年英国就成立了第一家单位信托基金，但在 1939—1953 年，英国单位信托基金由于受到种种限制，发展十分缓慢。近 20 年来，由于单位信托基金的单位面额小、流动性高、收益好，多样化投资后风险又极为分散，这就使得单位信托对小储蓄者具有很大吸引力，其发展也就随之加速。

专栏 2-2　中国金融机构体系

(一) 中国金融机构的形成

当西方国家先后建立起现代银行体系时，在中国信用领域占据统治地位的依旧是高利贷性质的票号和钱庄。直到 1845 年在中国才出现第一家新式银行，而且是一家外国银行，即英国开设的丽如银行(后改称东方银行)。从这以后至 19 世纪末，英国的其他银行以及其他国家的银行相继到中国设立了一批分行。这些银行除经营中国的对外结算和进出口信贷乃至发行银行券外，后来更主要的是经营对中国的奴役性贷款，并进而攫取了很多控制中国财政经济命脉的特权。经过第二次世界大战，美、英特别是美国的金融势力代替了其他各国银行的势力，其作用形式也有所变化，主要在幕后对中国金融体系实行控制。

最初，促进中国自身银行业产生和发展的主要社会条件是外国资本在华贸易的发展。集中到沿海、沿江通商口岸和各大城市的资金，要求有新式金融机构银行对之进行调剂；兴办工矿交通事业以强国的救亡运动高涨则刺激了国民兴办银行的愿望；同时，清政府基于财政需要也想兴办银行。中国自办的第一家银行是1897年成立的中国通商银行。它的成立标志着中国现代银行信用事业的创始。这家银行是以商办面目出现的股份银行，但实质上受控于官僚、买办。1904年成立了官商合办的户部银行；1907年设立了交通银行，亦为官商合办性质。与此同时，一些股份集资或私人独资兴办的较典型的民族资本商业银行也开始建立。第一次世界大战及其后的几年，随着民族资本主义工商业的发展，中国的私人银行业有了一个发展较快的过程，仅在1912—1917年，就新设立186家。

1927年以后，在国民党当政期间，系统地开始了官僚资本垄断全国金融及金融机构的进程。其中，"四行二局一库"占有垄断地位。"四行"中首先是1928年国民党政府建立的中央银行，其次是在清末已经成立的中国银行和交通银行，这两家银行由于参入"官股"而为国民党政府所控制。再有是1935年成立的农民银行。二局是指1930年和1935年分别建立的邮政储金汇业局和中央银行信托局。一库是指1946年成立的中央合作金库。

与国民党统治区金融机构体系相对立的是解放区的金融机构体系。由于在农村建立了革命根据地并且要从经济上巩固革命根据地，必须发行自己的货币，相应地建立起发行货币的银行，同时也发放农业贷款，这对于维持贫苦农民的简单再生产和帮助他们抵制高利贷剥削起了很大的作用。抗日战争期间，在某些革命根据地还相继出现过一些信用合作组织。

新中国金融机构体系的建立是通过组建中国人民银行、合并解放区银行、没收官僚资本银行、改造私人银行与钱庄，以及建立农业信用社等途径实现的。

新中国金融体系的诞生以中国人民银行的建立为标志。它的建立和各解放区的银行先后并入人民银行并成为人民银行在各地的分支机构，以及人民币的发行和用人民币先后收兑各解放区的货币，是同一个过程。

对官僚资本的银行及其他金融机构则采取了没收财产并由中国人民银行接管的措施，包括国民党政权的中央银行、省市地方银行和资本全部属于官僚资本的商业银行。其中，交通银行和中国银行根据它们过去的业务经营特点分别改组为专门银行：交通银行改组为长期投资银行，中国银行改组为外汇专业银行（交通银行没有几年就停止了经营活动）。至于官僚资本银行及"官商合办"银行中的私人股份权益则予以保留。

解放初期，对民族资本银行和私营钱庄采取的是严格管理与业务疏导相结合的方针。政府公布了对银行业的管理办法，严格划定业务经营范围，规定资本金额度，以及放款占存款的比率等，实行严格管理。在业务经营方面，在人民银行领导下，疏导资金投向，开展正当的工商业放款，以发展生产，繁荣经济。后来，通过一些过渡形式完成了对民族资本银行和钱庄的改造。首先是组织联合经营和公私合营。1950年3月，民族资本银行和钱庄资金周转困难，信用动摇，大量倒闭，402家机构的从业人员由3万人减到2万人，业务量大大缩小。为此，国家银行领导民族资本银行进行改组，帮助它们采取"小的并，大的靠"的办法，逐步实行公私合营。到1950年9月末，公私合营银行吸收的存款已占全国私营银行、钱庄存款总额的90%以上，基本上实现了公私合营。接着是实行全行业的公私合营，完成对资本金融业的社会主义改造。为适应国家第一个五年计划进行经济建设的需要,1952 年 12 月实行民族资本银行全行业的公私合营,成立了统一的公私合营银行,在国家银行的领导下,经营指定范围的业务。1955 年,公私合营银行确定专营储蓄,并分别与人民银行有关机构合并。

建立和发展农村信用合作组织是新中国金融机构体系形成的一个特点。旧中国经济落后,新式银行势力尚未广泛深入农村,农村大部分还是高利贷活动的阵地。在这种情况下,银行机构下伸农村必将是个漫长的过程。由于在根据地已经有建立信用合作社的经验,遂决定在农村大力发展集体性的信用合作组织,以改造农村中旧的信用关系,支持农业生产和解决农民生产、生活困难。信用合作组织采取过信用互助组、供销社信用部、信用合作社等形式,其中信用合作社是其高级形式。到 1955 年下半年,信用合作社已在全国范围内基本上做到了乡乡有社,并在乡以下设立了信用分社或信用站,成为社会主义银行体系在农村联系几亿农民的庞大金融网。同时为了加强农村金融工作,强化对农村信用合作社的领导,更好地促进发展,于 1955 年 3 月建立了中国农业银行,作为我国首家经营农村金融业务的国家专业银行。

这样,在解放初期,我国建立起以中国人民银行为核心,并保存几家专业银行和其他金融机构的体系格局。在当时特定的历史条件下,这种体系格局有利于国民经济的迅速恢复,并有力地支持了国有经济的发展。

(二) 中国金融机构体系的演变

1. 20 世纪 50 年代"大一统"银行模式的建立

从 1953 年我国开始大规模有计划地发展国民经济以后,便按照前苏联模式实行高度集中的计划管理体制及相应的管理方法。与此相适应,金融机构也按照当时苏联的银行模式进行了改造,并建立起一个高度集中的国家银行体系,一般简称为"大一统"银行体系。这个体系一直延续到 20 世纪 70 年代末开始改革之际。

20 世纪 50 年代中期,我国在经济管理体制上照搬苏联的模式,实行高度集中的计划管理体制。为了与这种经济管理体制相适应,建立了一个高度集中统一的金融机构体系:金融机构高度集中,把一些专业银行和其他金融机构都集中合并到人民银行;取消商业信用,集中信用于人民银行;银行内部实行统存统贷制度,存款和收入上缴总行,贷款和支出由总行下达指令性计划;实行严格的现金管理;对国有企业资金实行财政信贷分口管理,固定资金和定额流动资金由财政拨款,银行信贷限于超定额的、临时性的流动资金需要。这样,"大一统"的人民银行体制建立起来,逐步形成人们长期所说的人民银行是全国的信贷中心、非现金结算中心和现金出纳中心的"三大中心"。人民银行几乎垄断了全国所有的金融业务,既行使中央银行的职能,又办理专业银行的各种业务。

20 世纪 50 年代后期到 60 年代初,我国国民经济出现了一个严重的困难时期,经济比例严重失调。为了迅速扭转当时国民经济严重困难的局面,1962 年,国务院决定恢复在"大跃进"中撤销的中国人民建设银行,并且还加大了建设银行的职能和作用。在"文化大革命"时期,各专业银行相继撤并,又回到中国人民银行"大一统"的金融机构体系。不仅恢复不久的中国农业银行、中国人民建设银行又被分别并入中国人民银行和财政部,连中国人民银行也不能作为国务院的直属机构而独立存在,于 1969 年 9 月并入财政部,成为其二级机构,对外只保留中国人民银行的牌子。人民银行的省、地(市)、县的各级分支机构,也相应地并入到各级财政部门,成为其二级机构。

"大一统"金融机构体系是高度集中的计划经济管理体制的必然产物。在当时的历史条件下,它曾发挥了一定的历史作用。它有利于国家集中有限的资金,用于关系国民经济全局的重点工程项目的建设,有力地支持了我国工业体系的建立。特别是在三年经济调整时期,国家利用当时的"大一统"体系,通过信贷和货币发行高度集中统一的管理,严格控制银行信贷和货币发行,紧缩银根,压缩基建,促使关、停、并、转的企业尽快调整;采取区别对待、有紧有松的政策,积极扶持农业和轻工业生产,促进了经济调整和经济发展。但是,随着我国国民经济的迅速发展,这种"大一统"金融机构体系日益表现出对经济发展需要的不适应性。比如,统存统贷,统收统支,基层金融机构无法发挥主动性、积极性;银行信贷范围狭小,企业大部分资金是无偿供给,银行难以按经济规律的要求运行;独家银行垄断金融业,使金融业内无动力、外无压力,缺乏活力,难以满足经济发展对资金流动多样化的需要。

2. 改革开放开始至1993年的改革

"大一统"的金融体系格局是高度集中的计划经济体制的必然产物,曾发挥了一定的历史作用,但随着国民经济的发展,这种格局的弊端日益凸显。十一届三中全会后,经济体制改革全面铺开,金融机构体系的改革也随之展开。这一期间的改革以变革过去高度集中的金融机构体系为中心,主要包括以下几个方面:

(1) 建立和恢复专业银行。1979年2月,为适应首先开始于农村的经济体制改革,振兴农村金融事业,加快农业的发展,中国农业银行再次恢复,中国人民银行的农村金融业务全部移交中国农业银行经营。1979年3月,专营外汇业务的中国银行从中国人民银行中分设出来,自成体系,同中国农业银行一样,改为国务院直属的局级经济实体,完全独立经营。这是适应对外开放和对外经济往来迅速发展要求的必然结果。1979年,中国人民建设银行也从财政部分设出来。最初的一项变革,是于同年下半年开始进行的基本建设投资拨款改为贷款(简称"拨改贷款")的试点。1983年进一步明确了建设银行是经济实体,是全国性的金融组织,除仍执行拨款任务外,也大量开展了一般银行业务。最后成立的一个专业银行是中国工商银行。至此四大国有专业银行成立并自成体系地发挥作用。

(2) 建立多种非银行金融机构。在金融机构体系改革过程中,各地建立了许多非银行金融机构,即经中国人民银行批准成立的从事金融业务的企业单位,主要有投资信托类金融机构和信用合作社等。1979年10月,在经济体制改革迅速推进和对外开放的大背景下,成立了中国国际信托投资公司;1981年12月,成立了专门从事世界银行等国际金融机构转贷款业务的中国投资银行;自1983年上海市成立上海市投资信托公司开始,各省市相继成立地方性的投资信托公司和国际信托投资公司。此后,还相继出现各种类型的信托投资金融机构。十一届三中全会以后,农村信用合作社从完全成为国家银行基层组织的状态逐步恢复成自主经营、独立核算、自负盈亏的群众合作金融组织,组织上具有群众性,管理上具有民主性,经营上允许有其灵活性。1979年河南驻马店成立了第一家城市信用合作社。1984年后,大中城市相继成立城市信用社,为集体经济和个体经济进行金融服务。1984年1月,中国人民保险公司从中国人民银行中独立出来。非银行金融机构迅速发展,到1988年年底,全国主要的非银行金融机构已达6万多个。

(3) 建立商业银行和外资银行。在经济体制改革过程中,为充分满足经济运行对多样化金融业务的需要,我国先后恢复和建立了一些商业银行,包括20世纪80年代成立的交通银行、招商银行、中信实业银行、深圳发展银行、福建兴业银行、广东发展银行和20世纪90年代初成立的上海浦东发展银行、中国光大银行、华夏银行等。

1986年，交通银行作为金融改革的试点，经国务院批准重新组建。1987年重新组建后的交通银行正式对外营业，成为中国第一家全国性的国有股份制商业银行。1987年4月8日成立的招商银行，是我国第一家完全由企业法人持股的股份制商业银行，总行设在深圳。1987年4月创立的中信实业银行隶属于中国国际信托投资公司(中信公司)，为中信公司所属的国营综合性银行、独立法人。1987年12月28日，深圳发展银行作为我国历史上第一家向社会公众公开发售股票的商业银行在深圳成立。深圳发展银行是在对深圳特区六家农村信用社进行股份制改造的基础上成立的，是中国金融体制改革和创新的产物，也是中国股市发育的重要开端。1988年成立了福建兴业银行(2003年3月3日更名为兴业银行，全称为兴业银行股份有限公司)和广东发展银行，都是经国务院和中国人民银行批准组建的中国首批股份制商业银行，注册资本分别30亿元和35亿元，总行分别设在福建省福州市和广东省广州市。

1992年，光大银行、华夏银行和上海浦东发展银行等三家商业银行成立。1992年8月成立的光大银行是国内第一家国有控股并有国际金融组织参股的全国性股份制商业银行。同年10月成立了华夏银行，1995年经中国人民银行批准开始进行股份制改造，改制变更为华夏银行股份有限公司(简称华夏银行)，也是一家全国性股份制商业银行。上海浦东发展银行是1992年8月28日经中国人民银行批准设立、于1993年1月9日正式开业的股份制商业银行，总部设在上海。

从1980年开始，我国允许外国金融机构在华设立办事处，从1981年开始设立特区的外资、侨资和合资银行。20世纪90年代初，从浦东开发区开始，准许国外银行设立分支机构。到1992年3月底，已有29个国家和地区、120家国外金融机构在我国14个城市设立了218个常驻代表处，开业的外(合)资金融机构有47家(包括新中国成立之前遗留的5家)①。外资银行的建立有利于我国吸引外资和引进国外的先进技术，促进经济发展，扩大我国的对外经济贸易往来和交流，发展经贸事业，有利于借鉴当代国外银行业先进的管理技术和经验，提高我国金融业管理水平。当然，外资银行引进后如果其管理工作跟不上，也会给我国金融业发展带来不利的影响，如不公平竞争，外汇管理难度加大，金融业务活动易受国际风潮的影响等。

(4) 建立中央银行体制。自1979年以来，尽管我国先后恢复和分设了中国农业银行、中国银行、中国人民建设银行等专业银行，但是，并没有建立起中央银行体制。中国人民银行依然保持原来“大一统”银行的特点和职能，一方面执行中央银行的功能，如发行货币、管理国家金融业等，另一方面办理商业银行的一些业务，主要是工商信贷和城镇储蓄。与1979年没有恢复和分设专业银行时相比，不同的是办理商业银行业务的范围小了。而且，当时恢复和分设的这几家专业银行是为了适应经济发展和改革的需要，为相应部门提供金融服务，其业务范围划分得比较严格。

在实践中，这种金融机构体系越来越突出地表现出与经济形势发展的不适应性。首先，在一个大而全的人民银行周围分别成立几家专业银行，在规定范围内经营业务，传统

① 李守荣编著:《中国金融体系概论》，经济管理出版社，1993年版第304页。

的单一银行体制模式并没有突破，适应不了日益发展的商品经济对金融业的需求。其次，已建立的几家专业银行都是国家银行，从中央到地方分别设分支机构，这样用行政办法划分的各家银行业务分工范围经常发生冲突，难免产生矛盾。实际上随着商品经济的发展，行业之间交叉很多，专业银行之间业务划分范围很难分得清楚。这样，银行之间业务上扯皮的事情不断增多，给金融管理带来很多困难。再次是中国人民银行身兼双重职能，工作中矛盾和困难重重。比如，一方面人民银行办理工商信贷和城镇储蓄等具体业务，同其他专业银行的业务有矛盾，成为互相竞争的对手，工作中不能超脱，不能理直气壮地行使自己的职能，另一方面，人民银行履行中央银行职能也缺乏必要的手段，大量的时间不得不被商业银行业务所占用，没有更多的时间和精力行使中央银行的职能。于是，一度形成这样一种局面：中国人民银行没有很好地发挥中央银行的职能作用，加强宏观管理，各专业银行与人民银行之间的关系没有理顺，不利于人民银行的管理和领导，全国的金融体系中出现"群龙无首"的现象，对国家金融的宏观调控和管理十分不利。面对出现的这些新的情况，1983 年 9 月，国务院决定，中国人民银行专门行使中央银行职能，另外建立中国工商银行，专门办理工商信贷和城镇储蓄业务。1984 年初，中国工商银行正式成立。1983 年 9 月 17 日，国务院正式发布《关于中国人民银行专门行使中央银行职能的决定》。1986 年 1 月 3 日，国务院颁布了《中华人民共和国银行管理暂行条例》，对建立独立的中央银行体制以及人民银行专门行使中央银行职能的任务、性质和职责作了明确的规定，从而初步建立起我国的中央银行体制。

总之，经过 10 多年的改革，"大一统"银行体系基本上被打破，逐步形成了以中国人民银行为领导、国家专业银行为主体、各类金融机构并存和分工协作的金融机构体系。

3. 1993 年后的金融机构体系变化

尽管上一阶段的改革已取得了巨大成就，并已展现出金融机构体系的新格局，但与市场经济体制的要求相比，中国的金融机构体系仍存在着许多问题。就中国人民银行而言还没有成为真正的中央银行，不具备独立执行货币政策的能力。就专业银行而言，一是政企不分，受到的行政干预仍然很大，没有充分的自主权，同时在信贷业务上出现了严重的条块分割；二是各专业银行同时经营政策性和商业性业务，逐渐演变为货币供应的行政机关，其结果是：一方面，专业银行超负荷经营日益严重，另一方面，信贷资金财政化趋向不断加重；三是专业性、垄断性和封闭性还很强，既不利于区域经济发展，也不利于全国统一市场的形成。

据此，1993 年后，中国又进行了进一步的金融机构体系的改革。改革的目标是建立在国务院领导下，独立执行货币政策的中央银行宏观调控体系；建立政策性金融与商业性金融分离，以国有商业银行为主体、多种金融机构并存的金融组织体系。其具体实施中是围绕"分业经营、分业管理"的原则进行的。

(1) 确立强有力的中央银行宏观调控体系。改革的首要任务是把中国人民银行办成真正的中央银行，建立起国务院领导下的独立执行货币政策的中央银行宏观调控体系。建立了货币政策委员会，强化中国人民银行制定和实施货币政策的功能；把货币政策的目标从原来的双目标（稳定物价、促进经济增长）改为单一目标（稳定物价）；同时，针对金融风险较大的现实，将中国人民银行的工作重点放在加强监管、防范风险上。取消了中国人民银行的专项贷款和指定投向的贷款业务，禁止财政透支和借款，出台了《中国人民银行法》,强化了其中央银行的法律地位。区分了总行和支行的职能。总行掌握货币发行权、基础货币管理权、信用总量调控权、基准利率调节权,只对全国性商业银行总行融通资金;分行作为总行的派出机构,主要进行金融监管、调查统计、现金调拨、横向头寸调剂、外汇管理和联行清算。区分的结果是,中国人民银行各级分支机构不能向金融机构发放贷款,不能独自进行公开市场业务和外汇市场业务,货币政策和金融调控的权力集中在总行。1994 年取消了各级分支机构的利润留成和税收制度,建立了总行和各级分支机构的财务预算管理制度,为保证货币政策的顺利实施创造了条件。撤并中国人民银行的省级分行,设立 12 个跨省、自治区、直辖市的一级分行,以根治以往省级分行过多受地方政府干预的状况,增强中央银行的独立性和权威性。

(2) 组建政策性银行,使国有专业银行向国有商业银行转变。建立政策性银行的目的在于,实现政策性金融和商业性金融分离,以解决国有专业银行身兼二任的问题;割断政策性贷款与基础货币的直接联系,确保人民银行调控基础货币的主动权。政策性银行,一般是指由政府设立,以贯彻国家产业政策、区域发展政策为目的,不以盈利为目标的金融机构。在经济发展过程中,常常存在一些商业银行从盈利角度考虑不愿融资的领域,或者其资金实力难以达到的领域。这些领域通常是那些对国民经济发展、社会稳定具有重要意义,投资规模大、周期长、经济效益低、资金回收慢的项目,如农业开发项目、重要基础设施建设项目等。为了扶持这些项目,政府往往实行各种鼓励措施。各国通常采用的办法是成立政策性银行,专门对这些项目融资。这样做,不仅是从财务角度进行考虑,而且有利于集中资金,支持重大项目建设。政策性金融机构与商业银行和其他非银行金融机构相比,有共性的一面,即要对贷款进行严格审查,贷款要还本付息、周转使用等。但作为政策性金融机构,也有其独特的特征。一是政策性银行有自己特定的融资途径,财政拨款、发行政策性金融债券是其主要的资金来源,不面向公众吸收存款。二是政策性银行的资本金多由政府财政拨付。三是政策性银行经营时主要考虑国家的整体利益、社会效益,不以盈利为目标,一旦出现亏损,一般由财政弥补。但不能把政策性银行的资金当作财政资金使用,政策性银行也必须考虑盈亏,坚持银行管理的基本原则,力争保本微利。四是政策性银行有自己特定的服务领域,不与商业银行竞争,其名称往往与其特定服务的领域相适应,如进出口银行,一般是服务于进出口领域的。1994 年,国家成立了国家开发银行、中国进出口银行和中国农业发展银行三家政策性银行,分别承担原来由国家专业银行办理的政策性业务,同时原四大国有专业银行向商业银行转化。1998 年 12 月经中国人民银行批准,国家开发银行兼并了中国投资银行并承担其全部债权债务,这成为中国近 20 多年来的第一起银行合并事件。

(3) 组建城市商业银行。1995 年,中央开始整顿城市信用社,部分资产质量尚可的城市信用社以城市区域为单位整合成了“城市商业银行”。城市商业银行是在城市信用社的基础上建立起来的,是继四大国有商业银行、10 家股份制商业银行之后的第三梯队。目前全国共有 100 多家城市商业银行。各城市商业银行对当地经济的发展发挥了积极作用。

(4) 成立首家主要由非公有制企业入股的全国性股份制商业银行——中国民生银行。1996 年 1 月 12 日,中国民生银行在北京正式成立,这家银行因多种经济成分在中国金融业的涉足和实行规范的现代企业制度而有别于国有银行和其他商业银行。中国民生银行成立以来，业务不断拓展，规模不断扩大，效益逐年递增，并保持了良好的资产质量。

(5) 成立资产管理公司，处置国有银行不良资产。1999 年 3 月至 10 月，我国分别组建了信达、华融、长城、东方四家国有金融资产管理公司，分别负责建行、工行、农行、中行剥离的 1996 年以前的不良资产处置，通过出售、置换、资产重组等方法处置贷款及抵押品，并对债务人提供并购、咨询等方面的服务，实际上从事的是投资银行业务。

(6) 推进银行与信托、证券、保险的分业经营和监管，规范各类金融机构的经营领域。我国的信托投资机构和保险机构由于特殊的背景和环境，都设有大量证券经营机构，大量涉足于证券业务，在全国证券业务中占据了相当大的比重。尤其是信托投资公司，存在机构混乱、分散等情况，业务更具有向证券业倾斜的倾向。1998 年 11 月，中国人民银行提出对信托投资公司按照"信托为本、分业管理、规模经营、严格监督"的原则进行整顿；1999 年，我国又出台了《证券法》，第 6 条明确规定："证券业和银行业、信托业、保险业分业经营，分业管理。证券公司与银行、信托、保险业机构分别设立。"目前，我国证券业与银行业基本实现分离，证券业与信托业和保险业的分业经营还在继续推进。

4. 2002 年后的金融机构体系变革

2002 年以后，我国的金融机构体系变革进入了一个新的阶段，监管体系的改革和金融机构体系的进一步市场化是本阶段变革的最主要特征。

(1) 监管体系的改革。中国银行业监督管理委员会自 2003 年 4 月 28 日起正式履行职责，统一监督管理银行、金融资产管理公司、信托投资公司以及其他存款类金融机构，维护银行业的合法、稳健运行。自此，金融机构监管职能从中国人民银行中分离出来，由中国银行业监督管理委员会专司金融机构监管。

(2) 推进银行增资扩股、挂牌上市。1991 年上市的深圳发展银行是我国第一家上市银行。上海浦东发展银行于 1999 年获准公开发行 A 股股票，并在上海证券交易所正式挂牌上市。2000 年 12 月 19 日，中国民生银行 A 股股票在上海证券交易所挂牌上市。2003 年 3 月 18 日，中国民生银行 40 亿可转换公司债券在上交所正式挂牌交易。招商银行于 2002 年 3 月成功地发行了 15 亿普通股，4 月 9 日在上交所挂牌。2003 年 8 月，华夏银行向社会公开发行 10 亿 A 股，成为我国第五家上市的股份制商业银行。2003 年 12 月，中国人民银行、财政部、国家外汇管理局联合成立中央汇金投资公司，动用外汇储备 450 亿美元，以该公司的名义向中国银行和中国建设银行注资，每家为 225 亿美元，以充实其资本金。这实际上意味着银行增资扩股、挂牌上市从股份制商业银行推进到国有商业银行，银行改制上市的进程大大加快。2004 年 9 月 15 日，中央汇金投资有限责任公司、中国建银投资有限责任公司、国家电网公司、上海宝钢集团公司和中国长江电力股份有限公司共同发起设立中国建设银行股份有限公司，将中国建设银行由国有独资商业银行改制为国家控股的股份制商业银行；2005 年 9 月，美国银行和新加坡淡马锡控股的全资子公司亚洲金融控股分别出资入股建设银行，同年 10 月 27 日，建设银行在香港联合交易所挂牌上市，成为首家实现公开发行上市的中国国有商业银行。之后，2006 年，中国银行、中国工商银行先后分别在香港联合交易所和上海证券交易所同步挂牌上市。2007 年 9 月，中国建设银行回归国内资本市场，在上海证券交易所实现上市。2010 年 7 月，中国农业银行成为四大行中最后一个完成上海、香港两地上市的国有商业银行。除上述四大国有商业银行外，银行上市的触角进一步延伸到城市商业银行，随着南京银行、宁波银行等商业银行由原来的区域性银行演变为全国性的上市银行，意味着我国银行业充分竞争的时代已逐步到来。

(3) 金融机构形式更为多样化。随着我国经济转型的不断深入，除银行、保险、信托等主流金融机构外，一些其他金融机构近几年在国内也有飞速的发展。例如，国家对中小企业融资问题的关注，催生了各类小额贷款公司、信用担保公司的发展；创新型经济的发展和二板市场的设立使各类私募股权投资基金在我国以爆发式的速度增长。这些金融机构的发展丰富了我国的金融机构体系，也完善了我国的融资结构体系，对经济的发展起到不可或缺的作用。

(三) 中国现阶段的金融机构体系

自2002年起，中国人民银行就尝试按照国际货币基金组织2000年版的《货币与金融统计手册》对金融机构进行重新分类，并于2006年修订了我国的货币金融统计制度。2010年中国人民银行进一步对金融机构的分组进行了调整。调整过后，我国的金融机构被划分为“货币当局”、“其他存款性公司”和“其他金融性公司”三大类，其中，“货币当局”和“其他存款性公司”又被统称为“存款性公司”。具体如表2-3所示。

表2-3 我国金融机构的部门分类①

<table>
<tr><td rowspan="8">存款性公司</td><td>货币当局</td><td>中国人民银行</td></tr>
<tr><td rowspan="7">其他存款性公司②</td><td>1. 中资大型银行：中国工商银行、中国农业银行、中国银行、中国建设银行、国家开发银行、交通银行、中国邮政储蓄银行</td></tr>
<tr><td>2. 中资中型银行：招商银行、中国农业发展银行、上海浦东发展银行、中信银行、兴业银行、中国民生银行、中国光大银行、华夏银行、中国进出口银行、广东发展银行、深圳发展银行、北京银行、上海银行、江苏银行</td></tr>
<tr><td>3. 中资小型银行：恒丰银行、浙商银行、渤海银行、小型城商行、农村商业银行、农村合作银行、村镇银行</td></tr>
<tr><td>4. 外资商业银行</td></tr>
<tr><td>5. 城市信用社</td></tr>
<tr><td>6. 农村信用社</td></tr>
<tr><td>7. 财务公司</td></tr>
<tr><td colspan="2">其他金融性公司③</td><td>指不包括在中央银行和其他存款性公司内的其他金融公司。主要包括保险公司和养老基金(企业年金)、信托公司、金融租赁公司、金融资产管理公司、汽车金融服务公司、金融担保公司、证券公司、投资基金、证券交易所、其他金融辅助机构等。</td></tr>
</table>

1. 货币当局——中国人民银行

中国人民银行是我国的中央银行，处于全国金融机构体系的核心地位。1983年，中

① 在2006年修订后的金融机构分类中，其他存款性公司被分为“四大国有商业银行、其他国有银行、股份制商业银行、合作金融机构、中国邮政储蓄银行、财务公司”六类，2010年进一步调整为表2-3所示的七个类别。

② 其他存款性公司指主要从事金融中介业务和发行包含在一国广义货币概念中负债的所有金融性公司(中央银行除外)和准公司。在我国包括存款货币公司和其他存款货币公司。

③ 指除中央银行和其他存款性公司以外的其他金融公司。

国人民银行剥离商业银行业务,开始专门行使中央银行职能。1995 年颁布的《中国人民银行法》对其设立、职能等作出了明确的法律界定。中国人民银行在国务院领导下,制定和实施货币政策,对金融业实施监督管理①。中国人民银行根据履行职责的需要设立分支机构,作为中央银行的派出机构,并实行集中统一领导和管理。1997 年下半年,国务院决定对中国人民银行管理体制进行重大改革,具体包括:第一,撤销各省、自治区、直辖市分行,在全国设 9 家大区分行,作为中国人民银行的派出机构,新设立的派出机构从 1999 年 1 月 1 日起开始履行中央银行职责。第二,在不设大区分行的省、自治区人民政府所在地城市,共设立 20 家金融监管办事处。第三,在不设分行的省会城市,共设立 20 家中心支行。金融监管办事处和中心支行都是大区分行的派出机构,相互间不是领导与被领导的关系。第四,县级支行保持原状,职责不变。

2. 其他存款性公司

近年我国人民银行对其他存款性公司的分类进行过若干次调整。如表 2-3 所示的最新分类中,其他存款性公司被分为七个类别。在本书中,为了叙述上的便利,结合中国人民银行 2006 年对其他存款性公司的分类方法以及中国银行业监督委员会(以下简称银监会)对我国金融机构的分类方法,我们将我国的"其他存款性公司"分为五大国有大型商业银行、政策性银行及国家开发银行、中国邮政储蓄银行、其他股份制商业银行、城市商业银行和农村商业银行、村镇银行、信用合作组织、财务公司等八个类别。

(1) 五大国有大型商业银行。在我国,五大国有大型商业银行是指"中国工商银行、中国农业银行、中国银行、中国建设银行和交通银行"。其中,前四家银行都是从过去的"国有专业银行"转型而来。在专业银行年代,"四大行"各有其专门的经营对象和经营范围:中国工商银行是以城市工商企业、机关团体和居民为服务对象,主要经营工商企业存贷款和城镇居民储蓄业务的专业银行;中国农业银行主要经营农村金融业务,在广大农村遍设分支机构,主要职责包括领导和管理农村金融、组织农村资金、办理转账结算业务等;中国银行是中国历史最悠久的银行,也是中国第一家在亚、欧、澳、非、南美、北美六大洲均设有分支机构的银行,在中国香港和澳门,中国银行还是当地的发钞行之一;中国建设银行最初是一家以中长期信贷业务为特色的国有银行。随着金融改革的不断深化,上述四大银行纷纷转变为商业银行,传统的业务分工也被逐渐打破,各行业务已相互交叉,但其业务特色仍有一定的延续。例如,中国银行一统外汇外贸结算的格局早已被打破,但其在外汇外贸等领域的专业特长仍旧较为突出;同样,受益于在农村地区深厚的经营基础,在一些乡镇经济发展突出的地区,中国农业银行的优势仍较为明显。

五大国有大型商业银行中的交通银行,因其作为新中国成立后第一家全国性股份制商业银行的特征,与转型前的国有"四大行"形成一定的区别。随着"四大行"纷纷转变为商业银行并完成股份制改造,这种性质上的差异已不复存在。目前,这五大国有大型商业银行不管在资产规模还是经营规模上,都在国内处于绝对的领先地位。银监会在统计中将上述五家商业银行归入"大型商业银行"的范畴。根据其公布的数据,这五家商业银行

① 2003 年我国设立了银行业监督管理委员会(简称银监会),加上证监会、保监会等监督管理机构,金融监管职能已逐步从中国人民银行中分离出来。

2011年底的总资产达到536 336亿元，占所有“银行业金融机构”[1]总资产的47.3%，其平均的不良贷款率控制在1.1%。

(2) 政策性银行及国家开发银行。1994年，我国共成立了三家政策性银行：国家开发银行、中国进出口银行和中国农业发展银行。这三家政策性银行将原来四大专业银行的政策性业务承担过来，一方面便于原四大专业银行尽快向商业银行转化，另一方面在市场经济条件下，对投资期限长、收益低甚至无收益的国家基础项目和重点项目在资金上予以倾斜。

国家开发银行于1994年3月17日成立，直属于国务院领导，是中国三家政策性银行中最大的一家，也是除中国人民银行以外唯一的正部级金融机构。其主要职能为支持基础设施、基础产业和支柱产业项目建设，支持国家区域发展政策，并承担国际金融组织转贷款业务。国家开发银行的资金运用范围主要为：制约经济发展的瓶颈项目、直接增强综合国力的支柱产业的重大项目、高新技术在经济领域应用的重大项目、跨地区的重大政策性项目等。另外，根据国家有关规定，银行贷款不可以用于资本金出资，但国家开发银行的软贷款产品，可以将其属于资本金性质的资金以长期优惠贷款方式贷给国家控股公司或中央企业集团，由它们对项目进行参股或控股，从而在一定程度上解决了某些项目资本金不足的问题。国家开发银行的资金来源渠道主要是资本金、中央银行短期贷款和发行金融债券、向国外筹集资金等。其中，发行金融债券是最主要的资金来源渠道。国家开发银行是除中国政府之外最大的债券发行主体，在全国范围内为基础设施项目筹资，约90%的资金是通过在金融市场发行债券筹措。2008年12月，国家开发银行整体转制为国家开发银行股份有限公司，成为国内第一家由政策性银行转型而来的商业银行。目前，国家开发银行主要致力于通过开展中长期信贷与投资等金融业务，为国民经济重大中长期发展战略提供金融服务。其资金来源主要依靠发行金融债券，业务内容则包括规划业务、信贷业务、资金业务、中间业务等。

中国农业发展银行于1994年11月18日成立，是直属于国务院的政策性金融机构，主要对农业基础建设、农副产品、农业发展提供资金支持。成立时注册资本金为200亿元人民币，其中一部分从中国农业银行、中国工商银行当时的信贷基金中划拨，其余部分由财政划拨。其历史使命一是支持我国农业实现现代化；二是扶持农民走向富裕的小康之路。中国农业发展银行的资金来源主要有：财政拨款向商业性金融机构发行债券、向中央银行申请再贷款以及再贴现等，其中向中国人民银行再贷款是其主要资金来源。中国农业发展银行主要承担国家收购粮、棉、油以及扶贫的政策性金融业务。具体业务包括提供优惠利率的农业贷款，提供大宗农副产品收购贷款，国家扶持的农业生产性投资贷款，和因特定环境和特殊因素而发放的贷款。

中国进出口银行成立于1994年4月26日，同年7月1日正式挂牌运营，是直属于国务院的政策性金融机构，不以盈利为目的，实行自主、保本经营，实行企业化管理。中国进出口银行主要为扩大我国机电产品和成套设备出口提供政策性金融支持，通过提供优惠出口信贷增强我国商品的出口竞争能力，促进我国对外贸易发展。中国进出口银行的资

① 银监会对“银行业金融机构”的定义包括了其监管范围内的所有金融机构，包括信托投资公司、金融租赁公司等，其范围大于中国人民银行定义的“其他存款性公司”。

金来源主要是通过发行政策性金融债券筹资,其次包括财政拨款、向中央银行借款、向国外金融机构借款等,资金运用不以盈利为目的。

(3) 中国邮政储蓄银行。我国的邮政储金业务始于1918年中华民国政府颁布《邮政储金条例》。新中国成立后,该业务由邮政系统接管,1953年停办。1986年,邮电部、中国人民银行联合发出《关于开办邮政储蓄业务联合通知》,在12个城市的邮政网点开始办理个人活期、定期储蓄业务,邮政储蓄业务正式恢复。开办以来,邮政储蓄已逐渐建成覆盖全国城乡网点面最广、交易额最多的个人金融服务网络。2007年3月,在改革原有邮政储蓄管理体制基础上,中国邮政储蓄银行有限责任公司正式成立。2012年1月21日,中国邮政储蓄银行有限责任公司依法整体变更为中国邮政储蓄银行股份有限公司。截至2012年5月底,中国邮政储蓄银行拥有营业网点3.8万多个,ATM3.7万多台,提供电话银行、网上银行、手机银行、电视银行等电子服务渠道,服务触角遍及广袤城乡;拥有本外币账户数逾10亿户,绿卡账户数近5亿户,本外币存款余额超过4万亿元,居全国银行业第五位,资产总规模接近4.5万亿元,居全国银行业第六位[①]。基于上述优势,中国邮政储蓄银行将"大型零售商业银行"作为了其未来发展的目标定位。

(4) 其他股份制商业银行。随着金融体制改革的不断深化,除上述五大国有大型商业银行以外,我国还陆续组建和成立了一批全国性的股份制商业银行,包括中信实业银行(2005年8月更名为中信银行)、中国光大银行、华夏银行、广东发展银行、深圳发展银行、招商银行、上海浦东发展银行、福建兴业银行(2003年3月更名为兴业银行)、中国民生银行、恒丰银行[②]、浙商银行、渤海银行等。近年来,我国的股份制商业银行业务发展迅速,经营活跃,其中大部分已成功上市。股份制商业银行正逐步成为我国银行体系的重要组成部分。根据银监会的统计,截至2011年年末,上述全国性股份制商业银行的资产总额为183 794亿元,占所有"银行业金融机构"总资产的16.2%,其平均不良贷款比例为0.6%。

(5) 城市商业银行和农村商业银行。自1995年上海、深圳首先成功组建城市商业银行以来,城市商业银行发展迅速。截至2012年5月,全国共有城市商业银行137家,总资产达99 845亿元,占银行业金融机构总资产的9.0%,不良贷款比率为0.8%。城市商业银行是在城市信用合作组织的基础上发展起来的,规模相对较小且比较分散。为了应对加入WTO后银行业竞争加剧的局面,城市商业银行也正朝着引进外资和民间资本、引入先进的经营管理理念,甚至通过特定方式扩大规模、跨区经营的方向发展。目前,已有一批城市商业银行成功通过上市募集资金,其中,北京银行、上海银行和江苏银行还跻身中型银行的行列。

和城市商业银行一样,农村商业银行是在农村信用合作社的基础上发展起来的。随着我国经济的发展,在一些经济发达、城乡一体化程度较高的地区,农业比重已很低,作为传统农村信用社服务对象的农民,大都已不再从事以传统种养耕作为主的农业生产和劳

① 以上数据资料均来自中国邮政储蓄银行网站。

② 恒丰银行的前身烟台住房储蓄银行设立于1987年,当时是为适应我国住房制度改革而设立,是一家经营性专业银行。随着我国住房公积金制度的建立,住房储蓄银行的职能基本被住房公积金管理中心取代。2003年,烟台住房储蓄银行转制后改名为恒丰银行。与烟台储蓄银行一起成立的另一家蚌埠住房储蓄银行则被当地城市信用社合并。

动,对支农服务的要求较少,信用社实际也已经实行商业化经营。因此,这些地区的信用社也逐步开展股份制改造,组建农村商业银行。

(6) 信用合作组织。信用合作组织主要指城市信用合作社和农村信用合作社。城市信用合作社是城市合作金融组织,由个体工商户和城市集体企业入股组建。城市信用社联合社是城市信用社的联合组织,对当地城市信用社进行行业归口管理、监督、协调和服务。1995 年,我国在城市信用社的基础上建立起城市商业银行,目前全国共有 100 多家城市商业银行。各城市商业银行对当地经济的发展发挥了积极作用。农村信用合作社是由农民和集体经济组织自愿入股组成,是主要为入股人服务的具有法人资格的金融机构。农村信用社联合社是由辖区内农村信用社入股组成,实行民主管理,主要为入股农村信用社服务的信用社联合组织,对农村信用社实行管理、监督和协调。我国在县一级普遍建立县联社。1996 年后,农村信用合作社脱离农业银行的领导,由中国人民银行负责统一监管。2003 年 11 月底,8 省(市)(浙江、山东、江西、贵州、吉林、重庆、陕西和江苏)农村信用社改革实施方案已经国务院批准,这标志着深化农村信用社改革试点工作已进入全面实施阶段。2004 年,试点范围扩大到 29 省(区、市)。2006 年 12 月,海南省农信社改革试点方案获批,至此,全国农信社全面融入改革大潮。

(7) 村镇银行。为了加强农村金融建设,2006 年 12 月 22 日,中国银行业监督管理委员会公布了《关于调整放宽农村地区银行业金融机构准入政策更好支持社会主义新农村建设的若干意见》,其中明确鼓励各类资本到农村地区新设主要为当地农户提供金融服务的村镇银行。2007 年 1 月,银监会再次下发《村镇银行管理暂行规定》,明确村镇银行在机构设立、股权设置、公司治理、经营管理等方面的管理细则。明确村镇银行是指经中国银行业监督管理委员会依据有关法律、法规批准,由境内外金融机构、境内非金融机构企业法人、境内自然人出资,在农村地区设立的主要为当地农民、农业和农村经济发展提供金融服务的银行业金融机构。2007 年 3 月,首批村镇银行在四川、青海、甘肃、内蒙古、吉林、湖北 6 个试点省(区)的农村地区建立。2007 年 12 月,首家外资村镇银行曾都汇丰村镇银行开业。截至 2011 年年末,全国共组建村镇银行 726 家,其中开业 635 家,筹建 91 家,比上一年增加 269 家。村镇银行的农户和小微企业贷款占比为 81%。①

(8) 财务公司。改革开放以后,我国陆续组建了一批企业集团,企业集团财务公司作为企业集团成员单位间资金调剂的金融股份有限公司应运而生。我国财务公司由企业集团内部成员单位入股,向社会募集中长期资金,为企业技术进步服务,实行自主经营、自负盈亏、自求平衡、自担风险,是独立核算的企业法人。企业集团财务公司的业务空间限制在本集团内,不得从企业集团外吸收存款,也不得对非集团单位和个人发放贷款。财务公司在业务上同样要接受中国人民银行的领导、监管和稽核。

3. 其他金融性公司

(1) 保险公司。保险公司是经营保险业务的经济组织,除具有分散风险、削减损失的作用外,还承担国家财政后备范围以外的损失补偿,聚集资金支持国民经济发展,增强人民生命财产的安全保障以及为社会再生产提供经济保障的重任,因而它具有其他金融机构不可替代的作用。新中国成立后,我国成立了中国人民保险公司,1988 年成立了平安

① 中国银行业监督管理委员会:《中国银行业运行报告》(2011 年度)。

保险公司，1991 年交通银行保险部独立出来组建了太平洋保险公司。1995 年以后，我国又相继成立了大众保险公司、新华人寿保险公司、泰康人寿保险公司、华泰财产保险公司、华安财产保险公司等。最初全国性的保险公司为人保、太保及平保，随着保险市场的发展，很多区域性的保险公司如华安等也逐步发展为全国性的保险公司。随着金融市场的逐步开放，外国保险公司也到中国来开设分公司，如美国友邦、日本东京海上火灾保险公司、瑞士丰泰、德国安联、法国安盛等。

中国人民保险公司是经营国内外保险和再保险业务的国家专业保险公司。该公司于 1949 年 10 月成立，最初隶属于中国人民银行，1952 年划归财政部，1959 年转交中国人民银行国外局，停办国内业务，1980 年以后逐步恢复国内业务。20 世纪 90 年代中期，中国人民保险公司改建为中国人民保险集团有限公司（简称中保集团），旗下有四大子公司：中保财产保险有限公司、中保人寿保险有限公司、中保再保险有限公司、香港中国保险（集团）有限公司。1998 年 10 月，中保集团正式宣布撤销，旗下原有的四家子公司分解为中国人保、中国人寿、中国再保险、中国保险四家独立的公司，分别经营财产保险、人寿保险、再保险和海外业务。

中国太平洋保险公司前身为交通银行保险部，经中国人民银行批准，1991 年 4 月 24 日从交通银行独立出来，组建成中国太平洋保险公司，注册资本 10 亿元人民币，总公司设在上海。中国太平洋保险公司是继中国人民保险公司之后的第二家全国性、综合性的保险公司，其成立标志着中国保险市场在全国范围内打破了几十年来由中国人民保险公司独家垄断经营保险业的局面，预示着我国保险市场的竞争将在全国范围内展开。中国太平洋保险公司的主要业务包括承保人民币和外币的各种财产保险、责任保险、信用保险、农业保险、人身保险，办理各种国内、国际再保险业务，还先后开发了明信片保险金卡、机场责任险、机身险、汽车货运保单、企业财产长效保险、整套装置货运险等十多个保险商品，并将服务领域向高技术、高风险领域发展，相继开办了卫星保险、航空运输责任保险、飞机保险、船舶保险等业务。

中国平安保险（集团）股份有限公司的前身为深圳平安保险公司，1988 年 3 月 21 日成立，同年 5 月 27 日正式对外营业，是我国首家股份制保险公司（也是中国第一家有外资参股的全国性保险公司）。公司注册地为中国北京，总部设在深圳。1992 年 6 月，经国务院同意和中国人民银行批准，深圳平安保险公司更名为“中国平安保险公司”，成为第三家全国性综合性保险公司。1997 年 1 月 16 日，国家工商行政管理局核定公司名称为“中国平安保险股份有限公司”。2003 年 2 月，经国务院批准，公司完成分业重组，更名为“中国平安保险（集团）股份有限公司”，集团控股设立中国平安人寿保险股份有限公司、中国平安财产保险股份有限公司、中国平安保险海外（控股）公司、平安信托投资公司，平安信托投资公司依法参股平安证券有限责任公司。因而，平安形成了以保险为主，融证券、信托、投资和海外业务为一体的紧密、高效、多元的集团控股经营架构。平安保险经营区域为全国及设有分支机构的海外地区和城市，可直接经办一切法定险种和国际再保险业务，同时涵盖证券业务、投资业务。

(2) 信托公司。在我国，信托是指委托人基于对受托人的信任，将其财产权委托给受托人，由受托人按委托人的意愿以自己的名义，为受益人的利益或者特定目的进行管理或者处分的行为。信托公司是主要经营信托业务的金融机构，这类金融机构伴随着我国经济体制和金融体制的改革而产生。中国国际信托投资公司是我国第一家信托投资公司，成立于1979年，此后国内的此类金融机构逐步发展起来。

2001年，我国出台《信托法》。按照《信托法》的规定，我国的信托公司可经营的业务覆盖了资本市场、货币市场和实业投资市场三大市场，并拥有直接投资和社会融资两大手段，可运用股权和债权两大方式。但是，《信托法》对信托业的行业定位较为模糊，尤其是核心盈利模式并不清晰。在2007年之前，依靠固有财产开展以实业投资为代表的自营业务是不少信托公司的主要盈利模式，这也是为何当时此类机构皆命名为"信托投资公司"的原因之一。2007年，银监会发布《信托公司管理办法》和《信托公司集合资金信托管理计划管理办法》(被称为"新两规")，对信托公司的业务范围、市场定位等作出新的规范，全面推动信托公司从"融资平台"转变为"受人之托、代人理财"的专业化机构。新两规中将原来的"信托投资公司"改称为"信托公司"即体现了这一改革思路。新两规压缩并限制信托公司使用固有财产从事实业投资以及大规模开展负债业务，进一步规范了信托业务的发展。根据中国信托业协会的统计，截至2011年年底，国内信托公司的固有资产为1 825亿元，信托资产为48 114亿元。

(3) 投资基金。1991年10月，我国第一批投资基金"武汉证券投资基金"和"深圳南山风险投资基金"分别成立，规模分别为1 000万元和8 000万元。1997年11月《证券投资基金管理暂行办法》出台后，投资基金迅速发展。我国建立的基金大部分为封闭式。直到2001年，中国才有了第一只开放式基金。此后，我国基金市场进入开放式基金发展阶段，开放式基金成为基金设立的主要形式。截至2010年年底，我国共有证券投资基金704只，净值总额约为25 200亿元。在704只基金中，有39家封闭式基金，基金净值总额约1 200亿元；有665只开放式基金，基金净值总额合计约为24 000亿元，占全部基金净值总额的95.2%①。

(4) 融资性担保公司。融资性担保是指担保人与银行业金融机构等债权人约定，当被担保人不履行对债权人负有的融资性债务时，由担保人依法承担合同约定的担保责任。融资性担保公司即专门从事上述担保业务的公司。2010年3月，银监会等七部门联合发布了《融资性担保公司管理暂行办法》，规定我国融资性担保公司的业务范围包括贷款担保、票据承兑担保、贸易融资担保、项目融资担保等，同时还可兼营诉讼保全担保、投标担保、预付款担保等业务。

(5) 金融租赁公司。融资租赁是金融租赁公司的主要业务。融资租赁是指出租人根据承租人对租赁物和供货人的选择或认可，将其从供货人处取得的租赁物按合同约定出租给承租人占有、使用，向承租人收取租金的交易活动。2007年，银监会发布《金融租赁公司管理办法》，进一步规范我国金融租赁公司的经营行为。管理办法明确规定，金融租赁公司的业务范围包括融资租赁业务、吸收股东1年(含)期以上定期存款、接受承租人的租赁保证金、向商业银行转让应收租赁款、经批准发行金融债券、同业拆借、向金融机构借款等。我国第一家金融租赁公司——中国对外贸易租赁公司成立于1986年11月。目前国内共有18家金融租赁公司。

(6) 资产管理公司。1999年3月至10月，我国先后组建了信达、华融、长城、东方四

① 中国证券业协会：《证券市场基础知识(2011)》，第119页。

家国有金融资产管理公司，注册资本均为100亿元，分别负责处理建行、工行、农行、中行剥离的1996年以前的不良资产，通过综合运用出售、置换、资产重组、债转股、证券化等方法对贷款及抵押品进行处置，对债务人提供管理咨询、并购、重组、包装上市等服务，对资不抵债的企业申请破产清算。从业务性质上来看，这些实际上是投资银行业务。

(7) 小额贷款公司。小额信贷在国际上产生于20世纪70年代，最初的目的是为了消除贫困和发展农业生产。诺贝尔和平奖获得者尤努斯创立的孟加拉乡村银行就是为贫困农村人口提供小额信贷的代表。在我国，小额信贷的发展最初就是借鉴孟加拉乡村银行的模式并主要针对贫困人群，具有明显的扶贫特征。近年来，随着我国陆续推出一系列支持小额信贷发展的政策，各地方政府开始加大力度开展小额贷款公司的试点，涌现出越来越多专业的小额贷款公司。这些小额贷款公司的资金来源主要是股东缴纳的资本金，此外也可通过商业银行等渠道融入资金；资金使用则不仅针对中低收入群体，还面对大量很难从商业银行等传统融资渠道获得资金的小微企业。例如，江苏省政府就在2010年进行了"科技类小额贷款公司"的试点，以支持科技型中小微企业的发展。根据中国人民银行的统计，截至2011年末，全国已有各类小额贷款公司4 282家，实收资本总计3 319亿元，发放的贷款余额达3 915亿元。

三、金融机构的功能

现代经济社会的资金，很大部分是通过金融中介机构进行融通的，其融通过程简单来说表现为金融机构通过发行存单、保单、基金份额等金融工具，把资金有余单位的资金集中起来，再通过发放贷款的形式提供给资金不足单位。各金融机构的主要受益则来自货币资金投资收益和融入成本的差额。那么，为什么现代经济社会的资金融通很大部分是通过金融机构进行，借款人和贷款人为什么都愿意支付这些费用呢？这就有必要讨论一下金融机构的功能。

在早期的金融理论中，金融机构一直是多余的[①]。在阿罗-德布鲁的一般均衡模型中，没有金融机构这个因素。这是因为，当市场是完美的时候，储蓄者无须通过中介就可以直接放款给借款人，资源配置自动达到帕累托最优状态，金融机构没有改善社会福利的空间。而且，根据莫迪利安尼-米勒的资本结构定理，企业的资本结构与企业价值无关，企业无论选择什么样的融资方式，都不会影响企业价值，金融机构也没有创造价值的余地。最早试图解释金融机构存在的经济学家是埃奇沃斯(F. Y. Edgeworth，1888)[②]。随后，Guffey和Shaw(1960)、Leland和Pyle(1977)以及Diamond(1984)分别从交易成本、信息不对称和委托代理等方面分析金融机构存在的价值。该理论认为，交易成本和信息不对称的存在是金融机构产生的前提。依照这样的逻辑推导下去，随着交易成本和信息不对称问题的逐步减少，金融机构的数量也应该随之缩减，直至消失。但是，近几十年来，由于技术进步和政府加强管制的缘故，金融领域的交易成本和信息不对称状况出现了逐年下降的趋势，然而金融机构的活动却出现了增长的态势。这显然是对传统金融机构理论的一个挑战。为补充传统金融机构理论的不足，现代金融机构理论逐步发展起来，形成了风险转移说、参与成本说和流动性中介说等。总体而言，金融机构的功能主要有以下几个方面。

①② 赵晓康："金融中介理论及其演变"，《经济学动态》，2003年第1期。

(一)资产转型

20世纪60年代,美国经济学家格利和肖认为,金融机构的本质是提供资产转型服务,即通过提供"间接证券"去替换"本源证券",在资金盈余者与资金短缺者之间融通资金。本源证券就是借款人出具的借款凭证,间接证券是金融机构提供的凭证。金融机构之所以能供给间接证券去取代直接证券,托宾(1963)认为有三个因素在起作用:一是银行集中从事融资活动,并由专业人士进行管理,具有规模经济,能够节省交易成本;二是银行在现代经济中具有支付清算的功能,这种功能具有"准公共产品"的性质,这决定了政府不仅对其严加监管,而且会提供一定的担保,所以,银行的介入使融资活动的风险大为降低;三是为了提高资金融通的效率,降低融资的风险,需要多种融资技术,为此,必须建立组织网络,进行标准化、规范化运作,而所有这些只有具备相当实力的银行才能做到。

间接证券相对于直接证券而言有一个重要的特征就是流动性较大。私人开出的借据几乎没有流动性,符合金融市场交易要求的直接金融工具虽然可以随时转让,但会遭受价格波动的损失,何况金融交易还要支付一定的费用。金融机构发行的间接金融工具比直接金融工具具有更高的流动性,它不仅能迅速转变为货币,而且因市场价格波动发生损失的可能性也很小。比如,某资金有余单位借给某公司1 000万元,为期10年,获得该公司发行的融资工具——公司债券。据此公司承诺每年付给90万元利息,并于10年后归还1 000万元本金。3年后,由于某种特殊情况,该单位急需取回自己的这笔资金,公司将由于还有7年期限而不偿还这项贷款。这时,该资金有余单位要想收回这1 000万元的唯一办法,是在金融市场上把这一债券出售给其他投资者。出售时,债券的价格取决于金融市场上的供需状况,很可能要比原先的价格低得多,从而遭受一定的损失。若通过证券经纪人进行证券交易还必须支付一定的佣金。相比之下,该资金有余单位若持有的是1 000万元的银行存款,则可以很方便地取回自己急需的资金,而且损失也很小。

(二)节约交易成本

金融活动的交易成本是指资金余缺双方融通资金花费的时间和费用。通过以银行为代表的金融中介机构融通资金,之所以比直接金融形式更为节约交易成本,主要源于其专业化以及银行经营具有的规模经济和范围经济特征。

首先,银行充当专门的信贷中介机构可以避免单个储蓄者与借款人之间的重复交易活动,从而节约交易成本。在没有银行的情形下,众多储户要分别进行客户搜寻,对潜在的客户进行资信调查,与潜在的客户进行谈判、订立合同条款以及实施事后监督,因此存在着大量的重复性的工作,导致高昂的交易成本;当银行介入之后,储户把钱交给银行,借款人则直接向银行借款,储蓄者与借款人之间无须进行相互搜寻,银行则统一对借款人的资信进行调查和评估,与借款人洽谈合同并监督合同的执行,交易成本大大降低。

其次,银行的专业化还表现为其专门从事信贷业务积累起来的专业知识与丰富经验,这使得银行处理信贷业务的效率肯定比那些偶尔进行放贷活动的单个储户要高得多,由银行来专门从事信贷业务自然也将大大降低交易成本。

再次,银行聚少成多的特征带来了规模经济。银行可以将零散的居民储蓄存款聚集起来发放一次性的大额信贷,这使得单位金额的交易成本大大降低。

最后,范围经济也是银行能够节约交易成本的原因之一。范围经济是指由一个机构来提供各种不同类的业务时,某些固定成本可以在各种业务上分摊,从而导致平均成本降低和效率提高。具体来讲，银行的范围经济可能来自以下渠道：银行为其客户同时提供贷款业务和资产管理、记账、支票清算、电子转账、兑换外汇、承兑汇票、信用证等收费业务。一方面，信贷业务和收费业务可以分摊银行的固定成本；另一方面，通过收费业务可以不花成本地获取信贷业务所需要的信息，从而使得银行从事贷款业务的交易成本降低了，大大低于储户直接向企业家放贷的交易成本。

（三）缓解信息不对称

金融交易过程中，交易一方对交易的另一方往往了解不充分，存在着信息不对称。例如，对于贷款项目的潜在收益和风险，借款人通常比贷款人更了解。这种信息不对称影响着金融交易的决策，成为资金融通过程中的一个重要问题。信息不对称对金融交易造成的影响可能发生在金融交易前，也可能发生在金融交易后。在金融交易之前因信息不对称造成的问题被称为逆向选择。其具体表现是，那些最可能造成信贷风险的借款人往往是最积极寻找贷款的人，他们争取获得信贷的行为将推高利率水平，并将更多的低风险借款人挤出市场；贷款人对这一切并非毫不知情，最终的情况甚至可能是贷款人为了避免本金遭受损失而决定不发放任何贷款，即使市场上仍然存在风险较低的贷款机会。道德风险则在金融交易发生之后出现。其具体表现是贷款人发放贷款后，借款人可能利用贷款人无法了解贷款真实使用信息的机会，将贷款投向那些高收益、高风险的活动，从而使贷款面临更高的违约风险。这同样迫使贷款人可能决定不发放贷款，从而使金融交易无法发生。由此可见，逆向选择和道德风险是金融交易正常进行的重要障碍。

银行作为金融机构的介入可以较好地解决借款人与贷款人之间的信息不对称问题。首先，银行通过代理客户结算和转账等业务以及设立专门的资信调查、评估部门，可以对各个申请借款的客户的信息有较充分的了解，从而可以识别出不同资信状况的借款人，对他们分别索要不同的贷款利息或者其他的贷款金额和期限以及提款、用款和还款方式的附加条件。这样就缓和了金融交易的逆向选择问题。其次，银行将对获得贷款的借款人进行事后监督和控制，确保贷款按照约定的方式投资，而不是用于高风险的其他途径。银行还可以通过结算转账等业务了解客户的资金使用情况，跟踪分析客户的资信情况，一旦发现问题可以冻结账户或者采取其他的措施。在有些国家，银行还可以派代表加入公司的董事会或监事会，这样其监督控制的能力就更强了。此外，银行还可以通过设定抵押物的方式避免道德风险的出现。最后，银行与客户之间往往是一种长期关系①，银行利用自己与贷款人之间频繁的资金往来关系，可以比一般人更了解贷款人的资产收益状况，从而降低了贷款逆向选择和道德风险的发生。而且，这种长期关系意味着银行和借款人之间存在着多次重复博弈，客户违约的代价很大，违约的可能性大大降低，从而道德风险问题得到了一定程度的解决。进一步而言，由于银行需要较长时间的资信调查与核实的时间，客户往往也让银行随时了解其资信情况，否则的话，在急需资金的时候，客户就不能及时从银行得到贷款。总之，银行的介入，使得借款人相关信息的供给量大大增加了，交易双方信息不对称问题得到缓解。

当然，储户作为债权人将资金存在银行时，和作为债务人的银行间也可能存在信息不对称，但银行较高的信誉以及监管部门对银行准入、运营、退出等方面的监管可将这种信息不对称的影响降至最低。

---

① ［英］艾伦·加特著：《管制、放松与重新管制》，经济科学出版社，1999 年版第 262 页。

（四）充当流动性中介

金融机构存在的一个重要原因是他们充当了金融交易中的流动性中介[1]。通常，许多借款人都希望获得长期贷款以购买房屋和大型机械设备等固定资产，而贷款人一般不愿意提供长期贷款，因为他们都希望在发生紧急情况时或发现有新的投资机会时，能利用这些资金。因此，金融交易中的资金盈余者和资金短缺者都会很在意资金的流动性，因为双方都不确定什么时候想要减少手中持有的金融资产，也不清楚什么时候会需要增加融资，以及能够使用多长时间。供需之间的这种矛盾是金融机构产生的一个重要原因。银行恰恰可以消除双方的顾虑，满足他们的需要。一方面，储蓄者将闲置的资金存入银行，不仅可以获得与直接投资类似的利息，而且换来的是增强了他们对这部分资金的支配能力，同时还可以将资金闲置的损失降到最小；另一方面，贷款人也会发现银行是一个极为可靠的资金来源，不必担心会有中途撤资的风险。

金融机构的运作在很大程度上表现为从大量分散的储蓄者手中吸收资金，然后用以发放贷款或进行投资。金融机构的流动性中介功能来自于大数法则的运用：金融机构拥有众多的小额存款人，在正常情况下，他们是否提取存款主要取决于他们各人的情况，各个存款人的取款决定是相互独立的，金融机构可以应用大数法则，相当准确地预测在任一特定日期被提取金额的概率分布，对储蓄者的流动性需求进行比较准确的预测；根据这一预测，金融机构在保留一定的流动性准备后，将其余资金用于贷款或投资。金融机构只需掌握少量的存款作为准备金就可以应付存款人的提款要求，而把大量的存款人的存款转用于长期贷款，从而满足了存款人和贷款人不同的要求。

由此可以看出，机构的流动性中介功能受制于以下两个因素：一是对储蓄者的流动性需求的预测是否准确，或者说大数法则是否适用。在社会安定、经济环境稳定的条件下，人们对未来收支的预期是稳定的，对金融机构也是有信心的，因而他们存款和取款行为也不会出现突变。但一旦出现社会动荡、经济环境急剧变动，人们对未来的预期就会变得不确定起来，其现时的收支行为也会出现变异，从而影响到机构流动性需求预测的准确性。在极端情况下，人们会同时涌向机构提款，出现恐慌性挤兑，甚至引发"骨牌效应"，酿成金融危机，中断金融机构的流动性转换链条。二是金融中介机构能否顺利回收其贷款或投资。一般而言，机构的贷款或投资是长期性的，期限越长，发生坏账的风险越大。如果机构经营不慎，累积了大量的坏账，也会中断其流动性转换的链条。

（五）降低融资风险

在市场经济中，资金融通具有一定的风险。资金有余单位把资金借给资金不足单位要承担违约风险、市场风险和购买力风险。投资者减少风险的重要方法在于分散投资，实行资产组合。资产组合之所以能减少风险，在于影响各种金融工具收益的因素不同。某种因素使金融工具A的价格下跌，却不一定使金融工具B的价格也下跌。假如某人同时持有由于通货膨胀而可能获利的某公司的股票和因通货膨胀而可能亏损的另一公司的股票，这两种股票的资产组合风险可能小于各自的风险。所以，投资于不同的金融工具，实行金融资产多样化，其资产组合风险小于其中每一种资产所构成的个别风险，从而可以减少总投资的风险。分散化投资会带来额外成本。因此，投资者要进行分散化程度的决策，使得扣除分散化成本之后的利益最

---

① 赵晓康："金融中介理论及其演变"，《经济学动态》，2003年第1期。

大化。对个别资金有余单位而言，由于其多余资金有限，通过金融市场所能购买的直接金融工具的种类很少，分散投资、减少风险的可能性也就很小。而金融机构由于汇集了千家万户的盈余资金，形成巨额经营资金，因而能买进并持有许多种不同性质乃至不同国家的金融工具，减少投资的风险；金融机构还可以通过专门的管理来选择一定的金融资产组合方式，使风险得以最大限度地相互抵消。

由于具有上述种种功能，所以当经济发展到一定阶段时，金融机构便应运而生。即使是金融市场十分发达的现代社会，间接融资的比重虽有所下降，但绝对规模仍是不断上升的。金融机构是金融体系中的重要组成部分。

本章小结

(1) 在经济中存在资金的盈余单位和赤字单位，"储蓄—投资"的转化机制是实现资金融通，增进社会总福利的重要途径。一个有效的金融体系可以通过金融工具的流通、金融市场的运行和金融机构的参与，实现储蓄—投资的高效转移。

(2) 信用是以还本付息为条件的借贷行为，信用关系的存在是资金高效融通的重要前提。

(3) 金融工具有债权类和股权类两种基本类型，不同的金融工具在期限性、流动性、风险性和收益性等特征上有着不同的表现，从而满足了融资双方多样化的需求。

(4) 金融市场是资金余缺双方通过金融工具的买卖进行的融资活动的场所或机制。金融市场按交易层次，可以分为发行市场和流通市场，又称一级市场和二级市场；按期限，可以分为货币市场和资本市场；按成交约定的时间，可以分为即期市场和远期市场；按有无固定交易场所，可分为场内市场和场外市场等。

(5) 金融市场的主要功能体现为提供融资和投资场所、创造流动性、实现风险分散、信息公开和提供公司治理机制。

(6) 金融机构可分为直接金融机构和间接金融机构，间接金融机构又称为金融中介机构。虽然随着金融市场的出现，直接金融的形式得到迅速的发展，但现代经济社会的资金，很大部分仍然是通过金融中介机构进行融通的，这主要是因为，金融机构具有资产转型、节约交易成本、缓解信息不对称、充当流动性中介、降低融资风险等功能。

复习思考题

1. 如何理解资金高效融通的重要性？
2. 什么是信用？
3. 比较并分析优先股股票、普通股票和债券的流动性、风险性和收益性。
4. 金融市场的主要功能有哪些？
5. 为什么经济中的资金融通大部分是通过金融中介实现的？

第三章 利率及其决定

在讨论金融体系的具体构成——金融工具、金融市场和金融机构之前，有必要先了解金融体系中一个十分重要的概念——利率。随着信用关系的发展，货币借贷的出现，利息和利息率就成了一个重要的课题。本章将重点阐述利息的本质、来源以及利率的计量和利率水平的决定等问题。

第一节 利息与利息率

一、利息及其本质

利息从狭义上讲是借贷资金的价格，是借贷资金的增值额，是债权人贷出货币资本而从债务人手中获取的报酬；从广义上讲，利息还包括购买非货币金融资产的收益。利息的最早形式是高利贷利息。在古典利息理论之前，人们着重于讨论收取利息是否合理合法的问题。放债取息受到教会的禁止。经济的发展促进了信用关系的发展，并且资金过剩和资金短缺的同时存在，共同促进了放债取息的进一步发展。

（一）马克思的利息理论

马克思认为货币本身并不能创造货币，不会自行增值，只有当职能资本家用货币购买到生产资料和劳动力，才能在生产过程中通过雇佣工人的劳动创造出剩余价值。而货币资本家凭借对资本的所有权，与职能资本家共同瓜分剩余价值。因此，资本所有权与资本使用权的分离是利息产生的内在前提。再生产过程的特点导致资金盈余者和资金短缺者的共同存在，则是利息产生的外在条件。当货币被资本家占有，用来充当剥削雇佣工人剩余价值的手段时，它就成为资本。货币执行资本的职能，获得一种追加的使用价值，即生产平均利润的能力。谁掌握了货币的使用权，谁就拥有货币资本生产平均利润的使用价值。因此，货币资本就作为资本商品被提到市场上来。资本商品在市场上以利息为条件，进行不改变所有权而让渡使用权的借贷时，就成为借贷资本。从表面上看，借贷资本的运动形式为 $G-G'$。正如马克思所说："把货币资本放出即贷出一定时期，然后把它连同利息(剩余价值)一起收回,是生息资本所具有的全部运动形式。”[①]虽然是全部形式,但不是全部内容。实际上,货币资本不转换为生产资本,不经过生产过程,是绝不能自行增值的。

当剩余价值被看作是全部预付资本带来的产物时,就转化为利润。在所有资本家追求剩余价值的利益驱使下,利润又转化为平均利润。平均利润分割成利息和企业主收入,分别被不同的资本家所占有。因此,利息在本质上与利润一样,是剩余价值的转化形式,反映了借贷资本家和职能资本家共同剥削工人的关系。

(二) 西方经济学中的利息理论

利息的本质取决于利息的来源。对于借贷资金何以能产生一个增值额,西方经济学家有多种解释,但大体上可分为两大学派:实质利息理论和货币利息理论。实质利息是实际资本的报酬和实际资本的收益,实际利息率最终取决于起初的生产力因素,如技术、资源的可用性和资本存量等。从17世纪古典经济学家对利息开始进行系统研究起,直到20世纪30年代,实质利息理论在利息研究领域一直居于主导地位。20世纪30年代世界性的经济危机使传统利息理论难以有效地解释现实并陷入困境。凯恩斯的《就业、利息和货币通论》以流动性偏好论为基础,丰富和发展了货币利息理论,使之成为西方各国制定货币政策的主要依据,从而取代了实质利息理论,开始在利息研究领域占据主导地位。货币利息理论是一种短期利息理论,它认为利息是借钱和出售证券的成本,同时又是贷款和购买证券的收益。作为一种货币现象,利息率的高低完全由货币的供求决定。20世纪60年代末,西方各国出现了通货膨胀和失业同时并存的“滞胀”局面,利率波动剧烈,注重短期纯货币分析的货币利息理论日益暴露出其局限性,从而出现了以价格预期为纽带,将两大利息理论融为一体的现代利息理论。下面,我们对现代利息理论中的一些代表性观点作简要介绍。

第一,节欲论。代表人物是西尼尔。节欲就是个人对于自己可以自由使用的那部分资金,不用作当前即能获得效用的非生产性用途,而把它用于未来方能产生效用的生产性用途。资本家通过节欲产生储蓄,把储蓄转化为资本进行扩大再生产,只有这样才能使将来获得比目前更多的消费。因此,节欲是比资本更基本的生产要素。利息的原始来源就是节欲,它是资本家节欲行为的报酬。而节欲意味着减少当前消费,减少当前消费则意味着有欲望不能满足,从而产生痛苦,利息就是对忍受这种痛苦的补偿。

第二,时间偏好论。又称“时差论”,代表人物是庞巴维克。该理论认为,由于人类生命的有限性,未来情况又具有不可预测性,因而人们对现有财货的评价大于对未来财货的评价,“现在物品通常比同一种类和同一数量的未来物品更有价值。”[②]这种价值上的差别就是一切利息的来源。收取利息就是为了保证资金贷款人在将来收回本金时的价值至少等于现在的价值。只有这样,借贷行为才能发生。

第三,流动性偏好论。凯恩斯认为货币是唯一具有完全流动性的资产,人们出于交易动机、预防动机和投机动机的需要,偏好以货币形式保存已有资产。人们贷出货币资金或者购买生息证券,都意味着放弃了自己的流动性偏好,但同时有一定的收益,这个收益就是利息。所以利息就是对人们在一定时期放弃流动性偏好的报酬。

第四,迂回生产论。该理论认为现在的生产方法是迂回的生产方法,即先生产生产工具,

---

① 马克思:《资本论》(第3卷),人民出版社,1975年版第309页。

② 庞巴维克:《资本实证论》,商务印书馆,1983年版第243页。

再用生产工具生产出最终产品。生产过程越迂回,生产周期越长,生产力就越高。采用迂回生产方法有一个条件,即在从事生产工具的生产时,必须储备有足够的生活资料供生产者消费。借贷货币资金,使那些未储存生活资料者用来储存生活资料,这样就可以使生产的迂回过程更长,从而提高生产力。既然资金的借贷有提高生产力的功能,那么就必须获得其应有的报酬,这种报酬就是利息。

二、利率与利率体系

利率也就是利息率,简单来说,它是指借贷期内形成的利息额与所贷资金额(本金)的比率。它反映利息水平的高低。用公式表示为:

$$R=\frac{\Delta G}{G}$$

式中 R 表示利息率,G 表示本金,ΔG 是表示本金的增值额即利息。利率通常有年利率、月利率和日利率三种表示方法。年利率以年为单位计算利息,按本金的百分之几表示,通常称为年息几厘;月利率以月为单位计算利息,按本金的千分之几表示,通常称为月息几厘;日利率以日为单位计息,按本金的万分之几表示,通常称为日息几厘。如本金 10 000 元,年息 5 厘,表示每年利息为 500 元。月息 5 厘,表示每月利息为 50 元。日息 5 厘,表示每天利息为 5 元。

由于安全性和流动性的不同,各种存贷款以及各种金融资产之间的利率各不相同。各种利率所形成的互相联系、互相制约的有机整体,就构成了利率体系。它由各种利率、各种利率之间的比例关系和同种利率的差别构成。各种利率之间可以根据不同的标准,划分出多种不同的利率形态。下面介绍主要的几种利率形态:

(一)市场利率和基准利率

市场利率是指在借贷货币市场上由借贷双方通过竞争而形成的利息率。它随供求关系的变化而变化,能及时、准确地反映出资金的供求状况。基准利率是指在整个利率体系中居于支配地位,能带动和影响其他利率的基础性利率。基准利率通常具有三个方面的特征:一是具有广泛的市场参与性;二是具有高度的传导性;三是便于控制。在成熟金融市场,同业拆借利率、短期国债利率等都符合基准利率的要求。在一个利率体系中,基准利率具有相对的稳定性,而市场利率往往波动更大。

1991—2010 年,美国的基准利率如图 3-1 所示。

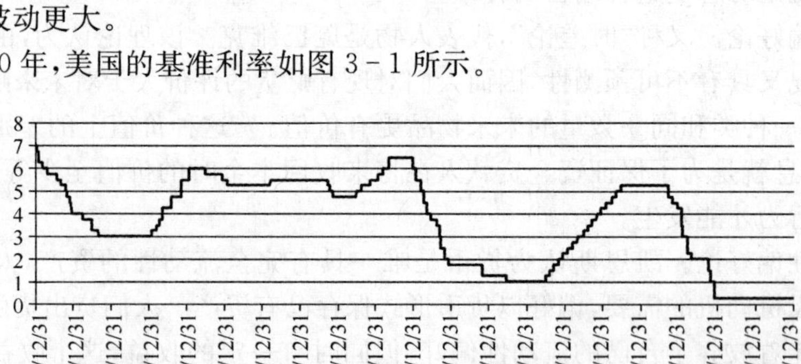

图 3-1 美国的基准利率:联邦基金利率(1991—2010)[①]

① 自 2008 年 12 月 6 日起,为应对金融危机,美联储宣布将联邦基金利率的目标调整到 0%—0.25%。

(二) 公定利率和官定利率

由政府金融管理部门或中央银行确定的利率，通常称为官定利率。由非政府部门的金融民间组织，如银行公会所确定的利率是行业公定利率。它对会员银行有约束性。官定利率是政府根据货币政策的需要和市场利率的变动趋势加以确定的，代表了政府调节经济的意向。公定、官定利率与市场利率的区别在于是否按市场规律自由变动。市场利率是按市场规律自由变动的利率，而公定利率、官定利率都反映了非市场力量对利率的强制性干预。

我国的利率属于官定利率。利率由国务院统一规定，由中国人民银行统一管理。1981 年以后，各专业银行被赋予在统一规定的上下限幅度内实行利率浮动的权力。

(三) 固定利率和浮动利率

根据在借贷期限内是否调整，利率可分为固定利率和浮动利率。固定利率是指不随资金市场上借贷双方供求关系变化的影响，在整个借贷期限内固定不变的利率。这种利率简便易行，易于计算借款成本。但当贷款期限较长或市场利率变化较快时，债权人和债务人都有可能承担较大的利率风险。浮动利率是指随市场利率的变化而定期调整的利率。调整期限和调整时作为基础的市场利率的选择，由借贷双方在借款时议定。浮动利率可以使借贷双方的利率风险降低，但因手续繁杂、计算依据多样而增加费用开支，因此多用于 3 年以上的借贷和国际金融市场。例如，欧洲货币市场上的浮动利率，调整期限一般为 3 个月或半年。调整的依据为伦敦银行同业拆借市场的同期利率。我国的人民币借贷在 1988 年之前一直采用固定利率。1988 年，对中长期存款实行保值储蓄是浮动利率的开始。

(四) 名义利率和实际利率

名义利率是以名义货币表示的利息与本金之比；实际利率是指物价不变，从而货币购买力不变条件下的利息与本金之比。它们之间的区别就在于名义利率没有考虑通货膨胀对利息的影响，而实际利率考虑了通货膨胀风险因素的补偿。实际利率可近似表示为名义利率减去预期通货膨胀率。用公式表示为：

$$i_r = i - \pi^e$$

其中，i_r 为实际利率，i 代表名义利率，π^e 为借贷期内的物价变动率。这个公式基本上反映了名义利率和实际利率之间的关系，但它只考虑物价变动对本金的影响。若 P 为本金，当考虑物价变动对本金和利息的影响时，有：

$$P(1+i) = P(1+i_r)(1+\pi^e)$$

即：$i_r = \dfrac{1+i}{1+\pi^e} - 1 = \dfrac{i-\pi^e}{1+\pi^e}$

区别名义利率和实际利率有着重要的实践意义。在通货膨胀条件下，市场上的各种利率都是名义利率，实际利率不易直接观察到，而反映真实的借款成本和贷款收益的是实际利率而不是名义利率。我国曾经出现的保值储蓄就是银行根据国家统计局公布的零售物价指数对储蓄存款利率进行调整，使实际利率大于零。

(五) 一般利率和优惠利率

优惠利率是指金融机构对那些需要被扶植或照顾的借款者提供的低于一般贷款利率水平的利率，它与一般利率的差别在于优惠性质。优惠利率的实施通常具有一定的政策性。我国实行的贴息贷款采用的就是优惠利率，这种贷款的借款者支付低于一般利率水平的利息，贷款者少收的利息差额由批准贴息的部门支付。外汇贷款利率中通常以低于伦敦同业拆借市场的利率为优惠利率。

(六) 存款利率和贷款利率

存款利率是存款的利息与存款金额之比,而贷款利率则是贷款的利息与贷款金额之比。存款利率和贷款利率之间一定存在差异,这是由银行的经营特性决定的。存贷利差是银行很重要的一项利润来源,但差额的大小随银行垄断程度的不同而有所不同。银行众多而且同业竞争激烈的,存贷利差趋小;反之,存贷利差较大。在西方成熟市场,激烈的竞争使银行利差不断缩小,由存贷利差带来的银行利润在其总利润中的比重也不断下降。而我国目前的存贷款利率尚未完全市场化,因此较高的存贷利差仍然是商业银行利润的重要来源。

第二节 利率的计量

利率简单来说,就指借贷期内形成的利息额与所贷资金额(本金)的比率。但实际中,利率的表示方式各有不同,要比较这些利率的高低,就必须找到一种统一的利率计量方法。

一、单利和复利

单利是指在计算利息额时,不论借款期限的长短,仅按本金计算利息,对所生利息不再重复计息。其计算公式为:

$$C=P\times r\times n$$

$$A=P\times(1+r\times n)$$

其中,C 为利息额,P 为本金,r 表示利息率,n 表示借贷期限,A 为本利和。

单利计算简单、方便,一般适用于短期信贷。当期限较长时,资金在运动中不断增值,不仅本金,而且利息作为资金的运用也在增殖,因此应该在利息的计算中考虑利息的生息问题,也就是我们通俗所说的"利滚利"。复利就是这样的一种计算方法,其计算公式为:

$$A=P\times(1+r)^n \tag{3-1}$$

利息的存在就是承认可以凭借资金的所有权取得分配一部分社会产品的权利,承认这种合理性,也就要承认复利存在的合理性。因为利息属于贷出者所有,应该与本金一样获得这种分配社会产品的权利。

二、利率的计算

货币资金经过一段时间的借贷,可以产生利息,也就是说,货币资金是具有时间价值的。今天的 1 元钱并不等于 1 年后的 1 元钱,那是因为在这 1 年中,1 元钱可以通过借贷产生利息。在上述的货币时间价值问题中,今天的 1 元钱常被称为现值,它表示在一个完整的时间周期内,货币资金在期初时的价值,而经过 1 年后,1 元钱加上其产生的利息则被称为终值,它表示在一个完整的时间周期内,货币资金在期末时的价值。可见,现值和终值之间的关系体现了货币资金的生息过程,也就反映了利率的高低。如前所述,复利计息比单利计息更为准确,因此,在现值和终值关系的计算中,我们采用的是复利计息的方式。

若某种无风险金融资产的现值为 PV,经过 n 年后,该种金融资产的终值为 FV,在这段时间内的利率水平为 i,根据复利的计算方法可得:

$$FV=PV(1+i)^n \tag{3-2}$$

如果在已知终值和利率的基础上，求现值的大小，则由式(3-2)可得：

$$PV=FV/(1+i)^n \tag{3-3}$$

这是确定未来收益当前价值的方法，我们常把这个过程称为“贴现”，所使用的利率则被称为贴现率。

在一个有效的金融市场中①，若某金融资产能够在 n 年后一次性提供价值为 FV 的收益，当市场利率为 i 时，其市场价格应等于当前的内在价值，即现值 PV。反过来看，一个 n 年后提供一次性收益 FV 的金融资产，若在一个有效率的金融市场经过充分竞价后形成了 PV 的市场价格，那么，能使该金融资产的未来收益 FV 贴现形成的现值恰好等于其市场价格 PV 的那个贴现率，实质上就是当前的市场利率 i。

在现实中，金融资产的形式是多种多样的，其未来收益的获得方式也不一样。上面我们讨论的金融资产是一次性的还本付息，在金融市场有效的前提下，其现值表现为当前的市场价格，终值则表现为最终的还本付息额。在现实中，更多的金融工具其收益可能在未来一段时间之内分批发放，这就形成了所谓的收益流或者现金流，对这一类的金融工具，我们可以将其未来的一系列收益流 $R_1,R_2,\cdots R_n$（R_n 表示在第 n 年的利息收益）看成 n 个独立金融产品形成的终值，原始的金融资产则是这 n 个金融产品形成的资产组合。因此，将这 n 个未来收益分别贴现后就能分别获得这 n 个金融产品的现值，也就是其内在价值，再将其加总则得到了该资产组合，也就是原始金融资产的现值。根据式(3-3)，这一过程用公式可以表示为：

$$PV=\frac{R_1}{1+i}+\frac{R_2}{(1+i)^2}+\frac{R_3}{(1+i)^3}+\cdots+\frac{R_n}{(1+i)^n} \tag{3-4}$$

式(3-3)实质上是式(3-4)的一种特殊情况。与一次性还本付息的金融资产一样，若金融市场有效，能使金融资产未来收益流的现值之和等于其现在价值的贴现率 i 就是市场利率。在债券市场，这类贴现率被称为到期收益率(yield to maturity)。由于国债可被看成是一种无风险证券，因此，在金融市场中，国债的到期收益率往往被认为就是对当前市场无风险利率水平的最准确的表示。

值得注意的是，根据利率的表达公式，利率的高低将与金融资产的价格呈反向变化的关系，即市场利率水平越高，资产的价格越低；否则反之。这一特点在今后讨论证券价格和市场利率之间关系时会经常使用。

第三节　利率的期限结构

在金融资产的利率差异中，期限因素始终是最重要的。利率的期限结构就是指短期利率与长期利率之间形成的关系结构。

如图 3-2 所示，不同期限的利率收益曲线可用期限结构图表示：A 曲线表示利率不变，长期利率与短期利率保持一致；B 曲线表示长期利率低于短期利率；C 曲线表示长期利率高于短期利率。

---

① 根据有效市场理论，若金融市场是有效的，金融资产的市场价格将能够充分反映其内在价值。

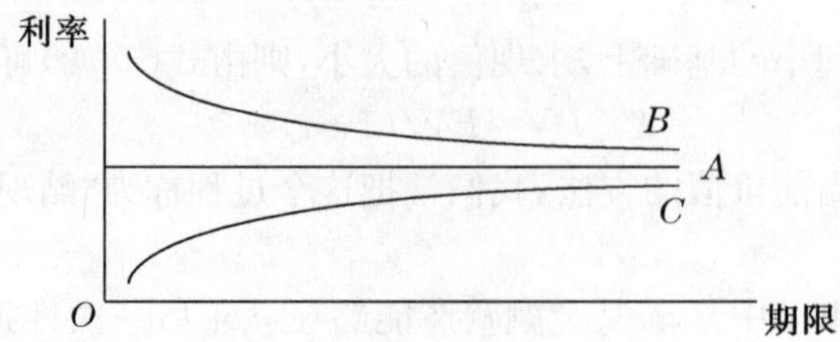

图 3-2 利率的期限结构

一般情况下，趋于上升的收益曲线 C 的形式是最主要的形式。它表明，随着期限的延长，风险和市场不确定性会增加，因此，收益也应提高。在西方，探讨长、短期利率相关性的理论主要有三种，即完全预期理论、市场分割理论和流动偏好理论。

一、完全预期理论

完全预期理论有两方面的假设前提：一是人们对将来的短期利率变动有确切的预期或完全的预期；二是短期资金市场与长期资金市场的资金移动保持完全自由①。因此，对未来的预期是收益——期限关系的唯一决定因素。根据以上两个假设，长期投资与短期投资在一定期限后所得的本利和应该是相等的。若 I_n 为 n 年期的长期利率，i_1 为当期短期利率，i_2、i_3…i_n 为未来各期的短期利率，简单起见，此处用单利计算，根据完全预期理论，长期利率将等于现期利率与未来短期利率的算术平均数。即：

$$I_n=\frac{i_1+i_2+i_3+\cdots i_n}{n} \tag{3-5}$$

例如，某人有一笔资金，准备投放 2 年，如果此时 1 年期债券利率为 7%，预期 1 年后发行的短期债券利率为 9%，那么只有当 2 年期债券利率水平大于 8%时，他才会购买 2 年期债券，否则他可以先购买 1 年期债券，到期后再购买第二年的 1 年期债券，获取 9%的收益。当所有投资者都这样预期时，只有在 2 年期债券利率为 8%时，长期债券和短期债券的供求才能都达到均衡。如果预期未来的短期利率上升，则当前作为现时短期利率和未来短期利率平均数的长期利率将大于短期利率，收益曲线向上如 C 形式；反之，收益曲线下降如 B 形式。当预期未来的短期利率不变时，收益曲线为一水平线如 A 形式。

完全预期理论将不同期限的证券视为一个密切联系的整体，因此，它可以很好地解释在证券市场上不同期限的利率水平常常同向波动的现象。这是因为假若当前短期利率上升，通常人们常常也会提高对未来短期利率的预期，因此长期利率也将同时上升。不过，完全预期理论并不能解释为什么大部分的期限结构曲线是倾斜向上的，因为没有任何证据表明，预期利率只会上升而不会下降，这一现象需要市场分割理论来解释。

二、市场分割理论

市场分割理论认为投资者都是风险回避者，有着强烈的期限偏好和期限需求，他们不会因为不同期限的收益差别而放弃或改变他们的期限需求。如果投资者有两年的资金持有时间，

① 曾康霖、邓映翎著：《利息论》，西南财经大学出版社，1990 年版第 183 页。

就会购买两年期的债券。短期资金需求者发行短期证券，长期资金需求者发行长期证券，并且长、短期市场互相分隔，不能互相替代。每个市场中的利率由各自市场上的资金供求状况决定。各种利率都具有相对独立性。长期利率只决定于长期资金的供求，短期利率决定于短期资金的供求。该理论较好地说明了具有长期稳定资金来源的保险公司、养老基金等偏向于长期借贷的原因。而且，由于假定人们是风险回避的，长期资金的风险通常大于短期资金的风险，因此，短期资金利率会更低，这很好地解释了期限结构曲线大都向上倾斜的原因，但却并不能解释不同期限利率水平的同向波动。

三、流动性偏好理论

流动偏好理论是建立在完全预期理论和市场分割理论基础上的，该理论认为，投资者是收入和风险的选择者，经济活动的不确定性使得对未来利率不可能完全预期，而且利率期限越长，变动的可能性就越大，利率风险也就越大。长期利率高于短期利率，一方面作为对风险的补偿，另一方面也是对放弃流动性的补偿。考夫曼认为："在流动性偏好利率结构理论中，长期利率等于现在短期利率和预期未来短期利率的几何平均数加上与他们相关的流动性报酬。"① 上述观点是以复利计息的方式计算获得。若我们简单起见仍以单利计息，并用 L_n 表示期限为 n 时的流动性报酬，则长短期利率的关系可以表示为：

$$I_n=\frac{i_1+i_2+i_3+\cdots i_n}{n}+L \tag{3-6}$$

流动性偏好理论认为，正常的收益曲线是向上倾斜的如 C 形式，反映出随期限和风险的增加，收益亦相应增加。只有当预期未来利率下降幅度超过因期限和风险增加而支付的贴水时，收益曲线下降如 B 形式。如果市场利率预期不变，根据完全预期理论，收益曲线呈水平状；而根据流动偏好理论，收益曲线将向上倾斜。该理论既能解释不同期限利率的同向波动，也能解释为何大部分的收益曲线向上倾斜。

第四节 利率的决定

在这一节我们将重点阐述利率究竟是如何被决定的，有哪些因素对它发生作用。

一、马克思的利率决定论

马克思认为利息是借贷资本家从职能资本家那里分割到的剩余价值的一部分，剩余价值表现为利润，因此，利息只是利润的一部分。利润本身就构成了利息的最高界限，平均利润率就构成了利息率的最高界限。因为若利息率超过平均利润率，职能资本家就不会借入资本。而利息率为零时，借贷资本家无利可图，就不会贷出资本。因此，利息率总是在零与平均利润率之间波动。

利息率取决于平均利润率，使得利息率有以下三个方面的特点：第一，随着技术发展，资本有机构成的提高，平均利润率具有下降趋势。因此，平均利息率也有下降的趋势。第二，在某

① 曾康霖、邓映翎著：《利息论》，西南财经大学出版社，1990 年版第 195 页。

一阶段考察利息率时，每个地区的平均利润率是一个稳定的量，所以平均利息率也是个相对稳定的量。③ 利息率不仅受到利润率的决定，还受供求竞争、传统习惯和法律规定等因素的作用，它的决定具有偶然性。

现实生活中面对的都是易变的市场利率，平均利息率只是一个理论概念，从总体上反映在一定时期利率水平的高低，是一个相对稳定的量。

二、古典利率理论

古典学派认为，利率决定于储蓄和投资的均衡。资本的供给来源于储蓄，资本的需求取决于投资需求。人们把财富用于储蓄而不用于现期消费，是为了将来获得以利息表示的更多消费补偿。因此，只有在利率水平足够高时，储蓄才会发生，而且利率水平越高，储蓄倾向越大。投资需求取决于资本的边际生产力，而资本的边际生产力随资本数量的增加而递减，当资本的边际生产力与利率的水平一致时，就是企业家的意愿投资需求点。因此，利率越高，投资就减少，利率降低，投资上升。这样，一方面，一定的利率水平和一定的储蓄正向对应；另一方面，它又和一定的投资反向对应。因而利率水平依赖于储蓄和投资双方的相互调整，使投资能够全部吸收储蓄，而储蓄又能维持全部投资，即利率的水平取决于储蓄流量和投资流量的均衡，见图 3-3。

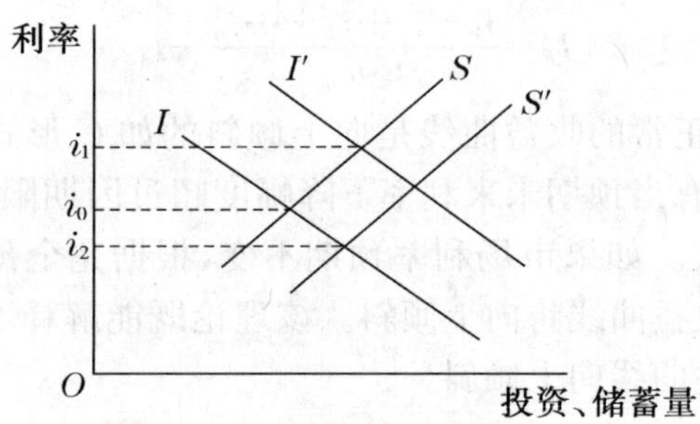

图 3-3　古典利率的决定

图 3-3 中，I 曲线为投资曲线，向下倾斜表示投资是利率的减函数；S 曲线表示储蓄曲线，向上倾斜表示储蓄是利率的增函数。两线的交点所确定的利率 i_0 就是均衡利率。当有些外生因素如技术的进步等使 I 曲线向右移动到 I' 时，I' 曲线与 S 曲线的交点 i_1 就是新的均衡利率。同样，外在因素使 S 曲线移到 S' 曲线时，I 曲线和 S' 曲线的交点 i_2 就成了新的均衡利率。显然，投资不变时，储蓄的增加会使利率水平下降。储蓄不变时，投资的增加会使利率水平上升。

三、流动性偏好利率理论

凯恩斯认为，货币对收入、产出和就业等均有重大影响，利息纯粹是一种货币现象，利率完全由货币因素决定。“利率是一种价格，使得公众愿意用现金形式（货币形式）来持有的财富，恰等于现有的现金量。”[①]流动性偏好和货币数量是构成利率的两大决定因素。该理论是货币数量均衡的利率理论。

引起流动性偏好的动机有三个：交易动机、预防动机和投机动机。因交易动机和预防动机

① 凯恩斯：《就业、利息和货币通论》，商务印书馆，1983 年版第 143 页。

所需的货币量与利率无关，主要与收入有关，用 $L_1 = f_1(Y)$ 表示，Y 为收入水平。而因投机动机所需的货币量主要与利率相关，$L_2 = f_2(i)$，与收入关系不大。利率越高，投机性货币需求越小；利率越低，投机性货币需求越大，当利率低至某一极限时，货币需求为无限大，人们宁愿持有货币而不愿持有其他资产，这就是“流动性陷阱”。总的货币需求为 $L = f_1(Y) + f_2(i)$。

若社会总的货币供给量为 M，当货币的供求均衡，即 $M = L = f_1(Y) + f_2(i)$ 时，均衡的利率水平将被决定。

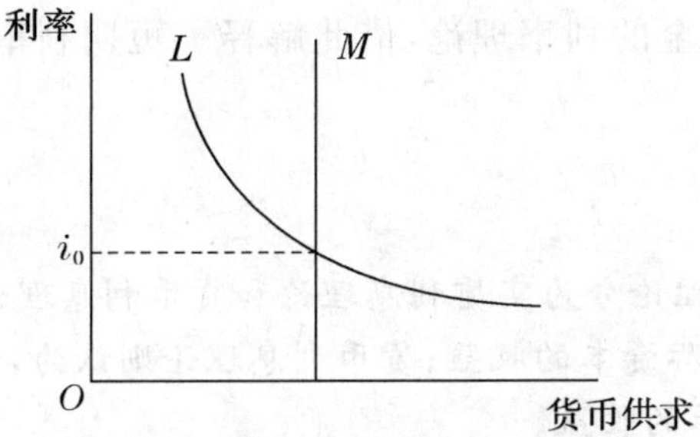

图 3－4　流动性偏好利率决定图

如图 3－4 所示，假定货币的供给量为外生变量，对利率完全无弹性，货币供给曲线在图上将表现为一条垂直线。货币需求是人们由于流动性偏好意愿持有的货币量，根据上面的分析，它与利率反相关，因此货币需求曲线将是一条斜率为负的曲线。两曲线的交点 i_0 即为均衡利率。

货币存量取决于货币供给，流动性偏好反映货币需求。当货币市场不均衡时，超额或者缺额货币将被生息证券的增加或减少所替代，证券价格的上涨或下跌，推动利率降低或上升，由于投机动机的作用，货币需求随之扩大或收缩，直到货币需求水平恰好全部吸收货币供给为止，这时利率将达到均衡水平。因此，货币的供求关系决定均衡利率水平，政府可以通过增加或减少货币供应量的投放，使货币的供需失衡，从而对市场的均衡利率水平进行调整，并进一步影响投资以及产出水平。

四、可贷资金利率理论

在现实经济中，不仅有储蓄和投资这些实际因素对利率产生影响，还有人们对货币的需求及货币的供给这些货币因素也对利率产生影响。可贷资金理论试图把实际经济因素和货币因素进行综合考虑，从流量的角度研究借贷资金的供求和利率的决定。该理论认为利率取决于可贷资金的供求平衡。

按照可贷资金理论，可贷资金的供给来源于两个部分：一是社会（包括家庭、政府和企业）的实际储蓄，在开放经济中，还包括来自外国资本的净流入；二是信用膨胀引起的实际货币供给净增额。可贷资金的需求也包括两方面：一是实际投资支出的需要，对于政府而言，则可能是弥补实际赤字额的需要；二是居民、企业增加货币持有的需要。用公式表示：

$$D_L = I + \Delta M_D;\ S_L = S + \Delta M_S \qquad (3-7)$$

式(3－7)中，D_L 表示可贷资金的需求；S_L 表示可贷资金的供给；ΔM_D 表示该时期内货币需求的改变量；ΔM_S 表示该时期内货币供应的改变量。当可贷资金供求双方相互作用达到平衡时，形成均衡的一般利率。均衡条件用公式表示为：

$$D_L = S_L$$

即
$$I + \Delta M_D = S + \Delta M_S \tag{3-8}$$

从式(3-8)可以看出，即使投资与储蓄这一对实际因素的力量对比不变，货币供需增量的对比变化也足以改变利率。因此，可贷资金的供求均衡并不能保证商品市场和货币市场的同时均衡。从短期看，货币增量供求的不平衡或者投资储蓄的不平衡都会导致收入水平的波动，通过货币因素的传导，使均衡利率产生短期波动。从长期看，利率取决于实际经济因素，所以长期利率相对稳定。可贷资金的利率理论，借此解释了短期利率的易变性和长期利率的稳定性。

本章小结

(1) 西方经济学的利息理论分为实质利息理论和货币利息理论。实质利息理论认为实质利息是实际资本的报酬和实际资本的收益；货币利息理论则认为，利息是借钱和出售证券的成本，同时又是贷款和购买证券的收益。

(2) 资金是有时间价值的，利息也就产生于此。使证券的价格等于其收益流现值总和的到期收益率，是描述利率的最好指标。

(3) 利率的期限结构是指短期利率与长期利率之间形成的关系结构，关于利率期限结构的形态，有三种理论提供了解释：完全预期理论，市场分割理论和流动性偏好理论。

(4) 古典的利率决定理论坚持两分法，认为利率取决于实际经济中的投资与储蓄的均衡，与货币因素无关；凯恩斯的流动性偏好理论则认为，流动性偏好和货币数量共同构成利率的两大决定因素；可贷资金理论同时关注了实际因素和货币因素对理论的影响，从可贷资金的角度考虑利率的决定，认为可贷资金的供给和需求决定利率的均衡水平。

复习思考题

1. 名义利率和实际利率的关系是什么？
2. 如何理解到期收益率是描述利率最精确的指标？
3. 完全预期理论、市场分割理论和流动偏好理论是怎样解释收益率曲线的？
4. 可贷资金理论认为利率是如何决定的？

第四章 金融工具

金融工具作为记载债权人权利和债务人义务的凭证。它的存在为储蓄向投资的转化提供了具有法律效应的凭证,有利于明确界定交易双方的义务,保护双方的权益,使交易双方在心理上能够获得较高的安全保障;金融工具由市场定价,其价格反映着由社会经济环境和债务人自身经济实力决定的清偿可能性,有利于交易者在追求盈利和保障安全之间进行权衡和选择;金融工具与实物资产相比,有着流动性方面的较大优势,能够降低交易成本,而且更具有可分性,有利于引导资源的有效配置和使用。金融工具的存在加速了储蓄者、投资者之间的融资过程,使金融活动的数量大大增加,金融活动的效率也有所提高。金融工具品种的丰富和数量的增多,是一个国家金融体系发达的重要标志。

在金融体系中,金融工具种类繁多,分类方法也十分多样。总体来说,我们可以按照是否直接地与实际信用活动相关,将金融工具分为原生金融工具和衍生金融工具两大类。其中,原生金融工具通常是指在实际信用活动中出具的各类证明债权债务关系或者所有权关系的凭证;衍生金融工具则是在原生金融工具基础上派生出来的各类金融合约。据此,在本书中,我们主要将金融工具分成三大类来介绍:债务类金融工具、所有权类金融工具和衍生金融工具。

第一节 债务类金融工具

债务类金融工具是指基于交易双方的债权债务关系,通过某种合约形式形成的金融工具。债务类金融工具的种类十分丰富,在本书中,我们将主要以国内的分类方法为依据,并结合国外常见的债务类金融工具类型,依次介绍票据、回购协议、可转让定期存单和债券这四种最基本的债务类金融工具。其中,除债券外,其余三种债务类金融工具同时也是短期金融工具,是一国货币市场中的主要金融工具;债券则既包括货币市场中交易活跃的国库券,也包括资本市场中占重要地位的中长期债券。

一、票据

在我国,按照《票据法》的定义,票据被分为本票、汇票和支票三大类,这与一些国外市场对票据的界定存在差异。我国的票据首先是一种结算工具和支付手段，其次才具有融资功能。像本票、汇票和支票，都是属于直接可用于支付的交易性票据，而一些仅仅为融资发行的金融工具，如短期融资券(接近于美国市场上的商业票据)，则在我国被归入企业债券的范畴。与此类似的还有中期票据、中小企业集合票据等名称中包含"票据"字眼的中长期融资工具，也都被划入了企业债券的范畴。

(一) 本票

本票(promissory note)又称期票，是发票人签发，在一定日期及地点无条件支付一定金额给收款人或执票人的一种票据。票面上一般具备表明其为本票的文字、支付金额、签发日期、付票日期、出票人地点和有效印章等要素。本票的发票人为债务人，执票人为债权人。按发票人的不同，本票分为银行本票和商业本票。银行本票是银行签发，向受款人无条件支付一定金额的票据。商业本票又称商业期票，是商业信用的一种工具，在工商企业之间发生商业信用时，债务人向债权人签发的，在约定期限支付一定款项给债权人的支付承诺书。它有两个当事人：一是出票人(即债务人)；二是收款人(即债权人)。如在一笔信用买卖中，甲企业向乙企业赊销1万元商品，随即乙企业向甲企业开出一张本票进行结算。在这里，乙既是出票人又是付款人，甲既是债权人又是收款人。

根据付款期限不同，本票还可分为即期本票和远期本票。即期本票是指见票即付的本票；远期本票则必须到约定的某一日期才可付款。根据本票票面有否载明受款人姓名，本票又可分为记名本票和不记名本票。记名本票必须到期付给指定的收款人，不记名本票则可付给任何持票的收款人。

在我国，银行本票是1988年中国人民银行全面改革银行支付结算制度后推出的一种支付结算工具。根据《票据法》的规定，我国对本票的使用限定比较严格，仅允许流通并使用见票即付的银行本票，其他机构和个人都不能签发本票。而且，银行本票只能在同一票据交换区域内使用。在银行本票业务中，银行既是出票人也是付款人，与此相对应的持票人即收款人。银行本票按票面金额是否固定分为定额本票和不定额本票。

(二) 汇票

汇票(bill of exchange, draft)是由发票人签发的一定金额，让付款人在指定的到期日无条件付给收款人或执票人的一种票据。汇票的发票人通常为债权人，付款人为债务人。按发票人的不同，汇票可分为商业汇票和银行汇票。商业汇票是由作为债权人的工商企业向债务人签发的，要求后者在约定期限支付一定款项给第三人或持票人的支付命令。商业汇票的当事人有三方：一是出票人；二是收票人或付款人；三是收款人或持票人。有时出票人就是收款人。比如，甲企业在向乙企业赊销商品的同时，又以等额金额向丙企业赊购原材料。为了清算方便，甲企业向乙企业开出汇票一张，要求乙企业在规定期限内向丙企业支付一定款项。在这里，甲为出票人，乙为收票人或付款人，丙为持票人或收款人。银行汇票是银行承办汇兑业务时发出的一种汇兑凭证，它由银行签发，交由汇款人自带或寄给外地收款人，凭票向指定银行兑取现款。银行汇票实际上是承汇银行向另一家银行或分行发出的命令，要求后者向持票人支付一定数额的货币。

按汇票的付款期限不同，汇票可分为即期汇票和远期汇票。即期汇票是付款人见票即须付款的汇票；远期汇票即在见票或出票后的一定期限或特定日期付款的汇票。以收款人有无限定为标准，汇票可分为记名汇票和不记名汇票。记名汇票是汇票上注明收款人为指定收款人，只对指定收款人付款；不记名汇票可以对任何持票人付款。

由于汇票是债权人签发的，这就必须在债务人承认兑付后才能生效。经过承认兑付的汇票称为承兑汇票。承兑，即承认兑付。当汇票持有人向付款人提示付款时，付款人在票面上签字盖章，承担到期兑付责任，这便成了承兑汇票。承兑人在承兑以后承担了不可撤销的到期付款的法律责任。根据承兑人的不同，承兑汇票可分为商业承兑汇票和银行承兑汇票。商业承兑汇票是以企业作为承兑人的承兑汇票，它通常发生在销货方将货物送交购货方时，另附一张销货方的汇票，送交购货方承兑后，销货方将汇票收回保存，到期时向承兑的购货方要求付款。以银行作为承兑人的承兑汇票称为银行承兑汇票，目前我国流通中的汇票大多是银行承兑汇票，商业承兑汇票使用较少，主要由一些信用较高的大企业和金融公司签发承兑。从国际上来看，情况也大抵如此。

汇票经持票人背书后可以转让。背书的意义在于对票据清偿负责。因转让票据与他人而进行背书者为背书人，背书人一经背书即为票据的债务人。若票据的付款人或承兑人不能按期支付款项，票据的持有者有权向背书人要求支付款项。因此，背书人又称为第二债务人。

持票人在需要现款时，一般都向银行贴现或质押。票据贴现是银行的一种特殊放款业务，是指银行在票据未到期以前将票据买进的信用活动。它是银行应客户的要求，以现款或活期存款买进未到期的票据，并依据市场利息率和票据的信誉度得出贴现率，扣除自贴现日起至票据到期日止的利息后，将票面余额支付给贴现人，票据归银行，当票据到期后，银行向债务人索取票据所载金额。计算票据贴付额的公式如下：

$$\text{银行贴现付款额}=\text{票据面额}\times\left(1-\text{年贴现率}\times\frac{\text{未到期天数}}{365}\right)$$

商业银行是企业将票据进行贴现的主要对象，商业银行也可以将其持有的各类票据转而贴现给其他商业银行或者中央银行，前者被称为“转贴现”，后者被称为“再贴现”。

（三）支票

支票(check)是存款客户向银行签发的要求从其支票存款账户上按一定金额付款的凭证。凡在银行开立支票存款账户的，银行发给空白支票簿，存户可在其存款金额内（或协议的透支金额内）签发支票。银行按照票面上签注的金额付款给指定人或持票人。支票有三个当事人：发票人、付款人和收款人。支票的发票人可以自为收款人，付款人一般只限于银行或其他金融机构。银行之所以愿意成为支票的付款人，是因为接受了发票人的存款，或在存款之外，事前与存户订有契约，可以透支一定数额的现金。存户所能签发的支票金额以存款金额或透支金额为限。

支票的种类有很多，以是否记载收款人姓名为标准，支票可分为记名支票和不记名支票。记名支票是指在支票上记载收款人姓名，银行只能对支票上指定的收款人付款，又称抬头支票。这种支票必须经持票人背书银行方能付款。无记名支票是指不记载收款人的姓名，可以对支票的任何持有人付款，也称来人支票。这种支票在转让或向银行提现时，无需背书的手续。按支付方式不同，支票可分为现金支票、转账支票和保付支票。现金支票可以用来支取现金。转账支票只能在银行转账而不能提现，因票面划有两道红色平行线，又称划线支票。保付支票是由银行签章保证付款的支票，付款银行应发票人或持票人的请求，在支票上记载“保付”或“照付”字样后，即将保付金额从发票人的存款账户中划出，另立专户存储，以备随时支付。支票一经银行保付，即由保付银行承担付款责任，所以它与银行本票或银行自为付款人而签发的支票无异。

另外还有一种旅行支票。旅行支票是银行发给客户据以支取现款的一种凭证。银行为方便旅游者支取款项，在旅行者缴存一定金额后发给这种支票，旅行者在购买支票时需初签（即当发行者的面在支票上签发），之后可凭支票在事先约定的其他城市的银行提取款项。支取款项时，银行需持票人复签（即当面在支票上签字），经核对同初签相符合，给予付款。兑现行兑付后，将支票送交支票签发者索回款项。此种支票一般有固定金额，无规定流通期限。旅行支票的付款地不在存款地，而在其他城市或国外，这是与其他支票不同之处。若旅行者在国外兑付，则兑付银行收到经持票人签字的旅行支票时，即按当日的外汇牌价付给持票人当地的货币。旅行支票也可以转让给接待旅客的旅馆、饭店、航空公司及有关商店，作为偿付旅行费用或购买商品的费用，这些单位再到兑付银行兑现。旅行支票在很长时期里都是国际旅行者最常用的支付凭证之一。

支票通过同城票据交换提交签发人开户银行审核后付款。持票人委托开户银行收款时，开户行将所有委托收款的支票通过同城票据交换所提交给出票人开户行。如果在规定的退票时间内没有退票，收款人开户行即将款项转入到收款人账户内。在中国的各城市均建立了票据交换所，并有不少城市建立了票据交换处理系统。京津塘、长三角和珠三角等地还打破行政区划，建立了区域性票据交换中心。2007年，全国支票彩像交换系统在全国推广使用，这为支票支付从同城发展至全国提供了前提条件，进一步降低了支票的流通成本。

存款客户签发支票可以提款，也可以向第三人履行其付款义务。从某种意义上讲，支票已经发挥流通手段和支付手段职能，成为信用流通工具。支票的广泛使用具有重要的经济意义，它不仅节约了大量现金，而且在支票流通基础上建立了转账结算制度。在这种结算制度下，许多支付行为的最终了结都是用债权债务相互冲账的办法进行，这大大提高了货币流通的效率。

从未来发展趋势来看，尽管包括电子支付在内的各种新的支付工具不断出现和被广泛使用，但支票的使用量仍将保持在较高水平。以在美国等西方成熟市场国家十分普及的个人支票为例，虽然信息技术的发展使支付方式日益多元化，但个人支票仍然有其不可替代的优势。例如，与现金相比，个人支票丢失后可以挂失，且更便于进行大额支付，与银行卡比较，个人支票不受硬件条件的限制，还可以进行延期支付等。当然，与美国等国家比较，虽然早在1986年，我国就已经在广州、上海、深圳等七个城市开始试行个人支票，但总体用量一直很小。这一方面是由于法律等各方面因素的限制，另一方面也与我国个人、商户、银行间长时间形成的支付习惯存在惯性有关。

二、回购协议

回购协议（repurchase agreement）是指在出售证券的同时，与证券的购买者达成协议，约定在一定期限后按预定的价格购回所卖证券。按照参与主体是资金融入方还是融出方，回购协议可分为正回购和逆回购，卖出证券，融入资金的一方被称为正回购方；买入证券，融出资金的一方被称为逆回购方。回购过程中，正回购方既可将证券通过交易的方式卖给逆回购方，也可仅将证券质押给逆回购方以获得资金。前者被称为买断式回购；后者被称为质押式回购。

回购协议的最大优势在于投资者能够充分利用手中拥有的高收益低流动性证券，随时获得短期资金市场的流动性支持，是一种兼顾资金收益与流动性的投资对象。例如，某个持有长期债券的投资者，因资金周转的需要急需大量短期资金，在没有回购协议这种金融工具时，若没有其他资金来源，该投资者可能被迫出售手中的长期债券，即便此时由于金融市场利率的波动使该长期债券价格下降，该投资者也只能被迫承担这种损失以换取流动性。若市场中存在回购协议可供选择，该投资者就可以在金融市场进行一次正回购的操作，这样他既可以快速获得短期资金，也避免了在价格不合理的情况下被迫出售长期债券而发生的损失。在现实中，投资者可以根据自己的需要，与交易对手签订"隔日"或"连续合同"的回购协议来满足自己的各种流动性要求，同时，对资金融出方而言，回购协议也可以在保证资金可随时收回移作他用的前提下，增加资金的收益。可见，对正回购方，回购协议的出现大大增强了中长期证券的某种"变现能力"，同时还有效避免了这些证券持有者因出售长期证券可能带来的损失；对逆回购方，则可在保证安全性的前提下，尽可能提高手中流动性资金的收益能力。因此，回购协议的出现有利于更多资金进入中长期证券市场，这对推动相关市场的发展具有重要的意义。

三、可转让定期存单

可转让定期存单（Negotiable Bank Certificates of Deposit）是指由商业银行发行的，可以在市场上转让的存款凭证。众所周知，定期存单是银行向存款人出售的一种债务工具，它每年支付固定的利息，到期按照购买价格还本。1961 年之前，定期存单是不可转让的，就是说，在到期之前，不能将它再卖给任何人，若要求银行提前清偿，还往往需要支付一笔可观的罚金。而且，当时美国的 Q 条例还对定期存款的利率水平规定了上限，这样，在 20 世纪 60 年代金融市场利率上升的背景下，资金从商业银行大量流向金融市场，各银行都希望通过各种办法稳定存款，扩大资金来源。1961 年，花旗银行发行了第一张大额（10 万美元以上）可在二级市场上转卖的可转让定期存单，这一创新产品既具有很高的流动性，又能获得较稳定的收益，很快在市场受到投资者的欢迎，各个银行也纷纷效仿。现在，美国几乎所有主要的商业银行都发行这种债务工具，发行可转让定期存单已经成为商业银行从居民、公司、货币市场基金、慈善机构和政府机构取得资金的重要方式。

在我国，人民银行在 1986 年就发布了《中国人民银行关于大额可转让定期存单管理办法》，并开始推出此项产品。不过，由于大额存单业务出现了各种问题，如利率过高引发的存款"大搬家"、盗开和伪造银行存单进行诈骗等犯罪活动猖獗等，在 1997 年监管部门暂停审批银行的大额可转让定期存单发行申请，该业务一度陷入停滞。目前，随着金融市场的不断发展，重启此项业务的市场呼声日益提高。

四、债券

债券是一种由借款人发出，贷款人持有，期限固定，利率固定，到期还本，约期付息的非个性化长期债权债务凭证。债券所规定的资金借贷的权责关系主要包括三点：一是面值，每张债券所含的本金数额基本上是所借贷的某种货币的数额，但不完全等同；二是期限，债券从发行日起到约定的偿还日止的时间；三是利息和利率，债券发行人向债券持有人借入资金而付给后者的报酬即利息，每年债券利息的数额通常用相当于本金的一定百分比来表示，该百分比即为债券的利率，又称票面利率。

（一）债券的种类

债券的分类是一项非常复杂的工作，根据不同的标准，可以建立起不同的债券体系。本书将重点从发行主体的角度对其进行简单介绍。

1. 政府公债

政府债券是政府及其所属机构发行的债券。政府是一个国家的权力机构，它有权征税和谋取其他财政收入，一般不会对债券按期应付的利息有拒付和拖欠行为，因此政府债券的还本付息能力较高，是一种比较安全的投资工具，其流动性一般也较高。

政府债券按照其发行主体的不同，可分为中央政府债券（国债）和地方政府债券。相比较而言，国债通常拥有更高的信用度，其风险更小，流动性也更高。若按照期限分，政府债券还可分为短期政府债券和中长期政府债券。短期政府债券主要是短期国债，又被称为国库券（treasury bill），是指政府发行的期限1年以内的短期债券。中长期政府债券主要用来为政府筹集中长期资金，用于弥补财政赤字，推动公共基础设施建设等。

政府债券尤其是国债，常被近似等同于一国金融市场上的无风险证券，因此，在国债市场形成的到期收益率相应被看成一国金融市场的无风险收益率。不过，政府发行的债券也并非完全没有风险。首先，由于政府债券的面值和票面利率在发行时即已确定，在整个债券的存续期间不会发生改变，这意味着投资政府债券所获得的实际收益很容易受到通货膨胀率的影响；其次，由于市场利率的变动，对于债券的市场价格有着很大的影响，政府债券投资也包含有一定的市场利率风险；最后，政府债券投资还可能存在一定的违约风险，这种违约风险既可能来自于一国的财政危机，也可能来自于战争等其他政治风险。

2. 公司债券

公司债券，顾名思义，是指公司所发行的债券。按有无物质担保，公司债券可分为抵押公司债、保证公司债和信用公司债。凡是以动产或不动产作为抵押品，用以担保按期还本的债券，称为抵押公司债。保证公司债是由不是本债券发行人的一方担保到期还本的公司债。信用公司债是发行人对于债券的还本付息，不用任何特定的担保品或抵押品，而是以公司的全部资信予以保证。这种债券主要是那些资信很高的大公司或者没有大量资产作为抵押品的公司所发行。从表面上看，似乎抵押公司债的风险要比信用公司债小一些，但事实上不能一概而论。有些大公司发行债券虽无实物担保，但其财力、资信都不容怀疑，还债能力是可靠的。当然，在公司破产清算或改组时，其还债的先后次序通常都是信用公司债排在抵押公司债之后，所以投资者在购买信用公司债之前，必须认真分析公司债券发行的情况，及其全部资产和盈利情况。

债券市场比较发达的国家大多数公司债券具有可赎回性，即发行公司有权在债券未到期之前买回一部分或全部发行在外的债券。这种可赎回性对发行债券的公司有两个方面的优势：第一，公司赎回尚未到期的公司债等于分批偿还债款，避免到期一次还款，造成公司资金运行紧张；第二，若市场利率下降，公司赎回未到期的债券，以更低的市场利率发行新的债券有利于减轻公司的债息负担。

（二）债券在金融市场中的重要地位

在金融市场上，债券市场占据了十分重要的地位，债券尤其是国债是金融市场极为活跃的交易工具，这一现象在世界各发达国家市场均十分显著。

英国自17世纪末开始少量发行公债，到18世纪末19世纪初，公债数额急剧增加，1790年，英国公债为1 300万英镑，到1816年则达到9亿英镑。与发行市场情况相对应，交易市场上债券交易也十分活跃。英国金融市场上最早交易的就是政府债券，现在市场上交易量最大的也是政府债券，英国金融市场因此而有“金边债券”市场之称。在德国的金融市场上，债券的发行总额一直远远超过股票的发行额(见表4-1)。若将当年赎回的债券从债券发行总额中扣除,可得到当年的债券发行净额,在欧债危机爆发之前,德国每年债券的发行净额都远高于股票发行总额。可见,在德国的资本市场,债券的主体地位非常明显。

表4-1　1990—2011年各主要年份德国新发行股票与债券的结构

单位:1999年前,百万德国马克;1999年后,百万欧元

年份	股　票	债　券		
	市场发行总额	发行总额	债券赎回	发行净额
1990	28 021	428 698	201 990	226 707
1995	23 600	620 120	414 639	205 482
2000	22 733	659 148	503 531	155 615
2005	13 766	988 911	847 194	141 715
2006	9 061	925 863	796 440	129 423
2007	10 053	1 021 553	934 955	86 579
2008	11 326	1 337 337	1 217 864	119 472
2009	23 962	1 533 616	1 457 175	76 441
2010	20 049	1 375 138	1 353 573	21 566
2011	21 713	1 337 772	1 315 250	22 518

资料来源:Capital Market Statistics,Deutsche Bundesbank,June 2012。

发达国家的债券在金融市场上的高比重与股权融资在公司外部融资中的低比重紧密相关。以美国为例(如表4-2所示)。20世纪90年代以后,美国的非金融类公司通过发行股票进行的融资开始减少,同时,还开始大量回购自己发行在外的股份,从90年代中期开始,股票市场已经成为非金融公司负的融资来源,在1992—2011年这20年间,美国国内公司的累积股票发行净额为−20 565亿美元,其中非金融公司的累计股票发行净额为−40 247亿美元。

表4-2　1992—2011年美国市场股票的发行净额　　单位:10亿美元

指标＼年份	1992	1995	2000	2005	2007	2009	2010	2011
股票发行净额	103.4	−19	23.3	−152.6	−460.5	313.4	−8.0	−246.6
非金融公司	27	−74.2	−44.9	−363.4	−786.8	−64.6	−278	−489.9
金融部门	44	4.5	20.1	68.6	178.6	314.3	190.8	153.1
国外股票	32.4	50.7	48.1	142.1	147.8	63.6	79.1	90.1

资料来源:美国联邦储备委员会理事会:《资金流量账户》。

表4-3所示是美国金融市场各类金融工具的新发行量,从中我们可以看到,债券的比例持续超过80%,2005年甚至达到95%。

表4-3　1985—2010年美国公司新发行证券构成情况　　单位:10亿美元

年份 发行与提供方式	1985	1990	1995	2000	2005	2010
债券总额	203.7	298.9	573.0	944.8	2323.7	893.7
公众(国内)	119.7	188.8	408.5	822.0	2141.5	879.9
私下分配	46.2	87.0	87.5	122.8	182.2	13.8
销售到国外	37.8	23.1	76.8	19.4	22.2	22.2
股票总额	50.9	40.2	99.7	311.9	115.2	131.1
总　额	**254.6**	**339.1**	**672.7**	**1 079.7**	**2 438.9**	**1 024.7**

资料来源:Board of Governors of the Federal Reserve System, Federal Reserve Bulletin,月度报告。

债券占据重要地位的另一个原因是,20世纪80年代以后,一些传统的长期贷款项目,如住宅、抵押贷款、汽车分期贷款等出现了债券化的趋势。银行对现存的抵押贷款或其他贷款进行包装出售,或以此做担保发行债券筹集资金,这一类的资产证券化行为也大大提高了债券市场的容量。

专栏4-1　中国的债券种类

中国债券市场的债券种类繁多,除政府债券和企业债券外,还包括央行票据、国家开发银行及政策性金融债、银行次级债和混合资本债等。

(一) 国债

我国的国债大致可分为普通型国债和特殊型国债两大类。普通型国债是指政府按正常节奏和规模有规律发行的国债,包括记账式国债、无记名国债、凭证式国债、储蓄国债(电子式)四种。特殊型国债是政府为某种特定目的或面向某类特殊主体发行的国债,例如,我国面向社会养老保险基金和待业基金定向发行,以提高"两金"安全性和保证其收益性为目标的"特种定向债券";在1998年面向四大国有独资银行,旨在补充其资本金的2 700亿元特别国债;2007年为成立国家外汇投资公司而发行的15 000亿特别国债,都属于此种类型。接下来,我们将重点介绍最为常见的四种普通型国债。

1. 无记名国债

无记名国债是新中国成立以来发行历史最长的一种国债,它是一种实物国债,以实物券面的形式记录债权。我国20世纪50年代发行的经济建设公债和从1981年起发行的国债实质上都可以归入无记名国债范畴。历年来发行的无记名国债面值有1元、5元、10元、100元、500元、1 000元、5 000元、10 000元等。无记名国债的特点是不可记名、不能挂失,可以上市流通交易。由于不记名、不挂失,其持有的安全性不如其他记名形式的国债,但可上市转让的特点使其具有较强的流动性。

2. 记账式国债

记账式国债是没有实物形态的票券,是在电脑账户中记录债权,通过证券交易所的交易系统发行和交易,投资人不需持有债券凭证,而是在债券托管机构开立债券托管账户记载投资人持有的债券。记账式国债使国债发行和交易变为无纸化,既提高了效率、降低了成本,又使国债发行和交易更为安全。记账式国债是记名的,且可以转让,其转让价格由市场决定。随着金融市场的利率变动，记账式国债的转让价格既可能高于面值，也可能低于面值。若卖出债券的价格高于买入价格时，卖出者不仅获得了持有期间的国债利息，还能获得部分价差收益；若卖出债券的价格低于买入价格时，意味着卖出者虽然可以获得持有期间的国债利息，但同时也付出了部分价差损失。因此，投资者购买记账式国债，主要的风险将来自于国债市场价格的波动。

3. 凭证式国债

凭证式国债是一种国家储蓄债，在发行时不采取印刷实物券，而采取填制“国库券收款凭证”的方式记录债权。我国从1994年开始发行凭证式国债。凭证式国债不可上市流通，从投资人购买之日起计息。在持有期内，持券人如遇有特殊情况需要变现时，可以在原购买网点提前兑取。提前兑取时，除偿还本金外，利息按照实际持有天数的利率档次计付，经办机构收取一定的手续费。通常来说，凭证式国债在发行时就将持有不同时间提前兑取的分档利率做了规定，这意味着投资者提前兑取凭证式国债所能获得的收益是提前预知的，不会随市场利率的变动而变动，不必承担由于市场利率变动所带来的价格风险。凭证式国债为记名国债，可以挂失、提前兑取、质押贷款，但不得更名。凭证式国债从购买之日开始计息，到期一次还本付息。

4. 储蓄国债（电子式）

储蓄国债是财政部2006年推出的面向境内中国公民储蓄类资金发行的、以电子方式记录债权的不可流通的人民币债券。与凭证式国债相比，储蓄国债同样可记名且不可流通，但两者之间还是存在很多的差异：第一，申请购买手续不同。投资者购买凭证式国债，可持现金直接购买；投资者购买储蓄国债，须开立国债账户并指定对应的资金账户后才能购买。第二，债权记录方式不同。凭证式国债债权采取填制“凭证式国债收款凭证”的形式记录，由各承销银行和投资者进行管理；储蓄国债以电子记账方式记录债权，采取二级托管体制，由各承办银行总行和中央国债登记结算有限责任公司统一管理，降低了由于投资者保管纸质债权凭证带来的风险。第三，付息方式不同。凭证式国债为到期一次还本付息；储蓄国债付息方式比较多样，既有按年付息品种，也有利随本清品种。第四，到期兑付方式不同。凭证式国债到期后，需由投资者前往承销机构网点办理兑付事宜，逾期不加计利息；储蓄国债到期后，承办银行自动将投资者应收本金和利息转入其资金账户，转入资金账户的本息资金作为居民存款由承办银行按活期存款利率计付利息。第五，发行对象不同。凭证式国债的发行对象主要是个人，机构也可认购；储蓄国债的发行对象仅限个人，机构不允许购买或者持有。

储蓄国债的推出解决了过去凭证式国债存在的诸多缺陷。例如，凭证式国债债权由各承销机构自行管理，在法律地位上承销机构集“准发行者”和“债权托管者”职能于一身，债权的记录分散在各机构网点且大部分采取手工方式。因此，超发凭证式国债，借国债信誉违规筹资不仅成本低、便于操作，而且难以被发现，监管的难度很大。此外，上述凭证式国债的管理方式使债权记录分散在承销机构的基层网点，财政部无法准确知道各机构提前兑取量和需要支付的兑付资金数量，因此，现行凭证式国债发行办法规定，投资者提前兑取至国债到期的资金由承销银行自行垫付，这加大了商业银行运营中潜在的流动性压力。也反过来导致凭证式国债普遍期限较短（通常在5年以内），是我国长期以来中长期国债期限结构不合理的一个重要原因。

（二）企业债券

在西方国家，企业债券和前面所提到的公司债券在定义上没有本质区别。但在我国，根据中国人民银行在统计过程中的界定,企业债券是一个更为广义的定义,它包括了我国债券市场中的企业债、公司债券、短期融资券(含超短期融资券)、中期票据、中小企业集合票据、中小企业私募债等各类债券形式。其中,除短期融资券(含超短期融资券)是期限在1年以下的货币市场工具外,其余的债券品种基本都属于1年以上的中长期金融工具。

1. 短期融资券

短期融资券是近年在货币市场上出现的一种与美国的商业票据[①]较为类似的短期融资工具。和商业票据一样,短期融资券与商业汇票这类传统的票据有着本质区别:传统票据为避免可能出现的违约风险,通常都要求具有真实交易背景,即票据发行背后必须伴随商品的实际交易行为,票据则是购买商品和商品流通的证据,它具有所谓"自偿性"。短期融资券则一般不具有真实交易背景,企业发行此类工具完全出于短期融资的需要,因此,拥有雄厚实力的大公司、大企业才有能力发行这样的金融工具。我国自2005年开始推出企业短期融资券,至2010年年底,中国银行间市场交易商协会又推出超短期融资券(super & short-term commercial paper,SCP),这种新型的短期融资券产品期限结构更为丰富,最长为270天,最短可至7天,与原先的短期融资券产品比较,超短期融资券的推出凸显了其作为货币市场工具的特征,并强化了其作为企业短期融资工具的功能,这对完善我国货币市场的收益率曲线,推进利率市场化有着十分重要的意义。从某种意义上说,超短期融资券也是与美国的商业票据更为接近的货币市场金融工具。

我国的短期融资券自推出后发展十分迅速。从2005年5月份第一支短期融资券发行开始,到2005年年底,累计发行额已达1 422亿元,2011年全年的短期融资券(含超短期融资券)发行额更是达到8 032亿元[②]。短期融资券受到企业和市场的欢迎并不意外,一方面,较低的利率使企业能够以更低的成本获得短期流动资金,这不仅节约了企业的财务费用,也避免了企业过多依赖于银行贷款;另一方面,对市场来说,大型企业信誉良好,所发行的融资券收益通常高于同期限的国债,是一个很好的投资选择。

2. 企业债和公司债券

在西方国家,企业债即为公司债券,两者没有本质区别。但在我国,企业债和公司债券之间有严格的区分,通过对两者差异的比较,我们可以更为清晰地对两者进行区分。

首先,发行主体不同。企业债是指由中央政府部门所属机构、国有独资企业或国有控股企业发行的债券。公司债券是由股份有限公司或有限责任公司发行的债券,非公司制企业不得发行公司债券。

其次,发债资金的用途有差别。企业债募集资金的用途主要限制在基础设施建设、固定资产投资和技术革新改造等方面,并与政府部门的审批项目直接相关。公司债券是公司根据经营运作具体需要发行的债券,主要用途包括固定资产投资、技术更新改造、改善公司资金来源结构、调整公司资产结构、降低公司财务成本、支持公司并购和资产重组等。

第三,监管机构不同。和其资金用途相对应,企业债的发行由国务院和国家发改委负责审批。而公司债券的发行则实行核准制,由我国证监会负责审核发行公司的材料是否符合法律制度的规定。因此,企业债的发行人通常没有严格的信息披露义务;公司债券发行人的信息披露要求则较为严格。

---

① 商业票据(commercial paper)最早出现于20世纪60年代的美国,是由大银行和类如通用汽车公司或美国电报电话公司等著名公司发行的短期债务工具。到90年代,这种大企业发行的融资券已经成为美国数额最大的货币市场金融工具。

② 数据来源:中国人民银行各季度发布的《中国货币政策执行报告》。

第四，信用来源的差别。企业债的信用来源是政府信用，这一方面通过对其发行主体的规定体现，另一方面通过行政强制落实担保机制体现，因此，企业债的信用级别与其他政府债券没有本质差异。而公司债的信用来源是发债公司自身的资产质量、经营状况、盈利水平和持续盈利能力等，不同的公司可能在信用级别上有很大的差异，因此将导致不同公司债券的价格和发债成本差异。

第五，发债额度的差别。根据《证券法》的规定，股份有限公司、有限责任公司发债额度的最低限大致为1 200万元和2 400万元。但是，按照企业债的内控指标，每只企业债的发债数额大多不低于10亿元，因此，可发债企业只能集中于少数大型企业。

由上述区别可以看出，企业债其实质为项目债，背后支持其信用基础的是各级政府信用。公司债券则是市场经济条件下，公司依靠其自身信用能力在资本市场募集资金的一种债务工具。

3. 中期票据和中小企业集合票据

中期票据，顾名思义，是指企业发行的，期限在10年以内的票据产品，其主要功能是帮助企业获得中长期资金。1981年，美林公司率先发行了一期中期票据，用来填补商业票据和长期贷款之间的空间，之后福特公司作为第一个非金融类企业也发行了中期票据。从此，中期票据这种金融产品开始走入人们视野。在我国，根据《银行间债券市场非金融企业中期票据业务指引》的规定，中期票据是指具有法人资格的非金融企业在银行间债券市场按照计划分期发行的，约定在一定期限还本付息的债务融资工具。中期票据是由人民银行主导的银行间债券市场的一项创新性债务融资工具.它是由企业发行的中等期限无担保债，属于非金融机构的直接债务融资工具。与国外中期票据期限多为5—10年不同，我国中期票据常见期限大多集中在3—5年，对于发行人，中期票据的融资资金主要可以用于补充流动资金、置换银行贷款、支持项目建设和战略并购等。中期票据是真正的信用产品，在一定程度上促进了金融创新。对于发行主体，可以部分替代银行贷款，成为企业融资的重要渠道之一。人民银行于2008年4月推出中期票据后，很快受到市场的广泛欢迎，2个月内发行量即达到735亿元。到2011年，全年的中期票据发行量更是达到7 270亿元，占当年企业所发行的所有债务融资工具(包括短期融资券等短期融资工具)发行量的30%以上①。

中小企业集合票据是指2个(含)以上、10个(含)以下具有法人资格的企业，在银行间债券市场以统一产品设计、统一券种冠名、统一信用增进、统一发行注册方式共同发行的，约定在一定期限还本付息的债务融资工具。它是人民银行和银行间债券市场为化解中小企业融资难，拓宽中小企业融资渠道，于2009年推出的一种金融创新产品。在实践中，欲发行中小企业集合票据的企业需先向组织协调人(一般为当地政府)提出申请，组织协调人联系主承销商、评级、信用增进等机构。主承销商根据内部遴选标准，选择适合在银行间债券市场融资的中小企业，确定中小企业集合票据发行企业名单。评级机构对发行企业进行预评级。信用增进机构根据不同发行企业情况，提出抵质押或担保等要求，确定担保费率。组织协调人、发行企业、主承销商和信用增进机构等参与各方共同确定集合票据发行规模、期限、各主体间的法律关系、投资者保护机制等内容，统一产品设计。主承销商组织制作和汇总注册文件，并向交易商协会注册。交易商协会出具《接受注册通知书》后，集合票据便可在银行间市场发行。目前，中小企业集合票据的发行期限通常为

① 数据来源：《中国人民银行货币政策执行报告》各期。

1—3年，融资金额单个企业一般不超过2亿元，单支集合票据注册金额一般不超过10亿元。

4. 私募债券

私募债券是指发行者向少数投资者，通过非公开方式发行的债券。这类债券的发行对象范围通常很小，主要集中于各类金融机构。

2012年5月，经证监会批准，上海证券交易所和深圳证券交易所分别发布实施《上海证券交易所中小企业私募债券业务试点办法》和《深圳证券交易所中小企业私募债券业务试点办法》，中小企业私募债在我国正式推出。根据《试点办法》，中小企业私募债是我国境内注册未上市且符合工信部《中小企业划型标准规定》的非房地产、金融类中小微企业，通过非公开方式发行的债务类融资工具，其发行利率不超过同期银行贷款基准利率的3倍，期限通常在1年(含)以上。中小企业私募债发行时对发行人没有净资产和盈利能力的门槛要求，对信用评级和担保没有硬性规定，对筹集资金用途也未作限制，发行条款及资金使用更为灵活，是一种完全市场化的公司债券，因此也有人将其称为中国版的垃圾债[①]。中小企业私募债投资者上限为200人，可在两大交易所特定渠道进行转让交易。目前，第一支中小企业私募债已于2012年6月8日在上海证券交易所成功发行。

（三）中央银行票据

中央银行票据又称为央行票据，是中央银行为调节商业银行超额准备金而向商业银行发行的债务凭证，期限通常在3个月到3年之间，因此，其实质是中央银行发行的债券。

央行票据和货币市场中其他发债主体发行的金融工具有一个很大的区别，发行其他货币市场工具的主要目的是为了筹集资金，而中央银行发行央行票据是为了调节货币量。中央银行可以通过发行央行票据，减少商业银行的可贷资金量，回笼货币。在我国，中央银行票据由中国人民银行在银行间市场通过中国人民银行债券发行系统发行，其发行的对象是公开市场业务一级交易商，在中国人民银行最近公布的2012年公开市场业务一级交易商中，共有49家金融机构，其中绝大多数是商业银行，还包括少数的证券公司、保险公司和外资金融机构[②]。中国人民银行在2002年9月24日首次将2002年6月25日至9月24日进行的公开市场业务操作的91天、182天、364天未到期正回购品种，转换为相同期限的中央银行票据。之后，2003年4月22日首次在公开市场操作中直接发行了50亿元期限6个月的中央银行票据。近年来，央行票据已经成为中国人民银行公开市场业务的重要手段之一，截至2011年年底，中央银行票据余额已达1.9万亿元[③]。

央行票据在我国的大量发行，主要是为了丰富公开市场业务操作工具。随着经济的不断发展和市场化改革的不断推进，中央银行需要在公开市场进行更多的操作以调节基础货币投放，实现对货币量的控制。特别是近年来持续的国际收支顺差导致外汇储备节节攀升，外汇市场的"倒逼机制"给央行的货币政策实施增加了难度，迫使央行必须在公开市场上不断回笼货币，以防止货币供给过快地增长。

实际上，在西方国家货币市场上，央行票据并不常见，它之所以会如此被人民银行重视，和我国目前短期国债市场尚未发展起来的现状是分不开的，可以说，央行票据的发行

① 垃圾债最早起源于美国，是评信级别在标准普尔公司BB级或穆迪公司Ba级以下的公司发行的债券。垃圾债向投资者提供高于其他债务工具的利息收益，因此垃圾债也被称为高收益债，但投资垃圾债的风险也高于投资其他债券。

② 数据来源：中国人民银行公开市场业务公告，2012第2号。

③ 数据来源：2011年第四季度中国货币政策执行报告，第9页。

既是央行的一种主动行为，也是一种被动选择。目前，央行票据由于其很高的流动性，基本上扮演着短期国债替代品的角色，不仅成了央行公开市场操作的主要对象，而且起到了提供基准利率、活跃货币市场等重要的作用。但是，可以预见的是，随着我国债券市场的深度和广度不断加大，央行票据将逐渐淡出货币市场。

（四）银行债

1. 政策性金融债①

政策性金融债，又称政策性银行债，是我国政策性银行为筹集信贷资金，经中国人民银行批准，用计划派购或市场化的方式向商业银行、保险公司、农村信用社、邮政储蓄银行等金融机构发行的债券。

政策性金融债的发行经历了计划派购和市场化发行两个阶段。计划派购是指通过行政手段实行指令性派购发债，这种发行方式具有明显的计划色彩，发行利率通常由主管部门确定，有时偏离了市场利率水平，对承销购买者也不够公平。市场化发行阶段，利率由承销团竞标确定，更能够反映货币市场资金供求关系和市场参与者的利率预期，同时也体现了公开、公平、公正的市场化原则，有利于金融体制的改革与发展。近年来，政策性金融债的发行规模在我国债券市场中一直处于较高的水平，在个别年份甚至超过国债（包括地方债）和企业债券（包括企业发行的所有短、中、长期债务类融资工具），成为债券市场发行规模最大的券种。而且，随着金融市场的发展，政策性金融债的创新力度也不断加大，为推动我国债券市场建设发挥了重要作用。

2. 银行次级债和混合资本债

银行次级债和混合资本债都是针对《巴塞尔协议》中关于附属资本的要求所设计的债券品种。两者都属于附属资本的范畴，其最大区别在于清偿顺序，一般来说，银行次级债券的清偿顺序列于商业银行其他负债之后，先于混合资本债；混合资本债的清偿则仅仅先于银行的股权资本。

2004年6月17日，中国人民银行和中国银行业监督管理委员会共同发布《商业银行次级债券发行管理办法》，该办法规定，我国的商业银行次级债券在银行间债券市场发行，其投资人范围为银行间债券市场的所有投资人。近年来，由于市场竞争加剧，各商业银行纷纷加大规模扩张的速度，同时也形成了对资本金的强烈需求。比较发行股票补充资本金的方式来说，发行次级债程序相对简单、周期短，是一种快捷、可持续的补充资本金方式，因此受到各商业银行的欢迎。

但是，随着次级债发行规模的不断扩大，符合条件的各商业银行逐渐用足各自的次级债限额，但银行业规模扩张的步伐并未减缓，为进一步拓宽商业银行的融资渠道，提高资本充足率，结合《巴塞尔协议》中关于混合资本工具的有关内容，监管部门于2006年年底批准兴业银行和民生银行两家商业银行发行了总额为83亿元的混合资本债券。在《巴塞尔协议》中，混合资本工具的主要形式是优先股和可转换债券，但在我国，优先股发行并无先例，可转换债券的发行则仅限于上市公司。因此，依据《巴塞尔协议》中对混合资本工具关于期限、利息递延、偿还次序等方面的要求，监管部门和试点商业银行共同推出了“混合资本债券”。与次级债相比，混合资本债券不仅具有更高的资本属性，在期限上，混合资本债券要求在15年以上，且10年内不得赎回，10年后银行有一次赎回权，但需得到监管部

① 在国家开发银行向商业银行转型后，其资金募集仍然主要依靠金融债的发行，因此，2008年以后，在国内权威部门公布的统计数据中，原来的政策性金融债被改称为“国家开发银行及政策性金融债”。

门的批准;在利息递延上,某些特定情况发生时,混合资本债券可延期支付本金和利息;在发行规模上,混合资本债券比次级债券拥有更大的发行空间。

第二节　所有权类金融工具——股票

股票是最为重要的资本市场工具。股票是股份有限公司发行的、表示其股东按其持有的股份享受权益、承担义务的可转让的凭证。公司素有“股票之母”之称。要想认识股票的一般特性,必须从公司谈起。

一、公司:有限责任公司和股份有限公司

公司又称股份公司,与独资企业、合伙企业共同构成现代企业的三种组织形式。

独资企业是由一个人(业主)出资经营,归个人所有和控制的企业。独资企业的业主负责企业的全部经营活动,有充分的自主权,制约因素较少;企业主对企业的一切债务负责,承担企业的全部盈利或亏损。独资企业组建比较容易,灵活性较大,不需要协商,也没有很复杂的法律程序。独资企业一般是小型企业,在农、林、渔业方面为数较多。

合伙企业是由两人或两人以上通过签订契约的形式,共同出资经营,并对盈亏共同负责的企业。合伙企业在一定程度上弥补了独资企业的局限性:首先,合伙企业扩大了资金来源和信用能力。独资企业是以个人的财产和信用能力为基础的,但个人的资金和信用往往有限。合伙企业中每个合伙人都可为企业提供资金或其他技能,并对企业的债务负责。因而,企业的信用能力扩大了,企业承担风险的能力也扩大了,获得贷款和赊购商品的机会也相应增多。其次,合伙企业提高了企业的管理和决策能力。合伙者可以用他的资金、时间、技术和个人的声望对企业作出贡献,尽管他们在利润、风险和经营管理上享受的权利和义务不是平等的,但是其利益总是和企业相关,而且合伙企业的合伙人总是有限且相对稳定的,这就容易形成同舟共济、各显其能的决策层和管理层,从而增加了企业发展的可能性。

股份公司则是以盈利为目的,由两人以上集资并按法律规定所组成的社团法人。在这里,以盈利为目的决定了股份公司的企业性质,法人资格则是股份公司不同于其他企业组织形式的重要标志。所谓法人,是指能够根据法律规定享有与其义务有关的民事权利、承担相应的民事义务、参加民事活动的组织。股份公司经批准领到营业执照后,法律就赋予它财产所有权,赋予它有订立合同的权利和承担债务的义务。公司有权独立于其业主之外开展业务活动,有权以它自己的名义提出诉讼,也可被控诉。而独资企业和合伙企业就不同于股份公司组织,它们在法律上并不被视为独立于其业主的实体,它们只是自然人企业,即独资企业、合伙企业的权利主体属于业主个人所有。

股份公司这种企业组织形式在西方资本原始积累时期就已开始萌芽。当时的海外贸易是掠夺性的,这不仅导致了被掠夺国人民的强烈反抗,而且引起了各列强国之间激烈的商战,加之远渡重洋,海盗盛行,因此风险极大,远非个人投资者力所能及。这样,公司这种组织形式应运而生。股份公司产生后随着资本主义经济的发展而迅速发展。西方国家在资本原始积累的基础上,开始了工业革命。工业革命是以机器为主体的工厂制度代替以手工技术为基础的手工工场的革命。随着资本主义各国工业革命的完成,重工业得到飞速发展,科学技术有了长足的进步,提高了资本的有机构成,企业规模越来越大。同时,社会分工也向纵深发展,社会化程

度越来越高。这在客观上产生了巨额投资的需求。在此情况下,仅靠单个的或少数的资本家投资建立的独资企业和合伙企业的资本积累是无法实现的;靠银行贷款来扩大企业资本,在贷款数额和用途上都有严格的限制,也是行不通的。于是从社会上广泛集资以加速和扩大资本形成的股份集资方式就显得十分必要。同时,信用制度的发展,证券市场的出现,又为股份集资提供了可能,从而促成了股份公司在资本主义经济中广泛流行,成为占据统治地位的企业组织形式。

股份公司一般可分为五种类型:无限责任公司、有限责任公司、两合公司、股份有限公司和股份两合公司。

无限责任公司是最早出现的一种股份公司类型,它是由两个以上负有连带无限清偿公司债务责任的出资者发起组织的社团法人。无限责任公司具有三大特点:第一,无限责任公司类似于合伙企业,其区别的标志就是合伙企业无法律上的独立人格,其本身不是民事主体,而无限责任公司是一个法人组织。第二,无限责任公司的出资者也称为股东,股东可以用现金、财产、劳务以及本人的信用等作为对公司的投资,公司不发行股票,股东数量、姓名、投资数量、利益分配比例等均在公司章程中予以规定;股东非经其他股东全体同意,不得将本人出资的全部或一部分转让给他人。第三,无限责任公司的股东对公司债务负连带无限清偿责任。连带责任是指各个股东对公司的债务,各负全部清偿的责任。无限责任则是指股东将公司债务全部清偿为止,才能解除责任,不受其出资数量的限制。

有限责任公司是指"股东以其认缴的出资额为限对公司承担责任,公司以全部财产对公司的债务承担责任"①的企业法人。有限责任公司与无限责任公司相比,有某些共同特点,如公司的全部资产不分为等额股份;公司向股东签发出资证明书,不发行股票;公司股份的转让有严格限制,非经股东会或董事会许可,股东不得将自己的份额转让给非股东;限制公司股东人数,并不得超过一定的限额;股东以其出资比例,享受权利,承担义务。但有限责任公司与无限责任公司有一个根本性的不同之处:有限责任公司的股东只对公司债务负有有限清偿责任,不负连带无限清偿责任,在公司经营失败、公司财产不足以抵偿公司全部债务时,股东的责任仍只是以自己的出资额为限,不必用自己的全部个人财产来清偿。

由于无限责任公司要求所有股东都对公司债务负有连带无限责任,使得这种投资的风险很大,不利于资金的筹集以及法人组织的形成。有许多人手中有一定的闲置资金,但只想投资取利,并不想冒太大风险,于是由一部分负无限责任并负责经营的股东和另一部分负有限责任并放弃经营管理的股东共同组成一个公司,即为两合公司。两合公司既具有有限责任公司的某些特点,同时又具有无限责任公司的某些特点。但两合公司的稳定性不强,公司中的无限责任股东和有限责任股东因承担的责任不同而处于不平等地位,股东间的矛盾和摩擦比较大,这导致两合公司日趋衰落。

股份两合公司与两合公司类似,是指由一部分无限责任股东和一部分有限责任股东所组成的公司。无限责任股东对公司债务负连带无限清偿责任;有限责任部分的资本被分成等额股份,可以发行股票,其股东仅就其认购的股份负债务清偿责任。股份两合公司与两合公司的主要区别是:第一,有限责任股东的形成方式不同。在两合公司中,有限责任股东通过投资形成;在股份两合公司中,有限责任股东通过认股或购买股票形成。第二,两合公司不能发行股票;而股份两合公司可以发行股票。第三,股份两合公司的筹资手段比两合公司更多、更灵活。

股份有限公司是指"股东以其认购的股份为限对公司承担责任,公司以其全部财产对公司

① 《公司法》(中国),第一章第三条。

的债务承担责任"[①]的企业法人。与有限责任公司不同,股份有限公司的资本被划分为股份,每一股的金额相等。在各种类型的股份公司中,股份有限公司和有限责任公司是较为典型、完善的企业组织形式。我国的《公司法》所界定的公司即为有限责任公司和股份有限公司。

二、股票的特性:股本、股份与股权

股票是股份有限公司发行的、"证明股东所持股份的凭证"[②]。表示股东按其持有的股份享受权益和承担义务的可转让的凭证,是股本、股份、股权的具体体现。股本是投资人为获得参与公司利润分配权利而投入公司的资金,获得上述公司权利的投资人即为公司的股东。股东按其股本在公司股本总额中所占的比重拥有相应的权利,公司则利用股东的股本创造这些权利。一般而言,股本有以下四个基本特性。

第一,期限上的永久性。股东可凭股本获得供给资金所应得的权益,但只要公司不解散、不破产清理,那么作为股东就无权向公司索回投入的资金。股东和公司之间是权属关系,而不是债权债务关系。正是在这个意义上,我们说股本资金是没有期限的,是无须偿还的。

第二,报酬上的剩余性。所谓剩余性,是指公司在创造利润后要先用利润进行其他支付,在所有其他支付均完成后若还有剩余则可用以支付对股东承诺的报酬。通常,股份有限公司在经营过程中,要随时兑付公司其他债权人对投资报酬的索取权,其中包括偿付所有对该公司提供商品、劳务者的报酬,债券持有人的到期本息,银行贷款到期本息和政府税款,并按董事会决定从税后利润中提留一部分作为公司的公积金,以便于公司进一步发展,余下的利润才能作为股东的报酬收入分派给全体股东。如果一点也没余下,那就只好不付酬。一般来说,只有剩余越多,股息分配才能越多,股东所得也才能越多。

第三,清偿上的附属性。所谓附属性,是指股本并不是必须偿还的。当公司破产或解散,所有债务均须偿还时,股本则是能还则还,不能还则可不还。按照西方国家通常的破产法规定的清偿惯例,股份有限公司宣布清偿时要首先偿还股东外的所有公司债权人的债务,例如,债券的本息、政府税款、银行贷款以及雇员的未支付工资。只有在上述一系列债权人的债务分别清偿完毕后,法律才允许公司将剩下的(如果有剩余的话)固定资产和其他有形资产变卖成货币来偿还股东的股本金。

第四,责任上的有限性。如果公司向股东以外的其他投资人员负债,则应视为公司代表其所有股东向其他投资人的负债。归根结底,公司的对外负债实际上是股东的对外负债。一旦公司破产倒闭,股东应承担偿还公司对外负债的责任。但对股份有限公司的股东来说,这个偿还责任是有限的,一般说来,这个限度在于,股东只承诺用他已经或承诺支付的股本金来偿还公司欠别人的债务。举个例子来说,假设某股东在公司的股本是100元,如果公司破产还债,不管多么富有,他最多负责用这100元来为公司偿还债务。如果破产时公司的对外负债超过了股本,对超过的部分股东不负责偿还。因此,无论公司的对外负债有多大,股东在公司破产时所能损失的,最多是投入公司的股本。

股份有两方面的含义:其一是公司股本的最基本计量单位,也就是说,股本由股份构成;其二,股份也是公司在股东之间分配公司权益的最基本计量单位。这就是说股东的权利大小是以股份计量的,一股一权。股权和股份相互对称,占有股份也就拥有了股权。股权通常包含下列内容:参加并获得股利分配;出席股东大会,行使表决权;公司剩余资产索偿权;检查监督权

① 《公司法》(中国),第一章第三条。

② 《公司法》(中国),第五章第一百二十六条。

等。股本、股份、股权构成股票的实质性内容，而股票只是通过证书的形式将股本、股份、股权表现出来，是一种内容与形式的关系。

三、股票的结构

一个股份有限公司可以根据不同的筹资需要，适应投资人不同的偏好，发行不同类型的股票。不同类型的股票可使股东享有不同的权益，承担不同的风险，以此为标准，股票可以被分为两大类：一类是普通股票；另一类是优先股票。

普通股票一个最显著的特征是股利不固定，同时，普通股票赋予其持有人参与公司经营管理决策的权利和根据公司剩余利润大小分配剩余利润的权利。这些权利构成一般的普通股股权，股权的大小取决于股份的多少。普通股股权可分为以下几项：

第一，分享公司剩余利润权。公司剩余利润的分配一般按普通股股份总数等分，普通股股东以其拥有的股份数获取相应份额的股利。股利水平不受任何比率的限制，它随公司剩余利润的多少而变动。

第二，投票表决权。由于公司的普通股股东是公司的所有者，他们就应对公司事务拥有最终控制权。在股份有限公司中，这种权利体现为拥有普通股股票者即有权出席或委托代理人出席股东会，对公司的重大事务行使投票表决权。

第三，优先认股权。普通股股东是公司的所有者和风险的主要承担者，为保持他们在公司中拥有股权的比例，公司在增发新股时，他们有权优先认股。比如，某股东拥有1‰的公司股票，当公司决定增发5万股新股时，他有权优先认购50股（50 000×1‰）股票，以保持他在公司股权中原有的比例（1‰）。认购新股时其价格通常较股票的市场价格低。因此，认股权具有一定价值，称为“权值”。股东不想增购新股时，他可将优先认股权转让他人或在市场上出售。

第四，检查监督权。拥有普通股股票者是公司的所有者，承担着同公司所有权相联系的最终风险，可对公司执行检查监督权。为保证公司资本的安全和增值，他们有权查阅公司章程、股东会议纪要和会计报告，监督公司的经营，提出建议或质询。

第五，剩余财产的清偿权。当公司清理解散时，如果偿还所有债务后尚有剩余财产，普通股股票持有人有权按所持股份分得剩余财产，分得数额取决于公司剩余财产的多少。

优先股票不同于普通股票。优先股票的股息通常是固定的，可以用一个定额或相当于股票面额的一定比率表示。优先股票的持有者没有参与公司经营管理的权利，但在公司剩余利润分配上有优先分配权，即在公司未发放优先股利之前，不得发放普通股股利。此外，当公司因经营不善而破产时，在偿还全部债务和付清清理费用之后，如有剩余资产，优先股票拥有者有权按票面额先于普通股股东得到清偿，即优先股股票拥有者具有剩余利润的优先分配权和剩余财产的优先清偿权。从股利的分配看，优先股可分为累积优先股和非累积优先股、参加优先股和非参加优先股。累积优先股是指在公司所得本期可供分配股利的利润不足以按约定利率支付优先股股利的情况下，可以由以后年度的可供分配股利的利润补足。在没有补足优先股任何一期的定额股利之前，普通股不得分派股利。比如，某公司因经营不善，已经两年未能发放面值100元、股息率10%的优先股股息。第三年公司经营状况好转，盈利增加，有能力支付优先股股息和普通股股息。公司在分派普通股股利之前，除了要发放本年应支付的优先股股利10元/股外，还须补付前两年欠发的优先股股利20元/股。积欠的股息一般不加利息。非累积优先股是指欠发的股息不再补发的优先股。如上例，该公司第三年获得净利足以补发优先股股利时，非累积性优先股只能优先获得本期股利10元/股。这种股票因其对投资者缺乏刺激力，故很少发行。参加优先股是指优先股股东在获取定额股息后，还有权与普通股股东一起参加剩余利润的分配。这种优先股又分为全部参加优先股和部分参加优先股。全部参加优先股可与普通股股东等额地参与剩余利润分配，部分参加优先股则只能按规定在一定限额内参与剩余利润的分配。例如，某公司优先股股利为年息6厘，若普通股股利为年息9厘，那么全部参加优先股除分得6厘的定额股利外，还可以补分3厘的额外股利。如果是部分参加优先股，且规定股利率以8厘为限，那么这种优先股只能补分2厘。非参加优先股的优先权只限于规定的定额股利，而不论普通股所分派的股利是多少。如上例，普通股分得的股利虽为9厘，但非参加优先股只可按规定得6厘的股利。

公司为了吸引投资者投资，有时还通过发行可转换优先股票筹集公司股本。所谓可转换优先股就是指按照发行公司规定的一定条件和比率，在将来一定时期可以转换为其他证券(一般为普通股)的优先股。可转换优先股的意义在于，一方面，由于这种优先股可以转换为普通股，如果普通股股价上升，优先股股东可将优先股转换为普通股，从中获利；如果普通股价格下跌，优先股股东可放弃这一权利，这使得优先股股东在公司不稳定时受到保护，在公司盈利时分享成功果实，处于很有利的地位。相应地，公司可以按较低的股利率或较高的价格发行可转换优先股，降低公司的筹资成本。另一方面，当公司需要筹集股本时，若采取发行普通股的方式，股东的红利收入必将减少。而发行可转换优先股，对股东红利的影响存在一定的间隔(发行日至转换日)，使普通股红利的降低得以延迟。更为重要的是，当公司需要发行普通股而普通股市场价格偏低时，采取发行可转换优先股的方式可变相提高普通股股价。例如，某公司普通股市价为每股40元，价格较低，此时发行普通股股票对公司不利。若出售面值为100元的可转换优先股，规定其转换率为2，即1股优先股可转换2股普通股。在这种情况下，虽然可转换优先股的转换价格是每股50元，比目前市价高25%，但投资者对这种优先股仍感兴趣。因为投资者目前购买的是优先股股票，转换价格只是转换时的支出，购买时并不需要实际支出。一旦公司收益在优先股转换时增加了，股票价格上升并超过转换价格时，投资者就可获得额外收益；如果到了转换时股票价格并没有上升，投资者可放弃这种转换权，故而不会带来实际损失。可见，可转换优先股为投资者提供了获得额外收益的机会，具有较大的吸引力。

四、股票的融资特性

股份有限公司公开发行股票进行融资有两种情形：一是在公司首次公开发行时的筹资性融资；二是已上市公司扩张时的增资性融资，像配股、增发新股等。前一种方式一般称为股票初次发行(简称IPO)；后一种方式称为再融资(简称SEO)。

股票融资是一种权益形式的融资，非公开上市公司不能通过公开发行股票的方式筹集权益资金，公司经营和发展所需要的权益资金，主要依靠企业自己投入、企业所有者出资、其他投资者直接投资、与其他企业合资、吸引投资基金等渠道加以解决。这些股权融资的方法往往受到种种限制，因此，很多非公开上市的公司会选择公开上市，通过股票的发行获得经营和发展所需要的权益资金。在中国，企业常表现出偏好公开上市进行股权融资的倾向，上市进行股票融资甚至是很多中国企业的决策者梦寐以求的事情，“近年来，在我国企业界有一种上市情结。效益差的企业跑上市，效益好的企业也跑上市；大企业跑上市，中小企业也跑上市；国有企业跑上市，民营企业也跑上市。给人的印象是，做企业只有做到上市才算成功，就像做人，只有修炼成仙才能上天堂，否则只能在人间受尽煎熬”①。那么，股票融资究竟能够为公司带来什么好处呢？

① 钟朋荣：“募股还是负债”，《技术经济与管理研究》，2003年第2期。

达莫德伦在其所著的《公司财务》一书中指出，公司进行股票公开发行有两大好处[①]：一是能进入资本市场为其投资项目筹集资金；二是原有公司的所有者可以使他们所持有的公司权益获得市场价值并能出售变现，公司的所有者可能在一夜之间变得非常富有。这可称为公开发行股票的筹资功能和财富功能。

股票公开发行的筹资功能非常强。例如，太太药业发行股票前一年年末总股本为 20 108 万股，净资产为 2.7 亿元。2001 年 6 月发行 7 000 万股 A 股，每股发行价格为 24.80 元，发行市盈率为 33.29 倍，募集资金达 17.3 亿元[②]。有了这笔资金，公司在资本运作上举措频频，2002 年用1.5 亿元全资收购健康药业“中国”有限公司 100％股权，同时购入的还有“鹰牌”花旗参商标的所有权；同年又用近 5 亿元收购丽珠集团 25.65％的股份，控制了丽珠集团 18 亿元的总资产，10 亿元的净资产，并进入了制药行业；2003 年 9 月又投资 2 500 万元与东风药业合资成立山东健康药业有限责任公司控制了山东东风制药厂，并出资 5 000 万元参与筹建中国大地财产保险股份有限公司，介入金融业。在太太药业上市的这一年中，中国股票市场共发行 64 只新股，筹集资金 552 亿元，平均每家上市公司筹资 8.6 亿元。对企业来说，一次筹集到这么大量的稳定性又很强的长期资金是其他融资方式难以做到的。而且，这种筹资功能是连续性的，公司在初次发行成功后，可以通过增发或配股进行股票再融资，建立起支撑公司不断增长的股票融资支持平台。

股票公开发行的财富功能也非常显赫。举例来说，美国网景通信公司在其初次公开发行股票时，其市场价值被估计为 21 亿美元，蒂姆·克拉克是公司的首席执行官和合伙人，拥有公司流通在外股票总额 25％的股份，公司的公开上市使他的财富一下子就达到了 5.65 亿美元[③]。2001 年 4 月 23 日，用友软件股份有限公司发行新股 2 500 万股，发行前的每股净资产是 1.1 元，但用友是按 60 多倍的市盈率、每股 36.68 元发行。发行成功后每股净资产变为 9.7 元。用友的原有股东拥有的股权净值每股增加了 8.6 元，原有股东权益资本的增值率高达 882％。公司上市，原有股东的权益不仅仅增值，而且具有了流动性，这为原有股东分散投资、调整其投资组合提供了可能。在股权分置改革之前，我国上市公司原有股东的股票还不能完全流通，但改革之后，这些股票都相继获得了流通权，并可通过公开市场出售实现价值增值。这种财富的增值是对原有股东创业劳动的承认，也是公司在成长过程中累积的有形资产和无形资产的市场评估，更是对公司未来成长的一种预期。正是这种财富的增值功能使得公司往往对经营者实施股票期权制度，使经营者的财富与公司的长期发展结合起来，建立起强有力的公司激励机制。

除上述两方面的好处外，公司发行股票还有其他三个方面的功能。一是资本放大功能。股票融资是一种权益融资，股东在将资金投入公司的同时，获得了对公司经营、资产和收益的相应权利。公司上市后会使现有股东拥有公司股权的比例下降，股权的分散有可能降低原有股东对公司的控制力，导致公司控制权的稀释。但由于上市公司的股权往往非常分散，企业的核心股东可以以少量资本的投入控制和支配大量的社会资本，从而将自己的资本迅速放大。不仅仅如此，股票融资的资本放大功能还表现在股票上市使公司的股东权益迅速增值，公司的负债能力大大增强，从而进一步扩大公司的资本。二是信息提供功能。公司公开发行股票后，市场上的股票交易价格为企业的经营者提供了重要的信息。股票投资者通过买入或卖出

① [美]爱斯华斯·达莫德伦：《公司财务》，中国人民大学出版社，2001 年版第 373 页。
② 中国金融学会编：《中国金融年鉴》(2002)，中国金融年鉴编辑部，2002 年版第 506 页。
③ [美]爱斯华斯·达莫德伦：《公司财务》，中国人民大学出版社，2001 年版第 373 页。

股票表达对公司前景的判断。虽然资本市场不一定有效，股票投资者的判断也不一定正确，但股票价格是一种现实的信息。如果公司宣布拓展新的核心业务后，股票价格下跌，这很有可能表明许多股票投资者和股票投资分析家对这个业务拓展计划并不看好，这会提醒公司决策者对该发展计划进行进一步分析、论证。三是声誉提升功能。公司上市是对公司形象一次很好的宣传，在全国性的证券交易所挂牌无疑将大大提高公司的知名度，增强客户、员工和供应商对公司的信心，这种声誉的提升对企业的经营和发展是有利的。

当然，公开上市对公司也有不利的影响。信息不对称导致的"逆向选择"可能使公开发行的股票价格被市场低估，从而给公司带来较高的融资成本。此外，公开上市在信息方面也会对公司形成一定的压力。为确保公司管理层忠实履行受托义务，切实追求股东利益的最大化，公司上市后必须将其经营情况、经营结果等向证券监督管理部门报告，并向社会公众投资者公告。我国《证券法》第58条至第66条对公司的持续信息公开做了规定，对证券发行和上市的文件公开、定期报告和临时报告的公开进行了具体的规范，并规定：信息公开必须真实、准确、完整，禁止虚假记载、误导性陈述或重大遗漏；对因信息披露存在问题给投资者造成损失的要承担赔偿责任。因此，公开发行股票在信息披露方面会给公司产生很多影响，这种影响首先表现为公司必须承担信息披露的义务、责任以及相应的费用；其次，这种信息披露会使经营者承受较大的经营压力，当公司在经营中出现局部困难时，非上市公司可以秘而不宣，上市公司却不得不将相关信息予以披露；最后，这种信息披露有时还有可能导致公司经营策略和战略意图的泄漏，增加公司的竞争难度。

专栏 4-2　可转换公司债和可交换公司债

可转换公司债是指具有固定面值和一定存续期限，并在期满后有权根据一定转换比例转换为普通股的债务凭证。1997年，我国国务院证券委员会发布的《可转换公司债券管理暂行办法》给出的可转换公司债券定义是："发行人依照法定程序发行，在一定期间内依据约定条件可以转换为股份的公司债券"。

可转换债券在转换前是企业的债务，属于债权融资；转换后是企业的股权资本，属于股权融资。因此，它是一种介于债权融资和股权融资之间的金融工具。与债券融资及股票融资相比较，可转换债券融资存在着以下的优势：第一，融资成本低。一方面，由于可转换债券的基本特征中附带公司的股票期权，作为补偿，可转换债券的票面利率一般大大低于同类不可转换债券的票面利率。可转换债券持有人看中的是债券转换为股票时获得的资本利得收益，发行公司的预期收益增长前景越好，票面利率就可以设计得越低。另一方面，由于可转换债券大多附带回购条款，在一定条件下转债持有人可以将转债回售给发行公司，该回购条款减少了投资者可能承担的风险，可转债的票面利率也因此可能进一步降低。第二，融资风险较小。由于可转债在到期日之前可以进行转股，如果转股顺利的话，可以将企业负债资本转化为权益资本，降低了企业的还本压力，减少了企业的财务风险。第三，股权稀释性较弱。增发新股金额记入总股本，筹集资金全部记入净资产，使得每股收益及净资产收益率这两项关键的业绩指标当即被稀释。而可转债一般都有一个转换保护期，即经过一段时期后方可以转换成股票，因此股本的增加有一个缓冲期。即使进入可转换期后，转债全部转为股票也必然有一个时间过程。这再次对公司每股收益和净资产收益率等指标的摊薄稀释形成有效缓冲。第四，单位股本筹资额较增发和配股多。由于可转换债券一般以溢价发行，即拥有转换溢价，用其筹资与用低于当前普通股市价发行的新股筹资相比，单位股本的转券筹资额要高于增发和配股。第五，融资效率较高。可转换债券可使企业融资更加便利。由于其附加的转换特性,对于追求投机性与安全性于一身的投资者更具吸引力。因此,在与普通股同样享有企业业绩增长收益的同时,可转换债券提高了在经济形势不好时的抗跌性。可转换债券的收益理论上没有上限,但下跌风险却被限制在直接价值(相对于同等条件普通债券的价值)之上,这比一般股票的投资风险更低。

当然,可转债融资对企业也存在一定的风险,具体表现在两个方面:其一,若股票价格大幅上涨,并远远超过转股价格时,转债持有人可以通过转股获得较多的资本收益,这会对公司原有股东的权益产生较大稀释,这时,发行可转债就不如发行普通债券对原股东有利。其二,若股票价格大幅下跌,投资者将不行使换股权,就可能出现呆滞证券,若呆滞时间过长,一直到到期日还没好转,发行公司就必须动用大批资金赎回债券偿付本金,从而可能引起流动资金的不足,增加企业的财务风险。

继1997年推出可转换公司债券后,2008年10月份,中国证监会发布了《上市公司股东发行可交换公司债券试行规定》,并正式推出可交换公司债券这种新型的债券品种。可交换公司债券是指上市公司股份的持有者通过抵押其持有的股票给托管机构进而发行的公司债券,该债券的持有人在将来的某个时期内,能按照债券发行时约定的条件用持有的债券换取发债人抵押的上市公司股权。因此,可交换公司债券和可转换公司债券虽然都是介于股权和债券之间的融资工具,但仍然存在一些明显的差异:首先,发债主体和偿债主体不同。前者是上市公司的股东,通常是大股东;后者是上市公司本身。其次,适用的法规不同。在我国发行可交换公司债券的适用法规是《公司债券发行试点办法》,可转换公司债券的适用法规是《上市公司证券发行管理办法》,前者侧重于债券融资,后者更接近于股权融资。再次,发行目的不同。前者的发行目的包括投资退出、市值管理、资产流动性管理等,不一定要用于投资项目;后者的发债目的一般是将募集资金用于投资项目。最后,所换股份的来源不同。前者是发行人持有的公司股份;后者是发行人未来发行的新股。因此,前者换股不会导致标的公司的总股本发生变化,也不会摊薄每股收益;后者会使发行人的总股本扩大,摊薄每股收益。

第三节 衍生金融工具

金融衍生工具产生于20世纪70年代。经过40多年,特别是在最近20年,金融衍生工具得到了空前发展。美国经济学家弗兰克·法伯齐指出:“一些合同给予合同持有者某种义务或对某一种金融资产进行买卖的选择权。这些合同的价值由其交易的金融资产的价格决定,相应的这些合约被称为衍生工具。”[①]国际互换和衍生协会将金融衍生工具描述为:“衍生品是有关互换现金流量和旨在为交易转移风险的双边合约。合约到期时,交易者所欠对方的金额由基础商品、证券或指数的价格决定”。一般来说,所谓金融衍生工具是指从基础性资产引申出来的一种交易凭证,这种凭证规定了交易双方在未来对基础资产或其派生物进行某种交易的权利和义务。由于是派生物,金融衍生工具并不能脱离基础性资产而独立存在。更为独特的

① [美]弗兰克·法伯齐等著:《资本市场:机构与工具》,经济科学出版社,1998年版第14页。

是，金融衍生工具的价值还受到基础性资产价值变动的深刻影响。例如，认股权证、股票期货、股票期权、股票指数期货、股票指数期权等金融衍生工具的价格会随股票价格的变动而变动。这就是说，金融衍生工具的自身价值依赖于标的资产的价格变动。这里的标的资产既可以是金融资产，如债券、股票、外汇，也可以是某种商品，如石油、小麦、黄金等。

金融衍生工具的种类较多，最基本的衍生工具有以下几种：一是远期合约，即确定以将来的价格购买或出售某项资产的协议；二是期货合约，是在规范的交易场所内交易的标准化远期资产协议，它规定交易双方有义务在某一日期按事先约定的价格进行交易，由此形成了以期货为基础的金融衍生工具，它们也分成场内交易与场外交易两组衍生工具，前者包括利率期货、外币期货、股票指数期货、股票与债券期货；后者包括远期利率期货、远期汇率期货、利率互换或外币互换等。三是期权或选择权，可分为看涨期权和看跌期权。此外，介于股权和债权之间的金融工具(如可转换债券)、利率上限合约、互换或掉期等均是衍生工具。以期权为基础的衍生工具按交易场所不同分成两组期权衍生品种，一组是在交易所进行交易的期权，例如利率期权、货币期权、股票指数期权、股票与债券期权、期货合约期权；另一组属于场外交易期权，比如封顶期权、保底期权、互换期权、跨价利率期权等创新工具。在本书中，我们主要介绍期货和期权。

一、期货

(一) 远期合同与期货

期货是由商品的远期交易发展演化而来的。早在300多年以前，西方国家的农场主和经营农产品贸易的商人们便创立了一种交易方式——商品的远期交易。众所周知，农产品周期一般较长，农产品卖到市场上去的时间也比较集中，且农产品的收成好坏及产量多少受自然条件影响难以确定。若遇丰年，农产品的产量增加，在自由竞争的价格环境中，集中而大量的上市造成供过于求，迫使农场主不得不压低价格，以至亏本。若遇灾年，农产品产量下降，上市量减少，价格上升，这对以农产品为原料的工业生产者来说是一种灾难。为了避免这种价格变动的风险，农场主开始和一些老主顾寻求一种稳定的交易方式。在收获前的一段时间，农场主便与商人签订买卖一定数量农产品的合同，收获后再进行交割。合同中规定买卖的价格和交货的时间，双方都有义务遵守合同的规定。这种交易方式就是商品的远期交易。通过这种交易，双方均可以转移风险，稳定价格，正常安排生产和消费。例如，一个生产小麦的农场主，在收获前3个月便与小麦商签订了一份合同，规定3个月后农场主以每单位4.20元的价格卖给小麦商10万单位的小麦。根据合同，双方到期时必须一方付款，另一方交货。无论价格跌到什么程度，小麦商必须以每单位4.20元的价格购买这10万单位的小麦；无论价格涨到什么程度，农场主也必须以每单位4.20元的价格出售这10万单位的小麦。由于影响农产品价格变动的因素众多，人们对价格涨跌的预期是仁者见仁、智者见智。因此，买卖双方可能都愿意签订这样的远期交易合同。

随着远期合同的普遍运用，人们发现远期交易合同本身所代表的价值也在不断地发生变化。如上例中的小麦远期合同，假设这张合同是2月签订的，5月到期。到了3月。由于自然灾害，小麦可能大面积减产，人们预计5月份小麦价格会上涨到每单位5.0元。这时候有人愿意以每单位4.80元的价格购买这张合同。如果预期准确，到期可获得20 000元的收益。当然，如果预期失误，假设到期时小麦现货价格仅为每单位4.40元，那么该投机者将遭受40 000元的损失。这种以对商品价格变动预期为基础的远期交易合同买卖具有很大的风险性和投机性，但是在任何一个市场上都有一些投机者，他们为牟取暴利而愿承受巨大的风险。远期交易合同价值的这种波动以及预期的差异，导致对远期交易合同本身的交易。由于这种远期交易合同是买卖双方协商签订的，给买卖远期交易合同带来了诸多的麻烦。为了方便交易，这种合同渐趋标准化，交易的参与者也开始采用统一的、规范的交易制度。于是这种交易便从普通商品交易中分离出来，成为一个相对独立的市场。这种标准化的远期交易合同称为期货合同，简称期货。

期货交易的对象是期货合同。期货合同是由商品的远期交易合同演化而来，但是期货合同与远期交易合同有着本质的不同。远期交易合同是指买卖双方协商成交，约定在未来某一日以某一价格交货付款的书面凭证。远期交易合同中，明确规定交易商品的品级、数量、包装、运输保险及交货与付款方式。通常来说，远期交易合同是通过买卖双方协商决定，很少有两张合同完全相同，因此，即使是同商品、同质量、同数量、同价格的两张远期交货合同，也很难相互冲销。由于这个原因，远期交易合同很难进行二手买卖，正如银行贷款合同一样，由于每笔贷款都视借贷双方的需求和关系而规定不同的数额、期限、利率等条件，因而无法在债券市场和货币市场上自由转让。商品期货合同之所以能成为金融市场上公开交易的有价证券，成为证券投资的重要工具，是因为商品期货合同是标准化的、非个性化的合同，这一性质主要体现在以下四个方面：

1. 统一的品级

品级就是商品的品质级别，这是表明商品期货合同所代表商品的品质好坏的公认标准。品级是根据商品的一项或几项主要特征（如大小、长短、粗细、色泽、匀净程度、化学成分、比重、纯度、所含水分及杂质等）来规定的。只有对容易鉴别共同特征的商品，才能规定品质划一的品级。如生丝、棉花、橡胶、小麦、咖啡、可可、食糖、各种金属等，在国际上都有沿用已久的公认品级。品级通常由厂商的专业协会、或者商品交易所来制定，有时也可以由某一商品主要生产国的政府机关来规定该商品的品级。因此，在买卖商品期货合同时，无须对其所代表商品的品种、质量、规格等条件一一确认和反复协商。期货合同一般由交易双方通过有组织的交易所进行买卖，合同内的条件由交易所规定，只留下价格由交易者决定。

2. 规范的交易单位

每一份商品期货合同所代表的商品数量，都是由商品交易所或交易商协会预先统一规定的，称为交易单位。利用商品期货合同买卖商品，数量只限于交易单位的倍数，即买卖几份该商品的期货合同。不能自由议定和分割交易单位。例如，芝加哥农产品交易所规定每份小麦期货合同只能包含 5 000 蒲式耳小麦，也就是说，小麦期货合同的交易单位是 5 000 蒲式耳，如果想多买或多卖，可以买卖 2 份、3 份或更多的小麦期货合同，但不能打破 5 000 蒲式耳的倍数。又如，该商品交易所中豆油期货合同的交易单位是 60 000 磅豆油（即一油槽车的装载量），伦敦金属交易所中的铝、铅、锌等期货合同的交易单位都是 25 吨，纽约商品交易所中的黄金期货合同，交易单位是 100 金盎司等等。这样，在商品期货市场上，买卖商品的数量便转化为买卖该商品期货合同的份数。

3. 指定的交割月份

商品期货合同在实际执行时，商品交割期并不是指定的日期，而是指定的月份，叫做交割月份。履行交割义务的一方可在指定月份的第一个营业日起到该月份最后一个营业日止选择任何一个营业日交割商品。同时，商品交易所对每一种商品都指定了若干个交割月份。其目的是便于双方的交易。

4. 标准化的交割方式

商品期货合同在到期履行时，交货的一方并不交割实际商品，只是交付代表这批商品所有权的证明文件——栈单，并随附该商品已经过检验、符合合同规定品级的证明书，由买方自行在指定地点的仓库提货。这种经过专门检验、被证明符合期货合同的规定品级，并已经存储在指定地点仓库中的商品，叫做检验存货。正因为期货合同不同于远期交易合同，具有标准化的特性，所以在期货交易中产生了对冲机制。在期货交易中，真正最终以现货交割的仅占1%—3%，大部分都在对冲中结束交易。所谓对冲是指客户在卖出某种商品的期货合同后，再买进同数额、同交割月份的该种商品的期货合同结束交易，或者在买进某种商品的期货合同后，再卖出同数额、同交割月份的该种商品的期货合同结束交易。其中买进卖出或卖出买进的差价就是客户的盈利或亏损。

商品期货并非像它的名称所暗示的那样是一种商品交易对象。在这里，人们买卖的不是可供消费的商品，而是标准化了的债权债务关系；人们利用这种交易工具，不是为了获得某种商品的价值或使用价值，而是为了使他们在另外一些市场上的交易不受或少受损失；人们在这里注重的已不再是具体的商品及其质量、规格、付款方式等商品交易要素，而只关注交易产生的利差；人们已不是用货币来购买商品或用商品来换取货币，而只是用资金交换资金。所有这些都说明，商品期货不是沟通商品交换的工具，而是一个沟通不同数额、不同时点上的货币交换的工具，是一种特殊的证券投资工具。

（二）期货的分类

期货合同依据其所代表的商品种类的不同可分为三类：软期货、硬期货和金融商品期货。软期货是指期货合同所代表的商品是软商品，即农产品、畜产品及化工产品，如小麦、玉米、大豆、谷物、咖啡、橡胶、冻鸡、冻猪肉、木材等。硬期货是期货合同所代表的商品是硬商品，即各种金属，如黄金、白银、铜、铅、锌、铝、铁等。金融商品期货是指期货合同所代表的商品是金融商品，即其他金融市场上的金融工具。如货币市场上的国库券、银行承兑汇票等，债券市场上的政府中长期债券，外汇市场上的外币以及股票市场上的股票价格指数等。

金融商品期货又可分为三类：利率期货、外币期货和股票指数期货。利率期货是指期货合同所代表的金融工具是各种长短期债务证券，主要包括政府长短期债券和商业票据如期票、银行承兑汇票等。因为它们都是以本国货币计算的固定利率的有价证券，所以称为利率期货。如果市场利率发生变动，期货合同的价格也就相应变动。例如，某公司于4月1日在金融期货交易所购买总面值为1 000万美元、交割月份为10月份的3个月期国库券期货，利率为11%，合同价值为972.5万美元：

$$1\,000\times(1-11\%\times3/12)=972.5\text{万(美元)}$$

一段时间后，该10月份交割的3个月期国库券期货利率上升到14%，期货合同价值则下降到965万美元：

$$1\,000\times(1-14\%\times3/12)=965\text{万(美元)}$$

如果国库券市场利率有进一步上升的趋势，亦即合同价值有进一步下跌的可能，此时该公司卖出7月期货，对冲后亏损7.5万美元：

$$972.5-965=7.5\text{万(美元)}$$

外币期货是指期货合同所代表的金融工具是一定数量的外币。因外币的价格是汇率，所以又称为外汇汇率期货。若汇率发生变动，则外币期货的价格也就随之发生变动。例如，某公司于6月1日在国际货币市场买进1份8月加元期货合同（每份合同包含1 000 000加元），汇率为每加元等于0.772美元。因此，该加元期货合同的价值为772 000美元。到7月1日，若汇率变至每加元等于0.774美元，该加元期货合同的价值将上升到774 000美元。此时该公司卖出1份8月加元期货合同，对冲后获利2 000美元：

$$774\,000-772\,000=2\,000(\text{美元})$$

股票指数期货是一种很特殊的期货，其期货合同所代表的不是具体的金融工具，而是证券市场的股票价格指数，如道琼斯指数、标准普尔500指数、香港恒生指数、沪深300指数等。每一份股票指数期货的价值，就是由股票指数值乘以一定的倍数。具体的倍数由交易所自行规定。若股票指数发生变化，则期货价格发生相应的变动。例如，假设某投资者于6月1日购买标准普尔500指数的12月份期货合同一份，标准普尔500指数为154.30，则该份期货合同的价值为：

$$154.30\times500=77\,150(\text{美元})$$

到9月1日，若标准普尔500指数上升到160，则该份期货合同的价值上升为80 000美元：

$$160\times500=80\,000(\text{美元})$$

若此时该投资者卖出12月份期货合同，对冲后获利2850美元：

$$80\,000-77\,150=2850(\text{美元})$$

(三) 期货的功能

期货交易的功能有两个：一是它的套期保值功能；二是它的投机功能。

1. 套期保值功能

套期保值功能是指利用期货合同的交易使得现货商品免受价格波动的干扰，进而达到控制材料成本、商品利润、减少风险等目的。套期保值分为卖期保值和买期保值两种。卖期保值又称空头保值，是指先卖出期货合同，在交割之前再补进对冲，以达到保值的目的。例如，小麦生产者在播种小麦的时候，就可以在期货市场卖出期货合同，以回避小麦现货市场价格变动的风险。到小麦收获时，若小麦现货价格下跌，期货价格也跟着下跌，补进期货对冲后的盈利基本上抵补了现货市场的损失，使小麦生产者获得了正常的利润，减少了风险，达到了保值的目的。再如，某化工产品生产者预计该化工产品近期内价格可能会下跌，他可以在期货市场上卖出该产品的期货合同，待合同到期时，如果现货市场价格下跌，期货价格也跟着下跌，补进期货对冲后的盈余基本抵补了现货市场的损失，从而保证该生产者获得正常的利润，减少了商品生产的风险，达到了保值的目的。

买期保值又称多头保值，与卖期保值相反，指先买进期货合同，在交割之前再卖出期货对冲，以达到保值的目的。例如，某棉布生产者，棉花是其重要的生产原料，他估计3个月后的棉花价格可能上涨，于是他可以在期货市场先买进3个月后的棉花期货合同，若届时棉花价格上涨了，棉花的期货价格也会相应上升，因此卖出期货合同对冲后的盈利基本上抵补了现货价格购入的损失，从而控制了棉布的材料成本，并且节省了早购买棉花时的储备费用和资金占用成本，达到了保值的目的。

套期保值功能是期货市场的重要功能，是期货市场得以产生和发展的动力源泉。通过套期保值，商品生产者可以更好地安排生产计划、控制材料成本、保障商品利润和减少风险。

2. 投机功能

投机的目的是通过对期货价格变动的预期买卖期货以获取投机利润。与套期保值一样，投机活动也分为多头投机和空头投机。当预期价格将上涨时，投机者买进期货，即做多头，当期货到期时，若价格果真上涨了，再卖出期货对冲，可以赚取一定的差价。当预期价格将下跌时，投机者卖出期货即做空头，届时若价格果真下跌，再买进期货对冲，赚取投机利润。

投机者不像保值者那样将注意力集中于某一市场特定商品的价格变动上。他们关心的是同一商品在不同市场上的价格以及同一市场不同商品之间的价格关系。他们常常对一些商品做空头而对另一些商品做多头，或对同一商品在一个市场做多头而在另一个市场上做空头，从而赚取更多的投机利润。

期货市场上的投机活动比一般市场上的投机活动更加普遍。因为期货市场本质上具有投机性，期货交易采取的是保证金制。保证金制是指客户在买卖期货合同时需缴纳合同价值一定比例的保证金，其目的在于保证期货价格发生变动的情况下亏损的一方能够付出差价。由于买卖双方在对冲后都有可能发生亏损，所以交易双方均须缴纳保证金。保证金比例视商品的不同而不同，其数额通常是合同价值的5%—10%。由于保证金比例少，投机成本小，较少的资金能推动较大的资本，这就使得期货交易不同于一般的金融交易，具有更大的风险。大量的投机者被吸引到这个市场上，买空卖空，各显神通，致使期货价格大起大落、变幻莫测。

期货市场的发展在西方极为迅速。早在300多年以前，商品的远期交易便已产生。1848年，美国芝加哥商品交易所成立，成立早期主要经营现货交易和远期合同交易。至1860年代，开始经营与现在类似的期货合同交易。随后期货交易在各国得以发展。至1970年代，期货市场交易的品种从原先的少数几种农产品发展到农产品、畜产品、化工产品及金属期货。20世纪70年代以来，期货市场的发展尤为迅速，交易品种从一般商品发展到金融商品的期货。这个时期，布雷顿森林体系彻底崩溃，国际货币体系从固定汇率转向浮动汇率，加上西方各国通货膨胀恶化，金融市场利率剧烈波动，给投资活动、财务管理及国际国内贸易带来了巨大的汇率和利率风险。由于期货市场具有套期保值的功能，能够减少和分散风险，为了避免利率风险和汇率风险，市场上出现了金融期货，并且得以迅速地发展。

目前，我国的商品期货有：大豆、豆粕、玉米、小麦、棉花、铜、铝、白糖、天然橡胶和燃料油等。我国现有三个商品期货交易市场：上海期货交易所、大连商品交易所和郑州商品交易所。每个期货交易所经营的期货品种有所不同，上海期货交易所目前上市交易的有黄金、白银、铜、铝、锌、铅、螺纹钢、线材、燃料油、天然橡胶等十种期货合约①；大连商品交易所目前上市交易的有玉米、黄大豆1号、黄大豆2号、豆粕、豆油、棕榈油、线型低密度聚乙烯、聚氯乙烯和焦炭共计9个期货品种②；郑商所目前上市交易的期货品种有小麦（包括优质强筋小麦和硬白小麦）、棉花、白糖、精对苯二甲酸、菜籽油、早籼稻、甲醇③。中国以商品期货为代表的衍生品市场已有十几年历史，并建立起了一系列风险管理措施和制度，影响力也日渐上升。2001年前6个月，大连商品交易所大豆期货成交量相当于日本东京谷物交易所大豆期货成交量的4.3倍，相当于美国芝加哥期货交易所同期大豆期货交易量的23.5%，个别交易日的成交额突破200亿元。大豆期货已居世界第二，亚洲第一。2004年新上市的全球十大期货合约中，郑商所的一号棉花期货以5.99万手的成交量位列第一，大商所的玉米期货以5.83万手的成交量位列第二，上期所的燃料油期货以2.82万手的成交量位列第六；2004年，全球十大农产品期货合约中，大商所的一号黄大豆和豆粕的交易量位列第一和第二，郑商所的硬冬白小麦和强筋优质小麦位列第四、第五，上期所的天然橡胶位居第九。据美国期货业协会（FIA）对全球81家衍生品交易所的最新统计数据，2011年，郑商所、上期所和大商所分列第11、14和15位④。由此可见，中国的商品期货交易呈现出良好的发展态势，推出金融衍生品时机也渐渐成熟。中国金融期货交易所于2006年9月8日在上海成立，2010年1月12日，中国证监会批复同意中国金融

① 资料来源：上海期货交易所网站。

② 资料来源：大连商品交易所网站。

③ 资料来源：郑州商品交易所网站。

④ 资料来源：期货日报 http://www.qhrb.com.cn/Newspaper/Show110260.html。

期货交易所组织股票指数期货交易，4 月 16 日，首份合约正式上市交易。

专栏 4－3　沪深 300 股指期货

股指期货是以股票价格指数为标的物的金融期货合约，是为适应人们控制股市风险，尤其是系统性风险的需要而产生的。经中国证监会批准，中国金融期货交易所首个股票指数期货合约为沪深 300 股指期货合约（见表 4－4），该合约于 2010 年 4 月 16 日正式上市交易。

表 4－4　沪深 300 股指期货合约

合约标的	沪深 300 指数
合约乘数	每点 300 元
报价单位	指数点
最小变动价位	0.2 点
合约月份	当月、下月及随后两个季月
交易时间	上午：9：15—11：30，下午：13：00—15：15
最后交易日交易时间	上午：9：15—11：30，下午：13：00—15：00
每日价格最大波动限制	上一个交易日结算价的±10%
最低交易保证金	合约价值的 12%
最后交易日	合约到期月份的第三个周五，遇国家法定假日顺延
交割日期	同最后交易日
交割方式	现金交割
交易代码	IF
上市交易所	中国金融期货交易所

沪深 300 指数是由上海和深圳证券交易所于 2005 年 4 月 8 日正式发布。该指数是从沪深两市证券中选取 300 只 A 股作为样本编制而成的成份股指数。之所以选择沪深 300 指数作为中国金融期货交易所首个股票指数期货标的，主要考虑了以下三个方面因素：第一，沪深 300 指数市场覆盖率高，主要成分股份权重比较分散，有利于防止操纵指数的行为。第二，沪深 300 指数成分股涵盖能源、原材料、工业、可选消费、主要消费、健康护理、金融、信息技术、电讯服务、公共事业 10 个行业，各行业公司流通市值覆盖率相对均衡，使得该指数能够较好地对抗行业周期性的波动。第三，沪深 300 指数的编制吸收了国际市场成熟的指数编制理念，采用自由流通股本加权、分级靠档、样本整理缓冲区等先进技术，具有较强的市场代表性和较高的可投资性，有利于市场功能发挥和后续产品创新。

二、期权

（一）期权的定义

期权是英文“option”一词的中文简译。它的基本含义是买卖期货合同，并在合同到期时由合同买方决定是否执行这一合同的选择权。从形式上来看,期权是一种交易双方签订的、按约定价格在约定时间买卖约定数量的约定商品的期货合同。事实上,期权和一般商品期货合同之间有一个本质的区别,即购买并持有这种期货合同的一方,在合同规定的交割时间有权选择是否执行这一合同,而出售这种合同的一方则必须服从买方选择。这就是期权一词中"权"字的含义。例如,交易人A和交易人B签订一份期权合同,约定交易人A可以在3个月后以每股50元的价格向交易人B购买100股X股票,但同时交易人A有到期不执行这一合同的权利。3个月后,如果X股票的市场价格下跌到40元一股,交易人A能以这一价格买进现货股票,因此便可以不履行合同。反过来,如果3个月后X股票的价格上涨为60元一股,交易人A便可以实施执行该合同的权利。当然,为了获得这一选择的权利,交易人A要向交易人B专门付出一笔期权费。

正是这个选择权将期权合同和一般的商品期货合同区分开来,使期权合同在金融市场上"自立门户",成为一种独特的金融市场工具。

《韦伯斯特新教学词典》从金融的角度为期权下了如下定义:期权是"一种包含着在规定时期以内以特定的价格买或卖事先确定的有价证券或商品的权利的合同"。再具体一点说,期权是交易双方签订的一种协议,协议中的一方以一定的价格向对方提供了在协议期按协议规定的条件向自己出售或从自己手中购买协议规定的有价证券(或其他商品)的权利。按照协议的规定,获得出售或购买的权利的一方在协议期可以行使这一权利,也可以不行使这一权利。其行使与否,完全由获得该权利的一方根据自己的意愿选择,而向对方提供这一权利的一方则必须服从对方选择:如果对方要买就必须卖;如果对方要卖就必须买。对提供选择权利的一方来说,服从对方的选择是他们的义务。

在期权交易中,获得选择权利的一方通常称为期权购买人,因为他们为获得这种选择权利要向该权利的提供方付出一定的货币。而向交易对方提供这种选择权利的一方通常被称为期权出售人因为他们是以一定的价格出售这种权利的。有时,期权出售人也被称为期权创造人或出具人。

按照上面的定义,期权中包括的选择权利可分为两类。一类是期权购买人在规定时间选择买与不买的权利。例如,交易人A从交易人B那里购买一份期权,该期权规定A可在本年的5月份以约定价格从B手中购买约定数量的约定股票。到期时A可以行使购买权利,也可以不行使这一购买权利,换句话说,可以行使不购买的权利。假如到了5月份A认为实施购买是合算的,他便要求B按约定条件交割股票;反过来,如果他认为这时按协议条件购买B的股票不合算,他便行使其不购买的权利。过了5月份,这份期权自动失效,A便无权要求B按协议条件出售这笔股票了。在A行使选择权的过程中,作为这份期权的出具人,B完全是被动的。他在A要求实施交割时不能因股票市价已高于协议规定的价格而拒绝向A出售,也不能在A决定不买时因股票市价低于协议规定的价格而强迫A购买。包含这种到期由期权购买人选择买与不买的权利的期权,叫做择购期权,简称择购。

期权中包含的另一类权利是期权购买人在规定时间选择卖与不卖的权利。例如,交易人C手中持有一笔某公司股票。他向交易人D购买一份期权。该期权规定C可以在5月份以约定价格向D出售这笔股票。到期时,C可以根据自己的意愿选择到底卖还是不卖。如果约定的价格高于这时该种股票的市场价格,C便实施出售的权利,向D交割这笔股票;如果这时的市场价格高于约定的价格,C便可以行使不卖的权利,继续持有这股票或其按高于约定价格的市场价格卖给他人。交易人D在C要求交割时必须按协议购买，而在C选择不卖时也不能强迫其出售。包含这类到期由期权购买人选择卖与不卖的权利的期权，叫做择售期权，简称择售。

期权广泛被应用于证券交易之中，代表着买卖证券的权利的转让。就其实质而言，期权交易已不是证券的直接交易，而是某种权利的转移，可以脱离证券而独立买卖。期权交易参与者在权利所依托的证券价格的涨跌中，实现盈利或亏损。由于预期价格的变动是很难掌握的，因而期权交易往往风险很大，一般被视为一种投机。不过，投资者如能运用得当，也可以用以保值或避免较大损失。

期权交易流程如下通常分为三个步骤：第一步，发出期权交易指令。主要项目包括开仓或平仓、买进或卖出、执行价格、合约月份、交易代码、看涨期权或看跌期权、合约数量、权利金及指令种类。当某客户发出交易指令，买进或卖出一份期权合约，经纪公司接受指令，并将其传送至交易所。交易者发出交易指令时，很重要的一点是选择执行价格。选择执行价格的一个重要方面是交易者对后市的判断。对于买进看涨期权来说，执行价格越高，看涨预期越大。对于买进看跌期权来说，执行价格越低，看跌预期越大。第二步，下单与成交。交易者向其经纪公司发出下单指令，说明要求买进或卖出的期权数量等交易指令所包括的主要项目；交易指令通过计算机按照价格优先、时间优先的成交原则撮合成交。计算机系统首先按照竞价原则分买入和卖出指令进行排序，当买入价大于、等于卖出价则自动撮合成交，撮合成交价等于买入价、卖出价和前一成交价三者中居中的一个价格。然后会员经纪公司将成交回报告知交易者。第三步，对冲平仓。期权的对冲平仓方法与期货基本相同，都是将先前买进（卖出）的合约卖出（买进）。如果买进看涨期权，卖出同执行价格、同到期日的看涨期权对冲平仓。如果卖出看涨期权，买进同执行价格、同到期日的看涨期权对冲平仓。如果买进看跌期权，卖出同执行价格、同到期日的看跌期权对冲平仓。如果卖出看跌期权，买进同执行价格、同到期日的看跌期权对冲平仓。

例如，某客户以20元/手买进10手3月份到期执行价格为1 200元/吨的小麦看涨期权。如果小麦期货价格上涨到1 250元/吨，那么权利金也上涨，比如上涨到30元/手，那么该客户发出如下指令：以30元/手卖出（平仓）10手3月份到期、执行价格为1 200元/吨的小麦看涨期权。

期权的平仓盈亏与期货类似，是买卖期权的权利金差价，卖出价减去买入价只要是正数就赚钱，是负数就亏钱，是零就不盈不亏（不考虑交易手续费）。比如，买进时是权利金20元/手（不管买权还是卖权），卖出平仓时是30元/手，则赚取10元/手。

（二）期权的种类

期权市场可依据期权合同所代表的有价证券或商品的不同分为五类：股票期权、指数期权、外币期权、利率期权和期货合同期权。

1. 股票期权

股票期权是指期权合同所代表的有价证券是股票。每份期权合同包含100股股票的选择权，每份期权合同的价值就等于100乘以协定的价格。例如，投资人A以协定价格每股35元向投资人B购买芝加哥期权交易所的X公司股票择购期权一份，期权到期月份为10月，期权价格为每股3元，A应向B支付300元的期权价款。到了10月份，若X公司股票价格在35元以下，A便不会实施这份期权；若X公司股票价格上涨到35元以上，A便会实施这份期权，获取收益。

美国期权市场上的主要期权工具是股票期权。美国最大和最知名的数百家公司发行的股票都在芝加哥期货交易所或美国股票交易所中有期权上市。期权交易对基础股票的选择相当严格，甚至十分挑剔。无论一个公司的资本额多大，股票的每股股息多高，都不能随意上市期权。美国所有在交易所中挂牌上市的期权，无一不是以投资者最为熟悉、且交易最为广泛活跃的著名公司股票为基础股票。这在很大程度上保证了几个相互平行的期权市场交易上的同步和配合。

2. 指数期权

指数期权是指期权合同所代表的"商品"是指数，主要是股票价格指数。每份期权合同的价值等于交易所规定的指数乘以一定的倍数。例如，纽约股票交易所的指数规定倍数为100，投资者甲以协定价格130元向投资者乙购买一份纽约股票交易所的指数择购期权，期权期满月份是9月份，期权价格为5元，则甲应向乙支付500(5×100)元的期权价款。该指数期权合同的价值为13 000(130×100)元。到了9月份，若该股票指数在130以下，甲不会实施这份期权，自动作废，损失500元期权价款；若指数在130以上，甲便会实施这份期权，假设指数上涨至140，则这份期权的价值为14 000(140×100)元，甲实施期权，乙须向甲支付1 000(14 000－13 000)元，甲的实际盈利则为500(1 000－500)元。

3. 外币期权

外币期权是指期权合同所代表的证券是外币。每份期权所代表的外币额视币种和交易所不同而不同。如美国费城交易所，每份英镑期权代表125 000英镑，每份加元期权代表50 000加元；而在芝加哥期权交易所，每英镑期权代表25 000英镑，每份加元期权代表100 000加元。外币期权与股票期权一样，在实施时可交割实物，也可交割价差。

4. 利率期权

利率期权是指期权合同所代表的有价证券是各种债券，主要有国库券、政府中长期债券、大额可转让定期存单等。利率期权的交易单位一般是面额为100 000美元的债券。政府债券的期权在实施时通常要交割实物，其中政府长期和中期期权要交割特定的债券，例如，2016年5月份到期的政府长期债权若要实施，只能交割这种债券。而国库券期权在实施时却要求交割新发行的国库券；大额可转让存单期权，在实施时则既可以交割实物，也可以用现金轧差清算。

5. 期货期权

期货期权是指期权合同所代表的"商品"是期货合同，期货期权在实施时要求交割的是期货，而不是期货合同所代表的商品。实际上，期货期权交割的很少是期货合同，而是由期权交易双方交割价格与期货期权协定价格的价差。

三、金融衍生工具发展迅速

1998年，全世界期货交易量中，金融期货的比重为77%；全世界期权交易量中，金融期权的比重高达96%。2011年，金融类衍生品交易量依然占较大比重，占全球衍生品交易量的88.7%，其中排在成交量前三位的股票指数、单个股票及利率衍生品交易量合计占全部衍生品交易量的76.2%。商品类衍生品交易量占全球衍生品交易量的比重有所下降，由2010年的

13.39%降至10.4%[①]。在全球交易量最大的期货与期权的合约标的物种类排名中,前4名均为金融衍生品种(见表4-5)。金融衍生产品的交易量不仅超过了商品期货,而且在许多重要金融市场上,甚至已超过其基础产品的交易量。

表4-5 全球交易量最大期货与期权合约标的物种类排名

合约标的物种类	2010交易量(张)	2011交易量(张)	增长率(%)
股指	7 416 030 134	8 459 520 735	14.1
个股	6 295 265 079	7 065 363 140	12.2
利率	3 202 061 602	3 491 200 916	9.0
外汇	2 525 942 415	3 147 046 787	24.6
农产品	1 305 531 145	991 422 529	-24.1
能源产品	723 614 925	814 767 491	12.6
非贵金属	643 645 225	435 111 149	-32.4
贵金属	174 943 677	341 256 129	95.1
其他	137 655 075	22 971 369	66.9

资料来源:Futures Industry Association。

金融衍生工具的产生和繁荣有着深刻的历史背景和迫切的现实需要。从20世纪70年代初开始,世界经济环境和体制发生了重大变化:美元地位不断下降,布雷顿森林体系最终解体,固定汇率制被浮动汇率制取代。1973年和1978年两次石油危机使得西方各个国家经济陷于滞胀,为治理通货膨胀,美国不得不利用利率工具,使金融市场利率波动剧烈。各国股市也因利率、汇率变动而波动幅度较大,金融市场的参与者均受到不同程度的影响。金融市场迫切需要新的金融工具来规避频繁发生的金融风险。与此同时,通讯技术的迅速发展与普及,大大提高了信息处理效率,降低了交易成本,为设计和推出复杂的金融衍生产品奠定了技术基础。另外,金融自由化理论的复兴和金融自由化进程的加快,也对金融衍生产品市场的诞生和发展起了推动作用。金融自由化理论以"金融压制"和"金融深化"理论为代表,主张放松对金融结构过度严格的管制,特别是解除金融结构在利率水平、业务范围和经营地域选择等方面的限制,以恢复金融业的竞争,提高金融业的效率。20世纪80年代以后,各个国家纷纷进行了金融自由化改革,进一步促进了金融衍生产品的发展。

从金融衍生工具产生和发展的历史可以看出,金融衍生工具的基本经济功能有两项:转移风险和价格发现,其最原始的目的在于为基础工具的持有者提供有效对冲风险的手段。金融衍生产品的革命性作用是扩大了金融市场在风险管理中的作用。进一步提高了市场效率。一方面,交易所标准化的期货和期权合约,场外个性化的互换和期权合同,为投资者提供了众多的风险管理工具;另一方面,金融衍生工具由于低成本交易和低保证金,相对于现货市场有较高的流动性,从而有利于加速经济信息的传递,其价格对于现货市场的价格有指导作用,有利于资源的合理配置[②]。

① 资料来源:美国期货业协会。

② 汪丁丁:"回顾'金融革命'",《经济研究》,1997年第12期。

金融衍生产品具有很强的杠杆作用。在现金交割制度下,金融衍生工具以原生工具的价格为基础,只需缴存一定比例的保证金,因而交易中的杠杆效应比基础金融产品大得多。另一方面,金融衍生产品是虚拟化程度最高的虚拟资本。金融衍生产品的迅猛发展大大拓展了证券、银行、保险、信托和外汇业务,不仅使一国内部经济虚拟化的影响范围进一步扩大,也在国际范围内培育出了巨额的国际投资资本。正如任何事物都具有两面性一样,金融衍生工具也会给交易者带来巨额的损失,但是,不能因为金融衍生工具会带来惊人损失就完全否定它的积极作用。事实上,金融衍生工具交易的贡献要超过各种危机出现所造成的损失。金融衍生工具是金融市场经济发展的最高级形式,从经济上讲是公平的、有效率的,是投资者进行套期保值和价格发现的有效场所。近年来,在金融衍生市场出现的一系列重大亏损事件,主要是源于人为因素,即监管制度和交易规则的缺陷或决策失误(主要是风险管理方面的失误),而不在于衍生工具本身。所以问题的关键在于强化管理,健全有关法规。

中国金融期货的出现是从国债期货开始的。1992 年 12 月,中国第一个金融衍生产品——国债期货在上交所首先推出。由于当时的市场条件还不成熟,以及对金融衍生产品缺乏统一监管和相应的风险控制经验,1995 年初爆发了"327 国债期货事件",导致政府在该年 5 月将国债期货市场关闭。在之后的很长一段时间,中国证监会都严禁上市金融衍生工具的期货合约,中国人民银行则严控金融机构开发境外投机性衍生工具业务。但是,总体来看,金融衍生工具仍将是市场经济发展到一定阶段的必然选择,当一国经济的市场化程度较高时,利率、汇率、证券行情都将随着市场供求变化而不断波动,价格风险就会日益突出。此时,就必然要求建立金融衍生市场,通过金融衍生工具独特的避险功能的发挥,来提供完善的风险转移机制和价格发现机制。

本章小结

(1) 金融工具可大致分为债务类金融工具、所有权类金融工具和衍生金融工具三大类。债务类金融工具的种类比较丰富,包括票据、回购协议、可转让定期存单、债券等;所有权类金融工具主要为股票;衍生类金融工具则包括远期、期货、期权等。

(2) 债券是一种确定债权债务关系的凭证,和股票相比,它在期限、利率和利息偿还、是否能参与经营管理等方面存在区别。根据发行主体不同,债券可分为政府债券和企业债券,债券是一种十分重要的金融市场工具。

(3) 股份公司是以盈利为目的,由两人以上集资并按法律规定所组成的社团法人,和具有自然人性质的独资企业以及合伙企业相比,股份公司的法人性质使其从某种程度上可以独立于企业的出资人。股份公司又可分成无限责任公司、有限责任公司、两合公司、股份有限公司和股份两合公司。股份有限公司和有限责任公司是较为典型、完善的企业组织形式。

(4) 股票是股份有限公司发行的,表示股东按其持有的股份享受权益和承担义务的可转让的凭证,是股本、股份、股权的具体体现。股票具有期限上的永久性、报酬上的剩余性、清偿上的附属性和责任上的有限性。

(5) 普通股股东拥有剩余利润的分配权、投票表决权、优先认股权、检察监督权和剩余财产的清偿权。优先股股票的优先主要体现在利润分配和财产清偿两个方面,但优先股股东不具有参与公司经营管理的权利。优先股可分为累积优先股和非累积优先股、参加优先股和非参加优先股。可转换优先股是一种介于优先股和普通股之间的股票,按照发行公司规定的一定条件和比率，可转换优先股可以在将来一定时期转换为普通股。

(6) 股份公司公开发行股票，可以为公司筹集大量资金，使原有股东的财富获得增值，使控股股东的资本实现放大，为市场提供更多的信息，增加企业的声誉。当然，公开上市发行股票的股份公司，也将受到更多的外部监督。

(7) 金融衍生工具是指从基础性资产引申出来的一种交易凭证，这种凭证规定了交易双方在未来对基础资产或其派生物进行某种交易的权利和义务。最常见的金融衍生工具包括远期交易、期货、期权等。

(8) 期货是一种标准化的远期交易合同，包括商品期货和金融期货。期货既具有套期保值的功能，也具有投机的功能。期权本质上是一种选择权，期权的交易意味着买卖证券权利的转让。期权市场可依据期权合同所代表的有价证券或商品的不同分为五类：股票期权、指数期权、外币期权、利率期权和期货合同期权。

(9) 近年来，衍生金融工具发展迅速，其保证金交易的特点使衍生金融工具的交易具有很强的杠杆作用，蕴含了大量的风险。

复习思考题

1. 什么是股份有限公司？
2. 请比较债券和股票的异同。
3. 股份有限公司公开发行股票对公司有哪些积极作用和不利影响？
4. 什么是可转换公司债？和股票相比，有什么优势？
5. 请比较远期和期货的异同。
6. 什么是金融衍生工具？有人说，金融衍生工具交易有很大的风险，很多著名的公司都曾在衍生金融市场上遭受重大损失，因此，不应该积极发展衍生金融市场。你是否同意这种观点？

第五章　金融市场

金融市场是金融体系重要的组成部分。金融市场创造出并不断地创新出各种金融工具供人们选择,极大限度地动员和推动着资金的转移。而且,金融市场将一切融资活动、一切金融机构联结起来,使其成为一个有机的整体。本章将着重介绍货币市场和资本市场等细分市场的具体运行过程。

第一节　货币市场

一、货币市场概述

货币市场是实现短期资金融通的市场,主要从事1年以内的短期资金借贷活动。

美国早期的货币市场是指证券经纪人之间的短期拆借市场,是以商业银行、中央银行、大公司、大机构为主体的货币市场,有国库券市场、票据市场和回购协议市场等子市场。国库券市场又称短期政府债券市场,是国家财政部门发行的国库券发行、流通和转让的市场。回购协议是指资金融入方在出售证券的同时和证券购买者签订的在一定期限内按原定价格或约定价格购回所卖证券的协议。从本质上说,回购协议是一种质押贷款协议,回购协议市场是通过回购协议进行短期资金融通交易的场所。国库券市场是美联储实施货币政策的重要手段,是联接美国财政政策与货币政策的一座重要桥梁。20世纪70年代,美国经济经常出现通货膨胀的情况,利率波动。20世纪50年代,3个月美国国库券利率波动幅度在1%—3.5%左右,而70年代波幅增大到4%—11.5%,80年代更达到了5%—15%。利率的大幅度上升使得长期债券的资本损失率高达50%,回报率为−40%①。这使得传统金融产品面临创新的压力,这种创新极大地推动了货币市场的发展。货币市场上涌现出许多新的工具,如大额可转让存单(CDs);出现了新的子市场,如商业票据市场、可转让存单(CDs)市场和联邦基金市场等。其中,美国的商业票据出现在18世纪,但直至1960年后才得到迅速的发展,

① 赵建国:"比较各主要国家发展货币市场的主要政策",《经济学家》,www.jjxj.com.cn,2004-12-04。

许多一向从银行借取短期资金的公司改为在商业票据市场上筹集短期资金。1970年美国商业票据的年底未到期余额为330亿美元，2002年时这一数据猛增至1.3万亿美元，在最高的2007年甚至达到1.8万亿美元；到2011年，各类商业商据的日均发行数量接近300支，日均发行额则达到900亿美元，其中期限在1—4天的商业商据占比最大，在65%左右。1961年以前，大额存单是不可转让的，也就不成为能在货币市场流通的金融工具，自从1961年花旗银行发行第一张大额可转让定期存单(CDs)，这种金融工具同样迅速成为商业银行的一种主要筹资手段。联邦基金市场即银行间同业拆借市场，始创于20世纪70年代，原来是商业银行在联储账户上的超额储备和不足储备之间的余额借贷，现在已不限于联邦基金的借贷，成为商业银行、储蓄机构、联储、外国银行的分支机构相互之间拆借短期资金的市场。这些创新的金融工具加上短期国债和商业票据等传统金融工具，为美国货币市场提供了丰富的交易品种。目前美国的货币市场从交易品种来看，主要包括国库券市场、联邦基金市场、商业本票市场、可转让银行定期存单市场、银行承兑汇票市场、回购市场与欧洲美元市场。这些发达的子市场都各自专门经营一种类型的金融资产，为其主要参与者提供专门的服务。如联邦基金市场成为大商业银行和金融公司调整它们流动头寸的主要手段，它作为货币市场最富有流动性的部分，对美联储扩大或紧缩货币供应量反应迅速，美联储将其市场利率变化视为货币政策的一种指示器，被市场参与者密切关注。而国库券市场却是政府筹集短期资金的有力场所，也是联邦储备银行实施公开市场操作之主要场所。美国货币市场的多样性，使市场充满了竞争与活力，拓宽了融资渠道，调动了各经济主体的参与积极性；同时市场的专业化使得美国货币市场向着深层次发展，为部门经济的发展起了巨大的推动作用。美国货币市场尤以国库券市场、银行承兑汇票市场与银行可转让定期存单市场最为发达。

与美国相比较，我国的货币市场发展时间较短，规模也较小，目前主要由银行间同业拆借市场、短期债券市场、回购协议市场和票据市场等子市场组成。接下来，我们将重点介绍这几类市场。

二、银行同业拆借市场

同业拆借是指具有法人资格的金融机构及经法人授权的非法人金融机构分支机构之间进行短期资金融通的行为，目的在于调剂头寸和临时性资金余缺。金融机构在日常经营中，由于存、放款的变化，汇兑的收支增减等原因，会在一个营业日终了时，出现资金收支不平衡的情况，一些金融机构收大于支，另一些金融机构支大于收，资金不足者要向资金多余者融入资金以平衡收支，从而产生了金融机构之间进行短期资金相互拆借的需要。资金不足者向资金多余者借入款项，称为资金拆入；资金多余者向资金不足者借出资金，称为资金拆出。资金拆入大于资金拆出称之为净拆入；反之，称之为净拆出。这种金融机构之间进行资金拆借活动的市场被称为同业拆借市场，简称拆借市场。

同业拆借市场有以下几个特点：一是融通资金的期限比较短，一般是1天、2天或1个星期，最短为几个小时或隔夜。二是参与拆借的机构基本上在中央银行开立存款账户，同业拆借交易的资金主要是金融机构存放在该账户上的多余资金。三是同业拆借资金主要是用于短期、临时性需要。四是同业拆借基本上是信用拆借，拆借活动在金融机构之间进行，严格的市场准入条件使金融机构可以其信誉参与拆借活动。

同业拆借市场是金融市场的重要组成部分，同业拆借市场业务有多种类型。按照交易方式划分，同业拆借有通过中介人的拆借和不通过中介人的拆借；按照期限划分，有1天、7天、14天、21天、1个月、2个月、4个月或指定日的拆借；按照有无担保划分，可分为无担保拆借和有担保拆借，无担保拆借是一种信用放款，有担保拆借是以承兑汇票、短期债券、国库券等具有较高流动性和安全性的资产作为抵押的拆借；按照市场的组织形式可划分为有形拆借市场和无形拆借市场，有形拆借市场是有固定的场所、有充当拆借双方中介的专门机构并集中进行交易的市场，日本的短资公司是比较典型的有形拆借市场，无形拆借市场则不需要固定的地点与场所，拆借双方通过电话、电报、电传等通讯方式进行联系和交易，美国的联邦基金市场是比较典型的无形拆借市场，它是一个电话市场，以联邦基金进行拆借的金融机构通过电话联系，在中央银行账户上直接进行拆借交易。

同业拆借市场的重要作用在于，它使商业银行在不用保持大量超额准备金的前提下，就能满足存款支付的需要。在现代银行制度中，商业银行经营的目标是利润最大而风险最小。商业银行追求高利润、高收益，必须通过扩大高收益的资产规模，但同时可能使流动性不足，准备金下降，影响其正常经营甚至难以保证存款的支付。相反，保持过多的准备金，高收益的资产就相对减少，利润就降低。商业银行需要在不影响支付能力的前提下，尽可能地降低准备金水平，以扩大高收益的资产比重，使利润最大化。同业拆借市场使准备金盈余的金融机构可以及时地贷出资金，获得较高收益，准备金不足的金融机构可以及时地借入资金保证支付，有利于商业银行实现其经营目标。同时，同业拆借市场也是中央银行制定和实施货币政策的重要载体。一方面，同业拆借市场的交易对象是在中央银行账户上的多余资金，中央银行可以通过调整存款准备金率，改变商业银行缴存准备金的数量，进而影响商业银行的信贷扩张能力与规模。另一方面，同业拆借市场的交易价格即同业拆借利率，反映了同业拆借市场资金的供求状况，是中央银行货币政策调控的一个重要指标。同业拆借利率基本代表了市场资金的价格，是确定其他资金价格的基本参照利率。中央银行可以通过调控同业拆借利率，影响其他利率，实现金融宏观调控目标。

专栏5-1　中国的同业拆借市场

（一）我国同业拆借市场的发展

我国的同业拆借市场经历了一个曲折发展的过程。

我国的拆借市场最早产生于20世纪80年代。1981年，在乡镇经济最为发达的江苏和浙江等地区出现了一些"地下"的、以调节资金余缺为目的的资金拆借活动。1984年10月，中国人民银行正式确立了"统一计划、划分资金、实贷实存、相互融通"的信贷资金管理体制，明确鼓励金融机构之间资金的横向余缺调剂，同业拆借市场由此出现在中国正规的金融体系中。但是那时拆借量还很小，不足以形成全国性的规模市场。

1986年1月，国务院颁布《中华人民共和国银行管理暂行条例》，明确规定专业银行的资金可以相互拆借。从此，同业拆借活动开始在全国迅速展开，并在广州、武汉、上海等大中城市成立了资金市场、融资公司等同业拆借中介机构。同业拆借冲破了信贷资金配置的"条块分割"和"地区封锁"，改变了"向上要钱多，自筹资金少"的传统状况，使得信贷资金在一个地区、一个系统有进也有出，加速了资金的周转。1987年，同业拆借市场得到长足发展，拆借量达2 300亿元。

随着同业拆借市场的快速发展，问题也相伴而生。1988年，由于部分地区金融机构违反有关资金拆借的规定，用拆借资金搞固定资产投资，导致拆借资金到期无法收回。中国人民银行根据国务院的指示，对同业拆借市场的违规行为进行了清理，撤销了各地的融资公司，对融资中介机构进行了整顿。1990年，中国人民银行下发了《同业拆借管理试行办法》(以下称《试行办法》)，规定同业拆借是银行与非银行金融机构之间相互融通短期资金的行为，拆借资金只能用于弥补票据清算、联行汇差和解决临时性周转需要，不得用于发放固定资产投资贷款；还规定了资金拆入比例与拆借利率等。《试行办法》第一次用专门的法规形式对同业拆借市场管理作了比较系统的规定，使拆借市场有了一定的规范和发展。

1993年前后，由于股票与房地产投资日渐升温，同业拆借市场又出现了严重的违规拆借现象。大量拆借资金被用于房地产投资、固定资产投资、开发区项目及炒卖炒买股票，一些市场中介机构乱提高拆借资金利率，一些商业银行绕过中国人民银行对贷款规模的控制超负荷拆借资金。这种状况不仅引起了银行信贷资金大量外流，而且造成了严重的通货膨胀，扰乱了金融秩序。为了扭转这一混乱状况，1993年7月，中国人民银行根据国务院的要求再次对同业拆借市场进行整顿，在整顿的同时，中国人民银行还陆续下发了一系列管理规定，对同业拆借市场的规范起到了良好的作用，使拆借市场秩序开始好转。

1995年，中国人民银行进一步提出"有堵有疏"的管理办法，通过建立计算机交易网络，将各地分散的同业拆借活动纳入统一的同业拆借市场。同年11月，中国人民银行决定撤销各商业银行的融资中心、资金市场等同业拆借中介机构，并从1995年第四季度起着手建立全国统一的同业拆借市场。

1996年1月起，中国人民银行对拆借市场进行了新的改革，正式建立了全国统一的银行间同业拆借市场。同年6月放开了对同业拆借利率的管制，拆借利率由拆借双方根据市场资金供求状况自行决定，初步形成了全国统一的同业拆借市场利率(CHIBOR)。新建成的全国银行同业拆借市场实行二级架构，包括金融机构通过全国银行间同业拆借中心提供的交易系统进行的同业拆借(称一级网)，以及通过各地融资中心进行的同业拆借(称二级网)。

同时，在新的市场中，为了防止金融机构过度拆借以及将短期拆借资金转化为长期资金的来源，中央银行对所有金融机构的拆借期限和额度进行了限制。规定各商业银行拆借资金最长期限不得超过4个月，拆借额度根据存款余额按比例确定。而非银行金融机构的拆借期限均在7天以内，拆借额度按其资本金水平进行核定。

随着全国银行间同业拆借市场的不断完善，同业拆借市场交易量逐年扩大，2000年成交6 728亿元，比1999年增加了1.04倍。从交易的期限结构看，1997年以前，银行间同业拆借市场交易的期限相对较长，7天以内(包括隔夜)的同业拆借所占比重仅为32.5%；而2000年以来同业拆借的期限结构发生了根本性的改变，该年7天以内(包括隔夜)的同业拆借比重已上升为71.4%，而近几年该比重还在不断上升。这一指标的变化表明，我国同业拆借市场已成为金融机构之间调节短期头寸的重要场所。

(二) 上海银行间同业拆放利率(SHIBOR)

上海银行间同业拆放利率(shanghai interbank offered rate，简称SHIBOR)，被称为中国的LIBOR(london interbank offered rate，伦敦同业拆放利率)，自2007年1月4日正式运行。它以位于上海的全国银行间同业拆借中心为技术平台计算、发布并命名，是由信用等级较高的银行组成报价团自主报出人民币同业拆出利率，然后据以计算并确定的算术平均利率，是单利、无担保、批发性利率。目前，对社会公布的SHIBOR品种包括隔夜(O/N)、1周(1W)、2周(2W)、1个月(1M)、3个月(3M)、6个月(6M)、9个月(9M)及1年(1Y)8个必报品种和另外8个选报品种。

SHIBOR报价银行团现由16家商业银行组成(分别是工商银行、农业银行、中国银行、建设银行、交通银行、招商银行、中信银行、光大银行、兴业银行、北京银行、上海银行、汇丰中国、渣打银行、华夏银行、广发银行和国开行)。报价银行必须是公开市场一级交易商或外汇市场做市商，而且在中国货币市场上人民币交易相对活跃、信息披露比较充分的银行。中国人民银行成立SHIBOR工作小组，依据《上海银行间同业拆放利率(SHIBOR)实施准则》确定和调整报价银行团成员，定期进行考评，每年对报价行实行淘汰制，监督和管理SHIBOR运行，规范报价行与指定发布人行为。

全国银行间同业拆借中心被授权为SHIBOR的指定发布人，负责报价计算和信息发布。每个交易日根据各报价行的报价，剔除最高、最低各2家报价，对其余报价进行算术平均计算后，得出每一期限品种的SHIBOR，并于每日上午11:30对外发布。

上文所提到的中国银行间同业拆借利率(CHIBOR)由银行间融资交易的实际交易利率计算得出，但是因为银行间融资活动有时颇为清淡，所以这种计算方法有先天不足，无法代表整个市场，甚至基本上已被市场忽略。正因为此，SHIBOR虽推出才5年时间，但各大金融巨头都纷纷开始基于SHIBOR的人民币利率开展掉期交易。这同时也是因为SHIBOR的形成机制同国际最通行的LIBOR如出一辙，为各银行报价均值，它才能够反映真正的市场价格水平。

2007年以来，国家开发银行、国家进出口银行、农业发展银行和华夏银行等在银行间债券市场所发行的浮息债券均选择3个月SHIBOR作为基准利率。2008年，SHIBOR继续在债券发行定价中发挥作用，不仅以SHIBOR为基准发行浮息债，全年发行的57只固定利率的企业债全部参照SHIBOR定价，还有部分短期融资券和中期票据也参照SHIBOR定价。2008年，中国进出口银行、深圳发展银行在银行间债券市场发行了两只SHIBOR浮息债券，它们均选择了3个月SHIBOR作为基准利率。

虽然SHIBOR由交易双方协商形成，并且也能够反映市场资金的供求状况，然而并不能就此认为它现在就是我国的基准利率。因为基准利率应该是在整个国家利率体系中能够起主导作用的利率，而且能够成为其他各种利率的参照。在目前的中国，这些功能很大程度上是由存贷款利率，而不是SHIBOR承担。当然，SHIBOR作为中国人民银行着力培养的基准利率，在未来利率市场化的大趋势下，它很有可能担当起中国"联邦基金利率"的职能，进而成为中国人民银行实施宏观调控的主要工具。

总之，SHIBOR作为我国重要的金融基础设施，直接关系到利率市场化，关系到货币市场、债券市场和资本市场发展的深度和厚度，关系到收益率曲线的建设，也涉及商业银行的经营收益，其意义重大。

三、票据市场

票据市场是指在商品流通和资金往来过程中产生的，以各类票据产品的发行、担保、承兑、贴现、转贴现、再贴现来实现短期资金融通的市场。票据市场的参与者主要有工商业企业、商业银行和中央银行。工商企业参与票据市场，将自己持有的未到期票据提前转化为现款，可以满足企业对资金的需求。商业银行从事票据贴现和转贴现业务，表面上是一种票据的交易，实际上既可利用票据进行短期放款，也可通过卖出票据实现短期融资。商业银行在票据市场为企业提供票据贴现，与直接给企业发放短期贷款相比甚至有一定的优势。首先，按商业票据理论，商业票据是一种自偿性票据，即到一定时间，随着商业行为的结束票据会自动清偿，因而就票据本身而言是比较可靠的；其次，就票据的兑付来看，除付款人外，尚有发票人、背书人等负有连带清偿责任，因而这种资金的运用比较安全；第三，商业银行参与票据贴现，贴现利息预先扣除，不像一般贷款必须等到期时才能收取。除商业银行外，中央银行也参与票据市场，从事再贴现业务。再贴现指中央银行对商业银行已办理贴现但尚未到期的票据予以贴现。实际上是中央银行对商业银行发放的一种再贷款。再贴现时商业银行向中央银行贴付的利息与票面面额的比率即为再贴现率。商业银行在营运过程中常常发生资金不足的情况，已贴现的票据尚未到期无法兑现，这时通过贴现市场向中央银行进行再贴现，就能解决商业银行对短期资金的需求。中央银行通过再贴现，一方面，满足了商业银行对短期资金的需求；另一方面，更重要的是，中央银行通过贴现市场再贴现率的调整可以影响市场的一般利率水平，以达到信用扩张和收缩的目的。如果中央银行提高再贴现率，商业银行就得以较高的价格获得中央银行再贷款，为了不亏本，商业银行必须提高贴现率和贷款利率。利率提高后，工商企业将会由于盈利减少或无利可图而减少贴现和贷款，这样便达到了紧缩信用的目的。反之，中央银行降低贴现率，就达到扩张信用的目的。中央银行构成了票据贴现市场积极的参与者，在票据市场上发挥着重要的作用。

专栏 5-2　中国的票据市场

根据我国《票据法》的界定，票据包括本票、汇票和支票三类，但由于本票和支票在银行可以直接兑现，因此，我国票据市场上交易的票据仅限于商业汇票，包括银行承兑汇票和商业承兑汇票两种，其中银行承兑汇票占绝大部分。中国的票据市场是伴随着商业信用的开放和成熟逐步形成和发展起来的。在计划经济体制下，商业信用遭到取缔。改革开放后，商业信用即被恢复。但是，我国的商业信用在未实现票据化以前，多采取“口头协议”或“挂账信用”的形式，企业间的债权债务关系不明确，双方权益得不到有效保障，致使“三角债”问题日益严重。为规范商业信用，1981 年，中国人民银行开始对票据的承兑和贴现业务进行试点，并于 1984 年公布了《商业汇票承兑、贴现暂行办法》，鼓励企业间的商业信用票据化。1986 年，商业银行正式开办票据承兑和贴现业务，中国人民银行则开办了再贴现业务。1994 年，中国人民银行在“五行业、四品种”(煤炭、电力、冶金、化工、铁道和棉花、生猪、食堂、烟叶)领域大力推广使用商业汇票，票据市场开始以较快的速度发展。市场交易成员逐步扩展为商业银行、政策性银行、城乡信用社、企业集团财务公司等金融机构和各类企业。总体而言，票据市场的发展 2004 年以前增长更快，票据签发总额和票据贴现总额分别保持 52%和 66%的年增长率；随着各类短期融资工具的不断推出，2004 年以后增长速度有所放缓，但票据签发总额和票据贴现总额的年增长率仍能保持在 25%左右。票据市场之所以发展迅速，与商业银行的积极态度是分不开的。应该说，开展票据相关业务，有利于商业银行拓展公司客户，并可以帮助商业银行促进和拉动存款。同时，票据业务的较快发展，在拓宽企业融资渠道，缓解企业间债务拖欠问题，改善商业银行信贷资产质量等方面也发挥了积极作用。

不过，我国票据市场的迅速发展过程中，也有一些需要引起重视的问题。例如，近年来票据签发累计金额不断上升的背后，与商业银行有意进行贷款规模调整和规避银监会“贷存比”控制等因素紧密相关。根据国内现行的会计准则及贷款规模统计制度，银行承兑汇票在签发和承兑环节都不计入贷款规模，只在贴现时计入，加之银行在签发承兑汇票时，通常要求企业存入一定的保证金，这使得商业银行签发和承兑商业票据既能提高中间业务收入，还能提高存款规模，同时也不增加贷款额度，因此普遍积极性高涨，甚至出现针对同一家企业滚动开票的情况，推动整个市场的累计签发水平不断上升。这样的现象进一步导致了两个方面的问题，第一，大量签发出的票据若进入贴现环节，会挤占商业银行的贷款规模，这一问题在相对宽松的货币政策环境中并不容易暴露，一旦信贷政策趋紧，商业银行在票据贴现上的压力将迅速上升。因此，在2010年前后，出现不少商业银行利用我国农村信用社在会计核算方面的漏洞，将大量票据通过回购方式转移到农信社以逃避贷款规模的现象，直至2011年银监会严查农信社逃避信贷规模行为，这一现象才有所缓解。第二，从数据上看，近几年我国贴现余额基本稳定在1.5万亿元左右的水平，但未到期票据余额却持续大幅攀升，从2005年的将近2万亿元，上升至2011年的6.7万亿元；此外，2010年全年累计签发票据为12.2万亿元，累计贴现为26万亿元，到2011年，累计签发额上升至15.1万亿元，累计贴现额却反降至25万亿元[①]。这一方面意味着通过承兑汇票的签发，社会信用总量在被不断放大；另一方面，随着监管部门对票据市场的监管趋严，也使得大量未到期票据可能被迫流向民间融资市场，并进一步加大了票据市场的风险。上述问题都可能对我国票据市场的长远发展存在不利影响。虽然监管部门已意识到上述问题并推出了一系列有针对性的监管措施，但一来我国票据市场仍未统一，只在部分经济发达地区存在区域性的票据交易市场；二来票据交易仍未电子化，虽然2009年10月人民银行即已推出电子商业汇票系统并投入运行，但企业和银行的积极性都不高，至2011年年底电子票据的市场份额仅为3%—4%，这提高了监管难度，也不利于票据市场的规范发展。因此，推动电子票据的发展，并逐步建立全国性的规范票据市场是进一步发展我国票据市场的当务之急。

四、短期债券市场

通常来说，国库券市场是短期债券市场中最主要的一个组成部分。国库券(Treasure Bill)是一国政府发行的、期限在1年以内的短期债务凭证。因此，国库券市场也就是短期国债市场。国库券市场由国库券发行市场和流通市场组成。国库券的发行方式包括两个内容：一是折扣发行；二是公开投标。折扣发行又称贴现发行，指国库券发行时按面额折扣发行，到期按票面金额清偿。例如，国库券的票面面额为1万元，6个月到期，按九五折发行，那么，购买这张国库券只需9 500元。到期时，可凭这张国库券领取1万元。折扣发行的折扣金额按发行时的利率计算。国库券发行时的利率采取公开投标方式，由众多投标者投标决定。通常国

① 数据来源：《中国货币政策执行报告》各期。

库券的发行者(财政部)预先公布将要发行的国库券的数量和期限,要求投资者如银行、信托公司、证券交易商及其他单位公开投标。投资者将标书送交中央银行及其分支机构。投标分竞争性投标和非竞争性投标两种。竞争性投标者在投标书中列出欲购买的数量及价格。每一投标者可提交几份投标书,表示愿意以不同的价格购买不同的数量。非竞争性投标者不提投标价格,而以竞争性投标者的平均价格为购买价格。这种投标者购买国库券的数量往往有一定的限制。中央银行接到投标书后,在预定日开标,以价格高低顺序通知财政部。财政部先以竞争性投标者的平均价格为准,确定所有非竞争性投标者的购买数量,而后将余额按投标者出价高低确定竞争性投标者的中标数量和金额。正式发行日,由中标者向发行机构交款,领取新发行的国库券。至此,国库券从发行市场转入流通市场。

由于国库券是政府发行的债务凭证,而政府具有征税和发行钞票的权力,所以国库券被认为是安全性最强的信用工具。加之国库券期限短、流通市场极为发达,其流动性仅次于现金,因此,国库券成为最具吸引力的投资工具之一。银行、企业、基金会、个人以及外国政府都积极参与国库券的买卖。其中,中央银行是国库券市场极其重要的参与者,主要原因有三点:首先,国库券的利率(即票面的折扣率)通常是货币市场最敏感的指数,间接地对市场利率发生影响;其次,中央银行可通过买进或卖出国库券,调节货币供应量,以达到一定的政策目标;再次,国库券以公开投标方式发行,其价格足以反映市场短期资金供求状况,从中可以窥见市场短期利率变动的趋势,有助于中央银行货币政策的决定。

在我国,国库券即短期国债的发行不管历史还是规模,都远逊于欧美市场。在新中国成立之初,1950 年发行的人民胜利折实公债和 1954—1958 年发行的国家经济建设公债都有较长的期限,不属于严格意义上的国库券。1981 年,改革开放后的中国政府重新恢复国债发行,当时的国债基本上是实物券形式,而且期限均长于 1 年,因此,虽然人们习惯上将其称为国库券,但它们显然也不属于政府短期债券。直到 20 世纪 90 年代中期,期限 1 年以内的短期国债才开始在我国零星出现,但并未持续,到 1997 年前后再次遭遇暂停。2003 年后,我国的短期国债开始有规律发行,在每年政府发行的各种期限国债中所占比重也逐渐上升,除少数年份外,每年的短期国债发行规模基本维持在总发行规模的 20%—30%。2010 年我国短期国债的发行规模达到迄今最高的 5 000 亿元,其中可在市场流通的记账式国债为 4 400 亿元,其他为电子式储蓄国债,而同年年底,我国国债市场国债总托管量为 6.7 万亿元,其中 1 年以下债券托管量为 8 500 亿元,占 13%。而同期,美国国库券的存量水平接近 1.8 万亿美元,占到所有政府债券存量的 20%。可见,总体而言,我国短期国债的发行规模和市场规模都小于发达国家,目前国内的短期国债市场也难以像美国那样,成为央行公开市场操作的主要场所。在我国,从某种意义上说,是回购协议市场替代短期国债市场,承担了一部分公开市场操作的功能。

除了国库券市场外,其他短期债券的发行和交易也是短期债券市场的组成部分。在我国,由于将短期融资券、央行票据等券种都纳入债券的行列,因此,短期债券市场还包括了这些券种的发行和流通,与此相关的一些问题在本书第四章中已有介绍,在此不再赘述。

五、回购协议市场

回购协议市场又称为证券购回协议市场,指通过回购协议进行短期资金融通交易的场所,其市场活动包括正回购和逆回购两个部分。在第四章我们已经对回购协议这种货币市场工具进行过较为详细的介绍,应该说,其本质是一种以债券为抵押或者质押物的短期贷款。回购协议市场相对于同业拆借市场，具有更为广泛的参与者，不仅包括中央银行和一般的金融机构，还可能包括政府和企业。其中，银行既是市场中的资金供给者，又是资金需求者，而企业和政府主要是资金供给者。对于中央银行所扮演的角色，一方面，商业银行等金融机构可以利用回购协议的形式向中央银行申请贷款；另一方面中央银行也可以主动在公开市场业务中以回购协议的形式调控货币供应量，实施货币政策。正是因为回购协议市场有广泛的参与者，所以该市场的交易量非常之大而且还在迅速扩张。

回购协议市场对于投资者来说主要有两个好处。首先，该市场为剩余资金的短期投资提供了现成的工具。虽然回购协议的期限结构和同业拆借市场类似，但大量隔夜回购在其中占了最大比重。在美国，隔夜回购的利率通常比联邦基金的利率低。尽管利率很低，但对那些无法进入联邦基金市场的投资者来说，总比没有回报要好。其次，在剩余资金数量每日不定的情况下，投资者可通过滚动隔夜回购的办法来有效地管理可能的剩余资金。

回购协议市场有以下特点：第一，流动性强。协议多以短期为主。第二，安全性高。交易场所为规范的场内交易，交易双方的权责和义务都有相关法律保障。第三，收益稳定且普遍较银行存款高。第四，融入资金免交存款准备金。正因为回购协议的上述优点，使之成为银行业金融机构惯用的一种筹资方式。

回购协议市场的历史可追溯到 1918 年的美国，当年美联储开始了银行承兑汇票的回购交易，1923 年，美联储又开始了政府债券的回购交易。相比之下，我国的回购协议市场在近年才开始出现，至今仅有短短 20 年的时间。1992 年，武汉证券交易中心（现已被撤销）率先试办国债回购；1993 年 12 月和 1994 年 10 月，沪、深两地证券交易所也分别开办了以国债为主的回购业务（质押式回购交易）。1997 年 6 月，全国银行间拆借市场同样开办回购业务。至此，我国的回购协议市场分成了银行间回购协议市场和交易所回购协议市场两个相互独立的市场。其中，银行间回购协议市场的交易者主要是人民银行和金融机构，回购对象包括国债、央行票据和金融债券；交易所回购协议市场的交易者主要是券商、企业和个人，回购对象则主要是国债和企业债。

我国回购协议市场上回购协议的标的物是经中国人民银行批准的，可用于在回购协议市场进行交易的政府债券、中央银行债券及金融债券。我国的债券回购交易又分为债券质押式回购协议和债券买断式回购协议。目前，在交易所上市的各类债券都可以用作质押式回购。根据中国人民银行 1997 年的通知，商业银行不得参与交易所债券回购协议。2009 年 1 月，证监会与银监会联合发布《开展上市商业银行在交易所参与债券交易试点的通知》，实现了两个回购协议市场中的部分互通。值得注意的是，质押式回购协议在沪、深两个交易所和银行间拆借中心均可实现，但是买断式回购协议只能在上海证券交易所和银行间拆借中心实现，在深圳证券交易所还没有引入交易。

我国的回购协议市场虽然诞生较晚，但是它为各类市场主体构建了一个重要的短期融资平台，提供了保持资产流动性、收益性、安全性和实现资产结构多元化、合理化配置的有效金融手段，对推进中国的金融体制改革和金融市场创新作出了积极贡献。从成立以来，其交易量也快速增长，2011 年，全年银行间市场债券质押式回购交易总额已达 96.7 万亿元，交易所市场政府债券回购累计 20 万亿元，两项相加远远高于同业拆借市场 33.4 万亿元的累计成交额，也高于同期银行间债券市场和交易所债券市场累计 63.7 万亿元的现券成交额。

六、货币市场的作用

货币市场的作用主要有以下几个方面：

（一）货币市场是重要的短期资金融通市场

货币市场的存在使企业和政府有可能获得弥补短期赤字的资金，并可能将暂时盈余的资金迅速而低成本地进行投资，从而调节了短期资金的余缺，平衡了短期资金的供求。

在经济运行中，每天都有一些企业发现自己的收入大于支出（称为盈余），而另一些企业发现收入小于支出（称为赤字）。盈余的企业为盈余资金寻找出路，而赤字的企业须筹集资金弥补赤字。盈余的企业若将资金以活期存款的形式存放于银行，不能带来任何收益；若以定期存款的形式存于银行，必须到期才能支取，而企业又随时可能需要资金。这个任务就由货币市场来完成。货币市场提供了大量信用等级高、流动性强的金融工具，如国库券、大额定期存单、银行承兑汇票等，既能带来一定的收益，又可以随时变现，满足了企业的需求。出现赤字的企业可以出售持有的短期金融工具弥补赤字，也可以通过发行融资性票据或从银行贷款弥补赤字。

政府的收入来源主要是税收，而税收是有季节性的。许多政府部门在税收后的一段时间有盈余，他们就把盈余的资金投于国库券及其他短期金融工具。当政府部门预算出现赤字时，弥补的方式可以是出售持有的短期金融工具，也可以通过增发短期债券，或者从银行系统贷款来弥补。一般来说，居民通常有盈余，他们将盈余的资金或购买国库券、融资性票据等货币市场工具以直接参与货币市场；或存于银行，间接地投入货币市场。

所以说，货币市场的存在调剂着短期资金的余缺，平衡短期资金的供求。而且通过供求双方的市场竞争，形成了市场利率，并使利率水平准确地反映短期资金的供求状况。

（二）货币市场提供了多种金融工具

货币市场的存在提供了具有高度替代性的多种金融工具，各种短期利率相互联结、共同运动。

货币市场上流通的各种金融工具都是由信誉卓著的单位发行的。国库券由政府发行，大额定期存单由资金雄厚的商业银行签发，融资性票据由实力强大的大公司签发，这就使得各种短期金融工具具有高度的替代性。每类参与者可以选择多种方式筹集或供应资金，根据利率变动的情况改变自身的资产和负债结构，这将导致货币市场的各种利率共同运动。当企业的支出超过收入时，为弥补赤字需要筹集资金，企业会在不同的筹集方式之间进行选择，或是出售持有的金融工具，或是发行融资性票据，或向银行贷款。相反，当企业收入超过支出时，它则会在各种金融工具之间进行选择购买。如果一种短期金融工具利率波动，而另一种短期金融工具暂时未变化，参与者必然会改变其资产持有结构。例如，国库券利率上升，融资性票据利率不变，相对于融资性票据来说，国库券利率的提高会引起参与者出售融资性票据而不是国库券；同时，那些拥有剩余资金的参与者会购买国库券而不是融资性票据。这就导致对国库券的需求量上升，供给量减少，与此相反，融资性票据的需求量减少，供给量增加。这些调节就会最终导致各种不同的短期利率联结起来，共同运动。

以上谈到货币市场各种金融工具具有高度替代性，各种利率相互联结、共同运动，这并不是说它们的利率差距很小。事实上，它们的差距可能会很大。究其原因，大致有两个方面。其一，风险程度不一样。国库券由政府发行，政府的信誉不容置疑，安全性最高，风险性最小，所以国库券的利率相对低些。大额定期存单由商业银行签发，商业银行存在破产的风险，历史上已有过数起，所以其利率比国库券利率高。融资性票据由大公司签发，而大公司倒闭的数量更多，当然风险更大，其利率自然再高一些。其二，市场提供的便利程度不一样。国库券发行量大，流通市场发达，变现能力极强。而其他短期金融工具虽也可以在二级市场出售，但出售可能要花费更长的时间和更高的费用。

(三) 货币市场使一国银行体系成为一个整体

货币市场的存在使得银行短期信贷市场汇集了各家银行的资金，单个银行的存款成为全国信贷市场资金来源的一部分。这一调节可以采用几种不同的方式进行。当银行面临一笔特别大的贷款需求时，它可以出售持有的短期金融工具(如国库券、银行承兑汇票等)，这些金融工具可能由存款增长大于贷款需求的银行购买；也可能由企业或居民购买，买主从各自的银行开出一张支票支付，这样，资金便以间接的方式在银行间转移。有着较大贷款需求的银行可以签发大额定期定单，它们可能被那些暂时有剩余的银行购买。为了满足一笔特别大的贷款需求，几家银行可能联合起来进行贷款。

另外，银行之间还可以通过同业拆借来解决短期资金的余缺。所以一家银行的客户可以得到全国各地的其他银行的存款人提供的资金。货币市场的存在使得整个银行体系成为一个整体。

(四) 货币市场是中央银行执行货币政策的重要场所

中央银行执行货币政策主要有三种方式：调整法定存款准备金率、调整再贴现率和公开市场业务。这三种方式都要通过货币市场来完成。中央银行通过调整法定存款准备金率、改变再贴现率和公开市场业务来调节货币供应量，以达到一定的政策目标，引导经济发展的方向。

第二节　证券市场(资本市场)

证券市场即有价证券发行和交易的市场。通常来说，有价证券是指标有票面金额，证明持有人有权按期取得一定收入并可自由转让和买卖的所有权或债权凭证。从这一定义来看，有价证券可包含商品证券(如提货单)、货币证券(如银行承兑汇票)和资本证券(如股票)，这也被认为是一种广义的证券定义。从狭义上看，有价证券往往仅指资本证券，人们在习惯中使用证券一词时，大多采用其狭义定义。因此，我们所说的证券市场主要指交易资本类证券的市场。

另一个与证券市场紧密相关的概念是资本市场。从定义上看，资本市场是进行中长期资本交易的市场，期限在1年以上的资金借贷和证券交易都属于资本市场范畴。与货币市场主要用来满足经济主体对流动性的需求不同，资本市场的基本功能是实现中长期的资金融通。正因为在该市场发生的金融交易类似于资本投入，因此才得名“资本市场”。从这一意义来看，资本市场与上述狭义定义的证券市场基本是一致的。在实际中，人们也经常将资本市场和证券市场两者混用，共同指代发行和交易资本类证券的市场。在本书中，我们同样未对这两个概念做严格区分。为了叙述方便，本节主要采用的是“证券市场”一词。

根据进入市场的顺序而形成的结构关系，证券市场可被分为发行市场和流通市场，发行市场又称初级市场，是新证券发行的场所。流通市场也称次级市场，是转让、流通已发行证券的市场，证券交易所是其典型形式。发行市场是流通市场的前提，流通市场是发行市场的保证。对这两个市场进行分析将使我们对证券市场的运行机制能有全面的认识。

一、证券发行市场

证券发行市场又称初级市场、一级市场和新证券市场，是指发行单位发行新证券所形成的市场。

根据发行方式的不同，新证券的发行分为公开发行和非公开发行两种方式。公开发行又称公募，是指发行单位不是直接将所要发行的证券卖给一般投资者，而是间接地通过证券承销商公开面向广大投资者发行新证券的一种形式。采取这种形式发行证券的优点是发行面广，发行的证券易为广大投资者所了解，而且可以上市流通。其缺点是手续较繁、时间较长，需报主管部门审批，准备很多说明材料，而且还要定期公布其财务状况和经营状况，成本较高。非公开发行，又称私募，是指发行单位直接把证券推销给特定的投资者，无需证券承销商介入其间。采用这种方式发行证券的优点是手续简便，无需向主管机关报批，筹资迅速。其缺点是发行面狭窄，只能限于少数大的金融机构，如保险公司、养老金基金等机构投资者，一般投资者根本不知道新证券的发行，而且私募形式发行的证券不能上市流通转让。在美国，大约70%的债券通过公开市场发行，约30%是以私募形式发行(最高时达到40%)。而在股权市场上的新增资本中，私募发行的股权大约只占20%的份额①。在本节中，我们对发行市场的介绍主要集中于公开发行市场。

根据发行证券的品种不同，发行市场可分为债券发行市场和股票发行市场。在同一国家，不同证券发行市场的具体发行规则、发行主体和参与人都存在差异。本节的介绍将主要集中在股票发行市场，因为该市场的发行规则相对更为复杂，参与者也更为广泛，具有更强的代表性。

(一) 股票发行制度

典型的股票公开发行制度包括注册制和审核制两种。

1. 注册制

注册制是指证券发行人在公开募集和发行证券之前，须依法向证券主管部门提供与发行证券有关的一切资料，并据此按法定程序申请登记注册。在注册制下，发行者只要提供了发行注册所必需的全部准确无误的信息，且主管部门没有异议，就可以向社会公开发行证券。因此，证券发行者必须对所提供资料的真实性、可靠性承担法律责任，证券主管机关则仅对注册报告书的完整性与准确性进行审核。在欧美等许多市场经济较为成熟的国家，注册制已成为其证券发行制度的法定选择。注册制充分体现了投资主体的自主性和市场运作的透明性。

在美国，根据其《1933年证券法》和《1934年证券交易法》的规定，凡是在证券交易所公开挂牌上市的证券的发行，必须向证券交易管理委员会和证券交易所进行发行注册。对在场外交易市场进行的证券发行，只要发行公司的资产超过100万美元，股东人数超过750人，也必须向证券交易管理委员会办理发行注册。除了规定享有注册豁免的证券发行外，没有取得注册认可的证券发行均属违法。

证券发行公司在申请发行注册时，须从证券交易管理委员会领取并填写“注册报告书”。注册报告书包括两部分内容：一部分是公开说明书；一部分是发行者的有关资料和图表。在准备好证券注册申报书后，向证券交易管理委员会呈报审批。证券交易管理委员会对证券注册

---

① 马克·格林布莱特、施瑞丹·蒂特曼：《金融市场与公司战略》(上册)，中国人民大学出版社，2003年版第8页。

申报书进行审核时，如果发现申报书中有不符合事实、谎报、漏报、含糊等不符合公开发行要求的情况，可要求发行公司进行修正、补充和澄清说明。如果修改后仍不符合要求，证券交易管理委员会有权取消申请公司的注册资格。如果在20天内证券交易管理委员会对申报书没有提出任何异议，则从第21天起发行注册自动生效。

不论何时，如果委员会认为注册报告书在有关实质性事实上有不真实的叙述，或漏报了规定应报的、使报告书不致被误解所必要的任何重要事实，在给予通知及听证会后，可发布终止命令中断该注册报告书的有效性。当注册报告书的任何部分在生效时含有重大事实的不真实陈述或漏报了规定应报的以及为使报告书不致被误解所必要的任何重要事实时，任何一个持有该证券的人都可以根据相关法律的规定在任何具有合法管辖权的法院提起诉讼。起诉对象可以是签署了该注册报告书的任何一个人，包括注册报告书中表明的董事会或合伙人，每一个会计师、工程师以及与该证券有关的每一个包销人。

在日本，按照日本《证券交易法》的规定，凡募集或销售有价证券总数额达1亿日元以上的发行者，必须于发行日前40天向大藏大臣提出3份有价证券发行申报书，否则不得进行。发行价额或销售价额总额不满1亿日元的有价证券的募集或销售，根据大藏省令的规定可不受此限。发行者向大藏大臣提交的申请书包括以下内容：该公司的发行目的、商号、资本和与出资有关的事项，该公司的高级职员及其发起人的事项，关于该项募集或销售的事项以及其他由大藏省令规定的为保护公益和投资者利益所必需的适当事项。

大藏省在受理申请书之日起，30天后该申请书即生效。在审查申报书的过程中，如果大藏省大臣认为其形式上有不完备之处或文件中应记载的重要事项记载不充分时，可通报申报者在指派有关职员详细听证之后，说明理由，令其提出修订申报书。在这种情况下，申报书的生效日期由大藏省大臣指定。大藏大臣如发现有价证券申报书中重要事项有虚假记载，或缺少应记载的重要事项，缺少为防止产生误解而必要的重要事实时，无论何时，均可通知申报者，令其提出修订。如认为有必要，还可以停止其申报书的效力。

在申报书生效之前，申报者不得进行股票或债券的募集和销售活动。当申请书被批准后，发行证券的公司还要将证券申报书及销售证券计划书等提供给有关证券交易所。公众既可以到大藏省，也可以到证券交易所自由查阅。证券申报书如有关于重要事项的虚假记载，或缺少应记载的重要事项或为防止发生误解所必要的重要事实时，与该证券申报书的申报有关的机构和个人，包括申请发行有价证券的高级职员、与该证券申报书有关的注册会计师或监察法人、原承购契约的证券公司等，应对购买者承担赔偿损失之责任。

总的来说，注册制的优点在于其符合证券市场的公开原则，正如美国法学家路易斯·D.布兰迪希在《他人的金钱》一书中所指出的，“公开制度作为现代社会与产业弊病的矫正政策而被推崇”，“太阳是最有效的防腐剂，灯光是最有效的警察”①。此外，注册制能充分反映市场供求主体的意志与需求，体现了市场机制所要求的自主原则，同时能够培养投资者的风险意识，使得证券市场尽快走向成熟。由于注册制减少了行政干预与黑箱操作，也就提高了整个市场的运作效率。但是，注册制在强调市场主体自主性的同时，也对市场环境提出了较高的要求，减少了对市场的干预也可能使得部分投资者的利益不能得到有效的保障。

① 严武、李汉国、吴冬梅：《证券市场管理国际化比较研究》，中国财政经济出版社，1998年版第64页。

2. 审核制

与注册制不同，审核制强调发行人必须将证明其具备实质条件的材料向核准机构申报，经后者审核确认发行人具备法律规定的实质条件后，方可公开发行证券。在全世界，采用审核制的国家和地区也为数众多，英国、中国香港等较为发达的证券市场以及韩国、中国台湾、土耳其和一些拉美国家的新兴证券市场，都是采用审核制的发行制度。这些国家和地区的证券主管机关虽然也同样重视信息披露的重要性，但其遵循的是实质管理的原则，动用审批权力将其认为不符合标准的企业排斥于发行之外。所谓的实质性条件，是指证券发行公司的营业性质、资本结构、公司产业发展前景和管理人员经营管理能力等方面是否符合有关规定。主管机关对发行人进行价值判断之后，发行人才有可能公开发行证券。

以英国和中国香港为例。在英国，伦敦证券交易所上市之前，发行人的发行审批一直由交易所上市处负责；1999 年，在交易所筹建上市的过程中，为杜绝可能存在的利益冲突，交易所将审批权移交给英国金融服务局，使发行审核机构成为一个独立于交易所的部门。也就是说，目前要在伦敦证券交易所上市的各类产品，均须通过英国金融服务管理局分管伦敦证券交易所上市的部门——英国上市监管署(UKLA)批准方能发行上市。英国上市监管署除要求发行人完全披露信息外，还关注股票发行人的经营记录、市值及持股比例、控股股东情况等内容。

而在我国香港市场，除港交所上市科以外，还存在一个相对独立的上市委员会作为复核部门。港交所公开信息显示，发行人递交材料，先由交易所单位进行审核，作出推荐或拒绝上市申请的判断，如果推荐上市则由上市委员会进行聆讯，进而做出批准或拒绝申请的裁判。

综上可见，审核制和注册制最大的区别在于是否有一个专门的审核机构对发行人进行实质性审核。不过，从申请上市企业和承销机构的实际运作过程来看，两种发行制度的差异并不像我们想象的那么巨大。目前，世界主要资本市场在上市法律环境、对上市公司的要求、中介机构出具法律意见上的操作准则、信息披露规则等方面，都有趋同的趋势。

(二) 证券发行价格的确定过程

当公司完成注册要求或者通过监管部门的核准后，接下来就需要按照所在市场的规则，完成相应的发行工作。在不同的市场或者同一市场的不同性质的证券(如股票和债券)，在具体的发行规则上都可能存在很多细节上的差异，在本书中，我们无法将其穷尽。但是，发行价格的确定作为证券发行过程中最关键的一环，在不同市场却往往存在一些共性的因素。因此，我们将重点介绍香港市场的新股发行(initial public offering，IPO)价格的确定过程。这一方面是因为香港市场属于国际上发展较为成熟的市场，其新股发行定价的整个过程具有一定的代表性；另一方面也是因为香港市场与中国企业联系更为紧密，而且中国股票市场当前的发行定价规则也部分借鉴于香港市场。

股票特别是新股发行价格的确定之所以重要，是因为其直接决定整个上市发行的成功与否以及发行人的资金筹集量，也关系到投资者的收益，以及股票上市后的市场表现。可以说，发行价格的确定是整个新股发行过程中最核心的环节。在香港，规模较大的新股发行一般包括国际配售与公开发售两个部分，其定价与发行程序较为复杂，大体可分为企业价值评估、国际路演与累计投标、公开发行与股份分配三个阶段①。

① 对香港市场发行方法的介绍参考了“境外股票发行定价方式及程序”，《上海证券报》，2001 年 3 月 20 日。

1. 企业价值评估——发行定价的基础

企业价值的评估反映的是投资者和市场接受的企业价值。进行企业价值评估是企业上市发行股票的前奏,对整个发行过程至关重要。完整的价值评估过程须综合考虑公司的盈利能力、行业背景、业务特点、管理层素质、未来增长潜力等因素,并参照全球同类型已上市公司的估值予以确定。需要指出的是,公司价值评估和资产评估有本质差别,公司价值评估的对象是公司;而资产评估的对象是公司某项资产或者某些资产。

国际上通用的企业价值估值方法有两大类:一类是绝对估值法,另一类是相对估值法。绝对估值法也被称为贴现法,最常用的是公司现金流贴现法(discout cash flow,DCF)。相对估值法也被称为"可比公司法",最常用的是市盈率法或市净率法。

现金流量贴现法是将公司未来的预计现金流量通过一定的贴现系数折成现值,作为公司的价值。在确定折现系数时,应充分考虑风险因素,并作出相应的调整。运用现金流量折现法估值并确定股票价格的一般步骤是:首先,预测公司未来的现金流量,预测的前提是本次发行成功并运用于相关项目的投资,预测的期限是相当长的一段经营期,常为 5—10 年或以上;其次,预测公司的残值,即公司预测期末的市场价值,可以参照公司的账面残值和当时的收益情况,选取适当的行业平均市盈率(市盈率是股票市场价格与每股收益之比)倍数或者市净率(股票市场价格与每股净资产的比率)进行估算;再次,选择贴现率计算公司未来现金流量的净现值和公司残值的净现值,两者之和即为公司价值;最后,根据需要募集的资金和发行的股份确认公司的股份总额,计算公司每股的价值,以此为基础确定公司股票的价格。

相对估值法是指对股票进行估值时,对可比较的或者具有代表性的公司进行分析,尤其注意有相似业务或者相似规模,且新近进行 IPO 的公司的股票价格,以获得估值基础。在运用相对估值法时,可以采用比率指标进行比较,常用的比率指标包括市盈率和市净率。以市盈率法为例,该方法就是用行业平均市盈率来评估公司的价值,其假设是该行业的其他公司和本公司是可比较的,而且这些公司存在合理的市场价格。相对估值法下的企业价值是以公司某项财务数据乘以一定的倍数而得出,具体来说,市盈率法就是用计算出的公司每股收益乘以市盈率倍数得出公司的价值。相对估值法按所选的财务数据不同可细分为若干种,可选取的财务指标包括净利润、EBITDA(税、息、折旧、摊销前盈利)、主营业务收入等。目标倍数的选取则以国际同类上市公司的有关指标(如企业价值/净利润倍数、企业价值/EBITDA 倍数、企业价值/主营业务收入倍数等)为基础,并最终根据发行公司的具体情况而做出。

公司的最终估值往往综合考虑各种估值方法的结果。根据估值的结果,并结合其他各方面的信息,发行人将与主承销商共同协商,并初步拟定发行价格的范围,但最终价格的确定还须通过询价过程。

2. 询价

如果说通过各类估值方法对股票价格进行初步确定只是股票的供给者自己对股票发行价格的评价过程,询价就是供给方将自己的定价方案提供给需求方,并结合需求方的反馈最终确定发行价格的过程。询价过程通常通过路演(roadshow)和簿记建档(book building)的形式来体现。

路演是国际上广泛采用的证券发行推广方式,指证券发行商发行证券前针对机构投资者的推介活动,是在投、融资双方充分交流的条件下促进股票成功发行的重要推介、宣传手段。路演最直接的目的是通过与全球机构投资者的直接会面,充分披露公司信息,推介发行公司的业务和优势，展现公司管理层的素质，以此凸显发行公司的投资价值，并积极地与潜在投资者进行有效沟通，获取投资者的价格意愿和购买订单。

簿记建档是询价过程中的一个重要环节，通常来说，簿记建档人由发行股票的主承销商担任，根据之前对公司股票的价值评估，并结合对各方面市场信息的了解（这一过程往往通过预路演来完成），确定一个初步的定价区间，并进行正式路演。在路演过程中，簿记建档人与机构投资者进一步沟通，有购买意向的机构向簿记建档人递交购买意愿，该意愿一般有不限价和限价两种。不限价意愿即承诺以定价区间内的任何价格购买一定数量的股份；限价意愿则含有价格和数量两个要素，如"价格为 A 时，购买 X 股；价格为 B 时，购买 Y 股"。若机构投资者反应热烈，主承销商及发行人还可在路演过程中协商，适当调高定价区间。路演结束后，簿记建档人将负责汇总所有机构投资者的意愿，根据汇总结果，由主承销商和发行公司确定发行价格，并由发行公司董事会最终批准该发行价格，从而完成整个询价过程。发行价格确定后，发行公司即与主承销商签署承销协议。

3. 公开发行和国际配售

如前所述，香港的股票发行通常包括公开发行和国际配售两个部分。公开发行通常面对的是广大具有购买意愿的个人投资者，他们可在指定地点领取申请表格，并按所确定的发行价格和认购数量全额预缴申购款项至指定的收款银行。申购资金被冻结并经验资后，可确定有效申购数量。

当有效申购数量小于或等于股份发行量时，投资者可按其申购量认购股份；当有效申购数量大于股份发行量时，股份分配将按照公平、合理的原则根据一定的分配基准予以分配。上述分配基准将主要由主承销商决定，并须与发售结果在股份分配完成后一同公布于众。

通常情况下，分配基准的原则是：第一，总的来说，每个证券账户可认购的股份数量等于其有效申购数量乘以一个配售比例，该配售比例原则上等于股份发行量除以有效申购总量；第二，证券账户将按所报有效申购数量的大小被分为若干组别，有效申购数量较小的组别所适用的配售比例将被适当调高，较大组别的配售比例将较小；第三，如果按比例计算得出的可认购量小于最小认购数量，则将采用抽签方式替代按比例计算的方式。分配结束后，成功申购者将获得有关股份证明，失败者将收到"拒绝接纳通知书"和退款支票。

国际配售部分的股份分配，将不按照比例或抽签的方式分配，所有超过最终发行价格的购买意愿均可能获得认购股份的机会，其选择将由主承销商和承销团其他成员根据有关专业机构投资者的素质以及发行公司未来发展的目标市场等因素确定。获得认购机会的机构投资者须在收到承销团的确认函后，支付有关款项。尽管机构投资者在累计投标时，所表达的认购意愿并非法律意义上的订单，但根据惯例，机构投资者均接受承销团在其认购意愿范围内的分配结果。

根据公开发售与国际配售超额认购的情况，主承销商可适当调整公开发售和国际配售的比例，以适应市场的需求情况，这就是所谓的回拨机制。香港联交所上市规则第 18 项应用指引规定，当公开发行部分总需求量达原定份额的 15—50 倍时，应通过回拨机制，将公开发行部分的比例调整至 30%；当总需求量达到 50—100 倍时，该比例应调整至 40%；当需求量超过 100 倍时，该比例应调整至 50%。此外，主承销商还可根据市场状况和股票的表现，在一定的时间内选择是否行使超额认购期权（绿鞋），以支持该股票的二级市场。完成上述过程后，发行公司的股份将在证券交易所正式挂牌上市。

这里的超额认购期权也称绿鞋期权，由美国绿鞋公司首次公开发行股票时率先使用而得名。全美证券交易商协会(NASD)对此规定的惯例做法是，发行人在与主承销商订立的初步意向书中明确，给予主承销商在股票发行后30天内，以发行价从发行人处购买额外的相当于原发行数量15%的股票的一项期权。其目的在于为该股票的交易提供买方支持，同时又避免使主承销商承担过大的风险①。获得这项期权的主承销商可以按原定发行量的115%销售股票。当股票发行后股价上扬时，主承销商即以发行价行使绿鞋期权，从发行人处购得超额的15%股票以冲掉自己超额发售的空头，并收取超额发售的费用。当股票发行后股价下跌时，主承销商将不行使该期权，而是从市场上购回超额发行的股票以支撑价格并对冲空头，此时实际发行数量与原定数量相等，由于此时市价低于发行价，主承销商这样做也不会受到损失。实际操作中，超额发售的数量由发行人与主承销商协商确定，一般在5%—15%范围内。可见，超额认购期权的目的是在股票上市交易后的短期内稳定股票的市场价格。

专栏5-3　我国股票市场的新股发行

我国的股票市场虽然只有20年的历史，但是新股发行所走过的路却并不平坦，甚至可以说是异常曲折的。从最初计划色彩浓重的新股发行制度逐步演变到今天这种较为市场化的状态，新股发行市场从发行制度和发行方法上都历经了多次的变革。

（一）新股发行制度的沿革

自股票市场成立以来，我国的新股发行制度历经行政审批制、核准制、保荐制三个不同的阶段。

1. 行政审批制阶段

在股票市场建立初期，由于法规不够健全，市场各方参与者还不成熟，各行业、各地区发展不平衡，要求上市的企业质量参差不齐，需要加以宏观调控和严格审查，因而对新股发行申请采用了行政审批制。

行政审批制是比前面所说的审核制更为严格的一种审批制度。在行政审批制下，申请首次公开发行股票的股份有限公司必须向地方政府或中央企业主管部门上报有关材料，经批准后，再向中国证监会上报材料申请复审，经复审同意后才可以公开发行股票。行政审批制具有浓厚的计划经济色彩，可用“额度管理、二级审批”这八个字对其内容进行概括。所谓额度管理，是指证券主管部门根据国家经济发展的整体布局和产业政策，确定每年的新股发行规模，(例如，1993年、1994年、1996年、1997年的发行指标分别为50亿元、55亿元、150亿元和300亿元)，并将此规模在各省市及各部委之间进行第一次分配，接下来再由各省市及部委在其管辖企业范围内进行第二次分配。所谓二级审批，是指确定分配额度后，各省市及部委将对提出上市申请的所辖企业进行第一级审批，审批完成后再交由证监会进行第二级审批。证监会的审批还分成两个阶段，先由证监会发行部工作人员进行初审，再由证券发行审核委员会进行复审。显然，这种“政府点企业，中介机构包装，监管部门审批”的发行方式完全无法充分发挥股票市场资源配置的功能。

2. 核准制阶段

1999年7月1日正式实施的《中华人民共和国证券法》明确确立了核准制的法律地

① 赵勇、朱武祥：“绿鞋期权与新上市股票的市场风险管理”，《证券市场导报》，2000年第2期。

位。2000 年 3 月,中国证监会颁布《股票发行审核程序》,标志着我国股票发行制度开始由行政审批制向核准制转变。2001 年 3 月 17 日,证监会正式取消了新股发行的额度和指标,核准制取代了行政审批制。核准制规定,首次公开发行股票必须依据《公司法》规定的条件,报证监会核准;证监会设立发行审核委员会,依法审核股票发行。在核准制下,企业股票首次发行上市不再需要发行指标和地方政府或国务院有关部委的推荐,主承销商可自主推荐企业。中国证监会受理申请文件后,对发行人申请文件的合规性进行初审;初审通过后,发行审核委员会进行充分讨论,以投票方式对股票发行申请进行表决,提出审核意见;中国证监会依据发行审核委员会的审核意见,对发行人的发行申请作出核准或不予核准的决定。在核准制中,对证券公司推荐企业发行还采用了所谓的通道制,即证券公司在推荐发行企业时,实行"自行排队、限报家数"的方法,各证券公司一次只能推荐一定数量的企业申请发行股票,由证券公司将拟推荐的企业逐一排队,按序推荐①。所推荐企业每核准一家才可以再报一家。这种通道制的推出,让证券公司直接面临着上市推荐和发行承销的风险,意在鼓励证券公司作为企业发行上市的第一也是最主要的把关人,承担起应有的监督责任。

3. 保荐制阶段

2004 年 2 月 1 日起我国正式实施《证券发行上市保荐制度》,随后,2004 年 5 月第一批保荐机构及保荐代表人的公布,拉开了我国证券发行制度又一次变革的序幕,即向保荐制度的转变。保荐制度是指由保荐机构及其保荐代表人负责发行人的辅导发行和上市推荐,对发行文件和上市文件所载资料的真实性、准确性和完整性进行核实,协助发行人建立严格的信息披露制度,并承担风险防范责任的一种制度。这一制度使保荐人充当证券发行环节的"第一看门人"的角色,将对发行上市公司一部分的监管责任直接落到作为保荐机构的券商和相关保荐人的头上。

保荐制度还要求保荐机构(主承销商)尽职推荐发行人证券发行上市,持续督导发行人履行相关义务。首次发行股票的持续督导期是股票上市当年剩余时间及其后的两个完整会计年度,上市公司再融资的持续督导期是证券上市当年剩余时间及其后的一个完整会计年度。通过这些严格要求,证券公司选择发行人的标准将会提高,尤其是在公司诚信、规范运作和持续发展方面的标准会有所提高。保荐制的实施,要求保荐机构(主承销商)尽职推荐发行人证券发行上市,持续督导发行人履行相关义务。旨在规范证券发行市场的运行,提高上市公司的质量,并进一步明确市场参与各方包括发行人、中介机构、投资者和监管机构的权利和责任。

(二) 新股发行方式的沿革

随着发行制度的改革,我国新股的具体发行方式也一步步向市场化的方向发展。在股票市场出现之前,即从 1984 年股份制试点到 1991 年之前,股票的发行都为自办发行,没有承销商,很少有中介机构参加,很多时候还要靠行政推介。发行时一般按面值发售,而各公司股票的面值并不统一。发行的对象多为内部职工和地方公众。1984 年 1 月,上海飞乐音响股份有限公司向社会公开发行的面值为 50 元,数量为 1 万股的股票,开创了

① 券商每次可申报的家数,即通道的宽度,主要依据上年的承销家数,共分 4 个等级,主承销家数 10 家以上的,可一次推荐 8 家企业;承销 5—10 家的,可一次推荐 6 家企业;之下的,可一次推荐 4 家企业;未承销的,可一次推荐 2 家企业。

新中国公司发行股票的先河。1992年以后，股票的发行开始通过市场完成，发行方式则经历了纸质化到电子化的历史性变革。

1. 认购证发行阶段

股票认购证最早出现在1992年的上海，当时上海证券交易所成立后的1年多时间里，随着股市财富效应的显现，股票开始供不应求，市场扩容成为当务之急。面对市场旺盛的购买情绪，当时证券市场的主管机构人民银行推出了股票认购证制度，最早在上海证券交易所实施的新股认购证具体细则规定，股票认购证每份30元，在1992年内分4次摇号，采用有限期无限量的发行方式。结果，认购证发行结束后不到2个月，黑市出现了爆炒认购证的现象。1992年8月7日，深圳证券交易所发布《1992年新股认购抽签表发售公告》，这次采用了限量发行的方式，引致全国各地投资者蜂拥至深圳并彻夜排队抢购，最终更爆发了大量民众因购买认购证不成而聚众闹事的“8·10”事件，付出社会安定方面的巨大代价。1993年4月，证监会拟定了新股发售与认购原则的法规——《股票发行与认购试行办法》。该法规定：第一股票公开发行试点在全国各省市展开；第二股票认购证价格不能高于成本费；第三股票认购证无限量发售，发售时间应在一周以上；第四在具备条件的城市发售，网点分布要均衡。证监会此举，主要是汲取“8·10”事件的教训。1993年7月21日，“青岛啤酒”认购证的发售揭开了本年度新股发行的序幕。10天售出2.87亿张认购证，整个发行工作基本顺利完成。但实践表明，这种发行方式仍然存在诸多弊端。首先，容易造成社会资源的大量浪费。由于实行无限量认购，事先根本无法准确预定认购表的印刷数量。同时，认购表的印刷、防伪、保管、运输、发售直至销毁，都耗费大量的人力物力。其次，政府及各有关部门牵涉太多。作为商业行为，股票发行理应由承销商组织实施。但无限量认购方式涉及银行、公安、监察等，动员大量的人力全力以赴，影响了正常的生产和工作。最后，造就了介于一级和二级市场之间的一级半市场，即认购证的交易市场。一级半市场的存在，更增加了二级市场的投机性，并维持着二级市场的高股价，这种情况反过来刺激着一级半市场的不正常发展。

有鉴于认购证发行方式的各种弊端，几乎“青啤”发行刚刚结束时，中国就开始了新的发行方式探索。

2. 与储蓄存款挂钩的新股发行方式

1993年8月，国务院证券委颁发《关于1993年股票发售与认购办法的意见》，意见要求与银行储蓄存款挂钩发行申请表，即按照居民在银行的定期存款余额一定比例配售申请表，然后对认购申请表进行公开摇号抽签；或者开办专项定期定额储蓄存单，按存单上的号码进行公开摇号抽签，确定购买资格。

1993年10月，华夏证券作为承销商发行“青岛海尔”采用了无限量发售专项定期存单的方式。即在规定时间内无限量发售专项定期定额存单，每张存单面额500元，存期1年，不得提前支取，年利率10.98%，每张中签存单可认购500股，每股面值1元，发行价7.38元，另仅加收0.60元，大大降低了发行成本。这次中签率为18.98%，共吸收储蓄资金2.63亿元。稍后，上海万国证券公司在济南轻骑股票发行中采用了全额保证金存入定额定期特种储蓄存款的方式。即每份存单面额固定为购买500股3 340元，存期6个月，不可提前支取；每份中签存单可认购500股，每只股发行价为6.68元，当存单认购额大于发行总额时进行抽签。本次发行中签率达100%，每股发行成本仅0.34元，创当时全国新股发售成本最低的记录。

无论是“海尔”模式，还是“轻骑”模式，这种与储蓄存款挂钩的发行方式，都较认购证方式有优越之处：首先是采用储蓄存款方式，无论中签与否，投资者的资金都可以按预定方式收回存款本息；其次发行成本降低，减少了社会浪费，有助于新股上市后二级市场的运作，同时在实际操作中利用了银行的业务优势，方便了承销商，减少了人员和资金的流动，有利于增加银行存款，对社会各方面的负影响较小。更为重要的是全额存单方式克服了无限量发售方式不考虑投资能力的缺陷，将原有的凭公民权利购买变成凭资金实力购买，减少了盲目投资，避免了一级半市场上中签表黑市交易。但这种发行方式的实施对一级市场和二级市场的影响有所不同，也逐渐暴露出了一些弊端。

第一，和认购证方式相比较，存款方式较易出现公款私存等违规违法现象。

第二，与存款挂钩的方式会造成银行存款的不合理流动。根据1993年8月国务院颁布《股票发行与交易暂行条例》的规定，发行股票必须选择有良好通讯系统、电脑网络、交通条件，并有较发达金融机构的城市。这就容易使以大中城市为核心的附近农村、小城市等地区的社会闲置资金大量涌入，以追逐一级市场的高盈利，从而造成了跨地区资金不平衡流动的问题。

第三，储蓄存款发行方式可能造成了二级市场“失血”。由于存款方式比认购证方式占用资金更多、时间更长，而且新股的认购者中以老股民居多，若其资金来源是从二级市场抽走，则必然引起二级市场的“失血”。

3. 全额预缴款方式

全额预缴款方式其实是储蓄存款挂钩方式的延伸，但更方便，更节省时间。它又包括两种方式：“全额预缴款、比例配售、余款即退”和“全额预缴款、比例配售、余款转存”。以采用“全额预缴、比例配售、余款即退”方式发行的“肇庆星湖”为例，具体做法是投资者在规定时间内，到指定代理网点，凭本人身份证和股东代码卡，按发行价格和标购数量缴足款项，主承销商汇总有效申购总量，按发行数量与有效申购总量的比例在投资者之间分配，未购股的多余款项立即退还投资者。应该说，不管是“余款即退”还是“余款转存”，与储蓄存款挂钩方式相比，占用资金时间都会更短，资金效率也会更高。

4. “无纸化”上网发行方式

1994年下半年开始，我国的股票发行领域开始出现利用沪深两个证交所先进的交易系统和遍布全国的交易网点发行股票的方式，可以把它们统称为“无纸化”的上网发行方式。在“无纸化”上网发行方式中，按照时间上出现的先后顺序，我们又可以将其分为如下两种不同的形式：

一是上网竞价发行。1994年6月25日，上海、深圳同时开辟新股发行专场，竞价发行“哈岁宝”和“琼金盘”。竞价发行是国外证券界发行股票最常用的方式，又称招标购买方式。在国外，竞价法是承销商以投标方式，与其他购买者竞争股票的发行权，然后由取得发行权者再向全国投资者推销和发行的股票发行方式。借鉴国外的竞价发行经验并结合我国的具体情况，我国竞价发行的原理如下：由承销商和发行人确定发行底价，并作为唯一的卖方将需发行的股票全部托管并输入交易系统；投资者按自己愿意支付的价格（不低于底价）和希望认购的数量填申购委托书，证券商将投资者的委托即时输入交易系统；申报截止后，交易系统剔除无效委托，将修正后的有效委托按价格优先、时间优先的原则排序，并从高价位向低价位累计，将累计有效申报总数刚好达到此次发行数量的那个价位确定为实际发行价格，高于发行价的有效申报都按此价格成交。如果底价之上的所有有效申报的累计总数小于发行数量，则将底价作为此次发行的实际发行价，认购不足的剩余部分由承销商包销。

竞价发行方式是我国接近国际惯例的第一次尝试，初步实现了股票发行的市场化运作。但鉴于当时股票市场的发展状况，也存在一些致命的缺陷。竞价过程的透明度较差，根据规定，高于最后确定的发行价的申报均按发行价认购。投资者为保证自己能够以自己预期的价格买到，将会按高于预期的价格去申报，这极可能令发行价格高于真实市场的供求平衡价格，并导致新股高价上市又迅速破发。管理层显然不愿见到这样的情形。因此，上网竞价方式只在哈岁宝等几只股票进行短暂试点，之后就基本没有再被采用。

二是上网定价发行。1995 年 1 月，上海证券交易所采用上网定价方式发行了“仪征化纤”，之后虽然在 1996 年 12 月 26 日中国证监会公布的《关于股票发行与认购方式的暂行规定》中，规定股票发行可采用上网定价、全额预缴款以及与储蓄存款挂钩等方式发行，但后两种方式作为网下发行方式，都存在发行环节多、认购成本高、社会工作量大、效率低的缺点。随着电子交易技术的发展，上网定价方式逐渐成为最主流的发行方式。上网定价发行方式具体来说，是指主承销商利用证券交易所的交易系统，由其作为股票的唯一卖方，投资者在指定的时间内，按现行委托买入股票的方式进行股票申购。主承销商在上网定价发行前应在证券交易所设立股票发行专户和申购资金专户。申购结束后，根据实际到位资金，由证券交易所主机确认有效申购。根据 1996 年 12 月 26 日发布的《关于股票发行与认购方式的暂行规定》，若有效申购总量等于该次股票发行量时，投资者按其有效申购量认购股票；若有效申购总量小于该次股票发行量时，投资者按其有效申购量认购股票后，余额部分按承销协议办理；若有效申购总量大于该次股票发行量时，由证券交易所交易主机自动按每 1 000 股确定为一个申报号，连序排号，然后通过摇号抽签，每一中签号认购 1 000 股。

5. 一般投资者上网定价发行和网下法人配售相结合

1998 年 8 月，中国证监会发出通知，证券投资基金可以申请配售新股。1999 年 11 月，基金的新股申购特权进一步扩大，公开发行量在 5 000 万股及以上的新股，都按不低于公开发行量的 20％的比例供各基金申请配售，每只基金 1 年内用于配售新股资金比例由 15％提高到不超过 30％。2000 年 5 月，基金配售新股的特权被取消。1999 年 7 月，新股向法人配售政策出台，股本总额在 4 亿元以上的公司，可采用对一般投资者上网发行和对法人配售相结合的方式发行股票。2000 年 4 月，法人配售不再受总股本和规模比例的限制，促使更多机构投资者加入到新股配售行列中。从政策设计者的初衷来说，向机构为主的法人配售新股的措施一方面可以扩大市场需求，有效缓解当时市场扩容的压力；另一方面有利于上市公司引入战略投资者。但是，由于当时一、二级市场的巨大价差，法人配售也容易滋生寻租者，存在发行人将配售权作为特权出售的情况，获得配售权的机构则存在私下倒卖获配新股以谋取利益的情况。

6. 市值配售

2000 年 2 月 14 日，中国证监会发布了《关于向二级市场投资者配售新股有关问题的通知》，规定在新股发行中实施向二级市场投资者配售新股的办法。在新股发行时，将一定比例的新股由上网公开发行改为向二级市场投资者配售,投资者根据其持有上市流通证券的市值和折算的申购限量,自愿申购新股。配售比例为向证券投资基金优先配售后所余发行量的50%,其余50%同时上网发行。该政策虽然受到市场的欢迎,尤其是中小投资者,但由于交易系统在技术上尚不能满足大量企业同时配售新股的要求,因而该方式在沿用了半年之后,被暂停。后来,在2002年5月22日,沪深证券交易所和中国证券登记结算公司公布《新股发行市值配售实施细则》并再次全面启动市值配售,但随着股权分置改革的推进,市场不再存在流通股和非流通股之分,设计市值配售制度之初的市场环境已发生根本性变化,市值配售制度也再次退出。2006年5月20日,深、沪交易所分别发布了股票上网发行资金申购实施办法,进一步明确了新老划断[①]后的新股发行方式恢复为资金申购方式。

7. 询价制的逐步发展

如前所述,新股发行的定价机制在整个新股发行过程中居于核心地位。但在中国,从股票市场成立之后的很长一段时间,定价方式中的计划色彩都显得较为浓重,突出表现为证券管理部门通过规定市盈率等方式对发行价格形成某种行政干预。因此,本书之前对我国新股发行方式的介绍更侧重于定价机制以外的其他方面内容,如发行的技术手段等。实际上,自1999年网上定价和网下向法人配售的机制确立以来,在发行过程中采用网上发行和网下配售相结合的大体框架已经基本确立,只是在具体的配售对象、配售方式以及网上网下发行价格的确定方式等问题上存在变化。接下来,我们将以询价制的发展演变为线索,具体介绍这一变化的过程。

第一阶段是定价发行阶段在确立询价制之前,我国的股票发行主要是采取定价发行的方式,具体来说,主要采用市盈率定价法。这里的市盈率不是由市场确定,而是由证券管理部门确定。后来在1999年2月12日中国证监会发布的《股票发行定价分析报告指引(试行)》中规定,申请公开发行股票的公司,应提供和主承销商共同签署的定价分析报告。1999年7月28日,中国证监会发出《关于进一步完善股票发行方式的通知》,规定股票发行价格可采用以下方法确定:发行公司和主承销商可指定一个发行价格区间,报证监会核准;通过召开配售对象问答会等推介方式,了解配售对象的认购意愿,确定最终发行价格;最终发行价格须确定在经证监会核准的价格区间内(含区间最低价格和最高价格),如果最终发行价格确定在价格区间之外的,须报证监会重新核准。这一通知表明我国股票发行价格从长期以来的行政干预市盈率倍数定价法,逐步朝价格协商制度过渡,但最后发行价的确定受证监会影响的实质未发生改变。

第二阶段是询价制的产生阶段。2004年,中国证监会发布《关于首次公开发行股票试行询价制度若干问题的通知》,正式确立了询价制并于2005年起开始实施。询价制的核心是规定发行人及其保荐机构应采用向机构投资者累计投标询价的方式确定发行价格。同时规定了全额缴款、同比例配售、申购及配售情况公告、获配股票锁定期等四项主要措施。但是,这时的询价制并非彻底市场化的定价机制。一方面,发审委仍然直接或间接地进行着市盈率的指导;另一方面,在询价环节中,询价机构较为分散且获配新股的数

---

① 新老划断是我国股权分置改革前后设定的一个时间点,在该时间点后,首次公开发行的股票不再区分流通股和非流通股。

量、收益都较为有限，利益诉求并不明确，这导致买卖双方力量严重失衡，市场化发行最终流于表面，询价过程中的人情报价成了潜规则，根本无法真正发挥询价制应有的价格发现作用。发行价格远低于市场价格，新股首日暴涨，大量资金囤积一级市场打新等现象并未得到缓解。

受股权分置改革的影响，2005 年 7 月以后新股发行暂停，完成新老划断后，2006 年 5 月 20 日，深、沪交易所分别发布了股票上网发行资金申购实施办法，进一步明确股份有限公司通过证券交易所交易系统采用上网资金申购方式公开发行股票。2009 年 6 月，证监会再次启动新股发行制度改革，公布了《关于进一步改革和完善新股发行体制的指导意见》。在该指导意见中，证监会进一步完善了新股发行询价和申购的报价约束机制，优化了网上发行机制，加强了新股认购风险提示。它具体包括要求询价对象真实报价，与最终的申购报价具有逻辑一致性，主承销商需根据具体情况合理设定每笔申购的最低申购量，对超募资金须预先在招股说明书中披露用途等。应该说，新规则的出台对规范 IPO 市场起到了积极的作用，在更为市场化的询价机制下，30 倍发行市盈率“天花板”被取消，新股上市首日暴涨的现象得到了有效遏制，平均首日收益率明显下降。此外，巨量资金囤积一级市场打新现象得到缓解，中小投资者中签股数占比大幅提升。不过，新股发行市盈率普遍上升也带来了新的问题，例如，上市公司超募现象严重、破发现象更为频发等。

第三阶段是询价制的改革阶段。2010 年 11 月，证监会关于新股发行的又一轮改革启动，公布了《关于进一步改革和完善新股发行体制的指导意见》和《关于修改〈证券发行与承销管理办法〉的决定》，进一步完善了报价申购和配售约束机制，增强了信息透明度。在新的发行制度下，询价对象范围被进一步扩大，主承销商可以自主推荐一定数量的具有较高定价能力和长期投资取向的机构投资者，参与网下询价配售。在询价过程中，根据每笔配售量确定可获配机构的数量，再对发行价格以上的入围报价进行配售，如果入围机构较多应进行随机摇号，根据摇号结果进行配售。而且，新发行制度还完善了回拨机制和中止发行机制[①]，这进一步要求发行人及其主承销商应当根据发行规模和市场情况，合理设计承销流程，有效管理承销风险。

2012 年 4 月，证监会再度发布《关于进一步深化新股发行体制改革指导意见》，并随之启动新股发行制度的再次改革，进一步突出了强化信息披露、完善定价约束、引入个人投资者参与报价、加强定价监管、推出存量发行和抑制炒新等六个方面的措施。具体内容包括：第一，推进以信息披露为中心的发行制度建设，逐步淡化监管机构对拟上市公司盈利能力的判断，改进发行条件和信息披露要求，落实发行人、各中介机构独立的主体责任，全过程、多角度提升信息披露质量，实现发行申请受理后即预先披露招股说明书，同时改进上市过程中征求相关部委意见的方式，提高效率。第二，提高向网下投资者配售股份的比例，原则上不低于本次公开发行与转让股份的 50%。当网下中签率高于网上中签率一定水平时，要从网下向网上回拨。第三，扩大询价对象范围，主承销商可以自主推荐 5 到 10 名投资经验比较丰富的个人投资者参与网下询价配售；证券交易所组织开展中小投资者新股模拟询价活动，引导中小投资者理性投资。第四，预披露后即将预估的发行价格区

① 2011 年 6 月 8 日，深交所证实，八菱科技已中止上市。这意味着八菱科技成为 A 股首家中止发行公司。该公司是因为在其路演推介中提供有效申报的询价对象未达到证监会要求的 20 家而被迫中止发行。

间提交给证监会，并与招股书一起提供给发审会，如预估的发行市盈率高于同行业上市公司平均市盈率，需补充说明该价格存在的风险因素，澄清超募是否合理等。招股书正式披露后，如最终确定的发行市盈率高于同行业上市公司平均市盈率25%，应披露该定价可能存在的风险因素，未提供盈利预测的还需补充盈利预测，并在盈利预测公告后重新询价，甚至可能重新提交发审会审核。第五，取消网下配售股份3个月的锁定期，推动部分老股向网下投资者转让，增加新上市公司可流通股数量。老股转让所得资金有一定的锁定期，锁定期限内，如二级市场价格低于发行价，可用于在二级市场回购公司股票。第六，证券交易所应明确新股异常交易行为标准，加强对新股上市初期的监管，加强对买入新股客户的适当性管理；证券公司应对投资者尤其是机构投资者开立证券账户进行核查和管理，加强对客户违规炒新、炒差、炒小行为的监控，必要时采取限制措施。

二、证券流通市场

证券发行后就进入流通市场。证券流通市场又称证券交易市场、二级市场、次级市场，是指证券买卖和转让的场所或机制。发行市场是流通市场的基础，决定着流通市场上流通证券的种类、数量和规模；流通市场则是发行市场存在发展的保证，维持着投资者资金周转的积极性和流动的灵活性，两者互为条件又相互制约，有着密不可分的关系。流通市场通过证券的流通转让来保证证券的流动性，进而保证投资者资产的流动性。因为证券的流动性是人们选择投资的主要衡量指标之一，如果证券不能卖出和转让，即不能迅速变现或交易其他证券，则无人愿意持有证券，从而阻碍了证券的发行。只有通过次级市场对新证券提供妥善的组织、良好的服务和各种资料信息，才能引起众多投资者的注意和自由买卖的兴趣，促进新证券的流通。这对长期资金的融通具有重要的意义。

根据交易场所和交易方式，证券流通市场一般分为证券交易所集中交易市场和场外市场。证券交易所是一种有组织、有固定场所和有一套严密管理制度的证券交易市场。场外市场是一种组织松散、无固定交易场所和较难管理的证券市场。前者有时也称为有形的证券市场；后者则称为无形的证券市场。从多数国家来看，证券交易所和场外市场是证券流通市场的主要组成部分。

（一）证券交易所集中交易市场

证券交易所是指为证券交易而开设的有组织的市场，只有作为交易所会员的经纪人才能在交易所从事交易活动，买卖的证券必须是在证券交易所登记、审查并符合一定条件的证券。

证券交易所的特征首先表现为有组织的市场。所谓有组织的市场是指交易所为使大量证券顺畅有效地成交，经常有规则地使用一定的场所与设施，在一定的人员组织和一定交易规章下人为形成的交易市场。证券交易所按一定法律程序设立，具有同其他企业类似的组织机构，对证券的上市、竞价、清算、成交单位等均有一定规章制度，且具有优良的通讯设施，如电子计算机、电子显示器、证券传送管道等。其次，证券交易所具有证券交易的中介性。交易所本身不买进证券，也不卖出证券，更不规定证券价格。证券交易所的职能主要是为证券买卖双方创造交易条件，提供各种服务，并对买卖双方进行监督和管理，充当证券交易的中介人。交易所的这一职能主要通过规定证券上市制度、交易日以及交易规章，并通过公布市场证券成交价格、数量及证券发行单位的信息来实现。再次，证券交易所具有公开性，是一个完全公开的市场。证券交易所要求所有申请上市的证券发行单位(政府除外)必须定期地、真实地将其经营状况和财务状况公布于众。证券交易所还编制各种上市证券的行情表和统计表,向买卖双方公布。这就使得投资者能够对各种证券作出判断和选择,迅速投资于优良证券。

交易所市场按照组织形式,可分为会员制和公司制两种。

1. 公司制和会员制

证券交易所的组织形式有两种:公司制和会员制。公司制证券交易所按股份制原则建立,在公司章程中明确规定了参与公司组织作为股东的证券经纪商和证券自营商的名额和资格,由股东大会选举交易所的管理机构,即理事会或董事会、监事会以及各个职能部门。公司制证券交易所以盈利为目的,提供交易场所服务以便证券交易,由注册合格的证券商进场买卖,并缴纳营业保证金。交易所对买卖双方由于违约造成的损失,负赔偿责任。公司制证券交易所能提供较为完备的证券交易设施和服务,它本身不参与证券交易,所以能保证证券交易的公正性。证券交易所的主要收入是按成交额抽取佣金。公司制证券交易所因为以盈利为目的,所以当交易量较小时,为增加收益,可能会推进证券交易的投机行为,干扰正常的市场秩序。这是公司制证券交易所存在的主要缺点。

会员制证券交易所是由各证券商共同出资设立的交易所。出资的证券商成为交易所的会员,由会员共同经营交易所业务,同时也只有会员才能参与证券的交易。交易所由会员自治,按证券交易额抽取佣金,费用较低,且不以盈利为目的。会员制证券交易所的最高决策机构为理事会,理事会由会员选举产生。传统的证券交易所在建立之初基本都采用会员制的组织形式,但近年来,不少会员制的证券交易所开始向公司制转型。

2. 会员制向公司制的转型

随着信息技术的飞速发展和经济、金融全球化进程的加速,交易所的运作环境发生了巨大的变化,步入了一个大变革、大分化、大重组的时代,证券交易所组织形式也逐渐从传统的会员制组织转向公司制企业,全球主要证券交易所纷纷实施了这种转型(见表 5-1)。

表 5-1　发达国家证券交易所的公司化

公司化年份	1992	1993	1997	1998	1999	1999	1999	2000	2000	2001	2004
交易所	斯德哥尔摩证交所	德国证交所	阿姆斯特丹证交所	澳大利亚证交所	新加坡证交所	多伦多证交所	纽约证交所	伦敦证交所	香港证交所	东京证交所	费城证交所

首先,交易自动化逐渐使交易所失去采取会员制的必要。会员制是技术不发达的产物,适应了交易大厅的需要。在自动化的市场,进入市场没有任何技术障碍,投资者可在任何地方买卖任何一家交易所的股票,投资者直接交易的成本较低,从而减少了对金融中介的需求。也就是说,交易自动化使得交易所的产权可同会员资格分离,交易所无须采取互助性质的会员制。

其次,会员制交易所筹资成本高,不适应交易所发展需要。随着技术的发展,为对抗另类交易系统的竞争,交易所对技术设备的投入越来越大。同时,证券市场上交易所之间不断激烈的竞争使金融中介控制交易所服务价格的能力下降,也迫使交易所采取以获得竞争优势为导向的商业治理结构。面对激烈的竞争和投资需求,交易所需要扩大融资幅度,公司制交易所可以通过发行股票并上市进行融资，其筹资成本较低，这是会员制所不能实现的。

最后，会员制证券交易所的会员日益多元化，也容易导致利益冲突与集体决策效率低，使交易所对市场环境变化反应迟钝，竞争能力下降。在会员制下，作为会员的证券商对交易具有垄断权，因而在会员人数不多时，有可能形成卡特尔式的寡头垄断。固定佣金率便是一例，它对于交易者意味着高成本率，垄断权构筑起的高进入壁垒，使这种格局很难被打破，而且即使被打破，也难以奏效。因为按照产业组织理论，证券商人数增多会增强信息不完全和道德风险，使证券商较容易隐瞒自己的情况和行为，加上自身又是利益主体（大证券商的利益因其主导地位往往受到庇护），从而提高了签订行业协定的谈判成本和券商进行监督、评价和惩罚等管理活动的组织成本。而公司制交易首先打破了会员证券商的垄断权，使符合资格的证券商都能拥有交易权，促进了竞争，从而有效地提高服务质量、降低佣金率。而且，公司制交易所拥有一整套完备的决策、执行和监督机构，并作为一个独立主体以代理人的身份依据有关法规对证券商进行管理，因而不存在签订行业协定的需要，并提高了监督、评价和处罚等管理活动的效率和公平性。

纽约证券交易所（New York Stock Exchange，NYSE）是历史最悠久的会员制证券交易所之一，其发展和转型的过程具有很强的代表性。纽约证券交易所的起源可以追溯到 1792 年 5 月 17 日，在此之前，美国并没有集中交易的证券交易所，证券交易大都在咖啡馆和拍卖行里进行。当时，24 个证券经纪人在纽约华尔街 68 号外一棵梧桐树下签署了著名的《梧桐树协议》（股票也因此有了“梧桐叶”这一昵称），并组建了纽约证券交易所的雏形。1817 年 3 月 8 日，这个组织起草了一项章程，将交易所的名字更改为纽约证券交易委员会，1863 年再度改为目前的名称[①]。现在的纽约证券交易所大楼最早启用于 1903 年，之后不断扩建，形成了目前的格局。交易所经营对象主要为股票，其次为各种国内外债券。

1934 年 10 月 1 日，交易所向美国证券交易委员会申请注册为一家全国性证券交易所，有一位主席和 33 位成员的董事会；1971 年 2 月 18 日，交易所正式申请成立为非营利法人团体，董事会成员的数量减少到 25 位。1999 年，交易所开始向公司制转型，2005 年 4 月末，收购全电子证券交易所（archipelago）并正式形成一个公众持有的盈利性集团公司。2006 年 6 月 1 日，纽约证券交易所宣布与泛欧股票交易所（Euronext）合并组成“纽约泛欧交易所集团”（NYSE Euronext）。2008 年，NYSE Euronext 又收购了美国证券交易所（AMEX）。目前纽约泛欧交易所集团已发展为包括纽约证券交易所（NYSE）、纽约泛欧交易所（NYSE Euronext）、纽约泛欧全美证券交易所（NYSE Amex）、纽约泛欧交易所创业板市场（NYSE Alternext），以及纽约泛欧交易所高增长板市场（NYSE Arca）的规模庞大、多层次面对不同类型企业的全球性证券交易市场。目前，全球最大的前 100 家上市公司中，有 70 家是在该市场上市，市场总市值达到 16.3 万亿美元，超过了除它以外世界上最大的四家交易所（伦敦股票交易所、东京股票交易所、纳斯达克、瑞士交易所）的市值总和。市场的日平均交易额达到 1 500 亿美元，接近世界第二大交易所的两倍，其中的股票交易量占全球股票交易量的 1/3[②]。如表 5－2 所示是纽约证交所的交易情况。到目前为止，在纽约交易所挂牌上市的美国和外国公司有约 4 000 家，上市公司市值的中位数水平达到 14 亿美元。

---

① 纽约证券交易所的有关历史资料来源于维基百科。

② 数据来源：www. nyse. com。

表 5-2 纽约证交所上市股票的成交情况

指标＼年份	1990	1995	2000	2002	2004	2006	2008	2010	2011
股票交易量(亿股)	396.7	872.2	2 624.8	3 631.4	3 696.3	4 588.1	5 894.3	4 445.2	3 838.6
日均交易量(亿股)	1.57	3.46	10.42	14.41	14.67	18.28	23.30	17.64	15.23
股票交易额(亿美元)	13 250	30 830	110 600	102 780	116 577	171 523	184 881	119 687	116 827
日均交易额(亿美元)	53	122	439	408	463	683	731	475	464
换手率(%)	46	59	88	105	105	118	138	98	86

资料来源:① New York Stock Exchange, Inc., New York, *Fact Book*, Annual(copyright);② www.nyse.com。

(二) 场外市场

场外交易市场又称为店头市场或柜台市场,主要是指在证券交易所以外的证券交易市场。一般来说,在许多证券市场发展比较完善的国家,股票交易集中在证券交易所进行,而大量的债券买卖和不够交易所上市资格的股票买卖是通过证券公司、证券经纪人或银行在投资者之间进行的。由于这些证券交易是在证券交易所以外进行的,所以在证券交易所之外形成的证券市场也称场外市场。

场外市场是证券交易市场的一部分,它的历史远早于证券交易所市场,在交易所市场产生和发展后,场外交易依然存在和发展。这主要是因为:首先,证券交易所的市场容量有限,并且具有严格的上市标准,还要通过繁琐的审批手续,这就使许多证券不能流通,而证券本身的特征决定了需要具有流通性,故会产生场外市场。其次,场外市场的交易比较简便、灵活,没有繁琐的交易过程,投资者可在众多的柜台交易网进行买卖,这在很大程度上弥补了证券交易所在交易方式上的不足,满足了投资者的需要。最后,随着现代技术的发展,场外交易的交易方式、程序不断改进和完善,其效率也可与证券交易所交易相媲美。因此,场外交易已成为证券市场的重要组成部分。

场外交易市场与场内市场相比,主要的区别体现在三个方面:

1. 交易对象不同

场外交易市场主要交易对象是未在正规交易所市场上市交易的证券。参与场外交易的证券未上市的原因是多方面的:一般是不够交易所上市条件;也有够上市资格但不愿挂牌交易的;还有在上市规模、风险和收益方面有欠缺的;其余就是金融机构发行的收益好、信誉高不需上市或者主要是大宗交易的证券;在证券交易所交易会引起价格过度波动而避免在交易所交易的证券。

2. 组织形式不同

场外交易市场可以是一个广泛和分散的市场,这与证券交易所的高度组织化和规范化有所区别。场外市场的交易主体是多元化的,参与交易的既有证券自营商和经纪人,也有交易所的会员以及法人或机构投资者和个人投资者,而证券交易所的交易主体必须是交易所的正式会员或经过批准参加交易的证券经纪商。场外市场的交易方式是多样化的,其交易场地不固定,联系方法多种多样,交易时间自由确定,交易关系多元化。

3. 交易方式不同

场外市场的交易主要由证券商和证券公司以自营的方式进行证券买卖,也有代理买卖的情况，但总体以自营买卖为主。与交易所交易相比，场外交易中交易双方通常是一对一进行交易，成交价格由双方商定，当面讨价还价，协议成交。场外交易的报价方式一般仅为限价委托，即证券公司只能在委托人确定的价格限度内代为买卖证券，并且禁止信用交易。

总体来说，场外交易可以为不能或者不愿意在交易所上市的公司证券提供买卖的机会，有利于减少大宗证券交易的交易成本，满足了不同公司和投资者的需要。但它也有一些局限：首先，这类市场往往组织性较差，容易发生交易上的偏误行为。其次，由于交易公司本身能力和知名度的限制，这类市场的参与者较少，流动性也相对较低。最后，市场缺乏竞争、信息传递较慢等因素可能导致交易价格不能准确地反映市场供求状况和市场的实际价格。

三、证券交易程序

证券交易程序通常可分为三大环节：委托、申报竞价成交、清算交割过户，每个大环节又包含若干个小环节。

(一) 委托

所谓委托，就是指顾客向证券经纪商发出表示其愿以某种价格购买或出售一定数量某种证券的指令或请求，有时这些指令或请求还附带其他条件。委托一般包括客户开设账户、客户发出委托指令和证券商填写委托书三个环节。由于证券交易所内交易必须是交易所会员，因此普通投资者要委托证券商代理买卖证券。这样必须首先在证券商处申请开立账户。客户在开立账户以后，就可以用电话、传真、网络或亲自前往的方式向证券商发出委托指令。委托主要有市价委托和限价委托。市价委托是最简单、最普遍使用的委托单，即证券成交价格以达到市场最优的价格为准的委托。这种委托限当日完成，经纪商只在当日有为客户寻求最优价格的责任。这种委托的优点在于：一是成交迅速，因为它不具体规定价格，随行就市，不需反复寻价，故而能迅速成交；二是成交成功率高，因为它没有任何限制条件，只要不出意外均能成交。其缺点是未收到经纪人的通知前不知以何种价格成交。限价委托是指委托人事先规定了他认为适合的价格作为成交的价格标准，经纪商在执行委托时应以这个限价或更优的价格成交，不得以高于或低于限价成交。它与市价委托相比的优点在于：一是客户能获得比市价更优的成交价格机会；二是在市场上证券价格变动幅度较小时容易成交，并使委托者获利。它的缺点在于：一是市场价格剧烈波动时，限价委托较难成交；二是制订合理限价的技术性较强，非一般投资者所能掌握。当然，当限价委托不能成交时，经纪商常常委托有关证券的自营商经纪人等待机会配对，但是成交的机会较小，可能性有限。在我国，委托人在委托买卖股票前，还必须在证券商营业处办理开立资金专户和证券专户，资金专户中的资金由证券商代为转存银行。

(二) 申报竞价成交

证券商在接受客户委托，填写委托书后，就迅速命令其在证交所内的代表或代理人到买卖这种证券的柜台执行委托。由于交易所内买卖集中，买卖某种证券的客户不止一家，因此他们一般是通过双边拍卖的方式决定成交的。所谓双边拍卖，是指相互竞价既发生在买者之间，同时也发生在卖者之间。都遵循“时间优先，价格优先”的原则，即在相同价格下，先出价者优于后出价者；而在价格上，卖方价格低的优于价格高的，买方价格高的优于价格低的。

在计算机技术出现之前，竞价过程一般通过口头或者书面的形式完成，计算机技术出现以后，电脑申报竞价的方式逐渐成为主流。我国的证券交易所建立较晚，因此，一直主要采用电脑申报竞价的方式，其交易过程主要有三个部分：第一步申报输入。证券商将投资者的委托买卖指令输入计算机终端，并通过计算机的联机系统将申报指令传到交易所计算机主机。第二步撮合成交。交易所计算机主机接受买卖申报后。按证券品种排列申报买卖的价格和数量，依据竞价过程中的时间优先原则、价格优先原则和市价优先原则进行撮合交易。第三步成交信息反馈。在证券交易所计算机主机接受证券买卖申报并自动配对成交后，便向交易所席位上的终端发出买卖已成交信号，并要求证券买卖双方的交易员立即至场务执行人员处，在"场内成交单"上签字盖章，并取回回执联。进行电脑竞价的交易所主机除了进行证券买卖之外，还具有显示市场行情、储存与查询交易信息等功能。买卖申报的竞价方式，分为集合竞价和连续竞价两种。目前，我国的证券交易所在开盘或收盘时采用集合竞价方式，产生出开盘价格后便转入连续竞价过程，其未成交买卖申报仍然有效。收盘时集合竞价自收盘前 10 分钟开始，至收盘结束产生出收盘价格。

(三) 清算交割过户

所谓清算，是将买卖同一证券的数量和金额相互抵消，然后通过证交所交割净差额的证券或价款的过程。在证券交易中，实际交割过程不是逐笔地结算，而是经过结算制度减少实际交割的证券和款项，以节省人力、物力和财力。清算一般由专门机构的清算公司进行。清算包括三个步骤：第一步，核对买卖成交单有无错误。第二步，为每一个经纪商填写清算单，抵消同种证券的买卖数量和金额，计算出应交割的证券和价款的净值。第三步，确定每一个经纪商应向其他经纪商收入或付出的证券数量与金额。根据清算制度，一般交易是以同日成交者为一个清算期。经纪商不得因委托人的违约而不进行清算。

所谓交割，是卖方向买方交付证券，买方向卖方支付价款的行为。根据交割的时限可分为以下几种：一是当日交割，即买卖双方同意成交后当日办完交割事宜。二是次日交割，即成交后的下一个营业日正午前办理完交割事宜，逢休假日顺延。三是例行交割，即由成交日起算，第五个营业日内办完交割事宜，这是证券的标准交割方式。四是卖方选择交割，即卖方有权决定交割日期，其期限从成交日 5—60 天不等。买卖双方须订立书面契约。交割过程是由经纪商交割和经纪商为客户送达确认书。确认书一般包括成交时间，数量、证券名称、成交金额及成交价格，完成委托的证交所和交割日期。买卖双方必须在规定期限内交割，否则将会追究经纪商的责任。

所谓过户，是指证券所有权从原所有者转移到新所有者所作记录的过程。过户一般包括两方面的内容：一是转让经背书的证券凭证。二是把有关所有权的转移事项记入证券发行公司的账簿中。在证券无纸化之前，证券所有人在转移证券所有权时，必须正确填写每一张股票背面印制的供转让所有权的表格，即"转让与代理人权利证书"。其内容包括受让人姓名、证券数量，代理人姓名以及原证券所有人的签名等。一旦"转让与代理人权利证书"填制完毕后，并且将证券转移给受让人，证券所有权转移即告有效。转让过程中证券和证书不能出现错误或涂改，否则不能转让。在无纸化之后，结算公司都实行证券集中存管和无纸化交收，股票的过户手续在清算交割后就已由电脑自动完成，因此无需投资者专门到证券营业部门办理股票过户手续。

在清算交割过户过程中，"T＋0"和"T＋1"的交易制度也是一个重要的问题。"T＋0"交易即当日回转交易，是指投资者在同一交易日，就同一证券完成一次或一次以上买入和卖出的行为，境外成熟市场普遍实行这种交易制度。"T＋1"交易则是指当日买入证券后，当日不可卖出。1993 年，我国 A 股市场曾经实行过"T＋0"交易制度，期间沪深股市波动剧烈，投机盛行。1995 年初，为了维护市场秩序，防止过度投机，A 股市场取消了“T＋0”，实行了“T＋1”交易制度并沿用至今。1999 年实施的《证券法》规定“当日买入的股票，不得当日卖出”，禁止了“T＋0”交易。2005 年《证券法》经修订，取消了有关“当日买入的股票，不得当日卖出”的规定，从法律层面，推行“T＋0”交易制度已不存在障碍，但从我国现实市场发展来看，操纵市场和违规现象频发，机构投资者力量薄弱，投机气氛比较严重，实行“T＋0”交易制度的市场环境还不够成熟。

四、证券价格及其指数

证券价格又称证券行市，是指证券市场上买卖证券的价格。由于证券对于投资者而言，代表着一定时期内获得未来收入的权利，因此，证券的价格就取决于证券能产生的未来收入流量的大小。但证券的收入流量是未来的，人们在购买证券时，必须将证券的未来收入流量通过折现方法确定证券未来收入的现值，这个过程一般称为证券未来收入的资本化。证券的价格就是证券未来收入的资本化。

证券价格中，债券价格受影响因素较少，所以债券价格变动不大；而股票价格受影响因素较多，所以股票价格波动很大。因此，我们以股票价格的波动为例，分析影响证券价格变动的因素。影响股票价格的因素有很多，一般可分为三类：经济因素、政治因素以及证券市场证券买卖的行为因素。

影响股票价格变动的经济因素主要有三个方面：一是公司自身的基本面情况，包括公司的财务状况、市场竞争能力、风险状态等。通常来说，未来盈利能力越强，成长性越好，资金周转和累积率越高的公司，其股票价格越高；在市场中越具竞争力，拥有越强议价能力的企业，其股票价格也越高；而企业所处的风险越大，则越可能对其股票价格形成不利影响。二是公司所处的行业状况，包括该行业自身的经济周期和生命周期，行业所处的政策环境，与该行业相关的其他上下游行业情况等。三是宏观经济环境，这包括了市场利率水平、经济增长状况、通货膨胀水平和宏观政策环境等。市场利率通常和股票价格反相关，以利率上升为例，利率的提高将提高公司筹集和使用资金的成本，这一方面对公司的盈利能力可能产生负面影响，另一方面还将提高股票估值模型中的折现率，因此对股价总体产生向下的影响。股票市场作为宏观经济的晴雨表，在经济繁荣时期更可能出现上涨，而在经济衰退期更可能出现下跌，因此，宏观经济指标的发布往往对一国股市变化会形成一定的影响。通货膨胀与股票价格之间的关系更为复杂一些，两者之间还存在交叉影响的可能性，一方面，通货膨胀往往意味着经济过热，这种过热可能传递至股票市场；另一方面，通货膨胀意味着政府可能出台紧缩性政策稳定经济，这对股票市场又可能产生负面影响。最后，宏观政策的环境也将影响股票价格，通常来说，扩张性的财政货币政策更可能对股票市场产生正向的影响。

影响股票价格变动的政治因素是指有关的政治活动、政治事件等。其中，战争对股票市场的影响最大。例如，1950 年美国侵朝战争爆发后，道琼斯工业股票平均价格指数在 16 天内下跌了 327 点；再如，2010 年 11 月 23 日在朝韩之间爆发的延坪岛炮击事件导致当天亚太主要股市全线下跌。当然，战争并非对所有的股票价格都有负向影响，它甚至可能引起诸如军工类股票价格的上升。另外，除了战争，一国内部政权的动荡、领袖的更替都可能直接或间接影响股票价格的变动。

证券市场上证券买卖行为对股票价格变动也有重要影响。有些在证券市场进行股票交易的投资者更热衷于博取市场的短期价差，他们利用一般人购买股票的心理，借助于自己对交易量和股价变动趋势的分析，循环利用市场价格的波动，高价时卖出，低价时买进，人为地使股价波动得更加剧烈。例如，通常来说，股价和交易量同时上升意味着上涨预期浓烈，同时下降则表明市场趋于坚挺，因此，投机者在股价上升时常常大量购进，推动股价上涨，然后再抛出、再购进、再抛出，如此短期内反复交易，使股价上涨更快并谋取收益。在允许融资融券的市场，投机者甚至可通过买空与卖空行为进一步放大这种波动。以卖空为例，具体的机制是：卖空者通过借入股票的方式卖出股票，若市场出现众多卖空者，大量的抛售行为将推动股价下跌，此时卖空者可用更低的价格买入股票来偿还之前借入的股票，并因此获利。这种买空与卖空行为很容易造成市场供求不平衡并引致股价的异动。另外，一些拥有雄厚资金实力的个人或机构投资者动用巨额资金参与股票买卖，也可能对股价变动产生影响。

证券价格的变动一般用证券价格指数加以反映。证券价格指数是为了衡量和分析证券价格水平及其变动，了解市场行情，按一定方法编制的一种统计指标。由于市场上股价变动最大且最复杂，所以我们以股票价格指数为例分析证券价格指数的编制。

股价指数是指运用统计学中的指数方法编制而成的，反映股市总体价格或某类股价变动和走势的指标。

根据股价指数反映的价格走势所涵盖的范围，可以将股价指数划分为反映整个市场走势的综合性指数和反映某一行业或某一类股票价格趋势的分类指数。例如，恒生指数反映的是香港股市整体走势，而恒生国企指数反映的是在香港上市的 H 股价格走势。恒生红筹股指数则反映香港股市中红筹股的价格走势。按照编制股价指数时纳入指数计算范围的股票样本数量，可以将股价分为全部上市股票价格指数和成份股指数。前者是指将指数所反映出的价格走势涉及的全部股票都纳入指数计算范围，如上海证券交易所发布的上海证券交易所综合指数，就是将全部上市股票的价格变化都纳入计算范围，上海证券交易所工业股价格指数、商业股价格指数等则分别将全部的工业类上市股票和商业类上市股票纳入各自的指数计算范围。成份股指数是指从指数所涵盖的全部股票中选取一部分较有代表性的股票作为指数样本，称为指数的成份股，计算时只将所选取的成份股纳入指数计算范围。例如，深圳证券交易所成份股指数，就是从深圳证券交易所全部上市股票中选取 40 种，计算得出的一个综合性成份股指数。通过这个指数，可以近似地反映出全部上市股票的价格走势。深圳证券交易所发布的工业股成份指数，是从深圳证券交易所上市的工业股中选取 20 家成份股为代表计算得出的。在编制成份指数时，为了保证所选样本具有充分的代表性，国际上惯用的做法是，综合考虑样本股的市价总值及成交量在全部上市股票中所占的比重，并要充分考虑到所选样本股公司的行业代表性。指数公布后，还要根据市场变化状况定期或不定期地更换样本股。

股价指数的计算方法，有算术平均法和加权平均法两种。算术平均法是将组成指数的每只股票价格进行简单平均，计算得出一个平均值。例如，如果所计算的股票指数包括 3 只股票，其价格分别为 15 元、20 元、30 元，则其股价算术平均值为(15＋20＋30)/3＝21.66(元)。加权平均法就是在计算股价平均值时，不仅考虑到每只股票的价格，还要根据每只股票对市场影响的大小，对平均值进行调整。实践中，一般是以股票的发行数量或成交量作为市场影响的参考因素，纳入指数计算，称为权数。例如，上例中 3 只股票的发行数量分别为 1 亿股、2 亿股、3 亿股，以此为权数进行加权计算，则价格加权平均值为：

$P=(15\times1+20\times2+30\times3)/(1+2+3)=24.16$(元)。

由于以股票实际平均价格作为指数不便于人们计算和使用，一般很少直接用平均价来表示指数水平，而是以某一基准日的平均价格为基准，将以后各个时期的平均价格与基准日平均价格相比较，计算得出各期的比值，再转换为百分值或千分值，以此作为股价指数的值。例如，上海证券交易所和深圳证券交易所发布的综合指数基准日指数均为100点，而两所发布的成份指数基准日指数都为1 000点。在实践中，上市公司经常会有增资和拆股、派息等行为，使股票价格产生除权、除息效应，失去连续性，不能进行直接比较。因此，在计算股价指数时也要考虑到这些因素的变化，及时对指数进行校正，以免股价指数失真。

目前，我国公布的指数有上海股价指数和深圳股价指数两种。世界著名的股票价格指数主要有道—琼斯股价平均指数、标准普尔500种股票指数、香港恒生指数等。

道琼斯股价平均指数　这是当今世界上影响力最大且最具权威的一种股票价格指数。它以在纽约证券交易所挂牌上市的一部分有代表性的公司股票作为编制对象，包括四种不同的平均指数——美国30家最著名工业公司的股票价格平均指数；20种运输业股票平均指数；15种公用事业股票平均指数以及计算前三种平均数的65种股票的综合平均指数。在四种道琼斯股价指数中，以道琼斯工业股价平均指数最为著名，它被大众传媒广泛地报道，并作为道琼斯指数的代表加以引用。道琼斯指数由美国报业集团道琼斯公司负责编制并发布，登载在其属下的《华尔街日报》上。历史上第一次公布道琼斯指数是在1884年7月3日。1928年10月1日起其样本股增加到30种并保持至今，但作为样本股的公司已经历过多次调整。它们以1928年10月1日的股价为基期(基数为100)，计算方法采用简单算术平均数法，计算中的除数随股票的分割、股息的分配以及其他因素的变化而调整。

日经指数　原称为日本经济新闻社道琼斯股票平均价格指数，是由日本经济新闻社编制并公布的反映日本东京证券交易所股票价格变动的股票价格平均指数。该指数的前身是1950年9月开始编制的“东证修正平均股价”。1975年5月1日，日本经济新闻社向美国道琼斯公司买进商标，采用修正的美国道琼斯公司股票价格平均数的计算方法计算，并将其所编制的股票价格指数定为日本经济新闻社道琼斯股票平均价格指数。1985年5月1日在合同满十年时，经两家协商，将名称改为日经平均股价指数(简称日经指数)。日经指数按其计算对象的采样数目不同分为两种：一是日经225种平均股价指数，它是从1950年9月开始编制的；二是日经500种平均股价指数，它是从1982年1月开始编制的。前一种指数因延续时间较长，具有很好的可比性，成为考察日本股票市场股价长期演变及最新变动最常用和最可靠的指标，传媒日常引用的日经指数就是指这个指数。

伦敦金融时报指数　是伦敦《金融时报》工商业普通股票平均价格指数的简称。由英国《金融时报》编制和公布，用以反映英国伦敦证券交易所的行情变动。该指数分三种：一是由30种股票组成的价格指数；二是由100种股票组成的价格指数；三是由500种股票组成的价格指数。通常所讲的英国金融时报指数指的是第一种，即由30种有代表性的工商业股票组成并采用加权算术平均法计算出来的价格指数。该指数以1935年7月1日为基期日，以该日股价指数为100点，以后各期股价与其比较，所得数值即为各期指数。

标准普尔500种股票指数　1957年标准普尔公司开始编制500种上市的工业、铁路和公用事业普通股股票的价格指数。该指数以1941—1943年股价的平均值为基期(基数为10)，按已出售股票的数目确定其权数，采用加权法计算出指数值。该指数连同该公司其他指数一起，由该公司在纽约刊行的《展望》上予以发表，一般认为，在市场长期趋势预测上，它比道—琼斯平均指数更为可靠。

上证综合指数 是上海证券交易所编制的，以上海证券交易所挂牌上市的全部股票为计算范围，以发行量为权数的加权综合股价指数。该指数自1991年7月15日起开始实时发布，基准日定为1990年12月19日，基准日指数定为100点，1992年2月21日第一只B股上市后，又增设了上证A股指数和B股指数，分别反映全部A股和全部B股的股价走势，上证综合指数综合反映上交所全部A股、B股上市股票的股价走势。上证A股指数仍以1990年12月19日为基准日，基日指数定为100点。上证B股指数以1992年2月21日为基准日，基日指数定为100点。1993年6月1日起，上海证券交易所又正式发布了上证分类指数，包括工业类指数、商业类指数、房地产类指数、公用事业类指数和综合业类指数。

上证30指数 是上海证券交易所编制的一种成份股指数，是从上市的所有A股股票中抽取具有市场代表性的30种样本股票为计算对象，并以流通股数为权重计算得出的加权股价指数，综合反映上海证券交易所全部上市A股的股价走势。该指数取1996年1月至3月的平均流通市值为指数的基期，基期指数定为1 000点。上证30指数选取样本股时综合考虑的因素有：行业代表性；流通市值的规模；交易活跃的程度；财务状况和经营业绩；地区代表性。在同等条件下，优先考虑股本规模较大，成长性较好或者已发行H股或B股的股票。而对于不以中国为主要业务基地、出现违纪违规行为且情节严重、发生经营性亏损、近期发生被兼并收购等重大事件的公司股票则不予考虑。定出符合资格的股票后，再根据行业分布、地区分布、流通市值排名、成交金额排名四个方面的标准进行最终评选。上证30指数的样本股将根据市场情况，由专家委员会按照样本稳定与动态跟踪相结合的原则适时调整，但调整时一般不超过样本总数的10%。

上证180指数 上证成份指数(简称上证180指数)是上海证券交易所对原上证30指数进行了调整并更名而成的，其样本股是在所有A股股票中抽取最具市场代表性的180种样本股票，自2002年7月1日起正式发布。作为上证指数系列核心的上证180指数的编制方案，目的在于建立一个反映上海证券市场的概貌和运行状况，具有可操作性和投资性，能够作为投资评价尺度及金融衍生产品基础的基准指数。

上证50指数 上证50指数于2004年1月2日正式发布，基日为2003年12月31日，基点为1 000点。上证50指数是挑选上海证券市场规模大、流动性好的最具代表性的50只股票组成样本股，以综合反映上海证券市场最具市场影响力的一批优质大盘企业的整体状况。上证50指数成份股依据样本稳定性和动态跟踪相结合的原则，每半年调整一次成份股，特殊情况时也可能对样本进行临时调整。

深证综合指数 是深圳证券交易所编制的，以深圳证券交易所挂牌上市的全部股票为计算范围，以发行量为权数的加权综合股价指数。该指数以1991年4月3日为基日，基日指数定为100点。深证综合指数综合反映深交所全部A股和B股上市股票的股价走势。此外，还编制了分别反映全部A股和全部B股股价走势的深证A股指数和深证B股指数。深证A股指数以1991年4月3日为基日，1992年10月4日开始发布，基日指数定为100点。深证指数A股指数和深证B股指数以1992年2月28日为基日，1992年10月6日开始发布，基日指数定为100点。深证综合指数以所有在深圳证券交易所上市的股票为成份股，当有新股票上市时，在其上市后第二天纳入成份股计算。当某一成份股暂停买卖时，将其暂时剔除指数的计算之外；若遇有成份股在交易的时间内突然停牌，将其按最后成交价计算即时指数，直至收市后再进行必要的调整，将其暂时剔除。

深证成份股指数　是深圳证券交易所编制的一种成份股指数，是从上市的所有股票中抽取具有市场代表性的40家上市公司的股票作为计算对象，并以流通股为权数计算得出的加权股价指数。综合反映深交所上市A、B股的股价走势。该指数取1994年7月20日为基日，基日指数定为1 000点。成份股指数于1995年1月23日开始试发布，1995年5月5日正式启用。40家上市公司的A股用于计算成份A股指数及行业分类指数，40家上市公司中有B股的公司，其B股用于计算成份B股指数。深证成份股指数还就A股编制分类指数，包括工业分类指数、商业分类指数、金融分类指数、地产分类指数、公用事业分类指数、综合企业分类指数。为保证指数的代表性，必须视上市公司的变动更换成份股，深圳证券交易所定于每年1月、5月、9月对成份股的代表性进行考察，讨论是否需要更换。

深证100指数　深证100指数于2003年1月2日起正式对外发布，以2002年12月31日为基日，基日指数为1 000。深证100指数的成份股由在深圳证券交易所上市的100只A股组成。成份股样本选样指标为一段时期(一般为前6个月)平均流通市值的比重和平均成交金额的比重。选样时先计算入围个股平均流通市值占市场比重和平均成交金额占市场比重，再将上述指标按2∶1的权重加权平均，然后将计算结果从高到低排序，选取排名在前100名的股票，构成深证100指数初始成份股。

沪深300指数　沪深300指数由上海证券交易所和深圳证券交易所联合编制，于2005年4月8日正式发布。沪深300指数样本股全是A股，沪市有179只，深市有121只。沪深300指数样本选择标准为规模大、流动性好的股票。沪深300指数是沪深证券交易所第一次联合发布的反映A股市场整体走势的指数，是我国证券市场上第一只统一指数。

香港恒生指数　由香港恒生银行全资附属的恒生指数服务有限公司编制的，是以香港股票市场中的33家上市股票为成份股样本，以其发行量为权数的加权平均股价指数，是反映香港股市价格趋势最有影响的一种股价指数。该指数于1969年11月24日首次公开发布，基期为1964年7月31日，基期指数定为1 000。为了进一步反映市场上各类股票的价格走势，恒生指数于1985年开始公布四个分类指数，将33种成分股分别纳入工商业、金融、地产和公共事业四个分类指数中。

五、多层次的资本市场体系[①]

在资本市场上，有融资需求的企业存在着规模、质量、风险程度等各方面的差异，投资者的资金实力、风险偏好等也有很大的差别。这意味着不同的投资者和融资者对资本市场提供的金融服务存在不同的需求，因此，需要一个多层次的资本市场体系才能满足各方面的不同要求。在这里，多层次资本市场体系就是指针对不同类型投资者和融资者，为满足他们多样化的资本需求而建立起来的分层次的市场体系(主要指股票市场)。通常来说，多层次主要体现为区域分布的多层次和覆盖公司类型的多层次。资本市场根据区域分布不同，可分为全球市场、全国市场和区域市场；根据覆盖公司类型不同，分为主板市场、二板市场、三板市场等。在这里，我们重点对后一分类进行介绍。

---

①　此处采用“资本市场”而不是“证券市场”的称谓，是为了与我国管理层对该问题的表述方式一致。

(一) 主板市场

主板市场是指传统意义上的证券市场(通常指股票市场),是一个国家或地区证券发行、上市及交易的主要场所。相对其他市场而言,主板市场是资本市场中最重要的组成部分,在很大程度上能够反映经济发展状况,有"国民经济晴雨表"之称。主板市场对发行人的营业期限、股本大小、盈利水平、最低市值等方面的要求标准较高,上市企业多为大型成熟企业,具有较大的资本规模以及稳定的盈利能力。目前,全球著名的资本市场基本都属于主板市场,例如,美国的纽约证券交易所、日本的东京证券交易所、英国的伦敦证券交易所等。

(二) 二板市场

二板市场又称创业板市场,其上市对象通常是那些无法在主板上市的中小企业和高科技企业。典型的二板市场有美国的 Nasdaq 市场、比利时布鲁塞尔的 Easdaq 市场、法国巴黎的 NouveauMarche 市场、英国的 AIM 市场。日本政府也于 1983 年分别在大阪、东京和名古屋建立了二板市场,相应地将原来的证券交易所集中交易市场称为主板市场。在二板市场中,美国的纳斯达克最有代表性。纳斯达克(Nasdaq)是 National Association of Securities Dealers Automatic Quotation 的缩写。该市场于 1971 年 2 月 8 日正式开始交易。初期主要容纳一些处在创业初期且涉及较高风险而无法在纽约证券交易所挂牌的小型公司,主要业务是发展先进科技项目,如电脑软件或硬件、生物工程、药物研究等等,主要投资者多为一些创业资金及对高科技有认识的散户。从 20 世纪 80 年代开始,纳斯达克不断推陈出新,增加透明度以方便投资者。1982 年推出市场即时交易情况报告。1984 年推出小额交易系统,率先使用电脑对盘,方便小投资者。1989 年,纳斯达克地位被确认,获美联储正式批准,投资者可以用股票按揭方式投资。90 年代初期,纳斯达克市场逐渐被人注意,其中一些挂牌公司如微软等开始崭露头角,到 1994 年全年成交股数更首次超过纽约证券交易所而成为美国第一。1998 年,纳斯达克已是家喻户晓,挂牌公司约达 5 100 多家,其中约 480 家来自美国以外,全年交易额高达 58 000 亿美元。纳斯达克不但成为美国投资界宠儿,而且成为全球投资者的主要投资对象,其指数已成为全球股市的风向指标,有着举足轻重的作用。

与主板市场相比,在二板市场上市的企业的上市标准和上市条件相对较低。以我国香港为例,它主要是借鉴国外通行的场外交易市场的一些基本规则,在上市条件、交易方式、监管方法和监管内容上都与主板市场有很大差别,主要体现在以下几方面:第一,市场设立的目的不同。主板市场主要是为较大型及基础较好的公司筹资,而二板市场是为中小型公司和新兴公司提供集资的途径。第二,对上市公司业绩的要求不同。主板市场要求最近 1 年须达 2 000 万港元,前 2 年合计须达 3 000 万港元,而二板市场不设最低盈利要求,只需显示两年"活跃业务活动"记录。第三,信息披露责任不同。在主板市场上市的公司在招股书中须列出发行人的资料、业务活动、财务资料、集资用途、公司管理层及盈利预测等;而在二板市场上市的公司,除了主板市场规定的责任外,还须交代"活跃业务活动"及"业务目标",但无须有盈利预测。第四,对公司的监管力度不同。由于在二板市场上市公司的规模小于主板市场的上市公司,企业发展的不确定性以及技术风险、市场风险和经营风险较大,资产与业绩评估分析的难度较高,出现内幕交易和操纵市场的风险也比较大,为了较好地保护投资人的利益,保证第二板市场的运作质量和效益,香港联交所在二板市场进行严格的公司监管和市场监管。例如,为了加强内部监管,公司必须成立审核委员会及聘用专职人员负责监察;为了强化市场监管,必须成立专职的监察及调查小组;此外,对保荐人的要求也比主板市场高。

国际上二板市场的建立模式有:一套二模式和分立模式。一套二模式即二板市场作为主板市场的补充,与主板市场组合在一起共同运作,拥有共同的组织管理系统和交易系统,甚至采用相同的监管标准,所不同的主要只是上市标准的差别。新加坡证券交易所的 SecondBoard 和吉隆坡及泰国证券交易所的二板市场等都是这样。分立模式即二板市场与主板市场分别独立运作,拥有独立的组织管理系统和交易系统,并且大多数采用不同的上市标准。而监管标准在一些情况下是完全相同的,在另一些情况下则存在着或大或小的差异。美国的 Nasdaq、日本的 OTCExchange 和法国的"新市场"等,即是如此。

由于高科技企业具有风险高、规模小、建立时间短等特点,一般难以进入一国的证券主板市场,设立二板市场可以为高科技企业提供融资渠道,提高高科技企业的资本实力;可以为风险投资提供"出口"和回报实现机制,促进高科技投资的良性循环,提高风险资本的流动性和使用效率。设立二板市场还可以为企业向主板市场进军奠定基础,企业可通过二板市场过渡到主板市场,在主板市场上市的企业如业绩不好也可降格到二板市场,甚至从二板市场中退出,设立这样的机制有助于企业改善经营,加强预算约束。

(三) 三板市场

从全球市场来看,三板市场并没有统一的形式,通常包括了主板和二板市场以外的柜台市场和场外交易市场,在三板市场上交易的是那些尚未在主板和二板市场上市交易的证券。通常来说,三板市场的上市交易条件比二板市场更为宽松,在有些市场,甚至对上市交易的企业没有任何规模和盈利的要求。从整个资本市场体系的角度看,三板市场是主板和二板市场的有益补充,有利于不同类型企业解决其资金短缺的问题。

在美国,成立于 1990 年的场外电子柜台交易市场(over the counter bulletin board, OTCBB)是一个较为典型的三板市场,任何未在全国市场上市或登记的证券,包括在全国、地方或国外发行的股票、认股权证、证券组合、美国存托凭证等,都可以在 OTCBB 市场上报价交易。在英国,主要为中小型高成长企业进行股权融资服务的非正式市场——OFEX(Off-Exchange),也是较为典型的三板市场。

专栏 5-4　中国的资本市场体系

中国的资本市场发展至今,已经初步形成了由主板市场、中小企业板市场、创业板市场和三板市场组成的多层次资本市场体系。

(一) 我国的主板市场

中国的主板市场包括上海证券交易所市场和深圳证券交易所主板交易市场。两个市场都分别创立于 1990 年年底,主要为成熟的大中型企业提供上市服务。截至 2011 年年底,在上海证券交易所上市的企业有 918 家,在深圳证券交易所主板市场上市的企业有 472 家。

(二) 我国的中小企业板市场

1999 年 8 月,党中央国务院出台《关于加强技术创新,发展高科技,实现产业化的决定》,将发展高科技产业作为国民经济发展的战略重点,但是高科技产业的研究和发展本身具有强烈的资金需求,如果得不到足够的资金支持,就会制约高科技产业的发展速度。所以,为了给高技术产业的发展建立良好的风险投资机制,充分发挥证券市场的融资功能和风险转嫁功能,同时作为调整我国产业结构和推进经济改革的重要手段,政府计划推出高新技术企业板块,即后来的创业板市场。但是创业板市场与生俱来的高风险问题、过度投机问题、流动性问题和退出机制问题等都是计划制订者不得不面对而且需要一一解决的难题,所以中国推出创业板市场的过程是非常曲折甚至反复的。

中国最早的想法是在深圳证券交易所直接建立二板市场。但是,深交所在筹备二板市场的过程中,国际国内市场都发生了未预期到的变化。国际市场上,随着新经济泡沫的破灭,绝大多数二板市场上的股票出现了股价深幅下跌、成交严重萎缩、后续上市资源极其匮乏的不利情况,有的市场甚至不断出现公司丑闻,最终导致了市场布局的重大调整。国内市场上,基于二板市场上市企业发起人股锁定期满可上市流通的预期,出现了一批专门为在二板市场上市套利而组建或包装的公司,拟上市企业的股份在一级半市场被热炒,严重扰乱了市场秩序。鉴于以上这些情况的变化,给中国二板市场的启动蒙上了阴影。

为此,中国在继续研究推进创业板市场建设工作的同时,跟踪研究国际创业板市场的经验教训,从市场的初始规模、抗风险能力、上市公司的行业结构和质量等方面综合考虑,于2004年5月批准深圳证券交易所首先推出中小企业板块,目的是缓解中小企业融资难的问题,同时为将来建立二板市场积累经验。

中小企业板块的总体设计可以概括为"两个不变"和"四个独立",即在现行法律法规不变、发行上市标准不变的前提下,在深圳证券交易所主板市场中设立一个运行独立、监察独立、代码独立、指数独立的板块。具体来说,中小企业板块运行所遵循的法律、法规和部门规章,与主板市场相同;中小企业板块的上市公司符合主板市场的发行上市条件和信息披露要求。运行独立是指中小企业板块的交易由独立于主板市场交易系统的第二交易系统承担。监察独立是指深圳交易所将建立独立的监察系统实施对中小企业板块的实时监控,该系统将针对中小企业板块的交易特点和风险特征设置独立的监控指标和报警阀值。代码独立是指将中小企业板块股票作为一个整体,使用与主板市场不同的股票编码。指数独立是指中小企业板块将在上市股票达到一定数量后,发布该板块独立的指数。

中小企业板块主要安排主板市场拟发行上市企业中流通股本规模相对较小的公司在该板块上市,并根据市场需求,确定适当的发行规模和发行方式。但是中小企业板块始终不是创业板,它只是创业板的一种过渡,对于中小企业上市融资仍然有诸多不便,所以创业板的推出终究是众望所归。

(三)我国的创业板市场

在中小企业板创立和发展的过程中,创业板虽然总是被提及,但是一直没有明确的时间表。直到2009年3月31日,中国证监会在其官方网站发布《首次公开发行股票并在创业板上市管理暂行办法》,并于5月1日起正式实施,这标志着酝酿多年的创业板首次有了明确的时间表。

最终经国务院同意,证监会批准深圳证券交易所设立创业板,创业板于2009年10月23日举行开板仪式,而首批28家创业板公司于当月30日集中在深交所挂牌上市,即创业板市场在2009年10月30日正式开市交易。2010年6月1日,深圳创业板市场指数正式推出,标志着深圳创业板平稳启动后进入新的发展时期。

运行两年多以来,创业板的融资金额和企业IPO数量屡创新高。截至2012年5月18日,有316家企业在深圳创业板上市,上市公司市值超过8 000亿元,其发展速度之快,上市公司数量之密集,融资额之大,在世界创业板市场上都极为罕见。

为了解决创业板上市以来一直被人们诟病的退市制度问题，2012 年 4 月 20 日，深圳证券交易所正式发布《深圳证券交易所创业板股票上市规则》，并将于 5 月 1 日起正式实施，将创业板退市制度方案内容落实到上市规则之中。这标志着中国创业板市场的发展迈出了更加坚实的一步。

（四）我国的三板市场

1992 年 7 月和 1993 年 4 月，中国证券市场研究中心和中国证券交易系统有限公司先后在北京分别成立了 STAQ 系统和 NET 系统。不管是 STAQ 还是 NET，都以交易法人股为主，因此，它们也被称为法人股流通市场。这类法人股流通市场一度发展迅速，据不完全统计，至 1997 年 1 月份全国就已先后创立 100 多个地方场外股票交易市场。1997 年 11 月，中央金融工作会议决定关闭非法股票交易市场。1998 年，在整顿金融秩序、防范金融风险的要求下，国务院办公厅转发证监会《关于清理整顿场外非法股票交易方案的通知》，将非上市公司股票、股权证交易视为“场外非法股票交易”，予以明令禁止，随后 STAQ、NET 系统也相继关闭。

2001 年，中国证券业协会为解决原 STAQ、NET 系统挂牌公司的股份流通问题，开展了代办股份转让系统，证券公司以其自有或租用的业务设施，为非上市公司提供的股份转让服务业务，代办股份转让系统规模很小，股票来源基本是原 NET 和 STAQ 系统挂牌的不具备上市条件的公司和从沪深股市退市的公司。这一代办股份转让系统也就是后来人们所说的“老三板”。

由于“老三板”挂牌的股票品种少，且多数质量较低，再次转到主板上市难度也很大，长期被冷落。为了改变我国资本市场柜台交易落后局面，同时为更多高科技成长型企业提供股份流动的机会，2006 年年初，北京中关村科技园区建立新的股份转让系统，因与“老三板”标的明显不同，被形象称为“新三板”。随后，中科软和北京时代正式公告定向增资，标志着新三板融资大门正式打开。2009 年 7 月，《证券公司代办股份转让系统中关村科技园区非上市股份有限公司报价转让试点办法》正式实施，标志着新三板的市场制度日益明确化。截至 2011 年年底，在新三板上市的公司已达 96 家。

第三节　证券市场的监管

一、证券市场监管的原则

从 18 世纪形成现代证券市场的雏形开始，证券市场一直强调自我约束、自我管理。但是随着 20 世纪 20 年代末到 30 年代初的证券市场大崩溃，促使各国政府采用各种方法介入证券市场的管理。完善、有效的市场监管成为一国证券市场正常运行的重要环节。证券市场的监管是指一国政府授权的机构或依法设立的民间组织，遵从控制市场风险、保护市场行为主体合法权益、维护社会稳定的原则，依据国家的有关法律，制定相应的法律、法规、条例和政策，并据以对证券市场的各个层面进行监督和管理所形成的一系列制度体系的总称。

监管的基本原则是公开、公平、公正。

(一) 公开原则

公开原则指有关制度、信息、程序和行为不加隐瞒的向社会公众公开,使之满足投资者的需要并处于社会公众的监督之下。公开原则的核心要求是实现市场信息的公开化,即要求市场具有充分的透明度。公开原则通常包括两个方面,即证券信息的初期披露和持续披露。信息的初期披露是指证券发行人在首次公开发行证券时,应完全披露有可能影响投资者作出是否购买证券决策的所有信息;信息的持续披露指在证券发行后,发行人应定期向社会公众提供财务及经营状况的报告,以及不定期公告影响公司经营活动的重大事项等。信息公开原则要求信息披露应及时、完整、真实、准确。信息公开原则是公平、公正原则的前提。证券市场中的投资活动是一连串信息分析的结果,只有市场信息能够公开地发布和传播,投资者才能公平地作出自己的投资决策。也只有如此,才能防止出现各种证券欺诈和舞弊行为,保证市场公正。公开原则是证券市场运行的重要机制和原则。

(二) 公平原则

公平原则指在法规和制度的基础上,保证证券发行、交易活动中的所有参与者享有平等的机会和竞争地位,为市场的所有参与者提供一个进行公平竞争的环境,保护投资者的合法权益。公平原则的依据在于资金的平等性,即等量的资金拥有等量的权益,承担等量的义务和责任。公平的目的是为了保障资本市场运行和发展过程中的自愿投资、自由交易、平等竞争、风险自担的经济秩序。这里,公平是指机会均等、平等竞争,营造一个所有市场参与者进行公平竞争的环境。按照公平原则,发行人有公平的筹资机会,证券经营机构在证券市场有公平的权利和责任,投资者享有公平的交易机会。对证券市场的所有参与者而言,不能因为其在市场中的职能差异、身份不同、经济实力大小而受到不公平的待遇,而要按照公平统一的市场规则进行各种活动。

(三) 公正原则

公正原则是针对证券监管机构的监管行为而言,它要求证券监督管理部门在公开、公平原则基础上,对一切被监管对象给予公正待遇,无偏袒地处理有关事务。公正原则是实现公开、公平原则的保障。根据公正原则,证券立法机构应当制定体现公平精神的法律、法规和政策,证券监管部门应当根据法律授予的权限公正履行监管职责。要在法律的基础上,对一切证券市场参与者给予公正的待遇。对证券违法行为的处罚,对证券纠纷事件和争议的处理,都应当公正进行。只有贯彻公正性原则,才能维护各方面的合法权益,保证证券市场有序、有效的运行。

在证券市场中,公开、公平、公正三原则是相辅相成的。公开是公平、公正的基础和前提;公平是公开、公正的结果;公正是公开、公平的保障。

二、证券市场监管的模式

证券市场的监管是国家金融监管的重要组成部分。由于各国证券市场发育程度不同,政府宏观调控手段不同,所以,各国证券市场的监管模式也不一样。归纳起来,基本上可分为三种类型:集中型、自律型和分级型。[①]

① 魏兴耘:《证券市场制度研究》,广东经济出版社,2001 年版第 212 页。

(一) 集中型监管模式

在这种模式下，由政府下属的部门或由直接隶属于立法机关的国家证券监管机构对证券市场进行集中统一监管，国家的集中统一监管在证券市场监管中占据主导地位，而各种自律性组织，如证券交易所、行业协会等只起协助作用。集中统一监管模式以美国、日本、韩国、新加坡等国为代表。美国根据1934年《证券交易法》设立了证券交易管理委员会(SEC)，它直接隶属于国会，独立于政府，对全国的证券发行、证券交易、券商、投资公司等依法实施全面监管。日本的证券主管机关是大藏省，具体执行职能则由隶属于大藏省的证券局、证券交易监视委员会和金融检查部行使。

集中统一监管模式的特点包括三个方面：一是拥有一个全国性的监管机构，这个机构或者是政府下属的一个部门，或者是直接隶属于立法机关的国家证券监管机构，这类机构由于得到了政府的充分授权，因而具有相应的权威来维护证券市场的正常运行；二是强调立法管理的重要性，拥有一整套互相配合的全国性的证券市场管理法规。如美国以《1933年证券法》、《1934年证券交易法》、《1933年银行法》为核心，日本以《1948年证券交易法》为核心，构建一系列证券专项立法并形成完整的法规体系；三是各种自律性的组织和机构处于全国性监管机构的管理之下，并协助证券监管机构监管整个市场。

集中监管模式的优点在于：第一，市场管理者具有相对超脱的地位。在集中型监管模式之下，市场监管机构来自于市场之外，因而与市场内各参与主体之间不存在利益冲突。这种相对超脱的地位使得它能够依据市场"三公"原则行使市场的监管权力，有利于注重保护投资者的利益。第二，市场管理者具有较高的权威性。在集中型的监管模式下，除了全国性的监管机构以外，市场上仍然允许有各种自律性组织的存在，但其在市场中的地位是远不及全国性监管机构的，它所进行的任何活动必须置于全国性监管机构的监管之下，两者之间是监管与被监管的关系，而非互相平行的关系。这使得全国性监管机构可以协调全国的各证券市场，防止出现由于群龙无首、过度竞争而引起的混乱现象。第三，集中型管理模式重视立法管理，使证券监管行为有法可依，使其管理手段更具严肃性和公平性，提高了证券市场监管的权威性。

集中监管模式也有不足之处：第一，由于全国性监管机构是政府的派出组织或代表，因此就为政府干预证券市场的运行提供了通道，使得市场的独立运行缺乏足够的保证。第二，由于全国性监管机构独立于市场之外，在相对超脱的同时，也使得监管活动与市场运行之间存在一定的距离，市场监管有可能脱离实际，缺乏效率，监管机构有时无法对市场中发生的事件作出及时的反应。第三，在全国性监管机构具有较高权威的同时，自律性组织相应地会缺乏可以发挥其独特功能与作用的空间与环境，从而使得两者之间无法做到互相协调与配合。

(二) 自律型监管模式

该模式下，政府对证券市场的监管主要依靠证券交易所和证券业协会等组织实施自律管理，注重发挥市场参与者的自我管理作用。政府除了一些必要的国家立法之外，一般不干预证券市场，也不设专门的证券管理机构。自律模式有两个特点：第一，通常没有制定直接的证券市场管理法规，而是通过一些间接的法规来制约证券市场的活动；第二，没有设立全国性的证券监管机构，而是靠证券市场的参与者进行自我监管。这种监管模式的典型代表国家是英国。此外，荷兰、香港、德国、意大利大体也遵从这种监管模式。以英国为例，英国没有证券法或证券交易法，只有一些间接的、分散的法规；英国虽然设立了专门的证券管理机构，称为证券投资委员会，依据法律享有极大的监管权力，但它既不属于立法机关，也不属于政府内阁，实际监管工作主要通过以英国证券业理事会和证券交易所协会为核心的非政府机构进行自我监管。

自律型监管模式有其突出的优点:第一,由于市场监管者来自市场本身,使得其管理活动更加切合市场实际,也使得监管者对于市场的任何变化可以作出及时的反应。第二,在自律型监管模式下,证券市场中相关的监管条例是由市场内部相关的中介机构与其他参与者制定的,因而管理条例本身可根据市场的变化及时做出调整,使市场的管理更有效。第三,能充分发挥市场的创新和竞争意识,有利于活跃市场。

自律型监管模式的缺陷表现在以下几方面:第一,管理者来自于市场参与者本身,从自身利益出发,自律性组织更多的侧重于保护会员利益,侧重于市场运转的效率上,而对投资者的利益则无法提供足够的保障,从而使得证券市场的监管难以体现公正原则。第二,在自律型监管模式下,国家并没有制定单独的证券市场法规,而是靠一些相关的法规来约束。由于没有立法做后盾,监管手段较软弱。第三,由于缺少全国统一的监管机构,使得不同市场之间难以有效地进行协调与合作,彼此间的摩擦与冲突就在所难免,从而影响了资源的有效配置。

(三) 分级型监管模式

分级型监管模式是介于集中型管理模式与自律型管理模式之间的第三种监管模式。它既强调政府管理,又注重自律管理,可以说是两者的有机结合与相互渗透的产物。在这一模式中,市场的监管一般有两种,一是政府机构与自律机构分别对证券市场进行管理,又称为二级监管的模式;二是中央政府与地方政府以及自律机构分别对证券市场进行管理,又称为三级监管。目前,世界上大多数实行集中型或自律型管理的国家和地区都逐渐向中间型过渡。只是由于各国国情不同,在实际操作中仍有所侧重,有的比较倾向于政府管理,有的则比较倾向于自律性管理。

三、证券市场监管体系的运作

从世界主要发达国家的监管体制看,因各国证券市场发展的历程及所在国政府对经济运行的调控方式以及受其他国家或地区监管模式的影响程度不同,监管体制有着不同的特点,监管机构的运作也有明显的差别。

(一) 主要发达国家市场的监管体系

1. 美国

美国是集中立法监管体制的典型代表。美国对证券市场的管理有一套完整的法律体系,美国的证券法律管理采用联邦政府颁布的证券法律和州政府颁布的法律并行,以联邦政府法律为主,州政府法律为辅,多部证券法律共同发挥作用的模式。其证券法律体系分为三个层次:一是代表国家一级的联邦政府立法,通用于全国证券市场;二是代表地方政府的各州制定颁布的仅适用于本州的有关证券法规;三是各大证券交易所的规章和"全国证券交易商协会"的有关规定。通过层层立法,将证券市场的管理付诸法律,实现公平、公正。其证券管理法规主要有1933年的《证券法》、1934年的《证券交易法》、1940年的《投资公司法》等。在管理体制上,实行以证券交易管理委员会(SEC)为全国统一管理证券经营活动的最高管理机构,同时成立联邦交易所和全国证券交易商协会,分别对证券交易所和场外证券业进行管理,形成了以集中统一监管为主、辅以市场自律的较为完整的证券监管体制。

2. 英国

与美国的集中立法管理体制不同,英国实行的是自律管理体制。其主要特点是政府对证券市场的管理实行以自律管理为主，政府有关职能部门实施监督管理为辅的体制。具体来说，英国的证券自律管理系统主要由“证券交易所协会”、“股权转让与合并专业小组”和“证券业理事会”组成。其中，证券交易所协会是英国证券市场的最高管理机构，主要依据该协会制订的《证券交易所管理条例和规则》来运作。自律管理的主要内容有：证券交易所对其成员、经纪商和交易商实行广泛的监督，包括会计监督、财务监督、审计和定期检查；证券交易所规定了批准证券上市和在证券交易所买卖的条件；持续的信息公开规定，也称持续的公示规定，在证券交易所上市的证券应广泛遵守持续公示规定。其他有关的政府职能部门包括负责监督管理商业银行的英格兰银行证券部，负责监督管理保险公司的贸易工业部和负责注册、管理证券公司的证券投资委员会等。

尽管英国证券业实行与其他西方国家（如美国）不同的自我管理制度，但立法管制也是政府管理证券市场的手段之一。英国制订的一系列不同的证券法案和与证券业相关的法案既是自我监管的指导，又是自我监管的补充，这些法案有 1958 年的《反欺诈（投资）法》、1948 年和 1967 年的《公司法》、1973 年的《公平交易法》以及 1998 年的《财务服务法案》等。这些法案对证券交易行为、股份公司行为、内幕交易行为等作了多方面的规定。

因此，英国的证券法律体系具有以下两方面的特点：第一，政府没有制定专门的证券法和证券交易法；第二，政府的证券市场立法缺乏独立的法律体系，一般采取证券、金融的综合法律形式。这样的法律体系可被分为两个层次：第一层次，是证券交易所制定的有关证券运行的基本规章准则，它对证券交易所内的组织和公司证券上市等问题做了规定。第二层次，是政府制定的有关证券市场的法律、法规，主要是一些相关法律的某些条文，对证券交易有所涉及。总体来说，英国的证券监管体制虽然是以自我管理约束的方式为主，但在发行市场和内幕交易等方面，政府通过制定一系列法令加强了对相关问题的监管。

3. 日本

日本实行以大藏省证券局、证券交易审议会、证券交易监视委员会、日本银行（中央银行）等机构为主体的证券管理体制，同时辅以证券业协会、公司债券承兑协会、证券投资信托协会以及证券情报中心等团体的自律管理体制。其特点是在参照美国证券管理模式的基础上，遵循公开原则加强行政直接或间接参与证券市场的指导和干预，且管理更集中、更严格。

日本以完备的立法对资本市场实行规范化管理，其管理市场的法律、法规多达 60 多种，形成以《证券交易法》为主、其他法规相结合的一套完整的管理法规体系。其体系可分为三个层次：一是证券市场的综合性法律——《证券交易法》，以保护投资者利益，维护市场秩序为宗旨，对证券的发行、交易以及违反管理的惩罚都作了详细的规定；二是国家的宪法、民法、商法等关于证券市场管理的规定，奠定了证券市场管理的法律基础；三是证券交易所等自律组织自定的一套规则。由此形成层次分明、各司其职的法律、法规体系。

尽管日本实行的是以大藏省证券局为主体的管理体制，对证券市场的管理，也采用法律手段、经济手段和行政手段等方法，但和美国以法律手段为主不同，日本证券监管机构更倾向于采用行政指导和直接干预的方式来管理，如日本中央银行对证券市场的管理主要采取直接或间接的行政指导和干预的办法。

4. 德国

德国对证券市场的管理实行联邦政府制定和颁布证券法规，各州政府负责实施监督管理与以交易所委员会、证券审批委员会和公职经纪人协会等自律管理相结合的证券管理体制。

该体制比较强调行政立法监督管理，又相当注意证券业者的自律管理。德国对证券业的管理监督主要通过地方政府组织实施。但州政府尽可能不采取直接的控制和干预，而在很大程度上依靠证券市场参与者的自我约束和自律管理。

尽管德国有一个比较完整的监管体制和法律体系，但侧重于强调自律和自愿的方式，尤其是对一些法律规章的执行，往往是非强制性的，如证券交易专门委员会1970年颁布的《内幕的交易背景条例》和《交易商和证券顾问条例》等，其结果是对市场参与者保护不够。

(二) 发达国家监管体系的改革与发展

20世纪90年代以来，国际资本市场的一体化进程加快，金融创新不断涌现，金融机构也日益转向多元化经营，证券市场新的发展趋势，迫使发达国家对证券市场监管的模式、体系、范围、内容等发生了一系列重大变化。总的来说，发达国家对证券市场的监管呈现出逐步放松的趋势。

1986年，英国伦敦证券交易所"大爆炸"(big bang)式的改革，使银行业可以从事其他业务，包括证券及其他投资等，极大地刺激了证券市场的发展。1997年又专门成立了金融监管服务局(FSA)，负责对银行、证券机构、投资公司、保险公司的审批和审慎监管，及对金融市场、清算和结算体系的监管，这标志着英国正式开始实行全能型的混业监管模式。

美国于1999年11月4日通过了《金融服务现代化法案》，废止了实行66年之久的《格拉斯・斯蒂格尔法》，结束了美国商业银行、证券公司、保险公司分业经营的历史，开始全面混业经营。相应地，其监管模式也转变为由联储理事会(FRB)继续作为综合管制的上级机构，对金融控股公司实行监管，以及由金融监理局(OCC)等银行监管机构、证券交易委员会(SEC)和州保险厅分别对银行、证券公司、保险公司分业监管的综合监管与分业监管相混合的模式。

日本于1996年提出《金融体系的改革——面向2001年东京市场的新生》，即金融大改革，被称为日本版的金融"大爆炸"(big bang)。其目标涵盖整个金融体制，力争实现银行、证券、保险等金融机构在业务领域的相互准入。随着改革的深入，日本证券市场的管制也将进一步放松。

具体来看，发达国家证券市场监管的变化呈现出以下趋势：

(1) 监管手段的现代化。金融电子化、网络化的发展为监管成本的下降提供了技术基础。在监管方法上，各国普遍强调管理手段的现代化，充分运用计算机辅助管理，尤其是实时清算系统在监管中被广泛运用。

(2) 监管内容的标准化和规范化。监管内容的标准化、规范化是降低监管成本的一种方式。一方面，各国在监管内容上出现趋同；另一方面，监管内容更加规范化、标准化。

(3) 在强调法规监管的同时，重视金融机构的自律监管。20世纪90年代以来，各国在继续强调法规监管的同时，越来越重视金融机构的自律监管。金融机构自律监管不是借助于政府的力量来强制实施的，而是建立在当事人长期从业的基础上，其理论基础是当事人之间的无穷多次博弈，因为要长期经营，所以金融机构在与监管者博弈过程中具有自觉遵守法规的行为取向。

(4) 监管过程中重视内部控制制度的监管。强化金融机构内部风险控制制度，提高自我监控水平，是监管的又一发展趋势。对既从事证券业务，又从事银行业务的混业经营金融机构，监管机构必须确认该机构从事证券业务和银行业务的部门分别有独立的会计和控制系统，而这一系统又受金融机构总的风险控制系统控制。

(5) 监管不再一味强调外部监管，而转向内外监管的结合，更加注重调动和发挥金融机构自身的积极作用。

(6) 强化市场约束，提高监管的效率。因为信息的充分披露是市场约束的基础，所以各国都努力制定会计标准以提高信息披露的作用。

专栏 5-5　中国证券市场的监管

自20世纪80年代末期以来，顺应证券市场不断发展与成熟的需要，我国的证券监管体系也经历了萌芽、调整到规范发展三个不同的历史发展阶段①。

第一阶段(20世纪80年代中后期—1992年)，是我国证券市场监管体制萌芽时期。这一时期的制度特征主要表现为以下几个方面：第一，管理制度变迁的主要力量来自于诱致性因素，即市场的需要。第二，非正规制约占主导地位，由于主要的法规条例并没有建立，市场的正常运行更多是靠原有的传统、习惯。第三，市场监管成本相对较高，由于市场秩序还没有形成，混乱的市场交易状况使得市场监管的成本相对较高。

第二阶段(1992—1998年)，是我国证券监管体制不断调整的一个阶段。以国务院证券委员会和中国证券监督管理委员会的成立为标志，我国证券市场有了相对独立的监管主体。各种有关证券市场管理的法规条例也相继出台，包括《股票发行与交易管理暂行条例》、《公开发行股票公司信息披露实施细则》、《股份制企业试点办法》等，市场监管的整个体制也适应市场需要处于不断的调整和改进之中。

第三阶段(1998年至今)，以《中华人民共和国证券法》的颁布为标志，我国证券市场管理进入了规范发展的新阶段。

1998年12月29日，《中华人民共和国证券法》(以下简称《证券法》)获得通过。《证券法》的颁布标志着我国最终确定了集中立法的监管模式，证券市场由此也进入了规范发展的法治建设阶段。《证券法》理顺了证券市场的监管框架，确立了以证监会为主的集中监管体系。

在中国两大证券交易所成立近两年之后，1992年10月，国务院证券委员会(简称国务院证券委)和中国证券监督管理委员会(简称中国证监会)宣告成立，标志着中国证券市场统一监管体制开始形成。国务院证券委是国家对证券市场进行统一宏观管理的主管机构。中国证监会是国务院证券委的监管执行机构，依照法律法规对证券市场进行监管。国务院证券委和中国证监会成立以后，其职权范围随着市场的发展逐步扩展。1993年11月，国务院决定将期货市场的试点工作交由国务院证券委负责，中国证监会具体执行。1997年8月，国务院决定，将上海、深圳证券交易所统一划归中国证监会监管，同时，在上海和深圳两市设立中国证监会证券监管专员办公室。同年11月，中央召开全国金融工作会议，决定对全国证券管理体制进行改革，理顺证券监管体制，对地方证券监管部门实行垂直领导，并将原来由中国人民银行监管的证券经营机构划归中国证监会统一监管。1998年4月，根据国务院机构改革方案，决定将国务院证券委与中国证监会合并组成国务院直属正部级事业单位。经过这些改革，中国证监会职能明显加强，集中统一的全国证券监管体制基本形成。经过20多年的发展，我国的证券市场逐步形成了以中国证监会及其派出机

---

① 魏兴耘：《证券市场制度研究》，广东经济出版社，2001年版第225页。

构为主体的全国集中统一监管和以证券交易所、行业协会、证券投资者保护基金公司及证券登记结算公司等为主体的行业自律性管理为一体的监管体系。

按照国家有关法律规定，中国证监会主要职责包括以下十一个方面：第一，研究和拟定证券期货市场的方针政策、发展规划；起草证券期货市场的有关法律、法规；制定证券期货市场的有关规章。第二，统一管理证券期货市场，按规定对证券期货监督机构实行垂直领导。第三，监督股票、可转换债券、证券投资基金的发行、交易、托管和清算；批准企业债券的上市；监管上市国债和企业债券的交易活动。第四，监管境内期货合约上市、交易和清算；按规定监督境内机构从事境外期货业务。第五，监管上市公司及其有信息披露义务股东的证券市场行为。第六，管理证券期货交易所；按规定管理证券期货交易所的高级管理人员；归口管理证券业协会。第七，监管证券期货经营机构、证券投资基金管理公司、证券登记清算公司、期货清算机构、证券期货投资咨询机构。第八，监管境内企业直接或间接到境外发行股票、上市；监管境内机构到境外设立证券机构；监督境外机构到境内设立证券机构、从事证券业务。第九，监管证券期货信息传播活动，负责证券期货市场的统计与信息资源管理。第十，会同有关部门审批律师事务所、会计师事务所、资产评估机构及其成员从事证券期货中介业务的资格并监管其相关的业务活动。十一，依法对证券期货违法违规行为进行调查、处罚。

证券交易所是证券市场的组织者，为筹资者提供证券发行的场所，为投资者提供证券交易的场所，提供与证券发行和交易相关联的各项服务。证券交易所作为证券行业的自律组织，位于市场监管的第一线，负有政府监管部门不可替代的责任，是政府监管工作的基础。证券交易所是上市证券集中交易的场所，在日常工作中配备了相当的专业人员和有力的技术手段，负责开展针对会员业务、上市公司信息披露和证券交易活动的自律工作，容易及时发现问题，能够对整个交易活动进行全面的适时监控。

证券交易所具体监管内容包括：对证券交易活动的监管，如规定证券的种类和期限，证券交易方式和操作程序，交易中的禁止行为，交易交割事项、上市证券的暂停、恢复与取消交易，异常情况的处理；对会员的监督，如规定取得会员资格的条件、程序和席位管理办法，以及与证券交易和清算业务有关的会员内部监督、风险控制、电脑系统的标准及维护等方面的要求，审查会员的业务报告，监督会员所派出的代表在交易场所内的席位规范等；对上市公司的监督，包括规定具体的上市规则、证券市场的条件、申请和批准程序，上市协议与上市公告书的内容及格式，上市推荐人的资格、责任、义务，违反上市规则的处理等。

1991年8月28日，经中国人民银行批准，全国性证券行业自律性组织——中国证券业协会正式成立。中国证券业协会是依法在国家民政部注册的具有独立社会法人资格、由经营证券业务的金融机构自愿组成的全国性自律组织，由中国证监会主管。中国证券业协会采取会员制的组织形式，凡依法设立并经特许可以从事证券业务经营和中介服务的专业证券公司、金融机构、证券交易所以及类似机构，承认协会章程，遵守协会的各项规则，均可申请加入协会，成为协会会员。中国证券业协会的职能主要有：依据自律规则监督、检查会员的经营行为，对违反自律规则及协会章程者进行处分；维护会员的合法权益；调解会员之间、会员与非会员之间有关证券发行、交易及相关活动的纠纷；根据中国证监会的授权，组织证券从业人员资格考试；搜集整理国内外证券行业的信息资料，编辑出版有关刊物；为会员和有关单位提供证券法律、法规、实务问题的研究；总结交流会员管理经验，指导会员的业务活动，促进会员间的业务交流；开展证券业的国际交流与合作等等[①]。2000年年初，中国证券业协会根据《证券法》的要求改组后重新运行。

2000年，中国人民银行、中国证券监督管理委员会、中国保险监督管理委员会决定建立三方监管联席会议制度。建立这一制度旨在充分发挥金融监管部门的职能作用，交流监管信息，及时解决分业监管中的政策协调问题。其重要职责是：研究银行、证券、保险监管中的有关重大问题；协调银行、证券、保险业务创新与监管问题；协调银行、证券、保险对外开放及监管政策；交流有关监管信息等。

登记结算系统是证券市场建设的一项基础性工作，创建全国集中统一的证券登记结算体系，不仅是证券市场规范化发展的需要，也是在证券市场逐步对外开放的环境下进一步防范和化解市场风险的需要。2001年3月30日，中国证券登记结算有限公司在北京成立，原上交所和深交所所属的证券登记结算公司重组为中国证券登记结算有限公司的上海分公司和深圳分公司，这也标志着全国集中、统一的证券登记结算体系的组织构架基本形成，同时标志着我国证券市场向规范化监管迈出了重要一步。

为建立防范和处置证券公司风险的长效机制，保护证券投资者的合法权益，2005年6月30日，经国务院批准，中国证监会、财政部、中国人民银行联合发布了《证券投资者保护基金管理办法》，设立证券投资者保护基金。保护基金是指按照《证券投资者保护基金管理办法》筹集形成的、在防范和处置证券公司风险中用于保护证券投资者利益的资金。保护基金的主要用途是证券公司被撤销、关闭和破产或被中国证监会实施行政接管、托管经营等强制性监管措施时，按照国家有关政策规定对债权人予以偿付[②]。负责保护基金筹集、管理和使用的是中国证券投资者保护基金有限责任公司，该公司成立于2005年8月30日，它是不以营利为目的的国有独资公司。

据此，我们可以整理出中国证券市场的监管框架，如图5-1所示，其核心制度安排是中国证监会、地方证监局和证券交易所构成的三级监管体制。即证券交易所和地方证监局负责日常稽查；其他主管部门进行专项监管（如上市公司监管部）。

集中统一的证券监管体制的确立，有助于提高证券监管的效率，减少多个监管主体在监管过程中产生的冲突与摩擦，降低监管的成本。同时，也有助于减少监管过程中的地方保护主义，减少地方政府的行政干预，实现监管的规范化。但这样一种证券市场监管体制还存在以下几个方面的问题：

第一，证券监管当局直属国家行政机关（国务院），有可能会使证券市场监管的目标一定程度上偏离社会公共利益，使证券市场更多地服从和服务于政府自身偏好的目标，比如为国有企业筹资、弥补社会保障资金缺口等。如何确保证券市场的政府监管能够最大程度上代表社会公共利益，成为我们必须面对的现实问题。

第二，监管权力过度集中于政府证券监管当局，必然会挤压市场中介组织进行自我管理的空间，弱化证券交易所和证券业协会等市场中介组织的自律功能。因为在地方证监局和证监会各直属机构的日常稽查和专项监管面前，国有性质的证券交易所根本就没有

① 黄运成、申屹、刘希普：《证券市场监管：理论、实践与创新》，中国金融出版社，2001年版第212页。

② 中国证券业协会：《证券市场基础知识》，中国财政经济出版社，2010年版第363页。

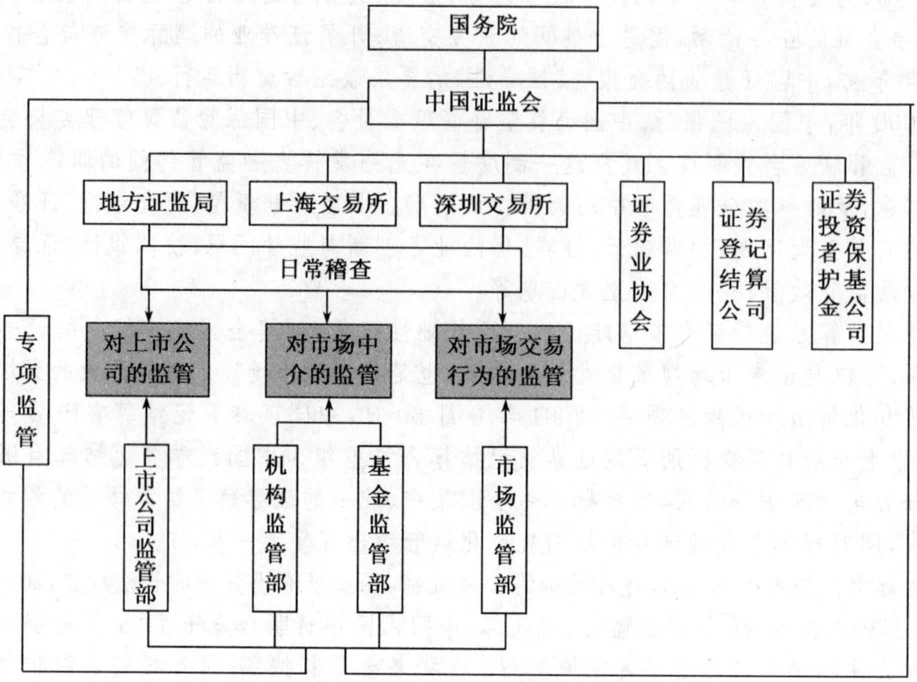

图 5-1　中国证券市场的监管体系

积极性履行自我监管的功能。即使想有所作为,政府所赋予其的监管资源也十分有限。

第三,现行的三级监管体制延长了监管的委托——代理链条,增加了代理成本。在没有对监管机构建立有效的激励与约束机制的条件下,必然会使各级政府监管人员滥用行政自由裁量权,造成真正应该对证券市场稳定和健康发展负责的证券监管当局进行监管的能力和效率有限,对证券市场的各种违规现象反应迟钝。计小青(2005)以 1993 年至 2003 年 4 月 30 日被证券监管机构处罚的 272 次会计信息披露违规事件为研究样本,对我国三级证券监管体系在上市公司会计信息披露监管上的有效性及其效率进行了实证分析①,结果发现,各证券监管机构在监管效率和监管权威上存在较大差异。地方证监局及时发现并处罚上市公司信息披露违规行为的能力最强,但其处罚的威慑力却有限;证监会处罚的威慑力最强,但其发现并处罚上市公司信息披露违规行为往往需要耗费较长时间(最长的时间间隔为 7.5 年,最短的在 1 个月以内,平均 19 个月),而证券交易所的监管效率与监管的威慑力则介于二者之间。

本章小结

(1) 同业拆借市场是金融机构之间进行资金拆借活动的市场,是货币市场的重要组成部分。它使金融机构能够迅速的融通资金,解决暂时的流动性余缺。同业拆借利率反映了金融机构间的资金供求状况,是一种重要的市场利率。

(2) 票据市场是短期票据交易的市场。票据市场上的票据贴现实质上是一种短期资金的

① 计小青:"中国证券市场三级监管体制的效率:理论模型及经验证据",《审计与经济研究》,2005 年第 3 期。

融通。中央银行通过再贴现活动参与票据市场，调整再贴现率是央行货币政策的工具之一。

(3) 国库券市场是1年以内短期国债的交易市场，国库券市场的利率水平是重要的基准利率，中央银行可以通过在国库券市场买卖证券调节货币供应量。

(4) 回购协议市场是通过回购协议的方式实现短期资金融通的市场，国债是最常见的回购协议标的资产。

(5) 货币市场是最重要的短期资金融通市场，它提供了多样化的金融工具，以银行为主的各类金融机构是货币市场的重要参与者，一国的金融机构通过这一市场联系到了一起。中央银行也积极参与货币市场，并通过对货币市场的间接调整和直接参与，调整货币供应量，实现货币政策。

(6) 证券发行市场又称初级市场、一级市场和新证券市场，是指发行单位发行新证券所形成的市场。证券发行可以通过公开发行方式，也可以通过私募的形式。证券发行制度包括注册制和审批制。注册制主要出现在发达国家的市场，是一种市场化的运作方式；而审批制更多出现在发展中国家和新兴工业国家的市场，相对而言市场化程度较低。

(7) 股票发行价格的确定是发行过程中的一个重要环节，也是股票发行市场价格发现功能的集中体现。在国外成熟市场，价格确定往往会决定发行活动的成败。我国股票过去曾采用规定市盈率的定价方法，计划色彩较浓。这几年随着市场的发展，我国也开始引入询价机制，在发行价格确定上逐步和国际接轨。

(8) 证券流通市场一般分为证券交易所集中交易市场和场外市场。证券交易所是一种有组织、有固定场所和有一套严密管理制度的证券交易市场，包括会员制和公司制两种组织形式。场外市场是一种组织松散、无固定交易场所和较难管理的证券市场，但由于其灵活的交易方式，使之日益成为证券市场的重要组成部分。

(9) 二板市场相对于主板市场而言，具有更低的上市标准和上市条件，因此往往成为具有高成长性的高科技公司的首选。

(10) 证券交易的具体程序包括委托、申购竞价成交、清算交割过户三个部分。

(11) 影响证券价格波动的因素有很多，不仅有经济和政治的因素，甚至还受人为因素的影响。证券价格的变动一般用证券价格指数加以反映，它是运用统计学中的指数方法编制而成的，反映市场总体价格或某类证券价格的变动和走势。

(12) 证券市场存在较大的风险，完善、有效的市场监管成为一国证券市场正常运行的重要环节。公开、公平、公正是各国开展监管活动的基本原则。证券监管的模式基本上可分为三种类型：集中型、自律型和分级型。各国在具体的监管体制及运作中都具有各自的特点。我国证券市场的监管体系经历了萌芽、调整与规范发展三个不同的历史发展阶段，目前，已建立了《证券法》理顺了证券市场的监管框架，并确立了以证监会为主的集中监管体系。

复习思考题

1. 金融市场的内涵是什么？和商品市场相比，金融市场有哪些特征？
2. 金融市场有什么作用？证券市场对我国经济发展有什么贡献？
3. 如何理解货币市场是中央银行实施货币政策的重要场所？
4. 什么是同业拆借市场？它对商业银行有什么意义？
5. 比较分析证券发行的注册制和审批制。

6. 在西方成熟市场上，股票发行价格一般是如何确定的？
7. 如何理解证券交易所的公司化浪潮？
8. 什么是二板市场？它和主板市场有什么区别？发展二板市场有什么重要的意义？
9. 为什么要对一国的证券市场实施监督？

第六章　商业银行

商业银行是银行体系的主体，是历史最为悠久、服务体系最为全面、对社会经济活动影响最大的金融机构。本章将从商业银行的产生与发展、组织形式、业务内容等方面分析它的运行过程。

第一节　商业银行的产生与发展

一、商业银行的产生

银行的产生与货币的演变有着密切的联系。随着商品交换的发展，货币演变过程中，金属商品货币取代普通商品货币。金属商品货币中铸币又取代了金属块货币，从而解决了金属块流通中遇到的问题。但由于在前资本主义社会，封建割据，货币铸造分散，不同国家甚至在一个国家的不同地区，铸币的材料、重量、成色都不统一，这就为国家之间以及地区之间的商品交易活动带来了很多不便。为促使商品交易活动的顺利进行，必须将当地铸币换成交易地铸币，或者把当地铸币转换成本国铸币，再与作为世界货币的纯金银相交换。这种货币兑换的需要逐渐使商人中分离出一种专门从事货币兑换的商人。货币兑换商开始只办理兑换铸币的技术性业务，并收取一定的手续费。同时，为防范货币失窃的风险，人们会把金银委托给有实力的人去保管，这些人拥有坚固的保险柜或其他安全保管的手段，可以降低货币失窃的风险。在这些有实力的人当中，货币兑换商是很重要的组成部分，他们提供货币保管业务收取一定的费用，这是货币兑换商的第二项业务。

随着商品经济的发展，货币兑换商又进一步发展出货币支付业务。在早期，当存款人要进行支付时，自己必须到保管人那里去取出所需数量的铸币，然后用它进行支付，这样做很不方便，通过划拨货币要求权进行支付的方法便应运而生。这种支付方法通过保管凭证直接进行支付。保管凭证原只是货币保管人签发给顾客作为保管货币的证明，到期可据以提取货币。利用保管凭证进行支付，是指存款人把这种凭证交给收款人，收款人再用这张凭证要求保管人付给铸币，或用这种凭证对其他人进行支付，从而行使支付功能。这样，随着其直接被用于支付，保管凭证就逐渐演变为银行券。简单地说，银行券就是用一张纸来证明银行债务或银行付款的承诺，保管凭证是银行券的原始形式。最初的银行券之所以能被人们接受，是因为人们相信它们有充足的铸币作保证。这种支付方式节约费用，方便支付，大大促进了商品交易活动的进行。

另一种支付方式是通过存款债权的转移来进行支付。所谓“存款债权”是指人们把铸币交给货币兑换商保管，所收到的不是保管凭证，而是以保管人账户上记一笔款加以证明。这时的支付是付款人向保管人签发一项指示，要求他付款给另外某个人。例如，“请付给 A 1 000 元，记入我的账户”。收款人据此要求保管人付给铸币，也可以把铸币留在保管人手中，通过存款债权的转移进行对他人的支付。随着这种情况越来越普遍，货币兑换商的保管业务发展为存款业务，存款债权的转移则随之演变为银行支票。

随着地区间贸易活动的迅速增长，地区间货币运送的规模不断增大，商人们要为此承担巨额的长途运送费用和生命与财产的风险，这为货币兑换商提供了又一种获利的机会。举例来说，甲、乙两地有 A、B 两个商人，A 在乙地购买某种商品需支付 100 元，为此，A 必须把 100 元货币从甲地运送到乙地；商人 B 在甲地购买某种商品需支付 120 元，为此，B 必须从乙地运送 120 元货币到甲地。这样，甲乙两地之间的货币运送量为 220 元。假如甲乙两地的货币兑换商或金匠之间建立业务关系，商人 A 把所需货款存入甲地的货币兑换商，得到一份要求乙地货币兑换商支付 100 元的凭证，由乙地货币兑换商代为支付 100 元货款；相应地，商人 B 把所需 120 元货款存入乙地货币兑换商处，得到一份要求甲地货币兑换商支付 120 元的指示，由甲地货币兑换商代为支付 120 元货款。甲乙两地货款兑换商代为支付不能相抵的款项，再进行两地之间的货币运送。这里，甲地货币兑换商代乙地货币兑换商支付了 120 元，而乙地货币兑换商只代甲地货币兑换商支付了 100 元，故乙地的货币兑换商必须运送 20 元货币给甲地的货币兑换商，其运送的净额远远小于所办理的支付总额，大大地节约运送的费用。随着这种汇划支付业务的普及，付款凭证也就演变成银行汇票。

至此，我们讨论了货币兑换商的兑换业务、保管业务、支付业务、汇兑业务产生的经济基础。这些业务的存在使得货币兑换演变成货币经营业，并使其聚集了大量的货币资财。后来，出现了一个对银行业发展来说非常重大的发现：货币经营者注意到，为履行他们应顾客要求随时支付铸币的诺言，并不需要持有与其签发的存款或银行券等值的黄金或白银。因为顾客通常不会全部在一个时刻要求支付，而且任一需支付款项的大部分都将由新流入的款项相抵。这样，货币经营业者只需持有相当于全部未清偿债务一部分的黄金或白银，就能应付日常发生的净流出额。他们可以将剩下的一部分贷放出去以赚取利息。这一发现使得货币经营业的全额准备金制度演变为部分准备金制度，货币经营业由简单的保管人转变为贷款人，具有了增减货币供应量的功能。货币经营业发展为既办理兑换，又经营货币存款、贷款、汇款等业务的早期银行。

早期银行提供贷款的数量有限，利息率高并且放款偏向于非生产用途。这种高利贷性质的早期银行难以满足社会经济发展对信用的要求。这是因为机器工业化大生产的企业一方面要求其暂时闲置的货币资金能不断增值，另一方面又要求能获得追加投入的资金供应，而且所获得的贷款利息必须低于平均利润率，以保证生产企业有利可图。高利贷性质的早期银行有关货币的技术性业务（如兑换、保管、结算、汇兑等）处理效率不高，企业难以获得足够的资金贷款；即使获得贷款，也会因高额的贷款利息而无利可图。为了适应机器工业化大生产的需要，在 17—18 世纪，西方各国纷纷开展了反高利贷的斗争，要求以法律形式限制放款的利息水平，使生息资本从属于商业资本和产业资本。在这样的社会背景下，一些高利贷性质的早期银行逐渐适应社会经济发展的需要，扩大信用功能，降低利息水平，转变为现代银行。但是，由于早期银行对信用业的垄断，任何降低利率的法令和要求都难以达到预期的效果。因此，现代银行又开辟了另一条实现的途径：按照股份制的原则建立了股份银行，这些股份银行资本雄厚、规模大、利息低，打破了高利贷银行垄断金融业的局面，并且逐渐发展成为银行体系的主要形式。与此同时，股份银行的建立也加速了早期银行向现代银行的转变，从而建立起一个与社会经济发展需要相适应的现代银行体系。现代银行"一方面把一切闲置的货币准备金集中起来，并把它投入货币市场，从而剥夺了高利贷资本的垄断；另一方面又建立信用货币，从而限制了贵金属本身的垄断"。

二、商业银行名称的由来

商业银行这一名称的由来，与其商业贷款业务紧密相关。这类银行在早期的运行过程中，其业务活动主要受商业贷款理论的影响。商业贷款理论产生于200多年以前，在亚当·斯密1776年发表的《国民财富的性质和原因的研究》一书中就有论述。这个理论的主要内容是银行应该把它的资产主要用于发放短期的、与商品周转相联系或与生产物资储备相适应的贷款。其理论依据主要有两个：首先，这类贷款具有自偿性、短期性，且以真实票据为凭证，具有较高的流动性。所谓自偿性是贷款的归还来自于贷款对象自身，贷款对象某种商业行为的进行能自动清偿贷款。比如，银行对企业储备原料发放短期周转性贷款，一旦产销完成，贷款即可自动收回。相对来说，不动产贷款、消费贷款或长期性的设备贷款等不是建立在商品周转的基础上，而是以盈利或未来的收入作保证，贷款对象本身不具有偿还贷款的能力，因而这类贷款不具有自偿性。自偿性贷款与商品自身运动相联系，因而期限较短（一般不超过1年）；自偿性贷款以商业行为做基础，以真实的商业票据做抵押，一旦企业不能偿还贷款，银行可以处理所抵押的商品，收回贷款，因而这类贷款期限较短，风险较小，能较好地满足银行的流动性要求。其次，由于银行的存款大部分是活期存款，随时可能被提取，流动性要求高。为了保证存款的提取，银行就只能够将短期性的活期存款用于短期自偿性贷款。否则，就可能出现贷款还没有到期，存款人已要求提款的情况，这将使银行陷入流动性不足的被动局面。基于上述理由，商业贷款理论认为银行只应该发放用于正常商业周转所需要的短期贷款，而不能发放不动产、消费贷款或长期性的设备贷款，更不能对购买有价证券发放贷款。在相当长的时期内，这一理论一直支配或指导着银行的业务经营。在资金来源上以短期存款为主，在资金运用上主要是发放基于商业行为的自偿性贷款。故此，人们称它为商业银行。

在随后的发展过程中，商业银行的业务经营远远超出传统的范围，它的资金不仅可以来自活期存款、储蓄存款、定期存款，而且可以来自自身发行的股票、债券等；它的资金运用不仅可以发放短期、中期、长期贷款，而且可以发放信托贷款、办理租赁业务、购买各种有价证券等，还可开办各类中间业务和非信用业务进行。造成这种状况的原因有两个：一是经济、技术发展的推动。一方面，随着商品经济的发展，经济发展对资金需求呈现出多样化趋向，资金需求的多样化必然要求商业银行提供综合性的金融服务。同时，金融业竞争的加剧，也迫使商业银行多样化经营，以求得生存和发展。另一方面，技术的发展使银行经营能力大大提高，从而有可能开辟更多的业务种类。二是随着现代经济的发展，人们逐步认识到传统的商业贷款理论存在着下列缺陷：

（1）商业贷款理论没有考虑到国民经济发展对贷款的多样化需求。经济发展最根本的内容是生产力的发展，是生产能力的提高。只有当生产力得到了发展，可供销售的商品才能够增加，市场对商品的需求才能够扩大。银行对经济发展的作用不仅仅体现在促进商品的流通，更主要的是推动生产的发展。生产的发展一方面需要一定的流动资金，另一方面还必须添置必要的固定资产。流动资金在一个生产周期内就可以收回，需要的贷款期限比较短，而固定资产要经过很多个生产周期才能逐步收回，因而要求的贷款期限也较长。如果银行固守商业贷款理论，就不可能对新建厂房、增添设备、购买土地等发放贷款，经济的持续增长和发展就难以实现。银行在业务经营上也会受到限制，在竞争中处于劣势，这不利于银行业自身的发展。

(2) 商业贷款理论没有考虑银行存款的相对稳定性。银行存款的确可能随时被提取，但是所有的存款人不可能在同一时间里将他们的存款都取走。况且在存款被提取的同时还很可能有人要存入存款，因而即使在有人提取存款的情况下，存款也不一定减少，只有当取出大于存入时，存款才会下降。所以，即使是活期存款也有一定量的存款余额，这部分资金相对稳定，银行利用这部分资金可以发放一定数量的长期贷款，而不至于影响银行的流动性。因此，在20世纪70年代以前，即使当时银行存款结构中活期存款占绝大部分，银行也可能发放长期贷款。20世纪70年代以后，随着经济的发展，国民收入的增长，银行通过提高利率、扩大服务、增加存款账户和提高流动性等，努力扩大定期存款和储蓄存款，使这两种存款的比重逐步上升，以致超过活期存款的比重。存款结构的这种变化，导致银行资金的稳定性增强，银行资金的可用程度越来越大，商业贷款理论的弊端也就更为突出。

(3) 商业贷款理论没有考虑到自动清偿的外部条件。商业性贷款虽然从贷款人自身来看，有商品物资保证，可以清偿贷款，但这种贷款的清偿以商品能够及时销售为条件。这一条件取决于总体经济形势。如果发生经济危机，即使短期的自偿性贷款，也难以保证银行的流动性。如果银行坚持短期贷款必须如期偿还，就可能迫使多数借款人无力偿还而宣告破产，在这种情况下商业性贷款的流动性不一定比长期贷款强。

(4) 从宏观上看，商业性贷款随交易的需要而自动伸缩，因而会加剧经济波动。在经济繁荣时期，银行信贷会自动膨胀，刺激物价上涨，加剧生产过剩的经济危机；而在经济萧条时期，由于贷款范围的局限性，又不利于设备更新和启动需求，从而与中央银行的货币政策发生矛盾。鉴于这种认识，银行业自然形成了第二条发展道路——综合发展道路，具有代表性的是德国。在这种情况下，商业银行这一称谓早已名不符实，其经营内容与名称已相去甚远，但由于习惯上的原因，人们还是沿用这个名称。

需要注意的是商业银行是一个抽象的一般概念，具体到一个国家或一家银行时往往并不直呼商业银行，如英国的"结算银行"、日本的"城市银行"、美国的"国民银行"等。

第二节　商业银行的组织形式

商业银行的组织形式，即商业银行在社会经济中的存在形式。受所在国政治、经济、法律等多方面因素的影响，同时也受到国际金融发展的影响，各国商业银行的组织形式各有其特征，一般而言，主要有以下几种形式：

一、单一银行制

单一银行制又称单元银行制，是指商业银行业务由各个相互独立的商业银行经营，商业银行不设或不允许设分支机构的一种组织形式。实行这种制度最为典型的国家是美国。美国商业银行分为在联邦政府注册的国民银行和在州政府注册的州银行两种。在1863年《国民银行法》颁布之前，美国没有联邦注册银行只有州注册银行，各州政府严格禁止本州银行设立分支银行，任何银行都以单一的形式在一限定地区经营。1863年的《国民银行法》则把这种单一银行制法制化。《国民银行法》规定，禁止国民银行在任何地方、以任何形式设立分支银行。这项规定既包括禁止国民银行跨州建立分支银行，也包括禁止国民银行在本州建立分支银行，形成了一种极为典型的单一银行制。

美国建立单一银行制的历史原因有两个：一是美国实行联邦制，各州的独立性较大，州与州之间的经济发展水平又有很大的差距，为均衡发展经济，反对各州之间的相互渗透，各州都通过州银行法，禁止或限制银行开设分支银行，特别是禁止在其他州开设分支银行。二是为了限制垄断，鼓励竞争。银行的生命力在于竞争，只有在竞争中，一国的银行体系才能提供灵活多样的金融服务，才能不断提高银行的服务效率。如果银行可以任意开设分支行将会导致银行的集中和垄断，势必出现金融托拉斯吞并小银行的现象。正因为如此，美国逐步建立起单一银行制。

一般而言，实行单一银行制的主要优点在于：第一，由于禁止或限制设立分支机构，商业银行业务规模的扩大受到制约，可防止银行业的过度集中和垄断。第二，单一银行制只在本地区营业，有利于地区经济的发展，也有利于与地方政府协调。第三，银行管理层次少，具有独立性和自主性，其业务经营具有较大的灵活性。但是，单一银行制也有其不利的一面：第一，在单一银行制下，银行规模较小，经营成本高，难以取得规模经济效益。第二，在单一银行制下，银行组织资金、运用资金的能力有限，业务又相对集中，风险较大。第三，单一银行制没有设立于各地的分支机构，与经济的外向发展、商品交换范围的不断扩大存在矛盾，不利于商业银行为社会经济的运行提供更多更好的服务。第四，在电子计算机普遍推广应用的条件下，单一银行的业务发展和金融创新受到限制，不利于银行的发展。正因为如此，美国从20世纪初就开始逐步放宽对商业银行开设分支机构的限制。

20世纪初，随着工业发展和经济联系的加强，美国一些州政府开始放松对设立分支银行的限制，允许银行在本州范围内设立分行，但禁止外州银行在本州设立分支银行。与此相适应，联邦金融管理机构也对禁止设立分支银行的法律做了适当修改，规定州银行在保留已有分行的同时，可以取得国民银行注册。同时，国民银行兼并州银行后，可以继续经营州银行已有的分支银行。经过这第一次让步后，国会于1927年通过了《麦克法登法》，该法对国民银行设立分支银行的管理采取了进一步放松的政策。该法规定，在2.5万—5万人口的城市，允许国民银行设立一个分行；在5万—10万人口的城市，可以设立两个分行；在10万人口以上的城市，只要货币监理局批准，可以设立任何数量的分行。但是上述规定必须以国民银行所在州的法律允许设立分支银行为前提。美国各州政府对银行设立分支银行的规定分三种类型：允许本州银行在全州范围内设立分行、只允许州银行在本州内某一地区内设立分行和禁止本州银行在州内任何地方设立分支银行。很明显，国民银行是否可以建立分支银行，根据国民银行所在州的法律，也相应有上述三种情况。上述情况表明美国的单一银行制已有所改变，但并没有完全解体。商业银行只能在州界或城市界限范围内设立分行,但不能在州以外设立分行或在全国范围内设立分行。例如,美国最大的商业银行——花旗银行和第二大银行——美洲银行,尽管其资本雄厚,业务量大,但始终形不成跨州经营、遍布美国的分支网。花旗银行只能占据纽约,美洲银行只能占据加利福尼亚州的部分地区。允许商业银行在限定的地域范围内设立分支银行,但禁止商业银行跨州经营、跨州设立分支机构,是美国单一银行制的重要内容。

20世纪80年代后,随着全球金融自由化的发展,以及美国在二战后经济实力的增强,银行资本集中和垄断的趋势日益明显,美国对银行业放松管制的进程也加快了。经过多年的争论,1994年9月29日,美国总统比尔·克林顿签署了《瑞格尔—尼尔跨州银行业和分行效率法》(简称《跨州银行法》或《州际银行法》)。该法案允许从1997年6月1日起,银行可在全国设立分支机构,跨州经营,从而推动了银行间的跨州并购。

二、分支银行制

分支银行制又称总分行制,是指允许银行在银行总行之外,在国内外各地普遍设立分支银行的一种组织形式。实行分支银行制的商业银行,其总行一般都设在各大中心城市,分支银行的业务和内部事务统一遵照总行的规章和指示办理。分支银行制按总行管理方式的不同,又可进一步划分为总行制和总管理处制。总行制指总行除管理各分支银行外,本身也对外营业,办理银行业务。总管理处制则指总行作为管理处,只负责管理各分支银行,不对外办理银行业务,总行所在地另设对外营业的分支银行或营业部。

分支银行制是当今世界许多国家采用的一种银行组织形式,比较典型的是英国。分支银行制有许多优点:第一,实行分支银行制的商业银行,其分支银行遍布各地,有利于迅速发展各种银行业务,为社会提供多样化的金融服务。第二,实行分支银行制的商业银行,其规模可以按业务发展的需要而扩张,使银行经营取得较好的规模经济效益。第三,实行分支银行制的商业银行规模较大,分支机构较多,业务范围较广,易于组织资金,资金实力较强;分支行之间可以相互调剂资金,既能增强银行总体的安全性,又能提高银行资金的运用效率,银行资产可以在地区之间实行有效的组合,从而大大降低银行风险。第四,实行分支银行制的商业银行可以实行高度的专业化分工,从而大幅度提高工作效率。第五,分支银行制在一定程度上克服了地方干预,促进了银行业竞争,并使金融业突破地域界限,更好地为经济运行提供服务。第六,由于分支银行制使银行数减少,便于国家控制和管理。

当然,分支银行制也有其缺点:首先,从整体上看,分支银行制易于加速大银行对小银行的吞并,形成金融垄断,不利于自由竞争。其次,从银行内部管理看,分支银行制管理层次较多,管理的难度较大。最后,分支银行的业务经营状况依赖于总行,其对地方经济的发展缺乏较高的关切度,而且是在较大范围内调度资金,不利于地方经济的发展。

我国的商业银行均实行总分行制。我国四大国有商业银行均在北京设立总行,然后在各省、自治区和直辖市设立一级分行,在各地中心城市设立二级分行,又在各区县设有很多支行。随着我国商业银行体制改革的推进,不少商业银行已开始放弃按行政区划设置分支机构的做法,改为按经济区划来设置分支机构。

三、银行控股公司制

银行控股公司制,即由某个大银行设立控股公司,再由该公司控制或收购多家银行。在法律上这些银行是独立的，但实际上控股公司已直接或间接拥有了这些银行的控制权，控制了银行董事会的选举，对银行的管理决策和经营政策有着决定性的影响。在这里，从表面上看是控股公司控制银行，实际上控股公司是银行建立并受银行操纵的组织。这样，大银行通过控股公司将许多银行置于自己的控制之下。只有一家银行为子公司的银行控股公司称为单一银行控股公司。

银行控股公司制在美国最为流行，它是美国商业银行为逃避法律不准跨州经营和设立分支机构而设立的。它最初出现于 20 世纪初期，迅速发展则是在第二次世界大战后。1956 年年底美国有 47 家独立的银行控股公司，控制了 7.5%的商业银行存款。到 1970 年就发展到 111 家，控制商业银行存款的比重上升到 16.2%。到 1976 年底美国大约有 1 900 家银行控股公司，控制着全部商业银行全部存款的 66%。到了 20 世纪 90 年代，他们控制了 8 700 家银行，掌握美国银行业 90%的资产。大部分在美国注册的银行控股公司是单一银行控股公司，但单一银行控股公司往往拥有和经营一个或多个非银行金融机构。这些非银行金融机构的类型主要有金融公司、抵押公司、数据处理公司、租赁公司、证券代理公司、信用卡公司、管理咨询公司等。银行控股公司已成为美国商业银行最基本的组织形式。

银行控股公司能够有效扩大资本总量，增强银行实力，提高竞争和抵御风险的能力，弥补单一银行制的不足；但它容易形成银行业的集中和垄断，不利于银行之间开展竞争。

四、连锁银行制

连锁银行制是指由某一个人或某一集团拥有若干银行的股权，以取得对这些银行的控制权的一种组织形式。这些银行在法律上是独立的，但其业务和经营权由某一个人或某一集团控制，形成连锁银行。连锁银行往往是围绕一个地区或一个州的大银行加以组织，成员银行的董事会由同一批人组成，其中的大银行为集团确立银行业务模式，并以大银行为中心，形成集团内部的各种联合。由此可见，连锁银行之间有一种类似于总分行之间的分工协作关系，正因为如此，连锁银行制与银行控股公司制一样，都是为了弥补单一银行制的不足，回避对设立分行的种种限制而采取的一种银行组织形式。它与银行控股公司制的区别在于它不需要设立控股公司。与银行控股公司制相比，连锁银行制下，银行容易受到某个人或某集团的控制，并且不易获取银行所需要的大量资本。为此，连锁银行制的存在比例远小于银行控股公司制。

五、代理银行制

代理银行制也称为往来银行制，是指银行相互间签订代理协议，委托对方银行代办指定业务的一种组织形式。被委托的银行为委托行的代理行，相互间的关系则为委托代理关系。一般地说，银行代理关系是相互的，因此互为对方代理行。在国际之间，代理银行制非常普遍。至于在各国国内，代理制最为发达的是实行单一银行制的美国。美国的代理银行制往往是大银行和小银行之间私下形成的一种业务网络关系。小银行将各种存款存入自己的代理行，大银行(代理行)则为小银行提供各种银行业务，比如，代收支票、管理小银行的投资组合、向小银行提供贷款、提供数据处理以及其他电子记录和资金汇划等业务。这种代理银行制下，大银行与小银行之间的关系类似于分支银行制下总行与分支行之间的关系。因此，美国商业银行普遍采用代理银行制是为了突破单一银行制的限制，解决不准设立分支机构的矛盾。而在实行分支银行制的国家中，银行之间也存在着代理关系，这种代理往往是平等的、双向的，是扩展银行业务领域的一种有效选择。

第三节 商业银行的业务

一、商业银行的业务结构

从世界各国商业银行的业务结构来看，可将商业银行划分为分离型银行制度和综合型银行制度。其划分方法为：短期性银行业务与长期性银行业务的分离或结合；间接金融业务与直接金融业务的分离或结合；银行业务与非银行业务的分离或结合；商业性业务与政策性业务的分离或结合。一般来说，凡上述两者相结合的属综合型银行制度或全能型银行制度，上述两者分开的则属分离型银行制度①。其他属这两种业务制度的混合、交叉或变形的，也属综合型银行制度。分离型银行制度存在于实行分业经营的国家，而全能型银行制度则存在于实行混业经营的国家。

分离型银行制度形成于20世纪30年代资本主义经济大萧条时期，不少西方经济学家将此次货币信用危机归咎于商业银行的综合型业务经营，认为商业银行的证券业务导致了股市的虚假繁荣以及最后的大崩溃。因此，美国于1933年出台了《格拉斯—斯蒂格尔法》，该法规定以吸收存款为主要资金来源的商业银行，除了可以进行投资代理、经营指定的政府债券、用自有资本有限制地买卖有价证券这三种投资性业务以外，不能同时经营证券投资等长期投资业务；同时，经营证券投资的投资银行也不能经营吸收存款等商业银行业务，由此确立了现代商业银行与投资银行分业经营的局面。分业的目的在于在货币市场与资本市场中间建立一道“防火墙”，避免银行资金流入高风险的证券市场，以确保银行业的稳定、安全和保护存款人的利益，从而达到稳定一国金融的目的。

全能型银行制度以德国最为典型，这一制度在19世纪七八十年代就已形成。当时德国资本原始积累过程短暂而不充分，民间资本积蓄十分有限，银行难以吸收大量存款以形成长期信贷的雄厚基础，而政府企图通过强有力的措施加速经济的飞跃发展，极力提倡和鼓励银行为大企业的创办、合并及发展提供资金和全方面金融服务。因而，商业银行从事长期信用业务和投资业务并与工商企业形成特殊密切的关系，这使得全能型银行制度得以形成。德国的商业银行以经营几乎一切金融业务为其基本特征：既从事短期金融业务，也从事长期金融业务；既从事间接金融业务，也从事直接金融业务；既从事银行业务，也从事非银行金融业务。因此，全能型银行的业务范围十分广阔，包括存贷款、贴现、投资、公司改组合并、证券发行买卖、资产管理、企业咨询、风险资本、个人理财、保险等，号称“万能银行”、“金融百货公司”。根据从事投资银行业务的主要机构的不同，全能银行模式又分为德国式的全能银行模式和英国式的全能银行模式。德国的银行不仅向企业提供短期和长期贷款，还供给创业资金和设备资金。在德国式的全能银行模式中，商业银行提供全面的银行、证券和保险业务服务，所有这些业务都在一个单一的法律实体内办理。英国式的全能银行模式主要存在于英国、加拿大和澳大利亚，也从事证券承销，但它在三个方面不同于德国式全能银行：其一，较为普遍地设立独立、合法的分支

① 白钦先、郭翠荣主编：《各国金融体制比较》，中国金融出版社，2001年版第78页。

机构;其二,主要由参股的独立法人实体从事投资银行业务;其三,银行业和保险业的结合比较少。

20世纪七八十年代以来,随着信息技术的发展、金融创新的涌现以及政府管制的放松,商业银行、投资银行等金融机构相互之间混合发展的趋势日益明显。美国1999年11月4日颁布的《金融服务现代化法案》,使得混业经营模式从法律上得以确立,标志着美国银行业实施半个世纪之久的分业经营制度彻底被废弃,开始跨入混业经营的时代。此次改革法案的最主要内容,一是废止了《格拉斯—斯蒂格尔法》,允许银行、证券、保险公司间业务相互交叉;二是要求银行参与承销证券业务、承揽保险业务以及保险、证券公司从事银行业务,均需以控股公司形式进行。可见,全能银行已成为国际金融业发展的大趋势。

在我国,1993年《国务院关于金融体制改革的决定》明确指出:"国有商业银行要强化集中管理,提高统一调度资金的能力,全行统一核算"。国有商业银行"在人、财、物等方面与保险业、信托业和证券业脱钩,实行分业经营"。我国新《商业银行法》第四十三条规定:"商业银行在中华人民共和国境内不得从事信托投资和证券经营业务,不得向非自用不动产投资或者向非银行金融机构和企业投资。"出于安全和稳定考虑,我国现阶段坚持实行分离型银行制度。但随着经济全球化、金融自由化以及我国金融体制改革的深入发展,我国也应循序渐进地加入到混业经营的潮流中。近几年,我国的分业经营制度已出现了明显的松动,中国人民银行在1999年8月颁布了《证券公司进入银行间同业市场管理规定》和《基金管理公司进入银行间同业市场管理规定》,允许符合条件的券商和基金管理公司进入银行间同业市场,从事同业拆借和债券回购业务。中国证监会和保监会在1999年10月又一致同意保险基金进入股票市场。中国人民银行与证监会2000年2月联合发布了《证券公司股票质押贷款管理办法》,允许符合条件的证券公司以自营的股票和证券投资基金券作为抵押向商业银行借款。《开放式证券投资基金试点办法》也已经从2000年10月起开始执行,商业银行可以买卖开放式基金,开放式基金管理公司也可以向商业银行申请短期贷款。另外,我国现已存在一些混业经营金融控股公司。例如中国光大集团拥有光大银行、光大证券、光大信托三大机构,同时持有申银万国证券19%的股权,此外还拥有在香港上市的三家子公司:光大控股、光大国际和香港建设公司。光大集团实际上已是一个以金融控股公司为主体,下设商业银行、保险公司、证券公司、信托公司等金融机构,进行混业经营的金融集团。

尽管各国商业银行的名称、组织形式和经营体制各异,但就其主要业务来说,一般均可分为负债业务、资产业务以及中间业务。

商业银行的负债业务和资产业务是其最基本的业务,表6-1是商业银行的资产负债表,从表中可以看出,负债业务形成银行的资金来源,资产业务则形成银行的资金运用。商业银行通过出售负债、购买资产,利用"借短贷长"实现"资产转换",并通过资产和负债之间的利差获得利润。负债业务和资产业务是商业银行传统的利润来源,在早期的商业银行中,也是其最主要的利润来源,随着商业银行的不断发展和金融创新的不断涌现,传统的资产负债业务创造的利润在总利润中的比重逐渐下降,中间业务越来越成为商业银行的主要利润来源,并受到更多的重视。

表 6-1 商业银行的资产负债表

资产	负债
现金资产	存款
库存现金	活期存款
存款准备金	定期存款
同业存款	储蓄存款
在途资金	借款
贷款	同业拆借
工商业贷款	向中央银行借款
消费者贷款	其他借入资金
其他贷款	其他负债
投资	资本金
政府债券	股本
其他有价证券	资本公积
固定资产	盈余公积
其他资产	未分配利润

下面,我们将首先介绍商业银行的负债业务和资产业务,然后介绍商业银行的中间业务。

二、商业银行的负债业务

根据商业银行的资产负债表,商业银行的负债业务主要包括资本金业务、存款业务和借款业务。

(一) 资本金业务

商业银行作为一种金融企业,和一般的工商企业一样,其存在和发展必须拥有一定数量的资本金。商业银行的资本金是银行设立和开展业务活动的基础性资金;是银行承担经营风险,保障存款人利益,维持银行信誉的重要保证。银行资本金又称银行自有资金、银行所有者权益,是银行投资者对银行的投入资本以及形成的资本公积金、盈余公积金和未分配利润等。银行资本金主要特点有三:其一,银行资本金属于银行产权范畴,是银行投资者对银行净资产的所有权,投资者据此可参与银行的管理,享受相应的权益;其二,资本金是银行业务活动的基础性资金,只要不违反法律规定,银行可以自由支配使用;其三,资本金与银行共存,在银行经营期间无须偿还。

西方国家商业银行的资本金主要由股东资本和其他资本构成。股东资本是股东投资于银行的资金以及其他权益中属于股东而留存在银行中的资金。股东资本包括普通股股金、资本盈余、未分配利润、优先股股金等。银行的其他资本包括资本储备金、放款和证券损失储备金等。资本储备是银行为应付偶然事件引起股东资本减少而保持的储备。放款和证券损失储备是银行为应付放款产生的坏账、证券本金的拒付和价格的下跌而保持的储备。这两部分可以用来应付银行资产的损失,在一定程度上与股东资本所起的作用相同,因此,西方国家的金融管理部门在计算银行资本量时,将这部分资金也包括在内。

商业银行在其经营活动中通过发行长期债券筹集的资金属于债务资金。这些债务资金与严格意义上的资本金相比,在本金偿还关系、收益关系、责任关系、期限关系等方面都有着原则性的区别,但从业务活动来看,它们在规定的期限内可由银行自由支配使用,银行可将其用于偿付即期或短期债务、支持短期信贷活动，所以，有些国家视其为准资本金，即债务资本。

1.《巴塞尔协议》对银行资本金的界定

由于各个国家对银行资本金的内涵及计算方法有着不同的规定，为消除各国银行之间的不平等竞争，1987 年 12 月 10 日，国际清算银行在瑞士巴塞尔召开了中央银行行长会议，通过了"关于统一国际银行的资本计算和资本标准的协议"即巴塞尔协议①，巴塞尔协议界定了银行资本的组成。后来，随着世界经济全球化、金融国际化的浪潮，金融领域的竞争尤其是国际跨国银行间的竞争日趋激烈，金融创新层出不穷，银行的业务越来越趋于复杂化和多样化，银行经营的国际、国内环境及经营条件发生了巨大变化，银行规避管制的能力和水平也大为提高。巴塞尔委员会在 1995 年对银行某些表外业务的风险权重进行了调整，并于 1996 年 1 月推出《资本协议关于市场风险的补充规定》，改变了《巴塞尔协议》中将表外业务比照表内资产确定风险权重并相应计提资本金的简单做法。1997 年 9 月巴塞尔委员会推出了《有效银行监管的核心原则》，确立了全面风险管理的理念。2004 年 6 月，巴塞尔银行监督管理委员会颁布了《新巴塞尔资本协议(框架)》，该协议从 2006 年年底在十国集团实施，但对银行资本组成的界定并没有改变。

《巴塞尔协议》将商业银行的资本分为两级：一级资本又称核心资本，包括普通股及其溢价、公开储备、永久性非累积优先股以及未分配利润；二级资本又称附属资本，包括未公开储备、重估储备、普通准备金、有偿还期限的累积性优先股、带有债务性质的资本工具、后期偿付的长期债券等(见图 6-1)。

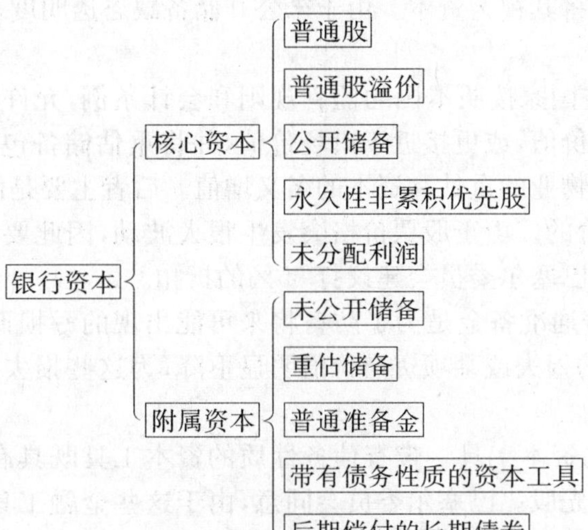

图 6-1　巴塞尔协议关于银行资本的构成

(1) 普通股及其溢价。普通股是商业银行资本中最基本的形式。普通股股东对银行拥有所有权，对银行的收益和剩余资产有索取权，对经营管理有参与权。普通股股票金额是商业银

① 1974 年 9 月，来自美、英、法、原联邦德国、意、日、荷兰、比利时、加拿大和瑞典(称为十国集团)以及瑞士(1984 年 4 月 4 日已成为十国集团正式成员)、卢森堡等 12 国的中央银行代表在国际清算银行的发起下，在瑞士的巴塞尔开会决定设立银行法规与监管事务委员会。1975 年 2 月，委员会召开首次会议，成立了常设监督机构，并随后每年定期召集 3—4 次会议。巴塞尔银行监管委员会的设立，为国际银行间的紧密合作，并就银行业的监管问题提供了一个正式的讨论场所。

行所发行的普通股股票数量与股票面值的乘积。普通股溢价是最初市场发售价值超过普通股面值的部分。

(2) 优先股。优先股是指在收益和剩余财产分配上优先于普通股的股票,但优先股没有投票权和选举权。有些优先股在发行时规定了偿还期,而有些优先股则没有到期日,即为永久性的。优先股还可分为累积性和非累积性优先股。累积性优先股是指股息发放具有累积特性,若公司某一年业绩不好无钱发放优先股股息,那么在下一年要弥补上一年未发放的股息。如果是非累积性优先股,则未支付的股息将不再积累到以后支付。

(3) 公开储备。公开储备是商业银行为了应付意外事件的发生而从税后收益中提取的一定量的资金。具体而言,资本准备是为了应付股票资本的减少而提留的,而坏账准备是为了应付贷款和租赁资产不能收回而提留的。

(4) 未分配利润。未分配利润也称延迟收益,是商业银行税后收益减去普通股和优先股股利之后的余额。未分配利润是银行增加自有资本的主要来源,特别是对于那些无法通过股票市场筹资的小银行。

(5) 未公开储备。未公开储备具有以下特征:第一,信贷机构可以自由使用它们来弥补正常银行业务的损失,而这些损失是尚未确定的;第二,它们出现在内部报表上;第三,它们的数目由信贷机构管理层确定,但须由独立的外部审计员确认。这样未公开储备可以用来弥补未确定的将来损失,就如同一般银行风险准备金,但一般银行风险准备金要服从更严格的会计准则。对于未公开储备的处理,各国也存在着差异。例如,按欧盟的处理方法,未公开储备被视为二级资本,而美国则不将其视为资本。由于未公开储备缺乏透明度,因而未公开储备不包含在核心资本中。

(6) 重估储备。有些国家按照本国的监管规则和会计条例,允许对某些资产进行重新评估,以便反映资产的市场价值,或更接近于市场价值,并将重估储备包括在银行资本中。重估来自于两方面:银行自身物业的重估和资本的名义增值。后者主要是由于在资产负债表中,有价证券是以历史成本计价的。由于股票价格会发生很大波动,因此要对股票的市值和历史成本之间的差额打一折扣,巴塞尔委员会建议打55%的折扣。

(7) 普通准备金。普通准备金是为了防备将来可能出现的亏损而设立的,它们用于某项特别资产。但已被确认的损失或某项资产价值明显下降,为这些损失或资产设立的准备金就不应作为附属资本。

(8) 带有债务性质的资本工具。带有债务性质的资本工具既具有股本性质,也具有债务性质,如累积性永久性优先股。巴塞尔委员会同意,由于这些金融工具与股本极为相似,特别是它们能够在不必清偿的情况下承担损失,维持银行的经营,故可被列为附属资本。

(9) 后期偿付的长期债券。后期偿付的长期债券具有长期性和后期偿付性,它可作为保证银行储户利益、防止不能兑现危机的资金来源,从而扮演了银行资本的作用,故可被列为附属资本。但同时,巴塞尔委员会规定这类债务工具的最初偿还期限须在5年以上,且比重最多不得超过核心资本的50%,并要有适当的分期摊还安排。

2. 我国银监会对银行资本金的界定

中国银行业监督管理委员会2004年公布,自2004年3月1日起施行的《商业银行资本充足率管理办法》对商业银行的资本进行了界定,如图6-2所示。

- 银行资本
  - 核心资本
    - 实收资本
    - 资本公积
    - 盈余公积
    - 未分配利润
    - 少数股权
  - 附属资本
    - 重估储备
    - 一般准备
    - 优先股
    - 可转换债券
    - 长期次级债券

图 6-2 《商业银行资本充足率管理办法》对银行资本的界定

(1) 实收资本。它是投资者按照章程或合同、协议的约定，实际投入商业银行的资本。

(2) 资本公积。包括资本溢价、接受的非现金资产捐赠准备和现金捐赠、股权投资准备、外币资本折算差额、关联交易差价和其他资本公积。

(3) 盈余公积。包括法定盈余公积、任意盈余公积以及法定公益金。

(4) 未分配利润。商业银行以前年度实现的未分配利润(或未弥补亏损)。

(5) 少数股权。在合并报表时，包括在核心资本中的非全资子公司中的少数股权，是指子公司净经营成果和净资产中不以任何直接或间接方式归属于母银行的部分。

(6) 重估储备。商业银行经国家有关部门批准，对固定资产进行重估时，固定资产公允价值与账面价值之间的正差额为重估储备。若银监会认为，重估作价是审慎的，这类重估储备可以列入附属资本，但计入附属资本的部分不应超过重估储备的 70%。

(7) 一般准备。一般准备是根据全部贷款余额的一定比例计提的，用于弥补尚未识别的可能性损失的准备。

(8) 优先股。它是商业银行发行的、给予投资者在收益分配、剩余资产分配等方面优先权利的股票。

(9) 可转换债券。商业银行依照法定程序发行的、在一定期限内依据约定条件可以转换成商业银行普通股的债券。计入附属资本的可转换债券必须符合以下条件：债券持有人对银行的索偿权位于存款人及其他普通债权人之后，并不以银行的资产为抵押或质押；债券不可由持有者主动回售；未经银监会事先同意，发行人不准赎回。

(10) 长期次级债务。它是指原始期限最少在 5 年以上的次级债务。经银监会认可，商业银行发行的普通的、无担保的、不以银行资产为抵押或质押的长期次级债务工具可列入附属资本，在距到期日前最后 5 年，其可计入附属资本的数量每年累计折扣 20%。如一笔 10 年期的次级债券，第六年计入附属资本的数量为 100%，第七年为 80%，第八年为 60%，第九年为 40%，第十年为 20%。

(二)存款业务

存款业务是商业银行最基本的传统负债业务，存款在商业银行资金来源中所占比重一般都在60%以上。例如,中国建设银行2005年存款占总负债的比重为94%(根据该行"本行资产负债表"中的数据计算)。相应地,存款业务构成商业银行资金来源的主体业务。如果没有存款业务,商业银行的贷款活动就成了无源之水。

存款业务是银行接受客户存入的货币款项,存款人可随时或按约定时间支取款项的一种信用业务。存款是银行的负债,是银行吸收资金的一种形式。当存款人向银行存入一笔资金时,在银行与存款人之间就建立起一种债权债务关系,即存款人以信用方式向银行提供了一笔资金,成为债权人;银行则以信用方式获得了一笔资金,成为债务人。如果存款人要求提款,银行必须立即予以满足,否则就会触发挤兑风潮,造成银行停业倒闭。因此,该项业务是以能够随时或按约定时间支取款项为前提的。表面上看存款银行吸收的存款资金必须保持相当高的流动性,以满足存款人支取的需要,这使得银行难以充分运用存款资金。但是,在正常情况下,存款人的支取行为是相互独立的,银行可以应用大数定律,较为准确地预测在某一给定时点上存款人支取存款金额的概率分布,从而只需掌握少量的准备金就足以应付这些支取需求,这就使得具有流动性的存款资金可以形成一定量的稳定余额为银行占有、使用。正因为如此,存款业务构成银行资产业务的基础性和前提性业务。从某一家银行来看,银行资金来源的大小决定着其资产业务的大小,存款作为其主要的资金来源,其数量、结构决定着银行资产业务规模和结构,存款是衡量一家银行实力的重要尺度。不仅如此,存款还是银行进行资金转移、发行信用工具,充当支付中介的基础;同时也是银行为顾客提供服务的基本条件。顾客只有在银行开户后,有了一定的存款,银行才能提供服务。正如马克思所说:"对银行来说具有重要意义的始终是存款。"①

存款业务种类的划分,各个国家有所不同。就一般来讲,可将存款分为活期存款、定期存款和储蓄存款三大类。

1. *活期存款*

活期存款又称支票存款,是一种可以由存款人随时开出支票提取或支付的存款。开立这种存款账户的目的是为了通过银行进行各种支付结算。活期存款的存款人无须预先通知银行即可随时提取或支付活期存款;对存户在存款额内开出的支票,银行有见票即付的义务;同时,存户可以与银行订立透支契约,在约定的期限和额度内,存户可在存款余额外开出支票。由于活期存款存取频繁,手续复杂,流动性强,并需要提供相应的服务,如存取服务、转账服务、提现服务等,银行用于这一业务的人力、物力很大,成本较高,因此,当今世界绝大多数银行对活期存款不支付或仅支付少量的利息。美国在Q条例废除之前,则不允许商业银行为活期存款支付利息。

尽管活期存款可以随时提取,流动性较强,但吸收活期存款对商业银行仍有十分重要的经济意义:首先,吸收活期存款,可以取得短期的可用资金,用于银行短期的资产业务。其次,吸收活期存款可以取得一部分比较稳定的活期存款余额,用于中长期贷款和投资。再次,活期存款多用于转账而不是提现,由此使银行可以周转使用,并为后续银行进行信用扩张提供基础和前提条件。最后,吸收活期存款可以以此为桥梁扩大与存户之间的信用联系,争取客户、争取存款及扩大放款等。因此,活期存款一直是商业银行的主要经营对象和主要负债,各国商业银行都十分重视活期存款业务。

---

① 马克思著:《资本论》(第2卷),人民出版社,1975年版第454页。

传统的活期存款存取无一定期限，使用支票，不记利息，可以透支。但在一段时间内，活期存款增长的速度大大落后于定期存款，这主要因为活期存款不支付或仅支付很少的利息，相对而言，削弱了它的收益性。特别是第二次世界大战后，市场利率不断趋于上升，活期存款资金的机会成本随之增加，加之传统活期存款在存取和支付方面还不够灵活，从而导致存款资金结构发生上述变化。针对这一情况，美国商业银行根据存款市场的变化，设置了许多新的存款账户以完善活期存款这种存款形式。这些账户主要有可转让支付命令账户（negotiable order of withdrawal account，简称 NOW 账户）、超级可转让支付命令账户（Super NOW）、货币市场存款账户（Money Market Deposit Account，简称 MMDA）。NOW 账户是一种类似于活期存款账户的存款，由美国马萨诸塞州的储蓄贷款协会于 20 世纪 70 年代初创办。这种存款以支付命令书取代支票，但支付命令书与支票在实质上无异，可以用来提款或支付，经背书也可以转让。这种存款对存款余额支付利息，存户以个人和非盈利机构为限。开立这种账户的存户可随时开出支付命令书，或直接提现，或向第三者支付，其存款余额又可取得利息收入。这样，既满足了存户支付上便利的要求，又满足了他们收益上的要求，从而大大地吸引了存户，扩大了银行的存款资金。

超级 NOW 账户是一种由 NOW 账户发展而来的一种新型活期存款，是美国存款机构管制委员会于 1983 年 1 月正式批准商业银行开办的。这种账户的特点是：可以像一般支票账户一样无限地开发支付命令；要求存户保持一定的存款余额；利率的支付没有最高限制；为吸引客户，银行常常对开立本账户的存户提供一定的补贴或奖励；存户以个人和非盈利机构为限，工商企业和其他盈利机构不得开立此账户。

MMDA 是美国商业银行于 20 世纪 80 年代初正式开办的一种活期存款账户。该账户的特点是：开户时最低金额为 2 500 美元，账户存款余额不得低于 2 500 美元；对存款无最高利率限制，而且由于银行无须对 MMDA 保持准备金，银行对该账户支付的利率较高；没有最短存款期的限制，但客户提取存款应在 7 天前通知银行，存户使用账户进行收付，每月不得超过 6 次，其中以支票付款不得超过 3 次；存户对象不限。由于这种存款可以支付较高的利息，而且能够有条件地使用支票，因而对客户很有吸引力。

2. 定期存款

定期存款是一种由存户预先约定期限的存款。期限通常为 3 个月、6 个月、1 年、3 年、5 年甚至更长。这种存款开户手续简便，存款时使用存款单，取款时凭银行签发的存款单。定期存款一般到期才能提取存款。未到约定期限而要求提前提取时，银行一般不予支付。但各银行为了争取客户，吸引存款，并不严格执行这一规定。有的要求客户提前一定时间通知银行，即可提前提取；有的则要求按比例提前提取。提前提取，银行往往要在利息支付上给予一定的惩罚。定期存款的利率随期限的长短而高低不等，但一般高于活期存款的利率，这就使得定期存款成为货币所有者获取利息收入的重要金融资产。定期存款虽不像支票那样可以方便地转让流通，但定期存单可以作为抵押品取得银行贷款。对银行而言，定期存款存期固定而且比较长，支取的频度小，从而为银行提供了稳定的资金来源，对银行的长期贷款和投资有重要的意义。

定期存款的利率普遍高于活期存款，开户手续又极其简便，因而曾受到银行客户的欢迎。但这种存款也有一定的局限性：一是存款利率受金融管理部门的限制，存户的收益性要求难以充分满足；二是定期存款的提取受约定期限的约束，流动性较差，存单的不可转让性则进一步削弱了它的流动性。因此,商业银行为了广泛吸收定期存款资金,创设了许多新型定期存款账户。一是根据存户的收益性需求设置了货币市场存单(money market certificate of Deposit,简称 MMCDs);二是根据存户的流动性需求设置了大额可转让定期存单。MMCDs 开办于 1978 年,是一种 6 个月期不可转让的定期存款单,最低面额为 1 万美元。该存单的利率以 6 个月期国库券的平均贴现率为最高限,即允许银行付给这种存户的利率可以比 Q 条例规定的最高利率高出 0.25 个百分点。大额可转让定期存单由美国纽约花旗银行于 1961 年 2 月率先开办。该存单面额固定且金额较大,存期一般为 3—12 个月不等,存单记名,可以流通转让,并且具有比较活跃的二级市场,因而能较好地满足存户流动性和盈利性的双重要求。

3. 储蓄存款

储蓄存款主要是针对居民个人货币积蓄所开办的一种存款业务。储蓄存款往往也分为活期储蓄存款和定期储蓄存款两种。活期储蓄存款凭存折存取,不使用支票,手续比较简单。由于活期储蓄存款的存款人只需持存折即可向银行提款,是一种不稳定的存款,因而其利率水平较低。但活期储蓄存款由于户头分散,每户存款数额较小,又能获取一些利息,因而它的稳定性要高于一般活期存款,可以成为银行比较稳定的资金来源。特别是近年来,随着电子计算机等现代技术的广泛采用,许多银行在联行或同业间对储蓄实行通存通兑,或设立众多的自动出纳机等,既方便了存户存取,又降低了银行成本,使得活期储蓄存款业务的比重日益增大。定期储蓄存款类似于定期存款,预先约定期限,利率比活期储蓄高。储蓄存款的存户一般限于个人和非盈利组织,近年来,已逐步放宽到盈利性组织。

(三)借款业务

商业银行的负债除存款负债外,还通过各种其他负债方式借入资金。20 世纪 60 年代以前,借入款在商业银行资金来源中所占的比重很小。20 世纪 60 年代以后,西方银行学家提出负债管理理论。该理论认为,没有必要将资产管理作为银行保持流动性的唯一手段,完全可以在需要资金时进入市场借入资金。这样,银行相对来说可以扩大长期性资产比重,以获取较高的利润。由于当时商业银行与其他金融机构在存款市场上的竞争十分激烈,加上某些银行管理制度的限制以及通货膨胀的加剧,商业银行利用存款方式吸收资金的能力有所弱化,银行业务的发展客观上需要发展多种负债形式。因此,负债管理理论一问世便得到商业银行的普遍响应,借款业务在商业银行负债业务中的地位迅速上升。商业银行的借款业务主要有同业借款、中央银行借款和金融市场借款。

1. 同业借款

商业银行借入资金的重要途径是向其他银行借款,即同业借款。同业借款主要包括同业拆借、转贴现和转抵押。

同业拆借是银行及其他金融机构之间短期或临时性资金的融通。当商业银行在其经营过程中出现临时性资金不足,资金周转发生暂时性困难时,可向其他银行临时拆借一笔款项。这笔资金是其他银行营运过程中产生的临时性盈余,拆入行能利用的时间较短,但可以维持其资金的正常周转,避免或减少出售资产而发生的损失,满足其流动性的需要。而且,同业拆借在发达国家已经发展到十分完善的阶段,实现了电子化。一家银行如有资金盈余可通过电话或电传拆出;如果发生资金周转的暂时性困难,可随时通过电话或电传及时拆入。同业拆借交易迅速,效率很高,商业银行可以十分便利地通过这种渠道借入所需要的资金。而出现资金盈余的银行一般也愿意将暂时盈余的资金拆放出去,以获得利息收入。

商业银行在资金紧张、周转不畅的情况下，也可通过转贴现、转抵押的方式向其他银行借入资金。贴现是票据持有人将未到期的票据交给银行，银行按票面金额扣除利息后付款给票据持有人。在贴现过程中，银行垫付了资金。当银行急需资金时，可将已经贴现但仍未到期的票据，交给其他银行请求给予贴现，以取得相应的资金，这一过程即为转贴现。转抵押是银行将自己客户的抵押品，转抵押给其他银行以取得资金。转贴现和转抵押虽然能使商业银行借入资金，但转贴现、转抵押的手续和涉及的信用关系都比较复杂，受金融法规的约束也较大。而且，过多地使用这种方式借入资金会使人产生该银行经营不稳的印象。因此，各银行对转贴现、转抵押借款的运用都比较慎重。

2. 中央银行借款

中央银行是银行的银行，执行着最后贷款人的职能，因此，商业银行必要时可向中央银行借款。一般来说，商业银行向中央银行借款的主要目的在于缓解本身资金周转的困境，而非用来获利。商业银行向中央银行借款的途径主要有两条：一是再贴现；二是再贷款。再贴现是商业银行把已对客户贴现但尚未到期的票据请求中央银行予以贴现、融入资金。再贴现是商业银行从中央银行借入资金的主要途径，但商业银行并不过分依赖中央银行的再贴现。这是因为，中央银行并不是对所有票据都给予再贴现，这除了取决于票据质量、期限及种类外，还取决于货币政策的要求。再贷款是指商业银行向中央银行直接借款。再贷款可以是信用贷款也可以是抵押贷款。再贷款比再贴现要简便、灵活。但一般来讲，中央银行对再贷款的控制比再贴现还要严，条件也更复杂。

3. 金融市场借款

商业银行组织资金的另一重要形式是通过金融市场发行债券筹借资金。以发行债券的方式借入资金对商业银行有很多的好处。首先，债券不是存款，不需缴纳准备金，因而发行债券得到的实际可用资金大于同等数额的存款。其次，债券将银行负债凭证标准化，适宜推销，能有效地提高银行的资金组织能力。最后，银行与债券购买人之间是债权债务的买卖关系，不是银行与客户之间的关系，银行除到期必须还本付息外，对债券购买人不承担任何别的责任和义务，如承诺或发放贷款，也无须提供任何服务，如转账结算等。因而，银行对发行债券所得到的资金，可以充分自主地加以运用。

商业银行除了在国内金融市场上取得借款外，还经常从国际金融市场借款以弥补自己资金的不足。国际金融市场借款是指商业银行在境外金融市场筹措资金，又称境外借款，这些借款大多是在欧洲货币市场上完成的。欧洲货币市场自形成之日起就对世界各国商业银行产生了极大的吸引力，其原因在于它是一个自由开放的富有竞争力的市场，这主要体现在以下几方面：一是欧洲货币市场不受任何国家政府管制和纳税限制；二是欧洲货币市场资金调度灵活，手续简便；三是欧洲货币市场不受存款准备金和存款利率最高额的限制，因而其存款利率相对较高，贷款利率相对较低，这无论对存款人还是借款人都具有很强的吸引力。商业银行国际金融市场借款主要是通过固定利率的定期存单、欧洲美元存单和浮动利率的欧洲美元存单、本票等形式进行，有时也通过发行债券方式从国际金融市场筹措资金。

商业银行的资金来源除资本、存款、借款外，银行在为客户办理转账结算等业务过程中，可以占用一部分客户资金，作为自己的资金来源。以汇兑业务为例，从客户将款项交给汇出银行起，到汇入银行把该款项付给指定的收款人止，在这段时间内，该款项的汇款人和收款人均不能支配这笔款项，而为银行所占用。虽然从每笔汇款看，占用时间很短，但由于周转金额巨大，因而占用的资金数量也就相当可观，但随着资金清算调拨的电子化和自动化水平不断提高，银行能够占用的资金也越来越少，但这并不能排除商业银行占用资金的可能性。

我国商业银行的借入资金主要有向人民银行借款、同业拆借、再贴现和转贴现等。向人民银行借款按期限分为年度性借款、季节性借款和日拆性借款三类。年度性借款用于解决商业银行因经济合理增长而引起的年度性资金不足，其期限为1年，最长不超过2年。季节性借款主要解决商业银行资金先支后收或存款季节性变动等因素引起的暂时资金不足，其期限为2个月，最长不超过4个月。日拆性借款主要解决商业银行因汇划款项未达等因素造成的临时性资金短缺，期限为10天，最长不超过20天。我国商业银行之间的同业拆借大体上可划分为两个层次：首先是为了弥补票据交换发生的应付差额而进行的头寸拆借；其次是为了弥补信贷资金缺口而进行的资金拆借。头寸拆借是银行由于准备金不足而进行的短期借贷。资金拆借是利用金融机构之间资金融通过程中的时间差、空间差和行际差来调剂资金头寸而进行的短期借款。

三、商业银行的资产业务

商业银行通过各种负债业务获得资产来源后，必须将所吸收的资金加以运用，获得收益，否则银行就无法生存。一家银行只有当它从资产运用中取得的收入大于吸收资金的成本，才可能获得盈利。商业银行的资产业务即银行运用其资金的业务。商业银行所吸收的资金，不能为了盈利全部运用，首先要保留一定比例的现金和其他储备，由此构成银行的一个特殊项目：现金资产，其余部分则主要用于贷款和投资。此外，银行的资金还可以用于拆借给其他银行、购买房地产和设备等等，构成银行的其他资产，银行的其他资产主要包括房地产和设备、应收款项等。

（一）现金资产

所谓现金资产，是指银行随时可以用来应付现金需要的资产，是银行资产中最富有流动性的部分。现金资产一般包括库存现金、在中央银行存款、同业存款以及托收中现金。库存现金指商业银行金库中的纸币和硬币。库存现金主要是备付客户提现以及其他零星开支。商业银行存于中央银行的存款主要包括法定存款准备金存款和超额存款准备金存款。法定存款准备金是各个银行按规定比率存于中央银行的准备金，这一方面是为了保证银行应付客户的提现要求；另一方面则是中央银行用来调节信用的工具。超额存款准备金是银行的存款准备金总额减去法定存款准备金后的余额，银行保持超额存款准备金的目的有三：一是用于银行之间的票据交换差额清算；二是应付不可预料的现金提存；三是等待有利的贷款或投资机会。商业银行存放在其他银行的存款简称同业存款，设立此项存款，一是为便利银行之间的票据结算及代理收付等往来业务；二是为了向其他银行借款，也需要在其他银行账户上保留一定余额。托收中的现金是指银行收到以其他银行为付款人的票据，已向票据交换所提出清算或已向其他银行提出收账，但尚未正式记入存放同业或在中央银行款账户中的款项。银行在营业过程中总会收到客户存入的各种票据，其中有一部分往往不是以本行为付款人，而是以其他银行为付款人，这时就需要向付款行收取，这部分款项在收妥之前一般是不能抵用的，但收妥后马上就成为存放在同业或在中央银行的存款，所以视同为现金资产。

我国商业银行的现金资产包括库存现金和银行存款、存放中央银行款项、存放同业款项以及其他形式的现金资产。银行存款是银行行政部门日常用于公杂费等财务开支而在本行营业部开户的存款。现金和银行存款共同反映我国商业银行库存现金的情况。存放中央银行款项包括存放在中央银行存款和缴存中央银行存款两部分。中央银行作为发行银行和商业银行的最后贷款者,商业银行会与之发生现金的提取和解缴业务、借贷业务;中央银行作为全国的清算中心,商业银行间的同城票据交换需要中央银行组织清算;各商业银行的基层行处,在办理业务的过程中,会出现有的行处一时现金不足或有的行处一时现金过多的情况,这就需要通过中央银行调剂解决。所有这些业务,商业银行都通过中央银行存款这一资产科目进行。商业银行缴存中央银行存款分为两部分:财政性存款和一般性存款。商业银行吸收的财政性存款应全部缴存中央银行,作中央银行的资金来源,商业银行不能占用,这部分存款包括各级预算存款、预算外存款、国家投资的基建存款等。商业银行吸收的一般存款应按规定比例缴存中央银行,作为中央银行统筹支配的信贷资金。

(二)贷款业务

贷款亦称放款,是指商业银行或其他金融机构以一定利率把货币借给资金需求者并约期归还,借以获取利息的一种信用活动。商业银行的资产业务有多种,但贷款在其资产业务中一般占最大比重,这是因为虽然贷款的风险较大,但它的利率较高,商业银行从收益方面考虑,总是尽可能在风险许可的范围内扩张其贷款业务;同时,商业银行通过贷款业务,可密切与工商企业等客户之间的联系,从而有利于在吸收资金、扩大业务领域方面得到客户的支持;最后,从银行的社会功能来看,商业银行有扶助工商业,促进经济发展的义务,商业银行如不发放贷款,则等于丧失其社会功能。

商业银行贷款业务的种类很多,可以按不同的划分标准加以分类。

1. 按贷款期限划分

按贷款期限划分,商业银行的贷款可以分为活期贷款和定期贷款两种。活期贷款指没有确立贷款期,银行可以随时收回或借款人可以随时偿还的贷款。银行提供此种贷款时,一般都是手中持有一部分资金,但期限很短,很快就要支付给客户。为避免资金的暂时闲置,银行以活期贷款的形式贷放出去,既可以在需要资金时随时收回,又可以赚取一定的利息。活期贷款的利率较低,银行在收回时,一般应预先向借款人发出通知,故又称通知贷款。

定期贷款是指具有确定期限的贷款,银行在向客户提供资金时,事先确定一个期限,当贷款期满时,客户将贷款本息偿还给银行,而在到期之前,银行一般不得要求客户归还款项。定期贷款根据期限的长短,又可分为短期、中期和长期三种。短期贷款指期限在1年以内的贷款,一般被用于工商企业的周转资金、各种偶发性资金需求以及银行间的资金融通。一些非银行金融机构,如证券公司等,也经常向银行借入此种类型的贷款。此外,银行还向农场主及农民个人提供期限在1年以内的短期贷款,用于满足各种季节性需求。中期贷款是指期限在1年以上5年以下的放款,有的国家将5—8年的贷款也称为中期贷款。中期贷款主要被用于工商及农业企业的设备更新改造,也有很多是消费者贷款。长期贷款主要被用于企业各种固定资产的购置,如新建厂房,购买新的机器设备等,也有一些提供给农业生产企业用于土地开发等项目,此外,还有一些长期贷款贷给消费者个人,主要用于购买房屋等需要。长期以来,由于受商业贷款理论的影响,商业银行的贷款从期限上看,主要是中短期贷款,投放到长期贷款上的资金不多,但近几十年来,这种状况已经发生了较大变化。

2. 按贷款是否有担保划分

按贷款是否有担保划分,商业银行贷款可被分为信用贷款、保证贷款和抵押贷款。信用贷款是仅凭借款人的资信向银行取得的贷款，这种贷款在发放时，借款人以口头或书面作出保证，在贷款到期时，将贷款的本息及时偿还给银行。信用贷款除借款人的信誉外，没有其他形式的担保存在，风险很大。因此，银行的信用贷款只提供给与银行具有密切关系、实力雄厚、财务状况良好、企业管理水平高、历年利润情况及预期未来收益较好、品德较好的大客户，以减少贷款风险。

保证贷款是以借款人以外的法人或个人，对借款人按时履行还本付息义务进行担保。如果贷款到期，借款人不能按时如数地向银行偿付本息，即由担保人承担偿付责任。保证贷款由于既有借款人的保证，又有担保人的保证，存在着双重保证，因而安全性较高。一般情况下，当借款人的信誉较低或放款的风险较大时，银行发放此种形式的贷款。作为担保人的法人或个人一般与借款人和银行的关系比较密切，其信誉高于借款人的信誉，很多是借款企业的母公司。

抵押借款是以特定的抵押品做担保的贷款。商业银行在发放这种贷款时要求借款人以其自有的一定财产作为抵押品，并同意在无力偿还贷款的情况下，银行有权处理这些财产。这样，通过抵押品的设定，在借款人不能或不愿偿还贷款的情况下，银行可以用处理抵押品的收入抵补贷款的本息，这就使得银行贷款的信用风险得到了有效的防范。抵押品一般为易于保存和变卖的财产，如有价证券、房地产、机器设备、人寿保险单等。因抵押品的不同，抵押贷款的抵押品价值应大于贷款金额，多出部分称为贷款垫头。当借款人违约时，商业银行有权出售抵押品优先获得赔偿，若其出售价款不足抵贷时，银行可通过法律手段追回不足差额，而超过部分则应返还借款人。

3. 按贷款的偿还方式划分

按贷款的偿还方式划分，商业银行贷款分为一次偿还性贷款和分期偿还性贷款。一次偿还性贷款是贷款到期时一次偿还本金，利息可在中间分几次或在贷款到期时一次性支付的贷款。这种贷款一般都是数额较小、期限较短的贷款。分期偿还性贷款则是借款人按规定期限偿还本金和利息的贷款。这种贷款可以按月、按季、按年偿付，一般第一次偿付的比重大，其余各期偿还的数额大致相等，这样可以减轻借款人一次全部偿还的负担。它主要适用于房地产抵押贷款和消费者贷款。

4. 按贷款的对象划分

按贷款的对象划分，商业银行贷款可分为工商贷款、农业贷款、消费者贷款、不动产贷款和同业拆放。工商业贷款主要用于工业企业固定资产投资和购入流动资产的资金需要以及商业企业商品流转的资金需要。农业贷款中，长期性贷款主要用于购买土地、农业机械、土壤改良、保持水土等，短期性贷款则主要用于购买种子、肥料、农药等。消费者贷款主要是个人购买耐用消费品，如汽车、住房发放的采取分期付款偿还方式的贷款，此类贷款的清偿主要依靠借款人可靠的收入。同业拆放是银行间因资金头寸不足而相互提供的一种短期贷款，其利率较银行贷款利率低。不动产贷款指发放给购房人用于购买房屋、土地的长期性抵押贷款，其期限最长可达30年之久，其偿还均采用分期付款方式。

5. 按贷款方式划分

按贷款方式的不同，商业银行贷款可分为透支贷款和票据贴现贷款。透支贷款指商业银行允许其往来存款户超过其存款余额签发支票并予以兑付的一种放款。往来户应事先与银行约定一个最高透支限额与透支期限(一般不超过1年)，在该限额与期限内客户可以随时支取。

贴现贷款指商业银行允许企业将未到期的票据交给银行，银行按票面金额扣除利息后付款给票据持有人。贴现的票据主要有银行承兑汇票、商业承兑汇票、商业期票、银行本票、政府债券等。贴现业务形式上是银行买进票据，实质上是债券转移。票据载明的支付人对持票人负债，即在票据未贴现前，他对票据持有人负债，但贴现后，它对购入票据的银行负债。在票据到期前，银行对出票人保有债务追索权。票据到期时，银行则凭票向票据载明的支付人或背书人索取票面款项。由此可见，票据的贴现实际上是债权的转移，银行通过贴现间接贷款给票据金额的支付人，因此，贴现同样是一种银行的资产业务。

票据贴现虽然也是商业银行的一种贷款，但它与银行一般贷款有许多不同之处。首先，当事人不同。一般银行贷款的当事人是银行和借款人及其保证人，借款人或保证人负有偿付责任；贴现的当事人是银行、贴现人以及票据上背书承兑的各个关系人，当票据到期时，票据出票人、承兑人、背书人和贴现人都负有连带清偿责任。其次，期限不同。贷款期限较长，且常有展期情况的出现；贴现的期限较短，一般是 3 个月、6 个月，最长不会超过 1 年，到期即可收回。第三，利息不同。贷款利息一般是到期后收取，而贴现利息则是在贴现业务发生时从票据面额中预扣。相应地，贷款利息率要略高于贴现率，这是因为贴现业务发生时，银行要按票据面额预扣利息将余额付给客户，银行的实际付款额要低于票面额，而贴现率是按票据面额计算的，所以贴现率一般要低于贷款利息率。第四，流动性不同。在一般贷款中，银行与借款人之间是一种借贷关系，银行通常在到期后才能收回贷款，一般不能提前收回。而票据贴现是一种票据买卖关系，当银行资金不足时，可以把收贴的票据向其他银行转贴现或向中央银行再贴现，随时变为可用资金，以供周转。最后，风险不同。票据贴现虽然表现为票据的买卖，但这种购买与银行买进其他证券是有区别的。在买进公债、国库券、公司债券等有价证券以后，卖方对这些证券今后的价值变动或能否兑现不负任何责任。而在票据贴现中，票据贴现人、出票人、承兑人都是银行的债务人，要承担连带清偿责任。

6. 我国商业银行的贷款分类

我国商业银行贷款业务的类型划分及其业务性质与西方商业银行没有太大区别，但在贷款的业务范围与贷款方式的灵活度上有较大差异。依贷款用途的不同，我国商业银行的贷款主要有两类：流动资金贷款和固定资产贷款。流动资金贷款是商业银行向企业发放的用于正常生产经营周转或临时性资金需要的本外币贷款。流动资金贷款的特点是期限灵活，能够满足借款人临时性、短期和中期流动资金需求。流动资金贷款按贷款期限可被分为临时贷款、短期贷款、中期贷款等。临时贷款是指期限在 3 个月（含 3 个月）以内的流动资金贷款，主要用于企业一次性进货的临时需要和弥补其他季节性支付资金不足；短期贷款是指期限为 3 个月至 1 年（不含 3 个月，含 1 年）的流动资金贷款，主要用于企业正常生产经营周转的资金需求；中期贷款是指期限为 1 年至 3 年（不含 1 年，含 3 年）的流动资金贷款，主要用于企业正常生产经营中经常性的周转占用和铺底流动资金贷款。流动资金贷款的币种分为人民币和外币两种，期限一般不超过 1 年，最长为 3 年。固定资产贷款是商业银行向企业提供的，主要用于固定资产项目的建设、购置、改造及其相应配套设施建设的中长期本外币贷款。固定资产贷款包括基本建设贷款和技术改造贷款。基本建设贷款是指用于基本建设项目的中长期贷款；技术改造贷款是指用于技术改造项目的中长期贷款。固定资产贷款的特点是期限长，贷款金额大，能够满足企业对固定资产项目的投资需求。固定资产贷款币种有人民币和外币两种，期限一般不超过 8 年，实际贷款期限根据项目评估结果确定。

近年来,我国商业银行还开办了一些新型贷款业务,如人民币额度借款、法人账户透支业务、项目贷款和并购贷款。

人民币额度借款是贷款人与借款人一次性签订借款合同,在合同规定的有效期内,允许借款人多次提取贷款、逐笔归还贷款、循环使用贷款的流动资金贷款业务。人民币额度借款中每笔借款视同独立的一笔流动资金贷款,其期限和利率比照流动资金贷款确定。人民币额度借款最大的特点及优势在于企业用款拥有很大的灵活性。一方面在借款额度有效期内,企业可以对借款额度循环使用,即只要企业所申请的借款金额与未偿还的借款本金余额之和不超过借款额度,企业就可以根据需要连续向银行申请借款;另一方面,在额度有效期内发生的单笔借款,其履行期限届满日不受额度有效期间是否届满的限制,且不必每次都与银行签订新的借款合同,简化了贷款程序,保证了用款效率及灵活性。

法人账户透支业务是在约定的账户、约定的额度内,当公司结算账户存款不足以支付款项时,可在核定的透支额度内向银行透支。法人账户透支业务最大的特点是手续方便快捷,这对于公司弥补频繁发生的金额不大、期限不长的资金缺口非常有用。使用和归还银行资金不需要额外手续,只需要按照正常结算程序办理支付和收款进账即可。法人账户透支目前仅限于人民币业务。法人账户透支涉及的期限包括透支额度有效期和透支账户持续透支期限。

项目贷款是指针对某一特定工程项目的贷款,其期限通常从项目第一笔贷款发放之日起,至借款人按合同约定还清全部贷款本息之日止,具体执行过程中还需根据项目情况和银行资金供给能力协商确定,最长一般不超过10年。在借款合同确定的期限内,贷款可分次发放,分次收回。项目贷款的利率档次、利率浮动、计息方法以及结息时间等按国家规定执行。

并购贷款是指国内企业法人在改制、改组过程中有偿兼并、收购国内其他企业法人、已建成项目,或者进行资产、债务重组时,向银行申请办理用于支持其进行并购的中长期贷款。

(三)投资业务

投资是银行资产业务的重要组成部分。一般而言,银行的投资业务主要指银行的证券投资业务,即银行以其资金在金融市场上购买各种有价证券的业务活动。银行投资的对象主要有政府公债、公司债券和股票等有价证券。银行的证券投资业务与其贷款业务有一定的区别:第一,贷款是基于借款人的申请而办理的,银行处于被动地位,而证券投资是银行的一种主动行为,对在金融市场上可以流通转让的各种长短期证券,银行可根据自身的资金实力和资产管理需要,主动选择和购买相应证券。第二,贷款所涉及的是银行和借款人之间的双边关系,具有个性化,而证券投资是非个性关系,纯粹是一种社会化、标准化的市场交易行为。正因为贷款具有个性化性质,银行为了减少风险,往往需要借款者提供担保或抵押,而证券投资作为一种市场行为,有法律和规定程序的保障,银行作为投资者不存在抵押或担保问题。第三,在贷款交易中,银行一般总是处于主要债权人的地位,而在证券投资中,银行往往只是许多债权人之一。第四,流动性不同。贷款大多不能流通转让,而证券投资可随时在证券市场上自由买卖和转让,具有较高的流动性。

商业银行作为经营货币资金的特殊企业,其证券投资的目标有三个:

第一,提高盈利性。证券投资收益是商业银行投资业务的首要目标。商业银行在经营货币资金的放款业务过程中往往因各种条件限制而一时无法找到合适的贷款对象,从而出现资金暂时闲置状态,这对以支付利息为条件运用各项资金的银行来说无疑是一种损失。为了使闲置的资金产生效益,银行从事证券投资,在不同收益率、不同风险性与不同期限的证券买卖中,可提高资金的盈利能力。同时,证券投资拓宽了商业银行的资产业务范围,增强了银行资金投放的自由度,为银行高效率运用资金,谋求最大利润提供了现实条件。

第二,降低风险。降低风险是银行经营的一个重要原则,而要降低风险,就要实行资产分散化。商业银行在从事放款业务的同时,将一部分资金用于证券投资业务,有助于避免和抵消放款业务可能存在的各种风险。同时,由于证券投资的选择面广,可以不受地区、种类、数量、期限的限制进行分散化投资,从而可以将银行经营风险降到尽可能低的程度。此外,由于证券投资比较灵活,可以根据需要随时买进卖出,这也有利于商业银行减少经营风险。

第三,补充流动性。商业银行保持一定比例的高度流动性资产是保证其资产业务安全的重要前提。通常银行以库存现金、存放于中央银行和同业的存款以及托收未收未达款作为商业银行的流动资产,用作应付客户提存的第一储备。这种资产具有较高的流动性,但缺陷在于它们都是不生利资产,如果其所占比重过大,商业银行资产收益率势必受到影响。而证券投资,尤其是短期投资可以迅速变现,具有较高的流动性。以其充当商业银行的第二储备,既能满足资产流动性要求,又能满足银行经营盈利性的要求。补充流动性构成商业银行证券投资业务的一个重要目标。

一般来说,商业银行投资于政府债券所受到的限制较小,而投资于股票、基金或非自用房地产等在不同国家有较大的差异。在实行分离型银行制度的国家,法律禁止商业银行购买股票、企业债券或投资于房地产;但在实行全能型银行制度的国家,商业银行投资于这些资产时所受到的限制就较少。当今,全球有走向混业经营的趋势,银行业与证券业、保险业之间的经营壁垒正逐步打破,因而商业银行直接从事资本市场投资活动的空间将越来越大。

我国目前还是实行较为严格的分业经营,即商业银行不得从事股票等有价证券业务,也不得投资于非自用房地产,但购买政府债券则不受限制。增加政府债券的持有量成了我国商业银行实现资产结构优化、提高资产质量、降低资产组合风险的主要措施。同时,商业银行持有一定的有价证券,也便利了中央银行通过公开市场操作来提高对基础货币的调控能力。

四、商业银行的中间业务与表外业务

各国商业银行除了经营存、贷款业务和证券投资业务以外,还利用其在机构、技术、资金、信誉和信息等方面的优势,开展结算、信托、租赁、代理等其他业务。这些业务的开展既满足了经济运行对银行服务多样化的需要,也促进了商业银行自身的发展。一方面,银行办理各种其他业务不仅可以收取手续费增加银行收益,而且银行在开展其他业务时,可以暂时占用客户的各种资金,扩大资金来源和银行的资产业务。另一方面,银行办理各种其他业务还可以通过优质高效的服务为银行赢得优良信誉,从而对银行的资产负债业务产生积极的影响。对商业银行的这些业务有两种称谓:中间业务和表外业务。

中间业务是指商业银行不运用或较少运用自己的资金,以中间人的身份,替客户办理收付和其他委托事项,提供各类金融服务并收取手续费的业务。由于它在商业银行的资产负债表上一般不直接反映出来,因此 2001 年 6 月 21 日中国人民银行发布的《商业银行中间业务暂行规定》,将商业银行中间业务定义为“不构成商业银行表内资产和表内负债,形成银行非利息收入的业务”[①]。表外业务是指商业银行所从事的，按照现行的会计准则不记入资产负债表内，不形成现实资产负债，但能改变损益的业务。具体包括担保类、承诺类和金融衍生交易类三种类型的业务。担保类业务是指商业银行接受客户的委托对第三方承担责任的业务，包括担保（保函）、备用信用证、跟单信用证、承兑等。承诺类业务是指商业银行在未来某一日期按照事先约定的条件向客户提供约定的信用业务，包括贷款承诺等。金融衍生交易类业务是指商业银行为满足客户保值或自身头寸管理等需要而进行的货币和利率的远期、掉期、期权等衍生交易业务。

从上述描述中我们可以发现，中间业务和表外业务既有交叉，也有区别。传统的中间业务像汇兑业务、信用证业务、代收业务、代客买卖业务等，是没有风险的业务；而表外业务中除包括传统的中间业务外，还包括金融创新中产生的有风险的业务，如贷款承诺、备用信用证、担保、投资银行业务和衍生金融工具交易等。因此，表外业务又有广义和狭义之分，广义的表外业务包括传统的中间业务和狭义表外业务，狭义表外业务则主要指有风险的业务。通常讲的表外业务指的是狭义的表外业务。由于两种表述是重叠的，我们就不分别介绍，这里只就具体的业务作出说明。

（一）汇兑业务、信用证业务、承兑业务

汇兑业务是客户以现款交付银行，由银行将款项支付给异地收款人的一种业务。汇兑业务使用的汇兑凭证有银行支票、银行汇票、电信支付委托书等，这些凭证都是承汇银行向另一家银行或其分支行发出的命令，命令后者向第三者支付一定数额的款项。按汇兑的寄递方式不同，可将其分为电汇、信汇和票汇三种形式。电汇是使用电报划转款项，结算时间很短；信汇是银行使用邮递凭证划转款项，结算时间较慢；票汇是汇款单位或个人将款项交给当地银行，由当地银行签发汇票，持往外地办理转账或支付现金的结算方式。在当今银行业务广泛使用电子技术的情况下，资金调拨已是瞬息间可以解决的问题，除小额款项仍有使用电汇、信汇或票汇的必要外，大笔资金划拨基本上都是通过电子资金调拨系统处理。

信用证业务是由商业银行保证付款的业务。信用证分为货币信用证和商品信用证。货币信用证是客户将一定款项交于银行后，银行发给客户的一种记名凭证，证明客户有权在其他城市向该行分支行或其他往来行兑取所交金额的一部分或全部。商品信用证是银行应客户（购货单位）的要求，按其指定的条件开给销货单位的一种保证付款的凭证，其业务过程是：客户请求银行向销货单位开出信用证，并把货款的一部分或全部交于银行；信用证上注明支付货款时所应审查的事项，包括货物规格、数量、发货凭证等；销货单位按信用证所列条件发货后，可凭信用证要求开证银行付款。信用证因付款安全、迅速、便利而在国际贸易中被广泛应用。商业银行开办信用证业务，除可从中收取手续费外，还可利用时间差占用一部分客户资金。

承兑业务是银行为客户开出的汇票或票据签章承诺，保证到期一定付款。当票据到期前

① 中国人民银行发布的《商业银行中间业务暂行规定》对中间业务的构成有如下表述：票据承兑；开出信用证；担保类业务，包括备用信用证业务；贷款承诺；金融衍生业务；各类投资基金托管；各类基金的注册登记、认购、申购和赎回业务；代理证券业务；代理保险业务；各类汇兑业务；出口托收及进口代收；代理发行、承销、兑付政府债券；代收代付业务，包括代发工资、代理社会保障基金发放、代理各项公用事业收费（如代收水电费）；委托贷款业务；代理政策性银行、外国政府和国际金融机构贷款业务；代理资金清算；代理其他银行银行卡的收单业务，包括代理外卡业务；各类代理销售业务，包括代售旅行支票业务；各类见证业务，包括存款证明业务；信息咨询业务，主要包括资信调查、企业信用等级评估、资产评估业务、金融信息咨询；企业、个人财务顾问业务；企业投融资顾问业务，包括融资顾问、国际银团贷款安排；保管箱业务。

或到期时，客户将款项送交银行办理兑付。若到期客户无力支付票据款项，则该承兑行必须承担付款责任，因此，承兑是银行参与商业信用的重要途径，是以银行自身的信誉来加固客户信用。由于经过银行承兑的票据在付款方面更有保障，因而增强了商业票据的流动性，促进了票据流通范围的扩大。

（二）信托业务

信托是接受他人信任委托代为经营管理财物或代办事务为指定的人谋利益的经济行为。现代信托有广义和狭义之分，广义的通常包括信托和代理两大类；狭义的仅指信托类。我们这里讨论狭义的信托。信托行为通常涉及三方面当事人：委托人、受托人和受益人。委托人即提出委托并对受托人授权的信托财产所有人。受托人是接受信托并按约定的条件，受权对信托财产进行管理或处理的人。受益人是享受信托利益（包括信托财产本身的利益及由信托财产增值的利益）的人，可和委托人可同为一人。信托业务最初由一些个人和团体经营，后随经济的发展和业务范围的日益扩展，加之个人和团体的债权债务关系日趋复杂，出现了信托公司之类的金融机构。再后来，商业银行由于资力雄厚，信誉良好，业务经验丰富，也开始经营信托业务。银行经营信托业务一般只收取有关的手续费，而营运中获得的收入则归委托人或其指定的受益人所有。同时，银行承办该项业务可以占用一部分信托财产，有利于其扩展经营。

信托业务的种类可以从不同角度按不同标准进行划分。按承办信托的目的来划分，可把信托业务分为盈利信托与非盈利信托，前者以盈利为目的而后者不以盈利为目的；按受益对象来划分，可把信托业务划分为私益信托和公益信托两大类，前者的受益人是与委托人有利益关系的个人或法人，后者则是以公共利益为委托人的目的而设定的信托业务；按信托行为发生的基础可划分为自由信托和法定信托，前者由个人或法人自由设立，后者则由司法机关指定；按信托财产的不同可分为资金信托、动产信托和不动产信托等。

我国的现代信托业务是于20世纪初由英美等西方国家传入的。1917年，上海商业储蓄银行首先成立了保管部，经营出租保险柜业务。1921年成立了一批专门信托机构。1935年成立了官办的中央信托局。新中国成立伊始，中国人民银行上海市分行便于1949年11月1日成立了分行信托部，但1952年以后基本停办。随着经济体制的改革，企业有了可以自由支配的财力，机关事业单位经费包干后也有结余留用款项，各种经济主体之间的融资要求日益强烈。为此，从1980年开始，我国银行开始办理信托业务。根据规定，我国银行信托机构开展的信托业务主要有信托存款、信托贷款、信托投资、委托存贷款和委托投资等。信托存款即委托人将存款交由银行信托部门负责运用和管理，不指定存款的用途，仅按约定利率取得收益。信托贷款是银行信托机构以自有资金和筹集的资金，按贷款条件自行审定贷款对象，发放贷款，并自我承担贷款风险的一种贷款方式。信托投资指信托机构以投资者身份直接参与联营企业的投资、管理及其经营成果分配。委托存贷款是银行信托机构接受委托人或委托单位的委托贷款基金并按协议对象和用途，代为运用和管理的一种业务。委托投资即银行信托机构接受委托人委托，对其指定的企业进行投资，并监督企业的经营管理和利润分配等事项。1995年，根据分业经营与规范管理的要求，我国对银行系统的信托业务进行整顿。到目前为止，银行系统所属的信托投资公司直接被撤销、转让或转为银行的分支机构[①]。

---

① 黄达主编：《金融学》，中国人民大学出版社，2003年版第288页。

(三) 贷款承诺、备用信用证和担保

贷款承诺是银行在未来特定时期内向客户按事先约定条件发放一定数额贷款的承诺。银行一般根据所承诺的贷款额按一定比例收取承诺费,通常该比例不超过1%,利息则按照实际借款额计算。贷款承诺分为可撤销贷款承诺和不可撤销贷款承诺。可撤销贷款承诺附有客户在取得贷款前必须履行的特定条款,一旦在银行承诺期间及实际贷款期间发生客户信用级别降低,或客户没有履行特定条款,则银行可以撤销为其提供贷款的承诺。不可撤销的贷款承诺则是指银行不经客户同意不得私自撤销的承诺,它具有法律效力。

票据发行融资是一种近年来迅速发展的贷款承诺。票据发行融资指银行承诺帮助企业发行短期票据筹资,卖不出去的将全部由银行按事先约定的价格买下。企业也可在一定的承诺期内(通常2—7年)循环使用票据发行融资,在承诺期和额度内,企业每次发行短期票据时的未售出部分都将由银行收购。银行赚取承诺费,但同时承担流动性风险和信贷风险。

备用信用证是指商业银行应客户的请求向受益人开出的保证在该客户未能按协议付款时,代替客户向受益人进行偿付的保证书。一般情况下,银行开具备用信用证是为债务人的融资行为提供还款担保。企业在发行短期有价证券筹资时因此而提高自身的信用度,降低筹资成本。当然,银行开具备用信用证要收取一定的手续费。

担保是商业银行以保证人或担保人的身份接受客户委托,对国内外企业提供信用担保服务的业务,即商业银行为交易活动双方中的一方(委托人)向另一方出具书面担保,以保证委托人届时履行合同义务。一旦委托人不履行合同义务,则银行负有连带赔偿责任,因此,担保成了银行的或有负债。

本章小结

(1) 商业银行实行单一银行制的典型国家是美国,其银行都以单一的形式在限定地区经营,这种严格管制在近几年已逐渐放松。目前,绝大多数的国家都实行分支银行制,和单一银行制比较,两者各有优劣势。银行控股公司制和连锁银行制主要存在于美国,都是为逃避过去单一银行制的严格限制而出现。代理银行制则主要是为适应国际经济交往的需要而建立。

(2) 分离型银行制度主要出现在分业经营的国家,其商业银行业务和其他业务是严格分离的,而混业经营的国家主要实行全能型银行制度。近年来,商业银行、投资银行等金融机构相互之间混合发展的趋势日益明显,全能型的银行制度逐渐成为发展的趋势。

(3) 商业银行的业务主要可以分成资产业务、负债业务、中间业务和表外业务。负债业务涉及商业银行资产负债表中负债项的变化,是商业银行的资金来源,资产业务则涉及资产负债表中资产项的变化,是商业银行的资金使用。中间业务和表外业务不直接涉及资产负债表中任何项目的变化,但对商业银行的盈利造成影响。

(4) 商业银行的中间业务和表外业务事实上存在很多相互重叠之处,在现实中也无须对它们做明确的区分。中间业务和表外业务目前已经成为商业银行利润的最重要来源之一,是商业银行提高盈利能力的重要途径。当然,中间业务和表外业务往往也蕴含着一定的风险,需要商业银行加强对其的监控和管理。

复习思考题

1. 比较分析单一银行制与分支银行制的优缺点。

2. 什么是分业经营和混业经营？试对两种制度加以比较。
3. 商业银行的资本金包括哪些项目？《巴塞尔协议》对银行的资本金有什么要求？
4. 贷款业务、存款业务、投资业务、结算业务对商业银行的营运有什么意义？
5. 商业银行的中间业务和表外业务对商业银行有什么影响？

第七章 中央银行

一国为实现其总体经济目标往往会设置一个全国最高金融管理机构，来监督管理金融业和金融市场，控制和调节信贷总量和货币供应量并稳定物价水平，以确保经济长期稳定的增长，这个机构就是中央银行。中央银行制度已成为现代金融、经济的重要组成部分，其职能作用的发挥直接关系着现代金融、经济的健康发展。本章将重点介绍中央银行的组织机构、职能作用，并对中央银行与政府的关系进行探讨。

第一节 中央银行的制度形成与机构设置

一、中央银行制度的形成

中央银行从 17 世纪出现到现在已有 300 多年的历史，在此过程中，中央银行制度不断发展、完善。与此相应，其组织机构也不断趋于完善。应该说，中央银行制度的形成有其必然性，具体主要体现在以下四个方面。

(一) 统一发行银行券的需要

早期每个银行都有发行银行券的权力，如果每家银行都能保证自己发行的银行券随时兑现，银行就能顺利经营，银行券也就能稳定流通。然而，随着生产和流通的发展，银行业竞争日趋加剧，某些银行由于经营不善，无法保证银行券兑现；还有些银行则利用发行分散、交通不便的条件，故意将银行设在偏僻地点，以逃避客户兑现，进行信用欺诈。同时，由于银行业竞争十分激烈，同业恶意兑现的现象也时有发生。这些因素导致银行破产、倒闭和信用纠纷，引起社会混乱。另一方面，由于一般银行规模较小，资金、信用、分支机构都十分有限，其发行的银行券只能在局部地区流通，给社会化的生产和流通造成困难。这在客观上要求有一个资本雄厚并且在全国范围内拥有较高信誉的银行发行一种能在全国范围流通的货币并对其进行严格管理。

(二) 集中票据清算交换的需要

随着商品经济的发展，银行业务不断扩大，银行间的票据往来逐渐增多，债权债务关系错综复杂，由银行各自进行清算和交换非常困难而且效率极低，对小银行而言这会造成一种不公平竞争的环境。小银行受实力所限，不可能在较大范围内组织票据清算和交换，只能委托大银行办理，大银行则可借此控制小银行的业务活动。票据清算和交换若不能得到及时、合理处置，会影响信用制度的健康发展，阻碍经济的顺利运行。因此，这在客观上要求有一个集中统一而又公正权威的票据清算交换机构。

（三）最后贷款人的需要

在商品经济社会，银行的每一种、每一笔业务都存在或多或少的风险，比如，贷款到期无法收回本金和利息，存款人挤兑存款造成银行资金短缺，投资的证券价格下降等。银行经营风险的存在危及银行的安全。而某些银行由于经营不善等原因，造成支付能力不足而破产、倒闭，极有可能导致社会性信用危机，存款人大量挤兑存款，使经营状况良好的银行也陷入资金不足的窘境，形成金融危机，不利于经济的发展，也不利于社会的稳定。因而，客观上要求有一个信用卓著、资金实力强大的金融机构充当一般银行的"最后贷款者"，以免其在信用危机中破产倒闭，引发金融危机。

（四）金融管理的需要

随着经济的发展，金融业在国民经济中的地位和作用不断增强，银行在竞争中的破产、倒闭造成经济运行的大幅动荡。各国政府普遍意识到，要保证金融稳定、经济稳定，必须将金融业的经营活动置于严格的监督管理之下。由于这方面的技术性很强，客观上需要有一个代表政府意志的专门机构从事金融管理工作。

上述建立中央银行的几方面客观要求并非是同时提出的，相应地，中央银行的形成也有一个发展过程。最先具有中央银行名称的是瑞典银行，它成立于1656年，初建时是一般私营银行，后于1668年改组为国家银行，直到1897年瑞典国家银行才独占货币发行权，成为真正的中央银行。然而，最早真正全面发挥中央银行职能的应该是英格兰银行。英格兰银行成立于1694年，成立之初就具有与其他银行不同的特权，比如接受政府存款并向政府提供贷款，在发行银行券上拥有优势等。1844年英国通过了银行法，结束了英国279家银行分权发行银行券的局面。1854年，英格兰银行成为英国银行业的票据交换中心。1872年，英格兰银行开始对其他银行担负起困难时提供资金支持的最后贷款人责任，并且由于它在发生金融危机时的特殊作用，又使之具有了全国金融管理机构的色彩。

在整个19世纪到第一次世界大战爆发前的100多年里，是中央银行形成的第一个高潮。例如，成立于1800年的法兰西银行到1848年垄断了全法国的货币发行权，并于19世纪70年代完成了向中央银行的过渡；德国于1875年把原来的普鲁士银行改为国家银行，于20世纪初基本上独享了货币发行权；1913年，美国联邦储备系统的建立，是这个阶段最后形成的中央银行。这期间，世界上约有29家中央银行相继成立。中央银行的产生除个别例外（比如，美国联邦储备系统），都是由普通银行逐步演变而成。商品经济的发展促进了银行业的迅速发展，在银行业的发展过程中，某些实力最强、与政府关系密切的银行成了群行之首，居于特殊地位。它们通过逐步集中货币发行和对一般银行提供清算服务及资金支持而演变为中央银行，具有自然发展的特点一般称之为自然演进型中央银行。

第一次世界大战结束后，面对世界性金融恐慌和严重的通货膨胀，1920年在布鲁塞尔召开的国际经济会议上，要求尚未设立中央银行的国家尽快建立中央银行，以共同维持国际货币体制和经济的稳定，由此推动了又一次中央银行成立的高潮。20世纪20年代后，新成立或新改组的中央银行由于有前一阶段中央银行创设和发展的经验可资借鉴，所以许多都是运用政府力量直接设计，成为在法律上具有明确权责的特定机构，具有人力推动的特点，一般称之为人工设立型中央银行。20世纪30年代经济大危机后，新、老中央银行均开始建立准备金制度并以重点管理其他金融机构为己任。中央银行的三大职能(发行银行、银行的银行以及国家的银行)在迅速扩展中逐渐得到完善。二次世界大战以后，一批经济较落后的国家摆脱了宗主国或殖民者的统治获得独立，它们皆视中央银行的建立为巩固民族独立和国家主权的一大标志，所以纷纷建立本国的中央银行。这样，中央银行制度逐步演变成一种世界性主体银行制度，中央银行在各国金融制度中发挥着主导和核心的作用。

二、中央银行的制度形式

各国不同的社会制度、经济发展水平、金融业发展程度、历史习俗，决定了各国中央银行的制度形式不尽相同。总的说来，中央银行制度可大致归纳为四种不同的类型：

第一种类型是单一中央银行制。它是指在一个国家内只建立一家统一的中央银行，使之全面、纯粹地行使中央银行职能并领导全国金融事业的制度，在机构设置上一般采取总分行制。其特点是权力集中，职能齐全，根据需要在全国各地建立分支机构。目前世界上80%以上的国家都采用这种体制，包括绝大多数发达国家和发展中国家，我国也是如此。

第二种类型是联邦中央银行制。这种体制是在实行联邦制的国家中，中央银行的组成形式也采用联邦制，由中央和地方两级相对独立的中央银行机构共同完成中央银行职能。地方级中央银行虽然要接受中央级中央银行的监督管理，但其与级中央中央银行并非总分行的关系，它们在各自的辖区中独立性很大。美国、德国、原南斯拉夫是实行这种体制的典型国家。就美国来看，全国划分为12个联邦储备区，每一区设立一家联邦储备银行，由设在华盛顿的联邦储备委员会领导，形成美国的中央银行体系——联邦储备体系。

第三种类型是跨国中央银行制。该制度与一定的货币联盟相联系，其跨国中央银行是参加货币联盟的所有国家共同的中央银行，它发行统一的货币，并为成员国制定部分金融政策。如西非货币联盟、中非货币联盟、东加勒比海货币管理局等均采用这种制度。欧盟在1998年初步建立起欧洲跨国的中央银行——欧洲中央银行，它由欧洲央行及成员国央行两部分组成，并于1999年1月1日起在11个首批成员国内正式启动统一的欧洲货币——欧元(EURO)。欧盟的跨国中央银行制度建立在区域经济一体化基础之上，以先进的金融制度为基础，旨在改造现行的国际货币体系，其建立和发展对世界金融演进产生了深远的影响。

第四种类型是准中央银行制。实行这种制度的国家和地区一般还没有或不专门设立中央银行，而是由政府授权一家大银行既行使中央银行职能，又经营一般商业银行业务，如香港的汇丰银行，以及1983年之前的中国人民银行。还有一些国家虽然建立了中央银行，但只是具有初级形式，如马尔代夫等国的中央银行。

三、中央银行的管理机构

中央银行的管理机构是指对中央银行的货币政策、业务方针、人事任免、规章制度具有决策权、执行权、监督权的机构。因各国国情各异，管理机构在这三方面权力职责范围方面存在着差别，据此，可将中央银行的管理机构划分为以下三种类型：

第一，最高决策机构和执行机构集中于理事会。属于这一类的中央银行有英格兰银行、美国联邦储备体系、菲律宾中央银行、马来西亚中央银行等。例如，美国联邦储备体系设有联邦储备委员会，由7名理事组成，任期7年，每2年改派1人，总统有权指派其中2名理事分别担任主席和副主席，这个委员会负责制定并贯彻执行货币政策。这种管理机构类型决策层次少，权力比较集中，其优点在于有利于政策间的衔接和一致，便于迅速决策和操作；其缺点在于决策、执行和监督之间的制衡机制不强。

第二，管理机构分为决策机构和执行机构。属于这一类型的国家有日本、德国、意大利等。例如，日本银行的决策机构是日本银行政策委员会，由 7 人组成，成员须经国会同意，由内阁任命，任期 5 年，委员长一般由日本银行总裁担任。政策委员会决定日本银行业务的基本方针，如决定或变更贴现率或贷款利率、存款准备金比例等。日本银行的执行机构是日本银行理事会，理事会由正、副总裁和 7 名理事组成，分管各方面的工作。

第三，管理机构分为决策机构、执行机构和监督机构。如法兰西银行、瑞士国家银行、荷兰银行、比利时国家银行等。在法国，国家信贷委员会是金融政策的决策机构，可向政府提出关于货币、储蓄或信贷等各方面的建议，是政府关于货币政策的咨询机构。该委员会的主席是财政经济部部长，副主席是法兰西银行总裁，由后者主持委员会的日常工作。执行机构是法兰西银行理事会，它由法兰西银行总裁、副总裁和 10 名理事组成，理事全由内阁任命。银行管理委员会是法兰西银行的监督机构，它由 5 名委员组成，主席是法兰西银行总裁。该委员会的职责是监督银行和金融机构执行各项金融法令和法规。

第二种类型和第三种类型的管理机构，其决策、执行和监督的权能相对分离，从而有利于各项业务工作的专业化，但与之相应的是各项工作之间的衔接协调机制欠佳。

各国的中央银行管理机构虽然存在诸多差别，但有一个特点却是基本一致的，那就是地位超然，拥有相当的独立性，从而保证了中央银行政策的客观性、连续性。

四、中央银行的机构设置

中央银行的机构设置分为总行职能机构与分支行职能机构。

（一）中央银行总行职能机构的设置

各国中央银行总行的职能机构都是在周密考虑了中央银行所担负的任务、职能、业务经营和金融管理监督需要的基础上设置起来的。一般而言，大部分国家的总行都设有行政办公机构、业务操作机构、金融管理机构、经济金融调研机构。

行政办公机构是维持中央银行运转的综合性非业务部门，它负责日常的行政管理、秘书、人事、后勤等方面的工作。如英格兰银行设有公司服务部；日本银行设有秘书室、总务局、人事局。

业务操作机构是中央银行为执行货币政策及有关业务活动而设立的机构，主要负责办理货币发行、再贴现、再贷款、收受存款准备金、集中清算、发行债券等业务。如英格兰银行的印刷部、银行部、货币市场局；日本银行的发券局、营业局等。

金融管理监督机构是中央银行贯彻执行金融政策，采取行政措施的机构，主要负责对金融机构的事前管理、事后检查，以及业务经营活动的督导。如英格兰银行有注册部、银行监督局；日本银行有管理局、检查局等。

经济金融调研机构是中央银行的情报、参谋、顾问机构，主要负责相关经济金融资料和情报的收集、整理、统计、分析，对国民经济和发展情况进行研究，从而就金融政策向决策部门提出建议。如英格兰银行的经济研究局、金融统计局；日本银行的金融研究所、调查统计局、史料调查室等。

图7-1是英格兰银行总行机构设置简图，通过它我们可以更直观地了解中央银行总行的机构设置情况。

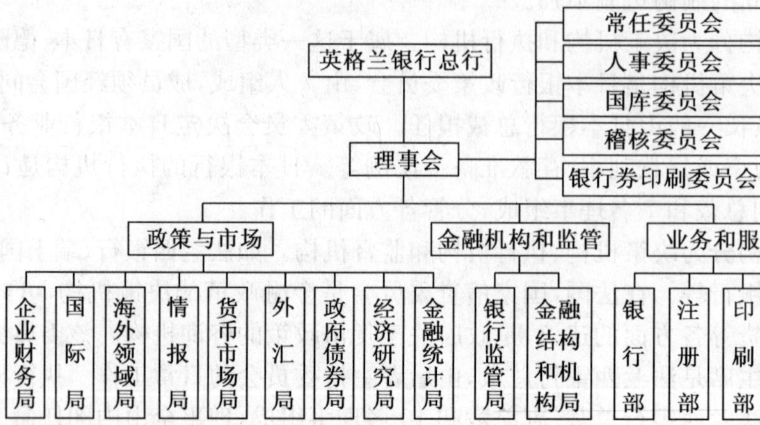

图7-1　英格兰银行总行机的构设置

(二) 中央银行总行的分支机构设置

中央银行的分支机构是总行的派出机构。它们严格接受中央银行总行的领导，对有效地推行总行制定的各项政策规定，实现宏观经济管理发挥着重要作用。总体而言，中央银行分支机构的设置思路可以分为以下两种类型。

第一类是按经济原则设置分支机构。即从实际经济需要出发，区别不同地区商品经济和信用制度发展的状况和特点，特别是金融事业的发展程度及其在全国的地位来设置分支机构。经济发展需要就设，不需要则不设，经济发展程度高，金融业务量大就设置大机构，反之就设置较小机构。目前，多数国家中央银行的分支机构都是依照这一原则设置的。

第二类是按行政原则设置分支机构。即中央银行分支机构的地点、级别与政府机构的地点和级别相对应。按这一原则设置中央银行分支机构的主要是一些社会主义国家和发展中国家。

专栏7-1　我国中央银行的组织机构

我国的中央银行是中国人民银行。历史上，中国人民银行的制度形式有两个阶段。第一阶段从1948年成立起至1983年年底，该时期中国人民银行既是金融管理机关，又是经营货币信贷业务的商业银行，属于复合的中央银行制度。第二阶段是1984年以来，中国人民银行专门行使中央银行职能，不再兼办工商信贷和储蓄业务。根据1983年9月17日国务院颁布的《关于中国人民发银行专门行使中央银行职能的决定》，从1984年1月1日起，将中国人民银行的商业银行业务分离出来，成立中国工商银行，由此，中国人民银行的制度形式转为单一的中央银行制。

1995年3月18日，全国人民代表大会通过《中华人民共和国中国人民银行法》，首次以国家立法形式确立了中国人民银行作为中央银行的地位，标志着中央银行体制走向了法制化、规范化的轨道。

2003年，根据党的十六届二中全会审议通过的《关于深化行政管理体制和机构改革的意见》和十届人大一次会议批准的国务院机构改革方案，中国人民银行对银行、金融资产管理公司、信托投资公司及其他存款类金融机构的监管职能被分离出来，并和中央金融工委的相关职能进行整合，成立了中国银行业监督管理委员会。同年12月27日，十届全国人民代表大会常务委员会第六次会议审议通过了《中华人民共和国中国人民银行法(修正案)》。

中国人民银行的管理机构分为决策机构和执行机构。理事会是中国人民银行的最高决策机构，由17名理事组成，包括人民银行的正、副行长，政府官员和少数顾问、专家。理事长由人民银行行长担任。理事会的主要任务包括审议金融方针、政策问题；审议年度国家信贷计划、现金计划和外汇计划等有关重大问题；确立金融机构的设置、撤并和业务分工的原则；研究涉及金融全局的其他重要事项等。人民银行的最高执行机构是由行长、副行长以及主要部门负责人组成的行长办公会议。

如图7-2所示，在机构设置上，根据《中华人民共和国中国人民银行法(修正案)》所规定的中国人民银行的主要职责，中国人民银行内设25个职能部门和事业部门，分别是办公厅(党委办公室)、条法司、货币政策司、货币政策二司、金融市场司、金融稳定局、调查统计司、会计财务司、支付结算司、科技司、货币金银局(国务院反假货币联席工作会议办公室)、国库局、国际司(港澳台办公室)、内审司、人事司(党委组织部)、研究局、征信管理局、反洗钱局(保卫局)、党委宣传部(党委群工部)、机关党委、纪委派驻检察局、离退休干部局、参事室、工会和团委。它们大致可归纳为以下四类：

一是调控类部门，主要负责提出选择和运用各种货币政策工具、保持币值稳定的意见、建议并负责具体实施，研究、拟定和实施信贷政策、储蓄政策、利率政策等。如货币政策司、货币政策二司等。

二是条法调研类部门，主要负责各种金融法规、条例的研究、制定，金融工作方针、政策的研究，中长期金融体制改革规划和方案的研究，金融、经济情况的统计、预测、调研等。如条法司、研究局、调查统计司等。

三是业务类部门，主要负责货币发行、金融管理、代理国库、资金清算等业务的执行与监督。如货币金银局、支付结算司、科技司、会计财务司、内审司等。

四是组织保障类部门，主要负责央行的相关行政职能，包括组织、人事、历史资料整理和安全保卫等相关工作。如人事司、工会、党委宣传部和参事室等。

在中央银行分支机构的设置上，我国长期以来采用的是按行政区划设置分支机构的原则，这与过去高度集中的经济管理体制是相适应的。随着经济改革的深入，特别是在1995年《中国人民银行法》实施后，人民银行的中央银行职能明显加强，这种按行政区划设置分支机构的管理体制的弊端在实践中逐步显露出来，表现在：一方面，不对称发展的地方经济对应于规模相当的分支机构，造成发达地区分支机构任务繁重，人员资金紧缺，而落后地区分支机构人浮于事、资金闲置这种两极分化的局面，浪费了大量的人、财、物资源；另一方面，“有政府就有人民银行”这种状况为各级地方政府干预银行工作提供了便利条件，严重阻碍了中央银行独立执行货币政策、加强金融监管的职能。

1997年11月召开的全国金融工作会议明确指出，必须尽快改变中国人民银行分支机构按行政区划设置的状况，有计划、有步骤地撤销整合中国人民银行省级分行，在全国设置若干跨省、自治区、直辖市的省级分行，重点加强对辖区内金融业的监督管理。1998年，

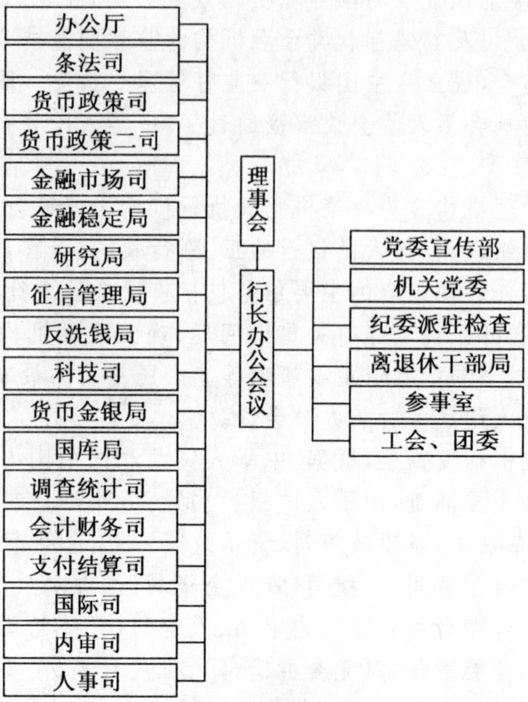

图 7-2 中国人民银行总行的职能机构设置

按照中央金融工作会议的部署,对人民银行进行了管理体制改革,撤销省级分行,设立跨省区分行。从经济、金融发展的需要出发,将全国划分成 9 个大区,设立 9 家分行,作为中国人民银行的派出机构,在总行的直接领导下,在辖区内履行中央银行职能。各分行的管辖区域如表 7-1 所示。中国人民银行分行根据自身职能特点,设立 17 个职能处室,基本上与总行的机构设置一一对应。这次中央银行分支机构设置上的改革是我国中央银行制度建设中的又一重大事件,有利于中国人民银行充分发挥自身职能,为我国的经济、金融发展提供服务。

近年来,随着中央银行业务的开展,加上部分地区经济金融活动的监管、调控和服务需要,中央银行的规模进一步扩大,在原先 9 家分行和北京、重庆营业管理部的基础上,央行完善了 20 个省会城市中心支行和 5 个副省级城市中心支行的配置。

2005 年 8 月,中国人民银行在上海成立了上海总部,作为总行的有机组成部分,人民银行上海总部在总行的领导和授权下开展工作,主要承担部分中央银行业务的具体操作职责,同时履行一定的管理职能。上海总部建设总的目标可归纳为"两个平台、一个窗口和一个中心",即把上海总部建设成为总行公开市场操作的平台、金融市场运行监测的平台、对外交往的重要窗口和一部分金融服务与研究和开发业务的中心。

表 7-1　中国人民银行 9 家分行的管辖区域①

分行行名	分行管辖省、自治区、直辖市
天津分行	天津、河北、山西、内蒙古
沈阳分行	辽宁、吉林、黑龙江
上海分行	上海、浙江、福建
南京分行	江苏、安徽
济南分行	山东、河南
武汉分行	江西、湖北、湖南
广州分行	广东、广西、海南
成都分行	四川、贵州、云南、西藏
西安分行	陕西、甘肃、青海、宁夏、新疆

上海总部承担的具体职责包括：

(1) 根据总行提出的操作目标，组织实施中央银行公开市场操作。

(2) 承办在沪商业银行及票据专营机构再贴现业务。

(3) 管理银行间市场，跟踪金融市场发展，研究并引导金融产品的创新。

(4) 负责对区域性金融稳定和涉外金融安全的评估。

(5) 负责有关金融市场数据的采集、汇总和分析。

(6) 围绕货币政策操作、金融市场发展、金融中心建设等开展专题研究。

(7) 负责有关区域金融交流与合作工作，承办有关国际金融业务。

(8) 承担国家部分外汇储备的经营和黄金储备经营管理工作。

(9) 承担上海地区人民银行有关业务的工作。

(10) 上海总部承担的管理职能包括对原上海分行辖区内人民银行分支机构的管理，以及人民银行部分驻沪企事业单位的管理和协调。

另外，央行还下辖 16 个直属机构，其中包括中国反洗钱监测分析中心、中国人民银行征信中心、中国外汇交易中心（全国同业拆借中心）、中国人民银行清算总中心等重要机构。在央行的工作中，上述机构不仅为央行的主要职能部门开展工作提供便利，还同企业、客户、商业银行有着直接联系，其作用日趋重要。

第二节　中央银行的职能与主要业务

在各国金融体系中，中央银行居于主导地位，是国家管理经济的主要部门，其主要任务是代表国家推行货币政策，维护经济秩序，管理全国的金融机构，调节社会经济生活，保障国民经

① 注：除九大区域划分并设分行之外，中国人民银行还撤销北京分行和重庆分行，由总行直接设立营业管理部履行所在地中央银行职责。

济正常稳定发展。但中央银行的宏观经济管理职能与其他政府部门的管理大有不同，它不是凭借政治权力，而是主要依靠自己的业务活动来调节所能控制的经济变量，如货币供应量、利率、信贷、汇率等，进而发挥作用。

一、中央银行的职能

中央银行作为国家调节宏观经济、管理金融事业的特殊金融机构，它的职能是由其性质决定的。按我国国内常用的分类法，中央银行主要职能如下：

（一）中央银行是发行的银行

所谓发行的银行是指有权发行货币的银行。从中央银行产生和发展的历史看，独占货币发行权是其最先具有的职能，也是它区别于普通商业银行的根本标志。独占货币发行权是中央银行发挥其职能作用的基础。

中央银行掌管货币发行的基本职能主要有三个方面：

第一，根据国民经济发展的客观需要，保持良好的货币供给弹性，使中央银行的货币供给与流通中的货币需求相吻合，为经济的稳定持续增长提供一个适宜的金融环境。

第二，掌握货币发行准备，从宏观经济角度控制信用规模，调节货币供应量。

第三，根据实际中流通的需要供应现金，满足社会对票币提取和支付的不同要求。

（二）中央银行是政府的银行

所谓政府的银行，是指中央银行代表政府贯彻执行财政金融政策，代为管理国家财政收支以及为政府提供各种金融服务。它主要通过以下几个方面来体现：

第一，代理国库。政府的收入和支出都通过财政部在中央银行内开立的各种账户进行。

第二，代理政府金融事务。由中央银行出面利用发行国债的有偿形式弥补政府开支不足；通过黄金、外汇储备的管理和买卖来稳定币值和汇率、调节国际收支等。

第三，对政府融通资金。包括直接给政府贷款或透支，购买政府公债等。

第四，代表政府参加国际金融活动，进行金融事务的协调磋商等。

第五，在国内外经济金融活动中，充当政府的顾问，提供经济、金融情报和决策建议。

（三）中央银行是银行的银行

所谓银行的银行，是指中央银行一般不与工商企业和个人，而只与商业银行和其他金融机构发生业务关系，在业务和政策上起着制约和领导的作用，同时也为商业银行和其他金融机构提供各种金融服务。主要有以下几个方面：

第一，集中保管全国的存款准备金。通常法律规定，商业银行及有关金融机构必须向中央银行缴存一部分存款准备金，目的在于保证存款机构的清偿能力并为中央银行控制货币供应量提供有效手段。

第二，为银行业提供信贷。中央银行主要通过再贴现和再贷款两条渠道来为其他金融机构融通资金，充当最后贷款人，加强整个信用体系的弹性和清偿力。

第三，全国金融机构的资金清算中心。利用各商业银行都必须在中央银行开户的优势开展资金往来的清算业务，这一方面节约了清算费用；另一方面也有利于中央银行及时全面地了解、监督和控制商业银行的业务情况。

第四，主持各经营外汇业务银行的外汇抛补业务。这一方面是中央银行向商业银行提供外汇资金的融资便利通道；另一方面也是中央银行监督国际收支，谋求外汇收支平衡的一个重要渠道。

二、中央银行的主要业务

一般而言，中央银行的业务可分为负债业务和资产业务两大类。中央银行的负债是指“社会各集团和个人在一定时点上持有的对中央银行的债权”；中央银行的资产是指“中央银行在一定时点上所拥有的各种债权”。中央银行业务不是为了追求盈利，而是为了调节金融借以实现对经济活动的管理，即所谓的“用经济的办法管理经济”。本节将借助资产负债表对中央银行的资产、负债业务进行分析。

（一）中央银行的资产负债表

虽然各国信用制度和信用方式存在差异，各国中央银行的资产负债表内容和项目也有所不同，但其基本结构是相似的。表 7-2 给出的是中央银行资产负债表的一般格式。

表 7-2　中央银行资产负债简表

资　产	负　债
国外资产	储备货币
对政府债权	其他存款
对存款货币银行债权	发行债券
对非货币金融机构债权	其他项目
其他资产	资本项目

1. 负债项目

（1）储备货币中通常包含两部分，货币发行和准备金存款。

货币发行是指中央银行发行出去的所有现金货币，等于中央银行进入流通领域的现金货币减掉回流到央行的现金货币差额。我们要将这里的“货币发行（Currency issue）”与平时习惯使用的“货币发行量、货币供应量（Money supply）”等货币总量概念严格区分开。通常来说，中央银行的“货币发行”在现实中对应社会公众持有的“流通中货币（Currency in circulation）”以及存款货币银行持有的“库存现金（Cash in vault）”两部分，可以认为是中央银行投放出来的现金货币总额。准备金存款则是存款货币银行以准备金形式存放在中央银行账户上的存款，它是存款货币银行持有准备金中的一部分，另一部分是上面提到的库存现金。

（2）其他存款。包括非货币金融机构的存款、政府部门存款、外国存款等。

（3）发行债券。指中央银行发行在外的负债工具，我国的央行票据是一种典型的中央银行债券。

（4）其他负债。是指以上负债项目中未列入的负债。

2. 资产项目

（1）国外资产。包括黄金与外汇储备，是指由中央银行通过购买黄金、外汇以及国际货币基金组织的特别提款权所形成的资产。

（2）对政府债权。对政府债权通常表现为中央银行持有的政府债券。在西方主要发达国家，该项目在资产项目中所占的比重最大。

（3）对存款货币银行的债权。主要包括中央银行对商业银行等存款货币银行的再贴现、再贷款，是货币政策实施的重要管道之一。

（4）对其他机构的债权。主要包括对财政部、国内外其他金融机构的贷款。

（5）其他资产。指上述三项未列入的资产，如土地、设备以及待收款等。

3. 资本项目

中央银行的资本是指中央银行的自有资金，其来源通常包括股本、在经营活动中的留存利润、财政拨款等。

当然，在实践中各国的资产负债表对上述的诸多项目还进行了进一步细分，我们将在后面结合我国人民银行的资产负债表进一步进行介绍。

（二）中央银行的负债业务

中央银行的负债业务就是其资金来源项目，是形成资产业务的基础，包括货币发行业务、存款业务、债券发行业务等，本书主要介绍在各国央行都十分普遍的前两项业务。

1. 货币发行业务

货币发行是中央银行的职能之一，也是中央银行的主要负债业务。中央银行的货币发行是通过再贴现、再贷款、购买证券、收购黄金外汇等方式投入市场而形成的流通中货币与库存现金。

中央银行的货币发行必须遵循以下三个原则：第一，要坚持垄断发行；第二，要有可靠的信用保证，即发行要以一定的黄金或证券作保证，建立一定的发行准备制度，该原则在西方被称为“消极原则”；第三，要具有一定的弹性，就是说货币发行要具有高度的伸缩性和灵活性，不断适应社会经济状况变化的需要，既要防止通货不足，又要避免通货过量，这在西方被称为“积极原则”。

2. 存款业务

中央银行的存款主要来自以下几个方面：第一，商业银行缴纳的存款准备金，这是最大的存款项目；第二，政府财政部的存款；第三，外国存款，这项存款属于外国中央银行或是属于外国政府，他们持有这些债权构成本国的外汇，随时可以用于贸易结算和清算债务；第四，其他存款，指未归入以上三类存款的所有中央银行存款。

中央银行吸收存款主要有以下几方面意义：第一，中央银行吸收商业银行的存款准备金，有利于调节控制信贷规模和货币供应量；第二，中央银行集中保管存款准备金，充当商业银行的最后贷款人，有利于维护金融企业的安全；第三，商业银行和财政把存款存入中央银行，使中央银行成为全国资金清算中心，有利于资金清算的顺利进行。

（三）中央银行的资产业务

中央银行的资产业务是指其运用货币资金的业务。一般来说，它主要有以下几项：

1. 再贴现业务

再贴现是商业银行由于业务上的需要，将其由贴现所取得的票据，请求中央银行予以再次贴现的经济行为。该业务是中央银行调节资金、实现对国民经济宏观调控的一个重要手段。中央银行是通过对再贴现价格——再贴现率的调节，来影响商业银行借入资金的成本，刺激或抑制资金需求，实现对货币供应量的控制。

2. 贷款业务

中央银行的贷款主要有以下几类：第一，对商业银行的放款，这是最主要的种类，一般是短期的，采用政府证券或商业票据为担保的抵押贷款方式。第二，对财政部的放款，包括：对财政部的正常借款；对财政部的透支；证券投资性放款，即在二级市场上购买公债。第三，其他放款，包括中央银行对外国银行和国际性金融机构的贷款以及对国内工商企业少量的直接贷款等。

中央银行经营放款业务应注意以下几点：第一，中央银行发放贷款不能以盈利为目的，而只能以实现货币政策为目的；第二，中央银行应尽量避免直接对个人或工商企业发放贷款，而应集中精力发挥其最后贷款人的职能；第三，中央银行放款应坚持以短期为主，一般不得经营长期性放款业务，以防中央银行资产的高度流动性受到影响，从而妨碍其有效而灵活地调节和控制货币供应量；第四，中央银行应控制对财政的放款，以保证其相对独立性。

3. 证券买卖业务

中央银行买卖证券一般都是通过其公开市场业务进行的，主要买卖的证券种类是政府公债、国库券以及其他市场性很高的有价证券。中央银行买卖证券一是可以调节和控制货币供应量，进而对整个宏观经济产生积极的影响；二是中央银行进行证券买卖的公开市场业务与准备金政策和再贴现政策这两大政策工具配合运用，可以抵消或避免后两种效果猛烈的政策对经济、金融的震动性影响。

4. 保管黄金、外汇储备

保管黄金、外汇储备是中央银行的基本职责之一，也是中央银行主要的资产业务。当今世界各国间经济往来频繁，中央银行保管黄金外汇储备有着特别重要的意义：首先，中央银行按纸币发行额和存款额保留一定比例的黄金和外汇储备，以保持本国币值的稳定；其次，中央银行通过买进或抛售国际通货，可以稳定本国货币的汇率；第三，在国际收支发生逆差时，可以动用黄金、外汇储备来清偿外债。各国中央银行在保管黄金外汇储备时，必须从安全性、收益性、可兑现性这三个方面考虑其构成比例问题，其中灵活兑现性最为重要。黄金的灵活兑现性不够强且收益低，而外汇资产具有汇率风险，因此各国的普遍做法是：努力实现外汇资产的多样化，以争取分散风险，增加收益，同时获得最大灵活兑现性。

(四) 中央银行的其他业务

除了严格的负债业务和资产业务，中央银行还从事着一些其他业务，如资金清算业务、代理国库业务等。

1. 资金清算业务

该业务大体可分为三类：第一，集中票据交换，一般是由中央银行组织票据交换所，各商业银行持本行应付票据参加交换；第二，清算交换的差额划转，各商业银行之间应收应付款的差额，利用其在中央银行的存款账户划转；第三，组织异地之间的资金转移。中央银行担负的资金清算业务，对于整个社会经济生活的正常运行具有十分重要的意义。它不仅有利于加速资金周转，提高银行工作效率，还有利于中央银行掌握全社会的金融状况和资金运动趋势，进行宏观金融管理和监督。

2. 代理国库业务

中央银行代理国库业务是指国家委托中央银行经营和办理国家预算开支的保管和出纳工作。它主要有以下几个基本职责：第一，办理国家预算收入入库的有关具体事务，督促检查所收款项的尽快入库；第二，办理国家预算支出拨付的具体事项；第三，办理有关退库业务的具体事项；第四，对国家预算情况、国库资金及国情情况进行核算、分析和反映。

三、中央银行各项业务与基础货币投放的关系

中央银行通常被认为是一国货币供应量的决定者，但实际上，货币供应量的决定过程十分复杂，中央银行并不是其中唯一的决定因素。中央银行对货币供应量最直接的影响体现在基础货币的投放行为上。基础货币包括流通中现金和存款准备金，它主要对应中央银行资产负债表中的储备货币这一项。在这一部分，我们将讨论中央银行是如何通过其各项业务影响储备货币的水平，进而实现基础货币的投放。而基础货币投放出去直到最终货币量的形成过程则留到后面的章节再讨论。

（一）基础货币

基础货币（monetary base）又称高能货币，根据国际货币基金组织《货币与金融统计手册》（2000 年版）的定义，基础货币包括中央银行为广义货币和信贷扩张提供支持的各种负债，主要包括存款货币银行（我国人民银行的定义是其他存款性公司）持有的库存现金和在央行的存款，以及社会公众持有的流通中货币。在国际货币基金组织的报告中，基础货币被称为储备货币（reserve money）。从其本质来看，基础货币是中央银行对社会公众（即存款货币机构和非银行公众）的负债，是社会货币供给的货币基数；从其表现形式来看，基础货币表现为流通中货币（即通货）与存款货币银行持有的存款准备金之和。若按照我国人民银行的各项定义，结合其资产负债表我们可得到如下关系：

基础货币（储备货币）＝流通中货币＋其他存款性公司持有的准备金＝流通中货币＋其他存款性公司持有库存现金＋其他存款性公司在央行存款＝货币发行＋其他存款性公司在央行存款＝中央银行总资产－中央银行非货币性负债 （7－1）

由上式可知，在其他因素不变的条件下，中央银行资产业务的增加将会导致基础货币增加，而其他负债业务的增加将会导致基础货币的减少。在此我们将从中央银行资产业务、中央银行负债业务以及财政赤字这三个方面具体分析各个因素对基础货币的影响。

（二）中央银行资产业务与基础货币变动关系

1. 公开市场操作

公开市场操作是中央银行在公开市场买进或卖出有价证券业务的总称，其中，买进证券被称为公开市场购买；卖出证券被称为公开市场出售。持有政府证券是中央银行资产对政府的主要债权形式，是中央银行借以调节基础货币及银行体系准备金的主要工具之一。中央银行通过公开市场购买与出售，调节银行体系准备金，增加或减少基础货币。下面借助 T 型账户来说明中央银行公开市场操作对基础货币及银行体系准备金的作用效果。

如果中央银行从某商业银行购买 100 元人民币的有价证券，该银行可以将其所获得的 100 元存放于其在中央银行的账户，也可以将其兑现以库存现金形式持有。前者和后者的区别不仅体现在商业银行的资产项，还将体现在中央银行的负债项。当然，该银行也可以既持有库存现金，也持有在央行存款，假设其持有的库存现金为 a 元，银行体系和中央银行的 T 型账户将分别出现表 7－3[①] 和表 7－4 所示的变动：

① 本章中所有 T 账户的单位统一设定为元。

表 7－3　银行体系的 T 型账户　　单位：元

资　产		负　债	
准备金	＋100		
库存现金	＋a		
在央行存款	＋(100－a)		
有价证券	－100		

表 7－4　中央银行的 T 型账户　　单位：元

资　产		负　债	
有价证券	＋100	储备货币	＋100
		货币发行	＋a
		商业银行存款	＋(100－a)

从表 7－3 和表 7－4 中可以看出，不管商业银行以何种形式持有，其拥有的准备金都将增加 100 元，而从中央银行账户看，其放出的基础货币也是 100 元。

如果中央银行是通过货币市场的共同基金或者其他金融机构从社会公众手中购买 100 元人民币的有价证券，社会公众可以将其所获得的 100 元全部存放于其在某银行的账户，也可以将其全部兑换成现金持有，当然，还可以既持有现金，又持有银行存款。同样，我们假设社会公众持有的现金为 b 元，商业银行持有的库存现金则为 a'，此时，社会公众、银行体系以及中央银行的 T 型账户变化将分别如表 7－5、表 7－6、表 7－7 所示：

表 7－5　非银行社会公众的 T 型账户　　单位：元

资　产		负　债
现金	＋b	
支票存款	＋(100－b)	
有价证券	－100	

表 7－6　银行体系的 T 型账户　　单位：元

资　产		负　债	
准备金	＋(100－b)	支票存款	＋(100－a)
库存现金	＋a'		
在央行存款	＋(100－b－a')		

表 7－7　中央银行的 T 型账户　　单位：元

资　产		负　债	
有价证券	＋100	储备货币	＋100
		货币发行	＋(a'＋b)
		商业银行存款	＋(100－b－a')

由表7-5可见，若公众持有现金，则银行体系的准备金增加将小于100元，但基础货币的投放总额仍为100元。

由上述分析可知，中央银行公开市场操作并不能精确控制商业银行体系的准备金水平，也无法控制现金的发行量，但对最初的基础货币投放量是可以控制的，这也是为什么基础货币这一变量更为重要的原因。当然，在本章中我们仅仅只讨论货币供给过程中的中央银行投放这一环节，结果表明，至少在该环节，央行的公开市场操作会引起投放出去的基础货币量发生相应的等额变动，至于投放出去后是否会发生其他的变动，在后面的章节将给出明确的解答。

2. 再贷款与再贴现业务

中央银行通常是通过再贴现或再贷款方式向银行体系发放贷款。再贴现是商业银行将其已经贴现的、但尚未到期的票据经背书后到中央银行进行贴现贷款，中央银行按照一定贴现率扣除利息后将其所获得的贴现款额贷记为银行的准备金。再贷款则是中央银行对商业银行的信用放款。当中央银行对某一银行进行再贴现或再贷款时，和公开市场操作央行向商业银行购买证券一样，此时银行体系的准备金项和中央银行的储备货币项都将等额增加，基础货币的投放也随之等额增加。反之，当商业银行归还中央银行贴现贷款或再贷款时，银行体系的准备金和中央银行的储备货币将等额减少，基础货币投放因此而等额减少。由此可见，中央银行对银行的再贴现或再贷款的增加，会导致基础货币投放和银行体系准备金等量增加；相反的，中央银行收回其对银行的再贴现或再贷款，则导致基础货币投放和银行体系准备金等量缩减。

但是，再贴现或再贷款业务对基础货币的影响并不完全由中央银行控制，商业银行具有一定的自主选择权，即选择是否进行再贴现和再贷款的主动权在商业银行。因此，理论界根据中央银行对基础货币的控制力差异将基础货币分解成两部分：一部分为完全由中央银行控制的基础货币，即非借入基础货币，主要来自于中央银行的公开市场操作；另一部分为不完全由中央银行控制的基础货币，即借入基础货币，主要来自于中央银行对商业银行的再贴现或再贷款。

3. 黄金与外汇储备业务

中央银行买卖黄金与外汇储备资产业务对基础货币及银行体系准备金的影响与中央银行公开市场操作对基础货币及银行体系准备金的作用效果相同。中央银行买进黄金与外汇储备资产，则增加基础货币的投放；卖出黄金与外汇储备资产，则回笼基础货币。

但是，在非完全自由浮动的汇率制度下，中央银行买卖黄金与外汇储备资产可能出于维持汇率水平或减少汇率波动幅度的动机，具有一定的被动性。为了减少基础货币被动变化的影响，中央银行会采用冲销式干预政策来消除外汇储备变动对基础货币的影响，即通过公开市场操作来增加或减少基础货币的供给。

（三）中央银行其他负债业务与基础货币变动的关系

1. 债券发行

中央银行若发行债券，将对基础货币起到回笼作用。通常来说，中央银行债券的发行对象都是以商业银行为代表的金融机构，若商业银行购入央行债券，必将减少其准备金的持有，同时将导致基础货币的净减少；反之，若央行债券到期兑付或者央行提前赎回，则意味着基础货币的净投放。

在我国，央行票据是一种典型的央行债券。在第四章中我们已对其进行详细的介绍。近几年来，央行票据的发行和到期兑付一直是人民银行调节基础货币投放的重要手段。

2. 财政存款

在总资产及其他负债项目不变的前提下，财政存款的增加会导致银行体系准备金的减少。由于政府的收入来源于社会公众，政府存款的增加，意味着社会公众在银行体系的存款减少或社会公众手中所持有的通货减少。如果政府存款的增加完全来自流通中的现金，则银行体系准备金保持不变，但基础货币因流通中货币的减少而减少。如果政府存款的增加完全来源于社会公众的银行存款，则银行体系准备金会等额减少，基础货币则因银行体系准备金的减少而等量减少。如果政府存款的增加来源于社会公众的银行存款和手中所持有的通货，则会导致银行体系准备金和流通中货币的减少，两者减少额之和恰好等于政府存款的增加额，基础货币则因银行体系准备金和流通中货币的减少而减少，其减少额等于政府存款的增加额。由此可见，政府存款的增加是来源于社会公众的银行存款还是来源于社会公众手中所持有的通货，会对银行体系准备金产生不同影响，但都将导致基础货币等量减少。

3. 国外存款

在其他项目不变的前提下，国外存款的增加会导致银行体系准备金的减少。如果是社会公众签发支票使得国外存款增加，银行体系准备金将等量减少；如果有一部分是来源于流通中的货币，则银行体系准备金减少额将小于外国存款的增加额；如果全部来自于社会公众手中所持有的通货，银行体系准备金则将保持不变。无论国外存款是来自于社会公众的支票存款还是来自于流通领域中的现金，基础货币都会因为银行体系准备金的减少或因流通中货币减少而等量减少。

（四）财政赤字与基础货币变动关系

财政赤字是一种间接影响基础货币变动的因素。政府通常采用增加税收、发行债券、发行通货或向中央银行透支等几种较为常见的融资方式来弥补财政赤字。不同的融资方式对基础货币所产生的作用也存在一定的差异。

1. 弥补财政赤字的税收融资

当政府通过增加税收来弥补财政赤字时，如果社会公众使用银行签发的支票进行纳税或将银行存款转换为现金进行纳税，将会导致银行体系准备金减少和政府在中央银行存款的等量增加，基础货币则由于准备金的减少而等量减少。如果社会公众使用持有的通货纳税，则会导致政府在中央银行存款的等量增加和流通中现金的等量减少，银行体系的准备金保持不变，基础货币因流通中货币的减少而减少。当政府以银行签发的支票或现金方式将其税收所得用于购买社会公众所持有的商品时，税收融资所得又等额返还给社会公众，此时政府在中央银行的存款减少，而基础货币则恢复到原先的水平。由此可见，政府通过税收方式弥补财政赤字对基础货币不会产生确定的影响。

2. 弥补财政赤字的债券发行

如果社会公众用银行签发的支票或将银行存款转换为现金购买政府债券，将导致社会公众的银行存款相应减少，基础货币由于银行体系准备金的减少而等量减少。如果社会公众使用手中的现金购买政府债券，则导致政府在中央银行的存款等量增加和流通中的现金减少，银行体系的存款保持不变，基础货币因流通中货币的减少而等量地减少。当政府以银行签发的支票或现金方式将其债务融资所得用于购买社会公众所持有的商品时，债务融资所得又等额返还给社会公众，此时政府在中央银行的存款减少，而基础货币恢复到原先的水平。由此可见，政府通过债务方式弥补财政赤字对基础货币也不会产生确定的影响。

但是,政府债券发行的增加将会引起证券价格下降和利率上升。如果中央银行希望利率保持原有水平,则需要通过公开市场操作从社会公众手中购买政府发行的债券,由此而导致基础货币的等量增加,这种现象被称为债务的货币化。

3. 弥补财政赤字的通货发行或向中央银行直接透支

在部分国家,财政部拥有通货发行权力。如果财政部直接运用发行通货弥补财政赤字或直接向中央银行透支,两者的性质与效果是相同的,其实质就是赤字货币化或货币的财政发行,必将直接导致基础货币的等量增加。中国20世纪60年代末、70年代中期和1985年后的几年中都出现过货币的财政赤字发行,其方式为财政部向中国人民银行的借款和存款账户透支,在一定程度上加大了货币供给的压力,成为通货膨胀的重要因素。1994年,我国央行停止向中央财政透支;1995年通过《中国人民银行法》,该法规定政府赤字必须从社会融资渠道弥补,央行不得向中央和地方政府透支和借款,而且央行不得直接购买和包销政府债券。

专栏7-2 中国人民银行的职能和主要业务

(一)中国人民银行的职能

根据《中国人民银行法》(1995年3月18日通过),及《关于修改〈中华人民共和国中国人民银行法〉的决定》(2003年12月27日修正),中国人民银行履行下列职能:

(1) 发布与履行其职责有关的命令和规章。

(2) 依法制定和执行货币政策。

(3) 发行人民币,管理人民币流通。

(4) 监督管理银行间同业拆借市场和银行间债券市场。

(5) 实施外汇管理,监督管理银行间外汇市场。

(6) 监督管理黄金市场。

(7) 持有、管理、经营国家外汇储备、黄金储备。

(8) 经理国库。

(9) 维护支付、清算系统的正常运行。

(10) 指导、部署金融业反洗钱工作,负责反洗钱的资金监测。

(11) 负责金融业的统计、调查、分析和预测。

(12) 作为国家的中央银行,从事有关的国际金融活动。

(13) 国务院规定的其他职责。

前文已经提到,2003年,中国人民银行对银行、金融资产管理公司、信托投资公司及其他存款类金融机构的监管职能被分离出来,并和中央金融工委的相关职能进行整合,成立中国银行业监督管理委员会。有关金融监管职责调整后,人民银行新的职能正式表述为"制定和执行货币政策、维护金融稳定、提供金融服务"。同时,明确界定:"中国人民银行为国务院组成部门,是中华人民共和国的中央银行,是在国务院领导下制定和执行货币政策、防范和化解金融风险,维护金融稳定、提供金融服务的宏观调控部门。"这种职能的变化集中表现为"一个强化、一个转换和两个增加"。

"一个强化",即强化制定和执行货币政策有关的职能。人民银行要大力提高了制定和执行货币政策的水平,以及灵活运用利率、汇率等各种货币政策工具实施宏观调控的能力;加强了对货币市场规则的研究和制定,以及对货币市场、外汇市场、黄金市场等金融市场的监督与监测，密切关注了货币市场与房地产市场、证券市场、保险市场之间的关联渠道、有关政策和风险控制措施，疏通了货币政策的传导机制。

"一个转换"，即转换实施对金融业宏观调控和防范与化解系统性金融风险的方式。由过去主要是通过对金融机构的设立审批、业务审批、高级管理人员任职资格审查和监管指导等直接调控方式，转变为综合研究制定金融业的有关改革发展规划和对外开放战略，按照我国加入WTO的承诺，促进银行、证券、保险三大行业的协调发展和开放，提高我国金融业的国际竞争力，维护国家利益；由对金融业的整体风险、金融控股公司以及交叉性金融工具的风险进行监测和评估，防范和化解系统性金融风险，维护国家经济金融安全，转变为加强与外汇管理相配套的政策研究与制订工作，防范国际资本剧烈流动的冲击。

"两个增加"，即增加反洗钱和管理信贷征信业两项职能。人民银行负责组织协调全国的反洗钱工作，指导、部署金融业反洗钱工作，承担反洗钱的资金监测职责，并参与有关的国际反洗钱合作。由人民银行管理信贷征信业，推动社会信用体系建设。在组织机构设置上，央行内设反洗钱局和征信管理局，下辖中国反洗钱监测分析中心和中国人民银行征信中心。

以中国人民银行征信中心为例，自2006年7月起，企业信用信息基础数据库实现了全国联网查询。2008年9月，企业信用信息基础数据库收录企业及其他组织共计1 000多万户，其中600多万户有信贷记录；2006年1月，人民银行个人信用信息基础数据库正式运行，截至2008年9月底，共收录自然人数共计6亿多人，其中1亿多人有信贷记录。而在实际的经济活动中，个人申请住房按揭贷款、小额消费贷款，都需要被查询个人信用记录。金融机构可以通过征信系统查询企业和个人的信用记录，有助于降低信用风险。同时，央行也可以通过征信中心的数据，有效地监控社会信贷规模。

这些新的变化，进一步强化了人民银行作为我国的中央银行在实施金融宏观调控、保持币值稳定、促进经济可持续增长和防范化解系统性金融风险中的重要作用。随着社会主义市场经济体制的不断完善，中国人民银行作为中央银行在宏观调控体系中的作用将更加突出，特别是制定和执行货币政策的有关职能得到了强化。不仅加强了对货币市场、外汇市场、黄金市场等金融市场的规范、监督与监测，还强化了对其他各类金融市场的运行情况和风险状况的监控，并提高了综合、灵活运用利率、汇率等各种货币政策工具实施金融宏观调控的能力。

（二）中国人民银行的主要业务

表7-8是我国人民银行编制的资产负债表，我们对中国人民银行业务的了解，也从其资产负债表开始。

1. 中国人民银行的负债业务

在中国人民银行的负债业务中，储备货币是其中最主要的组成部分，这同其他国家的状况基本类似。作为中央银行用来影响存款货币银行的清偿手段，从而影响他们创造存款货币能力的基础货币，主要包括公众手中的现金、存款货币银行的库存现金、存款货币银行在中央银行的存款（法定存款准备金和超额准备金等）。上述内容在人民银行主要体现为货币发行业务和存款业务。除此以外，在负债项中占比较大的还有政府存款和发行债券，前者属于存款业务，后者在国外央行中较为少见，是我国人民银行货币政策中的一项创新。因此，接下来我们将重点对货币发行、存款和债券发行三个方面的业务进行介绍。

表 7-8　中国货币当局 2011 年资产负债表　单位:亿元

报表项目	2011 年初	2011 年末
国外资产	219 957.26	237 898.06
外汇	211 301.39	232 388.73
货币黄金	669.84	669.84
其他国外资产	7 986.03	4 839.49
对政府债权	15 421.11	15 399.73
其中:中央政府	15 421.11	15 399.73
对其他存款性公司债权	15 912.63	10 247.54
对其他金融性公司债权	11 317.70	10 643.97
对非金融性部门债权	24.99	24.99
其他资产 Other Assets	6 355.10	6 763.31
总资产	268 988.79	280 977.60
储备货币	194 084.48	224 641.76
货币发行	63 789.40	55 850.07
其他存款性公司存款	130 295.08	168 791.68
不计入储备货币的金融性公司存款	898.59	908.37
发行债券	38 503.12	23 336.66
国外负债	3 878.57	2 699.44
政府存款	26 459.78	22 733.66
自有资金	219.75	219.75
其他负债	4 944.50	6 437.97
总负债	268 988.79	280 977.60

数据来源:中国人民银行网站。

首先是货币发行业务。发行人民币是中国人民银行的主要负债业务之一。中国人民银行发行货币的基本原则是:按照货币流通规律的要求,适应商品流通的需要;发行权高度集中统一;坚持经济发展,保持币值的基本稳定;独立自主发行,不依附于外币。根据这些原则,中国人民银行制订每年的货币发行计划(即现金收支计划),综合考虑各种因素,确定年度发行的货币数量。该货币发行数量列入国家综合信贷计划,报经国务院和人大常委会批准后,由中国人民银行组织发行。人民币具体发行由人民银行设置的发行基金保管库(简称发行库)来办理。所谓发行基金,是指人民银行保管的已印好但尚未进入流通的人民币票券。具体的操作程序是:当商业银行基层行处现金不足支付时,可到当地人民银行,在其存款账户余额内提取现金。于是人民币从发行库转移到商业银行的业务库。这意味着这部分人民币进入流通领域。当商业银行基层行处收入的现金超过上级银行和同级银行为其业务库核定的库存限额时,超过的部分应自动送交人民银行,该部分人民币进入发行库，意味着退出流通领域。

改革开放以来，中国人民银行的货币发行业务发生了很大的变化，也仍存在一些亟待解决的问题，主要包括：第一，货币发行保证问题。我国一直未建立一套卓有成效的货币发行保证制度，至今还是以货币发行计划为发行依据，而发行计划则依据一些主要经济指标的经验比例关系推算出来，这种状况远不能适应市场经济日益发展的需要。因此，我国必须尽快建立一个符合我国实际国情的货币发行保证制度。这包括广泛开展抵押贷款、再贴现业务、证券业务，明确规定货币发行以国际储备货币、国库券、商业票据为保证。这样，我国的货币发行才真正获得了可靠的物质保证，货币发行才能最终适应经济发展的需要。第二，财政发行问题。由于我国中央银行与财政的特殊渊源，历史上我国货币的财政发行现象严重，财政通过人民银行借款或透支，把货币发行当作了弥补财政赤字的手段，导致我国的货币发行规模不断失去控制，在20个世纪曾引发了较严重的通货膨胀。随着《中国人民银行法》的出台，上述问题表面上看得到了根本的解决，但现实经济中，"城投债"、"地方融资平台"、"债券货币化"的背后依然是隐性的货币财政发行。如何有效地控制政府的货币发行冲动，进而控制通胀将是中国人民银行的长期任务。

其次是存款业务。存款业务是中国人民银行的另一项主要负债业务。人民银行吸收的存款主要包括商业银行存款、财政存款、企事业单位存款、农村存款等。中央银行吸收存款的种类和数量与其职能作用的发挥是有一定联系的。由于我国信贷制度规定财政存款和财政性存款的100%及其他存款也以一个既定的相当高的比例上缴给中国人民银行，使得人民银行掌握的资金数量相当庞大，这当然有利于中央银行职能作用的强化。但是另一方面，由于人民银行吸收存款的种类过多，违反了前文所述的"尽量不吸收不可控制的存款"的原则，从而可能导致人民银行的调控力量弱化，反而阻碍其职能作用的发挥。比如，我国人民银行中数额庞大的财政性存款和财政存款的流向与中央银行的政策需要往往可能是相悖的，而中央银行对此经常无能为力。我国商业银行在人民银行的存款数量往往过多，大大超过法定准备，这部分超额准备同样是中央银行难以控制的，商业银行可随时用来扩张信用，这对中央银行获得满意的货币政策效果颇有威胁。

最后是债券发行。债券发行对应我国中央银行票据的发行，在第四章中，我们已经对中央银行票据在我国的产生与发展进行了介绍。可以说，与美联储通过国债来调节基础货币和市场利率不同，我国人民银行在调节货币供应量、影响市场利率等方面更多运用的是央行票据。人民银行通过发行央行票据可以回笼基础货币，央行票据到期则体现为投放基础货币。央行票据的发行与到期较为灵活，有效地减轻了回购、现券交易中央行实际持券量的限制；同时央行票据一般期限较短，避免了央行公开市场业务对长期利率的冲击，并加强了央行对短期利率的影响，能有效地平复市场的短期扰动和规律性的季节影响。在我国公开市场工具较为有限的背景下，央行票据扮演了十分重要的角色。

2. 中国人民银行的资产业务

从我国人民银行的资产负债表看，外汇资产、证券资产和贷款资产是其主要组成部分，我们重点从这三个方面进行介绍。

首先是外汇资产业务。我国资产负债表中资产项组成和结构与其他发达国家差异最大的就是外汇资产项。截至2011年年末，人民银行持有的资产中外汇占比超过82%，达到23万亿人民币，而在2004年一季度，这一比重仅为58%。相比较，截至2009年年底，美联储和日本央行的主要资产为本国有价证券，美联储41.4%的资产是美国国债和政府机构债券，日本央行58.75%的资产是政府国债；欧洲央行受区域性央行特征影响，资产分布较为分散，但截至2004年年初，其占比最多(45%)的资产为欧元区内债权。应该说，上述差异的形成与既往政策和现实的市场缺陷有关。1994年，我国外汇管理体制实施改革，并于1996年4月1日起正式施行《中华人民共和国外汇管理条例》，该条例采用经常项目和资本项目强制结售汇制度，要求除国家规定的外汇账户外，企业和个人持有的外汇都必须卖给指定银行，而相关银行必须把高于国家外汇管理局批准头寸额度之外的外汇卖给人民银行。后该条例虽然经过了适当修改，但企业流入的经常项目外汇大部分仍需要结汇。与此同时，为支持出口导向型经济的发展，我国长时间采取"盯住美元"的汇率政策，这虽然带来我国出口水平的迅猛增长以及外来投资的直线上升，但同时也形成了大量顺差，并因结售汇制度而导致人民银行被动持有大量外汇。2008年8月6日，国务院发布修订后的《中华人民共和国外汇管理条例》，新《条例》取消了企业经常项目外汇收入强制结汇的要求，境内机构可以保留外汇收入，同时取消外汇收入调回境内的要求，允许外汇收入存放境外，鼓励资本流出，但市场持续的人民币升值预期仍然引致大量外汇持续流入。

当然，这样的趋势在最近有所缓解，2011年12月6日，人民币兑美元即期汇率连续5个交易日触及跌停，此前2个月，外汇占款也出现净减少，而上一次该月度统计指标出现环比净减少还要追溯到2000年。这一市场现象的出现，预示着我国人民银行开始双向调节外汇储备，有效地控制外汇资产规模，人民币汇率改革的市场环境正在逐步成熟。

其次是证券业务。证券业务主要与公开市场业务有关。在我国，人民银行的公开市场业务主要由央行的货币政策司施行，具体的公开市场操作自1998年5月恢复。除前面提到的央行票据发行和到期外，我国人民银行在公开市场交易的品种还包括债券回购和债券现券交易。债券回购交易分为正回购和逆回购两种，正回购为中国人民银行向一级交易商卖出有价证券，并约定在未来特定日期买回有价证券的交易行为，正回购为人民银行从市场收回流动性的操作，正回购到期则为人民银行向市场投放流动性的操作。逆回购正好相反，是中国人民银行向一级交易商购买有价证券，并约定在未来特定日期将有价证券卖给一级交易商的交易行为，逆回购为人民银行向市场上投放流动性的操作，逆回购到期则为人民银行从市场收回流动性的操作。现券交易则分为现券买断和现券卖断两种，前者为人民银行直接从二级市场买入债券，一次性地投放基础货币；后者为人民银行直接卖出持有债券，一次性地回笼基础货币。

目前，人民银行进行公开市场交易的对手为具有一级交易商资格的商业银行，和少数同样具有一级交易商资格的基金公司、证券公司和保险公司。截至2012年2月，包括39家主流境内商业银行，汇丰、渣打、花旗3家外资行，中信证券、国泰君安、中银国际、长江证券、第一创业5家证券公司和泰康人寿保险股份有限公司。

最后是贷款业务，这也是我国人民银行资产业务中的重要组成部分。我国人民银行贷款的总原则是合理供给、确定期限、有借有还、适时调节。人民银行的贷款对象是所有信贷资金营运基本正常、还款的资金来源有保证、并在人民银行单独开立账户的商业银行和其他金融机构。目前，人民银行的贷款主要有四种：年度性贷款、季节性贷款、回拆性贷款、再贴现。

当前,人民银行的贷款业务中存在的主要问题是:第一,再贴现业务比重过低。由于我国票据市场不发达,人民银行主要依靠再贷款向商业银行融通资金。我国再贷款采取信用放款的授信方式,没有任何抵押与担保,中央银行既无选择融资对象的依据,又无贷款发放量的约束,容易出现货币供给的失控。第二,条条分配人民银行贷款指标的模式,一定程度上削弱了人民银行的宏观调控能力,不利于发挥人民银行分支机构的作用。第三,年度性贷款比重较大,影响了人民银行资产的流动性,从而影响了人民银行有效发挥其职能作用。

3. 中国人民银行的其他业务

中国人民银行的其他业务包括资金清算业务、保管黄金外汇储备、代理国库、统计分析等。

我国现行的资金清算制度包括了三方面的内容:一是集中办理同城票据交换。各地都建立了由人民银行主持的票据交换所,集中办理同城各银行的票据交换;二是集中清算交换差额,即各银行交换差额用其在人民银行的存款账户转账;三是办理异地资金的转移。目前,由于我国联行清算制度不健全,以及一些银行不遵守结算纪律,各行间互占汇差情况时有发生,减慢了资金周转速度,影响了资金使用效率。

目前,限于我国在国际金融市场的地位,人民银行买卖黄金外汇的数量和对象还很有限。金融行政管理和统计分析业务,也正处于摸索阶段中,至于代理国库业务,则涉及人民银行与财政的关系问题。

第三节　中央银行与金融监管

由于金融机构是经营货币商品的特殊企业,其经营活动对国民经济影响极大,各国要想稳定通货,促进金融增长,就必须对金融业尤其是银行实施有效的监管。从执行层面上看,各国有不同的组织安排。有些国家是由中央银行进行金融监管,而我国自 2003 年银行业监督管理委员会(简称银监会)成立以来,主要由其承担对银行业的监管职能,并协助央行、证监会、保监会等其他监管机构的业务活动。

一、对金融业进行监管的必要性

具体说来,金融监管当局对金融业进行监督管理的必要性,既有宏观的原因,也有微观的因素。

(一) 宏观因素

首先,从银行信用活动在再生产过程中的作用看。银行信用的基本作用包括积极和消极两个方面。从积极作用看,它可以集中社会闲散资金,促进资源合理分散,加速资金周转;从消极方面看,银行信用的过度扩张可能刺激国民经济个别部门的盲目发展,使生产与社会需求相脱节,造成经济总体结构失衡。因此,金融监管当局不得不通过一定的方式和手段,鼓励促进银行信用积极作用的发挥,抑制和预防消极作用的发生发展。

其次,从金融活动与一般经济活动的关系看。金融业以货币信用为经营活动内容,面对的是全社会，一旦经营失败会导致全社会信用链条中断，甚至动摇货币制度，造成社会经济的混乱；而一般经济实体则以一般商品和劳务为经营活动的内容，面对的是社会一部分，其经营活动的失败只会导致局部的社会问题。因此，非常有必要对金融业实行特殊监督管理。

第三，从金融体系内各金融机构之间的关系看。在整个金融体系内部，存在着分工不同、经营性质不同的各类金融机构，它们机构林立，数量众多。随着金融业务的发展，这些机构之间不可避免地会出现激烈的竞争。竞争虽然能够有效提高金融服务的效率，但过度竞争也可能带来金融动荡，于经济发展不利；此外，竞争的后果往往是垄断的发生，这反而会降低未来金融服务的效率并降低金融业的创新动力，甚至会影响央行对金融行业的调控能力。为此，国家必须从适度限制竞争角度出发对金融业进行监督和管理。

第四，从中央银行贯彻货币政策的需要来看。随着实现货币政策目标难度的不断增加，不同的政策目标之间不仅要依靠传统的货币政策手段（存款准备制度、公开市场业务和再贴现率）进行协调，还必须辅以其他强制或非强制的措施，才能使金融机构的经营活动更加符合中央银行的政策意图。因此，各国普遍加强了对金融业的监督管理。

第五，从金融业务国际化发展状况来看。第二次世界大战后，经济全球化伴随着的金融业务国际化浪潮几乎席卷全球。这种现象虽然有利于国际贸易的增长和各国生产力水平的提高，有助于提高资金使用效率，但另一方面也加剧了国际货币体系的动荡，在国际间传递通货膨胀，造成借贷双方国家的经济动荡。因此，各国金融监管当局都十分重视与此相联系的金融监督和管理。

（二）微观因素

对金融业进行监督管理的微观因素主要集中在对金融内在脆弱性的讨论上，具体表现在以下三个方面：

第一，金融业具有高负债经营的特点。这也是对金融脆弱性最初始的认识。金融业由于自身的特点，常常处于高负债经营状态，这使得金融业比较起其他行业来，更容易倒闭。20 世纪初，美国大批银行的倒闭为这一事实提供了很好的证据。因此，必须对金融企业的经营进行一定的监督管理。

第二，金融业是一个容易积聚风险的行业。很多学者从不同角度研究了这一问题：美国经济学家明斯基（Minsky）从企业角度进行了研究，认为商业周期的存在将诱使企业进行高负债经营，衰退阶段的企业支付危机必将导致金融机构的破产和金融危机的爆发；克瑞格（Kregal）则从银行的角度进行了研究，他认为银行家的信贷决定主要看借款人过去的信用记录，经济增长时期借款人的良好信用记录会诱使银行放松警惕，批准高风险的贷款；戴蒙德（Douglas Diamond）和迪布维格（Philip Dybvig）的银行挤兑模型则证明了银行挤兑发生的可能性，该模型认为银行的脆弱性源于存款人对流动性要求的不确定性和银行的资产相对于负债缺乏流动性所致。总之，金融业本身具有的高风险特点要求接受监督和管理。

第三，信息不对称导致金融的脆弱性。在金融市场上，逆向选择和道德风险总是存在的，从历史经验来看，最容易诱使金融机构陷入困境的，是那些在经济繁荣时可能产生丰厚收益，可一旦经济形势逆转便会出现严重问题的投资项目（如房地产、股市、期市等），这些项目常常很难用通常的统计方法来作出准确预测，所以，仅仅依靠金融机构对借款人的筛选和监督并不足以消除这种风险，这也是需要对金融业加强监督管理的一个重要原因。

二、金融监管的原则和方法

金融监管当局有必要对金融业进行严格的监督和管理，但并不意味着它可以任意发号施令，过多、过滥的干预不可避免地会造成金融业经营活动的僵化，影响其服务效率。因此，各国金融监管当局普遍奉行不干涉金融业内部管理的原则。

金融监管当局对金融业监管的具体方法主要有三种：预防性管理措施、存款保险制度和最后抢救行动。

(一)预防性管理

这是金融监管当局为防止金融企业发生不当经营，过度竞争，破坏金融市场的稳定，干扰货币政策的实施而事先采取的监督管理方法，是各国金融监督管理的主要方法。其特点在于采取积极的进攻策略，以防患于未然。其主要手段和内容包括以下五个方面：

第一，市场准入管理。一是进入市场所需的资格条件，例如，资本金的最低限度、管理人员应具备的条件等。银行开业必须报请金融监管当局批准并依法注册。只有符合资格条件的申请者才能拿到营业执照。二是进入市场的程度，即规定业务范围。一般各国金融监管当局对各类商业银行经营的业务范围都有一些限制性规定。

第二，利率限制。利率限制是一种价格限制，主要指存款利率限制，旨在防止银行同业竞争风险。目前各发达国家金融监管当局对贷款利率限制较少，通常通过《反高利贷法》等措施保护借款人的利益。

第三，资产流动性管理。强调的是银行应付挤提存款的能力。有的国家明确规定了金融机构具有一定程度流动性资产必须在其总资产中所占的比例，有些国家采用比例控制的方法限制资产负债的错误搭配。

第四，资本充足性管理。就是通过银行资本必须与银行的资产或负债保持一定的比例来限制银行的业务规模。许多国家规定商业银行资本对资产的比例要大于5%。《巴塞尔协议》要求签约国银行的总资本对其经加权计算的风险资产的比率不小于8%。

第五，贷款管理。金融监管当局为了防范商业银行面临的信用风险，一般对其贷款业务进行某些限制。如集中贷款限制，即限制一家银行向某一行业或单一客户或某一地区的贷款规模；内部贷款限制，即限制银行向关联企业、银行董事、经理和职员等各种“内部人士”贷款；呆账准备金和一般准备金的提取，即提取一定的损失准备金作为风险补偿的手段。

(二) 存款保险制度

所谓存款保险制度，是指为了维护存款人的利益，维护金融体系的安全和稳定，规定各吸收存款的金融机构将其存款到存款保险公司投保，以便在非常情况下，由存款保险公司对金融机构支付必要的保险金的一种制度。

存款保险制度在维护存款人利益和维护银行安全和稳定方面起到了积极的作用，成为银行保障的第二道防线。但其仍有一定的局限性，表现在：第一，参加保险的只是部分存款，从而不能完全保障存款人的利益；第二，当经济危机爆发，银行大量集中倒闭时，这种安全保障往往形同虚设；第三，存款保险公司的保费收入大部分投资于流动性较高的有价证券，而一旦出现经济危机，这些证券的流动性下降，保险公司就可能因资金周转不灵而丧失支付能力。

设计存款保险制度的初衷是维护存款人的利益，维护金融体系的稳定。但在实际操作过程中，却产生了三个方面的相反结果。

对于存款人来说，存款保险制度对其利益提供了保护，同时也降低了存款人监督银行的自我保护激励，也就是说存款人将缺乏积极性对银行的业务和活动进行必要的监督，这样就使低效率甚至是资不抵债的银行能够继续吸收存款。

对于投保机构来说，存款保险对存款人的保护意味着存款人挤兑对银行等存款机构形成的影响将被削弱，这将诱使投保机构提高对存款保险制度的依赖，并倾向于从事风险较高、利润较大的银行业务，从而加大了投保机构承担的风险。具体来说，存款保险制度下，银行将更加倾向于配置长期贷款、长期债券等收益率较高的资产。该经营策略虽然能够在当期为银行带来较高的利润计提，但考虑到全球经济的激烈竞争态势和产业政策调整、宏观经济周期性波动等因素的影响，银行业短负债长资产错配策略的伴随风险有可能被存款保险制度放大。

对于监管当局来说，存款保险制度还容易导致风险不断累积，由此加大解决问题将要付出的代价，最终损害整体经济利益。

鉴于存款保险制度在上述三方面的局限性，对存款保险制度的合理性一直争议。废止存款保险制度的意见也一直存在，但20世纪80年代，美国银行危机被视为是进一步修正、完善存款保险制度的开端。1989年和1991年，美国分别通过了《金融机构改革、恢复和加强法》(FIRREA)和《联邦存款保险局改善法》(FDICIA)，对存款保险制度的某些缺陷进行了完善，具体包括以下四个方面：

第一，严格限制对银行的保护政策。

第二，采取及时纠正行为的条款。当银行的资本比率不足时，监管机构应尽早干预，在银行的资产净值达到零之前，联邦存款保险局就有权关闭银行。

第三，实行与风险相关的保险费率。资本充足率低或资产风险高的银行要缴纳较高的保险费率。与风险相关的保险费增加了银行从事高风险投资的成本，抑制了其道德风险的动机。

第四，对银行进行现场检查。法案要求监管人员至少每年对银行进行一次现场检查，监督银行是否遵守资本要求和资产限制要求。与此同时，银行要遵守更严格、频繁的报告制度，以便使监督机构获得更多的信息。

（三）最后抢救行动

最后抢救即监管当局对那些发生安全问题或违法问题的银行采取道义上的援助或严厉的制裁，这是一国金融安全体系的最后一道安全防线。最后抢救行动对于维护银行安全，减轻银行风险，保护社会公众利益，创造一个安定、高效率的金融环境，保证经济的稳定发展等方面意义重大。具体来说，当商业银行的安全出现问题时，监管当局通常会实行紧急援助，可能采取的措施包括直接提供贷款、组织大银行救小银行、由存款保险机构提供资金援助、购买该银行的资产或由政府担保发放贷款以及由政府出面援助等。

金融监管当局对那些在经营活动中违背了有关政策、法令，并拒不按监管当局指令改正的商业银行拥有以法律为保证的裁决权。制裁措施主要包括给予经济惩罚、停止对其贷款或贴现、建议撤销某些高级管理人员、撤销其参加保险的权力以及诉诸法律，迫其倒闭等。

专栏7-3　中国的银行业监管

银行业监管是金融监管中最核心的内容之一。在我国，银行业监管职能原先由人民银行单独承担，自2003年中国银行业监督管理委员会(简称银监会)成立以来，我国的银行业监督进入了一个新的阶段。

(一) 我国金融业监管的发展历程

1984年以前,我国没有现代意义上的金融业监管。那时是"大一统"的银行体制,没有监管当局,没有监管对象,也没有监管的法律法规。1984年,中国人民银行开始行使中央银行职能,从中国人民银行中分设出中国工商银行,加上原来行使外汇管理职能的中国银行、原隶属于财政部的中国人民建设银行以及刚刚恢复建立的中国农业银行,共同组成了专业银行体系。同时,颁布了银行管理条例,对中央银行和专业银行的关系进行界定。中央银行与专业银行的关系被界定为10个字,即领导、管理、监督、稽核、协调。从此,"银行监管"的概念开始提出。自1984年起步的中国金融业监管,其发展历程可划分为四个阶段:

1. 1984—1993年的起步阶段

在这一阶段,人民银行首先提出了银行监管的命题,并有了初步的实践尝试。但当时我国的经济体制仍然是以计划经济为主,经济工作的目标仍然是以速度为主,经济管理的方式仍然是以粗放经营为主。这些反映到银行工作中,就表现为人民银行的工作主要以货币政策为主,货币政策工作又主要以分配贷款规模为主。而监管工作主要以市场准入为主,主要是审批机构、审批债券和审批股票。

2. 1993—1997年的强化阶段

1993年以后,随着我国市场经济改革的深入发展,金融系统也暴露出了一些问题,影响到金融业的安全和稳定。中国人民银行出台了大量的金融法律法规,加大了对金融行业的监管,这个时期的银行监管工作有法律条文可依,并且按照法律监管,《外资金融机构管理条例》、《金融机构管理规定》、《中国人民银行法》、《商业银行法》、《票据法》、《担保法》等主要法律都在这个时期颁布。中国银行业监管进入了职能强化阶段。

3. 1997—2003年的体制探索阶段

到1997年,中国人民银行管理体制进行了重大改革,银行业监管进入体制探索阶段。在此之前,银行监管工作是以治标为主,从1997年开始,以第一次全国金融工作会议的召开为标志,银行监管工作进入了治本阶段,即研究如何设计新的银行监管体制问题。这个阶段对金融监管体制进行了重大改革,开始建立分业监管体制,其中主要进行了两项较大的改革,一是升格证监会、成立保监会,负责对证券业、保险业的监管,人民银行专司对银行业、信托业的监管;二是人民银行自身机构进行改革,撤销省级分行,成立跨省区分行,俗称大区行。

4. 2003年至今的分业监管阶段

2003年至今为第四阶段,是分业监管阶段。经过6年的探索,中国的银行监管进入了新的阶段。2003年4月26日,十届全国人大二次会议通过了《全国人民代表大会常务委员会关于中国银行业监督管理委员会履行原来由中国人民银行履行的监督管理职能的决定》。4月28日,银监会挂牌,正式形成了目前的分工明确、互相协调的"一行三会"金融分业监管体制。银监会成立后,针对"监管工作抓什么"的问题,提出了新的监管理念:"管风险、管法人、管内控、提高透明度。"

目前,我国实行的是以中国人民银行、中国银监会、中国证监会、中国保监会(即所谓的"一行三会")为主的金融业分立监管体制,四方共同承担着对我国金融业的监管职责,并建立了银、证、保三方的监管联席会议机制。具体的监管架构如图7-3所示:

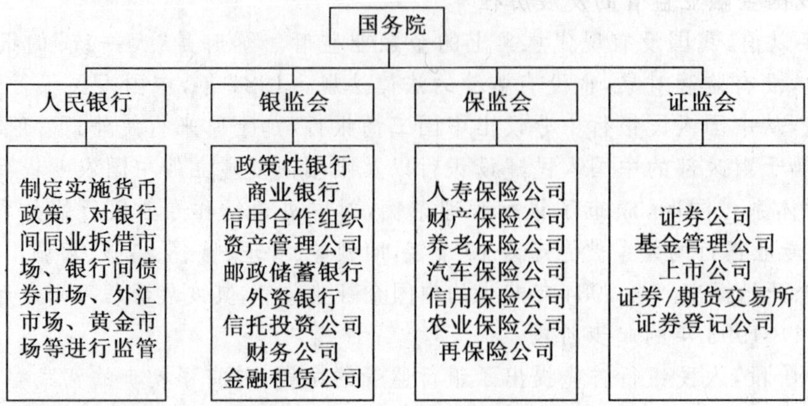

图 7－3　我国的金融监管架构

（二）中国人民银行和中国银监会的职能分工

目前，银监会、中国人民银行、财政部、国家审计署和证监会等监管机构对我国银行业有监督权。我国银行监管的主体机构是中国银监会，主要负责银行的审批、检查和评级等。银行会计、财务制度的修改受到财政部的监管，国有银行财务收支真实性、合法性的监督检查主要是国家审计署负责。上市商业银行还受到证券会的监督。中国人民银行监督管理银行间同业拆借市场、银行间债券市场、外汇市场和黄金市场。

1. 中国人民银行的监管职能

随着中国证监会、保监会、银监会等监管机构的成立，中国人民银行的主要职责是制定和执行货币政策，防范和化解金融风险，维护金融稳定。根据《中华人民共和国中国人民银行法》的规定，其监管内容主要包括：

（1）监督管理银行间同业拆借市场和银行间债券市场。

（2）实施外汇管理，监督管理银行间外汇市场。

（3）监督管理黄金市场。

（4）有权对金融机构以及其他经济主体执行存款准备金管理规定、执行外汇管理规定、执行黄金管理规定的行为进行检查监督。

（5）中国人民银行根据执行货币政策和维护金融稳定的需要，可以建议国务院银行业监督管理机构对银行业金融机构进行检查监督；当银行业金融机构出现支付困难，可能引发金融风险时，为了维护金融稳定，中国人民银行经国务院批准，有权对银行业金融机构进行检查监督。

（6）根据履行职责的需要，有权要求银行业金融机构报送必要的资产负债表、利润表以及其他财务会计、统计报表和资料。中国人民银行应当和国务院银行业监督管理机构、国务院其他金融监督管理机构建立监督管理信息共享机制。

2. 中国银监会的监管职能

根据《中华人民共和国银行业监督管理法》的规定，国务院银行业监督管理机构负责对全国银行业金融机构及其业务活动开展监督管理工作。银行业金融机构是指在中华人民共和国境内设立的商业银行、城市信用合作社、农村信用合作社等吸收公众存款的金融机构以及政策性银行。此外，对在我国境内设立的金融资产管理公司、信托投资公司、财务公司、金融租赁公司以及经中国银监会批准设立的其他金融机构的监督管理，也要受到银监会的监管。银行业监督管理的目标是促进银行业的合法、稳健运行，维护公众对银行业的信心。监管的主要内容包括：

(1) 银行业金融机构的设立、变更、终止，其审批权在中国银监会。未经中国银监会批准，任何单位或个人不得设立银行业金融机构或者从事银行业金融机构的业务活动。

(2) 银行业金融机构业务范围内的业务品种，应当按照规定经银监会审查批准或者备案。

(3) 银行业金融机构应当严格遵守审慎经营规则。审慎经营规则包括风险管理、内部控制、资本充足率、资产质量、损失准备金、风险集中、关联交易、资产流动性等内容。

(4) 当银行业金融机构已经或者可能发生信用危机，严重影响存款人和其他客户合法权益时，国务院银行业监督管理机构可以依法对该银行业金融机构实行接管或者促成机构重组；银行业金融机构有违法经营、经营管理不善等情形，不予撤销将严重危害金融秩序、损害公众利益的，国务院银行业监督管理机构有权予以撤销。

(5) 对银行业自律组织的活动进行指导和监督。

(三) 我国银行业监管的内容

银行业的监管主要分为准入监管、运营监管和退出监管三个部分。

1. 我国银行业的市场准入监管

市场准入是监管的首要环节，把好市场准入关是保障银行业稳健运行和整个金融体系安全的首要基础。

一般来说，审批新的商业银行要重点考虑以下几个因素：

(1) 最低注册资本限额。我国的《商业银行法》第 13 条规定：设立商业银行、城市合作商业银行、农村合作商业银行的注册资本最低限额分别为 10 亿元、1 亿元和 5 000 万元人民币。而且，在此基础上央行还可根据经济发展的需要调高对资本下限的要求。

(2) 完善的公司治理结构和内控制度。

(3) 高级管理人员素质。

(4) 银行业竞争状况和经济发展的需要。

2. 我国银行业的市场运营监管

(1) 资本充足性监管。在本书第六章，我们已经介绍了我国银监会对银行资本金的界定。2004 年 3 月 1 日开始实施的《商业银行资本充足率管理办法》规定；商业银行资本充足率不得低于 8%，核心资本充足率不得低于 4%。

2010 年 9 月以来，银监会方面多次重申，要按照新的监管标准执行，表明我国全面加强银行业资本监管的方案正在有序推进。其中在资本充足率方面，商业银行一级资本充足率从现行的 4%上调至 6%，资本充足率保持 8%不变。此外，银行在正常年份还需要持有相应比例为 2.5%的留存资本缓冲。而对于系统重要性银行，除了上述底线要求，监管部门还另行设置了 1%的附加资本要求。根据银监会的统计，经过多年努力，我国资本充足率达到 8%以上的银行数已由 2003 年的 8 家上升至 2010 年的 281 家。

(2) 资产质量监管。在我国，衡量资产安全性的指标主要是不良贷款率，不良贷款率是不良贷款期末余额与各项贷款期末余额之比。1998 年 5 月，中国人民银行参照国际惯例制定了《贷款分类指导原则》，要求商业银行依据借款人的实际还款能力进行贷款质量的五级分类，即按风险程度将贷款划分为五类：正常、关注、次级、可疑、损失，后三种为不良贷款。目前我国银监会对不良贷款率的要求是不得高于5%。五类贷款的定义和分类标准如表7-9所示。

表7-9 贷款五级分类法

贷款类别	分类原则
正常	借款人能够履行合同，一直能正常还本付息，不存在任何影响贷款本息及时全额偿还的消极因素，银行对借款人按时足额偿还贷款本息有充分把握。贷款损失的概率为0
关注	尽管借款人目前有能力偿还贷款本息，但存在一些可能对偿还产生不利影响的因素，如这些因素继续下去，借款人的偿还能力会受到影响，其损失概率不超过5%
次级	借款人的还款能力出现明显问题，完全依靠其正常营业收入无法足额偿还贷款本息，需要通过处分资产或对外融资乃至执行抵押担保来还款付息。其损失概率在30%—50%
可疑	借款人无法足额偿还贷款本息，即使执行抵押或担保，也肯定要造成一部分损失，只是因为存在借款人重组、兼并、合并、抵押物处理和未决诉讼等待定因素，损失金额的多少还不能确定，其损失概率为50%—75%
损失	借款人已无偿还本息的可能，无论采取什么措施和履行什么程序，贷款都注定要损失，或者虽然能收回极少部分，但其价值也微乎其微，从银行的角度看，也没有意义和必要再将其作为银行资产在账目上保留下来。对于这类贷款在履行了必要的法律程序之后应立即予以注销。其损失概率在75%—100%

除了对总的不良贷款率进行限定外，银监会还对贷款迁徙率作出了规定。贷款迁徙率是指贷款等级向下迁徙的比率，例如，正常类贷款迁徙率是指正常类贷款向下迁徙至关注、次级、可疑或损失类贷款的数额，占总的正常类贷款的比例。我国银监会对正常类、关注类、次级类和可疑类贷款的迁徙率要求分别为不得高于0.5%、1.5%、3%和40%。

(3) 流动性监管。流动性是指银行根据存款和贷款的变化，随时以合理的成本举债或者将资产按其实际价值变现的能力。流动性风险监管是商业银行监管的重要组成部分。

流动性风险可以分为融资流动性风险和市场流动性风险。融资流动性风险是指商业银行在不影响日常经营或财务状况的情况下，无法及时有效满足资金需求的风险。市场流动性风险是指由于市场深度不足或市场动荡，商业银行无法以合理的市场价格出售资产以获得资金的风险。

流动性风险指标用以衡量商业银行流动性状况及其波动性，主要包括贷存比、流动性比率、核心负债比例和流动性缺口率，应按照本币和外币分别计算。

表7-10 流动性管理指标

指标名	计算方法	范围要求
流动性比例	流动性资产余额与流动性负债余额之比	不低于25%
核心负债比例	核心负债与负债总额之比	不低于60%
流动性缺口率	90天内表内外流动性缺口与90天内到期表内外流动性资产之比	不低于−10%
贷存比	银行贷款金额与存款金额的比例	不超过75%

(4) 贷款集中监管。对个别客户的贷款过分集中,是世界上多数银行发生危机的经常原因。这一监管主要是限制银行对个别借款者的贷款,从而限制风险的集中。贷款集中的程度主要由个别大额贷款与银行资本的比例来衡量。

我国要求商业银行对同一借款人的贷款余额与商业银行资本余额的比例不得超过10%,商业银行不得向关系人发放信用贷款,向关系人发放担保贷款的条件不得优于其他借款人同类贷款的条件。商业银行的关系人包括两类,一类是商业银行的董事、监事、管理人员、信贷业务人员及其近亲属;第二类是前项所列人员投资或者担任高级管理职务的公司、企业和其他经济组织。

(5) 内部控制监管。商业银行内部控制是银行为实现经营目标,通过制订和实施一系列制度、程序和方法,对风险进行事前防范、事中控制、事后监督和纠正的动态过程和机制。

我国要求商业银行建立顺序递进的三道监控防线,分别是建立一线岗位双人、双职、双责为基础的第一道监控防线;建立相关部门、相关岗位之间相互制约的工作程序作为第二道防线;建立以内部监督部门对各岗位、各部门各项业务全面实施监督反馈的第三道防线。

(6) 银行业监管风险评级系统。在上述运营监管内容的基础上,我国银监会于2004年出台了《股份制商业银行风险评级体系(暂行)》,并对商业银行风险评级作出了比较详细的规定。我国股份制商业银行风险评级主要借鉴了国外的CAMEL评级法,对资本充足状况评价(Capital)、资产安全状况评价(Asset)、管理状况评价(Management)、盈利状况评价(Earning)、流动性状况评价(Liquidity)等进行综合评价,并在这些评价的基础上,按照资本充足状况20%、资产安全状况20%、管理状况25%、盈利状况20%、流动性状况15%的权重进行加权,得到综合的评级分值。最后监管当局把这些分值分为五级,具体如表7-11所示:

表7-11　风险评级分级标准

级　别	得分情况(综合评分)	评　价
一级	85分以上	良好
二级	75分至85分	一般
三级	60分至75分	关注
四级	50分至60分	欠佳
五级	50分以下	差

监管当局会将评级结果作为股份制商业银行市场准入和高级管理人员任职资格管理的重要参考。同时也将按照这个评级结果确定对股份制商业银行现场检查的频率、范围和其他监管措施。

2006年1月1日,银监会在上述评级机制基础上颁布了《商业银行监管评级内部指引》(简称《内部指引》)。该指引与以前的评级体系相比有以下六个特点:一是以前多个评级办法得到了修订和完善;二是增加了定性分析的相关内容,除对银行的管理要素按照《内部指引》用定性分析外,还对其他的要素同时进行定量和定性的分析;三是对资本充足、资产质量和管理三大要素的重要性加强重视;四是保证了定量指标与核心指标、银监会监管信息系统非现场监管指标的衔接;五是对市场风险状况增强了评价;六是新增了其他项目细化评级的结果。

3. 我国银行的市场退出监管

对有问题银行的处理和市场退出的监管，主要方式是接管、解散、撤销和破产，在我国通常采用接管或撤销的方式。我国银行监管法律规定，商业银行已经或者可能发生信用危机，并且严重影响消费者和存款人的利益时，银行业监督管理机构可以对该银行业实行接管。银行业监管机构接管的目的是对被接管的商业银行采取必要措施，恢复商业银行的正常经营以保护存款人的利益能力。

中国人民银行1997年关闭了5家城市信用社；1998年关闭了海南发展银行、16家城市信用社和广东省恩平市18家农村信用社。

(四) 银行业监管的方式

银行业监管的方式分为现场检查和非现场检查两类。

1. 现场检查

现场检查是指监管人员直接深入到金融机构进行业务检查和风险判断分析。现场检查是金融监管的重要手段。实施现场检查有助于监管人员全面、深入地了解金融机构的经营和风险状况，核实和查明非现场监管中发现的主要问题，对金融机构的风险作出客观、全面的判断。

常规性的现场检查主要包括以下内容：资产质量和资产损失准备金充足程度，实际资本充足水平，资产负债结构和流动性状况，收益结构及真实盈利水平，市场风险水平及管理能力，管理与内控完善程度以及遵守法律、法规的情况。

根据《中华人民共和国银行业监督管理法》，在审慎监管的要求下，银行业监督管理机构可以采取下列措施进行现场检查：

(1) 进入银行业金融机构进行检查。

(2) 询问银行业金融机构的工作人员，要求其对有关检查事项作出说明。

(3) 查阅、复制银行业金融机构与检查事项有关的文件、资料，对可能被转移、隐匿或者毁损的文件、资料予以封存。

(4) 检查银行业金融机构运用电子计算机管理业务数据的系统。

目前，我国采用的常规检查项目包括资产质量检查、资本充足状况检查、流动性检查、市场风险检查、盈亏状况检查、管理与内控检查等。

2. 非现场检查

在非现场检查方面，我国已建立了监管报表的报送、分析和信息披露制度，改进了银行业资产负债比例管理的考核指标，按照金融机构的属地原则建立了至上而下的非现场检查责任制，确立了对非现场监管的报告制度。

目前，我国非现场风险分析的主要内容包括资产质量分析、资本充足率分析、流动性分析、市场风险的分析等。

三、中央银行与政府的关系

国家的宏观经济目标需要通过中央银行与政府的密切配合才能实现。中央银行与政府之间既密切配合又相对独立的关系，构成了中央银行与政府关系的主框架。

(一) 中央银行与政府的配合关系

首先,中央银行与政府负有相同的使命。在任何经济和社会政治模式中,维持货币、金融、社会经济的稳定发展都是中央银行与政府的共同职责。从货币政策自身的最终目标来看,稳定物价、充分就业、经济增长和国际收支平衡是中央银行货币政策的四大目标,这同时也是政府各种经济政策的主要目标。从货币政策在整个国民经济政策中的地位和作用看,货币政策的变化对经济有着全面性的影响,从而各国政府都十分重视货币政策的制定,并将它纳入与财政政策并列的最主要的经济政策行列,直接置于政府的控制之下。此外,很多国家在立法上或明或暗地承认了中央银行是国家制度的组成部分之一,其职责和权力具有国家政权的性质。

其次,中央银行必须接受政府的监督和管理。货币金融政策不能取代其他经济政策,而需要与它们紧密配合。因此,中央银行必须接受政府的监督和管理。这包括以下内容:第一,政府拥有任命中央银行最高权力机构——董事会或理事会机构成员的权力,并据此直接影响中央银行的工作倾向。第二,在多数国家中,中央银行向政府负责,定期向政府汇报工作,并接受政府的指示。当然,也有一些国家如美国、德国等,中央银行主要向议会负责。第三,许多国家的中央银行内部有政府代表,他们都出现在最高决策或管理机构。政府代表的存在有效沟通了中央银行与政府之间的信息,减少和缓解了二者之间可能会出现的误解和分歧。第四,在大多数国家,中央银行并不能完全依靠自己的意志来制定和推行货币政策,或多或少地受到政府当局的影响,其每一时期的货币政策都有政府当局意志的体现。因此,政府对中央银行享有最终的权威。

另外,中央银行与财政的关系,也是反映中央银行与政府相互配合关系的一个重要方面。中央银行与财政是国家聚集和分散资金的两条渠道,是国家经济生活中的两大支柱,二者互相配合、互相制约,共同完成国家所赋予的经济任务。中央银行与财政的关系,主要包括三方面内容:一是行政关系,即二者行政上的分工和隶属关系。由于各国国情不同,这种关系也就互有差异,总的来说,大体可分为四种类型:第一种类型是中央银行从属于财政部,归财政部领导。如日本、英国等。第二种类型是中央银行隶属于一个财政部为首的决策机构领导。如法国、意大利等。第三种类型是中央银行与财政部平行,都是政府内阁的组成部分,直接受政府内阁的领导。目前相当多的国家采取这种模式。第四种类型是中央银行独立于政府之外,直接对议会负责,具有很强的独立性。如美国、德国等。二是资金与业务关系。中央银行作为政府的银行,必然在资金与业务上同财政发生关系,如代理国库、为财政融资等。中央银行有条件也有义务向政府提供贷款,支持财政,而过分的财政透支和借款必然导致通货膨胀,危害货币政策的推行和目标的实现,因此必须划清财政资金和中央银行资金的界限,用法律保证中央银行的独立性。三是政策上的配合关系。在国家整个经济政策体系中,货币政策与财政政策被誉为这个体系的两大支柱。它们分别由中央银行和财政部制定和推行,因此中央银行和财政部的关系必然体现在货币政策与财政政策的关系上。这两大政策虽然在作用方向和作用过程上各不相同,但同时在许多方面存在着极为密切的联系。它们的政策目标是一致的,它们的活动在客观上有着密切的联系,他们同是资金分配的渠道,都与货币流通有密切联系,并且都对经济活动有巨大的影响力,两者如果各行其是,就有可能抵消各自的作用,阻碍经济目标的实现,只有相互配合才能扩大和强化这种影响。总之,中央银行与财政部的关系极为密切,是中央银行与政府全部关系中最富有政策性意义的部分。

(二)中央银行相对于政府的独立性

由于中央银行与政府所处的地位有所不同,因而它们考虑一些经济政策的侧重点也不尽相同。一般而言,政府更侧重于解决经济增长和失业问题,有时甚至不惜以通货膨胀为代价。但中央银行的首要任务在于稳定币值,这就可能与政府的意图相悖。因此,中央银行要充分发挥宏观调控职能,需要有足够的独立性。

现代中央银行的独立性不是指中央银行完全独立于政府之外,不受政府约束,而是指中央银行在国家权力机构或政府的干预和指导下,根据国家的总体社会经济发展目标,独立地制定和执行货币金融政策。这种独立性只是一种相对独立性。

中央银行要保持其相对独立性,必须遵守两条基本原则:一是中央银行的货币金融政策的制定及整个业务操作必须与国家的宏观经济目标相一致,不能自行其是;二是中央银行货币金融政策的制定及整个业务操作都必须符合金融活动自身的规律,不能完全受制于政府的短期行为。

一般来说,中央银行的独立性主要体现以下三个方面:建立独立的货币发行制度以维持货币的稳定;独立地制定或执行货币金融政策;独立地管理和控制整个金融体系和金融市场。

由于各国中央银行与政府之间的关系模式存在着很大差异,根据中央银行独立性的大小,可将中央银行划分为三种模式。

第一种是独立性较大的模式。在这种模式中,中央银行直接对议会负责,可以独立地制定货币政策及采取相应的措施,政府不得直接对它发布命令、指示,不得干涉货币政策。如果中央银行与政府发生矛盾,则通过协商解决。如美国联邦储备体系和德国都属于这一模式。

第二种是独立性稍次的模式。该模式下,中央银行名义上隶属于政府,而实际上保持着较大的独立性。中央银行可以独立地制定、执行货币政策。如英格兰银行、日本银行属于这一模式。

第三种是独立性较小的模式。这一模式的中央银行接受政府的指令,货币政策的制定及措施的采取要经政府批准,政府有权停止、推迟执行中央银行的决议。这种模式的典型是意大利银行,另外苏联以及一些社会主义国家的中央银行也采用该模式。

自20世纪80年代开始,出现了一种全球性的加强中央银行独立性的中央银行制度改革新趋势。

1989年,新西兰对其中央银行法——《新西兰储备银行法》进行了修改,为加强新西兰中央银行——新西兰储备银行的独立性奠定了法律基础。修改后的《新西兰储备银行法》第8条规定:"为实现维持一般物价水平稳定的经济目标,新西兰储备银行的主要职能是制定与实施货币政策。"与原规定相比,该条款大大提高了新西兰储备银行在货币政策目标选择方面的独立性。原《新西兰储备银行法》第8条规定,新西兰储备银行的职责是就货币政策、银行业管理、信用秩序维持、国际金融交易等问题向财政部长提出政策建议,并具体实施政府确定的货币政策。

1997年,新《日本银行法》的实施标志着日本银行的独立性进入了一个新阶段,因为该法不仅在第3条和第5条规定了"日本银行在货币以及金融调节方面的自主必须得到尊重"、"必须充分考虑日本银行在业务运营方面的自主性"等保护日本银行独立性的基本原则,还设计了日本银行运作的新制度框架以加强日本银行的独立性。

英国虽未加入欧元区,但也在进行着加强英格兰银行独立性的制度改革。1998年布莱尔为首的工党政府上台后，采取了一系列加强英格兰银行独立性的措施，并于 1998 年对《英格兰银行法》进行了较为全面的修改。新《英格兰银行法》在许多方面都体现出加强中央银行独立性的基本精神。

（三）中国人民银行与政府的关系

中国人民银行与政府的关系，根据其演变过程可分为三个阶段。1984 年以前，中国人民银行大致采用原苏联模式，独立性较小。1984 年，中国人民银行单独行使中央银行职能以后，独立性有所增强，但其地位尚缺乏法律保障。1995 年通过的《中国人民银行法》明确指出，中国人民银行在国务院领导下依法独立执行货币政策，履行职责，开展业务，不受地方政府、各级政府部门、社会团体和个人的干涉。中国人民银行的独立性大大提高。近年所采取的一系列改革措施，如分支机构改革等，也增强了央行的独立性。

中国人民银行与政府之间关系密切。首先，中国人民银行是国家制度的组成部分之一，在行政上隶属于国务院；金融政策是国家整个经济政策体系中的一部分，必须服从于整体目标，与其他经济政策相协调。其次，中国人民银行必须接受中央政府的管理，这具体反映为人民银行在国务院的领导和监督下进行工作，国务院在人民银行的政策制定、人事任免等方面拥有广泛的权力。

同世界各国一样，中国人民银行与财政部的关系，也是与政府关系中最引人注目的一个方面。

在旧的高度集中的经济管理体制下，由于否定商品货币的作用，强调计划经济、产品经济，在资金分配上重财政、轻银行，人民银行的作用被限制在十分狭小的范围内。

在政策方面，也是以财政政策为主，财政资金的分配成为调节国民经济需要的唯一手段。

在行政关系上，人民银行与财政部是平级关系，但由于财政部在资金、政策等方面都处于主导地位，人民银行实际上有职无权，从而处于从属于财政部的地位。

经过近年的经济体制改革，人民银行与财政部的关系正在逐步理顺，一种新型的中央银行与财政部的关系初步形成。在行政关系上，中国人民银行作为政府的组成部分，与财政部同属国务院领导，以平等独立的身份协调配合工作，两者之间不再有业务上的领导和被领导关系。在资金与业务关系上，经过财税体制、金融体制改革，旧体制下的资金收支关系被打破。中国人民银行统一管理全部流动资金、固定资产贷款的数量逐年增加。人民银行经理国库业务，利用财政存款发放贷款，但不得对政府财政透支。在政策关系上，随着市场经济的发展，货币政策的作用日益重要，它不再从属于财政政策，而是独立的、与之完全平行的协作关系。

需要指出的是，虽然目前人民银行作为中央银行的地位得到了加强和提高，已具备了相当的独立性，但也应该看到，与我国市场经济发展的实际需要相比，中央银行独立性问题还没有得到充分解决，这也抑制了我国人民银行作用的进一步发挥。

一是货币发行不独立。货币发行实际上由国务院决定，与政府一定时期的经济决策高度相关，这影响了人民银行对货币发行的有效控制；货币发行受国有商业银行的信贷收支状况制约，也受到财政长期借款、透支的制约，迫使人民银行的货币发行经常突破计划。

近期最典型就是 2008 年 11 月国务院推出的 4 万亿刺激经济扩大内需的政策。此措施出台的背景是美国次贷危机，其初衷是将宏观经济调控目标由“一保一控”转为“保字当先”，其计划是到 2010 年总共投入 4 万亿进行投资，进一步扩大内需、促进经济增长。但其结果是造成货币超发，并直接推动了资产价格的暴涨，以及之后出现的较为严重的通货膨胀。

二是制订和执行货币金融政策不独立。货币金融政策的制订权主要在国务院，人民银行只有建议权和执行权；货币政策工具的使用权也在国务院，中央银行若要采用某些政策手段必须报经国务院批准，这就延长了货币政策的时滞，也降低了其效力。当中央银行推行的有关货币政策措施与国有商业银行或地方政府的利益相抵触时，其政策的推行就会遇到相当大的阻力。人民银行在监督和管理金融体系方面也不独立，监督管理权的分散使人民银行在行使监管权时常受到来自国有商业银行和地方政府的干扰，难以实施有效的监控。

此外，金融创新更是加剧了央行监管权的削弱。以2008年地方政府开展的小额贷款公司试点来看，虽然2008年5月央行和银监会联合下发了《关于小额贷款公司试点的指导意见》、《地方金融企业财务监督管理办法》，且各地方政府以此为蓝本指定了各类实施细则，但在具体的监管中差异较大、监管部门繁杂。具体的监管部门据各地方的不完全统计，可能涉及央行地方分行、各省市金融办、发改委、工商局、财政局，公安局等。

提高中国人民银行的地位，增强中央银行的独立性，是我国金融体制改革中迫切需要解决的问题。为此，我们应该做到以下几点：

第一，人民银行必须独立于财政，不能再成为财政的出纳和弥补财政赤字的工具。为此，必须做到严格执行财政不得向银行透支的规定，财政有赤字，应通过发行公债、国库券来弥补。以立法形式严格控制财政向人民银行借款的最高限额，且借款期限以短期为主。采取有力措施解决财政通过其他直接或间接的方式施压银行，最后迫使人民银行增发货币的问题。

第二，人民银行必须独立于国有商业银行，不能成为弥补信贷收支差额的工具。为此，必须做到理顺人民银行与国有商业银行的关系，明确人民银行是中央银行，是宏观调控主体；而国有商业银行是金融企业，是调控对象之一。在资金供应关系上，将目前人民银行对国有商业银行的资金供应制，改为真正发挥中央银行最后贷款人职能作用的资金借贷制。人民银行对国有商业银行的贷款，应坚持以短期为主，以增强资金的流动性，强化人民银行的宏观调控能力。人民银行应对商业银行实行资产负债比例管理，以强化国有商业银行的自我约束机制，促使其资金自求平衡。

第三，人民银行必须独立于地方政府，防止人民银行分支机构职能的地方化，以保证货币政策的顺利实施。为此，必须做到按经济原则设置分支机构。人民银行的分支机构作为总行的派出机构，必须坚决贯彻执行总行的各种政策、指令，而不能为了地方利益损害全局利益。人民银行分支机构的干部任免权应完全划归总行。

经过中国金融体制的不断改革，上述问题原则上已经得到解决。尤其是2003年中国银行业监督管理委员会成立后，中国人民银行的独立性得到进一步加强。

作为国务院直属的正部级事业单位，银监会根据授权，统一监管银行、资产管理公司、信托投资公司及其他存款类金融机构，主要职责是拟订有关银行业监管的政策法规，负责市场准入和运行监督，依法查处违法违规行为等。而中国人民银行主要负责货币政策和跨行之间的资金往来，具体包括利率的调整、银行之间的现金结算支付和一些新业务等。银监会的成立不仅将央行的双重职能予以分离，加强了银行系统监管，使得中央银行将视野扩大到所有与其有交易关系的金融机构上，专注于制定和执行货币政策的职能，更多地着眼于产业部门和实体经济；更重要的是维护和加强了中央银行自身的独立性，使之与中央政府之间保持一定的距离。这样可以使人民银行处于超然的地位，有利于提高货币政策决策机制的透明度，增强货币政策的独立性。

本章小结

(1) 中央银行的制度形式主要有四种:单一制、联邦制、跨国制和准中央银行制。绝大部分国家采用的都是单一制的中央银行体制,美国是具有代表性的联邦制中央银行体制国家,其地方和中央的联储具有相对的独立性;欧洲中央银行是一种典型的跨国型中央银行;而准中央银行制存在于那些没有专门中央银行的国家和地区。各国中央银行的管理体制和机构设置也都各有不同。

(2) 中央银行的职能主要表现在三个方面:发行的银行、银行的银行、政府的银行。

(3) 中央银行的业务主要由资产业务、负债业务和其他业务组成。基础货币的投放可以通过中央银行的具体业务来实现。

(4) 中央银行对金融业实施监督和管理是必需的,通常来说,央行可以通过预防性管理、存款保险制度和最后抢救行动对金融机构实施必要的监管。

(5) 中央银行和政府间既是密切的相互配合关系,也应该保持相对的独立性,以保证其独立的货币政策主张得以推行。各国央行的独立性各不相同,美联储常被认为是最具有独立性的央行之一。

复习思考题

1. 中央银行分支机构的设置思路有哪两种类型?简述我国中央银行分支机构设置中存在的主要问题。

2. 简述中央银行的四大职能。谈谈我国中央银行职能作用的不完善之处。

3. 中央银行与政府的配合关系包括哪几个方面内容?什么是中央银行的独立性?

4. 中央银行主要有哪些资产业务和负债业务?

5. 为什么中央银行必须对金融业进行监督管理?

第八章 货币需求与货币供给

市场经济最基本的关系是供需关系，货币对经济的作用也是通过货币的供需关系及其运行而实现的，货币的供求理论遂成为货币理论的主体。尽管在实际生活中，货币供给与货币需求的发生一般是密切相关的，但作为经济行为的理论概括，货币需求理论比货币供给理论有着更悠久的历史。这是因为，在信用制度还很不发达，货币还由贵金属充当的时代，货币供给取决于贵金属的生产，其供给机制和其他商品的供给机制没有什么不同。只有在信用经济中，信用货币成为货币主体，货币供给理论才发展起来。因此，本章将先论述货币需求理论，然后再讨论货币供给理论。

第一节 货币需求

一、货币需求的涵义

(一) 需求与货币需求

社会成员为满足自身需要必须持有多少货币？货币需求受哪些因素影响？这些是货币需求理论所要探讨的问题。

为了说明什么是货币需求，必须首先明确什么是需求。在经济学中，“需求”与“需要”是一对不同的概念，需要是经济主体的一种欲望，一种纯心理的占有欲望，是“想要多少”的问题；需求则是经济主体有支付能力的欲望，是“能要多少”的问题，它不仅仅涉及主观问题，更受制于客观条件。因此，经济学意义上的需求不仅是指人们希望得到或拥有某种东西的欲望，而且是一种有支付能力的需要。人们的欲望是无限的，但需求却是有限的。所以，需求必须同时包括以下两个基本因素：一是人们希望得到或持有；二是人们有能力得到或持有。

人们的货币需要，即经济主体主观上希望自己拥有的货币量可谓是多多益善。而货币需求则是指经济主体在某一时点上能够拥有的货币量。货币需求必须同时包括两个基本要素：一是人们有持有货币的愿望；二是必须有持有货币的能力，两要素缺一不可。因此，人们的货币需求是有限的，种种客观条件制约着货币的可获取性。货币需求的含义可理解为：当某人拥有一定量的财富总额时，他可以选择以多种形式来持有该笔财富，而他愿意以货币这种资产形式来持有的那部分财富就构成他对货币的需求。所以，货币需求实际上是一种资产选择，是人们把货币作为一种资产而持有的行为。将所有家庭、企业、政府的货币需求加总起来，就是全社会的货币需求。这样一种货币需求概念对我们来说是可以理解的，但在讨论具体的货币需求理论时，我们还必须区分微观货币需求与宏观货币需求、名义货币需求与实际货币需求这样两组相关的货币需求概念。

(二) 微观货币需求与宏观货币需求

对货币需求的分析可以分为两种类型：一种类型的货币需求是从企业、个人或家庭等微观主体的持币动机、持币行为的角度进行考察，分析微观主体在既定的收入水平、利率水平和其他经济条件下，保持多少货币才能使机会成本最小、所得收益最大。这种类型的货币需求即微观货币需求，它是指单个个体(包括个人、企业、单位和政府)在一定时点上对货币的意愿持有量。个人、企业、单位和政府之所以需要货币，是因为货币能用来进行媒介交易、债务清偿或作为财富予以保存。因此，在数值的大小上，微观货币需求主要取决于社会的收支制度、个体的收入水平、物价水平、利率以及金融市场的发达程度等因素。另一种类型的货币需求则是指一个国家在一定时期内的经济发展与商品流通所必需的货币量，这种货币量既能够满足社会各方面的需要，又不至于引发通货膨胀。这种货币需求是从宏观角度进行分析的，因而称为宏观货币需求。宏观货币需求也就是一定时期社会总供给对货币的总需要。在数量上，宏观货币需求主要受经济发展水平、市场经济发达程度、社会收支习惯等因素影响。分析宏观货币需求主要是根据影响货币需求的变量来估算社会一定时期的总体货币需求，以作为货币供给决策的依据。微观货币需求研究是宏观货币需求研究的基础与出发点，而宏观货币需求研究又是微观货币需求研究的深化与最终目的。因此，在货币需求研究中，二者不可偏废，缺一不可。

(三) 名义货币需求与实际货币需求

在现实经济生活中，存在价格总水平波动的可能性，因此，在研究货币需求时如同区分名义工资与实际工资一样，出现了名义货币需求与真实货币需求。所谓名义货币需求，是指个人或家庭、企业等经济单位或整个国家在不考虑价格变动时的货币持有量。而实际货币需求则是指各经济单位或整个国家所持有的货币量在扣除物价因素之后的余额，因而也称为实际货币余额。名义货币需求是用货币单位表示的货币量，而实际货币需求是用货币的实际购买力来衡量的货币量。货币的实际购买力实质上就是指单位货币所能购买到的商品或劳务的数量，它是物价水平的倒数。实际货币需求、名义货币需求和物价水平之间的关系可表示为：实际货币需求＝名义货币需求/物价水平。如果名义货币需求量为 M_d，那么用某一具有代表性的物价指数(P)进行平减后，就可以得到实际货币需求量 M_d/P。在现代经济运行中，价格波动是经常性的，区分名义货币需求与实际货币需求有利于正确理解货币需求理论。

二、货币需求理论

西方对货币需求问题的研究最早可追溯到重商主义。在随后的数百年时间里，经济学界纷纷探讨货币需求问题，使货币需求理论得到长足发展，并形成了各种纷繁复杂的理论与学术派别。我们重点介绍三大理论体系：传统货币数量论、凯恩斯及凯恩斯主义货币需求理论和现代货币数量论。

(一) 传统货币数量论

货币数量论是一种用货币数量来解释货币价值、商品价格的货币理论。由于它所讨论的实际上是商品交易所需的货币量问题，因而逐步演变成一种货币需求理论。在货币数量论的发展过程中，最具代表性的理论有两种：欧文·费雪的现金交易说和剑桥学派的现金余额说。

1911年美国经济学家、耶鲁大学教授欧文·费雪在《货币的购买力》一书中，提出了著名的现金交易方程（简称交易方程），用现金交易解释货币价值与商品价格，费雪的理论因此被称为现金交易数量论。

费雪是从最简单的市场交易分析出发，得出现金交易方程式的。任何一笔市场交易，买者支出的货币总额总是等于卖者收入的货币总额，而购买商品和劳务的总支出＝货币供应量×货币流通速度；出售商品和劳务所得的总收入＝平均物价水平×社会交易量。若假设 M 代表周期内流通货币的平均量，V 代表这些货币的平均流通速度，P 代表所有交易中商品的价格即一般物价水平，T 代表社会总交易量，则可得出如下交易方程式：

$$MV=PT \tag{8-1}$$

费雪认为，交易方程式中 M 是一个可以控制的变量，由政府的政策作用所决定；P 是一个灵活多变的变量，由其余三个变量相互作用所决定。社会交易量（T）取决于生产要素及其利用程度、社会生产的分工及其专业化程度以及社会商品交易的程度。在充分就业的条件下，这些因素都是相对稳定的。因此，从短期均衡的角度来看，社会交易量是一个相对稳定的量。不仅如此，货币数量的变动也不会影响交易的数量，二者是相互独立的。至于货币流通速度（V），是指每一单位货币在一定时期内充当交易媒介的次数。它主要取决于支付制度和支付习惯两大因素。支付制度即对人们的收入如何被支付所做出的安排，作为一种制度在正常情况下其变动是逐渐的、有一定方向和限度的，不会出现无规则变动，因而是相对稳定的。而支付习惯既为“习惯”，就是一种反复出现的行为，因而也具有相对稳定性。据此，费雪认为，由于支付制度和支付习惯具有相对稳定性，由它们决定的货币流通速度也必然具有相对稳定性。而且，货币数量的变动也不会对货币流通速度产生什么影响。这样，在交易方程中，T 和 V 都是相对稳定的，而且不会因 M 的变动而变动，那么，货币量 M 的任何变动，必然正比例地引起一般物价水平的变动。这就是费雪交易数量论的主要内容。从费雪的交易式 $MV=PT$ 可看出，PT 表示的是出售商品的货币总值，也就是完成社会商品总交易所需要的货币量；MV 则表示购买商品所付出的货币总值，也就是完成社会商品总交易所提供的货币量。交易方程式反映出货币的需求与供应，而其货币需求是从满足交易媒介需要的角度进行分析的。

1917年，英国剑桥大学庇古教授根据他老师马歇尔的观点，提出了另一种货币数量说，即现金余额数量说。马歇尔认为，费雪交易方程的缺点在于没有说明支配货币流通速度的原因。他认为人们的持币时间或持币量，对货币的流通速度有很大的影响。通常，人们会把自己财产和收入的一部分以货币形态储存起来，以便利交易、预防意外。但储存多少，则取决于人们对储存货币所得利益（流动性、方便）与购买消费品所得的享受以及投资于生产所得的收益之间的比较。储存的货币量即应保有的备用购买力，决定一国货币的总价值。假设一国居民普遍认为应以收入的1/10和财产的1/50作为备用购买力，而年收入的总价值为500万夸特（实物计量单位）小麦，财产的总价值为2 500万夸特的小麦，那么，不管一国发行多少货币，其货币价值只能等于100万夸特小麦（500×1/10＋2 500万×1/50）。如果一国货币正好为100万单位，则该国货币1单位价值将等于1夸特小麦的价值；如果货币量上升为200万单位，则单位货币价值只能等于1/2夸特小麦。这就是说，货币的价值决定于一国公众愿意以货币形态保持的实物价值与该国货币数量的比率。人们愿意以货币形态保持的实物价值为实物余额，根据实物余额的价值相应保持的货币数量称为现金余额。马歇尔认为，由实物余额决定的现金余额（即人们愿意保持的备用购买力）是影响货币价值的决定性因素。在此基础上，庇古认为，货币的价值由单位货币的交换价值决定，其大小可由一定数量的商品来表示。因此，他用一定量小麦代表全部商品的总价值，而将货币的价值表现为单位货币所能购买的小麦数量。用 R 代表以一定量小麦所表示的全部商品总价值（即社会总收入），用 K 表示以货币形态持有的备用购买力占社会总收入的比率，用 M 表示货币量，用 P 代表以小麦表示的单位货币的价值，就得到以下等式：

$$P=KR/M \tag{8-2}$$

式(8-2)可变形为：

$$M=KR/P \tag{8-3}$$

式(8-3)中，R 为以实物计算的社会收入；P 为以实物计算的单位货币的价值；R/P 可表示剔除实物因素而以货币表示的社会总收入，即名义国民收入。若以 Y 表示实际的国民收入，以 P 表示一般物价水平，则名义国民收入等于 PY，式(8-3)又可表示为：

$$M=KPY \tag{8-4}$$

这就是现金余额数量说中的现金余额方程式最一般的表示形式。该方程式因是马歇尔·庇古等剑桥学派的经济学家提出的，因而又被称为剑桥方程式。

现金余额说和现金交易理论一样，都是属于传统的古典学派，相信经济总处于充分就业状态，因此现金余额说将 Y 看成一个稳定的量。至于 K，货币余额说虽然认为人们选择以货币形态持有的财富比例，常常取决于人们对储存货币所得利益（流动性、方便）与购买消费品所得的享受以及投资于生产所得的收益的比较，因此 K 取决于投资的收益率，但货币余额说将收益率的决定归结于实物投资的边际报酬率，并认为这与价格和货币需求这些因素没有关系，只与技术等因素有关，因此在一定时间内，也可以看成是一个稳定的量。这样，现金余额说得到了与现金交易学说相同的结论。

虽然上述两种理论结论相同，而且从形式上来看，剑桥方程式和费雪方程式没有多大的区别，若令 $V=1/K$，$Y=T$，式(8-1)和式(8-4)在形式上一样。但两种理论在本质上存在很大的区别，剑桥方程式比费雪方程式在货币理论上至少有三个方面的发展：

第一，剑桥方程式更为直接地表现了货币的需求。在剑桥方程($M=KPY$)中，右边表示人们愿意持有的货币数量是名义收入的一个固定比例，换句话说，它代表货币的需求。左边则很简单，代表货币的供应。这样，剑桥方程将货币理论表述成"货币供应=货币需求"这样一个货币供求模型。在分析过程中，与费雪交易方程强调 V，强调货币数量对币值、物价的影响不同，剑桥方程强调 K，强调货币存量对币值、物价的影响，研究人们到底该持有多少货币，才能使经济保持均衡。这样，货币数量论从原来单纯研究货币数量、货币价值、商品价格三者关系的"物价理论"，转变为研究究竟需要多少货币量的货币需求理论。

第二，剑桥方程式对货币需求有了更进一步的解释。费雪方程式是从现实交易的卖与买的瞬间发生的交易需要说明对货币的需求，是从货币的交易媒介职能出发分析对货币的需求。研究的重点是货币流通速度，是影响交易过程的一切因素。而剑桥方程式则是从卖与买的间歇持有货币的需要来说明对货币的需求，是从货币的贮藏手段职能出发来分析对货币的需求，研究的重点是以货币形态持有的财产在全部财产中所占比例，是影响货币作为一种资产进行选择的各种因素。可见，剑桥方程式对货币需求有了更进一步的解释。

第三，剑桥方程式更强调经济当事人的个人选择行为，是从微观主体的持币行为出发来研究货币需求的，更强调个人对持有货币的选择行为。费雪方程式探究的是什么决定整个社会在一定时期内为实现商品交易所需要的货币量，是从宏观的角度来研究货币需求问题。

（二）凯恩斯的货币需求理论

凯恩斯认为人们对货币的偏好，也就是对货币的需求，起因于三个动机：交易动机、预防动机和投机动机。

人们起因于交易动机而对货币的需求是指人们需要货币，以备个人支付需要或企业的营业需要。对个人来讲，收入是定期取得的，而收入的开支则是经常性的。因此，个人为了日常支付的需要，必须准备一定量的货币。这就是起因于个人支付动机的货币需求。对企业来讲，其收支活动也是不完全一致的，从企业销售收入的获得到生产费用的支出，总有一段时间间隔。为了应付企业日常的营业开支也需要持有一定量的货币，这就是出于企业营业动机的货币需求。这两种货币需求都是为了应付日常交易，因而统称交易动机的货币需求。这一货币需求的大小主要取决于个人和企业收入的数量以及从收入到支出时间间隔的长度。其中，时间间隔的长度取决于银行及工商企业的组织形式、社会习惯、收入分配结构以及货币的机会成本等因素，而这些因素在短期内基本上是稳定的，由其决定的时间间隔也就具有稳定性。因此，交易动机的货币需求主要取决于收入的多少。收入愈多，此项货币需求就愈大；收入愈少，此项货币需求也就愈小。而所谓预防动机的货币需求则是指人们为预防意外的支付而持有的一定量的货币。凯恩斯在具体分析预防目的时指出，这是为了应付突然发生的意外支出和为不失去意料之外的有利购买机会做准备，也为了持有一种货币价值不变的资产以便于偿付那些同样以货币计价的未来债务。显然，预防动机的货币需求是一系列变量的函数，其中包括成本因素、心理因素等，但在凯恩斯看来，其大小主要还是取决于收入的多少。由于交易动机和预防动机的货币需求都主要取决于收入水平，而对利率不敏感，所以，将这两种货币需求记为 M_1。如果用 Y 代表收入，L_1 代表这种货币需求与收入之间的函数关系，那么就可以将这种货币需求表示为：

$$M_1 = L_1(Y) \tag{8-5}$$

投机动机的货币需求是指人们为了在未来的某一适当时机进行投机活动而持有的货币量。凯恩斯以长期政府债券代表所有生息资产，并以此作为货币形式持有财富的唯一替代品。债券不仅能给持有者带来利息收入，还可因债券价格变动给持有者带来资本溢价或资本损失。债券价格的变动依赖于市场利率的变动。人们对货币的投机需求是源于未来利率的不确定性，以及由此导致的未来债券价格变动的不确定性。凯恩斯认为，在每个人的心目中，都有一个未来利率水平的正常值。如果目前利率低于这一正常值，则预期利率会上升，债券价格将下跌，那么人们就会卖出债券持有货币，以避免损失和在将来债券价格下降时再度购进债券。如果目前利率高于正常利率，则预期利率会下降，债券价格会上升，人们就会用货币购进债券，以备日后债券上涨后以更高的价格卖出获取收益。由此可见，投机动机的货币需求大小主要取决于目前利率水平和所谓正常利率水平之间的差距。从整个经济社会来看，在不同的投机者心目中会有不同的正常利率水平，所以不同的投机者对于利率变动趋势的预期往往是不同的。当前利率水平愈低，预期它将上升的投机者就愈多，从而以货币形式持有财富的投机者也就愈多，货币的投机性需求就愈大；反之，当前利率水平愈高，预期它将下降的投机者就愈多，从而以债券形式持有财富的投机者也就愈多，货币的投机性需求就愈小。投机动机的货币需求随利率水平的高低反向变动。若以 M_2 代表投机动机的货币需求，r 代表利率，L_2 代表 M_2 与 r 之间的函数关系，那么就可将这种货币需求表现为：

$$M_2 = L_2(r) \tag{8-6}$$

结合式(8－5)和式(8－6)，货币需求总值 M_d 可表现为：

$$M_d = M_1 + M_2 = L_1(Y) + L_2(r) \tag{8-7}$$

凯恩斯的货币需求理论区别于前人的最显著特点是对投机动机货币需求 M_2 的分析。凯恩斯对 M_2 的分析，抛弃了货币纯粹作为交换媒介的观点，将货币作为一种资产进行研究，明确提出了货币在现实经济中作为资产的功能。因此，凯恩斯分析的货币需求不仅是作为交易媒介的货币需求，更重要的是作为一种投资媒介，一种直接为人们财富存在形式的货币需求。

另一方面，强调 M_d 与利率之间的关系，是凯恩斯对货币理论的一大贡献，也为货币政策的实施奠定了基础。既然 M_d 与利率有直接关系，金融管理当局完全可以通过改变货币量来控制市场利率，进而对投资、就业和国民收入产生影响。不过凯恩斯认为，由于货币需求对利率的变化十分敏感，货币需求因此很不稳定，货币流通速度也很不稳定，所以，货币政策并不是政府主要依赖的宏观调控手段。

另外，凯恩斯还指出，当利率降至某一很低的水平时，所有人都预期利率将迅速上升，持有债券会遭受很大损失，因而人人都希望持有货币。这时，货币无论如何增加，均有对货币的需求产生，货币需求成为完全弹性。这就是所谓的“流动性陷阱”。与“流动性陷阱”相反的是“古典区域”，即当利率高达某一水平时，人们普遍预期利率将下降，债券价格将上涨，因而货币将全部转为债券，此时对货币的投机需求为零。这就是说，在一般情况下，货币供给增加，利率下跌，对货币需求增加；在“流动性陷阱”区域，货币供给无论怎么增加，都会被无穷大的货币需求所吸收，从而使中央银行企图通过增加货币供给降低利率刺激投资的政策完全失效；相反，在“古典区域”，人人都逃避通货，除非利率有所改变，否则货币供给对货币需求的影响也非常困难。至此，我们可以看出凯恩斯货币需求理论的政策指导意义。

(三) 凯恩斯货币需求理论的发展

凯恩斯将人们对货币的需求分为交易动机的货币需求、预防动机的货币需求和投机动机的货币需求三类。并认为出于前两个动机的货币需求依存于收入的多少，而出于后一种动机的货币需求依存于利率水平的高低。20 世纪 50 年代后，西方经济学家纷纷著文，丰富和发展了凯恩斯的货币需求理论。

1. 交易性货币需求理论的发展

凯恩斯对货币交易需求的研究，明确指出在正常情况下，交易性货币需求只与收入水平有关。凯恩斯以后，很多经济学家对此问题作了深入的研究。早在 20 世纪 40 年代末，美国著名经济学家汉森就提出，当利率上升到相当的高度时，货币的交易余额也会具有利率弹性。20 世纪 50 年代初，美国经济学家鲍莫尔第一次深入分析了交易性货币需求与利率的关系。后来，耶鲁大学的詹姆斯·托宾也论证了货币的交易需求同样受到利率变动的影响，形成了有名的鲍莫尔-托宾模型(又称平方根公式)。

该模型认为，人们没有必要让收入中用于日常开支的部分全部以现金形式存在，现金不会给其持有者带来收益，而可以将其中的大部分转变为非现金的生息资产(如债券)，然后再逐渐将生息资产兑现，以供日常支付之用。当然，将非现金生息资产变现，需要一定的手续费，但只要利息超过手续费，这样做就是有利可图的。而利率越高，利息超过手续费的机会就越多，由非现金资产转变为现金的次数也就可以越多，从而保持在身边的现金就会越少。与企业为了生产的延续性必须保有一定量的库存货物一样，为满足交易动机而持有的现金余额也可以当作一种存货。与存货要耗费一定的成本一样，持有现金也会发生成本。其成本一是机会成本，即由于持有现金放弃以其他生利资产持有交易余额所产生的收益；二是获取现金（即出售债券）的交易成本（包括佣金费用、税金以及所需时间等）。

假设某经济主体在期初将其全部收入（T）以债券方式持有，并假设此人每次均从其债券中取出 C 兑现，则此人在收入期内的兑现次数为 T/C；再假设每次变现的交易费用为 b，那么，该期的全部交易成本为 bT/C。再假设每次变现后，其支出是连续、均匀的，那么在收支期间所持有的平均现金余额为 $C/2$，令持有单位现金的机会成本为利息 i，则该经济主体持有现金的机会成本为 $Ci/2$。若以 X 代表持有现金的总成本，则有下式：

$$X=\frac{bT}{C}+\frac{Ci}{2} \tag{8-8}$$

为求使 X 值极小时的 C 值，必须对式(8-8)求 C 的一阶导数并令其为 0，同时其二阶导数必须大于 0，则有：

$$\frac{\mathrm{d}X}{\mathrm{d}C}=\frac{-bT}{C^2}+\frac{i}{2}=0$$

$$\Rightarrow C=\sqrt{\frac{2bT}{i}} \tag{8-9}$$

同时还可求得：

$$\frac{\mathrm{d}^2X}{\mathrm{d}C^2}=\frac{2bT}{C^3}>0$$

因而 C 值即为使总成本 X 极小的值。又因为在收入所得期内所持有的平均现金余额为 $C/2$，因而交易性货币需求的最适量为：

$$M=\frac{C}{2}=\sqrt{\frac{bT}{2i}} \tag{8-10}$$

式(8-10)就是著名的平方根公式。它表明：

第一，交易性货币需求和投机性货币需求一样，也受利率变动的影响。具体来说，利率越高，持有货币的利息机会成本越高，因而经济主体会自动地降低对交易性货币的需求；反之，利率降低，对货币的交易需求提高。这一结论大大丰富了凯恩斯的货币需求理论。

第二，在一般情况下，交易成本的变化将会引起货币交易需求的同方向变化。若佣金费用增加，且每次变现所耗费的时间和精力增多，即 b 增加，则在一定收入所得期内变现的次数会减少，为交易所需的最适货币持有量就会增加；相反，变现方便了，b 减少，变现次数增加，货币持有量减少。

第三，货币需求具有规模经济性。这表现在交易总额增长 1%，对货币量的需求只增长 0.5%。其原因在于佣金费用 b 中有一部分是与交易额增长不成比例的固定费用，每次兑现额越高，单位货币所担负的费用越低，佣金费用增加的幅度越低于交易总额增加的幅度。因而，相对于交易总额的增长来讲，边际佣金费用减少，对货币的边际交易需求也减少。货币需求的规模经济性大大增大了货币政策的作用。根据平方根公式，假定利率和物价不变，增加一定比例的货币存量，将导致收入更高比例的增加。因为货币的交易需求与收入的平方根成正比例变化，所以，为了使公众能吸收这部分追加的货币，收入增加的比例就必须大于货币供给增加的比例。

2. 预防性货币需求理论的发展

凯恩斯认为预防性货币需求不受利率变动的影响。20世纪60年代，美国经济学家唐·帕廷金、惠伦、奥尔、温罗贝等人先后发表文章，论证了预防性货币需求也同样为利率的递减函数。下面我们以温罗贝的分析为主，综合其他人的观点对此加以表述。

他们认为，预防性货币需求来自于事物的不确定性。一个人无法保证他在某一时期内的货币收入和货币支出同事前预料的完全一致，也不可能排除实际支出超过实际收入或发生不测之事以至临时需要现金的可能性，因此，人们实际保持的货币往往比预期所需要的多一些。由于预防性的动机，一个人必须决定在收入所得期内，如何在货币与债券之间分配他的财富。持有货币能够弥补任何入不敷出的短缺，应付各种意外的支付需要，避免因丧失本可以取得的盈利机会而蒙受的损失。但持有货币也需付出利息成本。相反的，持有债券可避免利息损失，但一旦意外需要出现，他必须将债券换成货币，为此，他必须承担佣金费用等交易成本。究竟应持有多少预防性货币余额，可根据持有货币余额的边际收益与边际成本加以确定。持有预防性货币余额的目的是为了防备不确定性事项，应付各种意外的支付，因而在某些时候也许就不会加以使用。如若动用，就为持有者赢得了盈利机会，节约了因未持有现金而必须承担的交易成本(债券变现的佣金费用)。因此，从持有预防性货币余额中获得的收益，就等于实际动用这种余额的可能性乘以一旦意外情况发生可免于支付的交易成本。但由于持有货币除了蒙受利息损失外，不可能获得任何收益。若收入所得期内利率水平为r，那么货币持有增加的边际成本就为r。因此，当某人为了应付收入支付方式的不确定性而使付出的总成本最小时，他必须增加他的预防性货币需求，直到增加货币持有所节约的佣金费用恰好补偿由此而放弃的利息收入时为止。这就是说边际收益等于边际成本决定着最佳的货币持有额。

这样，我们就可以看出影响预防性货币需求的因素主要有以下几个：首先，利率是影响货币预防性需求的因素之一。利率直接构成持有货币的边际成本，利率的变动会引起预防性货币需求按相反的方向变动，直到使边际成本与边际收益相等为止。显然，出于预防动机对货币的需求，仍然为利率的递减函数。其次，交易成本会影响预防性的货币需求。佣金费用构成持有预防性货币余额的收益，如果佣金费用提高，持有任何既定水平的货币余额的边际收益将与该变化同比例地提高，货币需求也将随佣金费用提高而向上升，佣金费用是影响货币预防性需求的一大因素。除了出售债券来应付意外开支外，人们还可以通过其他办法，比如借款、抵押、减少计划开支、停止支付等。各种方法都要付出各自的成本，如借款要付出利息成本；减少计划开支要影响正常的营业和消费；停止支付既会失去名誉，还要遭受法律制裁等。所有这些成本都与佣金费用一样，是持有预防性余额可节约的成本，影响着货币的预防性需求。此外，在变现时花费的时间也是交易成本的一种表现，研究者们常用实际工资率来反映这种“时间的价值”，因此，实际工资率也是影响预防性货币需求的因素之一。第三，收入水平的高低也是影响预防性货币需求的重要因素。

3. 投机性货币需求理论的发展

凯恩斯在其投机性货币需求分析中认为，投机者通过对利率的预期，会在货币和债券之间选择能带来最大收益的资产。但是，凯恩斯的分析却无法解释在现实经济生活中投机者为什么既持有债券又持有货币。那么，投机者如何决定持有债券的比例呢？在存在许多不确定因素的情况下，他们既要考虑持有债券能够获得利息收入，同时也必须考虑将要冒多大的债券价格下跌的风险。正是由于风险的存在,人们在决定以何种资产作为自己财富存在形式的时候,不能只考虑预期收益的最大化,而必须考虑收益与风险的替代效应,以预期效用最大化作资产选择的原则。这样,凯恩斯投机性货币需求理论发展成为多样化资产组合选择理论。

(四) 弗里德曼的货币需求理论

弗里德曼认为,货币作为资产形式之一是持有财富的一种方式,是一种资本品。对消费者来说,货币能提供一系列劳务和效用,包括方便、安全和对消费品及劳务的支配。对企业来说,货币是一种资本品,能提供生产性效用。因此,人们对货币的需求与对其他物品及劳务的需求并没有本质的区别,因为它们都为人们提供了效用。根据消费者选择理论,弗里德曼认为,货币需求取决于以下因素:

第一,总财富。弗里德曼认为,总财富在货币需求中的作用类似于一般消费者选择理论中的预算约束,它决定着货币需求总量的限度。他还认为,财富是收入的源泉,因而能够创造收入的因素都应包括在总财富中。这样,不仅货币、债券、股票、实物资产等非人力资本是财富,而且个人将来获得收入的能力,包括一切先天和后天的才能与技术的人力资本也是财富。财富的大小可视为收入的资本化价值。即若以 Y 表示收入流量总额,r 表示财富存量与收入流量之间的贴现率,那么,总财富就为 Y/r。这里的收入 Y 不是现期收入,而是恒久性收入,它是消费者的人力财富和非人力财富在相当长的时期内所能获得的平均收入。可将恒久性收入理解为大致相当于一个人过去、现在和将来获得收入的平均数。恒久的收入具有一定的稳定性,是制约人们对货币需求的重要因素之一。

第二,持有其他资产的收益。债券、股票和实物资产等都是货币的替代品,这些资产的收益自然会影响人们以货币形式保存其财富的动机。不过,在考虑持有这些资产而不是持有货币的收益时,应该剔除掉持有这些资产而不持有货币的机会成本,即货币的收益。货币的收益一方面来自对活期存款支付的利息,另一方面来自于存款银行为持有货币提供的各种便利和交易服务。

第三,非人力财富在总财富中所占的比重。这个因素之所以影响货币需求,是因为虽然人力财富和非人力财富之间存在着相互转换的关系,但是,这种转换常常是受到严格限制的。例如,人力财富在劳动需求很低时难以获得收入,也就无法顺利转变为非人力财富。因此,如果非人力财富在总财富中所占比例越小,为人力财富获取收入较难时做好准备的必要性就越强,对货币的需求也就越大。

第四,财富所有者对不同形式财富所提供效用的嗜好与偏好。上述嗜好与偏好一般应视为不变,但当客观环境变动时,也有可能变动。如战时,以货币形式保持的财富比例就会增大。所以,此类嗜好与偏好的变动也会影响货币需求。

据此,弗里德曼得出了如下货币需求函数:

$$M_d/P=f(r_e-r_m,r_b-r_m,\pi-r_m,Y_p,\omega,\mu) \tag{8-11}$$

其中,M_d/P 表示实际货币余额;r_b、r_e、π 分别表示股票、债券和实物资产的收益率;r_m 表示货币的收益率;Y_p 表示恒久性收入;ω 表示表示非人力财富与人力财富的比例;μ 表示影响财富所有者对不同形式财富所提供效用的嗜好与偏好的各种变量。

弗里德曼认为,当利率上升,各项资产的收益率随之上升时,银行为了争取客户,必然会增加活期存款的收益率或者提高对活期存款账户所有者的服务水平,这实际上提高了货币的收益,抵消了其他资产收益率上升带来的好处,因此,货币的实际余额对利率变化是不敏感的,货币需求主要受到恒久性收入的影响。

如式(8-11)所示的货币需求函数往往可以简化成：

$$M_d/P=f(Y_p) \tag{8-12}$$

弗里德曼认为，由于恒久性收入是稳定的，因此货币需求是稳定可测的，而货币的流通速度虽然并非固定不变，但由于 $V=PY/M=Y/f(Y_p)$，货币流通速度也将是可测的。

第二节　货币供给

一、货币供给理论的起源和发展

货币供给理论主要是研究货币供给的组织、方式和环节，即货币当局通过什么途径，采用什么方式向社会供给货币；研究影响货币供给量的因素以及货币管理当局对货币供给量的调控机制等。

在货币供给理论中，货币供给究竟是内生决定还是外生给定，是一个重要的问题。所谓货币供给的外生性是指货币供给的变动完全由中央银行根据其政策意愿决定，经济体系中的实际变量和微观经济主体只能被动适应货币供给的变动；而货币供给内生性的观点则认为，中央银行并不能独立决定货币供给，货币量还会受到经济体系中的实际变量(如收入、投资、储蓄、消费等)以及社会公众和商业银行等微观经济主体的经济行为的影响。

货币供给理论的产生晚于货币需求理论。在商品货币阶段，货币供给受充当货币的那种商品数量的制约，其形成是自发的，供求一般相等，不等时，有自动调节机制，因而不需要研究货币供给问题。到了信用货币阶段，货币当局开始要考虑货币发行多少的问题，还要考虑如何主动调节货币量的问题。但是，在很长的时间里，大多数经济学家都认为货币供给量是外生的，在货币供给外生的观点占主导地位的背景下，人们不重视研究货币供给的决定过程，而只研究当货币管理当局改变货币供给量的时候，经济会有哪些变化。直到 20 世纪 60 年代，货币供给的内生性表现得越来越明显，货币供给问题才受到人们的重视，并出现了现代意义上的货币供给理论。

一般认为[①]，18 世纪的信用创造说是货币供给理论的思想渊源。信用创造说的基本观点是银行能够通过贷款创造存款。信用创造说揭示了货币的派生机制，为货币供给理论的产生提供了基础。此后在 19 世纪初期和 40 年代，英国经济学界爆发了“金块论与通货论争”，许多经济学家在论争中发表了各自对货币供给的看法，从而为货币供给理论的最终形成创造了条件。

20 世纪 20 年代，菲利普斯(C. A. Phillips)使用了“原始存款”和“派生存款”这两个重要概念，它为现代货币供给理论提供了理论雏形。菲利普斯假设，银行不持有超额储备，公众也不持有通货或定期存款，只持有活期存款。于是，当银行的准备金增加时，银行就会增加贷款，从而增加活期存款，向社会供给货币。银行增加的活期存款等于增加的准备金与活期存款法定准备金率之倒数的乘积[②]。菲利普斯的理论分析了货币供给量与商业银行准备金、法定准备

---

① 王广谦主编：《20 世纪西方货币金融理论研究：进展与述评》，经济科学出版社，2003 年版第 68 页。

② 盛松成著：《现代货币供给理论与实践》，中国金融出版社，1993 年版第 2 页。

金率之间的关系，为现代货币供给理论提供了理论雏形。

1952年，米德(J. E. Meade)发表了《货币数量与银行体系》一文，运用货币供给方程系统研究了三种不同类型的银行制度下，货币数量是如何决定的。至此，现代货币供给理论才真正形成。但是，米德模型中强调中央银行持有的黄金对货币供给量的影响，而没有分析公众和银行行为对货币供给量的具体影响。1963年，弗里德曼和施瓦茨所著的《美国货币史(1867—1960)》以及1965年菲利普·卡甘(Phillip Cagan)所著的《1875—1960年美国货币存量变化的决定及其影响》这两部著作中，才开始深入分析了决定货币供给的各种因素，开创了研究货币供给决定的新方法[①]。此后，研究货币供给的热潮经久未衰，这一方面得益于货币政策在一国经济生活中作用的日益突出；另一方面也得益于各种复杂数学工具的引入与模型化。

二、货币供给过程

货币供给的形成过程至少可被分成央行创造和金融中介创造两个过程，央行创造过程就是基础货币的投放过程，央行的交易对象都是金融机构，因此，在绝大部分情况里，基础货币都被直接投放到银行体系。金融中介创造过程是指金融机构在其经营行为中将货币投放到实体经济中，并形成最终的货币量。前面我们已经讨论了中央银行投放基础货币的过程，即央行创造部分。在本章中，我们重点讨论的将是金融中介创造环节。

通过金融中介创造，将形成最终的货币供给。尽管经济学家在货币定义上分歧很多，但对流通中货币和存款作为货币的基本组成部分这一点是认同的，因此，货币的供给可分为流通中货币的供给和存款货币的供给两个部分。

(一)流通中货币的供给

流通中货币的供给是中央银行的职能之一，也是中央银行的主要负债业务。其供给与中央银行的各项资产负债业务直接相关。简单来说，总的货币发行首先由一国货币当局下属的通货印制部门印刷和铸造出来，并通过各种方式注入各类存款货币经营机构(在我国称为其他存款性公司)，这些机构接下来通过客户提现方式对客户进行现金支付，把现金投入流通，从而形成流通中货币。若这些现金中的一部分在这些存款货币经营机构中沉淀下来，则形成库存现金。因此，通常来说，一国中央银行提供的总现金(对应央行资产负债表中的货币发行项)最终将等于流通中货币与库存现金之和。

下面我们通过一个例子，并借用T型账户来说明流通中货币的供给过程。假定中央银行通过增加贴现贷款的形式向A银行投入100元的现金，央行会立即把贷款额借记到A银行在中央银行的账户，而A银行的库存现金也增加了100元(形成超额准备)，同时它从中央银行的借款也增加了100元，此时央行和A银行T账户的变动如表8－1和8－2所示[②]：

表8－1 中央银行T型账户变动

资产		负债	
对商业银行的贷款	＋100	货币发行	＋100

① 盛松成著：《现代货币供给理论与实践》，中国金融出版社，1993年版第3页。

② 本章中所有T账户的货币单位统一为元。

表 8-2　A 银行 T 型账户变动

资　产		负　债	
库存现金	＋100	对中央银行的负债	＋100

接下来 A 银行将这笔钱贷放给客户甲，甲将这笔钱取出并以现金方式持有，即提现 100 元，此时 A 银行将用库存现金进行直接支付，至此，流通中货币的供给也顺利完成(如表 8-3 所示)。

表 8-3　A 银行 T 型账户变动

资　产		负　债	
库存现金	－100		
贷款	＋100		

表 8-4　甲客户 T 型账户变动

资　产		负　债	
流通中货币	＋100	银行贷款	＋100

当然，现实中的通货供给要复杂得多。以我国人民币现金的投放为例，根据 2000 年 5 月 1 日开始执行的《人民币管理条例》，中国人民银行设立人民币发行库，在其分支机构设立分支库，负责保管人民币发行基金。人民币发行基金是中国人民银行人民币发行库保存的未进入流通的人民币。各商业银行对外营业的基层行处设立业务库。业务库保存的人民币是作为商业银行办理日常收付业务的备用金。为避免业务库过多存放现金，通常由上级银行和同级人民银行为业务库核定库存限额。具体的操作程序是当商业银行基层行处现金不足支付时，可到当地人民银行在其存款账户余额内提取现金。于是人民币从发行库转移到商业银行的业务库。这意味着，这部分人民币进入流通领域。当商业银行基层行处收入的现金超过上级银行和同级人民银行为其业务库核定的库存限额时，超过的部分应自动送交人民银行，该部分人民币进入发行库，意味着退出流通领域。该过程如图 8-1 所示：

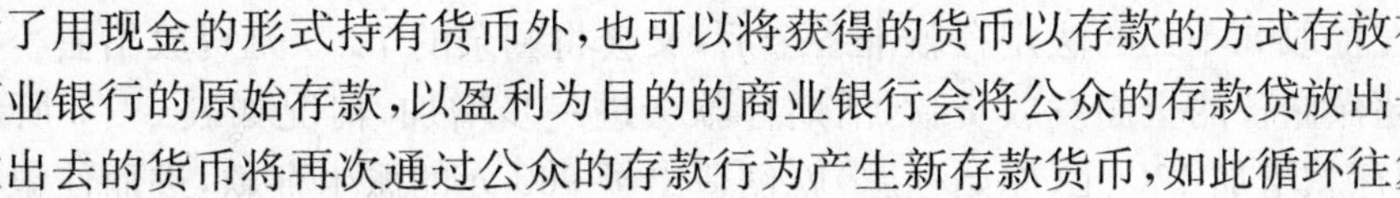

图 8-1　中国人民银行人民币发行及回笼程序

（二）存款货币的供给

公众除了用现金的形式持有货币外，也可以将获得的货币以存款的方式存放在商业银行，这将增加商业银行的原始存款，以盈利为目的的商业银行会将公众的存款贷放出去创造利润，这部分贷放出去的货币将再次通过公众的存款行为产生新存款货币，如此循环往复，实现存款创造，这就是存款货币的供给机制。

当然，存款创造机制的发挥也要求具备一定的条件：一是公众不会只以现金方式持有货币，如果公众只持有现金，那么即使中央银行增加货币的投放，商业银行的原始存款也无法增加，从而存款创造也就无从谈起；二是中央银行的部分准备金制度，如果中央银行要求商业银行100%的持有存款准备，商业银行以任何形式增加的存款都将100%成为法定准备金，根本没有任何多余的资金能用于发放贷款，存款创造机制也不会发挥作用。

下面，我们来具体讨论存款货币的创造过程。

1. *存款货币创造：简单情形*

为了更好地了解存款货币创造的完整过程，我们先看一种最简单的情形。

假设：银行只开设活期存款账户；银行针对其拥有的活期存款，只按照法定要求持有法定准备金，不持有任何的超额准备金；银行所有贷款都不以现金发放，所有交易都通过银行间的账户划拨来进行。

在这些假设下，沿用讨论通货供给时的例子，假定中央银行向A1银行增加100元的贴现贷款，即投放100元的基础货币，A1银行将其贷放给客户甲，甲以活期存款的形式持有这部分货币，这样A1银行将获得100元的原始存款增加，同时资产项持有的总准备金将增加100元。若活期存款的法定准备金率为10%，此时A1银行只需持有10元的准备金，根据不持有超额准备的假设，A1银行将把多出的90元发放贷款给乙。这一行为反映在A1银行的T型账户上即为表8－5所示：

表8－5　A1银行的T型账户变动

单位：元

资　产		负　债	
准备金①	＋10	存款	＋100
贷款	＋90		

乙获得90元的贷款后，由于不持有现金，他将把这笔钱以活期存款的方式存入他的开户银行A2。于是第一笔派生存款就产生了，它在数量上等于A2银行所吸收的90元存款。同样道理，A2银行在按10%的活期存款法定准备金率给中央银行上缴了9元后，会将剩下的81元贷放出去给丙。这一过程可用A2银行的T账户变动来反映(见表8－6)。

表8－6　A2银行的T型账户变动

单位：元

资　产		负　债	
准备金	＋9	存款	＋90
贷款	＋81		

丙在获得A2银行的81元贷款后，将这笔钱也以活期存款方式存入其开户银行A3。这样一来，在A3银行获得81元活期存款的同时整个社会又获得了第二笔等额的派生存款。同理，A3银行在提取8.1元的法定存款准备金后，又会将剩余的72.9元贷放出去。如果所有的银行都将其超额储备的全额发放贷款，活期存款会进一步增加，情况如表8－7所示。由此可见，最初活期存款增加100元(原始存款)就创造出了900元的派生存款，进而使银行系统的活期存款总额达到1 000元，它是100元存款的10倍，这就是活期存款创造乘数，它在数值上恰

① 这里商业银行持有的准备金既可以是库存现金，也可以是央行存款，两者分别对应中央银行负债项的"货币发行"和"商业银行存款"。关于这一问题在第七章中已有详细的分析。考虑到基础货币投放环节这种内部结构上的差异并不影响本节的讨论，我们将统一用准备金来表示。

好等于活期存款法定准备金率的倒数，即$\frac{1}{10\%}$。

表 8 - 7　银行系统存款创造的过程　　单元：元

银行名称	存款增加	法定准备金增加	贷款增加
A1	100	10	90
A2	90	9	81
A3	81	8.1	72.9
A4	72.9	7.29	65.61
⋮	⋮	⋮	⋮
银行系统合计	1 000	100	900

如果银行吸收到存款后不是发放贷款，而是将其投资于证券，结果并无差异。比如，银行A1用吸收的存款购买了证券而不是发放贷款，其T型账户变动如表8 - 8：

表 8 - 8　A1 银行的 T 型账户变动　　单位：元

资　产		负　债	
准备金	+10	存款	+100
证券	+90		

当该银行购买90元的债券时，它向债券的卖主开出一张90元的支票，卖主又将之存于一家银行，如银行A2。这样，银行A2的支票存款增加了90元，存款扩张过程与以前一样。因此，银行不论选择贷款或是选择购买证券来使用其超额准备，存款扩张的效果都一样。

如果用D表示活期存款，ΔD表示经过存款创造后活期存款的总增加额，ΔB表示基础货币的投放额，法定准备金率为r，存款创造的过程和上面叙述的一样：

$$
\begin{aligned}
\Delta D &= \Delta B + \Delta B(1-r) + \Delta B\,(1-r)^2 + \cdots + \Delta B\,(1-r)^n + \cdots \\
&= \Delta B \times \lim_{n\to\infty}\frac{1-(1-r)^n}{1-(1-r)} \\
&= \frac{\Delta B}{r} \qquad (8-13)
\end{aligned}
$$

式(8 - 13)的存款创造过程显示，对于整个银行体系而言，存款创造（或收缩）只有当银行体系所有超额准备都不存在时才会停止，这就是说，只有当最初增加的原始存款全部转化为法定准备金时，银行体系才处于均衡状态。表8 - 7中的结果也可以验证这一点，法定存款准备金的增加额恰好等于100元，与最初增加的原始存款是相等的。我们知道，最初的原始存款即来自央行的基础货币投放，而最终银行体系所持有的所有法定准备金同样属于基础货币，这意味着，在存款创造过程中，最初投放的基础货币总量并未发生改变，只是经过循环的贷款发放和存款创造过程，由商业银行的超额准备金全部变成了法定准备金。若用ΔR表示准备金增加额，即$\Delta R=\Delta B$。相应地，当银行体系处于均衡时，银行体系中法定准备金水平既定，活期存款的水平也就决定了。因为总的准备金增加应该等于总的活期存款增加乘以活期存款的法定准备率，即$\Delta R=\Delta D\times r$，这与式(8 - 13)是完全等价的。

上述分析表明，中央银行通过控制活期存款法定准备金率和准备金水平的变动，就可控制商业银行活期存款的创造水平。但实际上，活期存款的创造过程比简单模型要复杂得多，如果借款人乙从银行获得90元的贷款没有存入银行，而是以现金形式持有，A2银行就没有任何新增存款，则存款创造过程就此中断。另外一种情况是，如果银行选择保留全部或部分超额准备，即不把这90元全部贷放给乙，则式(8-13)中的活期存款扩张水平也无法实现。这说明，并非只有中央银行的行为才会影响存款水平，从而影响货币供应水平。一般银行在持有准备金方面的决策和存款者对手持通货数量的决策，都可以使存款创造水平乃至货币供应量发生变动。下面我们来考虑逐步放松三大假设条件时的存款创造过程。

2. *存款货币创造：复杂情形*

(1) 假设银行有超额准备金。这意味着商业银行在法定准备金外，还要持有一部分超额准备金。若超额准备金占活期存款总量的5%，其他情况和前面的例子相同，存款创造过程如表8-9所示：

表8-9　银行系统存款创造的过程　　单位：元

银行名称	原始存款	派生存款	法定准备金(10%)	超额准备金(5%)	贷款
A1	100	0	10	5	85
A2	0	85	8.5	4.25	72.25
A3	0	72.25	7.225	3.612 5	61.412 5
A4	0	61.412 5	6.141 25	3.070 625	52.200 625
⋮	⋮	⋮	⋮	⋮	⋮
银行系统合计	100	566.667	66.667	33.333	566.667

通过以上计算发现，当银行存在超额准备金时，派生存款只增加了566.667元，存款总额也只有666.667元。因此，存款创造的效应变小了，存款创造乘数大约为6.667，为法定存款准备金率与超额准备金比重之和的倒数$\left(\frac{1}{10\%+5\%}=6.667\right)$。

同样，用ΔD表示经过存款创造后存款总额的增加额，ΔB表示最初基础货币投放额，r表示准备金率，e表示超额准备金率，则有：

活期存款增加总额 $\Delta D=\frac{\Delta B}{r+e}$　　(8-14)

活期存款创造乘数 $d=\frac{1}{r+e}$　　(8-15)

事实上，我们也完全可以将$r+e$看成是总的准备金率，这样，考虑超额准备金后的活期存款创造乘数与(8-13)本质上是一致的。此外，在表8-9中，法定存款准备金和超额存款准备金的增加总额为100元，等于原始存款的增加额。即仍然有$\Delta R=\Delta B$。表示央行基础货币投放形成的所有原始存款最终全部转化成了准备金，与简单情形略有差异的是，此时的准备金中既有法定准备金，也有超额准备金。总的活期存款增加乘上总的准备金率，必定等于总的准备金增加额，即$\Delta R=\Delta D\times(r+e)$。

(2) 假设银行有定期存款。定期存款T的存在将分流一部分活期存款，并形成相应的准备金。与活期存款相同的是，在保留足够的准备金后，剩余的定期存款可以被贷放出去；与活期存款不同的是，定期存款保留准备金时，遵循的是定期存款的相应准备金率①。因此，如果定期存款保留的总存款准备金率为10%②，定期存款占总存款的比例为50%，则每吸收100元存款，将有50元的定期存款形成，并据此保留5元的定期存款准备金。假设活期存款的法定准备金率和超额准备金率仍分别为10%和5%，此时派生存款的创造过程如表8－10所示。

表8－10　银行系统存款创造的过程　　单位：元

银行名称	原始存款		派生存款		活期存款准备金		定期存款总准备金（10%）	贷款
	活期	定期	活期	定期	法定（10%）	超额（5%）		
A1	50	50	0	0	5	2.5	5	87.5
A2	0	0	43.75	43.75	4.375	2.187 5	4.375	76.562 5
A3	0	0	38.281 3	38.281 3	3.828 13	1.914 06	3.828 13	66.992 2
A4	0	0	33.496 1	33.496 1	3.349 61	1.648 05	3.349 61	58.618 2
⋮	⋮	⋮	⋮	⋮	⋮	⋮	⋮	⋮
银行系统合计	50	50	350	350	40	20	40	700

派生的活期存款总额变为350元，活期存款总增加量为400元，活期存款的创造乘数为4(400/100)，与活期存款法定存款准备金率、活期存款超额准备金率和定期存款总准备金率乘以定期存款与活期存款的比例这三者之和的倒数是相等的，即$\frac{1}{10\%+5\%+1\times10\%}=4$。

如果用r_t表示定期存款保留的总准备金率，t表示定期存款与活期存款的比，则有：

$$\text{活期存款增加总额 } \Delta D=\frac{\Delta B}{r_d+e+r_t\times t} \tag{8-16}$$

$$\text{活期存款创造乘数 } d=\frac{1}{r_d+e+r_t\times t} \tag{8-17}$$

而且，从表8－10中可以看出，所有央行提供的原始存款依然完全转化成了准备金(40＋20＋40＝100)，即$\Delta R=\Delta B$。至此，在我们讨论的所有未发生现金漏出的例子中，中央银行最初通过贴现贷款放出的100元基础货币，最终全部在银行体系转化成了相应的准备金，并依然以基础货币的形式存在。这一点从存款创造的过程来看也不难理解。对银行体系来说，只要还有多余的准备金可以被发放贷款，就一定会被发放出来，因此，均衡状态意味着央行最初提供的流动性将被商业银行充分利用并全部转化成相应的准备金，只有这样才无法继续创造新的存款。同样，此时我们能够获得与式(8－15)等价的等式：$\Delta R=\Delta D\times(r+e+r_t\cdot t)$。

(3) 假设社会公众持有通货。社会公众持有流通中货币意味着银行贷款中会有一部分以现金方式被提取，我们常将这种情况称为现金漏出，这里的漏出指的就是从存款创造过程中漏出，即流通中现金是不参与存款创造过程的。假定通货C与支票存款D的比率c保持不变，为50%，活期存款的法定准备金率和超额准备金率，以及定期存款的准备金率与前面的例子

① 在我国，法定准备金率是针对所有存款而言，对活期存款和定期存款、储蓄存款并没有进行区分。在本书分析存款创造过程时需要将活期存款和定期存款进行区分，因此我们才做了这样的假设。

② 这里我们将定期存款的法定准备金和超额准备金综合在一起考虑。

一致，分别为 10%、5%和 10%，定期存款和活期存款的比重仍然是 1∶1，这样，总的存款创造过程将如表 8-11 所示。派生的活期存款将进一步减少到 93.33 元，活期存款总额则为 133.33元。因此，存款创造的效应进一步变小，活期存款创造乘数大约为 1.33，等于法定存款准备金率、超额存款准备金率、定期存款准备金率乘以定期存款与活期存款的比率以及通货与活期存款比率四者之和的倒数$\left(\frac{1}{50\%+10\%+5\%+1\times10\%}=1.33\right)$。

表 8-11 银行系统存款创造的过程

单位：元

银行名称	原始存款		现金	派生存款		活期存款准备金		定期存款总准备金（10%）	贷款
	活期	定期		活期	定期	法定（10%）	超额（5%）		
A1	40	40	20	0	0	4	2	4	70
A2	0	0	14	28	28	2.8	1.4	2.8	49
A3	0	0	9.8	19.6	19.6	1.96	0.98	1.96	34.3
A4	0	0	6.86	13.72	13.72	1.372	0.686	1.372	24.01
⋮	⋮	⋮	⋮	⋮	⋮	⋮	⋮	⋮	⋮
银行系统合计	40	40	66.667	93.333	93.333	13.333	6.667	13.333	233.333

即：增加活期存款总额 $\Delta D=\frac{\Delta B}{c+r+e+r_t\times t}$ (8-18)

活期存款创造乘数 $d=\frac{1}{c+r+e+r_t\times t}$ (8-19)

与前面所有的情形区别最大的是，表 8-11 中所有准备金的增加总额不再等于中央银行最初的基础货币投放额 100 元，也不等于银行系统原始存款的增加额 80 元。经计算，$\Delta R=13.33+6.67+13.33=33.33$。但若再加上新增加的现金总额 66.67，则恰好等于中央银行的基础货币投放额 100 元，即 $\Delta B=\Delta C+\Delta R$。这意味着，央行最初提供的流动性一部分转化为银行体系的准备金，一部分转化为流通中现金。这一结果并不意外。如前所述，当社会公众提取现金后，漏出的现金将不再参与存款创造，留在银行体系中的那部分则依然按照最大可能在进行存款创造，达到均衡状态时，最初的基础货币投放除漏出的现金外，其他部分将全部转化为准备金，但基础货币的总额并不发生改变。

综合上述所有情形后我们发现，在央行创造过程，由中央银行投放出的基础货币在金融中介创造环节，其内在结构可能发生变化，但总额是不变的。例如，在既有超额准备金和定期存款准备金，还有现金漏出的情况下，央行投放的基础货币最初表现为 A1 银行持有的超额准备，随着贷款不断发放并漏出现金，银行系统的准备金将变少，变少的部分就是所有的漏出现金，最终形成了一部分现金和一部分准备金的基础货币结构。因此，央行可以通过其资产负债业务调整基础货币的投放总额，而基础货币投放额究竟会形成多少的货币供应，则将取决于金融中介的创造过程。

三、货币供给的决定

(一) 基础货币与货币乘数

承接前面的例子，我们进一步来讨论基础货币投放和最终货币供给形成之间的关系。如前所述，央行的货币投放行为可以决定基础货币的总量水平，因此，若能寻找到基础货币和货币供应量之间的关系，央行就能够实现控制货币总量的目标。如果我们将货币供应变动与给定的基础货币变动之间的比率称为货币乘数，用 B 表示基础货币，用 m 表示货币乘数，则货币供应量的增加 ΔM 可以表示为：

$$\Delta M = m \times \Delta B \tag{8-20}$$

式(8-20)表示，对于基础货币 B 的既定变动，货币供应量按照一定的乘数关系随之发生变动。这种将货币供应量与基础货币联系起来的方法被称为货币供给的货币乘数分析法。在西方学者的研究中，弗里德曼—施瓦茨货币供给模型、卡甘货币供给模型和乔顿货币供给模型都是通过这一方法来讨论货币供给决定问题的。

假设货币供应量 M 等于流通中现金加活期存款，即 $M=C+D$，在简单存款货币创造模型下，中央银行投放的基础货币全部转化成法定准备金，因此，中央银行可以通过调整法定准备金率和基础货币投放水平，影响商业银行创造的活期存款总量。在公众不持有现金的假设下，活期存款的增加额就是货币量的增加额。

在考虑超额储备和公众对存款行为的选择等因素后，存款创造模型变得略复杂了一些，但中央银行投放的基础货币全部转化成准备金的事实没有改变，只不过之前全部转化成活期存款的法定准备金，现在总准备金中包括了活期存款法定准备金、超额准备金以及定期存款的准备金。在公众不持有现金的假设下，活期存款增加额仍然就是货币量的增加总额。

可见，在上述不存在现金漏出的情况下，基础货币全部以准备金的形式存在，根据式(8-13)—式(8-17)，此时活期存款创造乘数和货币乘数是相等的，可以用式(8-17)的形式统一表达为：

$$m = \frac{1}{r_d + e + r_t \times t} \tag{8-21}$$

但若有现金漏出，货币量将等于流通中现金和活期存款的总和，根据式(8-18)及 $c=C/D$ 可知：

$$\Delta M = \Delta C + \Delta D = (1+c) \times \Delta D = \frac{1+c}{c+r+e+r_t \times t} \Delta B$$

因此，可得：

$$m = \frac{1+c}{c+r_d+e+r_t \times t} \tag{8-22}$$

很显然，式(8-21)是 $c=0$ 时式(8-22)的特殊情形，因此，式(8-22)是货币乘数的统一表达式。根据同样的方法，若 $M=C+D+T$，则有：

$$m = \frac{1+c+t}{c+r_d+e+r_t \times t} \tag{8-23}$$

(二) 货币供给模型

上面是从货币供给的过程入手，通过对央行创造和金融中介创造两个环节的分析得出的货币乘数和新增货币供给量的表达式。在理论界，还有不少学者直接从货币供给的结构入手分析了影响货币供给存量的各因素。这些货币供给模型本质上与式(8-22)和式(8-23)是一致的，只不过不同的模型因其出发点不同，对货币供给的决定因素有不同的观点。

1. 弗里德曼—施瓦茨货币供给模型

弗里德曼和施瓦茨在1963年出版了《美国货币史》一书，在这本书中，弗里德曼和施瓦茨根据对美国近百年货币发展历史的实证研究，提出了一种货币供给决定模型，并详细分析了影响货币供给的各种主客观因素。以下是其分析过程：

若将现代社会的货币量分为两部分——通货和银行存款(包括活期存款、定期存款和储蓄存款的总和)，且分别以 M、C 和 D 表示货币存量、通货和银行的存款，三者间的关系为：

$$M=C+D \tag{8-24}$$

再定义中央银行所能直接控制的货币为高能货币，它由两部分构成：社会公众持有的通货和银行的准备金(包括库存现金和中央银行的存款准备金)。若以 H、C 和 R 分别代表高能货币、通货和银行准备金，则：

$$H=C+R \tag{8-25}$$

将式(8-24)和(8-25)相除可得$\left(\text{分子、分母同除以 }C\text{，再同乘}\dfrac{D}{R}\right)$：

$$\frac{M}{H}=\frac{C+D}{C+R}=\frac{\dfrac{D}{R}\left(1+\dfrac{D}{C}\right)}{\dfrac{D}{R}+\dfrac{D}{C}}$$

即：

$$M=H\times\frac{\dfrac{D}{R}\left(1+\dfrac{D}{C}\right)}{\dfrac{D}{R}+\dfrac{D}{C}} \tag{8-26}$$

这就是弗里德曼和施瓦茨所推导出的货币供给模型。若令 m 为货币乘数，即定义 $m=\dfrac{\dfrac{D}{R}\left(1+\dfrac{D}{C}\right)}{\dfrac{D}{R}+\dfrac{D}{C}}$，则可得到简单的货币供给模型：

$$M=m\times H \tag{8-27}$$

从上面的推导中可看出，在弗里德曼—施瓦茨货币供给模型中，货币存量主要由三个因素共同决定：高能货币 H、银行存款与其准备金之比$\dfrac{D}{R}$和银行存款与社会公众持有的通货之比$\dfrac{D}{C}$。这样看来，至少有三类经济主体参与了货币供给的决定：货币当局决定高能货币；银行决定银行存款与其准备金之比$\dfrac{D}{R}$；社会公众决定银行存款与通货之比$\dfrac{D}{C}$。

弗里德曼和施瓦茨利用上述模型，检验了1867—1960年的美国货币史，结论是，高能货币的变化是广义货币供给量的长期性变化和主要的周期性变化的主要因素。$\dfrac{D}{R}$和$\dfrac{D}{C}$的变化对金融危机下的货币运动有决定性的影响，而$\dfrac{D}{C}$比率的变化对货币温和的周期性变化起着重要的影响①。

① 盛松成、施兵超、陈健安著：《现代货币经济学》(第二版)，中国金融出版社，2001年版第130页。

2. 卡甘货币供给模型

在1965年出版的《美国货币存量变化的决定及其影响》一书中，美国著名经济学家菲利普·卡甘(Phillip Cagan)提出了自己的货币供给模型，这就是：

$$M=\frac{H}{\frac{C}{M}+\frac{R}{D}-\frac{C}{M}\times\frac{R}{D}} \tag{8-28}$$

其中，M代表货币存量，H代表高能货币，C代表社会公众手中持有的通货，R代表银行的准备金，D代表银行的存款，$\frac{C}{M}$代表通货比率，$\frac{R}{D}$代表准备金比率。

比较弗里德曼和施瓦茨的货币供给模型和卡甘的货币供给模型可看出，两种模型所得出的主要结论基本相同，因为在决定货币供给的三个因素中，虽然有两个在名称与形式上不同，但从本质上看，$\frac{D}{R}$与$\frac{R}{D}$互为倒数；而$\frac{C}{M}=\frac{C}{C+D}$，与$\frac{D}{C}$一样，它所要揭示的也是社会公众手中持有的通货$C$和银行的存款$D$的变化对货币乘数的影响。因此，有人干脆将这三人的研究合在一起，统称为弗里德曼—施瓦茨—卡甘分析。卡甘认为，引入通货比率与准备金比率更能反映实际情况，他利用这一模型分析了美国1875—1955年货币供给量的变化，发现货币量的长期增长主要依靠追加的高能货币，只有1/10的长期性货币增长是由通货比率和准备金比率的下降引起的。

3. 乔顿货币供给模型

无论是弗里德曼—施瓦茨货币供给模型，还是卡甘货币供给模型，它们都有两个特征：一是所考察的货币为广义货币M2，没有考察狭义货币的决定；二是没有区分金融管理体制中对不同地区、不同性质的银行以及对不同种类的存款采用差别性准备金比率的因素。20世纪60年代，美国经济学家乔顿(J. L. Jordan)对上述两种货币供给模型进行了改进和补充(《决定货币存量的要素》)，推导出一个比较简洁明了的货币供给模型。

与弗里德曼—施瓦茨货币供给模型和卡甘货币供给模型所不同的是，乔顿货币供给模型考察的是狭义货币M1。狭义货币M1等于商业银行的活期存款D加上社会公众持有的通货C，即：

$$\mathrm{M1}=D+C \tag{8-29}$$

$$\mathrm{M1}=m_1\times B \tag{8-30}$$

其中，B代表基础货币(乔顿称为货币基数，$B=C+R$)；m_1代表与狭义货币M1对应的货币乘数。对式(8-30)进行变形可得：

$$m_1=\frac{\mathrm{M1}}{B} \tag{8-31}$$

将$B=C+R$，$\mathrm{M1}=D+C$代入式(8-30)，可得：

$$m_1=\frac{\mathrm{M1}}{B}=\frac{D+C}{R+C} \tag{8-32}$$

乔顿将银行的全部存款分为私人活期存款D、私人定期存款T和政府存款G，银行的存款准备金比率r代表各种存款的加权平均准备金比率，银行准备金$R=r(D+T+G)$。故式(8-32)又可变为：

$$m_1=\frac{D+C}{R+C}=\frac{D+C}{r(D+T+G)+C} \tag{8-33}$$

将式(8-33)的分子和分母同除以 D,可得:

$$m_1=\frac{\frac{D}{D}+\frac{C}{D}}{r\left(\frac{D}{D}+\frac{T}{D}+\frac{G}{D}\right)+\frac{C}{D}} \tag{8-34}$$

令 $k=\frac{C}{D}$,表示通货比率;$t=\frac{T}{D}$,表示定期存款比率;$g=\frac{G}{D}$,表示政府存款比率。则式(8-34)可简化为:

$$m_1=\frac{1+k}{r(1+t+g)+k} \tag{8-35}$$

将式(8-35)代入式(8-30)可得:

$$\mathrm{M1}=\frac{1+k}{r(1+t+g)+k}\times B \tag{8-36}$$

式(8-36)就是乔顿在考察狭义货币 M1 时给出的货币供给模型。根据这一模型,通货比率越小,增加的基础货币 B 进入银行作为准备金的部分就越大,银行体系所能创造的存款货币就越多;货币乘数是行为参数 r、t、g 的递减函数,即银行各种存款的加权平均准备金比率、定期存款比率和政府存款比率对货币乘数产生反向的影响。准备金比率的反向影响比较容易理解;而定期存款比率之所以起反向作用,是因为在存款总额中,定期存款的比率越大,活期存款的比例就越小,而乔顿所分析的货币是不包括定期存款的,因此,定期存款的比率对货币乘数的影响是反向的。

4. 伯尔格的货币供给分析

美国经济学家伯尔格(Albert. E. Burger)1971 年出版的著作《美国货币供给的过程》对货币供给进行了更复杂的分析。在分析中,他采用了一个新的概念"净来源基数 B^a"(net source base),B^a 等于从货币基数中减去银行向中央银行再贴现、再贷款后的余额,即非借入基础货币。将基础货币分为借入基础货币和非借入基础货币是很有意义的,因为中央银行对非借入基础货币的控制比借入基础货币的控制要强得多,贴现贷款的金额虽然受中央银行制定的贴现率的影响,但并不完全受中央银行控制,银行决策也发挥着重要的作用。经验数据表明,美国货币供应波动的主要决定因素是非借入基础货币。① 其公式为:

$$B^a=R-A+C=(r-b)(D+T+G)+C \tag{8-37}$$

A 代表银行向中央银行的贴现贷款;C 代表社会公众手中持有的通货;D 为社会公众活期存款,T 为社会公众定期存款;G 为政府存款;r 为银行的存款准备金比率;b 代表银行向中央银行贴现贷款与其存款总额之比。

将式(8-37)两边同除以 D,可得:

$$\frac{B^a}{D}=(r-b)\left(\frac{D}{D}+\frac{T}{D}+\frac{G}{D}\right)+\frac{C}{D}=(r-b)(1+t+g)+k$$

即:
$$D=B^a\frac{1}{(r-b)(1+t+g)+k} \tag{8-38}$$

由于
$$M=D+C=D(1+k) \tag{8-39}$$

将式(8-38)代入式(8-39),可得:

① [美]米什金著:《货币金融学》(第四版),中国人民大学出版社,1998 年第 349 页。

$$M=B^{a}\frac{1+k}{(r-b)(1+t+g)+k} \tag{8-40}$$

这就是伯尔格推导的货币供给模型。伯尔格还推导了广义货币的供给模型。在此基础上，伯尔格运用弹性和偏导数分析了准备金比率、借入基础货币比率、政府存款比率、通货比率以及定期存款比率对货币乘数的影响方向。他认为，准备金比率、通货比率和定期存款比率的变化会引起货币乘数相反方向的变化；而借入基础货币比率的变化则会引起货币乘数同方向的变化[①]。

四、中央银行对货币供给的控制能力

根据上面的分析我们对货币供给的形成有了一定的了解，货币供给过程包括央行创造和金融中介创造两个阶段。图 8－2 对此进行了描述。

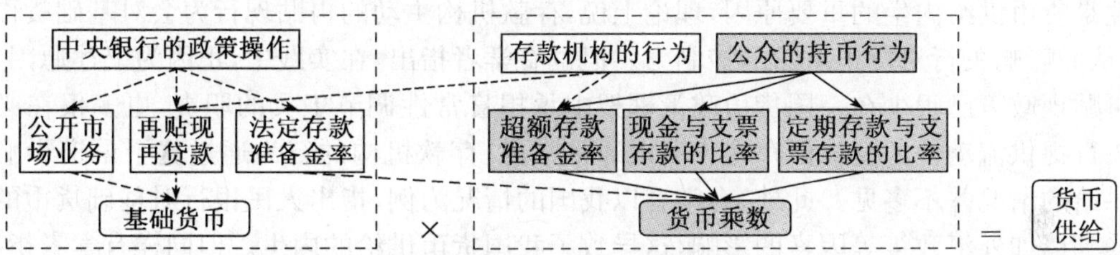

图 8－2　货币供给的产生

在理论界，对中央银行控制货币供给的能力，总体上有两种观点，一种认为中央银行可完全控制货币量供给，被称为货币供给外生论；另一种认为中央银行并不能单独决定货币供应量，经济体系内部的多种因素和主体将共同对其发生影响，这被称为货币供给内生论。在此，我们重点对后者进行介绍。

结合图 8－2，传统的货币内生性观点主要关注央行创造过程，温特劳布（Weintraub）和卡尔多（Kaldor）是持相关观点的代表性人物，温特劳布认为，"任何货币需求的增加，中央银行都将被迫采取增加货币供应的行动，直到使增加了的货币需求达到充分的满足位置"；卡尔多的观点也十分类似，他认为央行的货币供给行为只是经济主体决策的一个结果，会"直接随公众对持有现金和银行存款的需求的变化而变化，而不可能独立于这种需求去变化"。可见，温特劳布和卡尔多认为的货币供给内生性源自于央行创造环节，在他们看来，货币当局会因为重视其他目标而放弃对货币供应目标的坚持。

20 世纪 80 年代末，莫尔（Moore）在上述央行创造过程存在内生性的观点基础上，进一步提出了金融中介创造过程中的内生性。他指出，首先，央行无法控制基础货币。中央银行买卖有价证券是投放基础货币的重要方式之一，作为央行的主要交易对手，商业银行通常已经将其资产用于有价证券或者商业贷款，要吸引商业银行与中央银行进行证券买卖，就必须要求中央银行提供更优惠的价格，而这会给中央银行的基础货币投放带来高昂的成本。所以，中央银行并不能随心所欲地通过公开市场操作决定基础货币量。中央银行另一个投放基础货币的渠道是再贴现，在这一交易过程中中央银行更是完全处于被动地位，提高再贴现率虽可遏制商业银

---

① 推导过程见盛松成、施兵超、陈健安著：《现代货币经济学》（第二版），中国金融出版社，2001 年出版第 153 页。

行的贷款需求，但它却不能阻止商业银行向贴现窗口寻求基础货币的补充。中央银行从理论上讲拥有拒绝提供贴现的权力，但这种拒绝可能形成沉重的政治压力，甚至会危及银行系统的流动性。其次，信用货币的供给过程存在内生。这里的信用货币是指商业银行发行的各种流通工具和存款凭证。莫尔认为，存款的产生必须基于商业银行的贷款发放，而这又取决于公众对贷款的需求和贷款的期限，从另一方面来看，公众对货币的需求将通过其持币行为传递至商业银行，并进一步传递至中央银行。因此，信用货币的供给不会脱离货币需求，具有很强的内生性。此外，莫尔还认为，货币乘数并不能解释货币创造过程中的因素及其创造过程，货币供给等于基础货币乘以货币乘数的等式只是对现象的描述，而不是对现象的解释。

综上可见，货币供给内生论的观点认为，央行创造环节和金融中介创造环节都存在内生性。不过，货币供给外生论者对两方面都不完全赞同。

首先看央行创造环节，从上述内生论的观点来看，存款机构在再贷款和再贴现活动中拥有主动性是货币供给内生的重要原因，理论上说，存款机构主动的再贴现行为会对基础货币产生影响，从而影响央行对货币供给的控制力。但也有学者指出，在实践中，正因为上述原因，再贷款和再贴现政策已很少在一国货币政策框架中承担日常性调节工具的职责，更多仅在必要时作为央行提供流动性的窗口而存在。所以通常来说，存款机构的行为通过这个渠道影响基础货币供给的情况并不多见。此外，有学者以我国的情况为例，指出人民银行对基础货币的控制容易受到诸如外汇政策等因素的影响，这导致了我国货币供给的内生。但同样有学者指出，这类情况导致的内生性仍然在央行的控制范围之内，换个角度看，央行可通过其他政策手段将这种内生性的影响降到最低，例如，我国人民银行通过发行央行票据来回笼在外汇市场上多发行出去的货币，就表现了他们对基础货币的控制能力。

再看中介创造环节，以乔顿模型为参考，内生论者认为，货币乘数取决于加权平均存款准备金率（由法定存款准备率和超额存款准备率共同决定）、政府存款占活期存款比例、现金持有占活期存款比例以及定期存款持有占活期存款比例，除了法定存款准备金率外，其他因素都与经济主体的持币行为紧密相关。超额存款准备金率是存款机构持有的自由准备金占其持有存款的比例，经济主体存款和贷款的积极性都会影响这一比率，其他因素更是直接决定于人们对不同形式货币资产持有的选择，特别是随着金融市场的发展，不同类型金融资产的替代性不断增强，能够影响经济主体对不同货币资产持有的因素也越来越多，最终使得货币供给的内生性不断增强。因此，从某种意义上说，正是在不同的经济环境下，经济主体对货币持有数量和持有方式的主动性调整，才导致了货币供给乘数的变化，从而内生地对货币供给量产生影响。当然，货币供给的外生论者也不完全同意这样的观点，他们认为，货币乘数中的诸多决定因素虽然并非央行制定，但在一定的经济环境下，其大小是相对稳定的，因此，央行仍然可能通过控制基础货币来控制货币供给。

本章小结

（1）货币需求是一种资产选择，它是指在一定的财富水平下，人们愿意以货币这种资产形式来持有的那部分财富。研究货币需求，可以从宏观的角度研究宏观总体的货币需求量，也可以从微观的角度分析微观主体的持币需求。

（2）名义货币需求是指在不考虑价格变动时的货币需求量，而实际货币需求则是在扣除物价因素之后的余额。

(3) 传统的货币需求理论包括现金交易说和现金余额说。现金交易说是从宏观角度研究货币需求，重视货币的交易职能，现金余额说则是从微观主体的持币选择角度研究货币需求，更重视货币的价值储藏职能。两者都属于古典的经济学说，将充分就业作为基本前提，因此得出了货币量与价格水平同向同比例变化的结论。

(4) 凯恩斯的货币需求理论将微观主体的持币动机分成交易动机和投机动机，并认为投机性的货币需求动机和利率水平呈反向变化的关系。关于投机性货币需求动机的分析是凯恩斯货币需求理论的独特之处。

(5) 鲍莫尔-托宾模型是对凯恩斯的交易动机货币需求理论的拓展，得出了交易性货币需求和利率呈反向变化的结论。唐·帕廷金、惠伦、奥尔、温罗贝等人则对货币需求的预防动机进行了进一步的研究，得出了预防性货币需求动机也和利率呈反向变化的结论。

(6) 弗里德曼认为，货币需求源于人们在众多资产中选择以货币形式持有的部分，这里的资产不仅指债券，还包括股票、实物资产等。另外，弗里德曼考虑了货币本身的收益对货币需求的影响，并认为由于货币的收益和其他资产的收益同向变化，因此货币需求对利率的改变并不敏感，持久收入才是决定货币需求的最重要的因素。

(7) 货币供给包括通货的供给和存款创造两个部分。通货的供给是中央银行将通货通过商业银行，投放到经济中的过程；存款创造则是在部分存款准备金制度下，公众的存款通过商业银行的贷款行为，可以实现多倍扩张的过程。

(8) 中央银行对基础货币的控制要比对准备金的控制准确得多，基础货币和货币乘数是货币供给理论中的两个重要概念。

(9) 弗里德曼—施瓦茨货币供给模型、卡甘的货币供给模型和乔顿的货币供给模型分别讨论了货币供给的决定过程。他们认为货币供给主要由基础货币和货币乘数决定，货币乘数又取决于通货比率、准备金比率等因素。

(10) 货币供给的外生性是指货币供给的变动完全由中央银行根据其政策意愿决定；货币内生性的观点则认为，中央银行并不能独立决定货币供给，货币量还会受到经济体系中的实际变量以及其他经济主体行为的影响。

复习思考题

1. 传统货币数量理论的主要结论是什么？
2. 现金交易理论和现金余额说有什么区别？
3. 描述凯恩斯关于货币需求投机动机的分析。
4. 什么是流动性陷阱？
5. 鲍莫尔-托宾模型关于交易性货币需求动机的拓展表现在哪些方面？
6. 凯恩斯的货币需求理论和弗里德曼的货币需求理论有什么不同？
7. 什么是货币供给的内生性？
8. 简述存款创造的过程。
9. 乔顿模型中货币乘数取决于哪些因素？试分别进行解释。
10. 中央银行买入国债的行为将导致货币供给怎样的变化？

第九章 货币与经济运行

货币运行与经济运行之间的关系是货币银行学研究的一个重要问题，从传统的古典数量论到今天的新古典、新凯恩斯理论，对货币与经济之间关系的研究从来没有停止过。货币到底能否影响经济运行？影响的机制又是什么？这样的问题一直是研究货币问题的经济学家们争论的焦点。

第一节 基本的分析框架

一、利率与实际收入的决定：*IS*—*LM* 模型

在凯恩斯的《就业、利息与货币通论》发表以前，古典经济学家们坚持充分就业的假定，他们认为，市场总是瞬间出清的，因此在信息完全的市场上，完全弹性的价格将瞬间使市场回到均衡水平，从而使经济总处于均衡状态。在这样的假设下，古典经济学家倾向于"两分法"，即分别研究货币市场的均衡和产品市场的均衡。这一状况直到瑞典学派的累积过程理论出现才得以改变。在瑞典学派的学说中，首次建立了"一分法"的研究方法，但由于他们仍然坚持充分就业假定，因此得出的结论并没有超越传说的古典学派。

大萧条后，凯恩斯注意到，经济并非总是处于充分就业状态，他开始反对传统古典学派关于充分就业的假设，并关注实际收入的决定因素，凯恩斯提出，经济的非充分就业状态是常态，政府可以通过财政或者货币政策刺激总需求，从而促进产出趋向充分就业的产出水平。希克斯在 1937 年将凯恩斯的思想置于他所发展的 *IS*－*LM* 框架之中，之后，这一框架也成了宏观经济学中最经典的模型之一。

需要提出的是，凯恩斯学派的理论关注短期分析，在短期，企业投入的物质资本被假定为固定不变，只有劳动是可变的，而且，在 *IS*－*LM* 框架中，并没有讨论价格水平的决定，也就是说，价格水平是一个由模型以外因素决定的变量。

（一）商品市场的均衡：*IS* 曲线

1. *IS* 曲线的推导

假设一个封闭经济，实际总需求决定于三个方面：一是实际消费支出 C，即对消费品和劳务的总需求；二是实际投资支出 I；三是实际政府支

出 G,

即：
$$AD=C+G+I$$

用 Y 表示实际总产出，当商品市场取得均衡时，总收入等于总支出，因此有：
$$Y=C+G+I$$

一般来说，人们的消费水平取决于可支配收入，可支配收入越高，消费意愿就越强；投资主要受到利率的影响，利率越高，投资意愿就越低。上述关系可以写成：

可支配收入 $Y_d=Y-T$

消费 $C=C_0+c(Y-T)$

投资 $I=I_0-bi$

税收 $T=T_0+tY$

以上式中，Y、C、I、G、T 都是相应的实际值；i 是名义利率；C_0、I_0、T_0 分别是自发性消费、自发性投资和自发性税收；b 是投资对利率的敏感性；c 是边际消费倾向；t 是税率。整理上面的式子可得：

$$Y=C_0+c[Y-(T_0+tY)]+G+I_0-bi \tag{9-1}$$

整理式(9-1)可得：
$$Y=\frac{1}{1-c(1-t)}(C_0+I_0+G-cT_0-bi) \tag{9-2}$$

式(9-2)表示，实际收入的均衡水平是利率的减函数，将这种关系表示在图 9-1 中，就得到了 IS 曲线。IS 曲线是一条斜率为负的曲线，表示当收入沿横轴增加时，既增加了消费和储蓄，又增加了税收收入，由于储蓄和税收收入都增加，均衡要求投资也必需增加，这只有在利率降低时才会发生。因此，在商品市场均衡状态下，收入的增加一定会伴随着利率水平的下降。

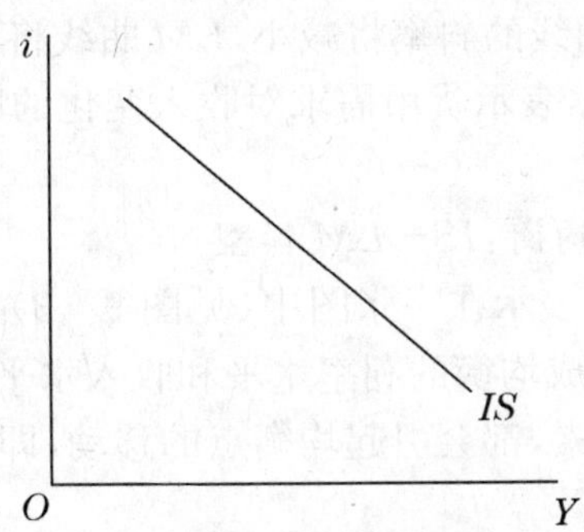

图 9-1　IS 曲线

2. *IS* 曲线的移动

G 变化对 IS 曲线的影响：当其他条件不变时，政府支出增加，对应均衡状态下的产出水平将增加，因此，IS 曲线将向右移动。

b 变化对 IS 曲线的影响：b 表示投资对利率的敏感程度，从式(9-2)可知，投资对利率越敏感，IS 曲线的斜率的绝对值将越小，因此，IS 曲线将越平缓。

(二) 货币市场的均衡：*LM* 曲线

1. *LM* 曲线的推导

LM 曲线是货币市场的均衡曲线，也就是在给定的货币供给下使货币需求和货币供给相等的利率与收入组合。

根据货币需求理论，实际货币需求 M_d 和利率水平成反相关，和收入水平成正相关：

$$M_d = kY - hi(k,h>0) \tag{9-3}$$

其中，k 指货币需求对产出的敏感程度；h 指货币需求对利率的敏感程度。

货币部门均衡要求货币供给等于货币需求，名义货币供给 M_s 由中央银行外生给定。因此，货币市场均衡条件可以表示成：$M_s/P = M_d$，将式(9-3)代入此式，整理得：

$$Y = \frac{1}{k}\left(\frac{M_s}{P}\right) + \frac{h}{k}i \tag{9-4}$$

式(9-4)表示，在货币市场均衡条件下，实际收入与利率成正向变动关系，将这种关系表示在图 9-2 中，就得到了 LM 曲线。LM 曲线是一条斜率为正的曲线，表示收入沿横轴增加将提高货币需求中的交易需求，由于货币供给是外生给定的，因而均衡要求公众减少投机需求，而公众只有在较高的利率下才会这么做。因此，在货币市场均衡状态下，收入的增加会伴随着利率水平的上升。

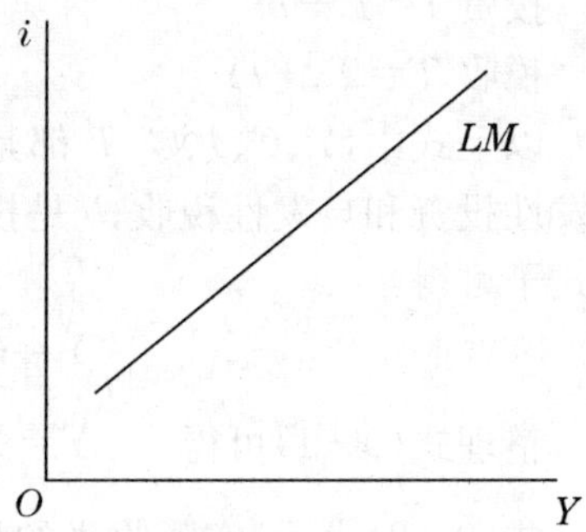

图 9-2　*LM* 曲线

2. *LM* 曲线的移动

M_s 变化对 LM 曲线的影响：当中央银行增加名义货币供给时，此时要货币市场获得均衡，必须有货币需求的增加，因此，要么 i 一定时 Y 增加，要么 Y 一定时 i 减少，反映在图 9-2 中，LM 曲线将向右移动。

h 变化对 LM 曲线的影响：h 表示货币需求对利率变化的敏感程度，从式(9-4)可知，其他因素一定时，当 h 增大时，LM 曲线的斜率将减小，LM 曲线将更平缓。

k 变化对 LM 曲线的影响：k 表示货币需求对收入变化的敏感程度，其他因素一定时，k 越大，LM 曲线将越陡峭。

3. 商品市场和货币市场的均衡：*IS*—*LM* 模型

我们将 IS 曲线和 LM 曲线表示在一张图中(见图 9-3)，两条曲线的交点表示货币市场和商品市场同时获得均衡，并形成均衡的利率水平和收入水平，也就是总需求水平。任何引起 IS 曲线或者 LM 曲线移动的因素，都会引起均衡点的移动，即引起总需求的变动。

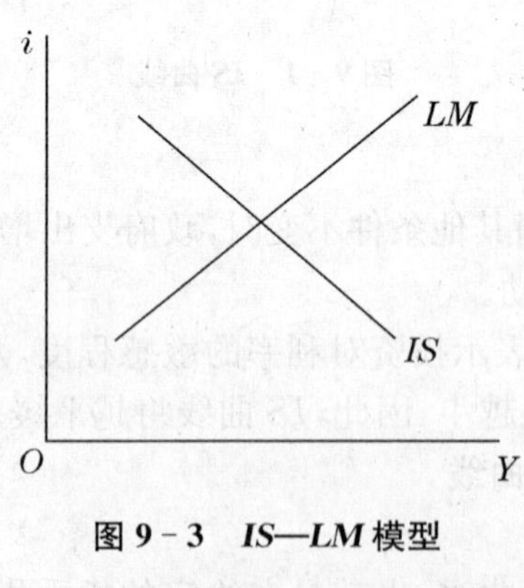

图 9-3　*IS*—*LM* 模型

二、总供给总需求分析：*AD*—*AS* 模型

在 *IS*—*LM* 模型分析中，价格水平并不被模型内在决定，*AD*－*AS* 模型则主要是讨论最终的总产出和价格水平的决定问题。

（一）总需求曲线的推导

在前面的分析中可以看出，*IS*—*LM* 模型实际上讨论了总需求的决定问题，通过联立方程（9－2）和（9－4）可获得总需求水平的表达式为：

$$Y^d=\left[\frac{1}{1-c(1-t)+bk/h}\right]\left(C_0+I_0+G-cT_0+\frac{bM_s}{hP}\right) \tag{9-5}$$

这表示了在商品和货币部门中同时获得均衡的(Y,P)组合。

根据均衡条件，总需求和价格水平呈现负相关。也就是说，价格水平的下降会引起总需求的上升。因此，如图 9－4 所示，总需求曲线是一条斜率为负的曲线。

从方程 9－5 可以看出，总需求的政府支出乘数和货币乘数可以分别表示为：

$$\text{政府支出乘数}\frac{\partial Y^d}{\partial G}=\frac{h}{h-ch(1-t)+bk} \tag{9-6}$$

$$\text{货币乘数}\frac{\partial Y^d}{\partial(M_s/P)}=\frac{1}{1-c(1-t)+bk/h}\cdot\frac{b}{h}=\frac{b}{h-ch(1-t)+bk} \tag{9-7}$$

以上的政府支出乘数和货币乘数表示了政府增加财政支出或者货币供给对总需求水平造成的影响。可以看出，随着 h、k、b 取值的不同，乘数大小会发生变化，具体的分析会在后面给出。

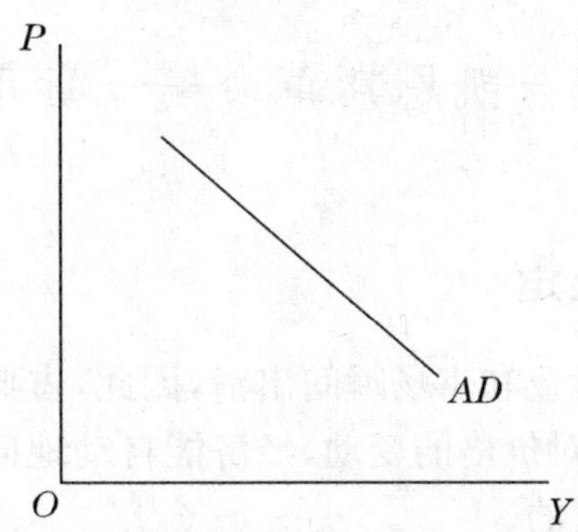

图 9－4　总需求曲线

（二）总供给曲线的推导

与总需求对应的是总供给。总供给函数描述了价格水平和总供给水平之间的关系，在讨论总供给问题时，并不像讨论单个企业的供给函数那么简单。当单个商品价格上升时，对应的单个企业的供给水平将提高，但这是建立在其他商品的价格水平一定的假设前提上。在研究总供给水平时，一般价格水平的提高意味着所有商品和劳动的价格都可能发生了变化，这时候总供给水平如何变化，就变得不确定了。

一般来说，我们可以通过企业的生产函数来推导总供给曲线。产出可以表示为资本和劳动投入的函数，在短期，资本投入是固定不变的，因此，若劳动的投入量为 N，生产函数就可以写成 $Y=Y(N)$，这样，劳动成了唯一的投入变量。至于劳动的投入量，自然应该由劳动力市场

来决定。微观经济学理论告诉我们，劳动的需求量取决于企业的边际劳动产出和边际劳动成本，也就是实际工资率的比较，当边际劳动产出大于实际工资率时，企业将增加劳动投入；反之亦然，因此，如图 9-5 所示，劳动需求量是实际工资的减函数。劳动的供给量则取决于工人对劳动和闲暇的选择，一般认为，工资越高，劳动的供给水平将越高，也就是说，劳动供给是工资水平的增函数。在不承认货币幻觉的前提下，表现在图 9-5 中，劳动供给量将表现为实际工资的增函数[①]。当工资水平高到一定程度时，对单个自然人来说，他的劳动供给水平并不会无限制的上升，因为不管如何人们都需要拥有一定的闲暇。当然，闲暇给每个人带来的效用是不一样的，也就是说，在相同的工资水平上，总有人愿意工作，而有人愿意拥有闲暇，这些宁可拥有闲暇而不愿意工作的情况在经济学中被称为自愿失业，如果经济中仅存在自愿失业，我们就将它称之为充分就业状态。如图 9-5 所示，古典经济学认为实际工资水平的调整能够使劳动力市场实现出清，即在现有的工资水平上，所有的劳动供给都有其需求，此时即达到了充分就业的状态。

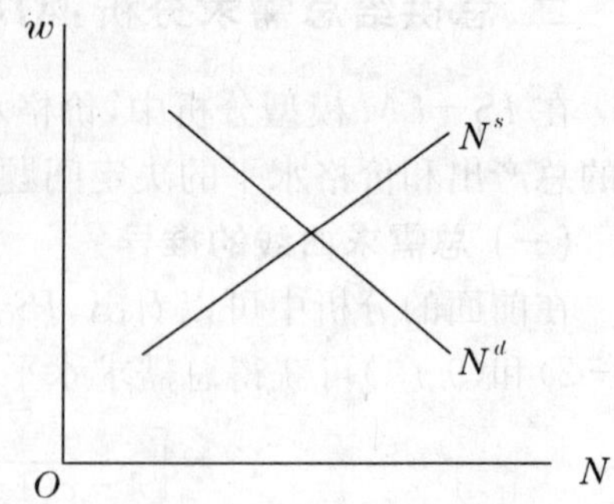

图 9-5 劳动力市场均衡

在西方经济学中，各流派对就业市场均衡的讨论并没有取得共识，因此，古典学派、凯恩斯学派、货币学派、理性预期学派、新凯恩斯学派等对供给曲线的推导和表现形态都提出了自己的观点。这些问题将在后面的章节中进一步进行讨论。

第二节 古典学派与凯恩斯革命——货币中性还是非中性

一、古典模型中的产出决定

古典经济学理论假定充分就业和市场瞬间出清，因此，古典经济学家们相信，经济本身具有极强的自我调节能力，通过相对价格的变动，经济能自动地向充分就业水平靠近，任何对充分就业产出水平的偏离都是暂时的。

（一）古典经济学中的劳动力市场均衡

传统的古典经济学理论认为，劳动力的供给和需求都取决于实际的工资水平 w，即 $N^s=N^s(w)$、$N^d=N^d(w)$，由于劳动力市场是瞬间出清的，因此市场均衡下的充分就业水平是常态，即：

$$\text{在劳动市场均衡时：}N^d(w)=N^s(w)\text{，可得到均衡工资水平 }w^*$$

$$\text{充分就业水平 }N^*=N^d(w^*)=N^s(w^*)$$

$$\text{此时的供给水平 }Y^s=Y(N^*)=Y^*$$

因此，古典经济学理论认为，经济总是处于充分就业状态，总供给水平等于 Y^*，价格水平

① 在存在货币幻觉的假设下，人们将只关心名义工资率，而不是实际工资率。这在凯恩斯理论中关于名义工资假设的讨论中将会涉及。

和利率水平等因素的变动不会影响充分就业的产出水平。

（二）古典经济学中的产品市场和货币市场：从“两分法”到“一分法”

传统古典经济学采用“两分法”的思路分析宏观经济问题。所谓“两分法”，是指将产品市场和货币市场看成两个互不相关的市场，产品市场反映实体经济，其利率水平受边际资本收益率的影响，形成所谓自然利率；货币市场利率受货币供求的影响，形成货币利率。两种利率各自的决定因素不同，也不存在相互影响。因此，在“两分法”下，强调通过产品和货币市场互相影响决定总需求的 *IS*—*LM* 模型并不适用。

瑞典学派开创了“一分法”思想，他们指出，产品市场和货币市场利率之间存在互动关系，将两者割裂进行研究的观点并不合理，但瑞典学派受古典思想的影响，仍然坚持“充分就业”的假定，其一分法的分析方法并未对古典经济学的核心观点形成冲击。在 20 世纪 50 年代出现的新古典综合学派试图将凯恩斯理论和古典理论进行综合，并将宏观经济运行区分为古典区域、凯恩斯区域和凯恩斯陷阱区域。在古典区域，该学派利用两市场均衡模型的分析思路，用一分法讨论了充分就业状态下的总需求决定问题。

如图 9-6 所示，在古典区域，经济运行处于充分就业状态，劳动力市场均衡所形成的供给曲线 *YN* 是一条垂直于横轴的直线且位置保持不变。在初始的均衡状态，产品市场均衡曲线 *IS*、货币市场均衡曲线 *LM* 以及劳动力市场均衡曲线 *YN* 三线相交与 *E* 点，这表示均衡状态下，产品市场、货币市场和劳动力市场同时达到均衡。此时若中央政府增加财政支出，则 *IS* 曲线向右移动到 *IS′*，产品市场和货币市场均衡形成的总需求水平将移动到 *A* 点，总需求将大于总供给，推动一般价格水平的上升，使实际货币余额减少，这会导致 *LM* 曲线向左移动，直到移动到 *LM′* 的位置，使总需求和总供给相等，价格将不再变化，新的均衡也将形成于点 *E′*；若货币当局增加货币供给，则 *LM* 曲线向右移动到 *LM″*，形成新的均衡点 *B*，总需求＞总供给，推动一般价格水平升高，导致 *LM* 曲线向左移动，直到移动到原来 *LM* 所在的位置，总需求＝总供给，价格不再变化，*LM* 曲线才停止移动，新的均衡点也将回到原来的 *E* 点。

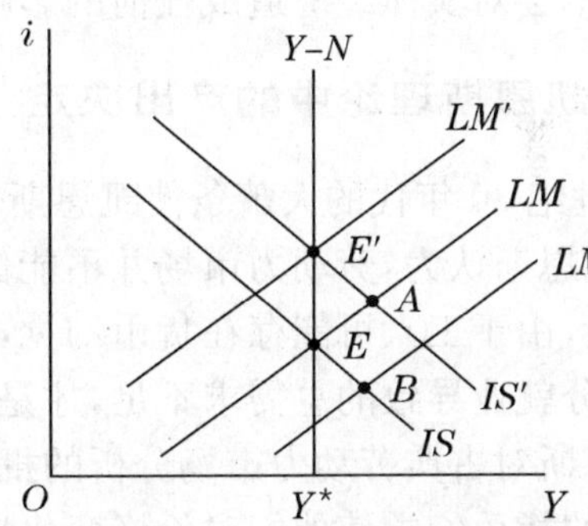

图 9-6　古典经济学“一分法”下的 *IS*—*LM* 模型

（三）古典经济学情形下的 *AD*—*AS* 模型

无论是传统的古典经济学，还是新古典综合派定义的古典区域，都假定经济总处于充分就业状态，此时，总需求的变动不会导致真实产出变化，只影响价格水平，这可以通过 *AD*—*AS* 模型得到更清楚的表述。如图 9-7 所示，任何造成总需求曲线 *AD* 移动的因素，都只能导致一般价格水平发生变化，而均衡产出将始终保持在充分就业的产出水平 Y^*。

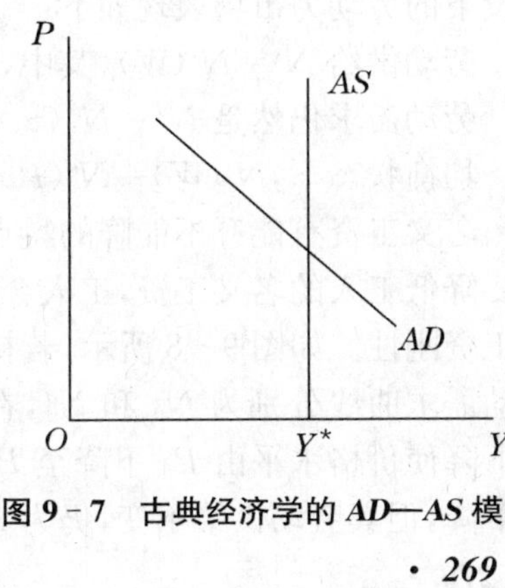

图 9-7　古典经济学的 *AD*—*AS* 模型

这样的关系也可以用公式表达如下：

总供给 $Y^s = Y^*$

总需求 $Y^d=\frac{h}{h-ch(1-t)+bk}\left(C_0+I_0+G-cT_0+\frac{bM}{hP}\right)$

在均衡时，则有：$Y^d=Y^s=Y^*$

可以得到：
$$Y^*=\frac{h}{h-ch(1-t)+bk}\left(C_0+I_0+G-cT_0+\frac{bM}{hP}\right) \quad (9-8)$$

因此，$\partial Y/\partial G=0$，$\partial Y/\partial M=0$，即财政扩张和货币扩张都不会对总产出造成影响。而且，$E_{P,M}=\frac{M}{P}\frac{\partial P}{\partial M}=1$，货币的价格弹性等于1，也就是说，货币增加百分之几，价格就会上涨百分之几。

（四）货币中性的观点

所谓货币中性是指当货币量发生变化时，不会引起产出等实际变量的变化，只会带来价格的变化。根据上面的论述我们知道，在古典学派的理论中，货币是中性的。事实上，通过古典学派对货币需求的分析就可以看出，他们只重视货币的交易职能，而忽略了货币的价值储藏功能，因此，古典学派常常将货币看成便于交易的"润滑剂"，认为它只是蒙在实体经济上的一层面纱，并不会对实体经济造成任何的影响，只会带来价格的上涨。

二、凯恩斯理论中的产出决定

20世纪30年代的大萧条使凯恩斯对古典学派"充分就业是经济运行常态"的观念提出了质疑。凯恩斯认为，劳动力市场并不能像古典学派认为的那样可以通过实际工资的调节瞬间达到均衡，由于工人可能存在货币幻觉，只关注名义工资，充分就业状态并不会长期存在。相反，非充分就业导致的总需求不足，才是经济运行的常态。

凯恩斯对古典劳动力市场分析的批评体现在两个方面：一是名义工资刚性理论，凯恩斯认为，工人的货币幻觉使他们对价格变化导致的实际工资变化不敏感，价格上升虽然使实际工资下降，但并不会改变他们的劳动供给，而当价格下降时，工人又会通过各种力量阻挠企业降低工资的努力，使名义工资下降十分困难；二是有效需求不足的理论，凯恩斯认为，即使当价格下降时，名义工资能够灵活的向下调整使实际工资不变，但失业并不会被消除，因为名义工资的下降会使工人降低消费欲望，导致社会总需求不足，导致价格进一步下降。

（一）名义工资模型

凯恩斯认为，在货币经济中，雇员和雇主谈判的是名义工资，支付给工人的也是名义工资，劳动者关注名义工资胜过实际工资，即劳动供给与名义工资W成正相关。因此，在名义工资假设下的劳动力市场表现如下：

劳动供给 $N^s=N^s(W)$，其中，$W=Pw$，$\partial N^s/\partial W>0$，$\partial N^s/\partial w>0$，$\partial N^s/\partial P>0$

劳动需求仍然是 $N^d=N^d(w)$

均衡状态下，$N^s(W)=N^s(Pw)=N^d(w)$

名义工资有能升不能降的特点，若企业增加工人的名义工资，一定会受到工人的欢迎，但若要降低工人的名义工资，工人会通过工会谈判，甚至罢工等方式加以阻挠，这就是所谓的名义工资刚性。如图9-8所示，若初始的价格水平为 P_0，实际工资水平为 w_0，劳动供给曲线和劳动需求曲线分别为 N_0^s 和 N_0^d，在 E_0 达到均衡，此时劳动供给和劳动需求都为 N_0。若总需求下降使价格水平由 P_0 下降至 P_1，对工人来说，他们更关心名义工资，因此虽然实际工资水平下降，但其劳动供给不变，仍为 N_0，劳动供给曲线将向左平移到 N_1^s。对企业来说，价格下降意味着实际工资上升，但名义工资刚性使企业降低名义工资以降低实际工资的目的无法实现，企业的劳动需求将下降至 N_1。这样，在 P_0w_0/P_1 的实际工资水平上，将形成劳动供给大于劳动需求的情况，即存在非自愿失业，就业水平将停留在 N_1 的水平。

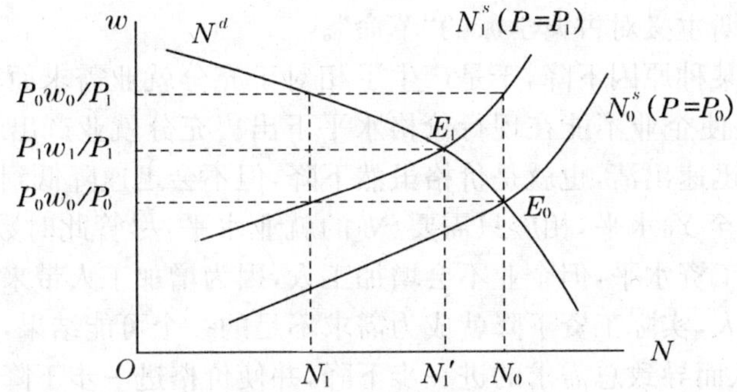

图 9-8　名义工资刚性模型

根据上述的名义工资刚性模型，一方面，古典经济学充分就业的假定被打破，经济中将存在非充分就业的状态；另一方面，价格下降将导致就业水平下降，从而产出水平也下降，总供给曲线将是倾斜向上的，这意味着扩张总需求不仅会使价格上升，还会提高均衡的产出水平。

但是，工资刚性假定与现实情况的不符使其受到诸多批评——经济萧条时失业与名义工资下降往往是并存的。在 20 世纪 50 年代，凯恩斯学派的学者将名义工资刚性模型修正为名义工资模型，即放弃了工资刚性假定，发现依然可以获得倾斜向上的总供给曲线。回到图 9-8 中，若允许名义工资下降，劳动力市场将在 E_1 的水平上重新获得均衡，就业水平将从 N_1 上升至 N_1'，但仍然低于原来的就业水平 N_0，意味着价格水平下降的同时产出水平也将下降。

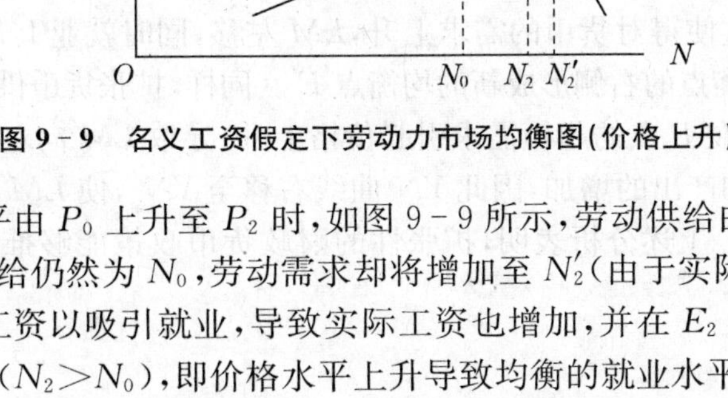

图 9-9　名义工资假定下劳动力市场均衡图（价格上升）

而当市场价格水平由 P_0 上升至 P_2 时，如图 9-9 所示，劳动供给曲线将右移到 N_2^s，在名义工资不变时，劳动供给仍然为 N_0，劳动需求却将增加至 N_2'（由于实际工资降至 P_0w_0/P_2），此时企业将增加名义工资以吸引就业，导致实际工资也增加，并在 E_2 点形成新的均衡，此时的均衡就业水平为 $N_2(N_2>N_0)$，即价格水平上升导致均衡的就业水平上升，总供给水平也将随之上升。综上可见，只需假定工人仅关注名义工资，我们便可以获得向上倾斜的总供给曲线 $AS=AS(P)$，且 $\partial AS/\partial P>0$。

（二）有效需求不足模型

劳动供给取决于名义而非实际工资的假定意味着劳动力有货币幻觉或短视行为，按照经验，这在长期中是不成立的。而且，从前面的分析来看，名义工资模型下劳动力市场依然可以出清，这无法为凯恩斯理论中非充分就业的假定提供足够支持。因此有学者认为，有效需求不足模型才能体现凯恩斯主义对古典学派的“革命”。

假定总需求因为某种原因下降，于是产生了相对于充分就业需求而言的需求不足。如图9－10所示，需求不足使企业不能在现行价格水平下出售充分就业产出Y^*，如果市场不能像古典模型认为的那样迅速出清，也就是价格虽然下降，但不会迅速降低到使市场完全出清的水平①，企业将削减产出至Y_0水平，相应只需要N_0的就业水平，尽管此时数量N_0工人的边际劳动产出高于充分就业工资水平，但企业不会增加工人，因为增加工人带来的产出没有需求。既然企业不愿意增加工人，实际工资下降就成为需求不足的一个可能结果，这降低了人们的收入水平并将减少消费，从而导致总需求的进一步下降，并使价格进一步下降。

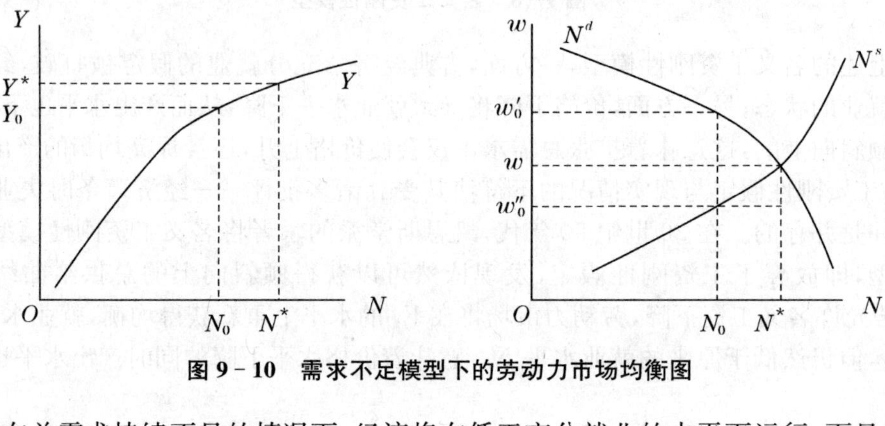

图9－10 需求不足模型下的劳动力市场均衡图

因此，在总需求持续不足的情况下，经济将在低于充分就业的水平下运行，而且，总需求不足会导致价格和产出水平同时下降。

（三）凯恩斯理论中的*IS*—*LM*分析

在*IS*—*LM*模型中，凯恩斯理论认为经济会在低于充分就业的产出水平上运行，因此，扩张性的财政货币政策都可能对均衡产出产生影响。

当政府增加财政支出时（如图9－11－A），*IS*曲线向右移动到*IS′*，新的均衡点下形成超额需求，使价格上升，这使得对货币的需求上升，*LM*左移，同时就业上升产出增加，*YN*曲线右移至*YN′*，从而在原均衡点的右侧形成新的均衡点*E′*。同样，扩张货币供给时（如图9－11－B），*LM*曲线右移到*LM′*，在*E*点的超额需求引起价格上升，导致*LM′*向左移动到*LM″*，由于价格上升同时也带来就业和产出的增加，因此*YN*曲线右移至*YN′*，使*LM″*在*LM*的右边与*IS*曲线形成新的均衡点*E′*。上述分析表明，扩张性的财政货币政策能够推动总需求的上升，并形成更高的均衡产出水平。

① 凯恩斯学派认为，市场不能完全出清的原因可能是由于不存在一个无所不能的协调机制，市场价格并不可能瞬间降到市场出清价格，理性企业对总需求下降的反应快于市场，他们根据目前的情况进行决策，使得市场还没有完全调整之前，削减产出成为企业的理性选择。

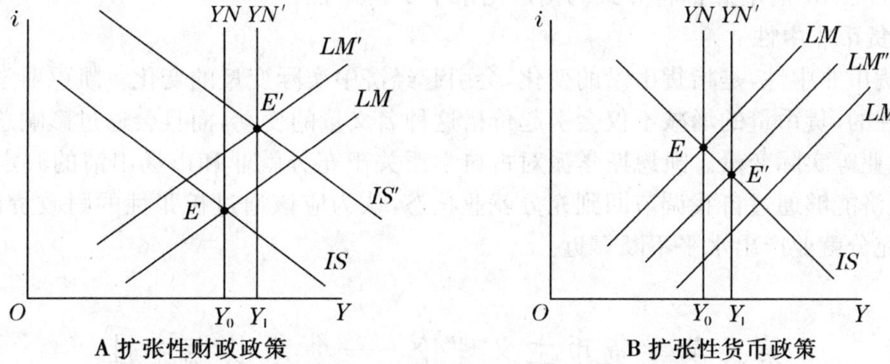

图 9－11　扩张型财政货币政策的政策效应

(四) 凯恩斯理论中的 *AD*—*AS* 分析

如前所述,AS 曲线是一条向上倾斜的曲线,如图 9－12 所示。

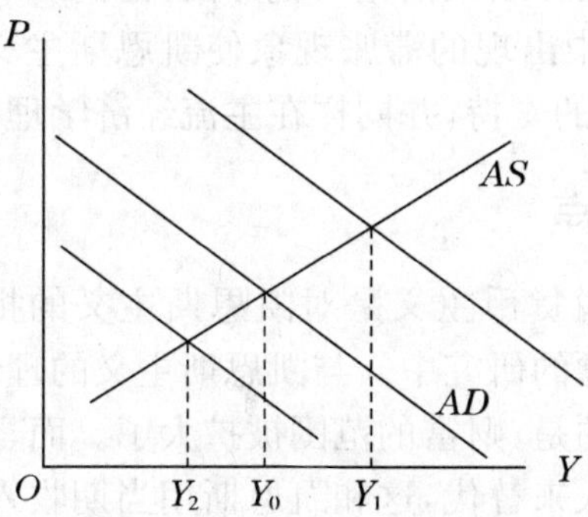

图 9－12　总需求扩张效应

当采用财政扩张(紧缩)或者增加(减少)货币供给的办法导致总需求增加(萎缩)时,不仅有价格的上升(下降),还有均衡产出的增加(减少)。用公式表示如下:

$$总供给\ AS=AS(P),且\ \partial AS/\partial P>0$$

$$总需求\ AD=Y^d=\alpha\left(C_0+I_0+G-cT_0+\frac{bM_s}{hP}\right)$$

其中,$\alpha=\dfrac{h}{h-ch(1-t)+bk}>0$,在均衡状态下,$AS=AD=Y$。

分别对上述式子求全微分,可得:

$$\mathrm{d}Y=AS'(P)\mathrm{d}P$$

$$\mathrm{d}Y=\alpha\mathrm{d}G+\frac{\alpha b}{hP}\mathrm{d}M_s-\frac{\alpha bM_s}{hP^2}\mathrm{d}P$$

综合两式可得: $\mathrm{d}Y=\alpha\mathrm{d}G+\dfrac{\alpha b}{hP}\mathrm{d}M_s-\dfrac{\alpha bM_s}{hP^2\,AS'(P)}\mathrm{d}Y$

整理得: $\left[1+\dfrac{\alpha bM_s}{hP^2\,AS'(P)}\right]\mathrm{d}Y=\alpha\mathrm{d}G+\dfrac{\alpha b}{hP}\mathrm{d}M$

其中: $1+\dfrac{\alpha bM_s}{hP^2\,AS'(P)}>0,\dfrac{\alpha b}{hP}>0,\alpha>0$

因此，G 和 M 的增加都将导致均衡产出水平 Y 的增加。

(五) 货币非中性

所谓货币非中性，是指货币量的变化，会引起经济中实际变量的变化。凯恩斯学派主张货币是非中性的，货币量的增减不仅会引起价格这种名义量的变动，而且会通过影响总需求来改变产出、就业等实际变量。凯恩斯学派对古典学派关于充分就业和市场出清的假定给予了批评，否认经济能够通过自我调节回到充分就业状态，认为应该通过扩张性的财政货币政策，推动产出向充分就业产出水平不断靠近。

第三节 货币主义理论——货币长期中性

20 世纪 30 年代的大萧条使凯恩斯学派迅速成为主流的经济学理论，但之后以弗里德曼为代表的货币主义观点在 20 世纪 50 年代后也逐渐崛起，他们在理论和具体政策措施方面都和凯恩斯学派展开了争论，尤其在政策措施实施方面，他们的观点和凯恩斯主义的观点截然不同。20 世纪 70 年代美国经济中出现的滞胀现象使凯恩斯主义刺激总需求的政策不再有效，货币主义因而也得到了更多人的支持，并同样在主流经济学理论中占有了重要的地位。

一、货币主义的主要观点

很多经济学家认为，与其说货币主义是对凯恩斯主义的批评，不如说是对其的进一步发展，特别是在关于货币需求问题的研究中。与凯恩斯主义的理论相同，货币主义同样将货币当成财富的一种持有形式，不同的是，财富的范围被扩大了。而且，弗里德曼认为，总财富的数据是难以测定的，只能用持久收入来替代，这和凯恩斯用当期收入作为总财富的处理方式明显不同，因此，弗里德曼不像凯恩斯学派那样只看重短期分析，他将视角放到了更远的长期，并且强调了预期的作用①。

货币主义和凯恩斯主义的分歧还体现在政策建议方面，凯恩斯主义主张采用“相机决策”的办法，并且认为财政政策更重要；货币主义则更重视货币政策，他们反对相机决策的办法，建议应该采用“单一规则”。弗里德曼认为，货币在短期也许能刺激产出的增长，但在长期，货币增长只能带来价格的上升，也就是说，货币在短期也许是非中性的，但在长期是中性的。

二、货币主义的短期分析：*IS—LM* 模型

由于 *IS*—*LM* 模型中并没有将价格因素考虑在内，可以认为，它更多体现了短期分析的思想。货币主义在 *IS*—*LM* 模型的表述上与凯恩斯主义并无不同，但在模型各表达式的具体参数大小上存在争论。这主要表现在三个方面。

第一，凯恩斯主义认为，货币需求对利率的变化很敏感，因此 h 很大；而货币主义认为货币需求对利率的变化不敏感。

第二，凯恩斯主义认为，正因为货币需求对利率敏感，而利率又是很不稳定的，因此货币需求也很不稳定；而货币主义则认为，货币需求主要受持久收入的影响，由于持久收入相对稳定，

① 这在弗里德曼的持久收入假说和添加预期的菲利普斯曲线等讨论中都有重要体现。

因此货币需求是很稳定的。

(3) 凯恩斯主义认为投资对利率并不敏感，即 b 很小，其主要论据是大萧条期间的利率很低，但投资并没有明显的增长；而货币主义则认为投资对利率很敏感，至于凯恩斯提到的大萧条时期的情况，他们认为主要原因是当时价格的大幅下滑使实际利率很高，而投资受实际利率的影响更大。

结合 IS 曲线和 LM 曲线的表达式，如图 9-13 所示，货币主义认为，b 较大而 h 很小，因此 IS 曲线较为平缓而 LM 曲线比较陡峭，货币政策的效用更为明显。而凯恩斯主义认为，b 很小 h 较大，因此 IS 曲线较为陡峭而 LM 曲线比较平缓，财政政策的效用更为明显。

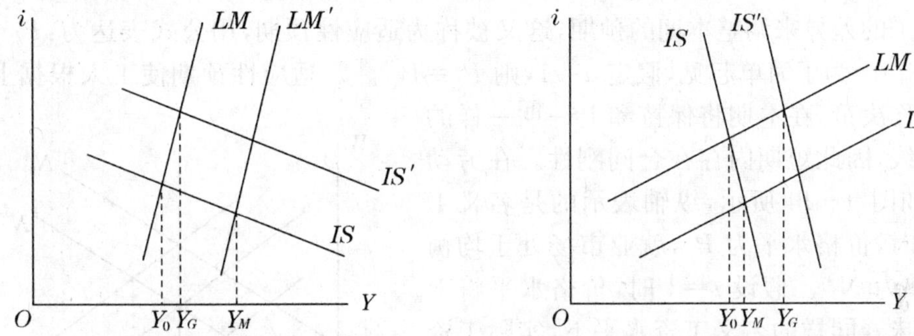

货币主义的政策效应比较　　凯恩斯主义的政策效应比较

图 9-13　财政政策和货币政策效应的比较

根据式(9-6)和式(9-7)，从 $IS-LM$ 模型中的政府支出乘数和货币乘数的比较也能得出上述的结论。

政府支出乘数$\dfrac{\partial Y^d}{\partial G}=\dfrac{h}{h-ch(1-t)+bk}$

货币乘数$\dfrac{\partial Y^d}{\partial (M_s/P)}=\dfrac{b}{h-ch(1-t)+bk}$

当 h 较大而 b 较小时，政府支出的乘数大于货币乘数，财政政策更有效，反则反之。

货币主义认为 b 较大而 h 较小，因此财政政策效用不明显。货币主义把这种财政政策低效的原因归结于所谓的挤出效应，即政府支出增加虽然会暂时有助于增加总需求，但随之而来的利率升高将使私人投资被挤出，从而导致财政政策效用很小，在极端情况下，如果私人支出的变动完全抵消扩张性的财政政策，则被称为完全挤出。(LM 曲线垂直或 IS 曲线水平都会导致完全挤出)

综上所述，货币主义对 $IS-LM$ 模型的分析体现了其货币政策短期非中性的思想，这一点和凯恩斯主义并没有差异，但和凯恩斯主义不同的是，货币主义认为货币政策更有效，即“货币重要”的观点。当然，虽然货币主义不否认货币短期非中性，但他们更强调的还是货币在长期的中性特征。

三、货币长期中性：*AD—AS* 模型

(一) 总需求曲线的推导

货币主义认为货币的流通速度虽然随时间变动，但这种变动是可测的，因此他们对总需求

曲线的推导直接利用了交易方程 $MV=PY$，在货币量一定的情况下，价格水平和总需求水平呈反向变化的关系，即总需求曲线将是一条斜率为负的曲线。至于总需求曲线的移动，货币主义将其主要原因归结为货币量的变化，增加货币量将导致总需求增加，需求曲线将向右移动。

（二）总供给曲线的推导

货币主义不仅分析了短期的总供给曲线，还重点分析了短期总供给曲线的移动以及长期总供给曲线的形成。弗里德曼将预期因素引入了讨论之中，他认为，预期价格的变化会影响人们的预期实际工资率，从而会影响人们的劳动供给水平。

弗里德曼假设企业了解商品生产整个过程的各个方面，可以对一般价格水平有准确的了解，但工人并不能，因此工人只能根据预期来作决策。弗里德曼假定工人将根据上一期预期结果与实际水平的差异来调整本期的预期，这又被称为适应性预期，用公式表达为：$P_t^e-P_{t-1}^e=a(P_{t-1}-P_{t-1}^e)$。为了简单起见，假定 $a=1$，则 $P_t^e=P_{t-1}$①。适应性预期使工人根据上一期的价格水平来作决策，在本期将保持和上一期一样的劳动供给曲线，因此短期内存在合同刚性。在劳动力市场上，如图 9－14 所示，纵轴表示的是名义工资，当 $t=0$ 时，价格水平为 P_0，就业市场处于均衡状态，就业率为 N^*。假设 $t=1$ 时，价格水平将上升为 P_1，意味着同样的名义工资水平下，实际工资率将下降，企业将愿意雇佣更多的劳动，因此劳动需求曲线将向右移动到 N_1^d，同时工人并不能完全预期到这种价格的变化，根据适应性预期假设，$P_1^e=P_0$，因此劳动供给曲线 N^{s*} 并不会发生移动（合同刚性），新的均衡劳动投入水平为 $N_1>N^*$；若 $t=2$ 时，价格水平下降为 P_2，类似上述分析，新的均衡劳动投入水平为 $N_2<N^*$。

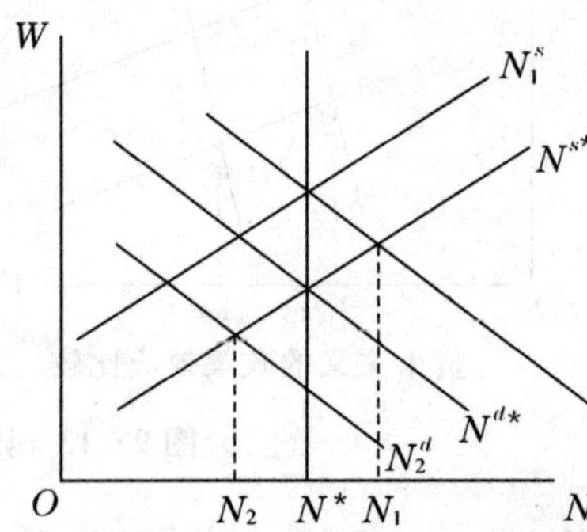

图 9－14　货币主义学派下劳动力市场的均衡

我们也可以通过数学推导表现上述变化。假定在劳动力市场上存在如下的劳动供给和劳动需求函数：$N^s=\delta PW/P^e$，$N^d=\eta-\theta W$，其中，系数 $\delta,\eta,\theta>0$。

均衡时：$\delta PW/P^e=\eta-\theta W$

因此均衡的工资水平：$W=\eta P^e/(\delta P+\theta P^e)$

均衡的劳动投入：$N=\dfrac{\delta\eta P}{\delta P+\theta P^e}=\dfrac{\delta\eta}{\delta+\theta P^e/P}$

可见，$P^e=P$ 时，经济处于充分就业状态，$N^*=\delta\eta/(\delta+\theta)$。

当价格上升，$P_t>P_{t-1}$ 时，$P_t^e=P_{t-1}<P_t$，则 $N>N^*$，反则反之。

根据上面的讨论可知，均衡劳动投入水平可以写成 P/P^e 的增函数，而短期供给函数为 $Y=Y(N)$，且 $\partial Y/\partial N>0$，因此，短期供给函数可以表示为：

$$Y=Y(P/P^e),\partial Y/\partial P>0,\partial Y/\partial P^e<0$$

将上式写成对数形式为：$P_t-P_t^e=\delta(Y_t-Y^*)$②，如图 9－15 所示，短期总供给曲线为

① 在理性预期学派的创始人 Muth 的总结中，这又被称为简单预期，是适应性预期的一种特殊情况。这里用简单预期完全是为了讨论方便，事实上，即使 $a\neq 1$，仍然能得到相同的结论，只不过此时预期价格不是简单等于上一期价格，而是取决于一系列过去的价格。

② 这里的字母分别代表原来变量的对数值。

SAS，是倾斜向上的。

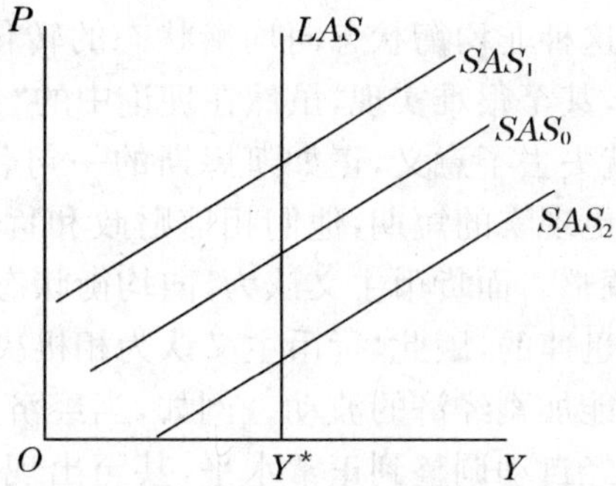

图 9-15　长期和短期总供给曲线

事实上，弗里德曼要强调的并非斜率为正的短期总供给曲线，而是垂直的长期总供给曲线 LAS。弗里德曼认为，工人对价格预期的"滞后"不会总是存在，他们将意识到价格的变化并且随之调整预期，如图 9-14 所示，劳动力供给曲线将随着预期价格的上升（下降）而移动到 N_1^s（N_2^s），从而使就业量回到 N^* 水平，这样的变化同样会使总供给曲线发生移动，反映在图 9-15 中，预期价格的上升（下降）会使短期总供给曲线 SAS_0 向左（右）移动到 SAS_1（SAS_2），产出恢复到 Y^*。因此，从长期来看，点供给曲线将是一条垂直的直线。

（三）长期均衡：AD—AS 分析

货币主义根据适应性预期获得了斜率为正的短期总供给曲线和垂直的长期总供给曲线。如图 9-16 所示，当货币当局增加货币供给时，总需求曲线 AD_1 向右移动 AD_2，价格水平上升为 P_1'，产出水平上升为 $Y_1>Y^*$（短期非中性）。随着预期价格水平的调整，短期供给曲线将左移至 SAS_2'，形成新的价格水平 P_1''，会导致短期供给曲线进一步左移，直到移动到 SAS_2，价格上升为 P_1，产出恢复到 Y^*，这样的调整才结束。同样，当货币当局紧缩货币使 AD_1 左移到 AD_3 时，最终短期供给曲线将右移到 SAS_3，价格水平下降而产出仍然不变。因此，从长期来看，货币是中性的。

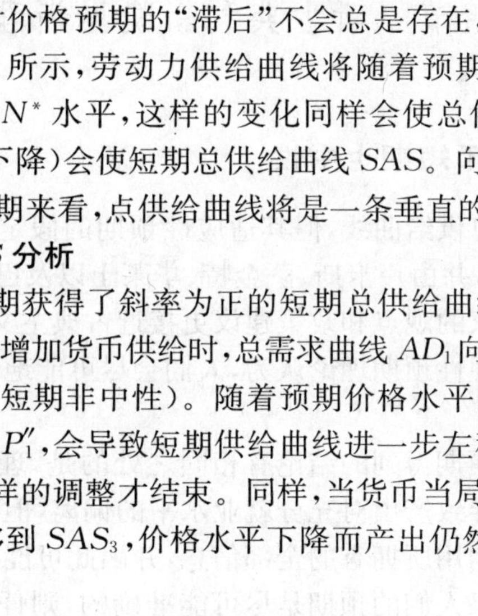

图 9-16　从短期均衡到长期均衡

（四）货币主义和古典学说以及凯恩斯学派的关系

货币主义经过一系列分析最终得到了垂直的长期总供给曲线和货币长期中性的结论，这和古典学派的结论是相似的，但货币主义并没有假定经济总会处在充分就业状态，因此，其短期非中性的结论又和凯恩斯学派是一致的。

实际上,货币主义和凯恩斯主义学说之间有着密切的联系,两者都同意经济中可能出现的非均衡状态,其根本冲突在于这种非均衡状态向均衡状态的转化到底有多快。凯恩斯主义认为,这样的调整是非常缓慢的,甚至很难实现,虽然在理论中的"长期"将恢复到充分就业,但这种"长期"太长了以至于根本就失去了意义,正如凯恩斯的一句名言:"人们在长期都将死去"。因此,凯恩斯学派更愿意关注更现实的短期,他们相信财政和货币政策的非中性,并主张采用相机决策的方式对经济进行调整。而货币主义认为,向均衡状态的调整虽然需要时间,但是并非遥不可及,甚至可能是非常迅速的,因此,货币主义认为相机决策非但没有意义,而且由于政策本身可能存在时滞,甚至可能加剧经济的波动。例如,当经济紧缩时采用扩张性的政策,当政策产生效用时,经济可能已经自动调整到正常水平,甚至出现过热的趋势,这时相机决策的结果不是雪中送炭,而是火上浇油。所以,货币主义相信对长期的关注更有意义。

第四节　新古典和新凯恩斯理论

一、新古典经济学:货币短期也中性

弗里德曼将预期引入了总供给曲线,但其适应性预期的假定与现实有一定的距离。理性预期理论是穆斯(Muth)提出,并由卢卡斯、萨金特、华莱士以及巴罗在20世纪70年代的宏观经济学中普及。这些经济学家的观点和政策建议更接近古典主义,因此,学术界把他们所形成的理论称为新古典经济学。理性预期理论认为,人们会尽可能地利用一切可以获得的信息,对未来做出尽可能准确的预期。

和货币主义利用适应性预期得到的结论有相同之处的是,理性预期学派同样认为预期价格对实际价格水平的偏离将导致产出对充分就业水平的偏离,但他们同时认为,适应性预期最大的错误就在假定人们不会利用所拥有的全部信息,并因此可能做出错误的预期,导致对充分就业产出的长时间偏离。如果人们的预期是尽可能准确的,则任何对充分就业产出的偏离都会非常的短暂。

(一) 卢卡斯供给函数

卢卡斯供给函数没有像弗里德曼那样,假设企业和工人拥有的信息有差异,企业能够准确预期价格而工人不能,而是假定企业对其产品相对价格的预期也会存在误差。

卢卡斯供给函数的推导利用了经济学中著名的"孤岛模型",即假定一个个企业仿佛在一个个孤岛上生产和经营,每个企业只知道自己产品的价格,但对一般的价格水平却并不知道,只能通过预测。企业的生产决策将取决于自己产品的价格和一般价格水平之间的相对价格水平,如果企业的价格水平相对提高,则多生产将有利可图,企业将增加产出;反之将减少产出。因此,典型企业的供给曲线为:

$$Y_i = Y_i^* + \alpha(P_i - P) \tag{9-9}$$

其中,Y_i表示典型企业的产出水平;Y^*表示该企业的最佳产出水平;P_i表示典型企业的价格;P表示一般价格水平;α表示企业对个别价格与一般价格水平偏离的一种反应,$\alpha>0$。

由于企业对一般的价格水平只能通过预期,因此式(9-9)可以改写成:

$$Y_i = Y_i^* + \alpha(P_i - P^e) \tag{9-10}$$

那么企业对一般价格水平的预期又是如何形成的呢？在这里，我们假设有权威的经济预测机构定期发布对一般价格水平的预期值为 P^*，企业当然不会完全相信这样的预测，它们会运用自己的价格水平与权威机构预期价格水平之间的偏离来调整并形成自己的预期，因此企业的预期价格水平可以写成：

$$P^e = P^* + \beta(P_i - P^*) \tag{9-11}$$

其中，P^e 代表企业对一般价格水平的预期；β 表示对公布预期结果的相信程度，若 $\beta=0$，则表示企业完全相信权威机构的预期，$P^e=P^*$；若 $\beta=1$，则表示企业完全不相信权威的预期，仅根据自己企业的价格来预期一般的价格水平，$P^e=P_i$，所以，$0<\beta<1$。

将式(9-11)代入式(9-10)中，可得：

$$Y_i = Y_i^* + \alpha(1-\beta)(P_i - P^*)$$

将所有典型企业的产出加总（假设有 n 家企业），就可以得到总的供给水平：

$$Y = Y^* + n\alpha(1-\beta)(P - P^*) \tag{9-12}$$

式(9-12)被称为卢卡斯供给函数，令 $\lambda = n\alpha(1-\beta)$，$\lambda>0$，则供给函数为：

$$Y = Y^* + \lambda(P - P^*)$$

卢卡斯供给函数在形式上和弗里德曼的供给函数有很多相似之处，有人甚至认为弗里德曼供给函数就是卢卡斯供给函数的一种特殊形式，但是，两者之间的差别是很明显的。虽然两种供给函数都是建立在对价格进行预期的基础之上，但弗里德曼是以劳动力市场的预期误差和合同刚性①为基础，而卢卡斯是以商品市场相对价格的预期误差为基础，并没有设定合同刚性的假设前提。式(9-12)中的 P^* 来自权威机构预测，可以看成是理性预期的结果。

（二）新古典学派的 *AD—AS* 模型：货币短期也中性

如图 9-17 所示，初始状态的短期总供给和总需求曲线分别为 SAS_0 和 AD_0，当货币当局增加货币供给导致总需求曲线向右移动到 AD_1 时，由于理性预期假定，人们预期到价格将从 P_0 上升到 P_1，短期总供给曲线会迅速调整到 SAS_1，形成新的均衡点，价格上升而产出仍然维持在充分就业产出 Y^*，因此，即使在短期，货币也是中性的。

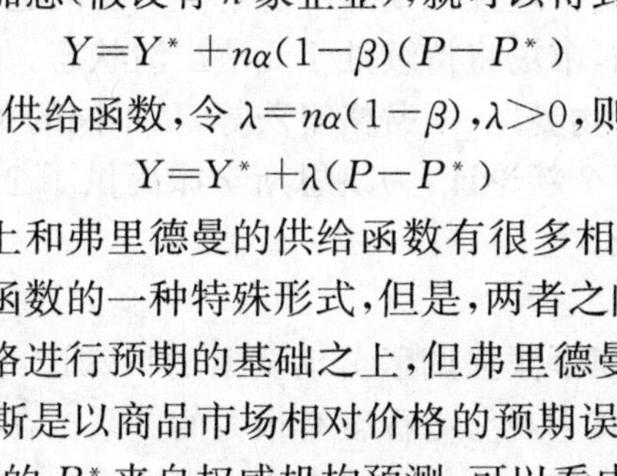

图 9-17 新古典经济学的 *AD—AS* 模型

当然，理性预期学派并不否认预期可能存在误差，当货币当局增加货币的举动出乎意料

① 这种合同刚性是由于工人对价格水平的错误预期形成的。

时,人们的预期将出现偏差,从而将使产出偏离充分就业水平。但是,理性预期将使人们很快调整预期并推动短期总供给曲线的移动,使产出恢复到充分就业产出水平。因此,新古典经济学认为只有未意料到的货币增长才会导致产出暂时的偏离充分就业产出,即使在短期,被预料到的货币增长只会带来价格的上涨,对产出增长没有作用,货币是中性的。

二、新凯恩斯学派:货币短期非中性,但长期中性

在理性预期理论逐渐成熟后,原凯恩斯理论在预期问题上的局限性逐渐显露。新凯恩斯学派很好地吸收了理性预期理论的相关结论,他们承认在长期中,人们根据拥有的信息会形成"理性预期",所以货币长期中性是可以接受的观点。但同时,他们仍然坚持货币在短期的非中性,不过,和货币主义不同的是,弗里德曼谈到货币短期非中性是建立在适应性预期的假设前提下,而新凯恩斯主义则是建立在理性预期的假设前提下。

新凯恩斯学派认为,在短期中理性预期并不能解决一切问题,所有价格一次性迅速调整到均衡水平在现实中是不可能的,市场将持续处于无法出清状态,非充分就业将会是经济运行的常态。新凯恩斯主义的代表人物曼昆、斯蒂格里茨等,从不同的角度对凯恩斯理论的重要假设前提——"非市场出清"进行了全新论证,为凯恩斯学派提供了全新的理论基础,也正因为此,这一学派被称做新凯恩斯学派。

(一)效率工资理论

在效率工资理论中,凯恩斯学派强调了劳动要素的特殊性:劳动要素的拥有者——人,在工作过程中,所付出的劳动和其主观努力程度有很大的关系。在这里,可以将努力程度看成在每一单位的劳动中,实际投入工作的比例。效率工资理论认为,工人的努力程度是实际工资率 w 的函数,记为 $e(w)$,实际工资率越高,工人的努力程度就越高,因此生产函数可以写成如下的形式:

$$Y=f[e(w)N,K]$$

企业的理性选择是使边际劳动产出等于边际劳动成本(工资率),此时形成的工资率水平为 w^*,即 $e(w^*)f'[e(w^*)N,K]=w^*$,w^* 被称做效率工资。

若劳动力市场出清时的均衡工资水平为 w^{**},$w^*>w^{**}$ 将总是成立,因为如果 w^* 等于市场出清的工资水平 w^{**},意味着工人因为偷懒而被开除的成本仅为寻找新工作的成本,而另一方面,向工人支付超过市场出清的工资,往往能够提高他们的生产率,企业付出更高的效率工资也"物有所值"(如图 9-18 所示)。

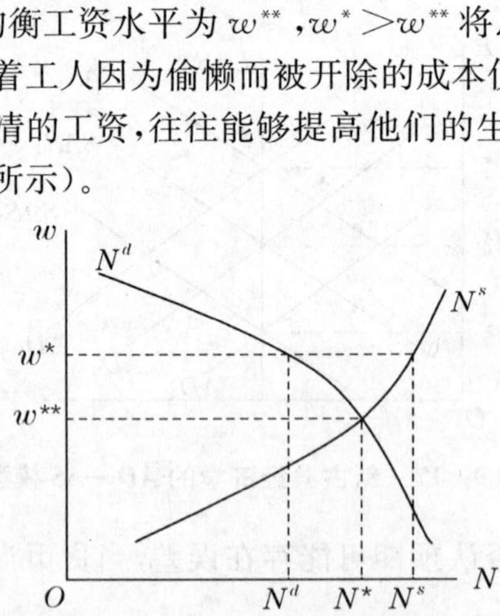

图 9-18 效率工资理论

从效率工资理论可以得到两方面的结论：一是市场存在非充分就业的状态并将长期存在。如图 9-18 所示，当存在效率工资时，在高于市场出清工资水平的 w^* 的效率工资水平上，将存在非自愿失业，由于降低工资水平会降低企业现有雇员的生产率和企业利润，因此这样的非自愿失业将一直存在。二是工资的调整（尤其是向下的调整）将存在刚性，因为这会导致工人努力程度的减少，从而对企业造成不利影响。

除了效率工资理论以外，长期合同理论和交替合同理论也得到类似的结论，长期合同理论认为，过于短暂的合同会增加劳资双方的谈判成本和调整成本，因此工资调整总是缓慢的；交替合同理论则认为，合同的签订是分批进行的，合同签订的批数越多，平均工资调整的速度就越慢。因此，工资调整的缓慢使劳动力市场常处于非均衡状态，根据凯恩斯学派的相关分析，非充分就业状态下，货币量变动后，产量、就业量等实际变量都会发生相应的变动，货币是非中性的。即使货币政策完全被预期到，在短期货币政策对产出和就业等实际变量仍有影响。

（二）黏性价格理论

黏性价格理论认为，现实中企业调整价格存在所谓的菜单成本，这包括重印价目表、通知顾客、对商品的重新标价等带来的成本。菜单成本的存在使调整价格可能获得的收益被抵消，甚至变得微不足道，而且经常调整价格还会给顾客带来不便，招致不满。因此，在短期，即使人们能准确预期到均衡价格水平的变动，价格的变动也可能存在黏性，并不会如新古典学派所言，迅速调整到均衡价格水平。当然，从长期来看，价格将根据需求逐渐调整并向均衡价格靠近。反映在 AD—AS 分析中，如图 9-19 所示：

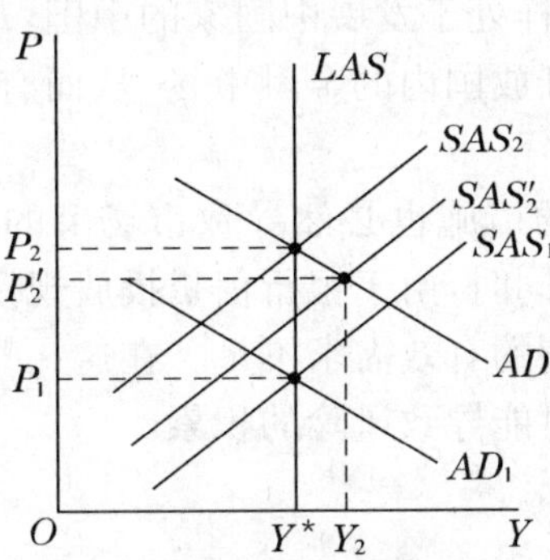

图 9-19 粘性价格理论

考虑预期的总供给曲线可以表示成 $Y=Y^*+\lambda(P-P^*)$，如同新古典学派的分析，SAS 为短期供给曲线，LAS 为长期供给曲线。假设初始处于均衡状态，短期总供给曲线和总需求曲线分别为 AD_1 和 SAS_1，形成的均衡价格水平为 P_1，均衡产出水平为 Y^*。若货币当局通过增加货币供给，刺激总需求增长，使总需求曲线向右移动到 AD_2，从长期来看，人们会理性预期到货币供给增长带来的价格水平上升，并知道新的价格水平应该是 P_2，因此，短期供给曲线将向左移动，但是由于价格黏性和交替合同，人们也知道价格并不会迅速调整到 P_2，也许只会暂时上升到 P_2'，相应的短期供给曲线移动到 SAS_2'，产出也从 Y^* 上升到 Y_2。因此，即使是预期到的货币供给，在短期也会给产出带来正向的冲击。

（三）信贷配给理论

信贷配给理论的分析是针对信贷市场展开的。该理论认为，在信贷市场上存在信息不对称，企业知道其投资行为的风险而银行不知道，因此信贷市场上可能存在着逆向选择和道德风险。逆向选择表现为风险较大的企业愿意以较高的利率贷款，而利率的提高将使低风险企业退出信贷市场；道德风险则表现为利率和合同条款的变化可能使高风险的企业从事风险更大的投资项目。因此，银行往往宁愿选择在一个较低的利率水平上拒绝一部分贷款要求，而不是在较高利率水平上满足所有企业的借款申请。

信贷配给理论告诉我们，市场中利率水平已不是使市场出清的均衡利率。实际的利率水平通常小于均衡利率。如图 9-20 所示，S_L 和 D_L 分别是信贷的供给和需求曲线，均衡的利率水平为 i^*。在信贷配给制度下，政府将通过管制将利率水平控制在 i_0，这样，形成的信贷供需缺口（L_D-L_S）最终通过配给制来解决。例如，可以尽可能将高风险企业赶出信贷市场，对留在信贷市场中的企业，若仍然无法满足其所有的信贷需求，可以按照其申请额的一定比例进行配给。

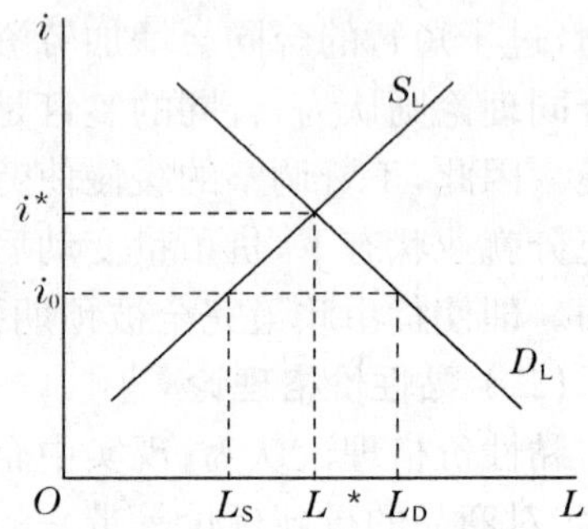

图 9-20　信贷配给理论

按照信贷配给理论，对利率进行一定的管制有利于控制信贷市场的风险，这对发展中国家来说意义尤为重大。在 1997 年爆发的东南亚金融危机，就和当时以泰国、马来西亚为代表的东南亚国家过早开放金融市场有关，这些国家的金融市场发展程度还较低，过早的市场化使风险大量积累，最终为国际游资提供了可乘之机。而同样处于发展中国家的中国，却因为在进行金融市场改革方面一直采取渐进式的战略，逐步的开放国内的金融市场，从而有效规避了市场风险的积累，避免了危机的侵袭。

当然，对利率水平进行管制的措施也必然导致市场上的利率水平低于均衡的利率水平。较低的利率带来旺盛投资需求的同时，由于银行信贷投放规模受到控制，将造成有效总需求小于均衡总需求的状况，也就是所谓的有效需求不足。在这一背景下，货币当局放松信贷渠道很容易实现总需求的扩张，当然也可能导致风险的积累。

三、货币的中性和非中性

从传统的古典经济学到货币主义再到新古典经济学，从凯恩斯理论到新凯恩斯理论，经济学家关于货币中性还是非中性的问题展开了争辩，但在对这些学派的理论进行系统梳理后我们可以发现，不同学派基本的分析框架并没有根本性的区别，之所以得出不同的结论，是由于他们对“市场是否能迅速出清”、“价格是否能迅速调整”、“长期还是短期更重要”等基本问题的看法存在差异。

古典经济学假设市场能够迅速出清，经济总在充分就业的水平上生产，因此得出了货币中性的结论。凯恩斯主义重点批评了市场出清的假定，他们认为非充分就业状态才是宏观经济运行的常态，货币因此是非中性的。虽然凯恩斯学派力图用名义工资刚性或者有效需求不足模型来说明非自愿失业的存在，但总体来说，其对“非充分就业”的论证缺乏足够的理论基础。强调从短期视角研究问题是凯恩斯学派的另一个重要特征，“人们在长期都将死去”这句凯恩斯的名言是这一态度最生动的表述。

与凯恩斯学派在理论和政策建议等多个方面发生激烈争论的货币主义学派，并未完全否认货币在短期中的非中性，但他们更关心货币在长期中的作用。货币主义认为，在适应性预期的假定下，劳动力市场在短期中可能存在失衡现象，不过，随着人们对错误预期的调整，劳动力市场会恢复到原先的均衡状态，从长期来看，货币是中性的。而且，在关注宏观经济问题时，政策时滞等多方面因素的影响使长期视角显得更为重要。

理性预期学派从理性预期的角度进一步强化了货币学派关于货币长期中性的观点，并且认为，在政策信息透明的前提下，理性预期的公众能够充分理解政府各类需求管理政策对价格等因素可能产生的影响，并会在下一步决策时将这些因素都考虑进来，从而导致宏观政策无效。因此，只要政府或者中央银行言行一致，其货币政策的影响将完全在公众的意料之中，货币不仅将在长期中性，而且在短期也将是中性的。

新凯恩斯学派吸取了理性预期学派的观点和分析方法，他们并未否认货币长期中性的观点（事实上原凯恩斯也从未否认过这一点），但同时他们依然坚持货币在短期的非中性。为此，新凯恩斯学派从黏性价格、效率工资、交替合同、信贷配给等多个方面证明，即使存在理性预期，不管是在商品市场、劳动力市场还是信贷市场，价格的调整都是需要时间的。因此，非市场出清状态将是常态，货币在短期是非中性的。

本章小结

（1）*IS*—*LM* 模型又称为两市场均衡模型，该模型研究了均衡国民收入，也就是总需求的决定过程。*AD*—*AS* 模型则是从总供给和总需求的角度，研究均衡产出和价格水平的决定问题。

（2）古典学派坚持市场持续出清和充分就业假定，传统古典学派坚持“两分法”，将产品市场和货币市场分开讨论，产出总是处于充分就业水平，货币供给的增加会带来价格的同向同比例上升。新古典综合派用“一分法”来研究均衡总需求、总产出和价格总水平的决定问题，由于仍然坚持充分就业假定，因此和传统的古典学说得到相同的结论，即货币中性。

（3）凯恩斯学派对古典劳动力市场分析的批评体现在两个方面：一是名义工资理论；二是总需求不足理论。在这两个理论的基础上，凯恩斯学派提出，非充分就业是经济运行的常态，政府可以通过财政政策和货币政策刺激总需求，从而促进均衡产出水平向充分就业水平靠近，即货币是非中性的。

（4）货币主义在短期分析中得到了与凯恩斯学派相近的结论，不同的是，货币主义认为货币需求对利率不敏感而投资对利率很敏感，因而货币政策比财政政策更有效，但凯恩斯学派的观点恰恰相反；而且货币主义认为，由于时滞的存在，凯恩斯学派“相机决策”的政策取向可能反而加大经济的波动，因此主张“单一规则”。

（5）货币主义更重视长期分析，他们提出了附加预期的供给曲线，认为经济在长期具有自动趋于充分就业状态的趋势，长期供给曲线是垂直的。同时，由于假定人们采用适应性预期，在短期，错误的预期会导致经济偏离充分就业状态，即货币短期非中性，但长期中性。

（6）理性预期学派假定人们会根据现在拥有的所有信息进行预期，因此不会像适应性预期那样出现系统性偏差。理性预期学派的代表人物卢卡斯提出了著名的卢卡斯供给函数，虽然在形式上和货币主义附加预期的供给函数很相似，但卢卡斯供给函数是基于理性预期，并不像货币主义那样以劳动力市场预期误差和合同刚性为基础，其结论自然也完全不同。理性预期学派认为，意料之中的货币增加在理性预期的作用下，只会带来价格的上涨而不会增加产出，也就是说，货币不管在短期还是长期都是中性的。

(7) 新凯恩斯学派致力于通过效率工资、粘性价格、信贷配给等理论，解释劳动力市场、产品市场和信贷市场可能长期存在的非均衡状态，这被认为是对原凯恩斯理论的一种发展。同时，新凯恩斯学派并未否定理性预期假定，但在短期内，他们仍然坚持凯恩斯学派的观点，即非均衡状态会长期存在，货币是非中性的。

复习思考题

1. 什么是货币中性和货币非中性？
2. *IS—LM* 模型是如何讨论均衡收入水平的决定的？
3. 古典学派是如何获得垂直的总供给曲线的？
4. 请画图说明凯恩斯学派关于名义工资的理论。
5. 货币主义的总需求曲线和凯恩斯主义的总需求曲线在推导上有没有不同？
6. 什么是适应性预期？什么是理性预期？
7. 货币主义的供给曲线和卢卡斯的供给曲线有什么不同？
8. 在理性预期学派的理论中，什么样的货币增长才会影响实际产出水平？为什么？
9. 新凯恩斯主义理论是如何反驳新古典学派“货币短期也中性”的结论的？

第十章　货币政策

中央银行的最主要职责之一就是制定并执行货币政策。货币政策是国家调节经济活动的重要手段,其内容较为广泛,既包括货币政策的目标和手段,又包括运用这些手段的作用机制和调节过程。本章首先介绍西方国家货币政策的目标、工具、中介指标和传导机制,然后再联系我国市场经济建设的实际情况,探讨我国的货币政策。

第一节　货币政策目标

一、货币政策的涵义

货币政策是指中央银行为实现既定的经济目标运用各种工具控制、调节和稳定货币供应量,进而影响宏观经济的方针和措施的总和。具体包括三个方面的内容:政策目标、实现目标所运用的政策工具以及具体执行所达到的政策效果。由于从目标的确定到政策效果的实际显现,这中间存在着一些作用环节和时滞,因此货币政策研究必须包括货币政策的中介指标和传导机制等内容。

一般来说,货币政策具有以下几个特征:

第一,货币政策是一项宏观经济政策。宏观经济政策目标基本上也是货币政策目标,以需求管理为核心的货币政策是一种总量调节和结构调节相结合,并以总量调节为主的经济政策。

第二,货币政策主要是间接调节经济的政策。货币政策对经济的调节主要是通过经济手段,利用市场机制作用,通过调节货币供应量以及其他金融变量影响经济活动主体的行为来间接达到调节经济变量,影响经济活动的目的。

第三,货币政策是调节社会总需求的政策。货币政策是通过货币供给量的变化来调节社会总需求的,总供给的变化是作为总需求变化的结果而发生的。它是一种直接调节总需求、间接调节总供给的政策。

从 20 世纪 70 年代以来,货币政策的制定和运用在西方各国受到普遍重视,货币政策在一国经济政策中的地位也越来越重要。

二、货币政策的目标

货币政策所要达到的最终目标一般有四个，即稳定物价、充分就业、经济增长、国际收支平衡。下面我们将分别讨论这些目标，然后简要介绍它们之间的关系。

（一）宏观经济四大目标

1. 稳定物价

稳定物价通常是指维持国内币值的稳定，设法使一般物价水平在短期内不发生显著的波动。在现代经济社会里，一般物价水平呈上升趋势，因此中央银行货币政策的首要目标就是稳定物价，将一般物价水平的上涨幅度控制在一定的范围内，以防止通货膨胀。从各国实际情况来看，在制定货币政策时，中央银行一般都要求物价上涨率必须控制在2%—3%以内。

2. 充分就业

充分就业是指一国所有资源都得到充分合理的运用，一般以劳动者的失业率进行衡量，实现充分就业的目标就是要降低失业率。

西方经济学家认为，社会劳动力100%的就业是不可能的，总是会出现摩擦性失业或者是自愿失业。摩擦性失业是由于经济中正常的劳动力流动而引起的失业；自愿失业即工人不愿意接受现行的工资水平而造成的失业。充分就业的主要目的是消除非自愿失业，非自愿失业即劳动力愿意接受现行的工资水平和工资条件，但是仍找不到工作，它是因为对劳动力的需求不足造成的。根据近20多年以来西方主要国家的实践经验，失业率若控制在4%左右，即可视为充分就业。

3. 经济增长

经济增长是指国民生产总值的增加，即一国在一定时期内所生产的商品和劳务的总量的增加，或者是人均国民生产总值的增加。在IMF对国家经济水平的划分中后者更有说服意义。

货币政策应追求多高的经济增长速度，取决于经济增长利益和经济增长成本之间的权衡和比较。一定速度的经济增长是以付出一定的成本为代价的，尤其对发展中国家和经济转型国家而言，社会公众必须忍受当前消费的减少以进行储蓄和投资，从而谋求未来福利的较多增加。在产值增长的背后，还可能隐藏着资源浪费、环境污染和社会财富分配不均等一系列问题，这些都是货币政策无力控制的。因此，中央银行的货币政策只能以其能控制的货币政策工具，创造一个适宜于经济增长的货币金融环境，以促进经济增长。只要经济增长能够提高社会公众的福利水平，使社会资源得到充分的利用，那么这个经济增长率就是合理的、适度的。

4. 国际收支平衡

国际收支是指在一定时期内一国对外国的全部经济交易所引起的收支总额的对比。国际收支平衡主要是指经常项目和资本项目的收支平衡，这两个项目平衡与否主要反映在国家外汇和黄金储备数量是否变动上。就一个国家而言，只要使其每年的外汇和黄金储备数量不发生变化，就表明该国实现了国际收支平衡。目前，经济学家普遍认为，国际收支平衡应当是一种动态的平衡，在若干年的时间内，如3—5年，使外汇和黄金储备数量基本上保持稳定，即实现了国际收支的基本平衡。

一国的国际收支是否平衡，直观地看世界货币市场上该国的货币供求是否均衡就可以了。如美国要实现其国际收支平衡，只要使美元在世界货币市场上的供求达到均衡就可以了。但是，由于美元的供给与需求分别受到各种因素的影响，世界美元市场总是难以实现完全的均衡。因此，有的经济学家就指出，只有当世界货币市场上一国货币对他国货币的汇率正好等于该国货币当局所希望维持的汇率时，才可以认为该国已经实现了国际收支平衡。

（二）四大目标之间的矛盾与冲突

当前世界各国一般将上述四个目标作为货币政策的最终目标，其原因是多方面的。除经济的正常运行和发展要求有一个稳定的金融环境外，现实经济生活中也确实存在着失业、经济衰退、通货膨胀、国际收支不平衡等问题。通常来说人们认为，经济增长和充分就业这两个目标之间具有较好的一致性，失业率的下降往往需要稳定的经济增长做支撑，但除此以外，其他目标之间的相互关系都比较复杂，有些目标之间明显存在矛盾和冲突，还有些目标之间既有矛盾的一面，也有一致的一面，最终关系如何需要取决于哪方面的影响力量更强。因此，一个国家要想同时达到或兼顾四大目标是不可能的，中央银行在实施货币政策的时候，不得不对这些目标进行权衡。

我们先看充分就业和稳定物价这两个目标之间的关系，可以说，这是四大目标间存在冲突的最典型代表。菲利普斯研究了1861—1957年英国的失业率和货币工资变动率之间的关系，发现工资和失业率之间存在此消彼长的关系。之后，模型中的工资水平被价格水平代替，具体可用式子表述如下：

$$\pi=-\varepsilon(u-u^*)$$

其中，π是价格水平，u是失业率，u^*是自然失业率，ε是系数。将上述的关系表现在图中就形成了经典的“菲利普斯曲线”。如图10－1所示，如果要减少失业或实现充分就业，就必然要增加货币供给量以刺激社会总需求的增加，这会引起物价水平的上涨；如果要降低物价上涨率，就要减少货币供给量以抑制社会总需求的增加，这将使失业率上升。中央银行要么选择失业率较高的物价稳定，要么选择通货膨胀率较高的充分就业，要么在物价上涨率和失业率的两极之间进行权衡或相机抉择，不可能有两全其美的办法。

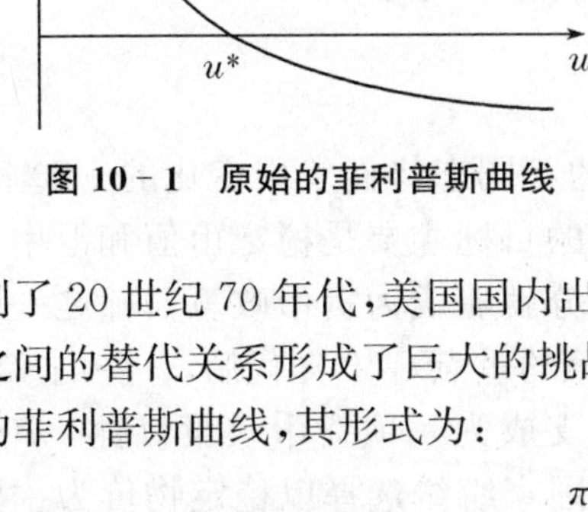

图10－1　原始的菲利普斯曲线

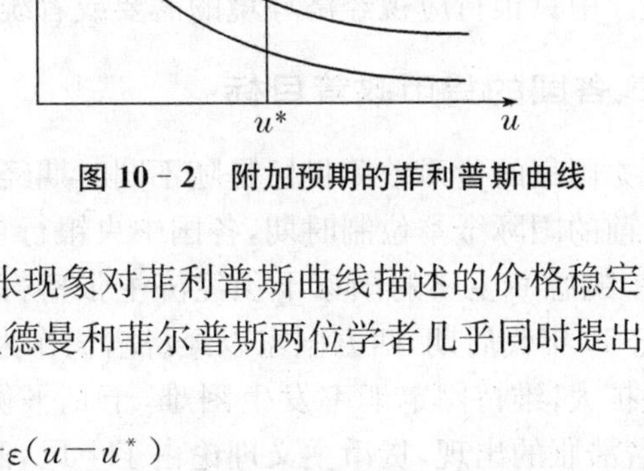

图10－2　附加预期的菲利普斯曲线

到了20世纪70年代，美国国内出现的滞胀现象对菲利普斯曲线描述的价格稳定和充分就业之间的替代关系形成了巨大的挑战。弗里德曼和菲尔普斯两位学者几乎同时提出了附加预期的菲利普斯曲线，其形式为：

$$\pi-\pi^e=-\varepsilon(u-u^*)$$

如图10－2，根据附加预期的菲利普斯曲线，在不同的通胀预期水平上会形成不同的短期菲利普斯曲线，高通胀预期对应位置更高的短期菲利普斯曲线，这是滞胀形成的重要原因。而在长期，人们的通胀预期将与实际的通胀水平一致，菲利普斯曲线成为一条垂直的直线，这表明物价和失业率在长期中并不存在替代关系。经验研究的结果也证明了上述观点,在短期中物价和失业率的确存在一定的替代关系,但没有任何证据表明这种替代关系在长期仍然存在。

与上述两者间关系十分类似的,是物价稳定与经济增长之间的矛盾。就现代市场经济的实践而言,经济增长大多伴随着物价的上涨,通货膨胀有时甚至是经济增长的刺激剂。不过,目前越来越多的观点认为,经济增长与物价稳定也未必矛盾。有的观点就认为,适度的物价上涨能刺激投资和产出的增加,从而促进经济增长;经济增长反过来又提高了劳动生产率,使产出的增加伴随单位产品生产成本的降低,因此,随着经济的增长,价格将保持稳定,甚至可能趋于下降。与此类似的另一种观点指出,生产率会随时间的推移而不断提高,这自然会带来经济的增长,物价稳定的环境则有利于整个经济保持正常运转并维持这种长期增长的势头,因此,物价稳定与经济增长是不矛盾的。目前,在西方各国的货币政策实践中,这样的观点已经被越来越多国家的中央银行认同。

就经济增长与国际收支平衡这对目标来说,关系相对比较复杂。一方面,经济增长意味着收入增加,这会引致更多的进口需求,同时还可能对国外居民对本国商品的需求形成替代,即旺盛的内部需求甚至可能对外部需求形成挤占,上述任何一种效应的产生都会造成经常项目的恶化。但另一方面,经济增长意味着供给能力的增强,这对促进出口是有利的。在一些出口导向型的国家,出口作为经济增长的重要引擎,经常项目顺差与经济增长更是经常同时出现。同时,在资本项目上,经济增长的环境刺激投资需求的增加,高额的回报对外部资金也形成强大的吸引,若国内资金来源不足,就可能形成外资流入并使资本项目出现顺差。因此,经济增长与国际收支平衡之间的关系并不确定。

至于物价稳定与国际收支平衡这对目标,同样既有协调也有冲突。在出现通货膨胀的情况下,中央银行往往采取紧缩性的政策,这会导致市场利率的上升。通常来说,本国利率的升高将可能导致外国资金的流入,这将有利于国际收支改善。同时,紧缩性政策会导致国内总需求的减少,这将减少进口并同样有利于国际收支改善。但从另一角度来看,紧缩性政策可能导致经济运行中的利润率下降,这会降低外国直接投资的热情。另外,不管是提高利率还是收紧货币,都可能对金融市场形成负面冲击,这还可能引发资金的外逃。在经常项目上,紧缩性政策则可能通过抑制生产扩张而对出口形成负面影响。

从上面的分析可见,在货币政策的四大目标之间,既有不少协调一致的方面,也存在着诸多冲突。中央银行应视经济环境的需要或者统筹兼顾,或者权衡选择。

三、各国的货币政策目标

西方国家的货币政策目标是随不同时期经济发展的不同态势而发展变化的。20 世纪 30 年代以前的国际金本位制时期,各国中央银行货币政策的目标主要是稳定币值和汇率。大危机之后,凯恩斯主义的国家干预经济主张盛行,谋求充分就业成为货币政策目标之一。到了 20 世纪 50 年代后期,西方国家以经济增长作为货币政策的重点。60 年代后,一些国家国际收支逆差扩大,维持固定汇率发生困难,于是平衡国际收支成为一项货币政策目标。70、80 年代,随着滞胀的出现,货币主义理论占了上风,西方发达国家纷纷选择以稳定物价为主要目标的货币政策。进入 90 年代,过严的货币政策使一些国家经济陷入深度停滞的状态,经济启动、走出低谷十分困难,鉴于此,世界各国在制定货币政策时,对通货膨胀又有了新的认识。在这一阶段,通货膨胀目标制开始出现,新西兰是最早进行这一政策试验的国家,之后,加拿大、英国、瑞典、芬兰等发达国家和智利、韩国、波兰、巴西、匈牙利、罗马尼亚等新兴市场国家都纷纷采用，实际运行结果显示，该制度在稳定价格水平方面有非常明显的效果。

我国实施具体的货币政策是从中国人民银行成为中央银行开始的。在1986年国务院发布的《中华人民共和国银行管理暂行条例》中，将"发展经济、稳定货币"设定为中央银行和其他金融机构的共同目标，从字面表述来看，发展经济位于稳定货币之前；就现实运行情况看，经济增长目标也明显优先于币值稳定目标。当时国内的理论界普遍认为，由于我国经济正处于由传统成长模式向现代成长模式过渡的起飞阶段，因此我们要用最大限度的稳定增长来保障经济起飞作为宏观经济政策的首要目标。

到了20世纪80年代后期，国内经济出现了较严重的通货膨胀，经济发展也有所停滞，这使得中央政府开始着手考虑调整我国货币政策的最终目标。1993年，国务院发布的《关于金融体制改革的决定》和1995年通过的《中国人民银行法》中，将我国的货币政策目标重新表述为"保持货币币值的稳定，并以此促进经济增长"。自此，我国的货币政策最终目标被明确定义为应同时兼顾经济增长和物价稳定。就稳定物价而言，应是一种积极的、能动的稳定，即在经济发展中求稳定；就经济增长而言，应是持续、稳定、协调的发展，即在稳定中求发展。综上可见，不管从相关的法律文本还是现实操作，我国货币政策的最终目标明显是多重的。对此，人民银行行长周小川也并不讳言，他曾明确指出，"中国作为一个低收入的发展中国家，经济增长和就业是国家的一个重要目标，这是央行需要认真面对的……虽然央行最主要的职能是稳定货币、保持低通胀，但中国目前还要采用多目标制，既关注通胀，又要考虑经济增长、国际收支平衡、就业等问题，特别是要推动金融改革"。[①]

第二节　货币政策工具

货币政策工具是指中央银行为实现货币政策目标，进行金融控制和调节所运用的策略手段。按照其影响范围的不同，西方国家一般都将其分为两种类型：一是影响整个国民经济的最为重要的一般性控制工具；二是加强或改进货币政策对特殊经济领域作用的选择性控制工具。

一、一般性控制工具

（一）公开市场业务

公开市场业务是实施货币政策最重要的工具，是指货币当局根据当时的经济状况而决定在金融市场上出售或购入政府债券，特别是短期国库券，以此影响基础货币，从而调节信用规模、货币供给量和利率，实现对宏观经济的合理调整。这里所谓的公开市场，是指各种有价证券自由成交，自由议价，其交易量和价格都必须公开显示的市场。

公开市场业务的操作过程如下：当经济衰退，流动性短缺时，中央银行认为有必要放松银根，就在公开市场上购入有价证券，投放基础货币，增加市场货币供给量，促进经济扩张；同时，由于中央银行买进有价证券，有价证券的需求增加，价格提高，市场利率降低，促进投资的扩张，同样可以起到刺激经济增长的作用。反之，中央银行抛售有价证券，则减少货币供给量；同

① 周小川："中国货币政策的挑战和特点"，《财经》，2006年总第175期。

时，市场利率上升，造成信用收紧，投资萎缩。

公开市场业务可区分为防护性和主动性两种形态。前者是指中央银行买卖证券，只是用于抵消那些非中央银行所能控制的、季节性或偶然性因素的影响。这些变动因素的影响造成了银行准备金的短期波动。后者是指中央银行买卖证券，是为了积极改变银行准备金总水平，从而稳定社会经济。例如，目前银行的准备金有200亿元，如果中央银行希望1个月后银行准备金增加到210亿元，同时又由于货币市场的因素，预期银行准备金将会减少30亿元。这时，中央银行就会在1个月内买进40亿元的政府债券，其中30亿元是抵消货币市场因素的影响，是防护性的，另10亿元用于增加银行准备金，是主动性的。

在西方各国，利用公开市场业务的方法干预经济比较灵活有效，具体表现在以下五个方面：

第一，中央银行通过买卖有价证券可以将银行体系的存款准备金控制在可预期的规模内，进而直接影响货币供给量。

第二，公开市场操作是由中央银行主动进行的，其规模大小完全由它所控制。通过公开市场业务，中央银行可以按照自己的意愿主动出击。

第三，公开市场业务可以按较小的规模进行，使中央银行能够随时根据金融市场的变化，进行经常性、连续性的操作；公开市场操作可以通过极少量的购买或出售来实现微量变动目标。同时公开市场操作工具也有足够的力量通过大规模的证券购买或出售以使准备金或基础货币发生相当大的变化。

第四，由于公开市场业务的规模和方向可以灵活安排，中央银行可以运用它对货币供给量进行微调，而避免对经济产生震荡性影响。当公开市场操作出现错误时，中央银行可以立即逆向使用这一工具。

第五，公开市场操作可以迅速执行，不会有行政性延误。当中央银行决定要变动基础货币或准备金时，交易便可立即得到执行。

（二）再贴现政策

1. 再贴现率

再贴现率是指中央银行对各种合格票据（如国库券、短期公债券、短期商业票据等）进行再贴现的利率。中央银行通过调整再贴现率的办法，影响市场上的一般利率，从而达到放松或紧缩银根的目的。

中央银行的再贴现率有以下三个方面的特点：第一，它是一种短期利率，因为中央银行所提供的贷款以短期为主，并且来贴现的各种合格票据的期限也是短期的。第二，它是一种官定的利率，不同于随市场供求而变动的市场利率，是根据经济发展的形势由中央银行决定的。第三，它是一种标准利率或最低利率。例如，英国有多种差别利率，而以公布的再贴现率为最低标准。我国央行就规定，企业向银行贴现票据的贴现率不得低于央行的再贴现率。

2. 再贴现政策的内容

中央银行实行再贴现政策包括两方面的内容：一是再贴现率的调整；二是规定向中央银行申请再贴现的资格。前者主要着眼于短期，即中央银行根据市场的资金供求状况，随时调低或调高再贴现率，以影响商业银行借入资金的成本，刺激或抑制资金需求，从而调节货币供给量。后者着眼于长期，对再贴现的票据种类和申请机构加以规定，如区别对待，可起抑制或扶持的作用，改变资金的流向。

再贴现的政策效果体现在三个方面：第一，再贴现率的变动，在一定程度上反映了中央银行的政策意向，有一种告示效应，从而对短期市场利率起着导向作用。如果中央银行决定要让利率上升以放慢经济增长速度，便可以用提高贴现率的方法来表明这种意向。由于公众会因此预期未来的货币政策是偏紧的，这种信号可有助于放慢经济增长速度。第二，通过影响商业银行的资金成本和超额准备来影响商业银行的融资决策，进而影响投资和消费需求，最终促进经济和贸易发展。例如，在经济高涨时，提高再贴现率可以紧缩信贷，提高市场利率水平，使贷款成本上升，降低投资和消费的需求，减轻通货膨胀的压力；在经济衰退时，降低再贴现率减轻了使用贷款的成本，可以刺激投资和消费。第三，再贴现政策能够影响和调整信贷结构。上文已经提到，再贴现政策包括两方面的内容，通过规定再贴现票据的资格和对再贴现票据实行差别再贴现率，可以实现这一政策效果。

3. 再贴现政策的优缺点

再贴现政策的优点主要如下：第一，有利于中央银行发挥最后贷款人作用，维持银行体系的稳定。第二，再贴现政策通过对贴现对象的选择，对贴现票据的规定，可以起到一定的结构调整作用。第三，再贴现政策作用效果缓和，可以与其他货币政策工具配合使用。如中央银行提高法定存款准备金比率，会影响到整个银行体系的流动性和稳定性，此时，可以利用再贴现政策提供银行储备，同时提高再贴现率。银行储备的提供缓解了存款准备金制度的作用效果，保证了银行体系的正常运行，而再贴现贷款的暂时性和再贴现率的高成本，会迫使商业银行逐步采取措施，归还再贴现贷款。所以，在利用再贴现政策达到紧缩目的同时，避免了引起经济的巨大波动。

在有存款保险制度的情况下，中央银行的最后贷款人作用看似多余。米尔顿·弗里德曼等经济学家就曾建议，联邦存款保险公司的存在消除了银行恐慌的可能性，所以再贴现政策已没有存在必要，美国联邦储备体系应该结束它的贴现贷款，以建立更有效的货币体制。取消再贴现将消除因再贴现贷款数量变化而引起的货币基础的波动，从而减少货币供应的非意向性波动。但也有不少学者对此建议并不认同，他们强调，联邦存款保险公司能在防止银行恐慌方面有效，正是由于有了联储作为最后贷款人的支持。而且，在近年银行倒闭数量日益增加的情况下，联储利用贴现职能维护金融体系健全的需要变得更为明显。在美国，存款保险公司的保险基金（用以担保10万美元以下的存款）数额不足未清偿存款总额的1%。如果发生大批的银行倒闭，联邦存款保险公司将无力赔偿所有存款人的损失。同时，在银行体系中，数额在3 000亿美元以上的大额存款没有得到联邦存款保险公司的担保，所以，对银行体系信心的丧失仍然可能会引起大额存款人向银行挤提存款，从而引起银行恐慌。

另外，中央银行不仅能够成为银行的最后贷款人，它对于金融体系中的非银行机构，也能发挥同样的作用。

当然，中央银行作为最后贷款人也有成本。如果一家银行预期在其陷入麻烦时中央银行给予贴现贷款，它将愿意冒更大的风险。于是，中央银行的最后贷款人作用也会带来类似于存款保险的道德风险问题：银行冒的风险越大，存款保险机构以至于纳纳税人面临的损失也越大。所以，当中央银行考虑使用再贴现武器来防止恐慌时，还需要在其作为最后贷款人所带来的道德风险成本和防止金融恐慌的益处之间做出权衡。

此外，再贴现作为一种货币政策工具，还有其他方面的一些局限性。

首先，它不能使中央银行拥有足够的主动权，商业银行是否愿意到中央银行申请再贴现，或再贴现多少，决定于商业银行自身的行为。贴现率的调高、调低未必带来商业银行再贴现贷款的相应变动。而且如果金融机构的资金来源渠道丰富，则再贴现政策就不会那么有效。尤其是随着金融创新、金融市场的发展，银行的融资渠道进一步拓宽，信贷操作也更加灵活，这一现象就更为突出。

其次，商业银行愿意从中央银行借款是因为再贴现率与市场利率之间的利差能够弥补所承担的风险和有关费用。如果商业银行预期市场利率进一步提高，尽管再贴现率已经降低，商业银行也可能不会立即增加贷款。也就是说，此时市场利率与再贴现率之间的利差并不能弥补商业银行承担的风险和有关费用。同样，在经济高速增长时期，再贴现率上调有时也难以遏制商业银行对资金的渴求。

第三，当中央银行将再贴现率定在某一特定水平上，市场利率和贴现率之间的利差将会随市场利率的变化而发生较大波动，这会引起贴现贷款规模乃至货币供应的非政策意向性的波动，因此贴现政策使得控制货币供应变得更加困难。

第四，调整贴现率的声明可能导致对中央银行意向的错误理解。如果市场利率相对于贴现率来说正在上升，贴现贷款量也将增加。为了保证贴现总额不至于过多，虽然无意实施紧缩政策，中央银行也可能会提高贴现率。但这一行为可能被市场理解为中央银行转向实行紧缩性政策的信号。告示效应也可能妨碍中央银行意向的表明。

最后，再贴现率虽易于调整，但贴现率的调节方向缺乏弹性，不能在短期内任意变动，贴现率的一点变化会引起市场利率的经常波动，使经济发展不稳定，因此，与公开市场业务相比较，不宜频繁使用这一工具。

针对上述的局限性，有一种意见认为，再贴现率应该同市场利率绑在一起。将再贴现率同市场利率绑在一起有许多优点：第一，中央银行可以继续运用再贴现来发挥它的最后贷款人作用。第二，多数情况下，可以消除市场利率同再贴现率之间的利差波动，从而剔除了导致再贴现贷款数量波动的一个重要根源。第三，可使再贴现窗口的管理工作大大简化，因为银行不会为谋利而从再贴现窗口借款。第四，由于贴现率的变化将是自动的，也就不会产生对中央银行意向的错误理解。

然而，对于中央银行来说，把再贴现率同市场利率绑在一起，便意味着它要放弃手中的一部分权力。当市场利率变动时，中央银行可能倾向于保持再贴现率，因为它认为这样做会减少市场利率的波动。例如，当市场利率上升时，这一政策会导致贴现贷款乃至准备金增加，从而可能在某种程度上抑制市场利率上升。

4. 我国的再贴现政策

我国央行在 1986 年下发了《中国人民银行再贴现试行办法》，决定在北京、上海等 10 个城市对专业银行开展再贴现业务。当时，我国再贴现业务开展的一个重要目的是解决经济运行中企业之间严重的货款拖欠问题，此后为了解决一些重点行业企业的货款拖欠、资金周转难和部分农副产品调销不畅的状况，央行在 1994 年对“五行业、四品种”（煤炭、电力、冶金、化工、铁道和棉花、生猪、食糖、烟叶）领域专门安排 100 亿元再贴现额。可以说，我国央行的再贴现业务在开展之初，就有着调整经济结构的特征。

此后央行进一步规范了再贴现业务的操作。1995 年开始将再贴现作为货币政策工具的组成部分；1998 年为加强再贴现货币政策效果，促进央行金融调控的“间接化”，央行出台一系列商业汇票和再贴现管理政策，并改革再贴现率生成机制；2008 年后进一步增加了再贴现对象和机构范围，并明确再贴现可采取回购和买断两种方式。

(三) 存款准备率

为了控制信贷规模和货币供给量，从而在总量上控制社会总需求，西方各国先后都用法律规定各金融机构必须将自己吸收的存款，按法定的存款准备比率存入中央银行，这就是一般所说的法定准备率制度。

法定存款准备制度主要包括两个方面的内容：一是规定可充当存款准备金的资产内容，一般规定银行库存现金及其在中央银行的存款才能充当存款准备金。二是根据存款种类、存款金额、银行规模等规定存款准备率(存款准备金同存款金额的比率)，各金融机构吸收的存款都必须按照这个比率存入中央银行相应的准备金。

调整存款准备率是指中央银行通过提高或降低法定存款准备率的办法，来增加或减少商业银行向中央银行缴存的存款准备金，从而影响商业银行的贷款能力，促使信用扩张或收缩的一种措施。具体的作用过程是：中央银行调整法定存款准备率，增加或减少商业银行的超额准备金，商业银行据此增加或减少放款，货币供给量也随之增加或减少。由于法定准备率是通过货币乘数影响货币供给的，因此准备率的升降决定银行存款量与贷款量有倍数的收缩或扩大，而倍数的大小则与准备率成反比。

使用法定准备金率来控制货币供应的主要优点是：该工具对所有银行的影响是平等的，并且对调节货币供应有极强的效果。但是，它作为一项工具可能利少弊多。由于存款创造过程中的多倍扩张或紧缩效应，以改变法定准备金率的方式很难对货币供应做出小幅度的调整。使用法定准备金率以控制货币供应的另一个缺点是：对持有超额准备较少的银行，提高准备金率可能立即引起流动性问题，迫使银行调整其投资计划和项目以适应新的准备率，严重者甚至可能损害银行的利润，使其陷入资金周转不灵的困境。而对持有超额准备较多的银行，提高准备金率的影响可能被银行以减少超额准备的方式来对冲，这又将削弱调整的力度，甚至无法达到预期的效果。

在实际的业务处理中，央行会在法定存款准备金率变动后的一段时间内要求各家银行缴纳备付金。尤其是当央行提高准备金率后，实际留给各家银行的反应时间较短，较为便捷的应急办法就是通过同业拆借市场进行市场拆借，受此影响，银行间市场的短期拆借利率往往会急剧上升。以国内同业拆借市场为例，表10—2显示了2011年以来6次上调准备金率后隔夜同业拆借利率的变化，可以看出，在大部分情况下，这种反应机制还是较为灵敏的。正是因为这种影响，在美国，过去联储提高法定准备金率时，往往会同时实施公开市场操作或放松贴现窗口，为那些需要准备金的银行提供准备金，从而使短期利率受影响的幅度减弱。

表10－2 2011年6次调高法定准备金率前后隔夜拆借利率的变化

提准日	提准日之前的隔夜拆借率(%)	提准日之后的隔夜拆借率(%)	波动幅度(%)
2011－1－20	2.647 3	5.727 3	＋3.080 0
2011－2－24	2.007 5	2.243 5	＋0.236 0
2011－3－25	1.889 0	1.876 4	－0.012 6
2011－4－21	1.776 1	3.544 9	＋1.756 2
2011－5－18	2.111 2	3.158 7	＋1.047 5
2011－6－20	3.992 1	6.966 5	＋2.974 4

综上可知,变动法定准备金率不仅对货币存量影响较大,而且加大了商业银行流动性管理的难度。因此,许多国家的中央银行在使用这一工具时都非常慎重,不将其作为中央银行日常调控货币供给的工具。但在我国,大量顺差引致的基础货币被动投放,使央行回收流动性的任务十分艰巨,在使用公开市场卖出和发行央行票据等方法进行对冲的同时,调整准备金率这一政策手段在近年的使用也较为频繁。具体如图 10-3 所示。

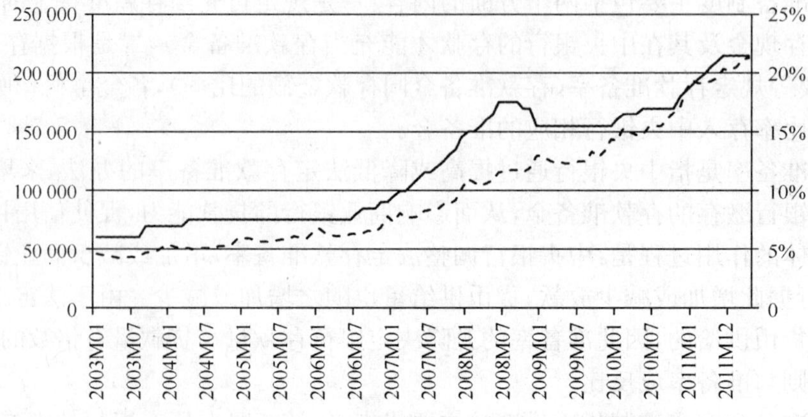

图 10-3　2003 年以来储备货币和准备金率的变动

二、选择性控制工具

选择性政策工具是指中央银行针对个别部门、个别企业和某些特定用途的信贷加以控制和影响的措施。与一般性货币政策工具不同,选择性货币政策工具通常可以在不影响货币供应量的条件下,影响银行体系的资金投向和不同贷款的利率。其中,有消费者信用控制、证券市场信用控制、不动产信用控制、优惠利率和预缴进口保证金等。

(一) 消费者信用控制

消费者信用控制是指中央银行对不动产以外的各种耐用消费品的销售融资予以控制。其主要内容包括:规定分期付款购买耐用消费品时第一次付款的最低金额;规定消费信贷购买商品的最长期限;规定可用消费信贷购买耐用消费品种类,对不同消费品规定不同的信贷条件等。控制消费信用是控制社会总需求的重要措施之一:耐用消费品的需求往往与经济周期正向变动,如果不对消费信用加以控制则倾向于加剧这种波动,因此有必要对消费者信用进行控制。一般在消费信用膨胀和通货膨胀时期,中央银行采取消费信用控制,抑制消费需求和物价上涨。另外,适当的消费信用控制也有助于引导社会消费,改进资源配置。消费信用控制最早开始于美国,以后逐渐为许多国家采用。

(二) 证券市场信用控制

证券市场信用控制通常是指对证券信用交易的法定保证金比率作出规定,是中央银行对以信用方式购买股票和债券实施的一项措施。法定保证金比率是指证券购买人首次交付证券交易价款的最低比率,即通常所说的保证金比率。中央银行通常将调整保证金比率作为间接控制证券市场信贷资金流入量的工具并控制最高放款额度。因为最高放款额度=(1-法定保证金比率)×交易总额,当法定保证金比率由 50%提高到 80%,其他条件不变时,最高放款额度将减少30%。实践证明,中央银行对证券市场进行信用控制是十分必要的,它一方面控制了证券市场的资金需求,抑制了过度投机,对及时吹散金融泡沫、稳定金融市场、控制信贷资金流向、改善宏观金融结构有积极意义;另一方面,由于法定保证金的提高或降低仅限于证券市场,并不会因此把紧缩或扩充影响直接扩散到其他部门,从而可避免因全面信用紧缩或扩充导致的经济衰退或扩张。所以,自1934年美国制定《证券交易法》,联邦储备系统实施选择性市场信用控制后,这种方法陆续为其他一些国家所采用。

(三)不动产信用控制

不动产信用控制是指中央银行对商业银行和其他金融机构的房地产贷款所采取的限制措施。出于不动产特别是住房商品需求的两重性——一方面,是满足正常的生产和生活消费需要;另一方面,是一种重要的投资(投机)手段——不动产需求与宏观经济走势密切相关且波动较大。因此,控制不动产信贷规模、抑制过度投机对减少经济波动意义重大。中央银行实现不动产信用控制的手段包括:规定金融机构不动产贷款的最高限额、规定金融机构房地产贷款的最长期限、规定首次付款的最低金额及分摊还款的最低金额等。

以我国为例,截至2012年,政府在不动产调控中大量采取信用控制政策,不仅影响房地产企业的融资,还进一步限定了购房者的购房资格和融资成本。此举的直接影响就是2011年到2012年地产业现金流吃紧。客观评价此轮调控中地产业的降温,在很大程度上舒减了通货膨胀压力,但也给经济增长带来了压力。

(四)优惠利率

优惠利率是中央银行对国家重点发展的经济部门或产业,如出口工业和农业等所采取的鼓励措施。优惠利率是国家产业政策在金融领域的具体化,不仅被发展中国家广泛采用,而且也被发达国家普遍采用。

(五)预缴进口保证金

预缴进口保证金是指中央银行要求进口商预缴相当于进口商品总值一定比例的存款,以抑制进口的过快增长。预缴进口保证金多为国际收支经常出现逆差的国家所采用。

三、其他政策工具

其他政策工具是指除一般性政策工具和选择性政策工具外,中央银行根据本国的不同情况和不同时期的具体需要,对信用实施直接和间接控制的工具。它包括利率最高限额、信用分配、规定商业银行的流动性比率、直接干预和开办特种存款等直接信用控制以及窗口指导、道义劝说等间接信用指导。

规定存贷款最高利率限额是最常使用的直接信用管制工具。如在1980年以前,美国有Q条例和M条例,规定对活期存款不准付息,对定期存款及储蓄存款则规定最高利率限额。

信用配额是指中央银行根据金融市场状况及客观经济需要,分别对各个商业银行的信用规模加以分配,限制其最高数量。

规定商业银行的流动性比率,也是限制信用扩张的直接管制措施之一。一般来说,流动性比率与收益率成反比。为保持中央银行规定的流动性比率,商业银行必须缩减长期放款,扩大短期放款或增加应付提现的资产等措施。

直接干预是指中央银行直接对商业银行的信贷业务、放款范围加以干预。如对业务经营不当的商业银行拒绝再贴现或采取高于一般利率的惩罚性利率、直接干涉商业银行对存款的吸收等。

中央银行还通过道义劝说、窗口指导等办法来间接影响商业银行的信用创造。

所谓道义劝说，是指中央银行利用其声望和地位，对商业银行和其他金融机构发出通告、指示或与各金融机构的负责人举行面谈，劝告其遵守政府政策并自动采取贯彻政策的相应措施。窗口指导是指中央银行根据产业行情、物价趋势和金融市场动向，规定商业银行每季度的贷款增减额，并要求其执行。虽然这种办法无法律效力，但由于中央银行的声誉和地位，以及手中的货币力量和监督权力，往往会迫使各银行按其旨意行事。

从以上各种政策工具的运用可以看出，中央银行对金融的管理和对宏观经济的控制与调节，主要是采用经济手段，同时辅以行政手段及道义劝说，并且，中央银行可以根据情况的变化来选择或配合运用各种政策工具。

四、我国的货币政策工具

长期以来，中国货币政策工具主要以信贷计划为主。信贷计划的内容首先是确定全国贷款的总规模，俗称规模控制。在正常情况下，中央银行对信贷总量采取指导性管理的形式，通过编制和下达各地区和各商业银行信贷总量及其构成计划，指导信贷活动，引导资金流向。但是，在货币、信贷增长过快，需要加强总量控制和紧缩银根的时期，则对信贷计划的主要总量指标采取指令性管理的形式，使其在短期内迅速达到控制货币、信贷过快增长的目标。这种强调直接控制的货币政策工具对于中央银行来说，是非常方便和有效的。但随着经济、金融体制改革的深化，它的弊端也日益显露出来：一方面限制了微观金融主体的自主经营活动，不利于专业银行的商业化改革；另一方面，随着金融机构数目的增加、金融市场日趋活跃，单靠控制国家银行的信贷规模已经难以控制社会信贷总量。因此，从 1994 年开始，中央银行开始逐步缩小信贷规模的控制范围，强调向以三大工具为主的间接调控方式转变。1998 年 1 月 1 日，中国人民银行取消了对商业银行贷款规模的限额控制，在推行资产负债比例管理和风险管理的基础上，实行“计划指导、自求平衡、比例管理、间接调控”的体制。

其次，确定中国人民银行对金融机构的贷款额度，俗称再贷款计划。根据有关规定和具体情况，由中央银行以再贷款的形式向商业银行提供所需资金是各国中央银行的通行做法。但在中国，中央银行的再贷款与一般意义的再贷款不完全相同，它实际上是限额管理下的一种资金供给行为。1984 年，人民银行专门行使中央银行职能后，决定实行“统一计划、划分资金、实贷实存、相互融通”的信贷资金管理体制，其中“实贷实存”规定人民银行与专业银行的资金往来采用存贷款形式，从此奠定了中国人民银行通过对金融机构贷款来调控货币供给的基础。1984 年，人民银行总行在原“借差计划”的基础上进一步对各专业银行核定了借款基数，1985 年一次性贷给专业银行作为铺底资金，此后中央银行对各专业银行的贷款就成为其吞吐基础货币的主要渠道。

我国的再贷款操作存在以下问题：一是资金管理过于集中，逐渐形成了中央银行对专业银行的资金供应制；二是金融机构缺乏自我约束机制，加上企业和财政，三方倒逼中央银行扩大基础货币。有鉴于此，1994 年中国人民银行制定了《信贷资金管理暂行办法》，逐步减少中央银行对金融机构的信用放款，并改为由人民银行总行对商业银行总行发放，同时加大通过货币市场吞吐基础货币的比重。1998 年以后，由于通货紧缩的形势日渐严峻，再贷款的数量也大幅萎缩。

我国银行的准备金制度是 1984 年开始实施的，最初的动机是集中资金，作为中央银行平衡信贷收支的手段，而不是将其作为货币政策工具来加以运用，这使得它与一般意义上的准备金制度有很大的不同：准备金账户的存款不能用于支付和清算，商业银行必须另开备付金账户并保留大量清算资金，使商业银行的运营成本大大增加；与通常存款准备金不付利息的惯例相反，中央银行对存款准备金支付较高利息，在某些情况下直接引起商业银行的套利行为；三是存款准备金比率过高，1989 年后我国的存款准备金率长期保持在 13%的水平，加上 5%—7%以上的备付金率，准备金率实际在 20%以上。在准备金率维持高水平的同时，人民银行又以再贷款方式解决商业银行的资金不足，使准备金制度的作用受到削弱。并且由于人民银行对备付金的约束较弱，货币乘数的稳定性也受到不良影响。

1998 年 3 月 21 日，中国人民银行对原有的存款准备金制度进行了改革，将法定存款准备金与备付金两个账户合并成一个准备金账户。存款准备金制度已成为我国中央银行间接调控下的一项重要政策工具。

我国的再贴现业务自 1986 正式开办以来，由于票据市场发展滞后，在一个较长时期内票据贴现和再贴现的总量很小，1993 年年末再贴现余额仅为 48.28 亿元，相对于近万亿元的再贷款余额来说，其政策效果小得可以忽略不计。但到 1994 年以后，人民银行加大了开展再贴现业务的力度，出台了相应的法规，使全国再贴现业务得到长足发展，再贴现总量迅速增加，1997 年办理再贴现 1332 亿元，再贴现政策的效果逐步明显，未来发展前景看好。

公开市场业务对一国金融环境的要求较高，1994 年以前我国尚不具备开展此业务的基础和条件。1994 年 4 月 1 日，正式开始在上海银行间外汇市场通过买卖外汇进行公开市场操作。1996 年 4 月 9 日，中国人民银行的本币公开市场操作正式启动。公开市场业务是一种非常富有弹性的货币政策工具，将成为中国人民银行实行需求型的间接货币调控、实现货币政策目标的主要手段。

此外，人民银行还运用利率杠杆调节货币供应量。在我国，利率水平由国家统一管理，主要体现在以下几个方面：一是中国人民银行对商业银行的存、贷款利率的管理。由于我国贴现和再贴现业务发展不充分，中国人民银行对商业银行的融资主要是信用放款，所以我国中央银行贷款利率就成为与西方发达国家再贴现率相类似的货币政策工具。二是金融机构的存、贷款利率也属于管理利率，不能自行变动。要使利率变动影响金融机构的融资成本，从而调节货币供应量的机制发挥作用，所要求的条件是利率的变动能真实反映资金的供求，融资成本的变动在很大程度上也能影响资金的供求。然而，就现阶段来看，这两个条件均在发展变化中，随着中国加入 WTO 以后，利率的市场化将是一种趋势。

总之，1995 年 3 月《中国人民银行法》颁布后，我国货币政策工具逐步由直接调控为主向间接调控为主转化。过渡时期共存的货币政策工具有贷款规模、再贷款、再贴现、存款准备金、公开市场业务、利率等，其中直接调控工具的影响日趋淡化，间接调控工具的作用逐步强化。

第三节　货币政策的中介指标

一、中介指标的作用和基本要求

货币政策的中介指标是指受货币政策工具作用，影响货币政策最终目标的传导性金融变量指标。货币政策最终目标是一个长期的、非数量化的目标，并不直接处在中央银行的控制之下，中央银行必须找出一些与最终目标关系密切、中央银行可以直接影响并在短期内可以度量的金融指标，作为实现最终目标的中介或桥梁。

中介指标的有效建立，一则可以体现市场信息的有效反馈，灵敏地透视最终目标实现的程度；二则可以为实现宏观经济的间接调控，提供优越的"参照系"，既可以执行事前监督，防患于未然，又可以进行事后调整，易策于中途；三则可以借此缩短最终目标在决策心理和社会心理上的"遥远感"，从而激发起一种创新和扩展的内驱力。

中介指标必须符合以下基本要求：

第一，可控性。即中央银行通过货币政策工具的运用，能按其政策需要或意图对其所选择的金融变量变动状况和变动趋势进行较为准确的控制与调节。

第二，可测性。即中央银行所选择的金融变量是在性质上具有明确的合理的内涵和外延，在数量上能够准确而迅速地获取其数据资料。

第三，相关性。即中央银行选择的金融变量既要与其政策工具密切相关，又要与货币政策最终目标紧密相连。也就是说，相关的金融变量既要是工具使用的果，也要是目标实现的因。

二、货币政策的中介指标及评价

根据货币政策中介指标的三个基本要求，大多数国家都选择利率、货币供应量、基础货币、超额准备金等金融变量作为中介指标。根据这些指标对货币政策工具反应的先后和作用于最终目标的过程，又可分为两类：一类是近期指标，即中央银行对它的控制力较强，但离货币政策的最终目标较远，如超额准备金和基础货币；另一类是远期指标，即中央银行对它的控制力较弱，但离政策目标较近，如利率和货币供给量。

（一）利率

利率能够灵敏地反映货币和信贷的供给与需求之间的变化，其变动与经济周期各阶段的转换有密切关系，并且利率的变动与经济周期的转换是顺循环的，即经济繁荣时，利率因信贷需求增加而上升；经济停滞时，利率随信贷需求减少而下降。

利率变动的这种特点，使得中央银行可以随时通过公开市场业务或再贴现政策，调节市场利率的走向；中央银行在任何时候都能观察到市场利率的水平及结构；中央银行还能够通过利率影响投资和消费支出，从而调节总需求和总供给。这些是利率作为中介指标的优点。

但是，利率作为中介指标也有不理想之处。一般来说，利率与总需求水平应沿同一方向变动：经济过热，应提高利率；经济疲软，应降低利率。但在现实经济生活中，往往很难判断利率的变动是因为政策的原因还是经济周期运动的结果。比如，在需求过大和通货膨胀的情况下，市场利率为10%，中央银行为了抑制需求，确定一个利率提高的目标，假定说是13%，即利率上升的幅度应是3个百分点。但由于通货膨胀的心理作用和投机行为等因素的影响，经济过程本身已把利率推向了这个高度。在这种情况下，中央银行很难判明自己的政策操作是否已经达到了预期目标。另外，引发利率变动的因素太多，中央银行难以对其形成真正有效的控制，这也降低了利率作为政策目标的可靠性。此外，中央银行只能调控名义利率，但在通货膨胀的情况下，名义利率与实际利率之间存在较大的差距，因而带给商品生产者、经营者的信息就会出现扭曲。

(二) 货币供给量

货币供给量作为中介指标,其优点在于该项指标与经济发展状况关系密切。不管由何种因素引起的社会总供给与社会总需求的失衡,都会通过货币供应量的过多或过少反映出来,并且这一指标与货币政策的最终目标比较接近。同时,货币供给量作为内生变量是顺周期的,当经济景气时,银行体系都减少剩余储备,扩大信贷,引起货币供给量增加;反之,当经济萧条时,银行都增加剩余储备,紧缩信贷,使货币供给量减少。但是货币供给量的变动作为政策变量是逆周期的,因此,中央银行比较容易判断其政策效果。

货币供应量作为中间指标有很多优势,但也存在不足之处,主要表现在:首先,货币供给量本身的统计口径比较复杂,难以清晰确定是现金,还是 M1,抑或是 M2。其次,中央银行无法完全控制货币供应量。中央银行不能决定货币乘数,只能对其施加影响,因为现金漏损率、商业银行超额准备金都不是中央银行可完全控制的。同时中央银行对货币供给量的控制随着当代金融创新的活跃也变得更加困难。

(三) 基础货币

基础货币是流通中的现金和商业银行存款准备金的总和,它构成了货币供应量伸缩的基础。中央银行可以通过增加或减少对证券的购买或对商业银行的放款来控制基础货币的两个组成部分。基础货币作为政策指标,完全可以满足可测性和可控性的要求。因为它的数量一目了然,也易于调控,因此不少国家将它视为较理想的近期指标。

基础货币量的变动,会在很大程度上导致社会总需求的扩大。在这过程中,中央银行是完全能够独立操作的。例如,中央银行可通过增加对证券的购买或增加对商业银行的放款,使基础货币量扩大,进而通过货币乘数的作用再使总需求得到多倍的扩大。

但是,货币乘数会受到种种非政策性因素的影响而不断出现短期波动,使总需求扩大的规模和中央银行的预期不相吻合。这使得中央银行对总需求的调控能力有所降低,因此,有些学者认为,基础货币作为政策指标并不可靠。

(四) 超额准备金

超额准备金对商业银行的资产业务规模有直接决定作用。但作为中介指标,超额准备金往往取决于商业银行的意愿和财务状况,中央银行不易直接控制。

超额准备金作为经济过程的内生变量,其变动同经济周期的转换是逆循环的,即经济景气时,银行体系会减少超额准备金以扩张信贷;经济不景气时,则增加超额准备金以缩减信贷。而超额准备金作为政策变量,其变动方向和社会总需求的变动方向也是相反的,因而会由于政策性因素和非政策性因素的影响,该指标的变动有可能和实际的政策调控效果发生混淆,使中央银行产生错觉,误以为政策业已奏效。

从各国货币政策的实践历史来看,以上介绍的中介指标中,利率和货币总量,是最经常被选择的变量。中央银行能否选择同时追求这两个目标呢?答案是否定的。

首先来看以货币总量为中介目标时的情况。产出量的意外增减或物价水平的变动,以及公众对持有债券还是持有货币的偏好发生变化,都会导致货币需求的变动。如果中央银行坚持以货币总量为中介指标,那么货币需求的变化必定会带来利率波动。

再来看以利率为中介指标的情况。同样的,由于产出量、物价水平或公众持有货币偏好的意外变动,货币需求会发生变化并与中央银行的预期不一致。当货币需求小于货币供给,央行为保持其确定的利率目标,将出售债券以促使价格下跌和利率上升到原来的水平,也就是通过公开市场出售使货币供应量减少，直至利率水平恢复。相反的，当货币需求大于供给而使利率上升时，央行会买入债券以阻止其价格下跌及防止利率上升，即通过公开市场购买使货币供应量上升，从而使利率回到既定水平。可见，如果坚持利率指标，则会引起货币供应量的波动。

从以上分析得出，中央银行无法同时达到利率和货币供给这两个目标，必须在两者之间进行选择。总的说来，货币供给量指标的抗干扰性较强，能将政策性和非政策性效果区分清楚，因此成为实际经济生活中较理想的货币政策指标。

三、我国的货币政策中介指标

根据我国目前的实际情况和中介指标的选择标准，过去曾经或者未来可能成为我国中介指标的主要有信贷规模、货币供应量、现金发行量、信用总量、同业拆借利率等。

(一) 现金发行量

1986—1993年，现金计划一度成为我国的中介目标。在那个阶段将现金发行量作为货币政策的中介指标是我国所特有的，是与我国社会金融化程度不高相适应的。第一，我国的消费需求主要由现金体现，现金收入与支出的形式、现金发行量的多少对消费品价格、消费品生产的刺激作用都很大；第二，在货币供应量的构成中，我国现金发行占货币供应量的比重较高，是发达国家的3倍左右；第三，从可测性来看，现金量指标在中央银行信贷计划中有专门统计；最后，从相关性来看，现金发行与货币政策最终目标——稳定币值高度相关。

(二) 信贷规模

1998年以前，我国将信贷规模作为中介指标，不仅因为它具有可测性、可控性等，还由于我国中央银行对宏观经济的间接调控机制还很不成熟，完全放弃信贷规模容易引起失控；同时，由于银行贷款仍是我国信用的主要形式，其总量构成能反映国民经济总体及其构成；此外，我国中央银行贷款约占国有银行贷款规模的1/2，故中央银行对贷款规模具有相当的控制力；并且中央银行贷款和国有银行贷款规模两者关系稳定，所以信贷规模变动信号能较准确地反映中央银行操作的政策效果，不容易误导货币政策。

(三) 货币供给量

货币供给量是目前我国正在使用的货币政策中介指标。该指标不仅具有直接影响总需求的特点，而且便于中央银行日常控制操纵。我国从1994年第三季度开始向社会公布货币供应量，1996年正式确立其为中介指标。在当时，我国金融市场发育程度较低，金融资产形式不丰富，同时，人民银行对现金支付、银行超额储备都实行监控，故现金漏报率、银行超额准备金比率变化不大，基础货币与货币供应量之间的乘数关系也较为稳定。因此，与发达国家相比，我国将货币供应量作为中介指标除了有相似的优缺点外，可测性，可控性可能还更强。但从近几年的运行情况看，我国金融市场的不断发展和对外经济交往的不断深入削弱了货币量指标的可测性和可控性，其与货币政策最终目标之间的相关性也备受质疑。因此，不管在理论界还是实务界，应对我国货币政策的中介目标进行适时调整的呼声越来越强烈。

(四) 信用总量

信用总量包括银行信用量、合作信用量、国家信用量、证券信用量、企业间商业信用量、银行间同业拆借信用量、民间信用量等，是上述信用量的总和。我国人民银行于2011年开始公布的“社会融资总规模”指标便是我国国内信用总量的反映。在我国的信用总量中，银行信用量目前仍占主导，这与我国一直以来以银行为主导的融资体系有密切关系，而且，不少其他的信用量也受到银行信用的制约，例如，体现企业间商业信用量的票据市场能获得快速发展，与商业银行提供的贴现和转贴现服务是密不可分的。另外，证券信用量近年在我国信用总量中的重要性日益上升，这得益于我国股票和债券市场的飞速发展。

（五）同业拆借利率

利率作为中介指标必须具备几个基本条件，如利率市场化、利率变动要有足够的弹性、微观经济基础要有健全的利率反应机制等。1996 年，我国统一的同业拆借市场网络系统建立，同年 5 月放开了各期限档次的同业拆借市场利率，由拆借双方根据市场资金供求状况自行确定。这使我国同业拆借市场利率对重大经济、金融改革的调整及资金供求变化的反应日益灵敏，在未来或可作为我国货币政策中介指标的选择之一。

第四节　货币政策的传导机制与政策效应

一、货币政策的传导机制

所谓货币政策的传导机制，是指运用一定的货币政策工具，引起社会经济生活的某些变化，其作用和影响首先是实现货币政策的中介指标的要求，由近期指标至远期指标，最终实现既定的货币政策目标的传递过程。

传导机制存在的理论依据至少有两点：一是货币同经济中的各个变量有着普遍联系并处于相互作用的关系之中；二是货币同宏观经济的总体目标有着确定性的联系，经济均衡的出发点和回归点都只能是货币均衡，因此，货币指标的变动可以影响宏观经济的运行甚至改变宏观经济的目标。

在西方，对货币政策传导机制的分析主要有凯恩斯学派的传导机制理论和货币学派的传导机制理论。

凯恩斯学派的货币政策传导机制理论，其一般思路可以归结为：通过货币供给 M 的增减变化影响利率 r，利率的变化则通过资本边际效率的影响使投资 I 以乘数方式增减，而投资的增减又会进而影响总支出 E 和总收入 Y。用符号表示为：

$$M \to r \to I \to E \to Y$$

在这个传统机制发挥作用的过程中，主要环节是利率：货币供给量的调整必须首先影响利率的升降，然后才能使投资乃至总支出发生变化。

在弗里德曼及其货币学派的货币政策传导机制理论中，采用了广义的资产概念。除了证券资产，其他金融资产、实物资产以及人力资本等均成为货币资产的替代物。也就是说，货币政策的传导将会在货币市场、资本市场以及商品市场上同时进行。

假定资产持有者的资产结构处于某一均衡状态，此时中央银行货币政策发生改变，从公开市场上买进有价证券，增加货币供给量。资产所有者原有的资产组合均衡因为名义货币供给量的增加而被打破，资产持有者不得不进行新一轮的资产选择与调整。新增加的货币购买力将会转向非货币金融资产，由此导致利率下降、非货币金融资产的需求增加与价格上涨。而非货币金融资产的价格上涨和利率下降必将刺激资产持有者对实物资产需求的增加，由此导致实物资产价格的上涨，从而刺激消费支出和投资支出的增加，产出量随之而提高。之后，利率随着投资需求的增加而上涨，物价水平将进一步上涨，直至完全吸收新增的货币供给量，整个社会又将重新达到新的均衡状态。弗里德曼的货币政策传导机制可简单地表示为：

$$M \to E \to Y$$

关于货币政策的传导机制，凯恩斯与弗里德曼的区别主要表现在以下三个方面：

第一，利率在传导过程中的作用不同。凯恩斯认为货币供给量的变动必须要能够影响利率，否则货币政策无效。而弗里德曼则认为货币政策的影响主要不是通过利率的变动迂回间接地影响投资与消费支出以及国民收入，而是由于货币供给量超过人们意愿持有水平，由此而直接影响社会支出和货币收入。

第二，货币政策影响领域与过程不同。凯恩斯认为，货币政策传导过程首先是在货币市场进行调整，然后引起资本市场的变动，通过投资的增加和投资乘数的作用而使国民收入和消费支出得以增加，最后作用于商品市场。而弗里德曼则认为，货币政策的传导是在货币市场与商品市场同时进行的。

第三，货币供给对国民收入的作用途径不同。凯恩斯认为，投资直接对产出、就业和国民收入产生影响，而货币对国民收入等因素的影响是间接的，货币供应量增加以后，首先是降低利率，从而增加投资，经过投资乘数的作用，从而引起国民收入、就业量的增加。而货币学派则认为，货币供应量的变动与名义国民收入的变动有直接的联系。

除了上述传统的凯恩斯学派利率传导机制和弗里德曼货币数量传导机制之外，还有几种比较具有代表性的货币政策传导机制理论。第一，是汇率传导机制，具体为：$M\uparrow \to$实际利率$\downarrow \to$汇率$E\downarrow \to$净出口$\uparrow \to$总产出$\uparrow$。第二，是资产价格传导机制，具体又分为托宾Q机制和财富效应机制，托宾Q机制为：$M\uparrow \to$实际利率$\downarrow \to$股票价格$\uparrow \to$托宾Q①$\uparrow \to$投资$\uparrow \to$总产出$\uparrow$；财富效应传导机制为：$M\uparrow \to$股票价格$\uparrow \to$财富$\uparrow \to$消费$\uparrow \to$产出$\uparrow$。

对于货币政策传导机制的研究除了以上提到的有关理论外，西方经济学家还有许多不同的观点。如格利和肖强调金融机构在货币政策传导过程中的作用，他们认为，金融机构在信贷供给过程中通过提高储蓄转化为投资的效率，将对整个经济活动产生重大影响。理性预期学派把不完全信息条件下预期失误作为其货币政策传导机制理论的基础。20世纪80年代以来，伴随着货币政策传导机制研究中信息技术的迅速发展，学者们重新开始关注金融机构的作用。进入90年代以后，对各类变量重视程度不同的西方经济学家逐渐形成不同学派。

二、货币政策效应分析

中央银行运用各种政策工具通过一定的传导过程，实施某一项具体的货币政策，是为了达到特定的政策目标。在货币政策的执行过程中，难免产生各种政策性影响，如对投资、消费、收入、分配等方面的影响。为了全面地评价一项货币政策的优劣成败，有必要对货币政策效应进行分析。

（一）货币政策的时滞问题

货币政策的时滞是指某项货币政策从制定到获得主要或全部的效果所必须经过的一段时间。西方学者将时滞分为两个部分。第一部分称为内时滞，是指从需要采取行动的情况出现到中央银行实际采取行动之间的一段时间。它又可分为两个阶段：认识时滞和行动时滞。

---

① 托宾Q是公司股本当期市场价值与其资本的当期重置成本之比，均衡状态之下的托宾Q等于1。

从形势变化需要采取行动到货币当局认识到这种需要的时间距离，称为认识时滞；从货币当局认识到需要行动到实际采取行动的这段时间，称为行动时滞。第二部分称为外时滞，又称为影响时滞，是指从货币当局开始采取行动直到对政策目标产生影响为止的这段过程。外时滞的长短主要由客观的经济和金融条件决定。内时滞可以通过提高中央银行效率而缩短，对于外时滞中央银行则很难控制。

时滞是影响货币政策效果的重要因素。由于货币政策的主要政策效应要经过一段较长的时间才能发挥作用，而在此期间，经济形势会发生很多变化，因此货币政策的预期效应常常未能发生，甚至可能发生负面的效应。例如，在衰退时期实施的扩张性政策，在需求已经很高时却继续刺激需求，或者在膨胀时期采取的紧缩政策，在已进入衰退时期却仍然在抑制需求。所以，时滞给货币政策的实施带来了困难，并产生了不可预料的不良后果。

(二) 影响货币政策有效性的其他因素

对货币政策有效性的另一主要限制因素是货币流通速度。在实际生活中，货币流通速度的变动幅度很难被政策制定者准确地预测和估算到。而货币流通速度和货币供给量之间呈紧密的负相关关系，一旦货币流通速度的变动幅度超出了货币当局的预期范围，实际的货币供给量增长率就大于或小于货币当局控制的数额，其结果是新增的货币供给量必将助长经济过热，而减少的货币供给量将缩减有效需求。

微观主体的预期作用是对货币政策有效性构成挑战的另外一个因素。当货币当局提出一项货币政策时，各种微观经济主体立即会根据可能获得的各种信息预测政策的后果，从而很快地做出对策，而且极少有时滞问题。微观主体广泛实施的对策可能会使货币当局的政策归于无效。只有在货币政策的取向和力度没有或没有完全为公众知晓的情况下，政策才能生效或达到预期效果。但实际上，公众的预测即使是非常准确的，要实施对策也需要一个过程。因此，货币政策仍可奏效，但公众的预期行为会使其效应打很大的折扣。

货币政策的效果好坏还取决于与其他经济政策，尤其是财政政策的配合是否协调。这两种政策的共同点在于通过影响总需求进而影响产出。但两者之间也有很明显的区别：在实现扩张的目标时财政政策的作用更为直接；而对于抑制过热的需求，货币政策有很多工具可以利用，实施起来比较及时、灵活。此外还有一点区别，那就是财政政策对供给的作用较为直接有力，而货币政策则没有这样的功能。由于它们的共同点和不同点，西方国家往往寄希望于这两种政策的配合。不过，货币政策与财政政策的配合运用，必须根据具体情况作出决定，在效果不佳或情况发生变化时，则应及时做出调整。否则，仍然不能取得预期的效果。

此外，货币政策的效果还受到其他政治、经济以及体制方面因素的影响。

(三) 货币政策规则的选择

如前所述，货币政策是中央银行为了达到一定的目标而在调节和控制货币供给等方面所采取的措施。那么，应该如何来对货币政策作出选择呢？对此西方经济学家存在着不同的主张，其中比较有代表性的是凯恩斯学派的相机抉择理论和弗里德曼的单一规则理论。

所谓相机抉择就是国家在进行需求管理时，根据各个时期的市场情况和经济形势，机动地决定和选择货币政策，以避免经济的周期性波动。具体来说，当经济出现萧条时，相机采取扩张措施，以增加有效需求，刺激经济增长；反之，当经济出现过热时，就相机采取紧缩措施，以抑制有效需求，限制投资和消费的增长。但由于时滞因素，着眼于短期目标的相机性货币政策的实施，可能会加剧周期性波动，导致经济更加不稳定。这使得相机性货币政策达不到其缓和经济波动的最初目的。

货币主义学派则认为,中央银行应制定一个独立于当前普遍经济形势的“货币规则”,并长期维持一个稳定的货币供给增长率,而不应运用各种权力和工具企图操纵或管制各种经济变量,即采取单一规则策略。弗里德曼认为,只有按一定的规则长期而稳定地增加货币供给量,才可能避免货币政策对经济运行所可能产生的消极影响,保持物价的稳定,使失业和经济增长分别保持在自然失业率和适度增长率上。只有这样,经济才可能实现均衡。不过,弗里德曼过分强调货币的重要性,完全否定了货币当局的主观能动性。货币当局通过不断地认识和改善货币政策的操作,其相机性货币政策的操作,最终还是有利于经济稳定的。

三、我国货币政策的传导过程和效果分析

经济体制改革之后,特别是20世纪80年代中期中国人民银行行使中央银行职能后,我国的货币体系得到了重新改造,建立了中央银行和商业银行两级体制。中国人民银行开始通过货币政策对宏观经济运行进行调控,货币政策的传导机制也成为理论种实务界越来越关注的问题。

我国的货币政策传导机制基本适应了经济发展的要求,对经济的发展起到了积极的推动作用。但不可否认,我国还是一个生产力发展水平相对落后的国家,尚不具备市场经济体制下完善的经济发展环境,特别是法制建设上有许多薄弱环节,与发达国家的先进调控机制相比尚有很大差距,致使我国的货币政策传导机制还存在不少问题,主要包括:

第一,中央银行作为货币政策的调控主体,根据实际需要独立自主地制定货币政策的职能仍有待进一步完善。我国的中央银行从一开始便承担了稳定货币和资金分配的双重任务。在这种情况下,社会资金不是由市场供求变动来决定,而是带有不同程度的行政色彩,从而造成资金的不合理分配和浪费;另一方面,央行又由于种种原因,总是存在着超经济发行货币的冲动,在2000年以前,主要表现为资金短缺而造成的刚性需求倒逼央行发行货币,近年来随着国内金融市场的发展,货币的债券化发行显现,妥善处理上述问题需要一系列的政策相协调。

第二,商业银行的运作还未达到完全市场经济的要求。商业银行是中央银行实施货币政策、宏观调控的对象和载体,在货币政策传导过程中具有重要作用。在商业银行市场化改革的早期,不良资产的沉重包袱影响了商业银行的盈利能力,同时,对资金的刚性需求又导致了一定的违规行为,如不计成本的乱拉存款以及倒逼中央银行超经济发行货币等,弱化了中央银行货币政策调控的效果。随着商业银行市场化改革的不断深入,上述历史包袱和不规范经营问题逐渐被消解,但激烈的市场竞争和随之而来为规避各项监管形成的金融创新又带来一些新的问题。而且,虽然国内的货币市场近年来发展迅速,利率市场化的改革也从未止步,但至少到目前为止,商业银行经营领域最核心的价格——存贷款利率水平仍受到管制,这与真正的利率市场化要求还有一定的距离。

第三,现代企业制度虽然已经基本建立,但缺乏对货币政策调控的合法有效应对措施和手段。尤其在中小企业经营过程中,授信难、银行要求苛刻、非法集资、企业业主跑路等现象近年来在局部地区屡见不鲜。这说明我国目前金融市场发展仍不完善。

上述问题的存在,使得我国在实施货币政策的过程中有严重的时滞问题。首先是内时滞较长。这主要是由于我国银行体系在经济信息的收集、传递、整理等方面的技术手段较为落后,同时中央银行对经济形势的判断并非总与政府一致,加之我国中央银行的独立性较低,货

币政策时常处于议而不决，决而不断的状态。

货币政策的外时滞是由客观因素决定，不易为中央银行所控制，同时，中国存在着一种具有特殊规律的经济周期，而且在改革过程中经济体制条件也处于不稳定状态，这使得货币政策外时滞与更多的变量发生关系，从而表现出相应的特点。从1985年以来宏观经济的运行资料看，如果货币政策以经济增长或产出水准为短期内的主要调节目标，工业产值的变动对货币政策的扩缩反应比较敏感，而农业产值的变动则不够敏感。如果货币政策在一定时期中以物价为主要调节目标时，其时滞更带有不确定性。

综上所述，我国货币政策的传导机制仍与市场经济的要求存在相当大的差距。这些差距不仅表现在传导机制本身不完善上，而且也表现在传导机制所处的外部经济环境上。因此，要完善我国货币政策传导机制，不但必须完善货币政策传导机制本身，而且必须培育规范的市场微观主体，建立和健全与市场信息相适应的宏观调控制度。

第五节 货币政策的回顾与比较

一、美国联邦储备体系货币政策的运用

美国联邦储备体系创立于1913年，当时在美国频繁出现的银行业恐慌是催生其建立的重要原因。在联储创建之初，批准各联邦储备银行要求的贴现率是其使用较多的货币政策工具。为控制通货膨胀，当时的联储曾经将利率提高到7%并保持了近1年，这一政策的结果是货币供应量的急剧下降和1920—1921年的经济萧条，虽然这次严重萧条明显是联储引起的，但从控制通胀的意义上讲，联储的政策非常成功，通货膨胀迅速下降至零左右的水平。

20世纪20年代早期，联储很偶然地发现了公开市场操作这一货币政策工具。创建初期，联储的收入全部来自于对成员银行的贴现贷款所收取的利息。1920—1921年萧条以后，贴现贷款的数量明显缩小，联储购买盈利证券以获得收入来源。在此过程中，联储发现银行体系的储备增加了，银行贷款和存款也成倍扩大。到20年代末期，公开市场操作已经成为联储最重要的武器。

面对1928—1929年的股票市场繁荣，联储陷入矛盾。它想要通过提高贴现率来放慢繁荣，又担心这会提高有“合理”需要的厂商和个人的贷款利率。联储在1929年8月提高了贴现率，但过度投机已经产生，联储的行动加快了股票市场的崩溃，促使经济陷入萧条。

1933年《农业调整法》的托马斯修正案赋予了联储理事会在征得总统同意后改变储备要求的紧急权力。在1935年银行法中，这一紧急权力得到了扩大，联储被允许无需取得总统的同意即可单方面改变储备要求。1936—1937年，联储分三个阶段提高法定储备要求。结果货币增长率在1936年年底放慢，1937年货币供应下降。开始于1937年5月的萧条十分严重，在萧条开始时，失业率就相当之高。这一经验使得联储在后来使用这个政策工具时极为小心谨慎。

第二次世界大战期间，联储将利率钉在战前通行的低水平上。一旦利率高于既定水平，联储就进行公开市场购买，迫使利率下降。联储实际上放弃了对货币量的控制，以迎合政府的筹资需要，使得国家债务大量货币化和货币基础及货币供应迅速增加。

战争结束时，联储继续钉住利率，该政策并没有引起货币供应继续爆炸性的增长。但当朝鲜战争爆发时，利率开始逐步上升，联储再次被迫以很快的速度扩大货币基础。1951年3月，联储和财政部达成一项协议，取消利率钉住。

20世纪50年代至60年代，联储将货币市场供求情况作为政策目标，以短期利率和自由储备等变量来描述货币市场供求情况。自由储备，即银行体系的超额储备减去贴现贷款量。联储将自由储备看成是反映货币市场状况的一个很好的指标，它认为自由储备反映了银行体系滞留资金的数额。联储将自由储备的增加和下降理解为货币市场状况的宽松和收紧，并据此采取相应的公开市场操作。

这是一个顺周期的货币政策，即经济繁荣时它导致货币供应更为迅速地增长，当经济萧条时它导致货币增长率的放慢。当国民收入增加引起市场利率上升时，自由储备将下降。自由储备的减少一方面是由于超额储备的机会成本提高导致超额储备下降；另一方面是因为利率上升增强了向贴现窗口借款的动机，贴现贷款的数量上升。联储由于自由储备的下降而进行公开市场购买，增加了货币基础，从而也增加了货币供应。产业周期中的紧缩造成相反的连锁反应，结果是国民收入下降引起货币下降。因此，当联储将自由储备作为目标时，货币供应的变动与国民收入正向关联。

许多经济学家对此提出批评，他们指出，在产业周期的扩张阶段，货币供应较为迅速地增长可能增加通货膨胀的压力；在萧条时期，货币供应较为缓慢地增长则可能会使经济紧缩更为严重。

联储的另一个主要操作目标是短期利率。使用利率作为目标变量，也导致顺周期的货币政策。如果利率由于收入增加而上升，联储会购买债券以抬高其价格，使利率下降到目标水平。结果货币基础增大导致货币供应上升和产业周期扩张，并伴随更高的货币增长率。萧条时期则相反，收入下降，货币供应的增长率将会降低。

到了20世纪60年代后期，对顺周期货币政策的批评日益增多，最终联储放弃了专注于货币市场的做法。

20世纪70年代，联储宣称要以货币总量作为中间指标。该货币政策仍表现为顺周期，而且联储把货币总量作为目标的承诺并不是非常的坚定。联邦公开市场委员会定期为各种货币总量的增值率确定目标区间，并决定与之相一致的联邦基金利率区间。而纽约联邦储备银行交易部受命去实现这两套目标。之前的分析已经表明，利率目标和货币总量目标不能兼得。实际上，联储是以联邦基金利率作为它的操作目标，交易部奉命优先考虑联邦基金利率目标。在这种情况下，收入的持续意外上升，将引起公开市场购买和货币供应增长过快。1972年6月到1973年6月正是这种情况，经济出人意料地繁荣：M1的增长率大大超过了目标，而联邦基金利率从4.5%上升到8.5%。经济过热，通货膨胀的压力加大。1974年年底，经济紧缩的程度严重，则发生了相反的连锁反应。联邦基金利率迅速下降，对此交易部进行公开市场出售，货币供给增长率随即急剧下降。到1979年10月，联储的政策程序同它所宣称的把货币总量作为目标之间的不一致已非常明显，从而，联储的政策程序有了重大的修改。

1979年10月至1982年10月，联储不再强调把联邦基金利率作为操作目标，并将它的目标区间大大放宽。联储在估计银行要借入的贴现贷款量的基础上，将非借入的储备作为基本的操作目标。

但是，不再强调联邦基金利率目标并未导致货币控制的改善，货币供应增长率的波动反而增大了。这可能是由于在此期间经济受到了几次冲击,使得控制货币供应更为困难,如金融创新、信贷管制等等。另一种解释是控制货币供应并非是联储货币政策的真正目的。联储更关心用利率变动来消除经济中的通货膨胀。

1982年10月,随着通货膨胀被抑制,联储实际上又转向了平稳的利率政策。它放松了对货币总量目标的关注而转向借入储备(贴现贷款额)。在经济扩张导致利率上升的情况下,银行从联储借款的动机因利率上升而加强,因此借入储备上升。为防止其超过目标水平,联储会通过公开市场购买来提高债券价格以降低利率。以借入储备为目标的结果是联储防止了利率上升,与此同时,货币基础和货币供应量因联储的公开市场购买而增加,导致货币与国民收入之间的正向关联。经济萧条时则情况相反:借入储备目标阻止了利率下降,并造成货币基础减少,从而导致货币供应下降。

转向借入储备目标后,利率波动较小,而货币供应增长率仍然有大幅的变动。1987年2月,联储宣布不再设定M1目标。取消M1目标有两个理由。第一是金融管制的放松及金融创新的快速发展使得对货币的定义及计量十分困难。第二是M1与经济活动间的稳定关系已经破裂。联储将个别重点转向更为宽泛的货币总量M2,但到90年代初,M2与经济活动之间的稳定关系也不复存在。1993年7月,理事会主席阿伦·格林斯潘宣布,联储不再以任何货币总量作为实施货币政策的指标,包括M2在内。

二、其他国家的货币政策

(1) 英国。1973年,英国引入货币政策目标M3以应付对通货膨胀的关注,但未严格实施,导致其货币总量变化无常。20世纪70年代晚期,通货膨胀结束后,英国提出了中期金融战略。1980年开始计划减慢M3的增长速度。1983年后,英格兰银行开始降低M3的重要性,倾向于使用较窄的货币基础M0为目标,M0增长目标区间多次降低,其增长率也接近了目标区间。1987年只留下M0作为唯一的货币总量目标。

(2) 加拿大。加拿大的货币政策经历与美国很相似。对于70年代早期的通货膨胀,加拿大银行提出"货币渐进主义",在一个逐渐降低的目标区间内控制M1的增长,但该尝试并不成功。由于与汇率目标相矛盾及其不确定性,M1目标于1982年被取消。1988年加拿大银行宣布实施物价稳定目标,加拿大银行与财政部联合发布了一系列减轻通货膨胀的目标,其中以M2为政策指导,同时建立了在利率及汇率基础上的货币状况指数。

(3) 德国。德国联邦银行于1975年采用货币目标的方式来应对70年代早期的通货膨胀。它选择了一个口径较窄的货币总量——"中央银行货币",即银行存款总额乘以1974年法定准备金率再加上流通中货币的总额。出于对汇率因素的考虑,联邦银行允许"中央银行货币"的增长在2—3年内超出目标区间,但随后会纠正超出部分。1988年,联邦银行将目标转换为M3。德国运用订立货币目标的政策在保持较低且稳定的通货膨胀率方面很成功。

(4) 瑞士。瑞士国家银行于1974年末开始宣布以M1为目标总量。瑞士的方法有两点特别之处:以确定的数值而非区间表示目标;以货币基础为操作目标。实现目标所采用的方法与德同相似。从1980年开始,瑞士国家银行转向以M0(货币基础)为目标总量,从而不但将它作为操作目标,而且作为中间目标。近年来,瑞士的货币总量与通货膨胀之间的关系变得很不稳定,导致瑞士国家银行减弱了货币目标的重要性。

(5) 日本。经历了1974年通货膨胀率的大幅提高后,日本银行开始关注货币增长率。

1978年,日本银行开始在每季度初公布 M2+*CDs* 的"预报",且更加侧重货币因素。日本银行实施的货币政策所采取的操作程序与美国类似,以日报的银行同业市场利率为每日操作目标。日本银行在1978—1987年以利率为操作目标的货币政策效果良好,日本的货币增长从70年代中期开始逐渐减慢,通货膨胀得到迅速抑制,且保持较低的平均水平。金融创新及放松管制开始降低 M2+*CDs* 货币总量作为货币政策指标的有效性。考虑到对日元升值的预期,日本银行从1987—1989年显著提高了货币增长率。此后,为减少投机,日本银行转向较紧的货币政策,结果是房地产及股票价格大幅下降和泡沫经济的结束。

三、我国货币政策的运用

从1979年开始,通过一系列的改革,我国的金融体制和货币制度发生了深刻的变化。与此相适应,我国货币政策的目标、工具和传导机制也发生了重大变化。"稳定货币币值,并以此促进经济发展"的货币政策目标以法律条文形式得到确立;存款准备金、再贷款和再贴现、利率、公开市场操作等货币政策工具也开始得到广泛运用。从1978年改革开放到现在,中国的货币政策在实现和维护宏观经济稳定、在特定时期内支持具体领域改革、支持经济结构调整等诸多方面都发挥了十分重要的作用。

1984年中国人民银行专门行使中央银行职能以后,中央银行体制在中国正式确立,现代意义上的货币政策开始形成。在1984年人民银行负责专门行使货币政策职能伊始,恰逢国内出现了经济过热及由此引发的通货膨胀,当时的调控方式以贷款限额管理为主,具体措施包括:实行以"实贷实存"为主要内容的新的信贷资金管理办法;实行新的"自成体系"的联行制度;实行严格的贷款规模限额管理;提高银行存贷款利率;恢复工资基金管理制度,加强现金管理等。尽管经济过热的惯性使紧缩政策未能发挥应有的作用,但它对扭转信贷规模和货币发行的失控状况有明显成效。

1988年年初,中央提出沿海发展战略后,出现大规模投资需求膨胀的情况,加上"价格闯关"带来的挤兑和抢购风潮,出现了储备负增长。针对投资和消费过热引发的通货膨胀,中国人民银行及时运用货币和信贷政策紧缩银根,采取了"控制总量、调整结构"以及直接控制与间接控制相结合的货币政策:严格控制货币信贷增长;及时收回对非银行金融机构发放的短期贷款以收缩基础货币;调高法定存款准备率;提高存贷款利率;采取强制管理措施调整贷款结构;切实加强拆借资金的管理等。上述政策措施取得了明显的效果,促使货币信贷投放得到了控制,过高的工业增长速度开始回落,储蓄存款大幅度增加。

1991—1992年,针对经济增长减缓的情况,中国人民银行又及时增加货币供应量,使经济很快摆脱了不利局面。随着经济体制由计划经济向市场经济体制转型进程的加快,中国人民银行根据经济运行状况不断调整货币信贷政策,稳定物价,为经济增长和改革开放创造了良好环境。

1993—1996年,随着各地经济发展加快,中国出现了开发区热、房地产热和股票投机热,"泡沫经济"的影响开始显露。中国人民银行按照国务院的战略决策,实施适度从紧的货币政策,采取收缩商业银行信贷能力、调高对金融机构贷款利率等措施,控制基础货币和信用总量,有效地控制了货币信贷供应,稳定了人民币币值。从1993年下半年开始的新一轮宏观调控取得了重大成就,实现了国民经济的"软着陆",经济增长率逐步恢复到适度区间。

1997年亚洲金融危机爆发,在周边国家货币大幅贬值、地区及世界金融市场动荡不定的情况下，中国从自身实际情况和国际形势的要求出发，实行人民币汇率稳定的政策。人民币保持稳定，对地区金融市场的稳定发挥了重要的作用，赢得了广泛的国际赞誉。

中国在2001—2002年出现了轻微的通货紧缩，2002年的消费物价增长为负0.4%。中国政府通过采取积极的财政政策和稳健的货币政策①，不仅摆脱了亚洲金融风暴的影响，也使通货紧缩情况得以改善。中国的物价水平在2002年下半年出现了逐月增长的局面，2003年年初的消费物价指数已经为正值。

从2003年开始，在刚刚摆脱物价负增长后，中国经济又开始显现出通货膨胀的压力，信贷和投资增长过快，外资流入偏多，自此稳健货币政策的内涵发生变化，表现出来的是适当紧缩银根，央行多次上调存款准备金率和利率，到2007年年中，货币政策转为"稳中适度从紧"，而到2007年底，货币政策进一步变化为"从紧的货币政策"。

但是，随着美国次贷危机、欧债危机等一系列外在因素的影响，这种从紧的货币政策发生转向。自2008年年底开始，中国人民银行调整金融宏观调控措施，连续三次下调存贷款基准利率，两次下调存款准备金率，取消对商业银行信贷规划的约束，并配合国务院于2008年出台的4万亿财政扩张政策，积极引导商业银行扩大贷款总量，官方称此为"适度宽松的货币政策"。

随着次贷危机的缓解及随后房地产价格上升和通胀压力的积聚，央行在2011年重新恢复严格的紧缩货币政策；到2012年，通胀压力有所减缓，房价阶段性地受到控制，外汇占款从2011年年底连续出现负增长，基础货币投放压力缓解，货币政策也明显趋于缓和。

从上述我国货币政策的实施路径来看，1997年以来，货币政策逐渐成为政策当局调节国民经济的重要手段。货币政策的操作手段也日趋丰富，由改革初期注重信贷总量和规模控制，逐渐过渡到综合运用法定准备金率、再贴现率和公开市场业务等货币政策工具，逐步建立起多层次的货币政策目标体系，并注重货币政策和财政政策的配合运用。应该说，货币政策在我国国民经济管理中发挥着越来越重要的影响和作用。当然，近年我国的货币政策操作也凸显出政策变化频繁、连贯性差等问题，这既与我国人民银行的政策思路有关，也与近年国际经济形势的剧烈动荡有关。即便如美国、欧盟等更为崇尚"规则货币政策"的国家和地区，在本次的经济动荡中也纷纷采取刺激性财政货币计划的典型相机抉择手段。可见，"规则"和相机抉择究竟何者对经济稳定增长更为有利依然是一个值得研究和争论的问题。

本章小结

(1) 货币政策是指中央银行为实现既定的经济目标运用各种工具控制、调节和稳定货币供应量，进而影响宏观经济的方针和措施的总和。货币政策的最终目标通常包括四个方面的内容，这些最终目标之间往往存在互相矛盾之处，如何协调这些矛盾是货币当局要重点解决的问题。

(2) 货币政策工具包括一般性的控制工具和选择性控制工具。一般性的控制工具主要指

---

① 关于"稳健的货币政策"，中国人民银行行长周小川的解释是："中这里的'稳健'，简单说，就是要注意防止通货膨胀和防范系统性金融风险。"同时，他也指出，为落实稳健的货币政策，金融调控要注意以下几点：第一，切实提高对经济金融运行趋势判断的预见性；第二，进一步完善间接调控机制，灵活运用有关货币政策工具及其组合，保持货币信贷平稳合理增长；第三，引导金融机构着力优化信贷结构，发挥好价格手段在促进总量平衡和结构调整中的作用；第四，密切监测对外经济金融形势变化，促进国际收支平衡；第五，平稳处理需退出市场的金融机构的各类事项，保持整体金融系统的稳定。

准备金率、公开市场业务和再贴现率，这又被称为宏观政策的三大政策工具；选择性控制工具包括消费者信用控制、证券市场信用控制、不动产信用控制、优惠利率、预缴进口保证金等，这常被用于对部分行业进行有针对性的调控。

(3) 早期中国货币政策工具主要以信贷计划为主，从1994年开始，中央银行开始逐步缩小信贷规模的控制范围，强调向以三大工具为主的间接调控方式转变，1995年3月《中国人民银行法》颁布后，我国货币政策工具逐步由直接调控为主向间接调控为主转化。

(4) 货币政策从制定实施到发挥作用有一个很长的过程，必须选择一个合适的中介指标将央行可以直接操作的目标与最终目标有效地联系起来，保证货币政策实施的有效性。中介指标的选择应该满足可测性、可控性和相关性的要求。

(5) 最常用的货币政策中介指标包括利率和货币供应量，两者各有优势。我国曾使用的货币政策中介指标包括信贷规模、货币供应量、现金发行量、信用总量等。

(6) 古典学派和货币主义认为，货币政策通过直接影响人们支出而改变总收入的水平，这被称为直接传导机制；凯恩斯学派则认为，货币政策是通过利率传导机制，导致最终产出的增加，这被称为间接传导机制。

(7) 货币政策是否能有效地发挥作用，受到货币政策时滞的影响，另外，货币流通速度、微观主体的预期以及财政政策配合与协调都会影响货币政策的效应。

(8) 各国的货币政策实践都随着经济的发展和制度变迁出现了调整。总的来说，在最终目标的选择上，越来越多的国家将更多的注意力放在了控制通货膨胀问题上，至于中介指标，各个国家的选择不尽相同，由于金融创新的不断出现和经济的全球化，货币供应量体现出了一定的局限，有些国家转向了利率，甚至采用直接钉住通货膨胀的办法。

(9) 市场化改革以来，我国的货币政策日益发挥重要作用，货币政策逐渐由简单的信贷总量和规模控制，过渡到运用法定准备金率、再贴现率和公开市场业务操作等货币政策工具，并建立起由三个层次有机组成的货币政策目标体系。利率市场化的改革和逐步实现将使我国的货币政策在将来的宏观经济调控中发挥更大的作用。

复习思考题

1. 货币政策具有哪些特征？

2. 分析货币政策目标之间的关系，我国应如何选择货币政策目标？

3. 各种货币政策工具是怎样调控货币供应量的？

4. 什么是货币政策的中介指标？应如何选定中介指标？简要评价我国货币政策的中介指标。

5. 简要评价凯恩斯学派和货币主义学派的货币政策传导机制理论。

6. 分析我国货币政策的时滞。

第十一章　国际收支与外汇

从本章开始，我们将介绍和讨论有关国际金融的问题。国际金融的理论和实务分为三大部分，即国际收支与外汇、国际金融体系以及国际货币制度。我们分列三章进行讨论。

本章将介绍和讨论国际收支与外汇方面的相关问题。在现实经济活动中，国际间的商品和资本流动产生了国际收支问题，而国际收支的结算又产生了汇率和外汇问题，同时，国际收支的失衡还产生了国际储备的数量及构成问题。总之，国际收支与外汇问题具体包括国际收支，外汇、汇率和外汇市场，国际储备三个方面的内容。

第一节　国际收支

一、国际收支的概念和统计

（一）国际收支的概念

国际收支的概念通常有狭义和广义两个层次。狭义上，国际收支是指一国居民在一定时期内所有对外货币收支的总和；广义上，国际收支则是一定时期内一国居民对它国居民所进行的全部经济交易的分流记录。我们讨论的国际收支概念是广义层次的国际收支。

掌握国际收支的概念，需要注意以下三个方面的特征：第一，国际收支是一个流量概念，与一定的报告期相对应；第二，国际收支所反映的内容是经济交易，即经济价值从一个单位向另一个单位的转移；第三，国际收支记录的经济交易必须是本国居民与非居民之间所发生的经济交易。

居民与非居民的划分是以居住地为标准。长期居住本国的自然人属于本国居民，包括长期居住本国的外国公民；所有政府机构，无论是国内还是派驻国外，无论时间长短，都属于本国居民；企业和非盈利机构，作为法人组织，它们在哪国成立、注册，就属于哪国居民，其国外分支机构属于外国居民；国际性机构则是任何国家的非居民。

（二）国际收支统计与国际收支平衡表

国际收支统计是通过编制国际收支平衡表来实现的。国际收支平衡表按照复式记账原理，将一国在一定时期内的国际经济交易，按照经济分析的需要，以一定的报表形式统计编制出来。虽然各国的表式和指标项目有所不同，但由于国际货币基金组织要求各会员国按期报送各国国际收支平衡表，为使各国平衡表具有可比性，国际货币基金组织对国际收支平衡表的概念、准则、惯例、分类方法以及标准构成作出了一般性的统一规定和说明。国际收支平衡表的借方和贷方总额总是相等的，但对于其中的某个项目或账户，其借贷未必相等，通常称之为盈余或赤字。下面以 2011 年中国国际收支平衡表(见表 11－1)为依据来介绍国际收支平衡表的基本内容。

表 11－1　2011 年中国国际收支平衡表　　单位:亿美元

项　目	差　额	贷　方	借　方
一、经常项目	2017	22 868	20 851
A. 货物和服务	1883	20 867	18 983
a. 货物	2435	19 038	16 603
b. 服务	－552	1828	2381
B. 收益	－119	1446	1565
1. 职工报酬	150	166	16
2. 投资收益	－268	1280	1549
C. 经常转移	253	556	303
1. 各级政府	－26	0	26
2. 其他部门	278	556	277
二、资本和金融项目	2211	13 982	11 772
A. 资本项目	54	56	2
B. 金融项目	2156	13 926	11 770
1. 直接投资	1704	2717	1012
2. 证券投资	196	519	323
3. 其他投资	255	10 690	10 435
三、储备资产	－3878	10	3888
四、净误差与遗漏	－350	0	350

1. 经常账户

经常账户反映国与国之间实际资源的转移，它包括四个项目：货物、服务、收益和经常转移。

(1) 货物。它是记录一国商品进口和出口的项目，借方记录进口总额，贷方记录出口总额。对于进出口交易的金额计算，国际货币基金组织建议均采用离岸价格(FOB)计算，对于进口商品的保险费、运输费则列入劳务开支。

(2) 服务。它是记录一国劳务输入、输出的项目，由于劳务内容繁杂，故往往将其细划为运输、旅行、通讯、保险、银行、服务、建筑、电脑及信息服务、专利转让等项目。

(3) 收益。它是记录因生产要素在国际间流动引起的报酬收支，它包括两个细目：雇员报酬和投资收益。

(4) 经常转移。它是反映本国与外国之间单向价值转移的项目。经常转移可以下设政府部门和其他部门两个细目:政府部门经常转移包括债务豁免、经济和军事援助、战争赔款、捐款等。其他部门经常转移包括侨民汇款、年金、赠予等。

2. 资本账户

资本账户反映的是国与国之间的金融资产转移,包括资本的流入和流出。资本账户与国际投资状况密切相关,国际投资状况反映一国在一定时点上对外资产和负债的总额数量。而资本账户则反映两个时点间对外资产和负债的增减数量。因此,资本账户是一国国际投资状况变化的描述,而国际投资状况则是一国资本流动的结果。

资本账户可以从不同角度划分。从资本类型划分,有直接投资、证券投资、储备和其他资本;从资本的偿还期划分,有短期资本和长期资本;从交易主体划分,有私人资本和官方资本。以什么标准来划分,要根据各国的实际情况决定。国际货币基金组织提供的标准构成就是以资本类型为基本分类划分的,而中国目前的基本划分分类是以偿还期为标准的。另外,考虑到储备资产的重要性,一般将储备单独列为一个账户,称之为平衡账户。但不管选择什么样的划分标准,进一步的分类划分所得出的项目指标,一般都要概括资本类型、偿还期、交易主体等划分内容。

(1) 直接投资。它是指一国居民在国外直接建立分支企业、购买国外企业一定比例以上股权或利润再投资等行为。它的主要特征是投资者对非居民企业拥有有效的发言权,购买国外企业股权(股票形式)的比例大多为直接投资,而非证券投资的各国标准不一,但最低限度一般在 10%—15%。

(2) 证券投资。它是指一国居民对外国债券和股票(不包括直接投资的部分)的购买和售卖以及资本的到期偿还。

(3) 其他资本。它是一个"剩余"项目,凡不包括在直接投资、证券投资等项目的资本交易均在此记录。具体有贷款、货币、存款、短期票据等等。

3. 储备资产

储备资产是指一国货币当局所拥有的,可用于满足国际收支平衡支付需要的全部资产。具体包括货币性黄金、特别提款权、在国际货币基金组织中的储备头寸、外汇资产以及其他对非居民拥有的债权。

4. 净误差与遗漏

虽然从原则上讲,国际收支平衡表的借方总额和贷方总额总是相等的。但现实中国际收支平衡表的统计工作,由于客观的误差和人为的因素,总是不平衡的。所以,基于会计上的需要,国际收支平衡表总是要人为地设置一个项目"净差错和遗漏"来抵消统计上的偏差。

二、国际收支调节

(一) 国际收支的平衡分析

一国的国际收支从借方总额和贷方总额看,总是相等的。但在总量平衡的状态下,某些项目可能出现赤字、某些项目可能出现盈余,经常项目的赤字可以用资本项目盈余来弥补,全部交易项目出现逆差,可以用储备来弥补。但任何国家的储备是有限的,储备必须保持在一定水平,所以,各国政府都十分关注国际收支的平衡问题。

1. 国际收支平衡的含义

对于一个国家，国际收支账面上的平衡并非难事，如果这种平衡是通过资产的减少或负债的增加来实现的，则这种平衡并无实质意义，或者说实质上并未达到平衡。所以，要搞清国际收支平衡的真实含义，应该先搞清下面几组概念。

(1) 账面平衡与真实平衡。在国际收支平衡表中，我们可以采用横式分类，将国际收支分为实质项目和平衡项目。实质项目是横线上的金融项目，包括货物和服务、单方面转移和一些资本项目，这是产生国际收支盈余和赤字的项目。平衡项目是横线下的金融项目，它包括黄金、外汇和其他流动资产，它是弥补国际收支差额的项目，也就是国际储备的内容。但横线的划分，即实质项目和平衡项目的划分在现实中往往是不明确的，各国政府可以根据自己的政策需要对储备下定义，其目的是掩盖大量盈余或赤字，避免或减少贸易摩擦。如日本在计算国际收支时，只将中央银行的黄金、外汇作为平衡项目。

(2) 数额平衡与内容平衡。一国国际收支在数额上的平衡只是表面上的平衡，只有经常项目和资本项目的交易均对本国经济发展产生有利的影响，这种平衡才是内容的平衡。

(3) 主动平衡与被动平衡。国际经济交易的性质分为自主性交易和补偿性交易，自主性交易是经常项目与资本项目的总和。补偿性交易是由于国际收支失衡而进行的动用外汇、短期融资等行为，它是一种事后的调节性措施，故称之为被动平衡。

从上面三个不同的角度看，国际收支平衡的完整含义应该是，在账面和数额平衡的前提下，达到真实的平衡、内容的平衡和主动的平衡。

2. 国际收支失衡的原因分析

国际收支盈余或赤字的产生可能存在着多种原因，不同的原因源于不同的经济背景。第一，国际收支的不平衡可能产生于经济的周期性波动。当经济衰退时，居民收入减少，社会需求下降，造成对外收支失衡。第二，国际收支的不平衡可能产生于国内生产结构不能适应国际市场的变化。若国际市场发生变化，而国内生产结构又适应不了这一变化，则本国国际贸易波动失衡，从而导致对外收支的不平衡。第三，国际收支的不平衡可能产生于货币性的不平衡。当汇率不变(或变动不大)时，本国的货币成本和物价水平普遍上涨，且高于其他国家，则必然引起出口下降、进口增加，国际收支出现逆差；反之，国际收支出现顺差。第四，国际收支的不平衡可能产生于经济的强有力增长。经济持久、稳定和强有力的增长，可能导致出口上升，从而引起国际收支关系的变化。

(二) 国际收支的调节政策

国际收支的调节存在着自动调节和人为调节两种机制。自动调节机制只能在某些特定条件下才会发生作用，其作用的程序、时限、效果等均无法确定。因此，各国货币当局都不同程度地参与人为调节，通过主动采取适当的政策措施，恢复国际收支的平衡。下面我们来讨论国际收支调节政策的具体内容。

1. 外汇缓冲政策

外汇缓冲政策是指一国运用官方储备的变动或临时向外筹借资金来解决外汇的超额需求和供给。这一政策的特点是简便有效，其适用范围是突发性和季节性的国际收支赤字。如果出现巨额、长期的国际收支赤字，该政策手段是力不从心的。

2. 汇率政策

汇率政策是指通过调整汇率(通常是贬值)来消除国际收支赤字。本国货币汇率的贬值能否改善国际收支，取决于以下几个方面：第一，由于本币贬值所带来的国际收支改善是否大于由此而产生的国民收入上升所引起的诱发性进口；第二，本国现有生产能力是否获得充分利用；第三，贬值所带来的本国货物和服务在国际市场上相对较低的价格是否能维持较长的时间。

3. 财政政策

它是指政府通过支出或税收等政策来影响国际收支的状况。当政府增加支出或减少税收（或两者同时进行）时，扩张性的财政政策将导致国民收入的增长，进而刺激进口。反之，紧缩的财政政策将减少进口，从而改变国际收支状况。

4. 货币政策

它是指货币当局通过改变货币供给量和调整利率水平来影响国际收支状况的政策。扩张性的货币政策导致货币供给增加、利率水平下降，从而刺激国内投资，使得进口增加；紧缩性的货币政策导致货币供给减少、利率水平上升，从而抑制国内投资，使得进口减少。另一方面，利率的变动又导致国际资本流动的变化，利率下降刺激国内资本外流、并阻碍外国资本流入；反之，利率上升将刺激外国资本流入，并阻止本国资本流出。这些政策效应都将影响国际收支的状况。

5. 直接管制

它是指政府在不愿或不能利用汇率、财政、货币等方面的政策来消除国际收支不平衡时，所采取的强制性管理手段。具体包括货币管制、财政管制和贸易管制。

第一，货币管制。其主要手段是外汇管制和汇率管制。外汇管制就是对外汇的供给和需求直接干预，以达到间接控制商品、劳务交易，以及资本流动方向的目的；汇率管制就是官方根据需要确定汇率水平，其具体做法各不相同。一种情况是一国制定一个统一的官方汇率，另一种情况是制定若干种不同适用范围的官方汇率。

第二，财政管制。其主要手段有进口关税、进出口补贴等。可以通过设置进口关税来减少进口，从而改善国际收支状况，本国对进口品的需求价格弹性越大，就越容易达到改善的目的，反则反之。进出口补贴手段主要是通过补贴降低本国商品的价格，以增加出口，或者降低进口品价格，以增加进口。

第三，贸易管制。主要手段就是进口许可证制和进口配额制。进口许可证制度是进口商必须先获得政府的进口许可证，再凭证购买所需外汇，并办理有关进口手续。进口配额制度是政府对某种商品的进口总额或总量进行限制，并分配给各贸易对方国，由进口商自行进口，额满为止。

除此之外，还有一些政府干预手段，如进口保证金制度，出口信贷等，在此不详细介绍。

三、国际收支调节理论

早在300年前，重商主义就着重研究贸易收支问题，后来休谟又提出金本位制下国际收支的自动调节理论。随着世界经济发展和经济思潮的更替，国际收支调节的理论也不断向前发展。尤其20世纪30年代金本位制崩溃后，各国实行浮动汇率，各国的国际收支状况陷入极度混乱的局面，于是国际收支理论有了新的发展。

（一）国际收支调节的弹性论

弹性论主要是由英国剑桥大学经济学院的琼·罗宾逊(Joan Robinson)于1937年进行了

系统化的阐述，这一理论着重考虑货币贬值取得成功的条件及其对贸易收支和贸易条件的影响。其假设前提包括以下四个方面：第一，其他一切条件不变，只考虑汇率变化对进出口商品的影响；第二，贸易商品的供给几乎有完全弹性；第三，充分就业和收入不变，因而进出口商品的需求就是这些商品和其替代品的价格水平的函数；第四，没有资本流动，国际收支等于贸易收支，贬值前贸易收支处于平衡状态。在这些假设条件下，罗宾逊探讨了汇率变动时国际收支的调节作用。由于其理论主要是围绕进出口商品的供求弹性展开，所以被称为弹性分析法。

货币贬值能否改善贸易收支，取决于需求与供给的弹性，这里要考虑四个弹性：出口商品的需求弹性，出口商品的供给弹性，进口商品的需求弹性，进口商品的供给弹性。假定供给具有完全的弹性，那么，贬值的效果取决于需求的弹性。若出口商品的需求弹性和进口商品的需求弹性之和的绝对值大于1，即满足所谓的马歇尔—勒纳条件(Marshall－lerner Condition)，货币贬值才有利于国际收支的改善。若出口商品的需求弹性和进口商品的需求弹性之和的绝对值小于1，贬值反而会使贸易收支恶化。发展中国家的进出口多是低弹性的商品，所以货币贬值的作用不大。改变进出口的商品结构，由出口低弹性的初级产品转为出口高弹性的制成品，才是改善国际收支状况的根本途径。

从长期来讲，在一般情况下，马歇尔—勒纳条件是成立的，但从短期来看也许不能得到满足。贬值对贸易收支的有利影响要经过一段时滞后才能反映出来，J曲线效应揭示了一国货币贬值后，贸易收支变动对汇率变动作出反应的过程和变动轨迹。J曲线效应是指当一国货币贬值时，最初会使其贸易收支状况进一步恶化而不是改善，只有经过一段时间以后，贸易收支状况的恶化才会得到控制并开始好转，最终改善一国的国际收支。

国际收支弹性理论是在金本位制全面崩溃及20世纪30年代全球性经济危机的背景下产生的。该理论能够成为当代西方国际收支理论的重要组成部分，关键在于它适应了当时西方国家制定经济政策的需要，并在许多国家调节国际收支的实践中取得了一定的效果。但另一方面，这一理论也有其局限性，主要表现在四个方面：首先，弹性分析法是建立在局部均衡的分析框架下，仅局限于分析汇率变化对进出口市场的影响，而忽视了汇率变化对社会总支出和总收入的影响，因而具有很大的局限性；其次，弹性分析法的弹性值难以计算，关于供给弹性无穷大的假定条件也不符合实际情况；第三，弹性分析法没有明确区分不同货币可能带来的不同结果，结果常常使人误入歧途；最后，该理论没有考虑时间因素，只是一种比较静态分析。总的来讲，货币贬值在一定条件下可以改善贸易收支，但不能从根本上解决国际收支问题。

(二) 国际收支的货币论

货币论主要是从货币而不是商品的角度来考察国际收支失衡的原因并提出相应的政策主张。20世纪60年代以来，国际资本日益增加的流动性，从根本上改变了世界经济的运行环境，从而改变了国际收支理论的分析焦点。而宏观经济理论本身也在不断发展这一事实，特别是货币主义的重新崛起，为这种分析焦点的转变提供了理论上的支持。20世纪60年后期，罗伯特·蒙代尔(R. Mundell)和哈里·约翰逊(H. Johnson)等人将货币主义理论向开放经济中延伸和扩展，形成了国际收支的货币论。

货币分析法三个基本的经验假定为：第一，在充分就业均衡状态下，一国货币需求是收入、价格和利率等变量的稳定函数，在长期内实际货币需求是稳定的；第二，贸易商品的价格是外生的，从长期来看，一国的价格水平和利率水平接近世界市场水平；第三，从长期看，货币需求是稳定的，货币供给不影响实物产量。国际收支的货币论认为，国际收支本质上是货币现象，影响国际收支的根本因素是货币供给量。只要保持货币供给的增加与真实国民收入的增长相一致，就可以保持国际收支的平衡与稳定。国际收支不平衡反映的是国内名义货币供应与名义货币需求的不一致。国际收支逆差实际上就是一国国内的名义货币供应量超过了名义货币需求量引起的；国际收支顺差则是由货币需求过度引起的。所以，国际收支是与货币供求相联系的一种货币现象，是一国货币供给的自动调节机制。

因此，国际收支不平衡可以由国内货币政策来解决。紧缩性的货币政策可以减少国际收支逆差，而膨胀的货币政策可以减少国际收支顺差。货币论认为，贬值相当于国内信贷紧缩，升值相当于国内信贷扩张。首先，在充分就业情形下，贬值意味着商品价格的变动，即意味着国内价格上涨，升值意味着国内价格下跌。其次，物价变动意味着实际现金余额的变化，贬值意味着余额减少，因而压缩支出，升值意味着余额增加，因而扩大投资和消费。最后，实际现金金额的变化将通过贸易差额而逐渐消失，即由贬值国的贸易盈余补充短缺的现金余额，由升值国的赤字压缩过多的现金余额，从而恢复平衡。

国际收支的货币论使被人们遗忘的货币因素受到了应有的重视，但它同样也有缺陷。第一，影响国际收支的因素是多方面的，国际收支的货币论把货币因素看成是绝对性的，而将收入水平、支出政策、贸易政策和其他实物因素看成是次要的；第二，货币论认为货币需求是收入和利率的稳定函数，但在短期内需求往往是很不稳定的，国际收支就不能仅仅从货币供应的变化中预测出来；第三，货币论还假定货币供给变动不影响实物产量，其实不然，货币供给变动后，人们不仅改变了对国外商品的支出，而且改变了对国内商品的支出，从而影响了国内产量的变化；第四，货币论政策主张的必然结果是以牺牲国内实际货币余额或实际消费、投资、收入和经济增长来纠正国际收支的逆差，这一点曾受到许多经济学家的批评。

（三）国际收支调节的吸收论

吸收论又称支出分析法，它是詹姆斯·米德(James Meade)和西德尼·亚历山大(Sidney Alexander)等经济学家在凯恩斯宏观经济学的基础上提出的。这一理论从凯恩斯的国民收入方程式入手，着重分析总收入与总支出对国际收支的影响。它强调对国内产品的国内支出如何相对于国内产出发生变化，并认为贸易差额是一国的产出与该国对产出的使用量或吸收量之间的差。

按照凯恩斯的理论，国民收入与国民支出的关系可以表述如下：

$$X-M=Y-C-I-G=Y-(C+I+G)$$

式中，$X-M$ 为贸易收支差额，以此代表国际收支差额。$C+I+G$ 为国内总支出，即国民收入中被国内吸收的部分，用 A 表示。由此可见，国际收支差额实际上就可由国民收入(Y)与国内吸收(A)之间的差额来表示。设国际收支差额为 $B=X-M$，则有：$B=Y-A$。因此，当国民收入大于总吸收时，超过的部分就会被出口，国际收支为顺差；当国民收入小于总吸收时，国内的过度需求将会被进口所弥补，国际收支为逆差；当国民收入等于总吸收时，国际收支平衡。

国际收支的吸收论认为国际收支的调节政策无非是改变总收入与总支出(总吸收)的政策，即支出转换政策与支出增减政策。货币贬值只有在它增加产量(收入)或减少吸收(支出)时才是有效的。一般来说，贬值一定要通过货币政策和财政政策的搭配来压缩国内需求，将资源从国内吸收部门中解放出来转向出口部门，才能成功地改善国际收支，保持内部和外部均衡，所以吸收分析具有强烈的政策搭配含义。这对决策者来说是具有重要意义的。如果一国政府搭配以适当的经济政策措施，提高国民收入，约束吸收，那么货币贬值就可以改善贸易收支状况。伴随贬值所采取的经济政策，在非充分就业时，应以扩张货币政策为主，尽量扩充生产；在充分就业时，则应紧缩货币政策为主，以压低国内吸收，减少逆差。

国际收支吸收论建立在凯恩斯宏观经济学基础之上，采用一般均衡分析的方法，将国际收支和整个国民经济的诸多变量联系起来进行分析，从而克服了国际收支弹性理论局部均衡分析的局限性，较之弹性理论前进了一大步。同时，吸收理论还具有强烈的政策配合的涵义，使其具有较强的应用性。但吸收理论也有局限性，主要表现在两个方面：一是近年来国际资本流动大量增加，但吸收理论忽略了资本流动在国际收支中的作用；二是在吸收论中相对价格的变动对贸易收支的影响没有受到重视。

第二节　外汇及汇率

国际间的商品、劳务交易及资本的流动，引起了国际收支结算，而国际收支结算又引起了外汇和汇率问题。这里的外汇、汇率问题包括外汇的概念、汇率的决定及调整以及外汇市场的组织形式。

一、外汇、汇率的概念

（一）外汇

外汇的概念有广义和狭义之分。狭义的外汇定义是，以外币表示的用于国际间结算的支付手段。广义的外汇定义是，货币当局以银行存款、财政部库券、长短期政府证券等形式所保有的，在国际收支赤字时可以使用的债权。广义的外汇概念等同于外汇储备的概念。

按照狭义的外汇定义，外汇的具体形式包括存款凭证、汇票和支票等。按照广义的外汇定义，外汇的具体形式包括钞票、铸币、存款凭证、外币票据、外币有价证券以及由中央银行及政府间协议发行的、在市场上不流通的债券。所以，按照广义的外汇定义，外汇的具体形式已延伸至外币资产的范畴。

我国现实工作中对外汇的解释和统计是依据《中华人民共和国外汇管理暂行条例》的定义，具体包括以下四个方面内容：一，外国货币，包括钞票、铸币等；二，外币有价证券，包括政府公债、国库券、公司债券、股票、息票等；三，外汇支付凭证，包括票据、银行存款凭证、邮政储备凭证；四，其他外汇资金。外汇有自由外汇和记账外汇之分。自由外汇指无需货币发行国批准，可以随时兑换为其他货币，或向第三者办理支付的外汇。记账外汇又称清算外汇、协定外汇，它是指未经货币发行国批准，不能自由兑换成其他货币，或向第三者进行支付的外汇。在现行的国际结算活动中，自由外汇是各国普遍接受的主要支付手段。

（二）汇率

汇率是以一国货币表示的另一国货币的价格，或者说是两国货币之间的相对比价。

汇率有两种标价方法，一种是直接标价法，另一种是间接标价法。直接标价法是以一定的外国货币为基础，折算本国货币的数额；间接标价法则是以一定单位的本国货币为基础，折算外国货币的数额。如在中国外汇市场上，英镑汇率的表示方式是100英镑合人民币×××元，这是直接标价法；而在美国纽约的外汇市场上，英镑的标价方式是100美元合英镑×××镑，这是间接标价法。世界上大多数国家都采用直接标价法，只有伦敦外汇市场和1978年9月1

日以后的纽约外汇市场采用间接标价法。

在现实的外汇市场上，汇率种类存在着不同的系列。第一，是基本汇率和交叉汇率。基本汇率是一国选择的在与本国交往中最常用的主要货币与本国货币的汇率，各国一般都选择本国货币与美元的汇率为基本汇率。交叉汇率（又称套算汇率）是根据基本汇率套算出来的本国货币与其他外币的汇率。第二，买入汇率和卖出汇率。买入汇率（又称买入价）是指银行买入外汇所使用的汇率，卖出汇率则是银行卖出外汇使用的汇率。第三，电汇汇率、信汇汇率和票汇汇率。这是以外汇交易的支付工具来区别的汇率，由于目前国际支付绝大多数是以电汇形式进行，所以电汇汇率是外汇市场的基准汇率，其他汇率以此为基准确定，外汇市场上公布的买入价、卖出价，一般就是电汇的买卖汇率。第四，即期汇率和远期汇率。这是以外汇交易的交割期限来区别的汇率。即期汇率（又称现汇汇率）是在买卖成交后两个营业日内办理外汇交割时所用的汇率；远期汇率（又称期汇汇率）是买卖双方事先约定，在未来确定日期进行外汇交割所用的汇率。

二、汇率的决定与调整

（一）金本位制下的汇率决定和调整

在金本位制度下，由于作为法定通货的金币可以自由铸造和流通，银行券可以自由兑换金币，且黄金可以自由输入输出国境，因而在国际结算中，不论是用黄金还是不同国家的银行券，两国货币之间的汇率就是两国本位币的含金量之比，即所谓的铸币平价。

实际经济活动中，铸币平价只是汇率决定的基础，因为市场上的汇率还要受到外汇供求情况的影响。但这种汇率的波动是有界限的，因为金本位制下的黄金可以自由输入输出。当出现某一外汇价格上涨，汇率上浮对本国不利时，本国可以通过输入黄金来进行国际结算。例如，假设英、美两国的铸币平价为 1 英镑折合 4.86 美元，英、美之间运送每英镑黄金的费用是 2 美分，则外汇市场的英镑与美元的汇率就应该在 4.86 ± 0.02 之间波动，超越这个限度，必然要发生黄金的输送，故称其为黄金输送点。

（二）管理纸币本位制下的汇率决定和调整

金本位制度崩溃以后，各国实行了有管理的纸币本位制度。在纸币本位制下，现实的汇率是由两国货币在外汇市场上的供求状况确定的。而外汇供求状况的影响因素主要有国际收支状况、通货膨胀、利率、经济增长速度、财政赤字、外汇储备以及市场预期等。

1. 国际收支

国际收支状况的变动将对一国汇率的变动发生直接影响。当一国出现顺差时，将引起外国对该国货币需求的增长和外国货币供应的增加，则顺差国的货币汇率上升；反之，货币汇率下降。

2. 通货膨胀

通货膨胀一般会引起出口商品的减少和进口商品的增加，进而导致外汇市场上的本国货币和外国货币的供求变化，从而引起汇率的变动。同时，一国货币对内价值的下降不可避免地影响其对外价值，削弱该国货币的国际信用，导致汇价下跌。

3. 利率

国与国之间的利率差异，将引起短期资本在国际间的流动，资本将从低利率国家流向高利率国家，引起外汇市场的供求变化，从而影响汇率。一般来说，一国利率提高，信用紧缩，将导致该国货币升值;相反,降低利率,信用扩张,将导致货币贬值。

4. 经济增长速度

实际经济增长速度在国与国之间的差异会引起汇率变动,但这种变动关系往往比较复杂。若一国出口不变,则经济加速增长和国内需求水平上升会导致该国进口增加,进而出现经常性项目逆差并带来贬值压力。若一国经济增长是以出口为导向的,经济增长常伴随出口增加,则在经济增长过程中,出口的增加可以与因收入上升而导致的进口增加抵消,从而不致引起经常项目逆差。

5. 财政赤字

政府财政赤字常被用作汇率预测的变化指标。如果一国的财政预算出现巨额赤字,庞大的财政赤字意味着政府支出过度,从而导致通货膨胀加剧和经济项目收支恶化,迫使汇率自动下浮。当然,现实中的巨额财政赤字是否会一定导致汇率下浮,还要视财政赤字促使利率上升的效应而定,因为较高的利率会吸引资本流入,使货币趋向坚挺。

6. 外汇储备

外汇储备拥有量可以表明一国干预外汇市场、维持和调整汇价的能力。在短期内,货币当局总是可以通过买卖外汇资产来达到维持和调整汇率的目的。当然,它不可能从长期和根本上改变汇率水平。

7. 市场预期

市场预期因素对汇率的影响是由其对资本流动的影响而产生的。现实中的国际金融市场存在着大量的短期流动资本,庞大的国际游资对各国的政治、经济、军事变化反应十分敏感,预期往往成为游资流动的直接决定因素。资本在国与国之间的大规模流动,导致各国汇率的频繁波动。

(三)汇率变动对经济的影响

汇率变动会对经济产生多方面的影响,主要表现在以下三个方面。

1. 对国际收支的影响

汇率变动对国际收支的影响,主要是通过对进出口、非贸易活动、资本流动产生作用而实现。第一,汇率变动对进出口产生影响。如果一国货币贬值,则本国商品相对于外国商品价格下降,诱发外国居民增加对本国商品的需求,减少国内居民对外国商品的需求,从而增加出口、减少进口,改善国际收支状况。第二,汇率变动对非贸易活动产生影响。如果一国货币贬值,外国货币的购买力相对提高,而本国的商品、劳务、交通、导游和住宿等费用都相对便宜,对外国游客增加吸引力。但汇率变动也可能产生一些不利影响,如一国货币贬值,将使得侨民在保持本币数量不变的情况下,汇入该国的外汇数量减少。第三,汇率变动对国际资本流动产生影响。汇率变动对资本流动产生的实际影响要与对汇率变动的预期相结合进行考察,当一国货币贬值,且人们预期该国货币还将进一步贬值,则资本将流出该国;当一国货币贬值,但人们预期该国货币已达均衡汇率水平、甚至预期该国货币会有反弹升值,则资本将流入该国。

2. 对国内经济运行的影响

汇率变动对国内经济运行的影响,具体表现在对产量、资源配置和物价变动的影响。第一,汇率变动对产量的影响。如果一国存在着闲置的生产要素,该国货币贬值将带动出口,贸易收支得到改善,而贸易收支改善将通过乘数效应扩大总需求,进而导致产量的扩张。第二,汇率变动对资源配置产生影响。当一国货币贬值后,该国商品价格相对于外国商品价格下降,使得该国的出口商品和进口替代商品有较强的竞争力，进而出口品和进口替代品的生产部门或者扩大产量、或者提高价格。总之，贸易品和生产部门由于货币贬值而产生了较强的发展优势，这就会使得国内资源的配置更倾向于效益较高的贸易品生产部门，甚至形成产业结构的贸易部门导向化。第三，汇率变动对物价产生影响。在不同的经济背景下，汇率变动会对物价产生不同形式的影响。当国内经济处于充分就业状态，货币贬值会导致增加出口，贸易收支改善通过乘数的效应扩大总需求，然而充分就业限制了产量的增长，结果必然是出现需求拉动型的物价上涨。另一种情况是，当货币贬值后，进口商品的本币标价会立即上升。如果进口商品是消费品，则其直接影响总的消费品物价水平；如果进口商品是资本品，则加大国内生产的成本，形成了成本推进型的物价上涨。

3. 对国际经济关系的影响

在国际经济关系中，小国和发展中国家的汇率变动对其贸易伙伴国的经济影响是微不足道的，而大国与工业化国家（发达的贸易大国）的汇率变动对国际经济关系的影响则要大得多。具体表现在三个方面：第一，主要工业化国家的货币贬值至少在短期内会不利于其他工业化国家和发展中国家的贸易收支。第二，主要工业化国家货币汇率的变动将引起国际金融业的动荡。在国际贸易和资本流动活动中，将要收进贬值货币的经济主体，其利益受损；而将要付出贬值货币的经济主体将从中获利。第三，主要货币的汇率不稳，会给国际储备体系和国际金融体系带来严重影响。目前，国际货币多样化正是这种严重影响的必然结果。

三、外汇市场与外汇交易

在讨论汇率决定和调整时，我们已经涉及外汇市场和外汇交易，下面我们将系统地介绍外汇市场和外汇交易的内容。

（一）外汇市场概述

外汇市场是指由各种专门从事外汇买卖的中间媒介机构和个人形成的外汇交易的市场。外汇市场不一定存在具体的交易场所，它往往是供求双方利用现代通讯系统进行买进、卖出的交易活动所形成的市场。

外汇市场范围有狭义和广义之分，前者包括外汇银行以及外汇银行与中央银行之间的外汇交易市场，后者除包括前者之外，还包括外汇银行与顾客之间的外汇交易市场。外汇银行又叫做外汇指定银行，是各国货币当局指定或授权经营外汇业务的银行，顾客则是外汇的最终需求者和供给者，它们主要有进出口商、跨国公司以及出国旅游者等。

外汇市场的作用主要体现在以下三个方面：第一，实现购买力的国际转移。国际经济交易的结果往往需要债务人（如进口商）向债权人（如出口商）进行支付，将购买力从债务人所在国转移到债权人所在国，这种购买力的国际转移需要通过外汇市场来实现。第二，提供资金融通。当今的国际金融市场和外汇市场是交织在一起的，外汇交易市场为国际间的资金融通提供了便利。第三，避免和减少外汇风险。外汇风险是指在国际经济交易中由于汇率变动给交易双方中的某一方带来损失的可能性。避免外汇风险的手段很多，其中有效手段之一便是外汇市场上的远期外汇交易、外汇期货交易和期权交易。

（二）世界外汇市场

世界外汇市场是由各国际金融中心的外汇市场构成。目前全世界大约有外汇市场 30 多个，其中重要的有伦敦、纽约、东京、苏黎世、法兰克福、巴黎、新加坡、中国香港等。伦敦外汇市场是世界上最早的，也是目前最大的外汇市场。这主要因为英国是最早实现工业化的国家，英镑是国际结算中广泛使用的货币，加之伦敦的票据汇兑业务十分发达，从而促使其发展成为世界上最重要的外汇市场。而纽约外汇市场则是在布雷顿森林体系运行期间发展起来的，它的一个重要特征是担负着繁重的国际资金结算和国际资本转移的任务。东京外汇市场是远东地区最大的外汇市场，主要服务于对外贸易，由于日本政府一贯的保护政策，其外汇市场业务活动受到一定程度的限制。

目前，世界各国外汇市场的汇率差距越来越小，外汇市场正在趋于统一。这主要是因为远东、中东、欧洲、纽约、洛杉矶的外汇市场在24小时内轮流开市，交易时间上前后重叠，外汇交易者可以利用现代通讯手段在同一时刻利用不同外汇市场的汇率差别，买卖外汇以赚取差价，从而在短时间内就能消除各外汇市场之间的汇率差异。

（三）外汇交易

外汇交易的方式有即期外汇交易、远期外汇交易、外币期货交易、外币期权交易四种方式。另外，外汇交易中还存在着大量的套汇、套利行为。

1. 即期外汇交易和远期外汇交易

即期外汇交易（又称现汇交易）是指买卖双方成交后，在两个营业日内办理交割的外汇买卖。在银行同业间的现汇交易中，银行双方都承担着一定的信用风险，因为在接到账户行已贷记本行账户的通知之前，本行完全不知道对方是否履行付款责任。所以，只有在大银行之间才采用这种方式，而大银行对小银行或客户只做小额交易，且在收到对方款项后才办理交付手续。1977年9月，国际金融电讯协会正式启用，以一个国际间联网的系统来处理国际间银行的转账和结算，目前大多数国际性大银行都加入该系统，运转极其迅速、安全。

远期外汇交易（又称期汇交易）是指买卖双方成交后，按照约定在两个营业日以外的未来日期办理交割的外汇交易。期汇交易的交割期限一般为1个月、2个月、3个月、6个月等。在下列三种情况下，外汇交易者将从事期汇交易：第一，进出口商品和资金借贷者为避免商业或金融交易遭受汇率波动的风险而进行期汇买卖。第二，外汇银行为平衡期汇头寸而进行期汇买卖。因为外汇银行在与顾客进行期汇交易时，同一种货币且同一交割期限的买卖数量很难一致，故外汇银行需要到外汇市场上进行期汇交易。第三，投机者为谋取汇率差价而进行的期汇买卖。通过对汇率变动的预期，投机者有意识地持有某些外汇远期合同的多头或空头，并希望在未来的汇率变动中赚取差价。

掉期交易是即期外汇交易和远期外汇交易的结合产物，其具体内容是将相同的货币、相同的余额、方向相反、交割期限不同的两笔（或两笔以上）外汇交易结合起来进行。

2. 外币期货交易和外币期权交易

外币期货交易是指在交易所内进行的，以标准化合约的形式约定，在未来确定日期交割的外汇交易。它是金融期货交易的一种，是在交易所内进行的一种有组织的市场交易。

外币期权是指在一定时期内按一定汇价买进、卖出一定数量外国货币的权利，外币期权交易就是这种权利的交易。外币期权有两种基本形式：买方期权和卖方期权。买方期权使签约一方有权在合约期满时或在此以前按规定的汇率购进一定数额的外币；卖方期权是使签约一方有权在合约期满时或在此以前按规定的汇率卖出一定数额的外币。

外币期权交易有如下优点：第一，具有更大的灵活性，因为期权不一定要执行。第二，外汇期权可以选择不同的协定汇率，而期货和期汇交易规定只能选择以现货汇率为基准按一定的贴水和折扣买进卖出。第三,在不确定外汇交易情况下,期权可以避免汇率方面的风险。

3. 套汇与套利

套汇就是在同一时间内,利用不同外汇市场的汇率差异买卖外汇赚取差价的行为。套汇可以分为直接套汇和间接套汇两种。直接套汇是利用不同国家外汇市场的汇率差异,将资金由一国转移到另一国,以获取差额利益的交易。间接套汇是利用三国间汇率的差异,在三国之间转移资金,以赚取差额利益的外汇交易。

套利是指利用两国货币市场短期利率的差异,转移资金以赚取利息差额的外汇交易。套利者为了防止资金投放期的汇率风险,往往将套利交易与掉期交易结合起来。这种在进行套利交易的同时进行外汇抛补,以防止汇率风险的行为,称为抛补套利。而将具有投机性质的纯粹套利交易称为非抛补套利。

四、外汇风险及管理

(一) 外汇风险

外汇风险是指经济活动中各经济行为主体在持有或运用外汇时,因汇率变动而蒙受损失的可能性。外汇风险主要有三种类型:转换风险、交易风险、经济风险。

转换风险(又称记账风险)是指在编制资产负债表时,经济主体将以外币表示的功能货币转换成本国货币记账,因汇率变动而呈现账面损失的可能性。交易风险是指在运用外币进行计划收付的交易中,经济主体因汇率变动而遭受损失的可能性。这种风险具体存在于商品交易、劳务交易、资本交易以及外汇市场中的套利套汇交易之中。经济风险(又称经营风险)是指未预计到的汇率变动,通过影响公司生产销售的数量、价格和成本,引起公司未来收益或现金流量减少的潜在风险。

对公司来说,经济风险是最重要的,因为公司和理性的投资者并不担心如何记录国际交易(转换风险)的价值,而注重的是长期收益现金流量的现值购买力,因为只有它决定着公司的实际价值。

(二) 外汇风险管理

外汇风险管理是指公司(以及其他经济主体)面对外汇汇率变动所采用的相应对策,以避免汇率变动所造成的损失。当然,对于不同类型的外汇风险所采用的管理对策是不同的。

1. 转换风险管理

公司对外汇转换风险的管理一般是实行资产负债的保值。这种方法要求在资产负债表中各种功能货币表示的受险资产与受险负债的数额相等。只有使受险资产与受险负债的差额(转换风险头寸)为零,汇率变动才不至于带来任何由于转换风险所导致的损失。

2. 交易风险管理

公司对于交易风险的管理,可以根据交易风险的具体内容,重点采取不同的对策,以避免或减少风险损失。交易风险的管理方法可分为三大类,即签订合同中的管理方法,金融市场操作的管理方法以及其他管理方法。签订合同中的管理方法是指在签订合同中可供选择的防范交易风险措施,包括选择合同货币、加列保值条款、调整价格或利率等。金融市场操作的管理方法是指在交易合同签订后,通过外汇市场和货币市场操作来消除外汇风险。其主要方法有现汇交易、期汇交易、期货交易、期权交易、借款与投资、借款——现汇交易——投资等。其他管理方法则包括提前或错后、配对、保险等防范手段。

3. 经济风险管理

经济风险的管理就是预测汇率变动对未来收益现金流量的影响,并采取必要的措施。常规的做法是使公司的经营活动和财务活动多样化。

经营活动多样化是指在国际范围内分散其销售、生产地址,以及分散原材料来源地。其功效在于:第一,分散于不同国家的原材料购买、生产和销售,会自然地起到一种相互抵消外汇风险的作用。当在某国出现损失时,可能在另一国增加收益。第二,当汇率出现意外变动后,公司可以比较不同地区的原材料、生产和销售状况,权衡得失,适当调整,从而减少和消除汇率风险。财务活动多样化是指公司在多个金融市场和以多种货币寻求资金来源和安排资金运用,即筹资、投资多样化。显然,在筹资和投资多样化的情况下,大部分外汇风险将相互抵消。

五、西方的汇率理论

西方国家关于汇率的理论很多,它们从不同角度阐述汇率问题。以下就对几种主要的汇率理论作一简单的介绍。

(一) 国际借贷说

国际借贷说是英国经济学家葛逊于1861年提出,在第一次世界大战前颇为流行。他认为汇率决定于外汇的供求,而外汇的供求又是由国际借贷所引起。商品的进出口、资本的国际转移、旅游支出以及利润与捐赠的收付等都会引起国际借贷关系的变动。在国际借贷关系中,只有已经进入支付阶段的借贷,即流动借贷才会影响外汇的供求关系。当一国的外汇收入大于外汇支出时,汇率就下降;反之汇率则上升。当外汇收支平衡时,汇率处于均衡状态。

这一学说用外汇供求解说汇率有其重要意义。但它只说明了短期的汇率变动,而对汇率决定的基础没有加以详细论证。

(二) 购买力平价说

购买力平价说是一种较古老的学说。在19世纪初由英国的亨利桑顿创立,后经李嘉图、马歇尔加以发展。至20世纪20年代前后,由瑞典经济学家卡塞尔做出系统的阐述。

购买力平价说的核心内容为,实行纸币制度国家间的货币汇价,决定于这些货币对商品购买力的对比关系。一国货币对内购买力下降或外国货币的国内购买力提高,都会造成该外币对本国货币汇价上升;反之,则外币对本国货币的汇价就会下跌。货币购买力在不同国家具有相互拉平的趋势,而这种趋势又是通过汇价的变动最终形成的。购买力平价说有两种形式,即绝对购买力平价说和相对购买力平价说。前者是说明在某一个时点上汇率的决定;后者是说明汇率的变动。

购买力平价说提出后,在西方学术界引起很大争论,毁誉不一。但这一学说在外汇理论中占有的重要地位是不可否认的。在发生通货膨胀或通货紧缩的情况下,它可以作为确定汇率的主要依据。然而,它也有一些缺陷:一是该理论以货币数量说为理论基础,认为货币数量是影响物价的唯一因素,因此汇率与货币数量成反比例关系,这显然是不符合实际情况的。因为除货币数量外,其他许多经济因素,如生产成本、投资、储蓄、资本流动、贸易条件、甚至汇率本身都会影响物价水平。二是该理论具有苛刻的限制条件。它要求两国的生产结构、消费结构、价格体系大致相同,它还要求两国物价指数只限于贸易商品,且两国所有的权数都相同。这些限制条件与实际情况相去甚远。一般物价水平都包括贸易商品和非贸易商品,而且非贸易商品的价格并不能通过国际贸易传递而趋于一致。三是卡塞尔主张国际收支自动均衡,并以两国贸易平衡时的汇率作为均衡汇率。这意味着将资本流出视为国际收支赤字，将资本流入视为盈余。结果可能导致一国政府将稳定状态的汇率当作失调处理，反而造成汇率体系的不稳定。尽管购买力平价说存在不少缺陷，但它仍不失为估计均衡汇率最简便的方法。从统计验证来看，相对购买力平价非常接近均衡汇率，特别是在物价剧烈波动时期。因此，该理论今天仍为许多西方经济学家所接受，并将继续对西方国家的外汇理论和政策发生重大影响。

(三) 汇兑心理说

20 世纪 20 年代后期，法国经济学阿夫达里昂根据边际效用论提出了汇兑心理说。该理论认为，人们之所以需要外国货币，是为了满足某种愿望，如满足购买、支付、投资、外汇投机、资本逃避等需要，这种欲望是使外国货币具有价值的基础。因此外币的价值决定于外汇供求双方对外币所作的主观评价，外币价值的高低，是以人们主观评价中的边际效用大小为基础。外汇供给增加，边际单位的效用就减少，各人所作的主观评价也就降低。每个人对外币的主观评价虽然不同，但在外汇自由市场上，供求均衡时的价格就是实际的汇率。这种评价是主观的，但要受到国际贸易、国际收支、资本流动、外汇管制和世界政治情况等客观因素的影响。

第一次世界大战后，汇兑心理说独树一帜，至今仍有相当的市场。我们不能否定心理因素对汇率的影响。因为国际上对一种货币的评价，一般表现为一种对变动趋势的估计，它是以人们所观察到的经济活动为依据的。从事经济活动的人们，可以利用过去的预期误差来修正他们对未来的预期，一旦预期形成，必然会影响经济的发展过程。所以主观心理因素对客观经济过程是有一定作用的。因此，汇兑心理说将个人对外汇的主观评价与客观事实的变动结合起来考察汇率，解释汇率的变动，具有一定的合理性。但汇兑心理说将人们的主观心理预期说成汇率变动的决定因素，这显然是不科学的，带有很大的片面性。

(四) 利率平价说

利率平价说即利率平价理论，是凯恩斯首次于 1923 年在其《货币改革论》一书中系统提出的。该理论又被称为远期汇率理论。1931 年，英国学者爱因齐格出版了《远期外汇理论》一书，进一步阐述了远期差价与利率之间的相互影响。这种相互影响是通过国际间的套利性资金流动产生的。凯恩斯和爱因齐格正是通过分析抛补套利所引起的外汇交易后提出了利率平价理论，并用其来说明远期汇率的决定过程。

远期利率平价理论认为，在没有交易成本的情况下，远期差价是由两国利率差异决定的，并且高利率国的货币在期汇市场上必定贴水，低利率国的货币在期汇市场必会升水。在两国利率存在差异的情况下，资金将从低利率国家流向高利率国家牟取利润。在套利者比较金融资产的收益率时，不仅考虑两种资产利率所提供的收益率，还要考虑两种资产由于汇率变动所产生的收益变动。套利者往往将套利与掉期业务结合进行，以避免汇率风险。大量掉期外汇交易的结果是，低利率货币的现汇汇率下浮，期汇汇率上浮；而高利率国家货币的现汇汇率上浮，期汇汇率下浮。远期差价为期汇汇率与现汇汇率的差额，由此，低利率国货币就会出现远期升水，高利率国家货币则出现远期贴水。随着抛补套利的不断进行，远期差价就会不断加大，直到两种资产所提供的收益率完全相等，这时候抛补套利活动就会停止，远期差价正好等于两国利率差价，利率平价成立。

利率平价理论对于研究理论期汇汇率的决定，以及期汇汇率与现汇汇率之间的关系具有重要的意义。但利率平价理论也存在一些缺陷：它忽略了套利掉期的交易成本，假定不存在资金流动障碍，资金不受限制地在国际间流动；它忽略了国家与国家间不同的税赋；忽略了资本国际流动的政治风险以及认识获得机会和实际获得之间的时滞等。由于这些因素的影响，利率平价关系在现实经济中与理论描述有一定的差距。

（五）资产选择理论

资产选择理论是由美国经济学家詹姆斯·托宾在浮动汇率制实行后提出的一种新的汇率理论，它侧重于说明短期汇率的决定。所谓资产选择是指投资人调整其有价证券和货币资产的组合，从而选择一套收益和风险对比关系最佳的方案。资产选择理论认为，由于利率、国际收支、通货膨胀和经济增长等各种因素的影响，货币比价发生变动，因而保持什么外币资产以获取最大利益，就成为投资者需要慎重考虑的问题。因为资产包括各种有价证券，它们的风险、利率水平不一。根据理性行为原则，投资者会不断调整其资产组合，直到各种资产的预期边际收益率相等为止。这种调整会引起外币资产的增减，引起资金在国际间的大量流动，从而对汇率产生很大的影响。所以，金融市场对汇率的影响较货物和服务市场更为重要。

资产选择理论与国际收支的货币分析法有一定的联系，且更为全面。因为它将货币只看成人们可能选择的一系列资产中的一种，要分析不同货币的汇率，不能单考虑货币，因为货币的变动会引起整个资产系列作出反应。从实际情况来看，该理论有一定的参考价值。因为人们选择并持有的本国与外国金融资产的数量，在任何时候都大于经常项目，所以在短期内，资产市场的均衡是决定汇率的基础。但该理论忽视了货物和服务在国际间流动的作用，并且该理论建立在一些前提条件下，如国内和国际金融市场十分发达，资本管制和外汇管理比较松弛，普遍实行浮动汇率制等。如果这些条件不能满足，资产选择理论也就无多大意义。例如，在外汇管理比较严格的国家，汇率当然是由供求关系及官方干预所决定的，因而影响汇率是非常困难的。

（六）资产组合平衡论

在资产选择理论的基础上，布朗逊于 1975 年提出了资产组合平衡论。该理论认为国内外货币资产之间是不可替代的。投资者根据对收益率和风险性的考虑，将财富分配于各种可供选择的资产，确定自己的资产组合。一旦资产组合达到稳定状态，汇率也就相应被决定。在该理论中，影响汇率的因素主要包括以下几种。

第一，货币供应量。随着货币供应量增加，投资者将会拿出新增的一部分货币来购买本币资产和外币资产，以便重新平衡他们的资产组合，这将导致外汇汇率上升和国内利率的下降。

第二，本币资产的供给数量。政府增发债券后，对汇率的影响有两重性：一方面，本币资产的增加提高了财富总额，由此使得对外币资产的需求量增加，这将促使外币汇率上升。另一方面，由于债券供给增加，导致债券价格的下降，利率上升，这又会诱使外币资产需求相对削弱，从而使外币汇率下跌。因此，其最终的影响方向是不确定的。

第三，外币资产的供给数量。当一国经常项目出现盈余后，私人部门持有的国外净资产就会增加，这就使外国资产在财富中的比例过大。在重新平衡其资产组合时，人们会用超额的外国资产来换取本国的货币和债券，结果外汇汇率下降。

资产组合平衡论将商品市场、货币市场、证券市场结合起来进行汇率决定分析。20 世纪 70 年代以来，资产市场说取代了汇率的国际收支流量分析，成为汇率理论的主流。

（七）货币主义汇率理论

货币主义汇率理论是由美国货币主义者提出的，其特点是强调货币市场在汇率决定中的作用。它将汇率看作是两国货币的相对价格而非两国商品的相对价格。汇率由货币市场的货币存量来决定,当货币存量的供求达到平衡时,汇率就达到均衡。该理论在购买力平价成立的假设基础上,又假设本国资本与外国资本可完全替代,且市场参与者对外汇的变动有合理预期。从这些假设出发,该理论认为汇率的变动取决于两国的货币存量、国民收入以及预期通货膨胀率三方面因素的变动。当一国货币供应量增长过快,价格水平就会趋于上升,通过购买力平价变动,汇率就会下跌。当一国国民收入上升时,就会出现超额货币需求,若名义货币供应量不变,则价格相对下降,通过购买力平价使汇率上升。该理论还认为,短期内影响汇率的重要因素是预期通货膨胀率。因为预期因素比货币供应量和收入更易变动。汇率的预期是根据对货币政策的预期而形成的,因为货币政策变动会引起货币收入与实际收入的比例变动,并带动货币需求变动,从而影响汇率水平。要使汇率在短期内保持稳定,就必须使各国的货币存量保持一致和协调。

货币主义汇率理论强调市场上货币存量的供需情况对汇率决定的影响,与其他的汇率理论相比,具有一定的价值。但也存在一些根本性的缺陷,如未考虑国际收支的结构因素对汇率的影响,另外它假定购买力平价始终成立,这一点也是不现实的。

第三节　国际储备

国际储备是第二次世界大战后,国际货币体系改革中的一个核心问题,它不仅关系到各个国家调节国际收支和稳定汇率的能力,而且影响着世界物价水平和国际贸易发展。国际储备问题的讨论主要涉及国际储备的定义、内容和作用,国际储备水平和结构,以及储备管理等方面。

一、国际储备的概念和作用

(一)国际储备的概念及形式

国际储备是指各国政府为弥补国际收支赤字和保持汇率稳定而持有的国际间可以接受的一切资产。国际储备的形式有四种:货币性黄金、外汇储备、国际货币基金组织的储备头寸、特别提款权。

1. 货币性黄金

货币性黄金是指一国货币当局持有的作为金融资产的黄金。在金本位制下,黄金是全世界最主要的国际储备资产,由于黄金的开采量受自然条件的限制,加之工业和其他用途增大,黄金越来越不能满足国际储备的需求,故能自由兑换黄金的货币便成为国际储备的另一形式,并随着时间的推移逐渐成为国际储备的主要形式。

布雷顿森林体系崩溃以后,黄金不再作为干预汇价和货币发行的保证,各国货币当局在动用国际储备时,并不能以黄金直接对外支付,只能将黄金售出,换回可兑换货币进行支付。从这个意义上讲,黄金只是潜在的国际储备,而不是真正的国际储备。

2. 外汇储备

外汇储备是各国货币当局持有的对外流动性资产,它的具体表现形式是各国普遍接受的货币的银行存款和国库券。

一国货币充当国际储备货币,必须具备以下两个基本条件:第一,能够自由兑换成其他货币和黄金;第二,内在价值相对稳定。目前,美元、欧元是最主要的国际储备货币,日元也占有一定的比重。总之,储备货币的发展趋势是多样化、分散化。

3. 在国际货币基金组织的储备头寸

在基金组织的储备头寸是指国际货币基金组织会员国在基金普通账户上可以自由提取使用的资产。

国际货币基金组织成立的一个宗旨就是在会员国遇到国际收支困难时向其提供短期融资。普通贷款最高限额是会员国份额的125%。会员国份额中25%以黄金、美元和特别提款权认购,75%用本国货币认购。

4. 特别提款权(SDR)

特别提款权是国际货币基金组织对会员国根据其份额分配的一种账面资产,它可以用于归还国际货币基金组织的贷款和会员国政府之间清偿国际收支赤字。

特别提款权作为使用资金的权利,与其他储备资产相比,有着一定的区别:第一,它不具有内在价值。它是国际货币基金组织人为创造的、纯粹账面上的资产;第二,它不像黄金和外汇是通过经常项目和资本项目的交易取得,也不像储备头寸是以所缴纳的份额为基础,它是按份额比例无偿分配给各会员国的;第三,它的使用范围是有限的,即只能在国际货币基金组织与会员国及会员国之间使用。

(二) 国际储备的作用

各国保持一定的国际储备具有以下几个方面的作用:

1. 保持国际支付能力

国际储备的首要用途是缓解国际收支困难。一方面,可以通过国际储备的调整避免国际收支的暂时困难;另一方面,一旦国际收支长期恶化,调整不可避免时,它能将调整措施分散于适当时期内。

2. 支持本币汇率

各国货币当局持有的外汇储备量,标志着一国干预外汇市场和维持汇价的能力。它对稳定本币汇率有相当的作用。当然,以国际储备作为干预资产来达到稳定汇率的目的,其前提条件是存在着发达的外汇市场和本币可以自由兑换。而且,外汇干预对汇率的影响也只是短期的,它无法改变汇率的基本水平。

3. 保证本国举债的国际信誉

国际储备可以作为国家向外借款的保证,以鼓励外资流入,促进经济发展。在国际间银行贷款时,评估国家风险的重要指标之一便是其国际储备量。对外贸易恶化又储备不足的国家,对外筹资更加困难。

除了上述三个方面的基本作用之外,如果一国国际储备丰裕,则该国货币当局就有力量运用其国际储备使其货币高估或低估,从而获得国际竞争优势。如果是储备中心国家,充足的储备对于支持其关键货币的国际地位至关重要。总之,从国际储备的作用看,国际储备不仅是一种简单的支付手段,而且是一种平衡资产和干预资产。

二、国际储备的水平和结构

国际储备的水平是指一国的国际储备总量,国际储备的结构是指不同储备形式所占的比例及相互关系。对国际储备水平的讨论主要是其需求和供给两个方面的总量及其变动因素,对国际储备结构的讨论则主要是黄金与非黄金储备，外汇储备与基金储备头寸、特别提款权，以及外汇储备内部等方面的比例关系。

（一）国际储备需求水平

如果一个国家国际储备不足，往往引起国际支付危机；国际储备过剩，又影响本国经济发展。因此，需要确定国际储备的适当水平。要确定储备的适当水平，就需要搞清哪些因素影响和决定储备需求。

1．影响国际储备需求的因素

国际储备的需求是国际储备理论的核心问题。一般地说，保持一定的国际储备，其目的是用于弥补国际收支赤字，以避免被迫进行不合意的经济调整。但持有国际储备也是有代价的，所以我们对适量国际储备的分析也是基于成本-收益的方法进行的。从成本、收益的角度看，影响一国国际储备需求的因素有以下几个：

（1）持有储备成本。持有国际储备事实上意味着放弃当前对这部分资源购买力的使用，放弃增加投资的机会，故其成本为使用外汇、进口资本品的投资收益。

（2）国际金融市场筹资成本。一国出现国际收支赤字时，可以通过动用国际储备弥补赤字，也可以通过国际金融市场筹资来弥补赤字。如果一国货币当局有能力在国际金融市场上融资，且成本低于持有储备的机会成本，则该国国际储备需求量可适当减少。

（3）国际收支波动状况。一国的国际收支是否稳定、波动是否剧烈，都影响着其国际储备的需求量。一国的国际收支赤字出现的概率很大，赤字规模也很大，则储备需求量就大。赤字出现突发性越强，预测越困难，则储备需求量就越大。

（4）调整速度。长期性的国际收支赤字是要依靠调整政策来解决的，但快速调整将导致国内经济震荡，这就需要动用国际储备作为辅助手段减缓震荡。换言之，调整速度的选择与国际储备的动用有一定的相关关系。调整速度慢，国际储备需求量就大；调整速度快，国际储备需求量就小些。

（5）进出口规模。由于储备是用于弥补国际收支赤字的，所以它需要与一国的外贸水平相适应，进出口规模（特别是进口）越大，国际储备需求量也就越大。

2．国际货币基金组织的标准

国际货币基金组织在评估各会员国国际储备时，采用下列几个客观标志表示储备不足：第一，国内利率太高。高利率意味着制止资本外流，鼓励资本内流来保证储备金额的需要。第二，加强对国际交易的限制。这种限制主要是因为储备不足而加强对国际贸易和资本流动的控制。第三，把积累储备作为经济政策的首要目标。第四，持续的汇率不稳定。这种不稳定被认为是经济紧张的突出象征，它可能反映整个经济的内部失衡和外部失衡，且调整失败。第五，储备增加额中信用安排增加。在新增的储备增加额中，传统的储备来源下降，来自信用的安排上升，可能反映其储备不足。

除了上述客观标志之外，国际货币基金组织还采用几种评估适度储备的定量方法。例如，过去实际储备的趋势；过去储备与进口比率；过去储备对国际收支综合差额趋势的比率。

（二）国际储备供给水平

国际储备中，由于储备头寸和特别提款权是国际货币基金组织的分配额，各国无法增加其持有量，故国际储备的供给变动只能是黄金和外汇储备。

增加黄金储备可以达到增加国际储备供给量的目的。用本国货币在国内市场上购买黄金,其结果是黄金储备增加和国际储备增加。但若在国际市场购买,非储备货币发行国由于本币不为国际支付接受,只能用储备货币购买,故这种购买对国际储备供给总量没有影响。所以,只有储备货币发行国在国际市场上购买黄金,才能达到国际储备增加的目的。然而,通过黄金货币化来增加国际储备是有限的,因为黄金的产量受到自然条件的约束,社会对黄金还有着其他方面的需求。事实上,世界各国的黄金储备基本上是稳定不变的。

增加外汇储备是增加国际储备的主要途径。增加外汇储备的手段有如下几种:第一,外汇干预。当一国货币当局在外汇市场上抛售本国货币,购进外国货币时,此新增外汇即列入外汇储备。第二,借入外汇。它是指一国货币当局直接从国际金融市场或国际金融机构借入贷款来补充储备。第三,互换货币。它是指储备货币发行国之间通过协议互换货币相互提供外汇储备。第四,增加国际收支盈余。它是指一国通过改善经常项目交易和资本项目交易来增加外汇储备。增加国际收支盈余是增加外汇储备的根本性途径,特别是对非储备货币发行国更是如此。而国际收支盈余中更可靠和稳定的是经常项目的盈余。

(三) 国际储备结构

国际储备的结构就是黄金、外汇储备、基金储备头寸、特别提款权之间的比例结构。因货币性黄金、基金储备头寸、特别提款权的数量往往变动不大,且不以各国货币当局意志为转移,所以,国际储备的结构问题基本上就是外汇储备的结构问题。

外汇储备的结构问题具体是指储备货币种类的比例安排和储备资产流动性构成比例的安排。

1. 储备货币种类结构

储备货币种类结构是指各种储备货币在一国外汇储备总额中所占的比重。在浮动汇率制下,各主要货币之间的汇率波动会造成不同币种的储备资产的收益差异和不确定性,这种不确定性表现在将外汇储备资产转换为其他货币资产时,其购买力可能下降。因此,减少汇率风险的第一种方法是一国可以设立与弥补赤字和干预市场所需要的货币种类、数量保持一致的储备货币结构。第二种方法是实行储备货币的多样化。

2. 储备资产流动性结构

在外汇储备中,除了币种安排之外,还存在着不同的流动性安排问题。即对于某一种储备货币,可以选择存款、有价证券等,这就存在一个比例安排的问题。一般情况下,一国应当拥有足够的一级储备,以其高度流动性满足日常弥补赤字和干预市场的需要。当这种交易性需要被满足之后,其余储备资产可以投资于二级储备以及其他高收益形式。

一般来说,一国在安排储备资产的流动性结构时,还应结合黄金、基金储备头寸、特别提款权等储备状况统筹考虑,以保证整个国际储备有着较高的流动性结构。总之,各国货币当局在安排其储备资产结构时,更多考虑的是资产的安全性和流动性,而不太追求盈利性。

三、国际储备的管理

对于国际储备需求的讨论使我们发现,虽然对于每一国家都存在一个最适度的储备量,但最适度储备量是很难确定的。由于各国储备需求量不同,且随经济波动而变化,故各国的国际储备管理都是根据自身情况具体把握的。

(一) 国际储备的战略管理

国际储备的管理可以分为战略管理和具体管理。一国国际储备战略管理主要是指在短期内货币当局的主要目标安排，以及在长期内的储备目标安排。战略管理的安排应考虑的因素包括对进口的控制能力、扩大出口的潜力、国际贷款信誉、控制和利用私人外汇的程度、限制资本流动的能力以及采取国内调节措施的意愿。

一般来说，在短期内，一国储备只要能够确保对外支付和对外借款的信誉即可；在长期内，一国储备在很大程度上取决于国际收支动向，国内外经济形势和国际金融市场状况。战略管理的意义就在于原则上确定国际储备的规模。从现实情况看，一些国家是保持高额储备的战略，因而其平衡对外收支能力较大，无须采取艰难的调节措施。另一些国家则采取储备长期低水平战略，货币当局只保持最低限度的储备来应付其日常交易，当自主性国际收支出现赤字后，通过借入资金来弥补赤字。前一类国家战略管理策略的缺点是机会成本较大。后一类国家的策略战略管理缺点在于：第一，本国金融实力虚弱；第二，借款边际成本通常高于储备收益；第三，借款将增加未来偿债负担，使未来借贷更难，费用更高。

（二）国际储备的具体管理

国际储备的具体管理一般着眼于储备的多样化和投资的组合安排，也就是针对国际储备结构问题的具体处理安排。包括对不同币种的选择，各种货币数量的确定，各种储备货币安排存款形式多少，短期债券多少，长期公债多少等等内容，由于其与国际储备结构问题相对应，前面已有较多讨论，此处不再赘述。

四、我国的外汇储备现状及管理

改革开放之初，我国外汇储备很少，为了实施10年经济发展战略，不得不到国际金融市场上去筹资，并大量削减进口，努力增加出口，鼓励创汇。随着对外贸易出现转机，我国外汇储备也有了一定积累，尤其是1994年外汇体制改革之后，外汇储备的规模有了突飞猛进的增长，截至2011年，我国外汇储备超过3万亿美元（如表11－2所示），这对于我国更深更广地融入世界市场，对于人民币走向世界都有积极的推动作用。但外汇储备也不是越多越好，由于外汇储备的特殊性质，即资产运用的流动性与盈利性要求，巨额的外汇储备在一定程度上意味着资源的浪费。另一方面，外汇储备过快增长也加大了中央银行货币操作的难度。因此，维持适度的外汇储备水平对我国经济的稳定健康发展有着十分重要的意义。

究竟我国外汇储备水平应保持在什么水平上呢？国际货币基金组织和世界银行一般用3个月的进口额来估算一国的外汇储备水平是否合理。但各国经济发展的实践已经证明，这个指标具有一定的片面性。事实上，各国都是依据自身的情况来掌握外汇储备的额度。一般而言，可用来测定合理外汇储备水平的指标包括经济发展规模、外债负担情况、国际收支的波动幅度、获取国际资金的能力以及调节进出口的能力。

表 11-2　1980—2011 年我国黄金和外汇储备的规模

年　份	黄金储备（万盎司）	国家外汇储备（亿美元）	年　份	黄金储备（万盎司）	国家外汇储备（亿美元）
1980	1 280	−12.9	1996	1 267	1 050.3
1981	1 267	27.1	1997	1 267	1 398.9
1982	1 267	69.9	1998	1 267	1 449.6
1983	1 267	89.0	1999	1 267	1 547.8
1984	1 267	82.2	2000	1 267	1 655.7
1985	1 267	26.4	2001	1 608	2 121.7
1986	1 267	20.7	2002	1 929	2 864.7
1987	1 267	29.2	2003	1 929	4 032.5
1988	1 267	33.7	2004	1 929	6 099.3
1989	1 267	55.5	2005	1 929	8 188.7
1990	1 267	111.0	2006	1 929	10 663.4
1991	1 267	217.1	2007	1 929	15 282.5
1992	1 267	194.4	2008	1 929	19 460.3
1993	1 267	212.0	2009	3 389	23991.5
1994	1 267	516.2	2010	3 389	28 473.4
1995	1 267	736.0	2011	3 389	31 811.5

资料来源：《中国统计年鉴》、中国人民银行网站

本章小结

（1）国际收支是一定时期内一国居民对它国居民所进行的全部经济交易的分流记录；国际收支统计是通过编制国际收支平衡表来实现的，包括经常项目和资本项目。国际收支表真实的平衡、内容的平衡和主动的平衡才是最重要的。

（2）国际收支的调节政策包括外汇缓冲政策、汇率政策、财政政策、货币政策和直接管制。

（3）国际收支调节的弹性论认为，货币贬值能否改善贸易收支，取决于需求与供给的弹性，若出口商品的需求弹性和进口商品的需求弹性之和的绝对值大于 1，即满足所谓的马歇尔—勒纳条件时，货币贬值才有利于国际收支的改善。

（4）货币论认为，国际收支本质上是货币现象，影响国际收支的根本因素是货币供给量，只要保持货币供给的增加与真实国民收入的增长相一致，就可以保持国际收支的平衡与稳定。

（5）国际收支调节的吸收论着重分析总收入与总支出对国际收支的影响，它强调对国内产品的国内支出如何相对于国内产出发生变化，并认为贸易差额是一国的产出与该国对产出的使用量或吸收量之间的差距。

（6）汇率是以一国货币表示的另一国货币的价格，或者说是两国货币之间的相对比价，有直接标价法和间接标价法。金本位制下，铸币平价是汇率决定的基础，管理纸币本位制下，汇

率水平由国际收支、利率、通货膨胀率、经济增长速度、财政赤字、外汇储备和对市场的预期等因素决定，而汇率水平同样也会对一国的国际收支、经济运行乃至国际关系产生影响。

(7) 外汇风险是指经济活动中，各经济行为主体在持有或运用外汇时，因汇率变动而蒙受损失的可能性，人们可以通过对转换风险、交易风险和经济风险的管理来规避外汇风险。

(8) 国际借贷说是用外汇供求来解释汇率变化；购买力平价理论认为汇率水平取决于两国商品购买力的对比关系；汇兑心理说认为外币的价值决定于外汇供求双方对外币所作的主观评价；利率平价理论又被称为远期汇率的决定理论，是通过分析外汇交易中的抛补套利行为来说明远期汇率的决定；资产选择理论将外汇作为了资产的选择之一，汇率水平也就决定于人们的资产选择结果；货币主义理论重视货币市场在汇率决定中的作用，它将汇率看作是两国货币的相对价格而非两国商品的相对价格。

(9) 国际储备是指各国政府为弥补国际收支赤字和保持汇率稳定而持有的国际间可以接受的一切资产，包括货币性黄金、外汇储备、国际货币基金组织的储备头寸、特别提款权。

(10) 保持一定量的国际储备对一国有重要的意义，国际储备具有保持国际支付能力，支持本币汇率，保证本国举债的国际信誉等作用。考察一国国际储备持有是否合理，可以从供给、需求和结构等方面分析。

复习思考题

1. 国际收支表的一般项目设置有哪些？
2. 国际收支的调节机制和政策如何？
3. 什么是外汇、汇率？汇率变动对经济产生哪几个方面的影响？
4. 远期外汇交易与外币期货交易的区别有哪些？
5. 什么是套利、套汇活动？
6. 什么是基金储备头寸和特别提款权？
7. 影响国际储备需求的因素有哪些？
8. 增加国际储备的主要途径是什么？

第十二章 国际金融体系

国际金融体系是指在国际金融活动中，各类国际金融主体通过国际金融市场形成的相互关系，以及由此产生的国际金融资本的再分配关系。所以，国际金融体系的讨论主要涉及国际金融市场、国际金融机构及国际资本流动等方面的内容。

第一节 国际金融市场

从广义上讲，国际金融市场包括国际间货币市场、资本市场、外汇市场和黄金市场。从狭义上讲，国际金融市场则仅包括国际货币市场和资本市场。本节主要讨论狭义的国际金融市场。

一、国际金融市场的发展概述

(一) 国际金融市场的发展阶段

国际金融市场是伴随着国际贸易和国际资本活动的增加而发展起来的。它的发展大致可以分为三个阶段，第一阶段是国际金融市场初步建立阶段；第二阶段是第一次世界大战结束至布雷顿森林体系解体之前的阶段；第三阶段是布雷顿森林体系解体后至今。

第一阶段起始于英国工业革命。工业革命后，英国基本建立了现代银行制度，伦敦成为提供进出口贸易信贷及各种金融服务的中心，英国在国际贸易和国际金融领域的主导地位，使伦敦成为世界上最主要的国际金融市场。与此同时，欧洲大陆和美洲大陆也陆续出现了一些次级的国际金融中心，如纽约、苏黎世、巴黎、法兰克福、米兰等。

第二阶段起始于第一次世界大战结束，由于美国成为世界最大的贸易国，美元地位上升，形成了伦敦、纽约两个最重要的国际金融市场并存的格局。但 20 世纪 30 年代西方经济大危机导致金本位制崩溃，国际货币秩序混乱，各主要西方经济强国相继建立起区域性的货币集团，如英镑集团、美元集团、法国法郎集团等。区域性货币集团的出现，使得原有的国际金融中心市场降格为地区性的市场。随着第二次世界大战的结束，布雷顿森林体系开始运行，美元成为国际储备货币，并成为最大的资本输出国，纽约也成为世界最主要的国际金融市场。20 世纪 60 年代以后，伴随西欧和日本经济的恢复和发展,伦敦、东京、苏黎世、巴黎、法兰克福等国际金融市场的地位开始得到恢复和加强,并逐渐形成了以伦敦为中心的境外美元市场,又称欧洲美元市场。

第三阶段起始于布雷顿森林体系的解体。随着布雷顿森林体系的解体,各国纷纷实行自由浮动的汇率制度,同时马克、法国法郎、瑞士法郎、日元、荷兰盾等相继越出国界,与美元一起在欧洲形成了一个境外货币的欧洲货币市场。这个欧洲货币市场随着时间的推移又发展到了亚洲地区、中东地区和美洲地区,进而成为全球性的国际货币市场。同时,证券市场在这一阶段得到长足发展,特别是 20 世纪 80 年代以来,在借贷市场发展缓慢的情况下,债券、股票的发行量迅速增长,而且传统的长期贷款项目(如住宅抵押贷款、汽车分期付款等)也出现了证券化倾向,证券化倾向和现代通讯手段使国际资本市场越来越趋向于全球一体化。

目前,世界上的主要国际金融市场可以分为三大中心、五个区域。即以纽约、伦敦和东京为第一层次的国际金融中心市场;五个区域分别为西欧区、东亚区、中美洲及加勒比海区、北美区以及中东区。西欧区包括伦敦、苏黎世、巴黎、法兰克福、布鲁塞尔、卢森堡等金融中心;东亚区包括东京、新加坡、香港等金融中心;中美洲及加勒比海区包括拿骚、开曼群岛、巴拿马等金融中心;北美区包括纽约、多伦多、蒙特利尔等金融中心;中东区的金融中心则主要是巴林。

(二) 国际金融市场的作用

国际金融市场的产生和发展,对世界经济产生了相当大的影响。特别是二战以来,国际金融市场的资金使用效率越来越高,市场一体化倾向越来越明显,其对国际经济的各个方面都发挥了积极的推动作用主要表现在以下四个方面。

第一,促进了战后国际贸易的发展。战后国际贸易的增长速度高于同期国民经济生产总值的增长速度,国际金融市场的健全和发展对此起到了至关重要的推动作用。国际金融市场以进出口信贷的方式为贸易融资提供了充足的资金来源,又为进出口商规避外汇风险提供了理想的场所。

第二,促进了一些国家经济的发展。战后日本、西德、意大利等工业国家的经济恢复和发展,得益于其在国际金融市场上的大量筹资。同时,一些发展中国家为了发展经济,需要大量的外汇资金以引进设备和技术,而国际金融市场为其提供了大量成本低、借贷方便、贷款使用不受限制的资金,起到了推动发展中国家经济起飞的积极作用。

第三,缓和了国际性的国际收支不平衡矛盾。20 年代 70 年代以来,由于两次石油危机,导致了全球性的国际收支不平衡。据国际货币基金组织估计,1974—1978 年,石油输出国组织成员国和一些工业化国家在国际收支经常项目上的顺差累计约 2 600 亿美元,同期进口石油的发展中国家和另一些工业化国家在经常项目上的逆差累计约达 4 100 亿美元,此间国际货币基金组织的贷款净额仅为 160 亿美元。面对巨大的国际收支失衡,国际金融市场以其高效的运转机制,为国际收支逆差国提供了一条调节国际收支的渠道,即逆差国可到国际金融市场上举债或筹资,从而更能灵活地规划经济发展,也能在一定程度上缓和国际收支不平衡的矛盾。

第四,优化国际分工,推动国际经济一体化。国际金融市场的发达使国际间资金流动的成本大大降低,在促进国际贸易的同时,加速了国际资本的流动。由于市场规律的作用,国际金融市场总是将资金流动导向经济效益高的国家和地区。这种资本资源的优化配置,对于世界范围的分工协作、自然和劳动力资源的合理配置都起到了积极的推动作用。

(三)国际金融市场的问题

国际金融市场的形成和发展虽然对世界经济的增长和发展起到了很大的推动作用,但由于国际金融市场活动量大,又不受任何国家法律的管理和约束,就不可避免地存在着一些消极影响,主要表现在以下四个方面:

第一,损害了各国货币政策的自主权。对于参与国际金融市场的国家,如果对国际资本依赖过重,会在一定程度上影响本国货币政策的功效。当一国单独提高利率,实行紧缩的货币政策来消除或抑制通货膨胀时,国内银行和工商企业可以从国际金融市场借入利率较低的资金,从而削弱了政府紧缩政策的效力。当一国政府实行扩张性货币政策,降低利率以刺激本国投资,推动经济增长时,国内的银行和工业企业会将资金转移到国际金融市场,以追求较高的利率,结果是资金大量外流,利率无法降低,扩张性货币政策效力降低。

第二,在一定条件下,国际金融市场的运行存在着通货膨胀的倾向。例如,假设美元的汇率下跌,市场就会出现抛售美元的现象,同时抢购日元、英镑等国际储备货币,这就使英镑等货币的汇率上升,但为了稳定本国货币的汇率,储备货币国货币当局将以大量的本币收购下跌的美元,从而造成储备货币国货币供给增加,引起物价上涨。这种并非由于国内的原因,而是根植于外国经济问题的通货膨胀,被称为输入性通货膨胀。由于国际金融市场汇集了世界各国的大量游资,其对汇率和利率的变化十分敏感且反应迅速,一旦某种货币汇率发生变化,大量游资的随之流动就会在一定条件下造成通货膨胀。

第三,在一定程度上影响了国际金融的稳定。一方面,国际金融市场的现行机制使汇率、利率剧烈变动。由于国际金融市场规模庞大、经营自由且以短期为主,使得套汇、套利活动十分发达,大量资金通过这类活动在几种货币之间频繁移动,往往使汇率、利率发生剧烈波动,影响国际金融体系的稳定。另一方面,不利于国际收支的调整。国际金融市场的大量低息资金虽然缓解了国际收支矛盾,但却使许多国家过分依赖于国际金融市场为本国的国际收支逆差融通资金,而不是主要调整经济结构,增强产品的国际市场竞争力,从根本上减少国际收支逆差。过分依赖国际金融市场融资来调节国际收支,一方面导致了国际债务的累积;另一方面阻碍了国际收支的根本调整。

第四,形成国际信贷领域的“超级风险”。国际金融市场上的贷款和国内贷款不同,相比之下存在一定的特点:第一,借款人既可是本国居民,也可是非居民。借款人往往不是最终资金需求者,最终借款人和最初的贷款银行往往存在错综复杂的连锁关系,贷款银行很难了解资金运用情况。第二,借款(特别是短期借款)金额巨大且缺乏抵押保证,同时银行业的激烈竞争又使贷款缺乏慎重。第三,存短贷长也是加剧国际信贷风险的一个现实因素。总之,在这种市场运行的背景下,一旦信贷相对集中,偿还出现困难,就会引起连锁反应,危及整个国际金融市场体系。

二、国际货币市场与国际资本市场

国际金融市场的构成内容可以依据不同的标准进行分类。通常按融资期限的长短,划分为国际货币市场和国际资本市场。国际货币市场往往建立在西方发达国家货币市场的基础上。众多跨国性的商业银行和证券投资机构,利用现代通讯技术,将各国的短期金融工具交易连为一体,形成了较为统一的国际货币市场,其运作过程类似于各国的货币市场。国际资本市场是指国际金融市场中期限在1年以上的各种资金交易活动所形成的市场。国际资本市场主要是用于筹措和运用国内、国际资金，以满足本国的生产建设和国民经济发展的需要。由国际债券市场、国际股票市场、国际银团贷款三部分组成。国际资本市场的中长期资金供应者大多数为商业银行、储蓄银行和保险公司。国际资本市场根据证券发行交易性质可分为一级市场和二级市场，即发行市场与流通市场。有关国际银团贷款的内容我们将在下一节详细讨论，本节只讨论国际债券和国际股票市场。

在国际债券市场上，有欧洲债券和外国债券之分，欧洲债券是指在某货币发行国以外，以该货币为面值发行的债券，如在伦敦金融市场发行的美元债券称为欧洲美元债券；而外国债券是指筹资者在外国发行的，以当地货币为面值的债券，如我国在美国发行的美元债券。美国、日本和英国等主要发达国家的外国债券市场规模一直很大，通常人们称在美国发行的美元债券为扬基债券(yankee bond)，在日本发行的日元债券为武士债券(sarnurai bond)，在英国发行的英镑债券为猛犬债券(bull dog bond)，等等。

近20年来，除了传统的国际债券形式仍在发挥作用之外，国际债券市场的创新层出不穷，新型的债券工具有可转换债券、选择债券、浮动利率票据、零息债券、附有金融资产认购权的债券等等。

国际股票市场包括国际性的股票交易所和国际化的场外市场。国际性的股票交易所首先是纽约证券交易所、伦敦证券交易所和东京证券交易所三大股票交易市场，其次还存在着一些第二个层次的股票交易市场，如美国证交所、巴黎证交所、法兰克福证交所、香港联合证交所等。国际化的股票交易场外市场，最大的和最典型的是美国“证券商自动报价系统国民协会”(NASDAQ)，它通过计算机终端网络联结着遍布全球的证券投资机构，截至2011年7月，纳斯达克的上市公司已超过3 000家，苹果、微软、谷歌、甲骨文、沃达丰集团、英特尔等六家公司的市值均超过千亿美元。现代国际股票市场的特点是，一方面，在任何一个世界主要股市上都可以通过现代通讯手段了解到其他市场的行情；另一方面，任何一个国际性的股市，都存在着相当部分的外国公司股票，国内资本和国外资本在一起进行市场交易。

三、欧洲货币市场

欧洲货币市场(又称离岸市场)是指在货币发行国境外进行的该货币的存贷市场和债券市场。它是国际金融市场的核心部分。现实中的欧洲货币市场可以分为欧洲银行贷款市场、欧洲债券发行市场，20世纪80年代以来，欧洲货币市场又出现了大量的金融创新，形成了一些新的市场。

(一) 欧洲银行贷款市场

欧洲货币是指国际金融市场上所有境外可自由兑换的货币，如欧洲美元、欧洲欧元、欧洲英镑、欧洲日元等。欧洲银行贷款市场就是贷放欧洲货币所形成的市场。欧洲银行贷款一般只面向信誉较高的非银行客户，如国家政府、大型跨国公司、政府担保的借款者。

欧洲货币银行贷款主要有两种形式：期限贷款和转期循环贷款。期限贷款形式是在约定期限内，借款人逐步提取贷款资金，经过一段时间后，逐步偿还本金或到期一次偿还本金。利息率可以是固定的，也可以是浮动的，利息一般是3个月或6个月支付一次。转期循环贷款形式是在未来一段时期内，银行连续向客户提供首尾相接的短期贷款。如约定5年期限，银行提供连续的6个月期限短期贷款，并在旧的贷款到期后自动办理新的贷款，利率以当时的市场利率为准。

由于欧洲货币银行贷款通常金额较大、期限较长,一般是由多家银行组成的银行集团共同承担,这就是所谓的银团贷款,或称辛迪加贷款。银团一般由牵头银行、代理银行、参加银行组成。银团贷款对于借款人来说,其优点是数额大(几亿至几十亿美元)、期限长(5—20 年),缺点是成本高,它的利息率是在伦敦同业拆借利率的基础上,再根据贷款金额大小、时间长短以及借款人的资信,再加上不同幅度的附加利息,而且有的合同还需经借款方的官方机构或政府方面担保。对于贷款银行来说,其优点是分散风险、减少同业竞争。

(二) 欧洲债券发行市场

欧洲债券市场是指筹资人在货币发行国境外发行该货币面值的债券而形成的市场。如在美国境外发行的美元债券所形成的发行市场。在这个市场上,筹资人一般也是国家政府、大型跨国公司或由政府担保的发行人。该市场的特点是金额大、期限长、利率及发行成本相对较低、债券上市管制松、手续简便、纳税条件优惠等。

欧洲债券的发行一般都是由银团承购包销的,银团的构成包括商业银行、投资银行、信托公司等金融机构,以及证券经纪人等。在债券发行过程中,上述成员根据其在发行中承担的工作,又分为牵头经理、经理机构、包销机构、销售机构、代理机构等。

第二节 国际金融机构

国际金融机构是国际金融体系的重要组成部分,是国际金融市场上的核心行为主体。国际金融机构首先可以分为两大类:一是非盈利性的官方金融机构;二是盈利性的商业金融机构。前者具体包括国际货币基金组织、世界银行、国际清算银行,以及亚洲开发银行、非洲开发银行等;后者是指跨国商业银行等国际性的金融组织。本节重点介绍国际货币基金组织、世界银行集团、国际清算银行等金融机构。

一、国际货币基金组织(IMF)

(一) 国际货币基金组织的宗旨和结构

为了避免 20 世纪 20—30 年代世界范围的经济金融混乱,建立一种新的国际金融秩序,1944 年 7 月,44 个国家的代表在美国的新罕布什尔州布雷顿森林市举行了一次联合与联盟国家货币金融会议,1945 年 12 月,29 个国家政府批准协议,建立了国际货币基金组织和国际复兴开发银行。1946 年 3 月,国际货币基金组织正式成立,次年 3 月正式开始活动,成为战后国际货币体系的核心,目前有 156 个会员国家和地区。

国际货币基金组织的宗旨是:为会员国就国际货币问题进行磋商与协作提供所需的场所,以此来促进国际合作;促进国际贸易的均衡发展,借此达到高水平的就业和实际收入;促进汇率的稳定和有条不紊的汇率安排,借此避免竞争性货币贬值;为经常性交易建立一个多边支付和汇率制度,并设法消除外汇管制;在临时性的基础上,为会员国融通资金,纠正国际收支不平衡;争取缩短和减轻国际收支不平衡的持续时间和程度。

国际货币基金组织由理事会、执行董事会、总裁和一些业务机构组成。理事会是最高决策机构,理事由会员国财政部长或中央银行行长担任。执行董事会是理事会下设机构,执行董事会主席由总裁担任。1972 年成立的二十国委员会,后改设为临时委员会,由 22 个部长级成员组成，是最重要的决策机构，具有管理和修改货币制度的决定权，多数情况下，它的决定就等于理事会的决定。

（二）国际货币基金组织的份额

每个会员国按其国民收入以及它在世界贸易中的比重缴纳一定的份额，成为基金组织的财产，基金组织以份额作为其资金的基本来源。1990 年 7 月，国际货币基金组织的资金总额已达到 1 800 亿美元。会员国份额的缴纳，1975 年以前是 25%的黄金，75%的本国货币。1976 年以后，25%以特别提款权或外汇缴纳，75%仍以本国货币缴纳。份额决定会员国的认缴额、借款权，同时也决定了投票权，每个会员有 250 基本票，每 10 万特别提款权份额再加一票。因此，会员国的份额越大，表决权也越大，可得到的贷款也越多。2010 年，国际货币基金组织通过改革方案，各国投票权有所变化。目前，在国际货币基金组织的活动中起决定性作用的仍然是美国，它的投票权占总投票权的 17.67%，虽然比之前的 19.16%有所下降，但依旧拥有一票否决权。其中，中国的份额从 3.65%升至 6.19%，超越德、法、英，位列美国和日本之后，居第三位。

（三）国际货币基金组织的特别提款权

特别提款权（SDR）也称为纸黄金，是国际货币基金组织于 1969 年为补充国际储备不足而创设的一种储备资产和记账单位，正式发行于 1970 年 1 月。会员国在发生国际收支逆差时，可用它向基金组织指定的其他会员国换取外汇，以弥补国际收支赤字或偿还基金组织的贷款，还可与黄金、自由兑换货币一样充作国际储备。会员国可自愿参加特别提款权的分配，目前，大多数会员国都是特别提款权账户的参加国。

国际货币基金组织最近一次更新"一篮子"货币在特别提款权中所占的比例是在 2010 年 12 月 30 日，具体分别为美元（41.9%）、欧元（37.4%）、日元（9.4%）、英镑（11.3%），一个特别提款权为 1.540 03 美元。

（四）国际货币基金组织的贷款

基金组织设有多种贷款，并根据不同的政策向会员国提供资金融通。其主要贷款形式有以下几种：

1. 普通贷款

普通贷款（也称基本信用设施）是基金组织利用各会员国认缴的份额形成的基金，对会员国提供的短期信贷，期限不超过 5 年。会员国借取普通贷款的累计额不得超过其份额的 125%。普通贷款首先分为两部分：一是储备部分贷款；二是信用部分贷款。储备部分贷款为会员国份额的 25%，由于会员国份额 25%是以特别提款权和指定外汇缴纳的，故这部分贷款的提取是有足够保证的，其贷款是无条件的，且不支付利息。普通贷款的其余 100%份额为信用部分贷款，此部分又分为四档，借款越多，则条件越苛刻。

2. 补偿与应急贷款

基金组织于 1989 年 1 月设立补偿与应急贷款，贷款最高额度为份额的 122%，其中应急贷款和补偿贷款各为 40%，谷物进口成本补偿贷款为 17%，其余 25%由各国选择使用。贷款条件为出口收入下降或谷物进口支出增加是暂时性的，而且会员国本身无法控制。在这种情况下，会员国可以在普通贷款以外借取补偿与应急贷款。

3. 缓冲库存贷款

该项贷款是 1969 年 5 月设立的，其目的是帮助初级产品出口国建立缓冲库存以便稳定价格。会员国可以使用的贷款量为份额的45%,期限3—5年。基金组织认定的运用于缓冲库存贷款的初级产品有锡、可可、糖、橡胶等。

4. 中期贷款

该项贷款是1974年9月设立的,其目的是解决会员国较长期的结构性国际收支赤字,当普通贷款不足以解决问题时,可以请求该项贷款。贷款数额可达份额的140%,期限为4—10年。但该项贷款与普通贷款两项贷款总额不得超过该国份额的165%,而且还有其他较为严格的贷款条件。

除了上述介绍的基金组织贷款,还有石油贷款、信托基金贷款等等。

二、世界银行集团

世界银行集团是国际复兴开发银行以及两个附属机构——国际开发协会、国际金融公司的统称。国际复兴开发银行简称世界银行。

(一) 世界银行(IBRD)

世界银行是布雷顿森林体系产生的两个国际金融机构之一,另一机构就是国际货币基金组织。世界银行和国际货币基金组织同时也是联合国的一个专门机构。

1. 世界银行的宗旨和组织结构

1945年12月世界银行宣布正式成立,次年6月开始正式营业。其宗旨是:对用于生产目的的投资提供便利,以协助会员国的复兴与开发,并鼓励不发达国家生产与资源开发;通过保证或参与私人贷款和私人投资的方式,促进私人对外投资;用鼓励国际投资的方法,开发会员国的生产资源,以促进国际贸易的长期平衡发展,维持国际收支平衡;在提供贷款保证时,应同其他方面的国际贷款配合。

根据布雷顿森林协议,只有基金组织会员国才能申请加入世界银行,目前成员国有186个。世界银行的最高权力机构是理事会,理事会由各会员国各派一名理事和一名副理事组成,一般各国都派财政部长、中央银行行长等政府高级官员担任理事、副理事。理事会一年举行一次会议,通常在9月与国际货币基金组织一起举行年会。世行最大的五个股东是法国、德国、日本、英国和美国,它们各任命一名执行董事,而其他成员国的利益及意见则由19名执行董事代表。

世界银行各会员国的投票权分配基本上与国际货币基金组织相同,每个会员有250票基本投票权,其余的则每认缴股金10万美元增加1票。一般情况下,在世界银行的认缴股份是以在国际货币基金组织的认缴份额来确定的。目前,美国持有世界银行的股份最多,投票权也最大,占投票权总数的16.03%,其次是日本,占投票权总数的9.59%,紧接着为德国、法国、英国,中国与加拿大、意大利、俄罗斯、印度、沙特阿拉伯并列第六,其占投票权总额比例均为2.72%。

2. 世界银行的业务活动

世界银行的业务活动主要是指其资金的来源与运用。资金来源主要有三个方面:会员国缴纳的股金、发行债券、出让债权;资金的运用主要是贷款。

世界银行成立之初,法定资本约100亿美元,分为10万股,每股10万美元,在此之后不断增资,1989年年底,世界银行理事会决议的法定认缴股本为1 157亿美元。但按1959年规定,各会员国实际缴付的只是认缴额的10%,其中1%以黄金或美元缴纳,9%以本国货币缴纳,

90%等待必要时缴纳。

在国际债券市场上发行中长期债券是世界银行的又一资金来源。20世纪80年代中期以来,世界银行每年在国际金融市场的债券总额都在100亿美元左右,是世界资本市场的最大非居民借款人。此外,世界银行也直接向会员国的政府、中央银行等机构发行中、短期债券。

20世纪80年代以来,世界银行还经常将贷出款项的债权转售给跨国商业银行等私人金融机构,以迅速收回资金,扩大其贷款资金的周转能力。另外,世界银行的经营利润也构成了资金来源一部分。

自世界银行成立以来,其贷款总额逐年增加。世界银行贷款的重点是基础设施(公路、铁路、港口、电信和动力设备等)及能源开发、农业、公用事业和文教卫生等福利事业。另外,自20世纪80年代以来,世界银行也设立了结构调整贷款,协助发展中国家解决国际收支失衡而导致的经济调整问题。世界银行的贷款条件是非常严格的,而且申请贷款必须遵循严格的程序,并接受严格的审查和监督。

世界银行贷款都是中长期贷款,期限为5—30年,贷款有还款宽限期,宽限期内只付息不还本。贷款利率普遍采用浮动利率,基本上是按国际资本市场筹款成本再加息0.5%计算。

(二)国际开发协会和国际金融公司

1. 国际开发协会(IDA)

国际开发协会是世界银行的一个附属机构,成立于1960年9月,同年11月正式营业。国际开发协会是专门向低收入发展中国家发放优惠长期贷款的国际性金融组织,其宗旨是帮助世界上欠发达的会员国促进经济发展,提高生产力水平和生活水平。作为世界银行活动的补充,协会向欠发达国家提供贷款的条件较宽、期限较长、负担较轻,且可以部分使用本国货币偿还。

国际开发协会的组织结构与世界银行相似,最高权力机构是理事会,下设执行董事会,负责日常事务的处理。国际开发协会理事会正、副理事和执行董事会正、副执行董事由会员国在世界银行的正副理事和正副执行董事担任。国际开发协会各会员国在理事会的投票权与其认缴的股本成正比。与世界银行一样,美国在国际开发协会认缴的股本最大,投票权也最大,占总投票的11.03%,其次为日本、德国、英国、法国、加拿大、意大利,中国位列第九位,其投票权占总票数的2.04%。

2. 国际金融公司(IFC)

为了促进对私人企业的国际贷款,世界银行于1954年在美国国际开发咨询局的建议下,同各会员国政府商议后决定建立国际金融公司。1956年7月公司正式成立,其宗旨是对发展中国家会员国私人企业的新建、改建和扩建提供贷款资金,促进发展中国家的私营经济发展和国内资本市场的发展。

国际金融公司的组织结构与世界银行、国际开发协会基本相似,最高决策权力机构是理事会、下设日常管理机构执行董事会,正副理事、正副执行董事均由世界银行的正副理事和执行董事兼任,公司总经理由世界银行行长兼任,公司内部机构和人员也多数由世界银行的相应机构和人员兼管、兼任。国际金融公司的投票权也是与认缴股本相挂钩,除每个会员国250票基本票以外,每认缴1股(1 000美元)增加1票。目前,公司资本总额约有23.7亿美元。由于美国认缴股本最多,其投票权占总投票权的23.59%,其次是日本、德国、英国、法国、意大利、加拿大、俄罗斯。中国认缴股金2 450万美元,其投票权约占总数的1.02%。

国际金融公司与国际开发协会、世界银行相比，具有以下特点：第一，主要对会员国私人生产性企业贷款，不要求政府担保；第二，一般只对小型企业贷款，贷款规模在 200 万—400 万美元居多，最高不超过 3 000 万美元；第三，往往采用贷款与投资相结合，对公司进行资本投资获得股权，但并不参与被投资公司的经营管理；第四，国际金融公司通常总是与私人投资者（跨国银行、跨国公司）共同贷款和联合投资，从而促进私人资本的国际流动。

三、国际清算银行

根据 1930 年 1 月签订的海牙国际协定，英国、法国、德国、意大利、比利时、日本 6 国中央银行以及代表美国银行业利益的三大商业银行（摩根银行、纽约花旗银行、芝加哥花旗银行）于 1930 年 5 月成立了国际清算银行(BIS)，其行址设在瑞士巴塞尔。以后欧洲其他各国以及澳大利亚、加拿大、南非的中央银行也陆续加入。截至 2011 年 8 月，参加国际清算银行的成员国共有 58 个。国际清算银行的宗旨是促进各国中央银行的合作，为国际金融活动提供更多的便利，在国际金融清算中充当受托人和代理人。20 世纪 70 年代以来，国际清算银行除了履行中央银行的银行的清算职能之外，还在某种程度上履行着世界范围中央银行的监督管理职能。

（一）国际清算银行的组织机构

国际清算银行的最高权力机构是股东大会，董事会是国际清算银行的日常管理和决策机构，根据章程董事会构成为：英、法、意、比利时、日、德等国的中央银行行长和美国银行集团代表为固定成员；由上述董事会固定成员国各选择一位工商金融界著名人士出任另一董事；由上述董事会成员在其他股东国家的中央银行行长中，以 2/3 多数票选择其余董事会成员，董事会成员总数不得超过 21 人。

（二）国际清算银行的中央银行的银行职能

目前，全世界约有 80 多家中央银行在国际清算银行保有存款账户，各国约 10%的外汇储备和 3000 多吨黄金存于国际清算银行，为其办理各种国际清算业务以及提供贷款奠定了资金基础。同时，国际清算银行还办理各国政府国库券和其他债券的贴现和买卖业务，买卖或代理各国中央银行买卖黄金、外汇等。国际清算银行的年会每年定期在巴塞尔举行，各国中央银行行长在年会上会面和讨论国际经济、金融形势，使国际清算银行成为各国中央银行进行合作的理想场所。另外，国际清算银行在日常活动中尽力与国际货币基金组织保持一致，并联手解决国际金融问题，但以金融衍生产品为主的市场交易风险仍然屡屡发生，致使国际银行业中重大银行倒闭或巨额亏损事件层出不穷。这表明单靠资本充足率的规定已不足以充分防范金融风险。《核心原则》在这个背景下被提出，将风险管理领域扩展到银行业的各个方面，以建立更为有效的风险控制机制。其特点是：强调全方位风险监控；将建立银行业监管的有效系统作为实现有效监管的重要前提；注重建立银行自身的风险防范约束机制；提出了对银行业持续监管的方式；对跨国银行业务要求实施全球统一监管。

四、巴塞尔委员会及巴塞尔协议

（一）巴塞尔委员会

巴塞尔委员会是 1974 年由十国集团中央银行行长倡议建立的，其成员包括十国集团中央银行和银行监管部门的代表。自成立以来，巴塞尔委员会制定了一系列重要的银行监管规定，如 1983 年的银行国外机构的监管原则（又称巴塞尔协定）和 1988 年的巴塞尔资本协议以及

《新巴塞尔协议》、《巴塞尔协议Ⅲ》等。这些规定不具法律约束力，但十国集团监管部门一致同意在规定时间内在十国集团实施。经过一段时间的检验，鉴于其合理性、科学性和可操作性，许多非十国集团监管部门也自愿地遵守了巴塞尔协定和巴塞尔资本协议，特别是那些国际金融参与度高的国家。1997年，有效银行监管的核心原则的问世是巴塞尔委员会历史上又一项重大事件。核心原则是由巴塞尔委员会与一些非十国集团国家联合起草，得到世界各国监管机构的普遍赞同，并已构成国际社会普遍认可的银行监管国际标准。至此，虽然巴塞尔委员会不是严格意义上的银行监管国际组织，但事实上已成为银行监管国际标准的制定者。

(二) 巴塞尔协议

《巴塞尔协议》是国际清算银行(BIS)的巴塞尔银行业条例和监督委员会的常设委员会——巴塞尔委员会于1988年7月在瑞士的巴塞尔通过的"关于统一国际银行的资本计算和资本标准的协议"的简称。该协议第一次建立了一套完整的国际通用的、以加权方式衡量表内与表外风险的资本充足率标准，有效地扼制了与债务危机有关的国际风险。

2010年9月12日，巴塞尔银行监管委员会达成一致共识，即《巴塞尔协议Ⅲ》，宣布加强对现有资本金要求的持续监管，更强的资本定义，更高的最低资本要求和新的超额资本的结合将使银行可以承受长期的经济金融压力，从而支持经济的增长。从1975年9月第一个巴塞尔协议到1999年6月《新巴塞尔协议》第一个征求意见稿的出台以及2006年《新巴塞尔协议》的正式实施，再到2010年9月《巴塞尔协议Ⅲ》的出台，几十年来，巴塞尔委员会对银行的监管要求在不断深化，以达到扼制金融风险的目的。

1. 巴塞尔协议

1975年9月，即Herstatt银行和富兰克林银行倒闭的第二年，第一个《巴塞尔协议》出台。这个协议极为简单，核心内容就是针对国际性银行监管主体缺位的现实，突出强调了两点：第一，任何银行的国外机构都不能逃避监管；第二，母国和东道国应共同承担的职责。1983年5月，修改后的《巴塞尔协议》推出。这个协议基本上是前一个协议的具体化和明细化。比如明确了母国和东道国的监管责任和监督权力，分行、子行和合资银行的清偿能力、流动性、外汇活动及其头寸各由哪方负责等。但修改后的巴塞尔协议与之前相比仍差别不大，总体思路都是"股权原则为主，市场原则为辅；母国综合监督为主，东道国个别监督为辅"。但是两者对清偿能力等监管内容都只提出了抽象的监管原则和职责分配，未能提出具体可行的监管标准。各国对国际银行业的监管都是各自为政、自成体系，充分监管的原则也就无从体现。

巴塞尔协议的实质性进步体现在1988年7月通过的《关于统一国际银行的资本计算和资本标准的报告》(简称《巴塞尔报告》)。该报告主要有四部分内容：第一部分是资本的分类，将银行的资本划分为核心资本和附属资本两类，对各类资本按照各自不同的特点进行明确的界定；第二部分是风险权重的计算标准：报告根据资产类别、性质以及债务主体的不同，将银行资产负债表的表内和表外项目划分为0%、20%、50%和100%四个风险档次；第三部分是1992年资本与资产的标准比例和过渡期的实施安排；第四部分是各国监管当局自由决定的范围。

2. 新巴塞尔协议

1999年6月，巴塞尔委员会提出了以三大支柱——资本充足率、监管部门监督检查和市场纪律为主要特点的《新巴塞尔协议》草案第一稿，并广泛征求有关方面的意见。《新巴塞尔协议》于2006年开始正式实施。《新巴塞尔协议》的三大支柱为：

(1) 最低资本要求。即最低资本充足率达到8%，而银行的核心资本的充足率应为4%。

其目的是使银行对风险更敏感，使其运作更有效。在新框架中，委员会认为"压倒一切的目标是促进国际金融体系的安全与稳健"，而充足的资本水平被认为是服务于这一目标的中心因素。因此，对资本充足比率提出最低要求仍然是新框架的基础，被称为第一大支柱。

（2）监管部门监督检查。监管者通过监测决定银行内部能否合理运行，并对其提出改进的方案。监管约束第一次被纳入资本框架之中，其基本原则是要求监管机构应该根据银行的风险状况和外部经营环境，要求银行保持高于最低水平的资本充足率，对银行的资本充足率有严格的控制，确保银行有严格的内部体制，有效管理自己的资本需求。银行应参照其承担风险的大小，建立起关于资本充足整体状况的内部评价机制，并制定维持资本充足水平的战略；同时监管者有责任为银行提供每个单独项目的监管。监管者的责任包括决定银行管理者和董事会是否有能力决定自己的资本需求，是否对不同的风险有不同的应对方法。监管当局应对银行资本下滑的情况及早进行干预。

（3）市场纪律。要求银行提高信息的透明度，使外界对它的财务、管理等有更好的了解。新框架第一次引入了市场约束机制，让市场力量来促使银行稳健、高效地经营以及保持充足的资本水平。新框架指出，稳健的、经营良好的银行可以以更为有利的价格和条件从投资者、债权人、存款人及其他交易对手那里获得资金，而风险程度高的银行在市场中则处于不利地位，它们必须支付更高的风险溢价、提供额外的担保或采取其他安全措施。市场的奖惩机制有利于促使银行更有效地分配资金和控制风险。新的巴塞尔协议要求市场对金融体系的安全进行监管，要求银行及时披露信息，加大透明度。也就是要求银行提供及时、可靠、全面、准确的信息，以便市场参与者据此做出判断。新框架指出，银行应及时公开披露包括资本结构、风险敞口、资本充足比率、对资本的内部评价机制以及风险管理战略等在内的信息，披露的频率至少为1年一次。

以三大支柱为基础的《新巴塞尔协议》力求把资本充足率、机构监管、市场纪律与银行面临的主要风险紧密地结合在一起，力求反映银行风险管理、监管实践的最新变化，并尽量为发展水平不同的银行业和银行监管体系提供多项选择办法。同时，《新巴塞尔协议》的各项基本原则适用范围不仅仅局限于十国集团国家，而是普遍适用于全世界的所有银行。

《新巴塞尔协议》提出了两种处理信用风险的办法：标准法和内部评级法。标准法采用外部评级机构确定风险权重，使用对象是复杂程度不高的银行。但对包括中国在内广大发展中国家来说，在相当大的程度上，使用该法的客观条件并不存在。发展中国家国内的评级公司数量很少，也难以达到国际认可的标准；已获得评级的银行和企业数量有限；评级的成本较高，评出的结果也不一定客观可靠。此外，由于风险权重的提高和引入了操作风险的资本要求，采用这种方法自然会普遍提高银行的资本水平。

将内部评级法用于资本监管是新资本协议的核心内容。该方法允许使用自己内部的计量数据确定资本要求。内部评级法有两种形式，初级法和高级法。初级法仅要求银行计算出借款人的违约概率，其他风险要素值由监管部门确定。高级法则允许银行使用多项自己计算的风险要素值。为推广使用内部评级法，巴塞尔委员会为采用该法的银行从2004年起安排了3年的过渡期。

3. 巴塞尔协议Ⅲ

2010年9月12日，巴塞尔银行监管委员会宣布，各方代表就《巴塞尔协议III》的内容达成一致。根据这项协议，商业银行的核心资本充足率将由目前的4%上调到6%，同时计提

2.5% 的防护缓冲资本和不高于2.5%的反周期准备资本，这样核心资本充足率的要求可达到8.5%—11%。总资本充足率要求仍维持8%不变。此外，还将引入杠杆比率、流动杠杆比率和净稳定资金来源比率的要求，以降低银行系统的流动性风险，加强抵御金融风险的能力。

(1) 最低普通股要求。根据《巴塞尔协议Ⅲ》，最低普通股要求即弥补资产损失的最终资本要求，将由以往的2%严格调整到4.5%。这一调整将分阶段实施，到2015年1月1日结束。同一时期，一级资本(包括普通股和其他建立在更严格标准之上的合格金融工具)也要求由4%调整到6%。

(2) 建立资本留存超额资本。在最低监管要求之上的资本留存超额资本应达到2.5%，以满足扣除资本扣减项后的普通股要求。留存超额资本的目的是确保银行维持缓冲资金以弥补在金融和经济压力时期的损失。当银行在经济金融处于压力时期，资本充足率越接近监管最低要求，越要限制收益分配。这一框架将强化良好银行监管目标并且解决共同行动的问题，从而阻止银行在面对资本恶化的情况下仍然自主发放奖金和分配高额红利的(非理性的)分配行为。

(3) 建立反周期超额资本。反周期超额资本，比率范围在0%—2.5%的普通股或者是全部用来弥补损失的资本，将根据经济环境建立。反周期超额资本的建立是为了达到保护银行部门承受过度信贷增长的更广的宏观审慎目标。对于任何国家来说，这种缓冲机制仅在信贷过度增长导致系统性风险累积的情况下才产生作用。反周期的缓冲一旦生效，将被作为资本留存超额资本的扩展加以推行。

为最大程度上降低新协议对银行贷款供给能力以及宏观经济的影响，协议给出了从2013—2019年一个较长的过渡期。全球各商业银行5年内必须将一级资本充足率的下限从现行要求的4%上调至6%，过渡期限为2013年升至4.5%，2014年为5.5%，2015年达6%。同时，该协议将普通股最低要求从2%提升至4.5%，过渡期限为2013年升至3.5%，2014年升至4%，2015年升至4.5%。截至2019年1月1日，全球各商业银行必须将资本留存缓冲提高到2.5%。

第三节　国际资本流动

国际资本流动是指资本在国家和地区之间的相互移动，它与一国的国际收支有着直接关系，并反映在国际收支平衡表的资本账户上。国际资本流动分为长期资本流动和短期资本流动两种类型。

一、国际资本流动的类型

国际资本流动从期限上划分可以分为长期和短期两类，而长期资本流动和短期资本流动又可以从具体形式上进一步分类。

(一) 长期国际资本流动

长期国际资本流动是指1年期以上的资本流动，从投资形式上划分有直接投资、证券投资和国际贷款。

国际直接投资是指一国的资本所有者以盈利为目的对另一国公司等机构进行的投资。直接投资具体又分为三类:第一种类型是创办新企业,包括在国外成立子公司、附属企业,以及在共同投资中设立合资公司等。第二种类型是收购国外企业股权并达到一定比例。这种投资的特点是投资完成迅速。第三种类型是利润再投资。这是在已经存在了投资的基础之上,投资者将所获利润对国外企业进行再投资,而不汇回国内。

国际证券投资是指通过国际证券市场购买外国债券或股票,以达到投资的目的。国际证券投资是间接投资形式,它与直接投资的区别主要在于,间接投资形式的投资对于企业没有实际控制权和管理权,而直接投资者则持有足够的股权来管理所投资的企业,并承担企业的经营风险和享受相应的利润。对于间接投资中的股票投资的界定是看投资者是否占有投资对象企业的股份达一定比例,如美国规定为10%,达10%以上者即为直接投资者。

国际贷款是以借贷形式出现的国际资本流动,主要有政府贷款、国际金融机构贷款、国际银行贷款以及出口信贷等四种具体形式。第一,政府贷款。它是一国政府向另一国政府提供的贷款,其目的是为了促进本国商品劳务的出口和企业对外投资等。政府贷款的特点是利率低、期限长,但一般数额不大,且有条件或指定用途。政府贷款一般是发达国家向发展中国家提供的双边贷款,有时也会出现多边贷款或混合贷款的情况。第二,国际金融机构贷款。它是指不以直接盈利为目的的国际性金融机构向其成员国政府提供的贷款。国际金融机构的贷款一般来说利率较低、期限较长,但贷款一般与特定项目联系,且手续严格。第三,国际银行贷款。它是从事国际性业务的跨国商业银行进行的跨国贷款活动。这类资本流动的特点是以盈利为目的,数额、期限用途没有限制,数额较大时常以银团贷款的方式进行。第四,出口信贷。出口信贷是商业银行对本国出口商,或者外国进口商及其银行提供的中长期信贷,其目的是为了解决本国出口商的资金周转困难,或为满足外国进口商对本国出口商支付贷款的需要。出口信贷的特点是贷款指定用途,必须用于购买贷款提供国的出口商品;贷款利率较低,其与国际金融市场的差额通常由出口国政府补贴;有偿还担保,贷款一般由出口国的官方、半官方的信贷保险机构承担。出口信贷又分为卖方信贷和买方信贷,国际上较通行的形式是买方信贷。

(二)短期国际资本流动

短期资本流动是指1年或1年以下期限的资金融通。国际短期资本流动的主要形式有短期证券投资与贷款、保值性资本流动、投机性资本流动以及国际贸易资金融通。

短期国际证券投资和贷款主要是由各国货币之间的利息率差别引起,各国金融市场的利率差导致追逐高利率的短期资本不断的流动。

保值性短期资本流动主要是由于金融资产的持有者为了资金的安全和保值进行的短期资金转移而形成的资本流动。一般来说,一个国家的经济状况不佳、国际收支恶化或政局不稳都可能导致该国货币的贬值,故当上述情况一旦出现,资本将从国内流出,我们也称之为资本外逃。如果一国突然宣布实行外汇管制、限制资金外流、增加税收等,则可能引起突发性的大规模资本外逃。

投机性的资本流动是指投资者在汇率、金融资产及商品价格频繁波动的情况下,以牟取高利为目的的买卖,进而形成的国际间短期资本流动。国际投机商持有相当数量的投机性资本,投机是否成功,主要取决于对市场变动判断的准确度,但市场变动的影响因素太多,所以人们的判断也只能就一般规律和所掌握的信息而言。现实的国际金融活动中,当出现了某些典型现象之后,投机商们的行为总是具有趋同性的。

国际贸易中的资金融通是最传统的短期国际资本流动形式之一。在国际贸易中出口商通常不是要求进口商立即支付全部货款，而是允许进口商有一段时间的延期支付，当出口商或其开户银行向进口商提供短期延期支付的信贷时，进口商的对外债务增加或债权减少，便形成了贸易融通性的短期资本流动。

二、国际资本流动的原因及状况

第二次世界大战以后，由于国际分工体系发生了根本性的变化，发展中国家以初级原料产品交换发达国家的工业制成品的旧式简单国际分工格局，逐步转变为新型的以劳动密集、技术密集、资本密集为代表的多层次交织的国际分工体系。与此相对应，国际长期资本流动的格局也发生了很大的变化，由发达国家向发展中国家的传统单向流动，转变为发达国家与发展中国家之间、发达国家之间、发展中国家之间的多层次、多流向的长期资本流动格局。

（一）国际资本流动的一般原因

当代国际金融领域的重要特点之一，就是国际金融市场规模急剧增长和国际金融市场交易量急剧膨胀。股票与债券作为最为重要的直接融资手段，到2010年，全球股票市场规模和全球债券余额分别达到54.88万亿美元和89.26万亿美元。而在国际金融市场交易方面，到2010年，全球外汇市场日均交易量约为4万亿元美元，伦敦、纽约、东京为全球三大外汇交易中心。而全球场外(OTC)金融衍生品市场的规模则更大，到2010年6月末，全球场外利率衍生品市场名义余额达451.8万亿美元。国际金融市场交易规模已经远远大于全球经济生产总值。

国际资本流动无论是直接投资、间接投资还是银行贷款，一般来说，其动因都是为了获取比国内投资更高的利润或分散投资风险。战后国际资本流动变化的具体原因可归纳如下：第一，西方主要工业化国家经济增长速度放慢，加剧了资本过剩，从而使国际资本迅速增加。第二，主要工业化国家财政赤字难以消除，货币发行增加，从而加剧了国际资本膨胀。第三，欧洲货币市场等离岸金融市场不断扩大，吸引了大量国际游资，并加速了国际资本的流通。第四，浮动汇率制为投机活动提供了方便条件，因而从事外汇投机的货币数量增长，使国际资本进一步扩大。第五，20世纪90年代以来，世界范围内的金融自由化浪潮以及电子和信息产业的迅速发展，国与国之间的资金流动更加方便。

（二）战后国际资本流动的格局变化

战后国际资本流动格局的变化主要表现在以下三个方面：

1. 国际直接投资的增长和变化

第二次世界大战以后，国际直接投资一直保持着较强的上升势头，2010，全球外国直接投资(FDI)达到1.12万亿美元。在资本输出方面，发达国家仍然是资本输出的主体，但发展中国家对外直接投资的数量也在不断增加，2010年，中国的对外直接投资达到680亿美元，首次超过日本，居全球第六位。在资本输入方面，传统的资本输入格局，即发达国家对发展中国家的简单输入格局已不复存在，国际直接投资主要是在发达国家之间进行。

2. 资本流向多元化

资本流向多元化除了直接投资格局的多元化倾向之外，战后国际银行贷款和国际债券发行也保持其多元化的特点，并且流动方向随国际政治、经济形势的变化而变动。

国际债券发行增长速度加快是20世纪80年代后的一个重要趋势，而国际债券市场中又以欧洲债券市场的发展最为迅速，年债券发行量从1990年的2 120亿美元增长到2009年的超过10万亿美元。但受欧洲主权债务危机影响,2010年国际债券发行量出现大幅下降,全年发行量为7.6万亿美元,其中净发行量为1.49万亿美元,比2009年下降46%。国际债券市场的资本流动方向与国际银行贷款变化相似,主要流动集中于发达国家之间,由于对信誉要求较高,发展中国家一般难以在国际债券市场上大规模筹资。

3. 跨国公司——国际资本流动的新角色

跨国公司在当今世界的国际金融领域中,扮演着越来越重要的角色,对国际贸易、国际金融以及世界分工格局等都产生着深刻的影响。跨国公司的发展必然导致国际直接投资行为,导致国际资本的不断流动。跨国直接投资的动因有如下几点:第一,扩大产品销售市场。跨国公司将自己的产品生产向国外移植,有利于避开国际间的关税壁垒,接近销售市场。同时也有利于修正产品,以适应当地市场。第二,获得低成本技术熟练劳动力。跨国公司的直接投资总是希望以自己的资金、技术和廉价劳动力相结合,以降低生产成本。因此,在当前国际直接投资的技术含量越来越高的背景下,只有那些具有较多的、有一定技能的、相对低廉劳动力优势的国家才是跨国公司直接投资的对象。第三,寻求政治稳定的投资场所。政治稳定是资金安全的必要条件,所以发达国家被认为是最理想的投资地。另外,发达国家对私人财产和知识产权等的保护措施相对完善,其投资生产的顾虑较少。第四,寻找较好的投资"硬"环境。即寻找有着较为完善的基础设施的投资国家和地区,具体包括交通、通讯、供水、供电等等。在这方面,发达国家明显优于发展中国家。

三、国际资本流动对经济的影响

国际资本流动的历史已经证明,国际资本的流动无论是对资本投资国经济,还是对资本受资国经济都有不同的影响。同时,国际资本流动对全球经济也会产生不同的正反两面的影响。

(一)投资资本对资本流出国的影响

投资资本一般都是长期资本投资,对于资本流出国既有积极的一面,也有消极的一面。

国际投资资本对资本流出国的有利影响主要有:第一,增加资本投资利润。由于资本流出国资本相对过剩,资本投资的边际效益低,因此,投资资本为了寻求更有利的投资地,将资本投向资本短缺的国家和地区,从而获得了较高的投资利润。第二,资本流出还可以克服贸易壁垒,带动商品输出。由于投资资本一般是以市场为依托的长期投资,主要表现为在国外投资实业,通常包括货币资本、技术装备和管理经验在内的转移,并利用当地的企业,获取东道国的国民待遇,避开东道国的关税壁垒,从而扩大商品的出口和扩张市场。第三,可以提高资本投资国的国际经济地位。资本的输出是一国经济、金融实力的标志,同时,通过资本的流出对流入国的政治经济产生直接和间接的影响,从而提高了投资国在国际经济中的地位。

当然,投资资本的流出不是一本万利,也要承担一定的风险,对资本输出国也有一定程度的负面影响:第一,可能有碍资本输出国国内经济的正常发展。一国资本的输出能力是有限的,再者,资本输出国的资本只是相对剩余,而不是长期过剩。资本的输出可能减少国内的投资,导致就业机会减少,税收外移,财政收入减少,甚至引起经济衰退。第二,国际资本投资的风险较高。因为各国的经济和政治环境十分复杂,与国内的环境差别很大,带有长期性质的投资资本会面临较大风险。第三,增加市场的竞争对手。资本输出在其他国家和地区投资设厂将提高当地的竞争能力,甚至会与资本输出国的产品在国际市场上竞争。

(二) 投资资本对受资国的影响

国际投资资本是发展中国家努力争取的。发展中国家为了吸引国际投资资本，纷纷采取许多优惠政策，因为投资资本的流入对其经济是十分有利的。当然，我们要清楚，就算是长期的资本投资，若超过一国的承受能力，一样会带来债务危机等不利后果。

投资资本对受资国经济的积极影响包括：第一，可以弥补国内资金的不足。特别是发展中国家，由于国内居民收入水平低，储蓄不能满足投资需求，通过外资流入可以缓解国内资金不足的矛盾。第二，提高受资国的科学技术水平。投资资本的流入一般伴随技术和先进管理经验的引进，经过消化、吸收，从而提高国内技术水平。第三，扩大受资国生产能力，扩大产品出口，增加就业。出资国的市场将与受资国分享，提高受资国的出口创汇能力，同时，由于外资的流入，扩大了投资规模，为受资国增加了就业机会。

当然，过分依赖外资也会带来不良后果。导致亚洲金融危机的重要原因就是过分依赖外债，造成支付能力不足。具体来看，资本流入对受资国有以下几个负面影响：第一，由于过分依赖外资，可能损害受资国经济的自主性。外资的流入，特别是流入重要的经济部门，可能会使受资国丧失部分经济主权。再者，外资在一国经济中占有较大比重，会损害一国经济抵御外来经济周期影响的能力，使投资国经济问题通过投资渠道传染给受资国经济。第二，可能增加受资国的债务负担。过多地利用外资，特别是以外债形式利用外资，会造成外债负担过重，甚至陷入债务危机。20 世纪 80 年代中期的拉美债务危机和 1994 年的墨西哥金融危机都是由相应国家沉重的债务负担所引起。第三，可能造成大量财富外流。利用外资支付利息和汇出投资利润是正常的，但是，国际资金的成本是很高的，不仅包括有形的利息、股息、利润等成本，还有税收优惠、自主权的转让、宝贵资源的外流等无形的社会成本。总之，大量利用外资会造成不同程度的财富外流。

(三) 投资资本对全球经济的影响

投资资本的流出不仅仅对流入、流出国产生影响，对全球经济也有一定的影响。首先，增加了世界财富总量。资本在世界范围内流动，实现了生产要素在全球范围内实行最优配置。由于流出国的投资边际效益低于流入国，并且资本输出所减少的产值总量要少于在流入国生产增加的产值总量，所以这种投资资本的流动有利于人类实物财富的增加。其次，促进了国际金融市场的发展，加快了全球经济一体化的进程。投资资本的流动会猛烈地冲击各国死守的民族经济堡垒，加快各生产要素在国际范围内进行配置，扩大国际金融市场的交易规模，驱使国际金融市场监管不断完善。同时，由于资本的快速流动，各国经济以国际资本为纽带，相互利用，互相竞争，加强了各国经济间的合作，使各国经济联系更加密切，加快了全球经济一体化的进程。

四、国际资本流动与金融危机

国际资本流动与世界经济发展密切相关，特别对于发展中国家来说，外资的流入可以弥补其资金缺口，有利于经济增长与社会福利的增加，但在资本流出流入的实际运行中，也存在着单个资本流动的理性选择与整体资本流动的盲目性和投机性的矛盾。对投资热点地区的投入和对信心丧失地区的撤资往往都是一哄而起，也给发展中国家经济发展的稳定性带来负面影响。近 20 年以来，在发展中国家中有过三次大的金融危机，值得我们思考。

(一) 对拉美债务危机、墨西哥金融危机及亚洲金融危机的回顾

20世纪80年代初，一些拉美国家为了经济发展而大量举借外债无法归还，从而引起了一场危机。这些国家的当年应偿还债务的本息和已超过出口收入额的40%，远远高于国际公认的20%的警戒线，其本息负担十分沉重。1982年8月，墨西哥率先宣布无力偿债，巴西等主要债务国也纷纷仿效，从而酿成了一次震撼全球的世界性债务危机。这次危机的主要原因包括：拉美国家盲目举债，规模失控；对债务管理不善，不能有效控制汇率风险；外债使用政策不当；债权人的贷款政策在结构和条件上不合理；债务重新安排、借新还旧起不到缓解债务负担的作用等。债务危机使世界经济背上沉重的债务包袱，大量企业、银行破产倒闭。不良债务涉及西方几千家金融机构和政府部门，对金融市场造成巨大冲击。最终，在国际金融界(主要是IMF和世界银行)的努力下，经过债务重组、减免才渡过难关，但20世纪80年代对拉美国家来说已成了"失去的十年"。

1994年，墨西哥又一次面临金融危机。国内经济状况不稳，引起大量短期外国投资出逃，金融市场一片混乱，外汇储备迅速枯竭。1994年12月19日，墨西哥政府迫于比索抛售的压力及为了稳定金融市场，采取了过于简单而突然的做法，宣布比索兑美元汇率降低15%。比索的大幅度贬值，造成在数天之内墨西哥的外汇储备减少40多亿美元，股市狂跌，比索抛售危机难以抑制。12月28日，黑西哥政府终止对比索买卖的干预，实行浮动汇率制。此后比索一路下跌，从而引发了严重的金融危机，外资大量外逃，国内生产总值下降，物价飞涨，成千上万的中小企业破产，就业机会减少近50万个。这次金融危机不仅对墨西哥经济的发展产生了灾难性的影响，而且波及南美国家以及部分亚洲新兴国家和欧洲国家的市场，造成可转让股票价格的纷纷下跌。

再看1997年爆发的亚洲金融危机。此次危机首先爆发于泰国，并迅速蔓延到其他东南亚国家，后又一路北上，在韩国肆虐，从而发展为东亚金融危机。1997年7月2日，泰国中央银行宣布泰铢实行浮动汇率制，取消泰铢对一揽子货币的固定汇率制，当天泰铢下跌20%。由于泰国官方和私人企业借有大量短期外债，房地产及证券价格暴跌，银行坏账大幅上升，企业倒闭数量增多，从而引起了全面金融危机。泰国的金融危机冲击了其他东南亚国家的货币。菲律宾中央银行于1997年7月11日被迫宣布允许比索在更大的范围内与美元兑换。当天比索暴跌11.5%，为4年来的最大跌幅；缅甸元下跌33.28%。至同年8月，泰铢贬值23%，印度尼西亚盾贬值20%，马来西亚林吉特和菲律宾比索跌到了历史最低点，通常比较坚挺的新加坡元也创下了近年来的新低。受东南亚货币贬值的影响，东南亚股市也在劫难逃。菲律宾股市和印度尼西亚股市均创下了日历史最大跌幅；泰国股市和马来西亚股市也创下新低；中国香港股市在8月28日和29日连续两天暴跌，累计跌幅达1397点。进入1998年，东南亚金融危机扩展到除中国以外的全部亚洲国家和地区。与亚洲危机相伴随的国际商品市场需求的下降和石油类产品价格的走低，打击了俄罗斯的外贸出口，引起国际收支失衡，使其陷入支付危机和沉重的金融危机，与此同时，巴西、墨西哥等拉丁美洲国家也出现金融动荡。金融危机由一个国家向另一个国家，甚至由一个大洲向另一个大洲席卷。

(二) 国际资本流动在金融危机中扮演的角色

这三次危机有一个最明显的共同点，就是在危机发生前，均有大量外国资本流入发生危机的国家，而危机发生后，又有大量资本流出。1973年石油危机至1982年债务危机爆发前，流入新兴市场的私人资本净额达到1 650亿美元，占新兴市场国家同期GDP的1%。其中，仅

1981年1年，就有超过400亿美元的外资流入14个拉美国家，占其GDP的5%，而在债务危机爆发后的1982—1986年，外资流入额及其占GDP的比例均降至零点附近。在墨西哥，上述两指标在1993年被创出新纪录，分别接近200亿美元和8%，而1995年则出现200亿美元的净流出。在泰国、马来西亚、印度尼西亚、菲律宾和韩国这亚洲五国，1994年和1995年资金流入进入高峰期，总额接近800亿美元，占GDP的6%—8%，到1997年下半年开始出现资金净外流，总额接近200亿美元。

尽管大多数学者认为，金融危机的根源还是在于这些国家自身在国内经济发展战略和利用外资安排上的失误，但不可否认，这些国家成为了金融恐慌的现实载体，数以万亿计的国际资本在国家间频繁地进出，已实实在在地威胁了一国的金融安全。

国际资本流动通常可能带来下列风险：

第一，加大国际收支调节难度。大量而快速的国际资本流动抑制了需求管理政策的效应，国内宏观政策对国际收支中经常项目的作用方向与对资本项目的作用方向相反，在一定程度上抵消了宏观政策调整对国际收支项目的影响。

第二，影响货币政策作用过程。巨额资本流入新兴市场后，破坏了资金平衡，造成通货膨胀压力，绝大多数东道国及时提高了利率试图紧缩货币供给，然而高利率反而进一步诱发了外部资本的无序涌入，使紧缩性货币政策导致了膨胀性的后果。

第三，加剧新兴市场宏观经济失衡，影响新兴市场的稳定性。一些新兴市场由于容量狭小，工业体系不完整，巨额外资流入后，大量流向房地产等非生产和贸易部门，形成经济泡沫。新兴市场在对外开放的同时，普遍存在着金融监管薄弱、监管手段不完备等现象，因而极易出现贷款质量不高、对证券和房地产市场投资过度、坏账居高不下等一系列问题。一旦发生突发性事件，打击了市场信心，引起资本外逃，必然会动摇实体经济的基础，增加国内外宏观经济失衡的可能性，为发生金融危机埋下伏笔。

(三) 如何控制国际资本流动风险

目前，控制资本流动风险的措施有三个层次。

1. 采取硬性措施，限制短期资本流入

如在亚洲危机爆发后，中国台湾省出台措施，禁止对冲基金进入台湾股票市场；香港在动用外汇基金直接干预股票市场和期货市场的非正常波动后，先制定了7条完善联系汇率制运作的措施，期交所、联交所又制定了30条措施规范证券交易，对短期资金在外汇市场和股票市场的活动加以限制；马来西亚央行宣布采取外汇管制，严格控制短期资金进出。

这些直接干预措施，或限制了国际游资的进入，或切断了汇率变动与国内经济货币政策的紧密联系，使货币政策的制定和调整更多地考虑国内经济发展的需要，相应减轻了国内经济发展的压力，有助于经济的恢复。从其实际效果看，至少在一定时期内发挥了稳定市场的作用。

2. 运用税率、准备金率等手段控制资本流向和流量

这是各国面临国际资本流动风险的又一选择。美国经济学家托宾提出了著名的托宾税，对在国内证券或外汇市场发生的货币交易征税，目的在于增加货币交换的成本，放慢金融市场的反应速度，抑制货币投机，使汇率更加稳定。智利、巴西等国家都曾将托宾的思想运用于实践。

3. 积极参与国际社会对超常规资本流动的协调管理

在日益全球化的金融市场，一国经济的内外均衡要求越来越多的条件，对国际资本流动的

单方面控制的效果已很有限,因此,首先,全球应针对金融市场提高国际性的协调管理,合理使用资金;其次,各国央行应加强相互间的合作,以约束投机力量的市场炒作行为;最后,应采取协调的税制等政策措施,应对市场动荡带来的失衡问题。金融市场的自由化与金融市场的有效监管是金融服务业高效率的两个基本条件。通过各国和国际金融组织的努力,创造一个金融机构拥有更大经营空间、金融监管更加严密有效的市场,这样,国际游资的破坏性作用才会减至最低,国际资本流动促进经济贸易发展的能力才能得到提高。

本章小结

(1) 狭义的国际金融市场主要包括国际货币市场和资本市场,其发展可以分成三个阶段。目前,世界上的主要国际金融市场可以分为以纽约、伦敦和东京为第一层次的三大国际金融中心市场以及西欧区、东亚区、中美洲及加勒比海区、北美区、中东区这五个区域。

(2) 国际金融市场在促进战后国际贸易的发展,促进日本等国家经济的发展,缓和国际性的国际收支不平衡矛盾,优化国际分工,推动国际经济一体化等方面发挥了积极的作用。当然,它也在一定程度上损害了各国货币政策的自主权,形成了通货膨胀的倾向,影响了国际金融的稳定,并形成国际信贷领域的"超级风险"。

(3) 国际金融机构是国际金融体系的重要组成部分,可以分为两大类:一是非盈利性的官方金融机构;二是盈利性的商业金融机构。前者包括国际货币基金组织、世界银行、国际清算银行,以及亚洲开发银行、非洲开发银行等;后者是指跨国商业银行等国际性的金融组织。

(4) 国际资本流动是指资本在国家和地区之间的相互移动,包括长期资本流动和短期资本流动两大类。其动因往往都是为了获取比国内投资更高的利润或分散投资风险。

(5) 战后国际资本流动格局的变化主要表现在直接投资的迅速增长、资本流向多元化和跨国公司在国际资本流动中扮演越来越重要的角色。

(6) 对资本流出国而言,国际资本流动一方面可以增加资本投资利润,克服贸易壁垒,带动商品输出并且提高资本投资国的国际经济地位;但是另一方面也可能有碍资本输出国国内经济的正常发展,增加市场的竞争对手,而且还会面临较大的风险。

(7) 对资本流入国而言,国际资本流动一方面可以弥补国内资金的不足,提高受资国的科学技术水平,扩大受资国生产能力,扩大产品出口,增加就业;另一方面可能会使流入国过分依赖外资,损害受资国经济的自主性,增加受资国的债务负担,并且造成大量财富外流。

(8) 国际资本流动与世界的经济发展密切相关,但也可能给发展中国家经济发展的稳定性带来负面影响,拉美的债务危机、墨西哥金融危机和亚洲金融危机都是很好的例证。因此,在利用资本流动给经济发展带来的好处的同时,也应该努力控制资本流动的风险。

复习思考题

1. 国际金融市场的作用和问题有哪些?
2. 欧洲债券市场与外国债券市场的区别有哪些?
3. 国际货币基金的宗旨是什么?组织机构如何?贷款种类有哪些?
4. 世界银行集团包括哪几个组织?其各自的特点是什么?
5. 国际清算银行和巴塞尔委员会从事哪些业务活动?巴塞尔协议的主要内容是什么?
6. 结合3次金融危机谈谈国际资本流动有哪些风险?如何控制?

第十三章 国际货币制度

国际货币制度(也称为国际货币秩序)是指影响国际支付的原则、惯例、安排及组织机构的总和。一般来说,它包括汇率制度、国际储备资产的确定、国际收支调节机制(或手段)、国际结算制度等内容。

国际货币制度可以根据汇率制度或国际储备资产划分。根据汇率制度可以分为固定汇率制度和浮动汇率制度。固定汇率制则可根据是否可以调整、波动幅度大小分类,浮动汇率制则可根据是否存在干预来分类。根据国际储备资产,货币制度可以分为金本位制和纯信用本位制。纯信用本位制是指与黄金没有任何联系的纯美元或其他外汇本位制,以及金本位和纯信用本位的结合本位制,如金汇兑本位制。

第一节 汇率制度

一、汇率制度

汇率制度是一国货币当局对本国货币汇率变动方式的一般规定和安排。在不同的汇率制度下,汇率决定的主要因素不同,汇率调整的过程也不同。一般来说,汇率制度可以分为固定汇率制和浮动汇率制。固定汇率制又可分为长期不变的典型固定汇率制和可调整的固定汇率制;浮动汇率制则可分为管理浮动汇率制和自由浮动汇率制。

(一)固定汇率制

固定汇率制是指现实的汇率需要受到平价制约,汇率只能围绕平价在有限的范围内波动的制度规定和安排。世界上首次出现的国际货币制度是金本位制,在这种制度下,黄金充当国际货币,各国汇率由它们各自的含金量比例决定。同时,黄金在各国间自由输入输出,在“黄金输送点”的作用下,各国汇率相对平稳。所以,金本位制下的汇率制度基本上是长期不变的固定汇率制。金本位制下固定汇率制的前提条件是黄金自由输入输出以及纸币与黄金的自由兑换,但由于第一次世界大战的爆发,各参战国纷纷禁止黄金输出和纸币停止兑换黄金,国际金本位制受到严重削弱,之后虽改行金块本位制或金汇兑本位制,但因其自身的不稳定性都未能持久,金本位制最终瓦解。

金本位制度崩溃以后，各国的货币制度进入了纸币本位制，对应采取的汇率制度是浮动汇率制。当20世纪30年代西方经济大危机爆发后，外汇倾销造成外汇市场极度混乱，故在二战末期，在英美两国的推动下，同盟国的300多位代表在美国新罕布什尔州的布雷顿森林市召开会议，商定建立了所谓的布雷顿森林体系，布雷顿森林体系决定实行固定汇率制。20世纪70年代初，由于布雷顿森林体系运行出现的种种困难，各国纷纷脱离该体系规定的固定汇率制，转而实行浮动汇率制。

金本位制和布雷顿森林体系下纸币本位制的汇率制度都是固定汇率制，但两者存在着一些差异。金本位制下的固定汇率是由市场自发形成的，各国货币的金平价不会变动；而在布雷顿森林体系下，各国货币的金平价是可以调整的。故前者称为典型的固定汇率制；后者称为可调整的固定汇率制或可调整的钉住汇率制。

（二）浮动汇率制

浮动汇率制是指货币当局不对本国货币的汇率基本水准（或中心汇率）做出制度性的安排，汇率基准由外汇市场决定的汇率制度。

浮动汇率制度中有自由浮动和管理浮动之分，自由浮动又称清洁浮动，管理浮动又称肮脏浮动。自由浮动是指货币当局对本国货币的汇率既不固定，也不干预外汇市场，其汇率完全由市场供求决定。管理浮动是指货币当局对本国货币虽然不钉住汇率，但随时干预外汇市场，以影响汇率变动。管理浮动一般只是限制汇价波动，而不对汇价基本水准的确定施加影响。

浮动汇率制在现实中还可分为单独浮动和联合浮动。单独浮动（又称独立浮动）是指本国货币不与外国货币发生固定联系，其汇率根据外汇市场状况单独浮动。采用这一制度的有美元、澳大利亚元、日元、加拿大元等。联合浮动是指若干国家的货币组成一个体系，该体系的各成员国货币之间保持固定汇率，而对非成员国采取共同浮动。在欧元正式启动之前，欧洲货币体系国家采用这一做法。

二、汇率制度的争论和最适度货币区

固定汇率制度和自由浮动汇率制度都有各自的优缺点，一些经济学家对两种汇率制度的分析和优缺点的争论也由来已久。但实际上，一方的优点往往就是另一方的缺点。如在自由浮动汇率制度下存在着国际收支的自动调节机制，而固定汇率制度下汇率无法起到调节国际收支的作用。又如固定汇率制度具有通货膨胀的“制动器”作用，而自由浮动汇率制度则具有明显的通货膨胀内在倾向。

但从20世纪60年代以来，一些经济学家从对两种汇率制度优劣的一般性分析，转向对两种汇率制度的适应性分析，即在什么情况下，哪些国家适宜采取固定汇率制，哪些国家实行浮动汇率制更可取，他们提出了最适度货币区理论。

所谓最适度货币区是指由若干国家组成的货币集团，集团成员国货币由永久固定的汇率联结在一起，对非成员国则实行共同浮动。货币区是区域货币合作的最高形式。一般说来，货币区具有以下五个基本特征：第一，成员国货币之间的名义汇率是固定的；第二，具有一种占主导地位的货币作为成员国汇率确定的共同基础；第三，主导货币与成员国货币间具有充分的可自由兑换性；第四，存在着一个负责协调和监管的超国家的权力机构；最后，成员国的货币政策主权受到削弱，其中包括发钞权。实践上，最适度货币区理论也得到了认可，欧洲货币一体化和欧元的诞生表明了最适度货币区理论具有相当大的现实意义。

最适度通货区的衡量标准是指相关国家在符合什么条件下，建立通货区才是可行的。对此问题，不同的经济学家提出了不同的看法。

蒙代尔是以生产要素流动性为标准界定最适度货币区的。他认为，一个生产要素可以自由流动的区域，可以单独发行自己的货币并对外实行浮动汇率。这个区域可以是一国、一国的一部分或者是几个国家。如果这个区域是几个国家，则在区域内实行固定汇率制，对外施行浮动汇率制，这就形成了一个最适度货币区。

麦金农则以经济结构，即一国经济的开放程度作为划分最适宜货币区的标准。开放程度以贸易品部门与非贸易品部门的比例来衡量。开放程度大时，以实行固定汇率为宜；开放程度较小时，以实行浮动汇率更好。最适宜货币区的大小，取决于各国对外开放程度的高低。

彼得凯南在 1969 年提出了以产品多样化作为最适宜货币区的标准。他认为，外部经济的动荡对产品多样化的国家影响较小，汇率也就不用做出大的调整；而外部经济的动荡对产品多样化程度较低的国家影响较大，如需抵消这种冲击则需要对汇率做出较大调整。换句话说，就是产品多样化程度低的国家不能够承受固定汇率的后果，而应该建立在汇率上能够灵活安排并具有相对独立性的通货区。

詹姆斯依格拉姆则在 1973 年提出了国际金融一体化标准。他认为，如果国际金融的一体化程度较低，则金融市场的交易是不充分的，此时金融市场的交易将会以大量短期证券交易的形式表现出来(因为短期证券交易的风险可以通过远期市场的抛补来避免)，从而引发各国市场利率结构的较大差异，并进一步带来汇率的较大波动。相反的，若国际金融市场高度一体化，则利率的小幅波动就会引发资本的流动，从而可以避免利率的剧烈波动。因此，通货区的建立应该以金融一体化程度为标准。

哈伯勒和弗莱明分别于 1970 年和 1971 年提出了通货膨胀率相似性标准。他们认为国际收支失衡最可能是由各国的发展结构不同、工会力量不同和货币政策不同所引起的通货膨胀率差异造成的，而通货膨胀率的差异又会引发投机资本的流动和汇率的波动。因此，如果区域内各国的通货膨胀率趋于一致，汇率的波动就可以避免。

三、欧洲货币一体化的实践

欧洲的货币一体化自 20 世纪 60 年代末、70 年代初即开始拟议并实行，1970 年，欧共体拟订了“魏尔纳计划”。这个计划为欧洲货币联盟的实现规划了一个 10 年过渡期，过渡期分为三个阶段。大致说来，第一阶段从 1971 年年初至 1973 年年底，主要目标是缩小成员国货币汇率的波动幅度，着手建立货币储备基金，以支援干预外汇市场的活动，并着手协调货币政策与经济政策。第二阶段从 1974 年初至 1976 年底，主要目标是集中成员国的外汇储备，以充实货币储备基金，从而加强干预外汇市场的力量，此外，还要使欧共体内部进一步稳定，并促使成员国之间资本流动进一步自由化。第三阶段从 1977 年年初至 1980 年年底，目标是欧共体内部商品、资本及劳动力的流动将完全免受汇率波动的干扰，汇率趋于完全稳定，并着手规划统一货币，同时，货币储备基金则向联合中央银行发展。

1978 年 4 月在哥本哈根召开的欧共体会议上提出了建立欧洲货币体系(European monetary system，EMS)的建议，同年的 12 月，欧共体各国首脑在布鲁塞尔达成协议，自 1979 年年初起，欧洲货币体系协议正式实施。欧洲货币体系的基本内容有三个方面：第一，继续实行过去的汇率联合浮动体系，争取逐步收缩内部的可容许波动幅度。第二，继续运用原来的欧洲货币合作基金(EMCF),拟议两年后扩大发展为欧洲货币基金(European currency unit,ECU),它是原来欧洲货币计量单位(EUA)的继续和发展。

1988年6月,欧共体首脑汉诺威会议决定建立以欧共体委员会主席德洛尔为首的委员会,讨论关于欧共体成员国间进一步货币合作的方案。1989年4月,德洛尔向12国财政部长提出了关于欧共体经济与货币联盟的报告(即德洛尔计划)。同年6月,在欧洲理事会马德里会议上,成员国首脑认可了这个报告,并决定自1990年7月1日起实行。德洛尔计划分三个阶段实现欧洲经济货币联盟。第一阶段在货币联盟一体化方面的目标是:所有欧共体成员国的货币均纳入汇率联合干预机制,并采用同等的汇率可容许波动幅度。第二阶段首先要求建立欧洲中央银行体系(European system of centre canks,ESCB),它不排斥各成员国的中央银行,而是一个中央银行的中央银行。其次,将逐步收缩汇率可容许波动幅度,并尽量避免成员国间法定汇率的调整。再次,适当聚集各成员国的部分外汇储备。特别重要的是,各成员国货币政策的决定权将逐步让渡给共同体,由欧洲中央银行体系制定整个共同体的货币政策。第三阶段则要求外汇市场干预应尽可能使用共同体成员国货币,还要求进一步集中成员国外汇储备,最后要求以欧洲共同体货币取代各国货币。

1992年欧共体成员国签订了《马斯特里赫特条约》,其中的《经济和货币联盟条约》提出,经过三个阶段的过渡,各成员国要实行统一的货币政策和财政政策,发行统一的欧洲货币欧元,建立欧洲中央银行。

1999年1月1日,欧洲统一货币欧元终于正式投入使用。2002年1月1日欧元在市场上正式流通,各欧元实施国的法定货币开始退出市场(欧盟成员国中的英国、丹麦和瑞典除外,欧盟东扩后的10个新成员国亦除外)。2002年7月1日,各欧元实施国的本国货币完全退出流通,欧洲货币一体化计划初步达成。

第二节　本位币制的演进

国际货币制度如果以储备资产(或本位币)划分,有金本位制、金汇兑本位制和管理纸币本位制(或信用本位制度)。不同体制的交替变换形成了本位币制度的演进历史。

一、国际金本位制

国际金本位制是世界范围内首次出现的国际货币制度。它大约形成于1880年,结束于1914年第一次世界大战爆发。第一次世界大战之后,一些国家实行的金块本位制和金汇兑本位制已经不是完整意义的金本位制,真正的、完整的金本位制是金币本位制。

在国际金本位制的全盛时期(1880—1914年),即金本位制时期,其货币制度运转顺利,各国国际收支失衡不大,且能迅速恢复平衡,其世界经济呈现出普遍的繁荣和增长。其主要原因,一是“价格-硬币”流动机制能够顺利发挥作用,具体表现在:如果一国出现国际收支逆差,则逆差导致黄金流出,黄金流出导致货币供给量下降,货币供给量下降又导致物价水平下降,而物价水平下降又导致出口增加、进口下降,而进出口的这种变化最终导致国际收支的改善。二是因为在金币本位制时期,英镑是唯一重要的外汇储备货币,伦敦是唯一的国际金融中心,因此不存在对英镑丧失信心的问题。

第一次世界大战前夕，西方国家为应付战争，一方面尽量将黄金集中在中央银行，另一方面伴随着军费支出增加，财政赤字导致大量发行银行券，自由铸造和自由兑换已不存在。同时，各国为保持黄金储备，开始限制或禁止黄金输出。至此，金币本位制运行的三大前提，即自由铸造、自由兑换、自由输出输入已难以保证，国际金币本位制于1914年解体。

第一次世界大战结束后，为了重建世界货币秩序，各国纷纷恢复了金本位制度。其中，英、法实行的是金块本位制，其他国家实行的是金汇兑本位制。但1929年始于纽约证券市场的剧烈动荡，使经济恐慌在西方各国迅速蔓延，各国相继发生资本逃离风潮。这一风潮最后蔓延到英国，致使其黄金储备大量减少，英国政府被迫于1931年9月宣布终止黄金兑换，再度放弃金本位制，随后其他国家也相继放弃金本位制或金汇兑本位制，至此，金本位制最终崩溃。

二、布雷顿森林体系

布雷顿森林体系又称布雷顿森林制度，是二战末期在英、美两国设计的国际货币制度方案，即凯恩斯计划和怀特计划的基础上建立起来的。

凯恩斯计划是国际清算同盟方案，该方案强调透支原则和双方共负国际收支失衡调节责任。即一旦某国出现国际收支赤字，该国中央银行可以向国际清算同盟申请透支或提存。若借贷余额过大，无论是盈余国还是赤字国均须对国际收支的不平衡采取调整措施。怀特计划则是国际稳定基金方案，根据这个方案，要建立一个国际货币稳定基金，由各会员国以黄金、本国货币或政府债券认缴，各国的份额决定其在基金内的投票权。基金组织的主要任务是稳定汇率，并对会员国提供短期信贷以协助解决国际收支不平衡问题。该方案强调的是存款原则，在此原则上设立的基金组织，美国占有控制权，从而可以取得国际金融领域的支配权。英、美两国经过激烈的较量后，以美国的方案为主，双方最终达成了协议。1944年7月，联合国44个成员国的代表会聚于美国新罕布什尔州的布雷顿森林市，召开了联合国货币金融会议，签订了国际货币基金协定和国际复兴开发银行协定，统称布雷顿森林协定。从此，布雷顿森林体系正式形成。

（一）布雷顿森林体系的基本内容

布雷顿森林体系的运行是以国际货币基金组织为核心展开的。它的基本内容如下：

1. 建立一个永久性的国际金融机构，旨在促进国际货币合作

国际货币基金组织就是这一永久性的国际金融机构，它作为战后国际货币制度的核心，其各项规定构成了国际金融领域的基本秩序，对会员国融通资金，在一定程度上稳定着国际金融形势。

2. 实行美元—黄金本位制

布雷顿森林体系规定了以美元为最主要的国际储备货币，美元直接与黄金挂钩，规定每盎司黄金等于35美元，各国政府可以随时以美元向美国按规定价格兑换黄金。同时，其他货币与美元挂钩，规定与美元比价，从而间接与黄金挂钩。在一国出现国际收支困难时，经基金组织批准，可以调整其货币与美元的固定汇率。

3. 以短期资金融通协助解决国际收支困难

根据国际货币基金组织的规定，会员国对其份额的25%以黄金（或可兑换黄金货币）缴纳，其余75%部分以本国货币缴纳。会员国在需要国际储备时，要以本国货币向基金组织购买一定数额的外汇，在规定的期限内再以黄金或外汇购回本币，以此方式偿还借款。会员国的借款只限于弥补国际收支赤字。且借款1年之内不得超过25%，5年内累计不得超过125%，且贷款实行分档政策。

4. 取消外汇管制等直接管制措施

布雷顿森林协定规定，在战后的过渡时期之后，各国应取消对本国货币兑换性的限制，实现本国货币和其他货币及美元之间的自由兑换。各国对于资本项目可以管制以抵制游资的冲击，但不得对经常项目实施新的贸易限制，否则货币兑换性将失去意义。对于原有的限制，要通过关税及贸易总协定的多边谈判逐渐取消。

5. 国际收支失衡调节的对称性原则

布雷顿森林协定采纳英国方案的意见，制定了“稀缺货币条款”。当基金组织已将所持有的某种货币全部贷出时，它可以宣布该货币为“稀缺”货币，允许成员国在对稀缺货币发行国进行贸易时实行歧视。它实际上是将对国际收支的调节视为逆差国和顺差国的共同责任。不过迄今为止，基金组织还未引用过该条款宣布某国货币为稀缺货币。

（二）布雷顿森林体系的运行阶段

布雷顿森林体系从1947年建立到1971年解体，运行了24年。这段时期又可大致划分为三个阶段：

1. 过渡时期

从1947年到1957年，布雷顿森林体系建立过程的主要特征是美元短缺。

战后初期(1945—1949年)，欧、亚各国面临着恢复生产、复兴经济的艰巨任务，对进口品和物资需求极大。而美国由于没有受到战争破坏，其经济实力反而大增，成为唯一能够大量输出的国家，各国对其产品的需求和其拥有的支付能力很不相称，形成美元短缺，出现了各国国际收支逆差而美国国际收支持续顺差的状况。这种严重的国际收支不平衡是国际货币基金组织所无法应付的，最终解决的办法是马歇尔计划，即通过美国向西欧国家赠予大约300亿美元来解决美元短缺问题。

从1950年到1957年，由于西欧、日本经济迅速恢复，国际收支大大改善，而美国的国际收支却不断恶化。但这一时期西欧各国还没有解除外汇管制，所以国际社会对美元仍然充满信心，甚至认为美元作为国际储备优于黄金。

2. 运行与动摇时期

从1958年到1969年是布雷顿森林系的运行阶段，同时也是它开始动摇的阶段。这一阶段的主要特征是美元过剩。

从1958年开始，美国的国际收支逆差急剧增大，从1950—1957年的年均10亿美元发展到年均30亿美元。其原因是美国对西欧大量的资本输出和美国产品在国际市场竞争力的降低。国际收支的逆差使外国官方持有的美元迅速上升，同时美国的黄金储备在不断地下降，到1970年，其黄金储备已不到战后初期的一半。美国能否维持“黄金-美元”的法定平价受到怀疑。

3. 解体时期

从20世纪70年代开始，美国的国际收支每况愈下，黄金储备大幅下降。面对国际市场上抛售美元，抢购黄金和其他硬通货的压力，以及本国巨额国际收支逆差和对黄金储备的压力，美国总统尼克松于1971年8月15日宣布实行“新经济政策”，对外国官方持有的美元停止承担兑换黄金的义务，课征10%进口附加税等等一系列政策。美元与黄金脱钩，各国货币与美元之间的汇率平价很难维持，布雷顿森林体系因失去基础，无法运行而开始解体。

“新经济政策”宣布之后，世界各主要国家频繁磋商，寻找出路，并最终于 1971 年 12 月达成史密森协议：第一，调整汇率，建立新的平价。美元对黄金贬值 7.89%，黄金官价调至每盎司 38 美元。第二，扩大汇率波动幅度。由原来的上下各 1%，扩大到上下各 2.25%。第三，作为对各国货币升值的让步，美国取消“新经济政策”的进口附加税。

然而，美国的贸易收支逆差继续扩大。1973 年新年伊始，由于人们对美元的信心再次动摇，投机风潮顿起，抛售美元、买入西德马克等。尼克松政府不得不于 1973 年 2 月 12 日宣布美元对黄金贬值 10%，黄金官价计至每盎司 42.22 美元。随后意、日、英等国也放弃汇率平价，实行浮动汇率。同年 3 月美元投机风潮再起，其他主要货币也开始浮动，至此，布雷顿森林体系彻底解体。

（三）布雷顿森林体系的评价

布雷顿森林体系是一种以黄金为基础、以美元作为国际储备中心货币的新型国际货币制度，从而确立了美元的霸主地位。布雷顿森林体系的建立和运转结束了国际货币金融领域的混乱局面，营造了一个相对稳定的金融环境，弥补了国际收支清偿力的不足，对国际贸易、投资和世界经济的发展起到了积极的推进作用。

布雷顿森林体系以一国货币即美元作为最主要的国际储备资产存在着内在不可克服的矛盾，这也就是著名的“特里芬难题”。一方面，美国以外的成员国必须依靠美国国际收支持续保持逆差，不断输出美元来增加它们的国际清偿能力（即国际储备），这势必会危及美元信用从而动摇美元作为最主要国际储备资产的地位；另一方面，美国若要维持国际收支平衡稳定美元，则其他成员国国际储备增长又成问题，从而会发生国际清偿能力不足进而影响到国际贸易与经济的增长。

作为建立在“黄金—美元”本位基础上的布雷顿森林体系的根本缺陷还在于，美元既是一国货币，又是世界货币。作为一国货币，它的发行必须受制于美国的货币政策和黄金储备；作为世界货币，美元的供给又必须适应于国际贸易和世界经济增长的需要。由于黄金产量和美国黄金储备量增长跟不上世界经济发展的需要，在“双挂钩”原则下，美元便出现了一种进退两难的境地：为满足世界经济增长对国际支付手段和储备货币的增长需要，美元的供应应当不断地增长；而美元供给的不断增长，又会导致美元同黄金的兑换性日益难以维持。美元的这种两难决定了布雷顿森林体系的内在不稳定性及危机发生的必然性，该货币体系的根本缺陷在于美元的双重身份和双挂钩原则，由此导致的体系危机是美元的可兑换的危机或人们对美元可兑换的信心危机。正是由于上述问题和缺陷，导致该货币体系基础的不稳定性，当该货币体系的重要支柱——美元出现危机时，必然带来这一货币体系的危机。

第三节　国际货币制度的现状

在布雷顿森林体系崩溃之后，世界各国就国际货币关系达成了牙买加协定，由此也形成了国际货币关系的新格局。

一、牙买加协定的形成和主要内容

1976年1月,国际货币基金组织鉴于布雷顿森林体系崩溃后国际金融局势的动荡不安,为探索新的货币制度方案,在牙买加首都金斯敦召开会议,并达成了牙买加协定。同年4月,国际货币基金组织理事会通过了国际货币基金协定的第二次修正案,从而逐渐形成了国际货币制度的现状。

牙买加协定的主要内容有以下几个方面:

(一)浮动汇率合法化

会员国可以自由选择任何汇率制度,但各会员国的汇率政策应受国际货币基金组织的监督,并经常与之协商,IMF要求各国在稳定物价的前提下寻求持续的经济增长,以国内经济的稳定促进国际金融关系的稳定,尽力缩小汇率波动,避免以操纵汇率来阻止国际收支的调整或取得不公平的竞争利益。

(二)黄金非货币化

废除IMF协定的黄金条款,取消黄金官价,各会员国中央银行可按市价自由买卖黄金,取消会员国之间及会员国与IMF之间须用黄金清算债权的义务。IMF持有黄金将逐步予以处理。

(三)提高特别提款权(SDRs)的国际储备地位

通过修订SDRs的有关条款,以使SDRs逐步取代黄金和美元,而成为国际货币制度的主要储备资产。新的规定使各会员国可以自由交易SDRs,而不必征得IMF的同意。IMF与会员国之间的交易以SDRs代替黄金,IMF一般账户中所持有的资产一律以SDRs表示。

(四)扩大对发展中国家的资金融通

协定设计以出售黄金所得设立"信托基金",以优惠的条件向最贫穷的发展中国家提供贷款和援助,以解决其国际收支困难。扩大IMF信贷部分贷款的额度,由占会员国份额的100%增加到145%。放宽"出口波动补偿贷款"的额度,由占份额的50%上升到75%。

(五)增加基金份额

协定决议各会员国对IMF所缴纳的基本份额,由原来的292亿SDRs增加到390亿SDRs。各会员国应缴份额所占比重有所调整,主要石油输出国的比重由5%上升到10%;主要工业化国家中除了西德、日本略有增加以外,均有所下降;其他发展中国家保持不变。

二、对牙买加体系的评价

(一)牙买加体系的积极作用

对于牙买加体系下的国际货币制度,首先应该肯定其对维持国际经济运转和推动世界经济发展的积极作用,这具体表现在三个方面。

第一,该体系在一定程度上化解了"特里芬难题"。对于国际货币来说,最重要的是"信心与清偿力"问题,"特里芬难题"证明任何国家的货币单独充当国际储备都难以避免这个矛盾。而储备货币多元化可使这一矛盾分解,即使一国货币贬值,也不一定会危及其他国家货币的稳定性。

第二,以浮动汇率为主的汇率体系比较灵活。主要储备货币的浮动汇率可以根据市场供求状况自动及时调整,这对国际贸易和国际金融交易十分有利。同时,浮动汇率使各国的宏观经济政策更具独立性和有效性，而不必为维持汇率水平而丧失国内经济目标。

第三，国际收支调节机制存在互补关系。在牙买加体系中，由于多种国际收支调节机制并存，各种机制相互补充，适应当今世界经济格局多元化的特点，缓和了布雷顿森林体系条件下国际收支调节机制失灵的困难。

(三) 牙买加体系的问题

虽然牙买加体系存在着许多积极的作用，但它也存在着一定的弊端。

首先，国际储备多元化与国际清偿力不协调。在国际储备多元化条件下，各储备货币发行国享有“铸币税”的特权，各储备货币发行国，特别是美国的国际收支状况的变动，导致世界外汇储备的变动，从而直接影响着国际清偿力的稳定。所以，在牙买加体系下，既失去了金本位制条件下的自发调节机制，又没有建立起 IMF 对国际清偿力的全面控制。由于国际清偿力的不稳定，使世界经济的发展受到很大的影响。

其次，主要储备货币之间汇率大起大落。美元汇率在 20 世纪 70 年代一路下滑，进入 20 世纪 80 年代后，前 5 年持续上浮，1980—1985 年美元汇率上浮 60%以上；其后 3 年美元汇率又向下浮动 50%以上。汇率波动幅度如此之大，实属罕见。汇率剧烈波动的弊端很多，首先是增加了汇率风险，对国际贸易和国际投资形成了消极的影响。其次是对发展中国家债务国来说，美元向上浮动导致债务加重，而美元向下浮动则又使其对美出口不利。

再次，“肮脏浮动”的汇率制使各国经济政策仍然不能独立。如 20 世纪 70 年代后期，美国采取扩张的货币政策，降低利率，导致美元汇率下浮，加强美国产品的竞争力。从而引发西欧各国也采取货币扩张政策与之抗衡。又如 20 世纪 80 年代上半期，美国的反通货膨胀政策使市场利率不断上升，吸引了大量资金流回美国，导致美元汇率不断上浮。于是为避免资本外流，西欧、日本也随之采取紧缩货币政策。

最后，国际收支调节机制仍不健全。现实中，由于各种国际收支调节机制都存在着一定的局限性，国际货币基金组织的贷款能力又十分有限，国际货币基金组织也没有能力指导和监督国际收支中盈余和赤字的双向对称调节。因此，自 20 世纪 70 年代布雷顿森林体系崩溃以来，国际收支失衡的问题一直没有得到很好的解决。

总之，牙买加体系在一定程度上反映了布雷顿森林体系崩溃后的世界经济格局，比较灵活地适应了当时国际金融关系的变化，但它在储备货币、汇率机制、国际收支调节机制等方面存在着不可忽视的缺陷。近几年来，国际金融危机频繁发生，破坏力度越来越大，表明牙买加体系已不能适应当前世界经济的发展，必须进一步改革国际货币制度，建立合理稳定的国际货币新秩序。

三、牙买加协定后的国际货币制度运行

牙买加协定后至今为止的国际货币制度实际上是一个在国际储备方面以美元为中心的多元化储备货币体系，在汇率制度方面多种浮动汇率制并存的体系。下面我们从国际储备货币体系、汇率制度、国际收支调节机制三个方面具体讨论牙买加协定后的国际货币制度的运行。

(一) 多元化的国际储备体系

其运行特点表现在三个方面：一是美元作为主导货币的地位不断下降。作为国际计值单位，在 1973 年前各国货币都以美元定值、与美元保持固定汇率，但到 1990 年年底，钉住美元的有 25 个国家，钉住法郎的有 14 个国家。作为国际价值贮藏手段，美元在各国官方外汇储备中

的比重则从1973年的76.1%下降到1990年的56.4%。这种状况说明美元的作用已经大大削弱。二是欧洲货币单位(ECU)和特别提款权(SDRs)发挥了重要作用。欧洲货币单位(ECU)是欧共体国家于1979年创造出的一种组合货币,其价值由多种货币组成。由于价值稳定,加上成员国的推动,很快被一些国家的中央银行用作外汇储备。特别提款权(SDRs)在设立之初只是一种账面资产,用于IMF会员国货币当局与IMF和国际清算银行之间的清算。根据牙买加协定,IMF采取措施加强了SDRs的国际储备地位。三是黄金的储备地位持续下降。但由于黄金的历史地位,其非货币过程仍然较为缓慢。IMF、欧洲货币合作基金、国际清算银行等金融机构仍持有大量黄金储备。

(二)浮动汇率制的确定

自牙买加协定以后,发达国家多数采用单独浮动或联合浮动,但也有采用钉住自选的货币篮子,或实行某种管理浮动汇率制。而发展中国家则多数采用钉住美元、法国法郎、SDRs以及自选货币篮子,实行单独浮动汇率制的很少。

截至20世纪末、21世纪初,在世界各国的汇率安排中,钉住单一货币的国家有42个,其中钉住美元的有24个国家,钉住法国法郎的有14个国家,钉住其他单一货币的有4个国家,钉住SDRs的有6个国家;钉住自选货币篮子的有32个国家;对一种货币有限浮动的有4个国家;按一组经济指标调整汇率的有5个国家;管理浮动的有27个国家;单独浮动的有20个国家;联合浮动的有10个国家。对于如此多种汇率安排的制度,一般认为它是浮动汇率制,但也有学者认为它是混合体制或"无体制的体制"。

(三)国际收支调节机制

早在20世纪80年代,国际收支就出现了严重的失衡。对于国际收支的不平衡,特别是经常账户的失衡,牙买加体系的调节是通过汇率机制、国际金融市场的利率机制和动用储备来解决的。在牙买加体系下,由于多数国家都采用浮动制,所以汇率机制自然成为国际收支调节的主要方式。而利率机制的调节作用则是利用发达的国际金融市场,通过不同市场的利率水平来引导资金的国际流动,通过国际收支资本账户的盈余和赤字来平衡经常账户的赤字和盈余。除了上述调节机制外,还可以通过外汇储备的使用来进行调节。同时,IMF在调节国际收支失衡上也发挥着重要的作用。

本章小结

(1)汇率制度是一国货币当局对本国货币汇率变动方式的一般规定和安排,具体的汇率制度安排包括固定汇率制和浮动汇率制。浮动汇率制又包括有管理的浮动汇率制和自由的浮动汇率制。

(2)一国应该如何选择汇率制度的理论被称为最适度货币区理论。蒙代尔认为,一个生产要素可以自由流动的区域,可以单独发行自己的货币并对外实行浮动汇率。麦金农则认为,一国开放程度大时,以实行固定汇率为宜;开放程度较小时,以实行浮动汇率更好。欧洲货币一体化是对蒙代尔最适度货币区理论的实践。

(3)外汇管制是指一国政府为了平衡国际收支和维持汇价而对外汇交易实行的限制,一般通过价格管制或者数量管制来实现。从总体上来说,外汇管制弊大于利。

(4)国际金本位制是世界范围内首次出现的国际货币制度,之后的布雷顿森林体系是一种美元—黄金本位制,实质上是一种国际金汇兑本位制;布雷顿森林体系崩溃之后,世界各国就国际货币关系达成的牙买加协定，由此而形成了国际货币关系的新格局。

(5) 牙买加协定的主要内容包括浮动汇率合法化、黄金非货币化、扩大对发展中国家的资金融通、增加基金份额等。牙买加体系的建立为世界经济的发展作出了贡献，但其自身也存在一定的弊端。

(6) 牙买加协定后至今为止的国际货币制度实际上是一个在国际储备方面以美元为中心的多元化储备货币体系，在汇率制度方面多种浮动汇率制并存的体系。

复习思考题

1. 固定汇率制和浮动汇率制的主要内容是什么？
2. “清洁浮动”和“肮脏浮动’的含义各是什么？
3. 中国目前的汇率制度是怎样的？
4. 布雷顿森林体系的基本内容是什么？布雷顿森林体系的运行有哪几个阶段？各有什么特点？如何评价布雷顿森林体系？
5. 牙买加协定的主要内容有哪些？
6. 牙买加协定之后的国际货币制度是怎样运行的？对牙买加体系如何评价？

第十四章 开放经济中的宏观经济政策

第一节 经济的政策和工具

一、开放经济的政策目标和工具

在封闭经济中,一国政府宏观经济调控的目标主要有就业、物价稳定和经济增长。由于经济增长目标是个长期的动态过程,所以,在短期内,政府的宏观经济调控目标主要是充分就业和物价稳定。在开放的经济中,政府在封闭经济中的三大宏观经济调控目标只是实现经济的内部均衡,所以还应该有一个实现经济外部均衡的目标,即国际收支平衡目标。换言之,开放经济的宏观调控目标可以分为两大类:内部均衡(internal balance)目标和外部均衡(external balance)目标。

所谓内部均衡是指一国实现了充分就业并且保持物价稳定。所谓外部均衡是指国际收支平衡。从各国的经济实践来看,通常各国总是将内部均衡置于外部均衡之上,予以优先考虑。但如果一国面临着巨大而持久的国际收支失衡时,该国也会被迫把外部均衡置于优先地位。

为实现内部均衡和外部均衡这两个目标,一国可供选择的政策工具主要有三类:一是支出调整政策,又称支出变动政策,即需求管理政策;二是支出转换政策;三是直接管制。

支出调整政策主要包括财政政策和货币政策。财政政策是指通过调整政府的收入或者支出,或者两者同时调整,以影响经济运行的政策工具。货币政策是指通过调整货币供给量和利率水平,以影响内外经济运行的政策工具。总之,财政政策和货币政策都是通过直接影响总需求或者总支出来调节内部均衡,与此同时,总需求或者总支出的变动又会通过边际进口倾向和利率机制来影响外部经济运行。

支出转换政策是指改变总需求的方向,调节总支出中国内外商品和劳务的支出比的政策工具。支出转换政策主要指汇率政策,汇率政策是指通过选择汇率制度和调整汇率水平,以影响内外经济运行的政策工具。支出调整政策和支出转换政策是实现经济内外平衡的常用手段。例如,提高汇率会使对国外商品的开支转移到国内商品上,从而可以减少一国贸易赤字,改善国际收支。但它也会导致国内产出增加，而这又会引起进口上升。

直接管制是指政府采取直接行政控制来影响内外经济运行的政策工具。直接管制主要包括贸易管制、金融或外汇管制与工资管制等。从性质来看直接管制也应该属于支出转换政策，所不同的是它们针对的是特定的国际收支项目，而上述改变汇率的政策则是一种同时作用于所有项目的普遍性政策。

二、丁伯根法则和米德冲突

在开放的经济中，面对多种经济目标和多种经济政策，政府必须选择合适的政策工具来实现每一个经济目标。

荷兰经济学家、首届(1969年)诺贝尔经济学奖获得者简·丁伯根(Jan Tinbergen)提出经济政策理论，被称为丁伯根原则(Tinbergen's rule)。丁伯根原则的基本含义是实现一个经济目标，至少需要一种有效的政策工具，由此推论，要实现n种独立的政策目标，至少需要n种相互独立的有效政策工具。

大多数经济学家都认为，在浮动汇率制下，政府用支出调整政策可以实现内部均衡的目标，而用支出转换政策可以实现外部均衡的目标，所以，根据丁伯根原则，同时实现一国的对内和对外均衡是可能的。

从二战后到1971年，世界上实行的是固定汇率制。在固定汇率制下，一国难以动用支出转移政策(汇率政策)作为政策工具。实践中，各工业国即使出现了根本性国际收支失衡，也不愿意使本币升值或贬值。盈余国倾向于积累储备，同时，担心本币升值影响出口，而赤字国认为本币贬值是经济衰弱的表现，并且害怕本币贬值会招致国际资本外逃。结果，各国只剩下支出调整政策可以使用了。在这种情况下，英国经济学家、1977年诺贝尔经济学奖获得者詹姆斯·爱德华·米德在其1951年出版的《国际收支》一书(The Balance of Payments)中指出，在固定汇率制下，政府难以使用支出转换政策，而单独使用收入调整政策，又会使内部均衡和外部均衡两个目标的实现发生冲突。这种现象被称为米德冲突(Meade's Conflict)。显然米德冲突是丁伯根法则的一种表述形式。如果把财政政策和货币政策看作是一种政策工具——支出调整政策工具时，根据“丁伯根法则”，它无法同时满足两个目标。

米德冲突是20世纪50年代被广为接受的理论，到了60年代，蒙代尔(Mundell)打破了这一看法。他指出在固定汇率制下，财政政策、货币政策是两种独立的政策工具，只要适当地搭配使用，就可以同时实现内外部平衡。蒙代尔还进一步指出，很多时候，针对某个特定目标的某项政策可能会对实现另一个目标有帮助，而有时候，它会阻碍另一个目标的实现，因而不同政策实施的效果往往会有冲突。针对这一情况，蒙代尔认为：应将每一种政策实施在它最具影响力的目标上。这就是所谓的蒙代尔搭配法则(Mundell's assignment rule)，我们将在下一节进行讨论。

三、斯旺图形

根据丁伯根法则和来源冲突的思想，澳大利亚经济学家斯旺(T. Swan)用几何图形展示了如何通过支出调整政策和支出转换政策的搭配使用来解决宏观经济的内外部失衡问题。

在图14-1中，纵轴代表汇率(E)，E上升即汇率上升，本币贬值；E下降即汇率下降，本币升值。横轴代表国内实际支出或需求(D)。

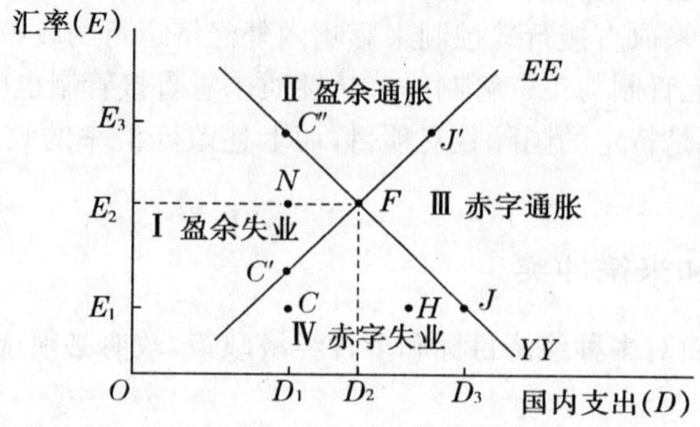

图 14-1　斯旺图形

EE 线是外部均衡线，它表示的是对应于外部均衡，汇率与国内实际支出的各种组合。EE 线具有正斜率，因为如果国内支出(D)增加，将带来进口增加，需使汇率升高，以减少进口，增加出口，才能维持外部均衡。例如：从 EE 线上点 F 出发，当 D 由 D_2 升至 D_3 时，E 须由 E_2 上升至 E_3，才能维持外部均衡(EE 线上点 J′)。

YY 线是内部均衡线，表示对应于内部均衡时，汇率(E)与国内支出(D)的各种组合。YY 线斜率为负，因为如果 E 下降，则出口会减少，这样，一国国内支出(D)必须增加，才能维持外部均衡。例如，从 YY 线上点 F 开始，E 从 E_2 降至 E_1 时，为维持内部均衡，D 必须从 D_2 增加至 D_3，达到 YY 线上的点 J。

在图 14-1 中，只有 EE 线与 YY 线的交点 F 同时达到了内外部均衡。在 EE 线上方的任何一点都表示国际收支盈余，下方任何一点部表示外部赤字。在 YY 线上方任何一点都表示通货膨胀，下方任何一点都表示失业。这样就可以划分出如下四个区域：

区域Ⅰ——外部盈余与内部失业并存；

区域Ⅱ——外部盈余与内部通货膨胀并存；

区域Ⅲ——外部赤字与内部通货膨胀并存；

区域Ⅳ——外部赤字与内部失业并存。

当经济处于内外失衡状态时，可以搭配使用支出调整政策和支出转移政策，使经济达到 F 点。

如图 14-1 所示：当经济处于赤字与失业并存的 C 点时，为达到 F 点，汇率(E)和国内支出(D)都必须上升。可以使用支出转移政策将汇率提高到 E_2，同时使用支出调整政策使国内支出增加到 D_2。如果只有 E 上升，该国可以获得外部均衡(EE 线上点 C′)，或者当 E 上升很大时，一直到 YY 线上的 C″点，则该国可获得内部均衡，但仅靠汇率调整不能同时取得内外部均衡。同理，如果只增加国内支出(D)，该国可以获得内部均衡(YY 线上的点 J)，但这会导致更大的外部赤字。请注意，在图 14-1 中虽然点 C 和点 H 都在区域Ⅳ内。但为达到 F 点，点 C 需增加国内支出，而点 H 需减少国内支出。

即使该国已经处于内部均衡了，如在 YY 线上的点 J，如果此时还想达到外部平衡，也不能仅依靠支出转移政策。因为单纯的汇率上升将会使该国达到 EE 线上的 J′，于是该国将面临通货膨胀。

因此，为同时实现内外部均衡，通常需要支出调整和支出转移这两种政策搭配使用。当且仅当该国经济处于过点 F 的水平或垂直线上时，为达到 F 点只需要一种政策工具。例如，为从 N 点到达 F 点，一国只需增加国内支出。

第二节　开放经济下的 *IS-LM-BP* 模型

一、*IS-LM-BP* 模型

在开放经济下，决定一国国民收入的因素不仅包括各种封闭经济状态下的宏观经济变量，而且包括国际收支这个新变量。本节我们将建立一个包括国际收支在内的宏观经济模型，即开放经济下的宏观经济模型（*IS-LM-BP* 模型），作为分析宏观经济政策的基本框架。关于 *IS—LM* 模型，我们已比较熟悉，简而言之，*IS-LM-BP* 模型就是在 *IS—LM* 模型中加入国际收支均衡之后的修正模型。

（一）开放经济下的 *IS* 曲线

开放经济下的 *IS* 曲线必须考虑进口（*EX*）和出口（*IM*）因素，总需求可以写成：$AD=C+I+G+EX-IM$，产品市场均衡有总产出 $Y=AD$，可以表示为：

$$Y=C+I+G+EX-IM。$$

利用式 9－1 可得[①]：

$$Y=C_0+c(Y-(T_0+tY))+G+I_0-bi+EX-IM \tag{14-1}$$

其中，Y 是本国实际收入；EX 是实际的出口总额，受到外国实际收入 Y^f、外国价格水平 P^f、本国价格水平 P、汇率水平 e 四个方面因素的影响；IM 是实际的进口总额，受到本国实际收入 Y，外国价格水平 P^f，本国价格水平 P，汇率水平 e 四个方面因素的影响。如果假定物价水平和汇率不变，外国实际收入为外生变量，则出口总额 EX 可视为外生变量，我们用 EX_0 表示，则式（14－1）可写成：

$$Y=C_0+c[Y-(T_0+tY)]+G+I_0-bi+EX_0-(IM_0+jY) \tag{14-2}$$

其中，IM_0 是实际的自发性进口，j 表示边际进口倾向

将式（14－2）变形，写成 i 和 Y 的表达式：

$$Y=\frac{1}{1-c(1-t)+j}(C_0+I_0+G-cT_0+EX_0-IM_0-bi) \tag{14-3}$$

式（14－3）就是开放经济下的 *IS* 曲线，该曲线仍然是一条倾斜向下的曲线，在 *IS* 曲线上任何一点都代表开放经济下产品市场的均衡。如图 14－2 所示：

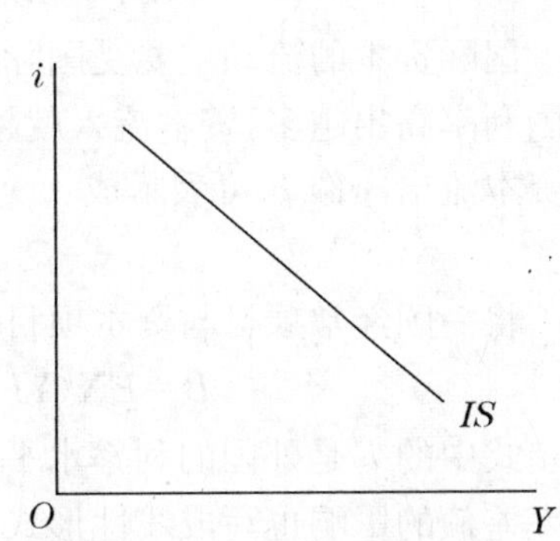

图 14－2　开放经济下的 *IS* 曲线

当 G 或 EX_0 增加，*IS* 曲线将向右移动；当 IM_0 增加，*IS* 曲线将向左移动。

① 本章中关于 C_0、T_0、I_0、c、t、b、i 的定义同第九章中的定义。

(二)开放经济下的 LM 曲线

在开放经济中,LM 曲线仍代表货币市场的均衡,即货币供给等于货币需求,与封闭经济情况下并没有区别,根据第 9 章的分析,由式(9-4),我们可以得到下面的 LM 曲线[①]如图 14-3 所示:

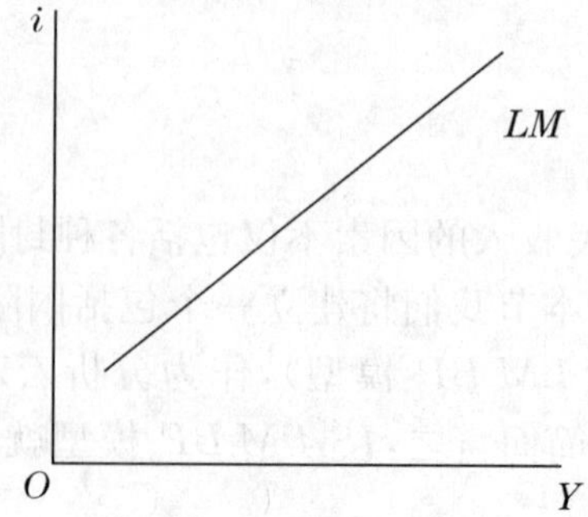

图 14-3 开放经济下的 LM 曲线

$$Y=\frac{1}{k}\left(\frac{M_s}{P}\right)+\frac{h}{k}i \tag{14-4}$$

开放经济下的 LM 曲线仍然是一条向右上方倾斜的曲线,LM 曲线上的任何一点都代表货币市场的均衡。

(三)国际收支平衡线——BP 曲线

1. BP 曲线的推导:

BP 曲线表示的是一国国际收支平衡时,利率与收入的各种组合。一国国际收支主要是由经常项目和资本项目构成的。如果不考虑单方面转移,或将其并入进出口项目,经常项目实际差额即为实际出口额减去实际进口额,根据前文对影响一国实际进出口总额因素的分析,可得:

$$EX-IM=EX(Y^f,P^f,P,e)-IM(Y,P,P^f,e) \tag{14-5}$$

国际资本的流动主要受国际间利率差异的影响。在其他条件不变的情况下,一国利率比外国利率高出越多,资本流入就越多,流出越少;反之,资本流入越少,流出越多。因此,一国实际资本流出净额 F 可表示成:

$$F=F(i-i^f) \tag{14-6}$$

将一国经常项目与资本项目差额合并,即为国际收支差额 B,根据式(14-5)和(14-6):

$$B=EX(Y^f,P^f,P,e)-IM(Y,P,P^f,e)-F(i-i^f) \tag{14-7}$$

式中的 i^f 是外国的利率水平,可视为外生变量,故令其为 i_0^f,若将资本外流净额受国内外利率差额的影响也写成线性形式,式(14-7)可以写成:

$$B=EX_0-(IM_0+j_YY)-[F_0-q(i-i_0^f)] \tag{14-8}$$

其中,F_0 是自发性的国际资本外流净额,q 是资本流动对利率差异的敏感程度,$0<q<1$。

若 $B=0$,即国际收支平衡,式(14-8)可以写成:

---

① 本章关于 k、h、Ms 的定义同第九章中的定义。

$$EX_0 - IM_0 - jY = F_0 - q(i - i_0^f)$$

整理得：
$$Y = \frac{EX_0 - IM_0 - F_0}{j} + \frac{q}{j}(i - i_0^f) \qquad (14-9)$$

式(14-9)表示当经常项目盈余(赤字)等于资本项目赤字(盈余)，即一国国际收支达到平衡时，实际收入的均衡水平是利率的增函数。将这种关系表示在图 14-4 中就得到了 BP 曲线。BP 曲线是一条斜率为正的曲线，表示当收入沿横轴增加时，进口水平会增加，会导致经常账户恶化，如果要保持国际收支平衡，就必须有资本的净流入，这只有在利率水平增加时才会发生。

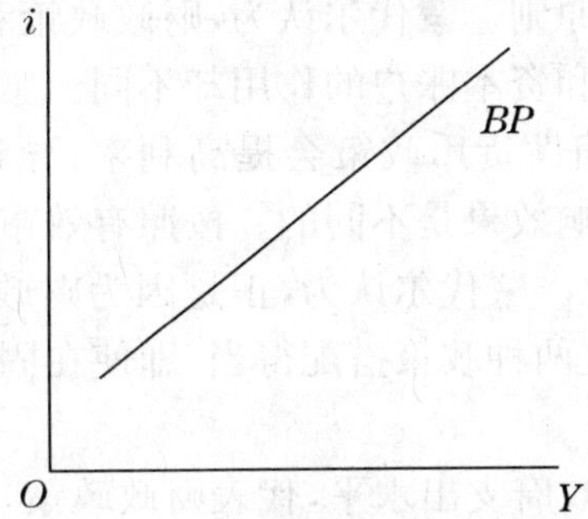

图 14-4　开放经济下的 *BP* 曲线

BP 线上的任何一点都表示国际收支平衡，在 BP 线右下方的任何一点都代表国际收支赤字，而在 BP 线上的左上方任何一点都代表国际收支盈余。

2. *BP* 曲线的移动

(1) q 变化对 BP 曲线的影响。q 越大，表示国际资本流动对利率变动越敏感，此时图中 BP 曲线的斜率越小，BP 线越平坦，也就是说利率微小的变动，将引起国际资本巨大的流动。特别地，如果国际资本对利率变动极度敏感，即 $q \to +\infty$，国际资本具有完全利率弹性时，BP 线将成为一条水平线。

(2) 汇率变化对 BP 曲线的影响。为简化问题，在推导 BP 曲线时我们假定了汇率不变，若考虑汇率的波动，BP 曲线将发生平移。具体来说，当本币贬值时，该国贸易账户得到改善，将使利率降低，资本外流增加，BP 线右移。反之，本币升值将使 BP 线左移。

(四) IS-LM-BP 模型

现在，我们将 BP 曲线引入到 IS—LM 模型中，即在描述产品与货币市场同时均衡的 IS—LM 模型中加入国际收支平衡线，从而形成一个开放的宏观经济模型，具体如图 14-5 所示：

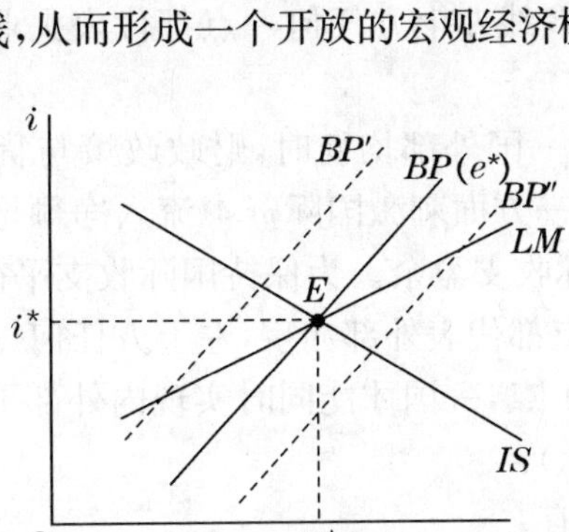

图 14-5　*IS-LM-BP* 模型

开放经济均衡要求商品市场、货币市场和国际收支同时达到均衡。如图 14－2 所示，当 IS 曲线、LM 曲线和 BP 曲线恰好交于 E 点的时候，便会有唯一的一组利率 i^*、实际国民收入 Y^* 和汇率 e^*，使得产品市场均衡、货币市场均衡及国际收支均衡这三种均衡同时实现。若 Y^* 为充分就业水平，此时三条曲线的共同交点 E 就是内外部经济同时取得均衡的点。

二、蒙代尔搭配法则

1999 年诺贝尔经济学奖获得者、美国经济学家蒙代尔(Robert. A. Mundell)提出政策搭配理论，其核心是有效市场分类原则。蒙代尔认为，财政政策和货币政策对国民收入和经常账户的影响基本相同，但对利息率和资本账户的作用却不同。紧缩性财政政策会降低利率，导致资本流出，恶化资本账户；而紧缩性货币政策会提高利率，导致资本流入，改善资本账户。因此，这两种政策对外部经济的影响效果是不同的。按照有效市场分类原则，应该将每种政策工具实施在其最具影响力的目标上。蒙代尔认为，正是因为财政政策和货币政策对内外经济的影响效果是不同的，所以，如果这两种政策搭配得当，即使在固定汇率制下，也能实现内外经济的均衡。

如图 14－6 所示，横轴表示政府支出水平，代表财政政策，离原点越远，财政政策的扩张性越强。纵轴表示利率，代表货币政策，离原点越远，货币政策越趋向紧缩。

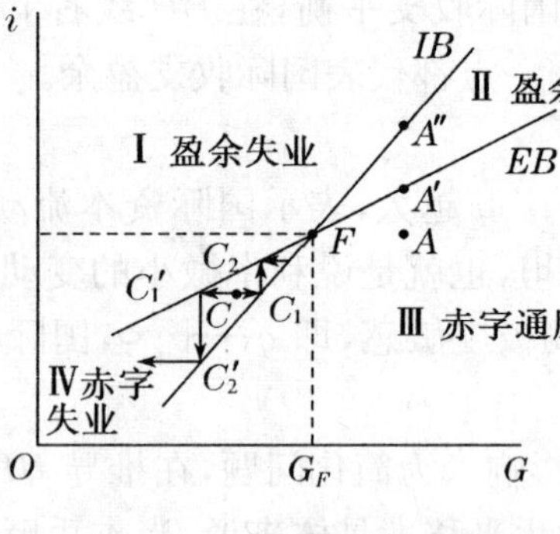

图 14－6　蒙代尔搭配法则

IB 线为内部均衡线，它说明一国内部均衡所需的财政政策与货币政策组合。IB 线斜率为正，因为利率的提高会紧缩国内经济，导致总需求不足、失业增加。为维持内部平衡，政府须同时扩大支出，增加总需求。IB 线左上方任何一点都代表失业，右下方任何一点都代表通货膨胀。

EB 线是外部均衡线，表示一国外部均衡时，财政政策与货币政策的各种组合。EB 线斜率也为正，因为利率水平提高，一方面刺激国际资本流入净额增加，另一方面通过紧缩国内经济而使进口减少，从而导致国际收支盈余。为保持国际收支平衡，政府支出扩大的同时必须增加进口。EB 线右下方任何一点都代表外部赤字，左上方任何一点都代表外部盈余。

只有在 IB 与 EB 相交的 F 点，一国才能同时实现内外部平衡。IB 与 EB 相交，将平面划分为四个区域(如图 14－6 所示)：

区域Ⅰ——失业与盈余并存；

区域Ⅱ——通胀与盈余并存；

区域Ⅲ——失业与赤字并存；

区域Ⅳ——通胀与赤字并存。

EB 线比 *IB* 线平坦是由于存在利率差异而引起的国际资本流动，当利率提高时，对投资的抑制带来的紧缩作用将导致收入减少，这同时对内外部经济均衡产生影响，除此之外，利率提高还能导致资本流入，从而对外部均衡进一步产生影响，如图 14－6 所示，从点 A 达到内部均衡线上的点 A'' 比达到外部均衡线上的点 A'，利率需要提高的更多。所以，根据“有效市场分类原则”，货币政策应被用于外部均衡，而财政政策应被用于内部均衡。如果反道而行，那么一国会逐渐远离内外部均衡点。比如：从失业与赤字并存的区域Ⅲ内的点 C 出发，一国使用紧缩性财政政策消除外部赤字，则 C 点移至 *EB* 线上的 C_1'；再采用扩张性货币政策消除失业，则经济移动到 *IB* 线上的 C_2'，该国将离 F 点越来越远。相反，如果该国运用扩张性财政政策对付失业，将达到 *IB* 线上的 C_1 点。再采用紧缩性货币政策治理外部赤字，将达到 *EB* 线上的 C_2 点，该国经济离 F 点越来越近，最终，在 F 点实现均衡。事实上，在任何的内外部失衡点，政府都可以通过搭配使用财政政策和货币政策以使经济达到 F 点，实现内外部均衡。

第三节　蒙代尔—弗莱明模型

1963 年，蒙代尔供职于国际货币基金组织时，在加拿大的《经济学》杂志上发表了名为《固定汇率和浮动汇率下资本流动和稳定政策》的论文，论文就开放经济条件下财政政策和货币政策对经济的短期影响作出分析。几乎在同一时间，他在国际货币基金组织的同事，英国经济学家弗莱明(Marcus Fleming)也提出了类似的理论，因此这个理论被称为蒙代尔-弗莱明模型。该模型主要探讨如何运用财政政策和货币政策来实现宏观经济的内外部均衡。模型的结论是：在浮动汇率制下，货币政策在调节宏观经济，即改变实际产出水平上是有效的，而财政政策则相对乏力；在固定汇率制下，财政政策在调节宏观经济，即改变实际产出水平上是有效的，而货币政策则相对乏力。

蒙代尔—弗莱明模型是前述的 *IS-LM-BP* 模型的一个特例，该模型中假定了资本是完全流动的，即 q 无穷大，我们可以将式(14－9)改写成 i 的表达式：

$$i=\frac{j}{q}Y+\frac{F_0-EX_0+IM_0}{q}+i_0^f \qquad (14-10)$$

当 q 无穷大时，*BP* 是一条水平线 $i=i_0^f$，这表示，资本流动对利率差异极度敏感，国内利率偏离国外利率的任何现象都会使投资者只想持有高收益的资产，只有在国内利率水平等于国外利率水平时，国际收支才能达到平衡。任何高于国外利率水平的利率都会使巨额(无限)资本内流；任何低于国外利率水平的利率都会使巨额(无限)资本外流。

下面分别考察固定汇率制和浮动汇率制下的货币与财政政策的效用。

一、固定汇率制

(一) 财政政策

如图 14－7 所示，假设初始经济处于三个市场同时均衡的点 E，但此时产出水平未达到充分就业，内部均衡没有实现。政府实行扩张性财政政策，使 *IS* 曲线向右移至 *IS'* 的位置。此

时在 IS' 与 LM 的交点 E'，国内利率水平高于国外利率水平，资本大量流入，本国货币面临升值压力，为维持固定汇率，央行在外汇市场上以本币购买外币，这相当于扩大货币供给量，则 LM 右移至 LM' 的位置，三条线交于点 F，其对应的是充分就业下的收入水平 Y_F，实现内部和外部同时均衡。在点 F，有比点 E 更高的收入水平。因此，固定汇率制度下，财政政策会影响收入水平，并刺激国内经济。

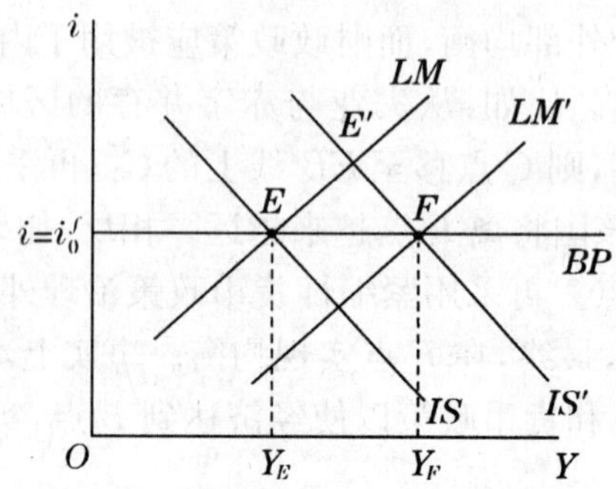

图 14 - 7　固定汇率制下的财政政策

（二）货币政策

如图 14 - 8 所示，仍然假设初始经济处于点 E，未能达到内外部均衡点 F。中央银行实施扩张性货币政策，扩大货币供给量，使 LM 移至 LM'。LM' 与 IS 交于点 E'，此时国内利率水平低于国外利率水平，人们将所持货币购买外国资产，资本大量外流，使本币产生贬值压力。为维持固定汇率，中央银行进行干预，在外汇市场上购入本币，抛出外币，以减少本币供给量，引起 LM' 向左移动，直至移回到原来 LM 的位置，资本流动趋于正常。因此，在固定汇率制度下，货币政策不会带来收入的变动，货币政策无效。

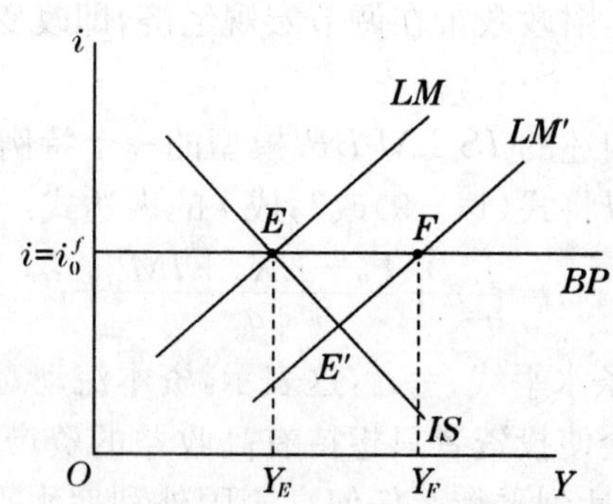

图 14 - 8　固定汇率制下的货币政策

二、浮动汇率制度

自布雷顿森林体系瓦解后，浮动汇率制已运行了几十年，浮动汇率制下，中央银行没有义务干预外汇市场以维持特定的汇率，货币供给可以调整到货币当局需要的任何水平。根据浮动汇率制支持者的观点，货币政策的独立性是浮动汇率的优点之一。

(一) 货币政策

如图 14－9 所示，假设经济初始状态位于 IS、LM、BP 的交点 E，在点 E 尚未实现内部均衡，因此中央银行采取扩张性货币政策，试图使经济达到内外均衡点 F。这时货币供给量增加，LM 线向右下方移至 LM' 的位置，与 IS 形成新的交点 E'，此时国内利率水平低于国外利率水平，资本大量外流，产生国际收支赤字，在浮动汇率制下，国际收支赤字将引起本币贬值，而贬值促进出口，抑制进口，使 IS 曲线向右上方移动，至 IS' 时，二条曲线交于点 F，达到内外部同时均衡。点 F 的收入水平高于点 E 的收入水平，因此，在浮动汇率制下，扩张性货币政策会带来收入的增加。

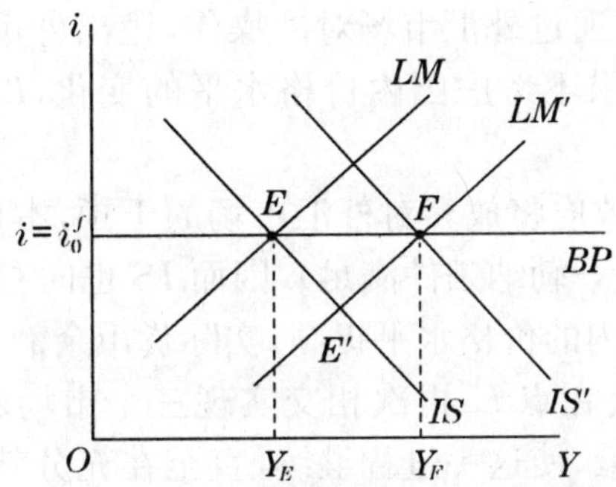

图 14－9　浮动汇率制下的货币政策

2. 财政政策

如图 14－10 所示，内外部均衡点为 F，初始经济处于 IS、LM、BP 交点 E，此时未能同时实现内外部均衡。政府实行扩张性财政政策，IS 右移至 IS'，与 LM 形成新交点 E'，此时未能实现外部均衡，国内利率水平高于国外利率水平，资本大量涌入，国际收支出现顺差，本币升值，这使本国出口减少，进口增加，IS' 回移至 IS。所以在浮动汇率制度下的财政政策在刺激总需求方面无效。

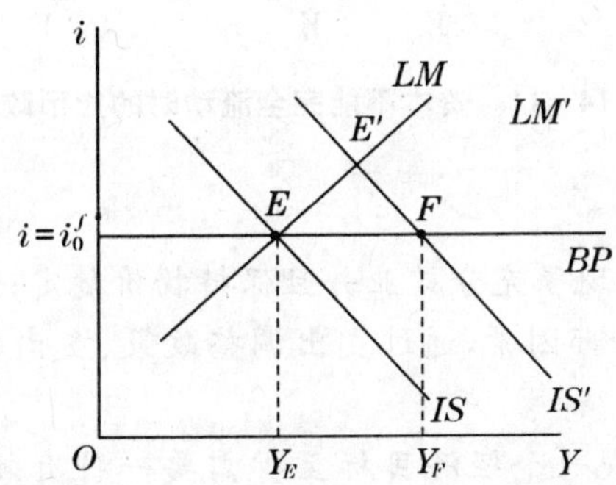

图 14－10　浮动汇率制下的财政政策

综上所述，可以得到蒙代尔—弗莱明模型的结论：在完全资本流动的假设前提下，若在固定汇率制下，财政政策有效，一国使用财政政策即可实现内外部平衡，货币政策无效；而在自由浮动汇率制下，货币政策有效，财政政策无效。

三、资本不能完全流动时的 IS-LM-BP 模型

在蒙代尔-弗莱明模型中，我们已考察了资本完全流动下的 *IS-LM-BP* 模型。因为假设了资本流动对国内外利率差异极度敏感，所以在国外利率水平一定的条件下，*BP* 线是水平的且不会发生移动。下面我们将放松这一假设来探讨资本不完全流动的 *IS-LM-BP* 模型。在本节，我们只讨论货币政策效应，财政政策效应则留给读者自己思考。

如图 14－11 所示，在点 E，IS、LM、BP 三线相交，此时虽然实现了外部均衡，但未达到充分就业状态。这时，政府可以使用扩张性货币政策，使 LM 右移到 LM'，LM'与 IS 相交于 E'，此时收入水平为 Y_F。因点 E'位于 BP 线下方，本国存在国际收支赤字，外汇市场外币的需求增加，在固定汇率制下，政府将通过外汇市场对冲操作，抛出外币，回笼本币以维持币值，这将使 LM 曲线重新向左移动，如果不考虑国内价格水平的变化，LM 曲线将最终回到原来的位置①，货币政策无效。

如果是浮动汇率制，那么政府将放弃对外汇市场的干预，本币贬值，BP 线右移，同时本国贸易账户将得到改善（若马歇尔-勒纳条件满足），因而 IS 也向右移，另外本币贬值导致进口减少②，国内商品的供给减少，国内的价格水平提高，实际货币余额下降，使 LM'左移至 LM''的位置。三条曲线 IS、LM''、BP'会在点 E''再次相交实现三个市场的均衡，此时均衡国民收入为 Y_E'。可再使用扩张性货币政策，使这一过程继续，直至在充分就业水平上实现三个市场的同时均衡。

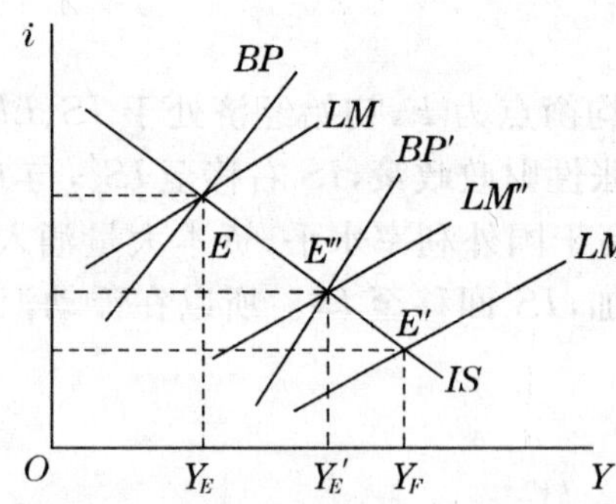

图 14－11　资本不能完全流动时的货币政策

本章小结

（1）内部平衡是指一国实现了充分就业并且保持物价稳定；外部平衡是指国际收支平衡。一国应综合考虑其经济的内外部因素，通过支出调整政策、支出转换政策和直接管制等手段，努力实现内外部均衡。

（2）丁伯根原则认为，实现一个经济目标至少需要一种有效的政策工具，因此，要实现 n 种独立的政策目标，至少需要 n 种相互独立的有效政策工具；詹姆斯·爱德华·米德指出，在

① 若考虑货币扩张导致的本国价格上升，本币贬值，BP 线将向右移动，新的均衡点将在原来均衡点的右边，说明货币扩张会导致产出的增加，不过由于政府在外汇市场的操作使货币量又很快萎缩，因此价格上涨将十分有限，这也使得 BP 线即使有移动，幅度也很小，可以忽略。

② 因为模型中假定了出口水平外生给定，因此这里不考虑出口的变化。

固定汇率制下，政府难以使用支出转换政策，而单独使用收入调整政策，又会使内部均衡和外部均衡两个目标的实现发生冲突。这种现象被称为米德冲突。

(3) 斯旺图通过图形展示了盈余失业、盈余通胀、赤字失业、赤字通胀四种宏观经济情形，并提出用支出调整政策和支出转换政策的搭配来解决宏观经济的失衡问题。

(4) *IS-LM-BP* 模型是包含了国际收支因素的宏观经济模型，*BP* 线是国际收支平衡线，随着收入沿横轴增加时，进口水平会增加，会导致经常账户恶化，如果要保持国际收支平衡，就必须有资本的净流入，因此利率水平也会增加。*BP* 线上的任何一点都表示国际收支平衡，在 *BP* 线右下方的任何一点都代表国际收支赤字，而在 *BP* 线上左上方的任何一点都代表国际收支盈余。

(5) 蒙代尔的政策搭配理论认为，财政政策和货币政策对外部经济的影响效果是不同的，货币政策对外部平衡更有效，财政政策对内部平衡更有效。按照有效市场分类原则，应该将每种政策工具实施在其最具影响力的目标上。

(6) 蒙代尔—弗莱明模型主要讨论了如何通过财政货币政策，使经济的内外部同时获得均衡。在资本完全流动的假定下，模型分别讨论了固定汇率和浮动汇率下的政策选择，认为在浮动汇率制下，货币政策比财政政策更有效；在固定汇率制下，财政政策比货币政策更有效。

(7) 如果放开资本完全流动的假定，认为资本不能完全流动，则 *BP* 曲线不再是水平的，这时，*BP* 曲线是可以移动的。

复习思考题

1. 谈谈你对经济目标和经济政策关系的理解。
2. 丁伯根法则和米德冲突的含义是什么？
3. 请作出斯旺图形，并说明其含义？请推导国际收支平衡线，并说明其含义。
4. 结合图形，说明蒙代尔搭配法则的思想。
5. 根据蒙代尔—弗莱明模型，论述浮动汇率制度下的货币政策和财政政策。
6. 对比说明固定汇率制度和浮动汇率制度下的货币政策？
7. 请论述浮动汇率制下的 *IS-LM-BP* 模型？

后 记

1990 年,结合教学的需要,我们编写了《现代货币银行学概论》(南京大学出版社,1990 年),用作本科生的教学用书。在之后的教学实践中,我们不断地总结各方面的宝贵意见和建议,并于 1995 年对该书进行了第一次的重大修订,相继推出了《货币银行学》(南京大学出版社,1995 年)和《货币银行学》(第二版)(南京大学出版社,2003 年)。2007 年,我们对本书进行了第二次重大修订,拓展了全书的内容,并形成了《货币银行学》(第三版)(南京大学出版社,2007)。

近年来,随着我国经济的不断发展和经济学研究的不断深入,不管是在理论还是实践层面,我们都感觉到原有的教材已经难以适应目前的教学要求。因此,根据对学科相关内容的研究,结合我国金融业改革开放的最新进展,借鉴国内外金融理论研究的最新成果,我们再一次对原有的《货币银行学》进行了重大的修订。

新的教材有如下的特点:第一,仍然坚持了原有教材面对大专院校本科生的特点。本教材主要介绍了货币银行学的相关基础知识,在教材的修订过程中,我们还特别注意到了经济学类本科生和管理学类本科生对"货币银行学"这门课程的不同要求,在内容的安排上,既注重了货币经济学基础理论的深入阐述,也注重了金融体系相关实践知识的详细介绍。第二,强调"货币银行学"作为宏观金融基础课程的特点。近年来,关于金融学的研究内容,在我国学术界一直存在争论,我们认为,从公司的角度研究资金运行的公司金融和从资本市场运行机制角度研究资金运行的微观金融固然重要,但从宏观层面研究资金运动的宏观金融也是金融学不可缺少的一部分,本书就着重从这个方面来探讨货币运行与经济运行间的关系以及宏观金融体系的运行机制问题。第三,突出现实性,注重与中国实际的结合。在本书的写作中,我们一直注意以中国金融问题为主线,在各部分都结合理论对中国的实际问题进行了相应的分析,其中的一些还以专栏的形式呈现给读者。

本书共分十四章,具体的写作分工如下:前言,范从来;第一章至第三章,范从来、王宇伟;第四章,范从来、王宇伟、汪文研;第五章,范从来、王宇伟、邹云双;第六章,范从来;第七章,姜宁;第八章,范从来、王宇伟、张明;第九章,王宇伟;第十章至第十三章,姜宁;第十四章,王宇伟。

在编写过程中,我们参阅了国内外的许多著作,限于篇幅,未能一一注明,在此向这些研究成果的作者和译者致谢。书中的不当之处,敬请读者批评指正。